Martín Lutero

Comentario a los profetas menores

Volumen 2

Traducción, edición, y anotación del
Rev. Dr. Alberto L. García

EDITORIAL CONCORDIA • SAINT LOUIS

Concordia
Publishing House

Fundada en 1869 como el brazo editorial de la Iglesia Luterana - Sínodo de Missouri, Concordia Publishing House le da a Dios toda la gloria por la bendición de 150 años de oportunidades para proporcionar recursos fieles a las Sagradas Escrituras y a las Confesiones Luteranas.

3558 South Jefferson Avenue, Saint Louis, Missouri, 63118-3968 U.S.A.
1-877-450-8694 • editorial.cph.org

Editor General: Rev. Héctor E. Hoppe

Editorial Concordia es la división hispana de Concordia Publishing House.

Impreso en los Estados Unidos de América

1 2 3 4 5 6 7 8 9 10 28 27 26 25 24 23 22 21 20 19

Dedicatoria:

La traducción y edición de este volumen es dedicado a mi querida esposa Moraima (Mori) y en gratitud a Dios por nuestra Boda de Oro (8 de septiembre de 1968). Dios es bondadoso y nos ha permitido bajo su gracia llegar a tan maravillosa celebración.

Alberto L. García

8 de septiembre de 2018

CONTENIDO

Introducción

Con este Volumen 2 de Martín Lutero, Comentario a los Profetas Menores (sobre Miqueas, Nahúm, Habacuc, Sofonías, Hageo, Zacarías, y Malaquías) ya tenemos disponible una traducción del latín al castellano de todas las clases que Lutero compartió de 1524 a 1526 en Wittenberg sobre estos profetas. En el Volumen 1 de su Comentario a los Profetas Menores se puso a disposición sus comentarios sobres Oseas, Joel, Amós, Abdías, y Jonás). El mismo fue publicado en el 2017 para celebrar el 500 aniversario de la Reforma iniciada por Lutero en Wittenberg el 31 de octubre de 1517. Dirijo al lector a la Introducción del Volumen 1 para captar la visión y pasión evangélica católica de esa Reforma y de estos comentarios en el contexto de su tiempo.[1] Se ofrece allí también un breve resumen de sus principios teológicos y hermenéuticos en su vocación como profesor de las Sagradas Escrituras. No obstante, es importante destacar algunos puntos compartidos en la primera introducción. A la vez tenemos que ser conscientes en esta introducción sobre otros puntos destacados en sus comentarios de Miqueas a Malaquías.

Lutero como profesor del Antiguo Testamento

En el Volumen 1 hicimos hincapié sobre la importancia del Antiguo Testamento en la teología de Martín Lutero. Es importante recordar lo enfatizado en el Volumen 1. Esto es, si fuéramos a dividir el profesorado de Lutero basado en cuánto tiempo pasó enseñando el Nuevo Testamento y el Antiguo Testamento, veríamos que mayormente se dedicó a exponer el Antiguo Testamento. Lutero dedica en su carrera reformadora unos tres o cuatro años al Nuevo Testamento pero dedica el resto de sus treinta y dos años de profesor a exponer el Antiguo

1 Martín Lutero, Comentario a los Profetas Menores, traducción de Alberto L. García (Saint Louis: Editorial Concordia, 2017), 1:7-30.

Testamento.[2] Después de su testimonio de fe y subsecuente condena en Worms, traduce el Nuevo Testamento en solamente tres meses durante su exilio en el Castillo de Wartburg (1521-22). Pero Lutero dedica unos diez años a traducir el Antiguo Testamento así como un gran número de años adicionales revisando esa traducción.

Desafortunadamente, cuando se hace referencia a los escritos de Lutero para discernir su trayectoria reformadora, existe cierta preferencia en mencionar sus comentarios del Nuevo Testamento (especialmente sus escritos sobre Gálatas y Romanos), sus sermones sobre el Nuevo Testamento y sus tratados teológicos. Esto se debe a que en esos escritos, especialmente su Comentario sobre Gálatas de 1535, Lutero expone claramente su enseñanza sobre la justificación por la fe, siendo esta la clave hermenéutica de su teología reformadora. Esta predilección se basa también en que Lutero como predicador en Wittenberg prefería predicar sobre la Epístola o el Evangelio del día. Así y todo, Lutero predica también, aunque menos frecuentemente, sobre los libros del Antiguo Testamento. Cuando lo hace, predica principalmente sobre los cinco primeros libros de Moisés, especialmente Génesis, y sobre todo el Salterio. Esta predilección la demuestra también en su carrera académica al dedicar más tiempo a sus comentarios sobre Génesis y los Salmos.

Lutero comenzó su carrera académica exponiendo lecciones sobre Génesis en 1512. Tales lecciones han desaparecido. Dedicó desde el 1 de junio de 1535 hasta el 24 de diciembre de 1545 a comentar Génesis.[3] Sobre los Salmos expone dos importantes series de lecciones. Ellas son la *Dictata* (desde agosto 1513 hasta el otoño de 1515) y sus *Operationes in Psalmos* (1519-1521). Sus lecciones de la *Dictata* son extensas (Salmos 1-126) pero sus lecciones sobre las *Operationes* terminan abruptamente con su exposición del Salmo 22, al tener que comparecer ante la Dieta de Worms el 16 de abril del 1521. Así y todo, Lutero demuestra una gran apreciación por los Profetas Mayores y Menores y no se olvida de ellos. Sus comentarios sobre ellos hacen parte integral de su pensamiento reformador.[4] Este detalle se ha pasado muchas veces por alto en las investigaciones concerniente a la teología de Lutero tanto en inglés

2 Heinrich Bornkamm, *Luther and the Old Testament*, traducido del alemán por Paul Siebeck (Philadelphia: Fortress Press, 1969), pp 7-10. Bornkamm ofrece una lista de los escritos y sermones de Lutero en su libro (Cf pp 269-83).

3 Quiere decir que dejó exponer sobre Génesis dos meses antes de su muerte que tomó lugar el 18 de febrero del 1546 en Eisleben.

4 Merece mención especial sus Comentarios sobre Isaías los cuales las comienza c mayo del 1527. Estas fueron interrumpidas por la peste y otros asuntos. Las completa el 22 de febrero del 1530. Cf Martin Luther, *Luther's Works*, Vols. 15-16.

como en castellano. Dirijo al lector a la Introducción del Volumen 1 donde se desarrolla el tema de cómo esta omisión crea un vacío en nuestra apreciación de la teología de la cruz de Lutero como también su relación reformadora con los campesinos y los grupos carismáticos de esa época.

En castellano existe un gran vacío sobre nuestro entendimiento de Lutero como intérprete del Antiguo Testamento. Las colecciones sobre las obras de Lutero en castellano están casi exclusivamente dedicadas hasta hoy a sus comentarios sobre el Nuevo Testamento y a sus tratados. Solamente en las Obras de Martín Lutero, de diez volúmenes, de la Editorial La Aurora, el volumen 6 se dedica en parte a exponer algunos de los escritos sobre los Salmos. Aquí se encuentra las exposiciones de Lutero sobre los Salmos Consolatorios (1526), los Penitenciales (1517), y el *Sublime Confitemini* (1530).[5] La Editorial Concordia ha producido también el libro *Leyendo los Salmos con Lutero,* con resúmenes de todos los Salmos, publicados para uso en devociones durante 1531.[6] Pero esta situación se va remediando al tener ahora disponible una traducción completa de todos los comentarios de Lutero sobre los Profetas Menores en dos volúmenes. Esto es significativo ya que Lutero profundiza y puntualiza la realidad de la misericordia de Dios y su presencia ante un drama humano. Esto puede iluminar nuestra realidad en el día de hoy.

Ubicando a los Profetas Menores en la vida y pensamiento de Lutero

Es importante recordar de nuevo el contexto histórico de los comentarios de Lutero sobre los Profetas Menores. Por lo tanto se repite de nuevo la tabla cronológica que sitúa los comentarios de Lutero sobre los Profetas Menores dentro del marco histórico de 1524-1526. No tenemos todas las fechas exactas, pero aquí hacemos una lista de ese desarrollo histórico. Vamos a destacar también otros escritos que Lutero emprende durante este periodo de su vida. No todos los escritos y actividades son incluidos.

Tabla cronológica

Oseas	al principio de 1524
Joel	de mayo a agosto de 1524 Hace frente al reformador Andreas Carlstadt

5 Cf. Obras de Martín Lutero (Buenos Aires: Editorial Aurora y Publicaciones El Escudo, 1979), Vol. 6: pp.177-370. Estos aparecen traducidos al inglés en *Luther's Works,* Volumen 14. Cf García, *Introducción a la vida y teología de Lutero,* pp. 15-23 para una lista más completa de las obras de Lutero impresas en castellano.

6 Leyendo los Salmos con Lutero (Saint Louis, Missouri: Editorial Concordia, 2008).

Septiembre	1524 Sobre la Libertad de la voluntad de Erasmo
Amós	de diciembre a enero de 1524-1525 Contra los profetas celestiales (enero)
Abdías	de diciembre a febrero de 1524-1525
Jonás	de marzo a abril de 1525 Los doce artículos de los campesinos (marzo) Amonestación a la paz (abril)
Miqueas	marzo a abril de 1525 Contra la horda de ladrones y asesinos (mayo)
1525	Muerte del Elector Federico (5 de mayo)
1525	Elector Juan el Firme comienza su reinado. Batalla de Frankenhausen; captura de Müntzer. Descanso mayo a junio de 1525. 13 de junio matrimonio de Lutero con Catarina
Nahúm	junio de 1525 Aplastamiento de los campesinos
Habacuc	julio 18 a agosto 2 de 1525
Sofonías	agosto 18 de 1525
Hageo	septiembre 11 de 1525
Zacarías	diciembre a marzo de 1525-26
Malaquías	después de Zacarías, 1526 Carta abierta sobre el libro duro contra campesinos

La traducción y comentarios de Lutero sobre los Profetas Menores

Lutero usa la Vulgata como texto principal para comentar sobre los Profetas Menores. La Vulgata es una traducción de la Biblia en latín lograda hacia el final del siglo cuatro principalmente por Jerónimo. El Papá Damaso I comisionó al erudito San Jerónimo (347-419) en revisar la Vetus (antigua) latina. Hay que entender que la Vulgata es una revisión donde Jerónimo usa los mejores textos originales de los idiomas hebreos y griegos que tenía disponible durante esos días.[7] Por eso esa traducción remplazó ya para el siglo trece la Vetus latina (la antigua latina). La Vulgata es la traducción oficial, y el texto requerido y usado por los exegetas y teólogos del siglo dieciséis en sus obras teológicas. Pero Lutero usa la Vulgata condicionalmente. Quiere decir que usa su propio conocimiento profundo del texto hebreo para sus clases. Ya hemos visto que Lutero se había dedicado a comentar sobre otros libros del Antiguo Testamento antes de emprender esta obra. Por eso su lectura de la Vulgata es crítica. De por sí no estaba convencido que fuera

7 Cf Justo L. González, "Jerónimo" en *Diccionario Ilustrado de Intérpretes de la Fe*, Editor General Justo L. González (Barcelona: Editorial CLIE, 2004), 259-60.

la mejor traducción de los textos originales. Por lo tanto emprende una revisión de la misma en 1523. Ya para el 1529 en colaboración con Felipe Melanchton publica una versión revisada de la Vulgata, la Biblia de Wittenberg. Esta clase de traducción e interpretación critica de los Profetas Menores la notaran en los comentarios de Lutero en este volumen. Para Lutero, es propio señalar que traducir las Sagradas Escrituras es un arte que tiene que tomar en cuenta cómo se debe expresar la traducción en el idioma vernáculo del pueblo.[8] Este estilo lo emplea Lutero al traducir el Antiguo y el Nuevo Testamentos. Recomiendo de nuevo al lector que lea su carta abierta "El Arte de Traducir"[9] para captar este estilo y practica de traducir por Lutero.

En este Volumen 2 queremos enfatizar de nuevo la perspicacia de Lutero en comentar sobre los Profetas Menores. Notamos a Lutero muy consciente de la dificultad en traducir el hebreo bíblico a otra lengua. No lo encuentra imposible pero es cauteloso en notar que ciertas palabras o citas son difíciles en traducir.[10] A la vez se nota su perito uso del idioma hebreo.[11] En ese sentido lee críticamente los comentarios de Jerónimo y Lira sobre los Profetas Menores.[12] Conoce bien a esos intérpretes pero comenta libremente sobre ellos usando su conocimiento del texto hebreo y su propio sentido de traducir.[13] Segundo, tiene en cuenta su audiencia. Sus alumnos son principalmente alemanes que conocen cómo habla el pueblo. Por eso Lutero al comentar, toma seriamente lo que dice el texto en el idioma hebreo, pero busca palabras y definiciones que sus alumnos comprendan para explicarlas ante el pueblo. Es por eso que Lutero usa muchas veces en sus explicaciones expresiones coloquiales en alemán mezcladas con sus comentarios en latín.[14] Tercero, verán que Lutero tiene un gran dominio del arte de la retórica, y conoce muy

8 Ver por ejemplo las frases que usa Lutero en su idioma popular (vernáculo) alemán para explicar conceptos e ideas en Miqueas 2:2, 9, 13; 3:1,13; Sofonías 3:13; Hageo 2:15; Zacarías 1:9, 15; 3:1.

9 "El Arte de Traducir", *Martín Lutero Intérprete bíblico*, versión castellana por Carlos Witthaus (Saint Louis: Editorial Concordia, 2008), pp. 22-24. Lutero en su traducción de Romanos 3:28, que lee en latín *"Arbitramur hominem justificari ex fides absque operibus"* añade *"solus"* a *"ex fides"*. Lee así en la RVC: "Llegamos a la conclusión que el hombre es justificado por la fe, sin las obras de la ley." Lutero añade "solo" a por la fe para leer el sentido del texto en alemán. Y si fuéramos a traducir al castellano se puede interpretar "sin las obras de la ley", pues tiene que ser solo por fe. Así lo proclamamos aunque el adjetivo "solo" no aparece modificando "por fe".

10 Vea por ejemplo los comentarios sobre Sofonías 1:17.

11 Cf por ejemplo los comentarios sobre Miqueas 1:8; 6:3; Sofonías 2:2, 5, 13.

12 Miqueas 1:3; Nahúm 2:7, 9; 3:5; Habacuc 3, Introducción; Zacarías 2:3 y 3:3. Tomen nota especialmente la crítica de Lutero a Jerónimo en su comentario sobre Sofonías 3:18.

13 Cf por ejemplo comentarios sobre Miqueas 6:9; Nahúm 1:3; Habacuc 1:53; Sofonías 1:9; Zacarías 9:6, 11; 12:2;

14 Cf nota 8 arriba.

bien los autores clásicos latinos de la antigüedad.[15] Sus correcciones y explicaciones de la Vulgata son iluminadas también, lo por tanto, por su dominio de la gramática y de la literatura clásica latina. Esta traducción de los comentarios de Lutero sigue ese estilo y espíritu de Lutero. La Versión Valera Contemporánea, siendo la versión más reciente de la versiones Reina Valera, se usa como texto principal. Pero ya que Lutero traduce y comenta directamente de la Vulgata, de acuerdo a su conocimiento del hebreo, se substituye la Reina Valera del 1960, o la versión por Cantera-Iglesias, cuando la traducción y explicaciones de Lutero sugiere esta acción. Cuanto estas versiones no hacen completamente justicia a la traducción de Lutero, se ha traducido directamente del latín el texto usado por Lutero.

Lutero emplea también ciertos principios de interpretación bíblica al hacer sus comentarios sobre los Profetas Menores. Estos principios son definidos detenidamente en la Introducción al Volumen 1.[16] Es importante por el momento destacar aquí que para Lutero la palabra de Dios, centrada en el evangelio, esto es, el mensaje de buenas nuevas bajo la cruz y resurrección de Jesucristo es lo que impulsa y guía sus comentarios sobre los Profetas Menores.

Reflexiones teológicas de Lutero en sus comentarios sobre los Profetas Menores

En la Introducción al Volumen 1 compartimos tres temas importantes que relucen en los comentarios de Lutero sobre Oseas, Joel, Amós, Abdías, y Jonás. Estos son la justificación por la fe, la obra del Espíritu Santo, y el problema de la idolatría. Estos temas son claves para la vitalidad de la iglesia de la Reforma en el siglo veintiuno. Ellos siguen siendo importantes y persistentes en los comentarios de Lutero sobre Miqueas, Nahúm, Habacuc, Sofonías, Hageo, Zacarías, y Malaquías. Invito al lector a que tome en cuenta lo expresado sobre esto en el Volumen 1. En esta Introducción al Volumen 2 también ofreceremos comentarios sobre estos temas pero lo haremos de manera diferente. Estos temas relucirán al enfocarnos en la proclamación profética del evangelio en los comentarios hechos por Lutero.

En mis traducciones de este volumen, he podido percibir su pasión y preferencia sobre el *sensus propheticus* (el sentido profético) sobre el

15 Lutero cita en estos comentarios numerosos autores clásicos y filósofos latinos y griegos y los usa para explicar el texto de los profetas. A la vez Lutero es un maestro de la retórica y entiende y explica admirablemente también cómo los Profetas Menores emplean las herramientas de la retórica. Cf Miqueas 1:7-8, 15; 2:1, 5; 4:8-9; Nahúm 3:19; Habacuc 1:11.

16 Martín Lutero, Comentario a los Profetas Menores, Volumen 1, 1:17.

sensus historicus (el sentido histórico) en sus interpretaciones. Lutero lee con entusiasmo y convicción el sentido histórico a la luz del sentido profético. Esto es, Lutero le presta atención a lo que está ocurriendo en la historia presente del pueblo. Toma nota de la presencia y los hechos de Dios en esa historia. Pero no termina allí. Lutero lee esos hechos históricos bajo el sentido profético. Guiado por el sentido profético, señala cómo los profetas, a pesar de sus proclamaciones de juicio sobre la maldad y el pecado, a pesar de señalar la devastación que se avecina por la mano de Dios, palpita allí en esa proclamación un presente con esperanza. Esa esperanza se hace real y presente porque los profetas dibujan un cuadro donde Dios se ve muy presente con su compasión y cuidado entre un pueblo impactado por el dolor y la miseria. La presencia de Dios llega como una promesa de cambio radical que aunque se realiza completamente en el futuro y en Cristo ya se ve muy presente en su anuncio y presente promesa por los profetas. Lutero en sus comentarios sobre Hageo 2 dibuja un cuadro donde el reino de Cristo en esos tiempos ya se ve como si estuviera allí presente tocando la puerta y consolando. Existen numerosos textos y comentarios de Lutero sobre estos textos en este volumen que dibujan este cuadro profético. Quisiera por el momento ofrecer evidencia de esta visión profética en los comentarios de Lutero en este volumen. Lean como ejemplo Miqueas 4:1-8; Nahúm 3:19; Habacuc 1:12; 2:2-4; 3:2; Sofonías 3:1, 8, 12-16; Hageo 1:2, 8; la introducción a Zacarías 1; 2:2, 4, 8, 5:1; 6:12; 7:2, 12; 8:12, 23; 14:16; y Malaquías 4:4. Esto nos lleva a considerar otra dimensión de la vocación profética de Lutero como traductor e intérprete de las Sagradas Escrituras.

En la tradición luterana se le ha dado mucho énfasis a las doctrinas, y a la explicación de esas doctrinas. Quiere decir que se ha enfatizado la parte intelectual de la Reforma. Felipe Melanchton enfatizó este aspecto de la Reforma. Melanchton ejerció su vocación reformadora solamente como profesor y maestro de la misma y nunca fue pastor de la iglesia. Es más, después de la muerte de Lutero se le confirió a Melachton el título de *Praeceptor Germaniae* (Maestro de Alemania). Melanchton fue principalmente un intelectual y un erudito de las artes humanistas, y nunca fue pastor. Para Melanchton la tarea principal de la iglesia era la enseñanza y no veía gran diferencia entre la iglesia y una escuela.[17] Pero Lutero, aunque era un erudito e intérprete de las Sagra-

17 Cf Birgit Stolt, "Luther's Faith of 'the heart' en The Modern Luther: A Theologian for Modern Times, Christine Helmer, editor (Minneapolis: Fortress Press, 2009), 134-36.

das Escrituras *par excellence*, su vocación teológica partía de un corazón consagrado como pastor en proclamar la misericordia y maravillas de Dios a un mundo desorientado y descorazonado por causa del pecado y la maldad. Su perspectiva pastoral, como van a notar más de una vez en la lectura de este volumen, reluce y orienta sus comentarios.[18] Bajo esta perspectiva se puede notar como Lutero se vale de la vocación profética de los Profetas Menores, ya que ellos también hablan con pasión y misericordia en tono poético sobre cómo Dios quiere que su pueblo no perezca. Para Lutero la fe en Cristo, encarnada en nuestros corazones, conecta vivamente las emociones con nuestro intelecto para así proclamar proféticamente la consolación y misericordia de Dios.[19] Lutero destaca esta relación entre el intelecto y la emoción muy especialmente en su Carta Abierta de 1530 sobre "El Arte de Traducir". Enfatiza Lutero: "¡Ah!, traducir no es un arte que domina cualquiera... Es preciso tener un corazón recto, piadoso, fiel, aplicado, temeroso de Dios, cristiano, docto, experto, y aplicado."[20] Por lo tanto, no podemos separar nuestro conocimiento y pensamiento sobre Dios de nuestras emociones de fe pues una genuina fe en Jesucristo tiene que vivir la pasión y compasión de Dios hacia el mundo. Lutero capta muy bien esta fe viviente en los escritos de los profetas. Veamos cómo Lutero se destaca en esta vocación profética al comentar sobre los Profetas Menores.

La vocación profética de Miqueas, como la de su contemporáneo Isaías –especialmente en la primera parte del libro (Isaías 1-39)– se enfoca en denunciar firmemente la idolatría del pueblo de Dios a la luz de la venida y nueva era del Mesías (Miqueas 1:1-7). Llama, así como Oseas, a su querido pueblo "una prostituta" por su avaricia y amor propio. Miqueas dibuja un cuadro poético donde los profetas irónicamente se ven como opuestos a Dios, ya que denuncian las maldades de ese pueblo predilecto por Dios. Lutero acentúa esta ironía que Miqueas visualiza, especialmente al comienzo de su profecía. Esto es, no solamente destaca

18 Cf Mark Ellingsen in *Martin Luther's Legacy: Reformation Theology* (New York: Palgrave McMillan, 2017), 1-11. El Profesor Ellingsen también enfatiza este aspecto pastoral en la enseñanza de Lutero.

19 Me encanta como Lutero se expresa sobre esto en su comentario sobre Zacarías 1:8: "Pues cuando el corazón humano ha abrazado tal fe (confianza), que cree que Dios cuida de él, que Dios le es favorable, que Dios será un fiel tutor (guardián) y compañero en toda necesidad, entonces esa persona ya no es un ser humano que cree esto, sino un ser (criatura) divina, ya que tiene una llama y poder divino en su corazón." Cf Bergit Stolt, *Martin Luthers Rhetorik des Herzens, Uni-Taschenbücher 2141* (Tübingen: Mohr, Siebeck, 2000), 64-83. La Profesora Stolt enfatiza cómo las emociones son una parte integral de lo intelectual en la Biblia, y cómo fue también parte integral en la teología de San Agustín, como también en la tradición retórica desde Quintiliano (35-96 dC), destacado retórico y pedagogo hispanoromano.

20 "El Arte de Traducir" en *Martín Lutero Intérprete bíblico*, 30.

la devastación de su pueblo sino también a la vez lo urge con una pasión que procede del Espíritu de Dios para contemplar y seguir al Señor. Lutero detecta en Miqueas, como en otros Profetas Menores, un Dios apasionado por nosotros, que, como en su acto de la creación, crea *ex nihilo*, por su vital Palabra una nueva promesa y realidad de misericordia. Esta se encuentra presente vivamente bajo la Palabra de Dios y su Espíritu (Miqueas 2:12, Hageo 1:6 y 5:9). Escuchemos como Lutero se expresa sobre esto en su comentario sobre Zacarías 2:10:

> ¿Por qué no me creen cuando yo hablo? ¿Por qué no fijan sus ojos en mi Palabra en vez de la timidez de ustedes? Yo puedo aliviar todas sus dificultades y convertirlas también en cosas más fáciles. Pues la divina bondad hace todas las cosas *ex nihilo*, crea la más inmensa felicidad ante la total desesperación sobre todas las cosas, hace oro de cenizas, aunque esto aparente ser imposible.

Es así como Dios se relaciona con su pueblo para sacarlos de las tinieblas a la luz. Entonces, la palabra de Dios no es meramente el libro escrito que doctrinalmente es la verdad que Dios nos comunica. La palabra de Dios es como el canto vibrante de Dios que crea una nueva creación y situación por nosotros. Tomemos nota ahora otros ejemplos de cómo la palabra de Dios es más que la verdad pues es también la pasión y misericordia de Dios presente en nosotros. La Palabra como canto de Dios denuncia la idolatría (Miqueas 1:7). Es el arma de Dios, pues "La palabra de Dios ataca al soberbio, a los que se glorían de sí mismos, a los santurrones, en breve, a todos los que se hacen grandiosos" (Miqueas 6:1). Lutero destaca en Miqueas que el profeta debe reconocer que Dios esconde su rostro en su enojo pero que siempre también manifiesta su rostro bajo su Palabra vibrante. La palabra vibrante de Dios se manifiesta en la vocación profética aunque es difícil pues es el camino de la cruz y no de la carne, pero a pesar de esto, abre caminos, crea una brecha de salvación y misericordia en un mundo lleno de maldad y pecado (Miqueas 2:13). El Espíritu de Dios se encuentra presente guiándonos no importa la oposición (Miqueas 3:4-8). Por esos los impíos no pueden prevalecer contra los profetas (Miqueas 3:9-11). Escuchemos con qué convicción y pasión expresa Lutero esta realidad al comentar sobre Miqueas 3:8. En tono de vocación profética Lutero declara cómo el profeta puede proclamar y vivir bajo esa vibrante palabra de Dios la justicia de Dios: "Terminaré lo que he comenzado con la ayuda de Dios, aunque yo sea asesinado, pues a causa de la eficacia del Espíritu del Señor, estoy repleto del poder y el sentido de justicia."[21] Solamente tenemos que confiar y aprender de Dios para esta tarea, pues: "Todos nuestros planes no pueden lograr algo. Aprendemos que solamente el Señor hace las cosas y que debemos dejarle las cosas a él. Entonces las tempestades que nos achacan se convierten en una serenidad placentera" (Hageo 1:6). Esa vocación profética llena de esperanza al pueblo de Dios.

En Miqueas 4 vemos claramente cómo la vibrante palabra de Dios es la promesa de Dios que guía a su pueblo y a la iglesia de todos los tiempos en hacer ministerio. Nos insta a comprar terrenos en el medio de la devastación y furia del mundo para plantar nuevas siembras. Allí estará presente el templo espiritual de Cristo que no nos ofrece la paz del mundo (la *pax romana*) sino la que viene por el evangelio que nos da la paz genuina y nos conduce, en esa paz, entre el mundo. Hageo 2:7 expresa algo similar. Esa luz quedará siempre presente y disponible para todo el mundo aunque algunos no la quieran recibir (Miqueas 4:5). Los profetas podrán predicar y llevar esta Palabra al ejercer la vocación profética en todo el mundo, aunque nuestras limitaciones humanas nos hacen miopes a esta realidad. La iglesia, el pueblo de Dios, vive dolores de parto pero bajo esos dolores vive una nueva esperanza y consolación de nueva vida. Aquí, como en otros comentarios sobre los Profetas Menores, Lutero anuncia la realidad de la resurrección de los muertos como nota gloriosa de nuestra esperanza y vocación profética (cf Sofonías 3:8). Es así como enfatiza la vocación profética de Miqueas en el capítulo 5, donde el profeta señala a "Belén Efrata", que a pesar de ser la más pequeña entre la familias de Judá, dice Miqueas en tono profético: "de ti saldrá el que será Señor de Israel" (Miqueas 5:3). Lutero presenta aquí esa palabra profética como danza y cántico de Dios donde el reino de Dios, el de Cristo, reluce brillante y andante entre todos, no con armas, sino en humildad. Así que no solamente afirma la doctrina que Cristo es Rey y Dios, sino que acentúa esa Palabra bajo el poder de la cruz, como guía y voz vibrante para que simples pastores puedan levantarse y predicar el evangelio entre gente simple y común como también entre poderosos (Miqueas 5:4-5). Noten aquí cómo vive esa Palabra. Lutero destaca las metáforas usadas por Miqueas. La Palabra causa divisiones pero también es rocío del Señor (Miqueas 5:6). Anuncia gran esperanza pues la Palabra apunta hacia Pentecostés. Esa Palabra es activa pues la hierba crece por el poder efectivo del evangelio

21 Lutero expresa algo similar al comentar Malaquías 3:13.

(Miqueas 5:7). Es también poderosa pues es "como el león entre animales salvajes". Así es el poder de la Palabra bajo el Espíritu (Miqueas 5:8).[22]

Pasemos ahora a la vocación profética en torno a la justificación de Dios. Este tema resalta en los comentarios de Lutero en este volumen. La justificación de Dios se relaciona también íntimamente en estos comentarios con la justicia de Dios y la obra del Espíritu Santo.

Los herederos de la Reforma de Lutero conocemos muy bien cómo Lutero guía su visión reformadora de acuerdo a Romanos 1:17. Es basado en este texto donde Lutero señala su descubrimiento del evangelio y la verdadera justicia de Dios. Sobre este texto, comenta Lutero: "Reflexioné noche y día hasta que vi la conexión de la justicia de Dios y la afirmación que 'el justo por la fe vivirá'. Entonces comprendí que la justicia de Dios es aquella por la cual Dios nos justifica en su gracia y pura misericordia."[23] Esta cita de Pablo en Romanos 1:17, como también la de Hebreos 10:38, son tomadas de Habacuc 2:4 donde el profeta declara: "el justo por la fe vivirá." Lutero da cuenta de esto en su comentarios sobre Habacuc 2:4. Aquí de nuevo Lutero comenta cómo esta realidad de la justificación de Dios es incompresible al corazón humano, y es solamente compresible por nuestra por la fe. Pero aquí Lutero comenta bajo un tono profético sobre Habacuc. Esta palabra de gracia llegó al pueblo de Dios como promesa. Y es bajo esa promesa y presencia de la misericordia de Dios que el pueblo puede vivir seguro y activo bajo esa chispa de Dios. El pueblo que vive bajo esa justificación de Dios, sabe que aunque vaya a un exilio, o cautiverio, Dios lo rescata y guía. La palabra de Dios aquí se escucha vibrante bajo una promesa que hace latente ahora la realidad de la vida aunque vivamos en medio de la muerte. Aquí Lutero destaca la obra del Espíritu Santo, ya que: "Esto, claro, es imposible creer por causa de la naturaleza humana si no ha nacido de nuevo por el Espíritu." Es así como se contrarresta la justicia de Dios contra la naturaleza humana al cantar las maravillas de Dios entre un pueblo frustrado y angustiado. Lutero expresa aquí cómo Habacuc 2:4 nos anima a cantar, a pesar de los argumentos de la carne, "con los ojos cerrados aferrados a la palabra de Dios" así pues, continua, podemos "dar la gloria al Dios de la verdad". Se nota aquí esa

22 Cf ejemplos sobre esta Palabra activa en la vocación profética también en Nahúm 1:1, 1:12, 3:19; Habacuc 1:6, 2: 4, 13, 3:5-6; Sofonías 1:8, 2:3,3:8, 3:20; Hageo, introducción, Hageo 1:6 y 14,2:8, 5:9; Zacarías, introducción, Zacarías 1:18, 2:4 y 5, 6:1, 8, 6:12-13. 8:7, 9:1; Malaquías 1:1, 4:2.

23 Roland H. Bainton, *Martín Lutero*. (Buenos Aires: Editorial Sudamericana, 1955), 67. Bainton toma la cita de la WA XXXII, 328.

estrecha relación entre la doctrina (lo intelectual) con esa pasión de fe vibrante que nos hace saltar de gozo con alabanzas a Dios.

Los comentarios de Lutero sobre Miqueas 6 concerniente a la justificación y la justicia de Dios son excepcionales. Aquí Lutero captura la pasión y vocación profética de Miqueas en sus proclamaciones sobre la justicia y misericordia de Dios. Al comienzo de Miqueas 6, se escucha al profeta reprendiendo la idolatría y los pecados de los soberbios y altaneros que roban de los pobres y los más débiles (Miqueas 1:1-3). En estos comentarios Lutero eleva la teología de la cruz, esto es, la proclamación de Dios donde los soberbios son condenados y los débiles, como seguidores de la promesa de Dios, son exaltados. Aquí Lutero hace énfasis en la teología de la cruz expresada por Pablo en 1 Corintios 1:27: "Dios eligió lo necio del mundo para avergonzar a los sabios; y lo débil del mundo para avergonzar a los fuertes." Lutero hace similares comentarios sobre Sofonías 1:8-12, Malaquías 1:2, y en su introducción al profeta Hageo. Acentúa a la luz de estos textos la teología de la cruz como forma de batallar y enfrentar a los poderosos y "sabios" idolatras de este mundo.

Al comentar sobre la frase "conocer la justicia de Yahvé" en Miqueas 6:5, Lutero señala claramente que esta justicia "no es por nuestras obras o virtudes", "ni por ningún mérito humano" sino que es nuestra "por la fe". Comenta aquí que esta "justicia es pasiva" ya que el ser humano no puede hacer nada por ella. Es Dios quien obra esa justicia. Lutero cita aquí la carta a los Romanos (especialmente 1: 17) para aclarar que la justicia que Pablo describe es pasiva.

Pero al comentar Miqueas 6:8, donde el profeta cita lo importante que es conocer lo bueno de Dios, Lutero enfatiza también que la justicia de Dios tiene que ser activa en nosotros. Y eso es lo que Miqueas declara, nos enseña Lutero, cuando el profeta insta al pueblo de Dios a "hacer justicia". Dice Lutero: "He explicado esta frase varias veces anteriormente en los profetas.[24] Significa no causar daño a nadie, darle a cada persona lo que le pertenece, no molestar a nadie, y también ayudar a otros, promover sus intereses, prevenir el ultraje y la violencia, para que los ricos no acorralen y opriman a los necesitados para que los culpables sean castigados y los inocentes protegidos." En otras palabras, la justicia de Dios no es una bella durmiente sino es activa en nosotros por causa de Cristo que vive en nosotros. Lutero destaca también aquí

24 Cf Lutero, Comentario a los Profetas Menores, 1:18-21 donde se ofrece ejemplos de cómo Lutero señala en los profetas Oseas y Joel la justicia activa de Dios en nosotros.

lo dicho por el profeta Miqueas concerniente el "amar la misericordia (*hesed*) de Dios". Nos damos cuenta que la justicia de Dios está íntimamente atacada a su misericordia. Así dice Lutero sobre la misericordia de Dios por causa de su justicia:

> Por lo tanto Dios quiere que todo fluya hacia la ayuda y el bienestar de nuestro prójimo. Es suficiente para Dios la gloria de esas obras. La fe es el inicio (comienzo de la justificación)... Al ser justificados por la fe, no podemos ni debemos ofrendar cualquier cosa a Dios, a menos que sea el sacrificio de la alabanza; esto es que demos testimonio con nuestra predicación de la gracia que hemos recibido para que prediquemos su gloria y que prediquemos esta por medio del evangelio. Estas son "la ofrenda de nuestros labios" [Oseas 14:2]. Entonces, demostremos la misericordia a nuestro prójimo, esto es, que es nuestra voluntad socorrer a nuestro prójimo, buscar toda ocasión para ayudar a nuestro prójimo. Animemos a otros para que cumplan el oficio (la vocación) de la misericordia, para que así toda nuestra vida ceda para el bien de nuestro prójimo, ya que no debemos nada a nadie, excepto el amar al prójimo, Romanos 13:8

En este texto citado reluce la vocación y pasión profética del Reformador. Lutero explica claramente aquí que "hacer justicia" no es un mero contemplar la justicia de Dios en forma pasiva. Hacer justicia es un canto de alabanza a Dios al derramar su misericordia sobre nuestro prójimo. "Hacer la justicia" es vivir activamente y concretamente en el mundo la justicia de Dios que vive en nosotros.[25] "Hacer justicia" no es un mero explicar lo que Dios es por nosotros, sino que es un baile, una danza, un cántico de misericordia vivido cuando caminamos y obramos la misericordia de Dios en nuestro prójimo. Es así pues cómo esa justicia radica en nosotros. Hacer justicia es vivir en defensa de los desvalidos, y muy especialmente es defender los derechos de los que son heridos y ultrajados por la violencia en el mundo. Esta justicia y misericordia de Dios, Lutero comenta, se dirige primeramente contra nuestro amor propio para derrumbar nuestra avaricia e idolatría. Lutero aclara aún más esto al comentar sobre lo que significa "humillarse ante Dios" en Miqueas 6:8.

Lutero señala muy especialmente que este camino de humillación ante Dios debe ser desempeñado bajo la cruz para poder ejercer

25 Lutero es muy claro sobre esto especialmente al comentar Sofonías 3:3, 5, 12.

debidamente nuestra vocación ministerial. Es así, pues: "Hasta las personas más espirituales no carecen de esa φιλαυτία (amor propio). Cuando de pronto ven que son mejores que otros, mejores maestros (doctores), y que han recibido numerosos dones del Espíritu, se complacen de sí mismos e inmediatamente desprecian a esos que son inferiores a ellos. Pues el valor propio y la buena obra por causa de su propia naturaleza complacen al ser humano."

Lutero destaca también en sus comentarios sobre Sofonías 2:3 que los que practican la justicia de Dios en la tierra deben servir bajo la humildad y mansedumbre de Cristo: "Cristo, entonces, vino al mundo como un manso rey, así como Mateo cita a Zacarías (Mateo 21:5), esto es, humilde, sin regalía real, pompa, y gloria, y en todas las cosas relucía en él lo más despreciado, etc. María, pues, canta así en su propio cántico (Lucas 1:48): 'Pues se ha dignado mirar a su humilde sierva.'" Lutero ofrece similares comentarios sobre Zacarías 9:9, donde destaca el oficio ministerial de Jesucristo, el cual nosotros como su iglesia debemos vivir en nuestro culto. Lutero nos insta también al comentar sobre Sofonías 2:3, la necesidad de vivir esa mansedumbre y humildad al congregarnos como su pueblo: "¡Hagan, pues, para que no se congreguen en vano! ¡Hagan que la asamblea de ustedes no sea en vano! En vez, por medio de la oración y la predicación, llámense unos a los otros para poder recapacitar, ustedes que son los mansos (humildes) de la tierra."

Hemos notado ya cómo los Profetas Menores ofrecen una escuela sobre la vocación o llamado divino para ejercer esta vocación. Lutero ofrece otros comentarios inspiradores para fortalecer el ejercicio de la vocación divina al reflexionar sobre Zacarías 3 y 4. Amerita que estos comentarios sean usados en un estudio bíblico entre personas que ejercen especialmente el ministerio público de la iglesia. Lutero nos anima a leer estos comentarios como parte de nuestra formación y guía:

> La naturaleza de la vocación (llamado) divina es tal que, primero uno se presenta a ella con gran temor, temblor, y desesperación. Aquí nada ocurre precipitadamente. No se necesita temeridad, ni audacia, ni insolencia, sino que se necesita, pues, una grande consolación. Por lo tanto, debemos prestar muy especial atención a este texto, para que nosotros también tomemos nota de nuestra vocación con temor y temblor. De otra forma, cualquier obra que emprendamos, haciéndola con más arrogancia que la necesaria, confiando solo en nuestros propósitos y audacia, será infructuosa. El verdadero Espíritu no puede estar presente en esas personas, quienes, es decir, se

> exaltan (alaban) a sí mismas y sus triunfos al iniciar (comenzar) su llamados (vocación) y están dispuestas a intentar cualquier cosa.[26]

Este ministerio, comenta aquí Lutero, requiere cosas más sublimes que lo que podemos hacer. Por lo tanto, encuentra dos tendencias presentes en nuestra humanidad. Una es de llenarnos de temor y así de inercia y la otra de arrogancia, y de creernos que todo lo podemos lograr fácilmente. Por eso necesitamos vivir en la escuela del Espíritu Santo, para que nos dé madurez y guía para ejercer nuestra vocación sacerdotal. Así llegamos a ser los instrumentos idóneos de Dios:

> Por lo tanto, para que podamos vencer con gozo, y permitamos, pues, que Dios use nuestro ministerio, el Espíritu Santo tiene que estar presente en nosotros como nuestro Paracleto (παράκλητον), dando ánimo a nuestro corazón para que no temamos a la muerte o al pecado; o si no nos encontramos completamente gozosos y audaces, que podamos, así y todo, vencer en el medio de nuestra debilitad e incertidumbre, para poder fijar siempre nuestros ojos no en nuestras debilidades sino en la voluntad de Dios, ya que él nos ha lanzado a esa vocación por su propia voluntad, etc.[27]

Lutero conecta en tono profético sus comentarios sobre Zacarías 3:3-10. Lo hace al relacionar el sumo sacerdocio de Josué con el oficio sacerdotal de Cristo. El oficio sacerdotal de Cristo tiene que ser la base y orientación de nuestra vocación sacerdotal. Al comentar sobre ese texto tan conocido de Zacarías 3:8, “Voy hacer que venga mi siervo, el Renuevo”, Lutero pinta un cuadro maravilloso de cómo ejercer el oficio sacerdotal. Así lo explica:

> Llama a Cristo un Renuevo así como Isaías lo llama “un Vástago”, y dice también: “Crecerá ante él como un renuevo” (Isaías 52:2). Con esta forma de expresarse Isaías quiere indicar que el reino de Cristo siempre se encuentra creciendo. Pues el Espíritu y la palabra de Cristo siempre se encuentran creciendo. Se encuentran siempre corriendo hacia adelante y por lo tanto producen muchos frutos. El mundo se opone a todo esto con poder y astutamente, para hacer que este renuevo se seque y deje de germinar. Agrede al retoño con

26 Lutero comenta así en su introducción a Miqueas 3.

27 Cf Introducción a Miqueas 3. Lutero ofrece comentarios similares sobre Hageo 1:14.

la muerte, la desgracia, la pobreza, y todo tipo de maldad. Pero Dios siempre hace que germine (retoñe). Le proporciona suficiente humedad para que continúe germinando y floreciendo hasta bajo el ardiente sol en pleno verano.

En otras palabras, Cristo ejerció su oficio sacerdotal bajo la unción y compañía del Espíritu Santo.[28] Esa relación nos guía y lleva a continuo crecimiento. Continua Lutero su aclaración al comentar sobre Zacarías 3:9: "Esto es lo que dice el profeta Isaías: 'El espíritu de Dios está sobre mí. Sí, el Señor me ha ungido...' (Isaías 61:1). Los dones del Espíritu Santo, los cuales Cristo ha distribuido en su iglesia, estos dones, hacen que el Vástago germine, aunque el mundo, Satanás, y todas las naciones se oponen a esto." Lutero definitivamente relaciona el oficio sacerdotal de Cristo con una relación íntima con el Espíritu Santo.[29] Es bajo esta relación que Dios otorga bajo su gracia los maravillosos dones del Espíritu Santo. Lutero desborda apasionados comentarios sobre esta relación al comentar Zacarías 4:6. De nuevo se expresa aquí en tono inspirador y poético al ejercer su vocación profética y sacerdotal al exponer las Escrituras.

Los Profetas Menores y la vida cotidiana de los creyentes

Lutero ofrece numerosos comentarios inspiradores que pueden ser usados como refrigerio en el medio de nuestras vidas cotidianas. Quiero ofrecer dos como ejemplos. Uno se dirige de forma intergeneracional tanto a los jovencitos como a las personas de mayor edad. El otro ejemplo se dirige a la vida matrimonial.

Lutero nos ofrece hermosas palabras comentando Zacarías 9:17 de cómo el evangelio anima la vida tanto de los jóvenes como de los ancianos para continuar alabando y sirviendo a Dios:

> Este evangelio, dice él, será hermoso, generará jovencitos robustos y vírgenes, y no pues, infantes débiles como los que son nacidos de

28 Lutero continúa en sus comentarios sobre Zacarías 5 y 6 esta temática y relación entre el oficio sacerdotal y la obra del Espíritu Santo. En sus comentarios sobre Zacarías 6, conecta Lutero el oficio sacerdotal con el de rey o gobernador. De nuevo reluce esa relación de Cristo con el Espíritu Santo que nos lleva a la renovación y crecimiento en Cristo (Cf. Zacarías 6:12-14). Esta relación se ofrece de nuevo en tono poético y repleto de alabanzas por lo que Dios ha hecho por nosotros.

29 Cf. El comentario de Lutero sobre Hageo 2: 10 afirma sin duda esta relación integral en el ministerio de Jesucristo: "El reino de Cristo comenzó con el bautismo y la predicación de Cristo, no con su nacimiento. Esto es, comenzó cuando Cristo fue bautizado y se oyó la voz del Padre celestial, que decía: "Tú eres mi hijo amado, en quien me complazco" [Lucas 3:22]. Así fue que llega a ser (*creatus est*) nuestro doctor, maestro, líder, y rey".

la carne inútil. No, inmediatamente florecerán jóvenes robustos y vírgenes decorosas, así como suelen ser las jovencitas al punto de contraer sus nupcias, y como suelen ser también los jovencitos en la flor de su vida. Consecuentemente, tenemos un milagro conectado con el nacimiento de ellos. En resumen, él nos indica que el pueblo del evangelio será robusto, energético, y alegre, en el espíritu y en la fe. Pues en Cristo no vivimos nuestra vejez sino, pues, un eterno florecer. En Cristo no existe una triste senectud, ésa que nos toca con varias enfermedades, ese tipo de problema que les llega a ésos que han dejado atrás la adolescencia y ahora viven la madurez de su edad senil. La juventud no sufre ninguno de esos males. Hace que los corazones de los jóvenes sean vibrantes como también inmunes a la tristeza y al desánimo. Así también son las jovencitas quienes se encuentran en la flor de su juventud.

En sus comentarios sobre Malaquías, Lutero ofrece muy sabias observaciones acerca de nuestra vocación como hijos de Dios, padres, hijos, y esposos. Un estudio sobre Malaquías sería muy saludable para la familia cristiana. Por ejemplo, al comentar Lutero sobre Malaquías 1 nos sitúa bajo la cruz para, como hijos, servir honradamente a Dios y no a nuestra avaricia. Es un capítulo muy instructivo también sobre la mayordomía cristiana. Sobre Malaquías 2:14-16 Lutero ofrece hermosos y sabios consejos cómo el esposo debe honrar y amar a su esposa. De hecho estos consejos pueden ser aplicados de manera recíproca por la esposa al esposo.

En esta introducción hemos podido destacar solamente algunos de los comentarios más significativos hechos por Lutero para nuestra formación y vida espiritual. Esperamos que estos comentarios hayan ilustrado un poquito más el corazón y la vitalidad de la Reforma. Pero el lector puede descubrir aún mucho más al hacer su propia lectura. Les prometo que van a encontrar numerosas citas sabias e inspiradoras que van a refrescar su vida cristiana, como también su vocabulario y testimonio sobre el evangelio. Que Dios bendiga su lectura.

Rev. Alberto L. García, PhD.
Profesor de Teología Emérito
Concordia University Wisconsin

COMENTARIO SOBRE MIQUEAS

Clases impartidas en latín por el Dr. Martín Lutero en La Universidad de Wittenberg de marzo a abril, 1525

Prefacio[1]

Cuando la desolación del pueblo judío era inminente y la nueva era y el reino –esto es, el de Cristo– iban a venir, Dios envió a muchos y destacados profetas para que clamaran y lamentaran la futura devastación total del pueblo, para que así algunos de los que escucharan la predicación del cercano mal llegaran a creer, a convertirse, y al ser convertidos fueran salvos. Y así, de esta manera demorarían la miserable y horrenda destrucción. En ese mismo tiempo profetizó Amós, quien creo que fue el primero en hacerlo, luego Oseas, quien vino después de Amós, y entonces Miqueas. Isaías también profetizó durante este tiempo, aunque él fue el último de éstos (en hacerlo). Éstos, pues, profetizaron sobre la destrucción del antiguo pueblo y sobre la llegada del nuevo pueblo, sobre la abolición del reino externo y la institución de un nuevo reino espiritual el cual llegaría por medio de Cristo; pues, cuando el reino corporal terminó el reino espiritual de Cristo lo remplazó. Era imposible que el reino externo carnal existiera conjuntamente con el reino espiritual. Era necesario, por lo tanto, que el reino externo fuera abolido, y eso fue hecho por el milagroso consejo de Dios cuando hizo que su pueblo fuera llevado al cautiverio, un pueblo que tan confiadamente se gloriaba de su reino externo y de su justicia eterna. Así y todo, después de la dispersión –aunque fue tan grande– Dios Todopoderoso preservó para sí un remanente de ese pueblo e hizo que regresaran

1 Traducido del texto de Altenburg, tomado de D. Martin Luthers Werke: Kritische Gesamtausgabe; Shriften; 69 vols. (Weimar: Böhlau, 1883-) XII:299-330 (citado desde ahora en adelante como *WA*).

de ambas partes –de Israel y de Judá–. De este remanente rescatado, no obstante, la mayor parte fue de Judá en vez de Israel, para que así hubiera algunos con quien comenzar su nuevo reino. Pues, de hecho, se había dado la promesa de que de ese pueblo nacería Cristo y que de ellos brotaría el Salvador y esa nueva Palabra del nuevo reino. Por lo tanto, para que Dios cumpliera su promesa,[2] rescató a algunos –aunque fueron pocos– para que así entre ellos presentara lo que él había prometido y así fuera encontrado (visto como) íntegro. Así pues, el profeta Miqueas fue enviado para que anunciara que la destrucción de todo el pueblo era eminente. Pero todos los profetas clamaron en vano.

Hoy, por medio de Dios, hemos recibido copiosamente el sincero evangelio. Tampoco nosotros dudamos que impera una significativa devastación y cambio de todas las cosas. Por cuenta de su suprema clemencia, Dios nos amonesta, así como amonestó a los judíos por medio de muchos profetas y copiosos mensajes.[3] Él nos llama al arrepentimiento, pues así como ellos[4] tomaron todas esas cosas con desdén, nosotros también hacemos así, ya que nuestros propios príncipes pregonan furiosamente en contra del evangelio y persiguen a los predicadores del mismo (evangelio). Ellos los persiguen, arrestan, y los tiran a la cárcel, y los matan. Hasta a los obispos, cuya responsabilidad es promover el evangelio, los persiguen incesantemente, y así confirman su impiedad contra la palabra de Dios. Entonces, pues, lo que le sucedió a los judíos cuando despreciaron la Palabra, indudablemente nos sucederá a nosotros cuando la despreciamos (la Palabra).

Generalmente el profeta Miqueas discute lo mismo en su profecía así como también lo hizo Oseas en la suya. Ellos dos vieron tantos profetas, y tantos innumerables mensajes,[5] enviados en vano, vieron también a tantos profetas que fueron despreciados y asesinados y que profetizaron[6] que los dos reinos serían devastados. Así y todo, tenían la clara promesa de Dios que el reino de David sería un reino externo, y que ningún líder sería expulsado del trono de David, antes de que viniera el Mesías. La promesa dice esto abiertamente. Aparentemente, esto iba sin duda en contra de los profetas, los que continuaron amenazando y profetizando que los dos reinos serían arruinados. Y hasta los impíos de Judá urgían también a los profetas con estas profecías concernientes

2 Usa aquí *"staret"*, se asentara.

3 La palabra usada aquí es *"verbo"* y significa una palabra activa en el contexto.

4 Se refiere aquí a los que escucharon el mensaje en el pasado y lo despreciaron.

5 De nueva la palabra usada aquí es *"verbo"* puede ser traducida como palabra pero en realidad se refiere a una palabra activa.

6 Usa aquí *"predicabant"* predicaban de antemano.

al reino de Judá (nuestro pueblo no tiene tal tipo de desprendido mensaje[7] con el cual pudieran oponerse al evangelio, así como hicieron los judíos). Pero, Dios maravillosamente cumplió su promesa, y por lo tanto entregó a los dos reinos a una miserable destrucción. Pero no desatendió su promesa ya que el reino no desapareció completamente. El rey Joacín, que fue trasladado a Babilonia[8] y encarcelado, no obstante fue rescatado.[9] Él fue finalmente honrado y elevado sobre todos los reyes en Babilonia,[10] así como relata la historia sagrada. Esta carne, no obstante, no reconoce que Dios revela así en una persona[11] lo que ha prometido. Así es como Dios es. Por lo tanto, Pablo declara en Romanos 11[:1] "Por lo tanto, pregunto: ¿Acaso Dios desechó a su pueblo? ¡De ninguna manera! Porque también yo soy israelita, descendiente de Abrahán, etc."[12] Un grupo escogido de ése, que de otro modo no sería contado como significativo, fue rescatado.[13] Isaías [10:22] también dice: "Si los hijos (descendientes) de Israel llegaran a ser como la arena del mar, solamente un remanente será salvado."[14] Los judíos, al contrario, entendieron la promesa de una manera diferente. Consecuentemente, no aceptaron la profecía de Oseas, Miqueas, y otros profetas acerca de la destrucción de los dos reinos. Nuestro pueblo no tiene tal mensaje, aunque se gloría de ser la iglesia la cual Dios no abandonará. Pero vean ellos al ejemplo de los judíos. Sean pues aterrorizados y desistan en ser tan confiados. Dios podrá rescatar (salvar) a su iglesia aquí y allá por todo el mundo: una en una ciudad, otra en otra. Mientras tanto, todos los príncipes, el papa, y todos los obispos perecerán. Ésta es la manera

7 Usa Lutero aquí *"apertum verbum"*. De nuevo se trata de una palabra activa, un mensaje abierto en el sentido, dado a varias interpretaciones.

8 En el texto de la Weimar lee: *"Assyriam translatus est"* fue llevado o trasladado a Asiria, pero 2 Reyes 24:15 cita que fue trasladado a Babilonia.

9 Lee *"servatus est"* que puede ser traducido "salvado".

10 El texto de la Weimar cita a Asiria, pero 2 Reyes 25:27–30 aclara que es Babilonia.

11 Lee en latín *"uno homine"*. En citas como ésta traduciré persona en vez de hombre.

12 A menos que se indique lo contrario los textos bíblicos que aparecen en esta publicación, como el texto ahora citado, son de Reina Valera Contemporánea (Sociedades Bíblicas Unidas, 2009, 2011). Se usará de ahora en adelante RVC para citar esta versión.

13 Se usa aquí *"servatus"*, y puede ser traducido salvado. Pero la salvación que se destaca aquí indica que ese pueblo escogido es librado de su esclavitud. Por lo tanto se emplea rescate en ejemplos citados como éste.

14 Lutero cita aquí en latín usando su propia traducción del texto en hebreo: *"si fuerit numerus filiorum Israhel ut harena maris, reliquiae salvae erunt."* La Vulgata lo cita así: *Si enim fuerit populus tuus, Israël, quasi arena maris, reliquiæ convertentur ex eo.* La Vulgata hace referencia que el pueblo regresará a Dios. Lutero destaca que el pueblo o descendencia será salvado o rescatado. La traducción de la Reina Valera de 1960 (citada desde ahora en adelante como RV1960), se asemeja a la traducción de la Vulgata: "Porque si tu pueblo, oh Israel, fuere como las arenas del mar, el remanente volverá." En hebreo la palabra usada es שׁוּב (*shub*) que significa volver, retroceder, arrepentirse. Así que en esta ocasión Lutero está más que todo comentando o haciendo una traducción interpretativa.

milagrosa en que salva al reino de Judá, aunque casi todo el reino fue exterminado. Consecuentemente, Dios actúa de forma milagrosa para que los malvados sean humillados y destruidos. De esta forma a veces actúa para que los profetas aparenten estar completamente opuestos a él (a Dios). Esto se ve claramente en Jeremías y Ezequiel. Jeremías profetiza contra Sedequías, rey de Judá, y dice que acontecerá que Sedequías será capturado y entregado en mano del rey de los caldeos. Entonces añade: "Y hablará con él boca a boca y sus ojos verán sus ojos" [Jeremías 32:4-5].[15] Ezequiel profetiza sobre este mismo rey: "...cubrirá su rostro para no ver con sus ojos la tierra... y haré llevarlo... a tierra de caldeos, pero no la verá, y allá morirá" [Ezequiel 12:12-13].[16] Ésta es la manera que Miqueas profetiza. Ezequiel predijo que este rey no vería la tierra y definitivamente está en lo correcto ya que le extirparon los ojos antes de llevarlo a Babilonia. Jeremías predijo que Sedequías vería los ojos del rey de Babilonia, y también estaba en lo correcto ya que primeramente lo llevaron ante del rey antes de arrancarle los ojos. Los judíos impíos se ofendieron por tal contradicción –pues así aparenta ser– por esto acusaron a los profetas de estar dementes, como son esos que se contradicen a sí mismos. Pero ésta es la forma de ser de Dios, si quiere enceguecernos,[17] así es cómo él actúa contra los presuntuosos que son tan arrogantes.[18]

Capítulo Uno

1. En días de... reyes de Judá.[19] Él no menciona los reyes de Israel, aunque también está profetizando sobre la devastación de los dos (reinos). Amós y Oseas también implican a los reyes de Judá e Israel a la misma vez. Dado pues que Miqueas profetizaba en el reino de Judá, solamente menciona a los reyes de Judá.

De Moreset.[20] Ésta es una ciudad en el reino de Judá, como podemos ver en Josué [15:44]. Por lo tanto lo llaman un moresita (*morasthites*).

15 RV1960. Esta traducción es más exacta al texto citado por Lutero.

16 RV1960.

17 La palabra usada por Lutero es *excaecare*, que puede ser traducida: confundirnos.

18 Literalmente: "seguros de sí mismos."

19 RV1960, la RVC lee: "...durante el reinado de... reyes de Judá."

20 Como vemos en Miqueas 1:14 Moreset se encontraba cerca del territorio de Gat. Se puede ubicar hoy cerca de la ciudad de Tell ej-Judeieh, 32 km al suroeste de Jerusalén.

Miqueas fue también un ministro de la Palabra por largo tiempo. Podemos llegar a esta conclusión por el tiempo que cada rey reinó bajo los cuales él profetizó. Por lo tanto, él no profetizó todo instantáneamente en un solo sermón o solamente en un año, sino que dijo algunas cosas en sermones durante un año y dijo otras cosas en otros años. Consecuentemente, así como anteriormente dividimos al profeta Amós bajo varios discursos, también debemos hacerlo con Miqueas. Así también, Lucas llama la profecía de Isaías: "el libro de las palabras de Isaías."[21]

Acerca[22] de Samaria y de Jerusalén. Es mucha la audacia de parte del profeta al mencionar inmediatamente a Jerusalén desde el principio de su profecía. Pues, inmediatamente toca la pupila (predilecta) de los ojos de Israel. Es un milagro que no mataran inmediatamente al profeta. Pero no todos eran reyes malos, pues él profetizó bajo el piadoso rey Ezequías. Si no, esta profecía aparecería ser todo lo contrario concerniente a la promesa al reino de Judá, así como mencionamos anteriormente. Los ancianos del pueblo, quienes intentaron liberar al profeta Jeremías de una muerte injusta, usaron este ejemplo en contra de los furiosos sacerdotes que querían matar a Jeremías. Leemos esto en Jeremías 26:18: "Durante el reinado de Ezequías sobre Judá, el profeta Miqueas de Moreset habló con todo el pueblo de Judá, y le dijo de parte del Señor, etc."

2. ¡Escuchen, pueblos todos! ¡Presta atención, tierra, con todos tus habitantes! Él habla lleno del Espíritu[23] y con gran vehemencia al principio de su profecía. Visualiza la futura devastación con gran convencimiento que no puede ver cómo alguien la pueda resistir. Él estaría dispuesto a ofrecer consejos al pueblo al visualizar como si se encontrara ya presente tan miserable devastación. Los urge con una inspiradora urgencia. Es aún más vehemente cuando añade:

¡Que... nuestro Dios y Señor sea testigo contra ustedes! Esto es: "Eso que digo ciertamente es del Señor. Cuando ustedes me escuchan hablarles, tomen de hecho que es el Señor hablándoles a ustedes. ¡Escuchen! ¡Escuchen! ¡Todos ustedes préstenme atención! Congréguense

21 Lucas 3:4, se cita aquí RV1960 la cual se asemeja mejor a la cita de Lutero de la Vulgata y del griego. La RVC lee: "el libro del profeta Isaías" omitiendo "las palabras" en el idioma griego λόγων (*lógōn*) que señala posesión, o que pertenece. En griego lee: βίβλῳ λόγων Ἠσαΐου τοῦ προφήτου· y en la Vulgata *"est in libro sermonum Isaiæ"*. *"Sermonum"* puede ser traducido "los mensajes".

22 En latín *contra.*

23 En latín lee: *"Magno spiritu"* que pudiera ser traducido también "con gran entusiasmo".

y no duden que están escuchando al Señor cuando me escuchan. Por lo tanto, ¡créanme a mí!" Ésta es la manera en que yo entiendo claramente[24] el hecho cuando dice: "¡Que… nuestro Dios y Señor sea testigo contra ustedes!" Esto es: "No tomen de otra manera mi predicación pues es Dios mismo quien les habla."

Desde su santo templo, nuestro Dios. Es como si dijera: "Estoy hablando de este testimonio y de este Señor quien es el templo de Jerusalén." Con este prefacio rechaza y descarta completamente todo eso de que ellos se gloriaban sobre su culto: esto es, el templo, sus sacrificios, en fin, todas esas cosas que creían que era la única cosa que complacía a Dios.

3. ¡Miren al Señor! ¡Ya sale de su lugar! Ahora propone las cosas que quiere enseñar. Es como decir: "¡No se complazcan a sí mismos! Se engañan ustedes mismos cuando se imaginan que tienen un Dios dispuesto favorablemente a sus deseos. ¡No sean tan presuntuosos! De ninguna manera puede aceptar él esa vanidad y presuntuosidad. Él, quienes ustedes creen que está callado y escondido, saldrá. Ciertamente saldrá de su lugar."

¡Ya desciende…! Esto es: "Se declarará presente de hecho, por medio de los reyes de Asiria y de Babilonia."

¡Para hollar las alturas de la tierra! La palabra en hebreo es בָּמָה (*bamah*), la cual el intérprete traduce aquí al latín: "*excelsa*" (las alturas), es frecuentemente traducida como "altares". Pero significa generalmente también cualquier cosa que es eminente o alta, por eso creo que los latinos lo llaman altares (*altaria*) por su altura y eminencia. Su significado, entonces, es éste: "El Señor hollará sobre las alturas de la tierra, esto es, sobre todo lo alto en la tierra, y sobre todas las cosas que rigen sobre la tierra. Esto es, el Señor hollará sobre todo esto y reducirá a la nada toda la eminencia de los príncipes, reyes, sacerdotes, templos, santuarios, todas esas cosas que ustedes creen y confían que van a sostenerse y permanecer para siempre. Ésta es pues la proposición (propuesta, el tema, el sumario, o la visión) de toda esta profecía, pues todo lo que sigue puede relacionarse a esto.

24 En latín lee: "simplemente."

4. Bajos sus pies los montes se derriten.[25] Esto es una sinécdoque: el envase por la cosa envasada. Con estas dos palabras (montes y valles) incluye, es mi entender, todo el pueblo. Es como decir: "Todas las cosas serán derretidas –en los montes y los valles– y todo será consumido. Ninguna de las ciudades estará segura, aunque estén construidas en las alturas o los valles." Está aludiendo aquí a la constitución del sitio o tierra pues está cubierta de montes.

Como la cera ante el fuego... como partidos por las aguas que se precipitan al abismo. Todavía los presiona con la devastación. Es como si dijera: "El Señor los derribará fácilmente y sin esforzarse. Así como la cera no puede ser derretida si antes no se le aplica fuego, y así como el agua que se precipita al abismo no puede ser frenada en su desborde hacia abajo, esta devastación de ustedes llega con tanta fuerza y tanta magnitud como un desborde, y así llega ser tan inminente entre ustedes; así como la cera no puede detener el ardor del fuego para evitar derretirse, ustedes no podrán detener este mal." Tanta es la ira de Dios cuando se enoja contra los impíos que desprecian su Palabra.

5. Todo esto... la rebelión de Jacob.[26] Estas cosas el profeta ciertamente las enseña con gran fortaleza y audacia (παρρησίᾳ) pues se atrevió a acusar la impiedad de esas personas que aparentaban ser tan santísimos. Eran tan diligentes en hacer las obras de la ley, no fuera que la transgredieran en alguna parte. No cesaban de prometerse a sí mismos una completa y perfecta santidad. Si fueran a comparar con ellos a nuestros monjes que se justifican tanto a sí mismos, y con cualquiera de esta índole, estos últimos serían nada (comparable). Pues los anteriores conocían muy bien las obras que Dios había encomendado, y las cumplían con gran cuidado y esmero, mientras que los nuestros se esmeran en tontas y ridículas obras que ellos mismos han inventado. Pero debió haber sido traducido más correctamente: "Y todo esto sucede por cuenta de (*propter*) la rebelión de Jacob."[27] Se debería traducir así como en Oseas 12:12:"Y sirvió a Israel trabajo por (cuenta de) una mujer (*propter uxorem*). Pero con esta predicación los profetas vertieron contra sí la ira y la amargura de todos. Pues los judíos no sufrieron algo más severo que eso de que fueran condenados por su propio sentido de justicia. Es así también hoy con nuestro pueblo quien

25 La traducción RV1960 se asemeja a la de la Vulgata: "Y se derretirán los montes debajo de él."
26 RV1960.
27 RVC. Esta traducción corrige la Vulgata, así como Lutero lo hace en su crítica aquí.

no puede tolerar esto, aunque ya han sido condenados por la palabra de Dios.

¿Cuál es la rebelión de Jacob? El mismo profeta está indicando que la impía justificación por obras ha guardado ferozmente sus hechos. Por lo tanto, por medio de una actuación (teatral) (*per* μίμησιν) levanta una objeción a su propia palabra, asumiendo el personaje (rol) del pueblo: ¿Cuál es la rebelión de Jacob? (Y entonces contesta) ¿No es Samaria?

¿Y cuáles son los lugares altos de Judá? Esta expresión "los lugares altos" significa altares. El sentido, por lo tanto, es: "Desnudaré (destaparé) para ustedes el pecado de ambos, Israel y Judá." Los pecados de Israel en Samaria y los de Judá en Jerusalén. Esto es lo más destacado (la fuente)[28] de toda impiedad: un culto, sacrificios que Dios no ha instituido ni la palabra de Dios ha señalado. Y aquí vemos de nuevo –como podemos ver en toda la Escritura– como esto no le agrada a Dios, y de hecho, como odia esto si instituimos algo fuera de la palabra de Dios, aunque eso aparezca bueno y santo. Esos ritos y sacrificios de los judíos, los cuales eran hechos por ellos para el verdadero Dios eran como éstos. Por lo tanto, nuestro pueblo debe avergonzarse y arrepentirse de sus errores, teniendo plenamente en cuenta que ninguna de esas cosas que ellos han instituido es agradable a Dios.

6. Por eso voy a convertir a Samaria en un montón de ruinas. Él (profeta) responde a sus objeciones, con las cuales patrocinaban sus impiedades contra la palabra de Dios. Lo que leemos aquí como "montón de ruinas" es la misma expresión que tenemos en el Salmo 79:1: "¡Han dejado a Jerusalén en ruinas!" Éste es el tipo de muralla de piedra alrededor de las viñas. En esta muralla las piedras no se colocan ni se ajustan una con otra con cemento.

¡Voy esparcir sus piedras por el valle! Esto es: "Voy con fuerza y con vigor a esparcirlas hacia el valle en un montón para que así ni torre ni muralla permanezcan."

¡Y a dejar descubierto sus cimientos! Esto es: "Las derrumbaré de tal modo para que así ninguna piedra quede unida con otra, y consecuentemente su propia base (fundación) quede expuesta a todos."

28 Lutero usa aquí *caput* que puede ser traducido la cabeza, lo destacado, lo principal, y brinda un cuadro visual de ese pecado pues el mismo se encuentra en "los lugares altos". La impiedad es, entonces, idolatría al asumir los lugares altos que le pertenecen a Dios.

7. Todas sus estatuas. Esto es: "El rey de Asiria derrumbará todo de lo que solamente ustedes se glorían: sus ídolos, bueyes, y otras imágenes."

Todas sus ganancias. Éstas son sus anatemas (*anazemata*).[29] Éstas son sus donaciones, regalos que ofrendan a los sacerdotes o a los templos para alentar el culto a Dios. Ya vimos eso anteriormente en Oseas [2:5].

El dinero que juntó por la paga de sus prostituciones. Esto es como un proverbio, un modo de expresión. Llama a todo el pueblo una prostituta. Por lo tanto, es una acusación: "Con sus fornicaciones ustedes han reunido (comprado) todas estas imágenes, estatuas, o ἀναθήματα (*anazemata*).[30] Ellas son la paga de sus prostituciones. Esto es, todas las han obtenido por sus maldades. Por lo tanto, serán devueltas a un rey impío que se deleita también en la idolatría. De la misma manera que fueron adquiridas así serán destruidas." Esto es exactamente lo que el proverbio en latín significa: *male parta male dilabuntur*[31] (Lo que mal se gana mal se pierde). Sin duda, por el juicio de Dios, los bienes y tesoros de los monasterios llegarán a ser la rapiña y saqueo para los soldados impíos. Pues, después de todo, fueron comprados con el sueldo de una prostituta y, es decir, no es mejor que el sueldo de los judíos.

8. Por eso lloro y gimo. El resto de este capítulo es muy difícil (para interpretar). Es tan difícil el resto de este capítulo, que en casi cada palabra usada por el profeta en hebreo emplea un tropo[32] o sentido figurado. Me hace pensar que casi todo sentido figurado presente en el idioma hebreo ha sido empleado aquí. Debemos estar locos, pues, cuando nos entregamos a interpretar los profetas sin ser peritos ni tener gran habilidad y conocimiento del idioma hebreo. Pero al explicar esto voy hacerlo con la ayuda de Dios tal cuanto me sea posible. No puedo hacer nada más que esto; y tampoco puedo prometer hacer algo más (que esto).

Hasta ahora ha estado profetizando sobre la devastación de los reinos de Israel y Judá: que todos los ídolos y malditas ofrendas[33]

29 La *anazemata* era una ofrenda que no podía ser usada o redimida. Consecuentemente era una ofrenda no aceptada o maldita.

30 Cf nota 30 arriba.

31 La frase *male parta male dilabuntur* generalmente se le atribuye al poeta romano C. Naevius, quien murió en el 198 aC. Una frase con significado paralelo que Lutero usa para traducir esta frase en alemán es: *"Übel gewonnen, böslich zerronnen."* Lutero usa también esta frase en alemán al comentar Habacuc 2:6: "Hay de ti, que acumulas bienes ajenos."

32 Un tropo emplea una palabra en un sentido distinto del que propiamente le corresponde.

33 Aquí Lutero se expresa usando solamente la palabra en griego ἀναθήματα. Cf nota 30 arriba.

(ἀναθήματα) serían reducidas a la nada por el rey de los asirios, quien llegaría como el devastador contra ellos por cuenta del juicio de Dios. Les presenta aquí ese hecho ante sus ojos como si la devastación ya hubiera ocurrido. Actúa (el profeta) como espectador de esa devastación. Con mucho afecto comienza a presentar esa devastación como si ya estuviera ocurriendo. "Por eso lloro y lamento, etc." Si quisiéramos traducir esto al latín, tendríamos que leerlo y entenderlo en un sentido de posibilidad pues el hebreo carece del modo optativo.[34] Consecuentemente los hebreos no pueden expresarse como nosotros nos expresamos. El latín lo expresa de esta forma: *Posset aliquis, vel deberet quilibet lugere et plangere* (Alguien puede –o alguien debe– llorar y gemir).

Por eso ando descalzo y semidesnudo. Deberíamos entender esta desnudez en referencia a los esplendidos ornamentos, esto es: "Vestiré un vestuario barato y pobre después de quitarme los más lujosos. Con este hecho señalaré la miseria por cuenta de la devastación." Así mismo, Isaías se desnudó por mandato del Señor. Con su desnudez quería expresar, así como señala el texto en Isaías [20:3], la cautividad de Egipto. No es que creemos que Isaías andaba completamente desnudo sino que vestía solamente ropa modesta y sencilla al abandonar su largo y decente vestuario. Así es como debemos entender también la narración bíblica sobre el discípulo que "dejó la sabana y huyó desnudo".

Parecen aullidos de chacales.[35] La palabra en hebreo significa dragón o monstruo marítimo. Ignoro qué clase de lamentaciones puede hacer un dragón. El profeta menciona monstruosas bestias las cuales se lamentan de acuerdo a la enormidad de sus cuerpos. Con esto exagera (el profeta) la miseria que se les avecina.

Lamentos de avestruces.[36] La naturaleza del avestruz está descrita en Job 39:13-18. El avestruz pone huevos y los abandona en la tierra, y descuida completamente a sus polluelos. Por lo tanto los llama "*filias*

34 El modo optativo en latín y griego admite una posibilidad u opción.

35 La palabra en hebreo es תַּן (*tan*) que significa dragón o ballena. Lutero cita la Vulgata en latín la cual usa la palabra *dracones* que significa dragones.

36 La palabra usada en hebreo es יַעֲנָה (*yaanah*). Se refiere a un ave impura no apropiada para sacrificios. Puede ser un búho, un avestruz, etc. Quiere decir que es un animal no digno de que sus ruegos sean escuchados.

strutionum" (avestruces jóvenes),[37] polluelos a quienes sus madres han abandonado y despreciado completamente.

9. La llaga de Samaria es dolorosa. Quiere decir, es muy miserable y deplorable su herida. Pues es eso lo que la palabra significa en hebreo: "una miserable, pobre, deplorable criatura."[38]

Ha llegado hasta Jerusalén, hasta la puerta de mi pueblo. Pienso que el profeta no está hablando del cautiverio en Babilonia; habla, pues, del terror del cautiverio por cuenta de un (pueblo) vecino. Del mismo modo, si los turcos destruyeran una ciudad cercana, por cuenta de esta cercanía tendríamos temor que los turcos llegarían a nosotros también. Por lo tanto, pienso que este pasaje dice algo así: "La llaga del reino de Israel es profunda y miserable. El daño es incurable. Esta llaga espanta a Judá y hace que se aterrorice y piense que va a ser arruinada y devastada.

10. No lo digan en Gat, ni lloren demasiado. La palabra *lachrymis* (lágrimas)[39] fue añadida en la traducción al latín. Pudo ser omitida. Este pasaje fue tomado del cántico de David en 2 Samuel 1:20. Los profetas solían repetir muchas cosas de los libros históricos.[40] Pues se puede ver que aquí tenemos las mismas palabras que allá: "¡Que no lo sepan en Gat, ni lo anuncien en las plazas de Ascalón! ¡Que no se alegren los filisteos ni salten de gozo las hijas de incircuncisos!" Pues, fue una gran calamidad para Israel que Saúl fuera matado. Si los enemigos de Israel hubieran descubierto esto, se hubieran regocijado por la muerte del rey. Miqueas está imitando esa misma idea. Es como si dijera: "Escondan esto, si pueden de algún modo, no sea que los enemigos de ustedes se regocijen cuando sepan de hecho sobre esta calamidad." Pues, involucraba no solamente el hecho de la devastación sino también de la inminente desgracia. Temerosos estaban que sus enemigos los insultaran y se burlaran de ellos, y reprobaran a Dios, de quien ellos se habían gloriado por ser su Protector y Defensor.

37 Aquí comenta Lutero de acuerdo a la Vulgata que traduce así: *luctum quasi struthionum* (Lamentos sobre los que son casi avestruces). En otras palabras lamenta sobre aquellos avestruces que todavía no han visto la luz, se encuentran encerrados en la cáscara del huevo.

38 Aquí como en otros de sus comentarios Lutero usa una frase del alemán coloquial para explicarles a sus alumnos: *Eyn elend, arm, bekummert wesen.*

39 Lutero está haciendo referencia aquí al texto de la Vulgata: *"In Geth nolite annuntiare; lachrimis ne ploretis."* Pero su comentario es una comparación entre la cita en 2 Samuel 1:20 con Miqueas 1:10. En Samuel es omitido el versículo "ni lloren demasiado".

40 La referencia aquí es sobre los libros históricos de la Biblia como 1 y 2 de Samuel, 1 y 2 Reyes, y 1 y 2 Crónicas.

En el polvo de Bet Leafrá. La palabra en hebreo significa propiamente la tierra que se ha excavado, el polvo que se ha amontonado, la clase de polvo que se tira sobre los sepulcros. En otros pasajes se traduce con la palabra "tierra". Bet Leafrá es un hebraísmo: "en una casa de polvo", es como decir: "en una casa donde el polvo suele ser esparcido." Consecuentemente, el sentido es éste: "No lloren abiertamente. Es mejor que ustedes se reúnan privadamente en algún rincón reservado para el luto. Escóndanse en esos rincones, no sea que sus enemigos oigan de esa inmensa calamidad y los insulten.

Revuélquense en el polvo de Bet Leafrá [Rocíense ustedes con el polvo].[41] En hebreo dice así: "Revuélquense en el polvo", por supuesto, "no sea que sus enemigos oigan de su inmensa calamidad". Así pues, bajo estas (frases) propone futuros eventos así como si ya estuvieran ocurriendo, para declarar así la miseria de su inminente devastación y moverlos (motivarlos) al arrepentimiento.

11. Pásate, oh morador de Safir de belleza.[42] Vemos aquí una dificultad. Lo leo así de acuerdo al hebreo: "Sigan adelante, O Habitación de Belleza. La habitación (los habitantes) de Zenán no sale. La Casa del Vecino (Betesel) aceptará el luto de ustedes mientras ésa continúa en pie (parada)." Es siempre la costumbre de Jerónimo al traducir la Biblia, traducir nombres propios como nombres comunes. Pero, en sus comentarios traduce los nombres comunes como nombres propios.[43] Pues aquí, entonces, traduce "*quae habitat in exitu*" como "habitantes (los que habitan) en salida", lo cuan debió haber sido traducido con un nombre propio.[44] Se encuentra un hebraísmo en la palabra "habitación".[45] Pues la palabra en hebreo significa "ciudadano". Lo traduciríamos correctamente al latín si se nos permitiera usar una palabra

41 Lutero cita aquí a la Vulgata: *"In domo pulveris pulvere vos cons conspergite"*. La frase: *"vos cons conspergite"* [Rocíense ustedes con el polvo], destaca al verbo *conspergite*. Éste es una expresión imperativa del verbo *conspergo*, que signfica "rociarse", "derramarse". La traducción de la RVC, la cual es citada arriba en el texto, capta esa expresión del lenguaje hebreo que Lutero hace referencia en su explicación. La raíz del verbo citado en hebreo, en modo imperativo, es פָּלַשׁ (*palas*), verbo usado en tiempo de luto que significa aquí: "laméntate volcandandote en la tierra".

42 La RV1960 es citada arriba, la cual se aproxima mejor el texto original. La RVC traduce así: "Sigan adelante. habitantes de Safir." La Vulgata, texto citado por Lutero, lee de *pulchra*, de belleza, en vez de como dice en hebreo: שָׁפִיר (*sapir*), nombre de una ciudad.

43 Jerónimo (347-419) fue uno de los más distinguidos autores y exegetas cristianos de la antigüedad. Es especialmente reconocido por su traducción de la Biblia al latín. La Vulgata reconocida como la traducción oficial de la Iglesia Católica en el siglo dieciséis.

44 Siendo este nombre propio "Safir".

45 La palabra en hebreo es יָשַׁב (*yasab*) que significa "donde habita o mora alguien".

inventada como *cividitas* (morada de ciudadanos). También el profeta habla con una penetrante y amarga concesión: "¡Pásate!", es como si dijera, "¡Pásate, Bella Ciudad, ve a tus grandes moradas de Samaria! Pásate hacia tu camino. Hacia tu camino, ¡Bella Ciudad! No hay salvación para ti. Todo ha terminado en lo que a ti respecta. Nadie puede detener al Señor. La ira de Dios corre contra ti como un torrente de agua." Así pues dijo anteriormente (v 4). "Y además de esto 'tu ignominia ha sido descubierta', esto es, ya es un hecho evidente que estás pasando hacia tu camino y estás siendo devastado. Todo el mundo está claro sobre eso." Pues como dice nuestra lectura:[46] "tu ignominia lo ha llevado todo al desorden" (confusa ignominia), es inepta.

No salgan. Creo que el profeta dice esto empleando un estilo de imitación (μιμητικῶς)[47] Zanán es una ciudad de la tribu de Judá. Esto se ve claro en Josué 15:37. El profeta añadió una letra (la letra a).[48] La ciudad mencionada aquí junto con otras, se encontraba cerca del profeta cuando él profetizaba, pues él profetizaba en el reino de Judá, así como dijimos anteriormente. Pues él se está dirigiendo a las ciudades vecinas y cercanas. Y se encuentra un doble significado en este pasaje: (1) "Transita, Oh reino de Israel; salte de aquí; nuestra ciudad en la cual habitamos, todavía no está por salir contigo; no existe peligro, etc."; (2) (y este segundo significado aquí que me complace mejor), pues como si el profeta dijera: "Mis zaananitas todavía se encuentran seguros, y están diciendo: 'Los asirios no vendrán a nosotros. Esta maldad no llegará cerca de nosotros. Estaremos sin peligro, etc.'" Pues todo lo dicho aquí es en sentido figurado, como si dijera (el profeta): "Oh no, Zanán no partirá."[49] Ésta me parece ser la interpretación más adecuada. Si no le complace a alguien, presente (entonces) algunas más adecuadas. Pero, como ya había mencionado anteriormente, deberíamos leer éste como un nombre propio.

Que Betesel está llorando, etc.[50] Esto es: "Se encuentran ya en tránsito pues los asirios los están llevando al cautiverio. Por lo tanto la

46 Se traduce aquí lo que cita en la Vulgata.

47 El origen de la palabra mímica, imitar procede de esta palabra citada en griego por Lutero: μιμητικῶς (*mimetikōs*).

48 La RV1960 capta y mantiene esta diferencia en el hebreo al citar la ciudad en Miqueas 1:11como Zaanán (צַאֲנָן) y en Josué 15:37 como Zenán (צְנָן) Miqueas añade en el texto hebreo una *a* adicional. La RVC le quita la *a* añadida por Miqueas en su traducción de 1:11 para que sea constante el nombre citado.

49 Lutero aquí se expresa en el alemán usado en su época: *"neyn, Zenan wirth nicht gehen."*

50 Aquí Lutero emplea la Vulgata que lee: *"planctum domus vicina accipiet ex vobis"*, que puede ser traducido: "La casa del vecino recibirá sus golpes [lamento, castigo]."

casa del vecino –esto es, el reino de Judá– recibirá los golpes (lamentos) de ustedes, pues ellos todavía se encuentran en pie." Esto es, se encuentra segura y en pie. Aunque todavía se encuentra en pie, así y todo, se lamenta por el temor del cautiverio del vecino, así como dije anteriormente.

12. Porque los moradores de Marot anhelaron ansiosamente el bien.[51] Ofrece el motivo por su lamento. Podemos también tomar este pasaje en doble sentido. Primero dice: "Lo han hecho desvalidos por buena cosa", así que su sentido es: los hicieron débiles por hacer el bien. Los moradores de Maror, eso es, los de la desobediencia no se preparan para hacer el bien. Así nos referimos a su culpa. Es como si (el profeta) dijera: "Ellos merecen ser atemorizados y también que lloren por cuenta de su propia amargura." El otro significado es éste: Ellos se encuentran en pie, sin peligro, pero así y todo se encuentran adoloridos, en luto, y tristes por cuenta de ustedes. De hecho temen el mal sobre sí mismos. Este sentido se refiere al castigo. Prefiero mucho más este segundo significado.

El mal ha llegado hasta las mismas puertas de Jerusalén.[52] Esto es, también llega cerca de las puertas de Jerusalén.

13. El tumulto de los carruajes, etc.[53] Como todo este pasaje al final del capítulo es muy difícil (de interpretar); así también este pasaje corresponde al resto (del texto). Lo traduzco así del hebreo: "Enganchen (o unzan) el carruaje para el tiro, habitantes de Laquis." No hay nada que Lira pueda ofrecer a esta ciudad. De hecho, esta ciudad en los campos de Judá cerca de los palestinos es suficientemente bien notable. Es vecina de las otras aquí mencionadas. Ya que el profeta se encuentra profetizando entre estas ciudades, acomoda su profecía a ellas, así como mencionamos antes. Aún más, el profeta dice esto con una amarga aprobación, así como hizo anteriormente. El significado (de este pasaje) es éste: "Unce tus carruajes y prepárate, Oh Laquis. Tú también tendrás que partir. El cautiverio se avecina también para ti."

51 RV1960 aquí se asemeja mejor a la Vulgata. La RVC traduce así: "Los habitantes de Marot anhelan con ansias recibir el bien."

52 RV1960 lee: "el mal había descendido hasta la puerta de Jerusalén." Esta traducción se aproxima mejor a la Vulgata.

53 Fue traducido directamente de la Vulgata: "*Tumultus quadrigae.*" RVC lee: "enganchen a sus carros los caballos."

Que fueron los primeros causantes del pecado de la bella[54] Sión. Estos hechos de la historia no los reconocemos. No se encuentran citados en ningún lugar en las Escrituras. Consecuentemente, debemos tener fe en el profeta de que esta ciudad instigó y ocasionó la oportunidad para el reino de Judá de seguir la impiedad del reino de Israel. Para resumir este texto, entonces: "Ya que tú, oh Laquis, fuiste cómplice en el pecado de Israel, ya que proveíste a Judá la primera oportunidad de seguir la impiedad de Israel, tú también compartirás el castigo y serás la primera en ir al cautiverio." Esto sucedió de hecho, pues, ésta fue la primera ciudad del reino de Judá en ser capturada. Por cuando él dice: "En ti fueron encontrados (descubiertos)." El profeta no quiere decir que esta ciudad fue la primera en descubrir sus pecados, sino que fue la primera –antes que todas las otras ciudades de Judá– en seguir estas impiedades, guiada así por el ejemplo de Israel.

14. Por lo tanto vosotros daréis dones [enviarán] a Moreset-gat.[55] El nombre hebreo Siloé aparece en Juan 9:7 donde Juan añade "que significa 'Enviado'". שִׁלּוּחִים (*Schiluim*), enviado en hebreo significa un regalo como también significa un "emisario". Lo traduzco aquí "emisarios", para que el significado sea éste: "Vayan, envíen (a emisarios con) regalos, pidan por ejércitos auxiliares, que por cuenta de la presencia de esos (ejércitos) piensan ustedes que se encontrarán seguros. Pero a ustedes todo les saldrá mal, pues intentan todo esto en vano."

Las casas de Aczib serán una trampa.[56] De nuevo, traduce[57] de una manera pésima e inepta usando un nombre apelativo (común) en vez de usar un nombre propio, así como arriba. Pues, esta ciudad (Aczib), está también en el reino de Judá, como podemos ver en Josué 15:44. El mismo traductor traduce: "Las casas de falsedad."[58] Tanto pues era la ceguedad del traductor. Su significado, por lo tanto, es: "Tú Aczib y tú Israel, concuerdan en sus impiedades. ¡Vayan pues! Congreguen a los palestinos alrededor de ustedes. Envíen pues emisarios a las casas

54 Aquí la RVC lee "bella Sión", pero la Vulgata como la RV1960 traducen mejor de acuerdo al texto original: "hija de Zión" (*filiae Sion*).

55 RV1960. La RVC traduce: "Por lo tanto, ustedes pagarán tributo a Moréset Gat."

56 La Vulgata usa la palabra "decepción" y la RV1960 usa "engaño". En hebreo es אַכְזָב (*'akzab*), que significa algo falso, engañoso, y no verdadero.

57 Se está refiriendo a Jerónimo. Ver arriba la explicación de Lutero sobre Miqueas 1:11 y la nota número 44.

58 Se refiere aquí a como lo traduce Jerónimo de la Septuaginta al latín en la Vulgata: *domos mendacii*.

de אַכְזִיב (*Aczib*) en favor de una alianza.[59] Es así, pues, como los reyes de Israel serán engañados." Esto, por lo tanto, significa que los reyes de Israel tendrán una alianza con los palestinos. Ellos confiarán en esa seguridad, pero en eso mismo que ellos confían será su ruina.

15. Van a tener un nuevo amo.[60] Podemos entender esto como una ironía o (algo) simple. En forma irónica (εἰρωνικῶς) lo entendemos de este modo: "Les llevaré yo, pues, un heredero de quien ustedes son dignos. Éste es el rey de los asirios. En cuanto al pecado están parejos; por lo tanto lo haré a él un heredero por igual." Aquí tenemos una mera alusión, que nos es imposible traducirla al latín pues para los hebreos Maresa significa herencia. Él alude a esta palabra para decir: "Esperen ustedes, pues, herederos. ¡Les enviaré una herencia!" El significado simple de este pasaje –y el cual prefiero– es éste: "Tú, Maresa, estás todavía en pie y confiada. Te encuentras salva. Tu devastador enemigo todavía no ha llegado a ti. Un heredero te ha sido enviado, éste, pues, soy yo, para anunciarte el arrepentimiento por medio de mi profecía. Si crees mi mensaje (predicación) serás salvo y escaparás al cautiverio. Mi profecía es: 'a Israel llegará la gloria de Adulán.'"[61] Así es como hemos resuelto de manera extraordinaria (no usual) este intrincado y difícil texto. Hemos presentado solamente lo que nos ha sido posible con la ayuda de Dios. Lo que sigue ahora es solamente una explicación de lo precedente.

16. Rápate, pues, la cabeza y aféitate la barba. La calvicie era una señal de luto entre el pueblo, así como ya hemos visto anteriormente con otros profetas.

Por los hijos en que te deleitas. Esto es, por esa gran prole, en quien te deleitas, y de quien has recibido tan grande gozo.

Pónganse bien calvo ustedes.[62] Esto es: "Lloren y laméntense con vehemencia. Un gran y miserable cautiverio los amenaza. Quédense

59 Cf nota 57 arriba.

60 La Vulgata lee: "Van a tener un nuevo heredero [*haeredem*] sobre ustedes" [*Adhuc haeredem adducam tibi*]. Lutero aquí tiene presente la imagen de "heredero" en vez que amo o poseedor. Por lo tanto se entiende aquí la explicación irónica de Lutero.

61 La RV1960 traduce: "la flor de Israel huirá hasta Adulan" y la RVC: "y los mejores hombres huirán hasta Adulán." La Vulgata traduce: "*ad Odollam veniet gloria Israël.*" o "a Israel llegará la gloria de Adulán" que es el texto que cita Lutero. Este texto se encuentra más cerca al hebreo original que hace referencia a la gloria כָּבֹד (*kabod*) de Israel.

62 Es una repetición del principio del versículo 16. Traduje aquí del latín pues expresa mejor el pensamiento de Lutero.

calvos como el águila, así como el águila muda regularmente sus viejas plumas y crece nuevas (plumas) para que su juventud sea renovada, así como se encuentra en el salmo" [Salmo 103:5].

Capítulo Dos

En el primer capítulo él (Miqueas) completó su primer sermón. En este capítulo comienza un nuevo sermón. Pues él pronunció estos dos sermones en diferentes días o en diferentes fechas en vez que en un mismo día. En el primer capítulo anunció que el cautiverio de ellos vendría por cuenta de sus santimonias, esto es, por motivo de sus cultos idolatras a Dios, los cuales fueron instituidos arbitrariamente por ellos mismos en contra de la clara palabra de Dios. Aquí anuncia el mismo cautiverio por cuenta de sus frutos de impiedad. Pues ya que la fe no puede hacer otra cosa que producir buenos frutos, la impiedad no puede hacer otra cosa que producir malos frutos, así como la avaricia, la violencia, juicios injustos, etc., todos los cuales el profeta los enumera aquí y el apóstol Pablo también los menciona en Gálatas 5:19-21. Por lo tanto, así como en el primer capítulo censuró la hipocresía y la disfrazada impiedad de ellos, en este capítulo censura esos groseros y evidentes pecados los cuales carecen de toda clase de santidad, que solamente pueden ser ésos (pecados) afirmados cuando el corazón es impío.

1. ¡Ay de los que aun acostados hacen planes inicuos[63] **y maquinan el mal!** La palabra hebrea אָוֶן (*'aven*)[64] es muy común y significa propiamente molestia. Esto es lo que vemos en el Salmo 90:10: "Y si en los más robustos son ochenta años, con todo, su fortaleza es molestia y con trabajo."[65] Por eso, en forma metafórica (μεταφορικῶς), cualquier iniquidad llegó a ser llamada bajo este nombre por los profetas. Consecuentemente, esto es una metáfora también en este texto. Es como si dijera: "Están haciendo esto en sus propias camas." Cuando dice "aun acostados", él (profeta) está citando bajo una paráfrasis sus intereses y sus hechos. La idea es pues: "Han estado haciendo esto día y noche. Ésta es la preocupación de ustedes. Ustedes meditan solamente sobre

63 Lutero ofrece aquí su propia traducción al latín: *Vae cogitantibus dolorem*. La Vulgata lee: *Væ qui cogitatis inutile*. Lutero usa *dolorem* que signfica dolor, molestia, angustia o pena. *Inutile* significa algo inútil o injurioso.

64 En hebreo la palabra puede significar también maldad, iniquidad, trabajar o hacer algo en vano.

65 RV1960.

este hecho: cómo injuriar y oprimir con violencia a los pobres. Se encuentra la misma frase en el Salmo 36:4: "Aun acostado hace planes malvados." Esto es, "Hizo esto, lo planificó como su objetivo, etc." En resumen, pues, el profeta dice: "Ustedes nunca consideran hacer el bien. Nada le pasa por la mente sobre la justicia."

Y en cuanto amanece los ejecutan. Designa él un cierto tiempo (momento). Es mi opinión que el profeta está hablando sobre el mal que ellos perpetran concerniente la justicia y la doctrina. Esto es, ellos han depravado la justicia para los pobres y los oprimidos. Ellos no promueven una justicia justa, y enseñan cosas impías en vez que la Palabra. El significado, entonces, es éste: "Ustedes se preocupan por solo una cosa: oprimir al pobre. Al hacer esto crean nuevas leyes y cambian las leyes. Ustedes no decretan juicios justos. En la mañana enseñan al pueblo y pasan juicios, pero en la noche meditan sobre algo completamente diferente, es decir, cómo aprovecharse de la palabra de Dios y usar sus perversos sentidos de justicia solamente para devorarse a los pobres, para que así sus terrenos y posesiones lleguen a ser el botín de ustedes." Éstos son los frutos de la maldad. Pues, ¿qué otros frutos que la misma maldad puede producir un árbol malvado? Vemos un excelente ejemplo de esto en la gobernación papal. En esa (gobernación) no se hace nada más, ni se ve nada más que aquellos que pertenecen a ese gobierno viven lujosamente. Todas las leyes y reglas papales son dirigidas a este propósito, esto es su clero, así es como los llama, no carecen de nada y tienen grandes y abundantes recursos de todas las cosas. No sea que carezcan de algo, imponen deudas a los pobres, y los mandan al infierno una y otra vez.

Porque tienen el poder en la mano.[66] El profeta explica aquí lo que quería decir. Es como si dijera: "Cualquier cosa que hagan, o cualquier cosa que enseñen va contra Dios, aunque quieran pretender otra cosa." Así es como nuestros papistas[67] han apropiado para su propio pretexto el nombre de Dios, y de los santos apóstoles Pedro y Pablo, y de la santa iglesia. Finalmente, todo dinero que se encuentra disponible ellos lo usurpan. Así nos dice Cristo: "Porque ellos devoran las casas de las viudas" [Mateo 23:14].

---

66 Lutero cita aquí la Vulgata que lee un poco diferente: *Quoniam contra deum est manus eorum* (Porque sus manos están contra Dios). La RVC traduce mejor aquí el hebreo original, como también la RV1960.

67 Los *papistae* son lo seguidores o correligionarios del papa.

2. Oprimen al hombre y a su familia.[68] Los hebreos usan su propia pequeña palabra גֶּבֶר (*geber*), la cual la traducimos al latín como *virum*. Hablamos en la misma forma en alemán cuando decimos de manera impersonal: *Man sagt also*. Los profetas mencionan por todas partes estas acciones de los impíos, así como ya vimos anteriormente.

3. Ya he pensado lanzar contra esta familia una calamidad. El Señor pone sus propios pensamientos en contra de sus planes malvados. Es como si dijera: "Ustedes están tramando el mal contra otros, y entonces yo (Dios), pues, estoy planeando mal contra ustedes."

No saldrán bien parados. No volverán a andar erguidos, porque ese tiempo será malo. "Veré pues, que la soberbia de ustedes sea sujetada, y no podrán andar erguidos con soberbia mientras imponen violencia contra otros, ya ese tiempo será malo. Los asirios vendrán. Él (Dios) los domará a ustedes que ahora son tan malvados y soberbios."

4. En ese día, su mal será proverbial, y como lamento les cantarán esta endecha. Esto es: "Llegará el momento que haré pues que ustedes sean un cuento (fábula) para todo el mundo. Ustedes serán el tema de los cantos de victoria de sus enemigos." Está proponiendo el tema o resumen del canto, es como si dijera: "Van a cantar así sobre ustedes."

Hemos sido destruidos por completo. Dios ha cambiado la suerte de nuestro pueblo. Hemos ya discutido esta palabra (*pars*) anteriormente en Amós.[69] Significa propiamente la herencia, porción, o terrenos distribuidos a individuos.

¡Nos ha quitado nuestros campos! Esto es parte también del canto. Es más, el texto ofrece un doble sentido. El primero es que la tierra fue invadida dos veces. Primero fue invadida por Tiglat Piléser, rey de los asirios, y luego también por su hijo. Pero esto no me parece correcto. Lo traduzco así: ¿Cómo puede alguien quitármelos, para que los campos sean distribuidos? Por lo tanto traduzco el verbo en hebreo como adverbio. Pues este modo de hablar es una costumbre para los hebreos en expresiones como éstas. Esto se nota clarísimamente en

68 La Vulgata usa *domum* (su casa) en vez de familia (*familiam*).

69 Se refiere a su explicación sobre Amós 4:7 en su Comentario sobre Amós (Cf. Martín Lutero, Comentarios a los Profetas Menores, traducido y editado por Alberto L. García (Saint Louis: Editorial Concordia, 2017), Volumen 1: 199.

el Salmo 71:20-21: "Pero volverás a darme vida"; "y volverás a consolarme". La idea, pues, es ésta: "Todas nuestras posesiones han desaparecido. ¿Quién pues nos quitará este yugo, para que nuestros terrenos sean distribuidos de nuevo entre nosotros? Pero eso no ocurrirá (con nosotros). Ellos (los terrenos) han sido sorteados a otro señor y dueño. Pues, si los enemigos cantan este canto, es definitivamente un canto. Si los conquistados lo cantan, es un lamento. Éste es el significado que tomo de este pasaje. No creo que esté equivocado, aunque difiero con otros (sobre el texto).

5. Por eso no tendrás quien adjudique lote mediante la cuerda[70]**[en la asamblea de Yahveh].** Por seguro habla sobre la devastación total. Por lo tanto, no debemos entender esto solamente como una parte del pueblo así como se lee en la versión en latín. Es como si él estuviera diciendo: "Toda la población perecerá en absoluto. Nadie permanecerá en la asamblea o iglesia del Señor –esto es, entre el pueblo donde se encuentra presente la palabra de Dios– para medir los terrenos de nuevo. De esta manera el Señor ha presentado la suma y pensar de sus planes contra los planes de los impíos.

6. Ustedes ordenan a los profetas que no profeticen.[71] Todo este texto ha sido traducido con gran confusión. Éste es un texto nuevo. El canto ya ha sido terminado y concluido. Lo traduzco así: "No dejen gotear una gota."[72] Es así como lee en hebreo. Los profetas usan el verbo "gotear" (*stillare*)[73] en lugar de "predicar"[74] y llover significa "predicar". En resumen: Él acusa a los magistrados quienes prohibían a los profetas que predicaran y que profetizaran sobre la devastación del pueblo el cual Dios había escogido para que fueran su propia herencia. Acusa a los magistrados que insultaban a los profetas de mentir. Ésos (magistrados) continuaban usando contra los profetas las promesas hechas por Dios al pueblo de Israel, así como ya hemos dicho en la introducción sobre este profeta.

70 Tomado de la versión Cantera-Iglesias. La RVC lee: "Así que no habrá quién reparta terrenos por sorteo en la congregación del Señor. Lutero cita la Vulgata la cual traduce: *Propter hoc non erit tibi mittens funiculum sortis in cœtu Domini* (Por cuanto no tendrás que lanzar la cuerda para sortear en la casa del Señor).

71 En latín lee: "Ellos predican. No prediquen" (*Ne loquamini loquentes*). Así es como varias traducciones en inglés citan este texto.

72 Así lee en la Vulgata (*ne stilletis stillam*).

73 La palabra usada en hebreo es נָטַף (*naṭap*) que significa gotear.

74 La RVC usa aquí "profetizar" en lugar de "predicar".

Ustedes ordenan a los profetas que no profeticen, y dicen que no tendrán de qué avergonzarse. Éstas son sus propias palabras y se las están diciendo a los profetas. Pero la podemos ver como una amenaza de esta manera: "Le estamos advirtiendo que no prediquen; si no la desgracia los visitará a ellos." O lo podemos tomar así: "Pues no prediquen ellos de esas cosas, y así la desgracia no llegará a nosotros. Los profetas son mentirosos. Dios no confundirá a su pueblo, el cual ha elegido y al cual le ha prometido que siempre estaría cerca (de ellos)." Los dos significados son apropiados.

7. Ustedes que dicen ser la casa de Jacob[75] [preguntan si se ha acortado mi espíritu]. Ésta es una nueva declaración. Es como si dijera: "Ésta es la certidumbre de aquellos que han sido animados por un falso entendimiento de las promesas, y toman nuestras advertencias con desdén." Isaías imitó a Miqueas o Miqueas a Isaías ya que los dos citan este texto. Es mi opinión que aparentemente Isaías imitó a Miqueas. Isaías dice [Isaías 50:2]: "¿Acaso mi mano ha perdido el poder de redimir?" El sentido de este texto, entonces, es: "Ustedes los profetan nos amenazan con lo malo. Ustedes mienten, y Dios está con nosotros. Él es el Señor nuestro Dios, y nosotros somos su pueblo. Él ha prometido ser nuestro líder, y que sometería a nuestros enemigos a nosotros. Pero ustedes profetizan que nuestros enemigos serán poderosos contra nosotros. Ustedes están locos. Ustedes se oponen a las promesas de Dios. Así es también como nuestros papistas se glorían, contrario al evangelio, que Dios estará con la iglesia hasta el final del mundo. Pero los profetas querían expresar que no todos los que pertenecen a Israel son de Israel y que las promesas no son pertinentes para los impíos sino para los devotos.

Y si ésta fuera mi forma de actuar.[76] Es como dijera: "Sí, sí; pero los pensamientos del Señor no son así. Él no nos rechaza. Ellos hablan así usando una forma de expresarse en hebreo.

Pero, ¿acaso mis palabras no hacen bien al que se conduce con rectitud? El profeta responde y con pocas palabras derrumba y hace callar todas las objeciones. Es como si dijera: "No reconozco a los impíos

75 El texto en la Weimar lee *Numquid dictum est in domo Jacob*, etc. La Vulgata lo traduce así: *Dicit domus Jacob, numquid*, etc.; y el texto de la Zwickau lee así: *Dicitur in domo Jacob, numquid*, etc.

76 Así lo cita Lutero: "Si tales fueran sus pensamientos" (*Si tales sunt cogitationes eius*), y así laVulgata: *"aut tales sunt cogitationes ejus."*

como si fueran los míos propios. Y no los quiero a ustedes a menos que sean devotos." Éste es un clarísimo y evidente texto contra nuestros papistas, los cuales todavía no creen en el evangelio y se oponen usando un argumento de la muchedumbre: Tantos santos hombres[77] de Dios no pudieron haber errado en la iglesia por tanto tiempo. El Señor dice: "Mis palabras ciertamente son buenas. Soy yo el que guarda lo que he prometido. Así como he prometido, estoy presente, pero (solamente) para los devotos, pues ellos confían en mí y creen mi Palabra. Pero mi pueblo se ha levantado para ser mi enemigo. Esto es, el devoto está muy lejos de ser buena persona porque hasta es mi enemigo. Se levanta contra mí y me opone."

8. A los que pasan, descaradamente los despojan de sus capas. "Son ladrones quienes devoran los miserables pobres. Por lo tanto no los rescataré, no los reconoceré (aceptaré) entre los míos."

Como si fueran sus adversarios en la guerra. Esto es: "Ustedes inician cargos legales, donde no hay razón para esos litigios. Ustedes se aprovechan de oportunidades para plantar pleitos legales." Esto es algo de cual hemos tenido bastante experiencia bajo el reino papal.

9. A las mujeres de mi pueblo las echan fueran de las casas que son su delicia. Algunos toman esta declaración como una referencia al cautiverio, pero a mí me parece que él todavía está hablando sobre el saqueo de los impíos sacerdotes, como si dijera: "Con su exigencias han angustiado tanto a las pobres viudas y solteras que se han visto obligadas a vender sus casas. Ustedes las han reducido a ellas completamente al polvo."

A sus niños les arrebatan para siempre la honra que les di. Nuestro traductor ha rendido de manera inepta la palabra en hebreo[78] con la palabra *laudem*. Pues, propiamente significa "gloria" o "decoro". Así, entonces, en el Salmo 110:3 tenemos "esplendor santo" (*splendoribus sanctis*). Allí se encuentra la misma palabra: *im heiligen Schmuck*.[79] El significado, entonces, es: "Tan inmensa ha sido la avaricia de ustedes,

77 Usualmente traduzco "seres humanos" en ocasiones que se menciona hombres (*vir, homines*) en latín pero aquí el contexto se refiere al clero y no a la población en esa época.

78 La palabra en hebreo es הָדָר (*hadar*) y puede significar como explica Lutero en su comentario gloria o decoro. Lutero se refiere aquí a la Vulgata que lo traduce *laudem*. En este contexto es usado como un nombre en el acusativo singular de *laus*. *Laus* puede significar gloria, alabanza, y reconocimiento.

79 Así traduce Lutero al alemán "*splendoribus santis*" (o *sanctorum*) en el Salmo 110:3.

tan consumidos han estado con sus deseos por las riquezas que hasta han arrebatado la gloria de niños pequeños. Esas cosas buenas que debieron adornar a esos niños pequeños, ustedes las han arrebatado y usurpado para usarlas (para sí) después de expulsar a las madres de ellos. No hubo nada de honestidad ni justicia en las razones de ustedes. Ustedes han arrebatado todo de tal manera que lo perdido nunca jamás será recobrado." Creo, pues, que ésta es una descripción de la violencia de ellos en contra las mujeres y los niños.

10. ¡Vamos, levántense, que éste no es lugar de reposo! "Porque has expulsado a las miserables mujeres y niños, el premio de ustedes será éste: Los expulsaré por cuenta de esto. Les arrebataré la gloria así como ustedes arrebataron la gloria de los pequeñuelos."

Por cuenta de la inmundicia de ellos serán destruidos, y la destrucción será dura, o violenta, o feroz.[80] Esto es lo que la palabra en hebreo מָרַץ[81] significa, esto es: "Ustedes que marchan tan grandiosos con esplendor y elegancia, ustedes que se ven tan complacidos con ustedes mismos, ustedes son pura inmundicia ante mí. Por lo tanto, los destruiré, y esta destrucción será salvaje y cruel. Serán así terminados.

11. Si alguno anda con espíritu de falsedad.[82] Lo que leemos en nuestra Biblias (en latín) como:[83] "No quisiera yo ser" es un error. Pero la frase idiomática en hebreo "un hombre con espíritu", "un hombre con vientos" la vimos anteriormente en Oseas.[84] Así que aquí también: "O si fuera yo un hombre dado (al soplo de los) vientos, un ser falso, un mentiroso, para que esas cosas horrendas con que te amenazo no llegaran."

Yo te profetizaré de vino y de sidra.[85] "Quisiera yo mentir. Mantendría silencio sobre la cruz, la venganza, y la devastación que te llegaría. Esto es lo que sus falsos profetas están haciendo. Les declararía a ustedes promesas y buenos tiempos."

---

80 Mi traducción del texto en latín. En realidad aquí Lutero ofrece un comentario de la segunda parte del versículo 10 que lee: "¡Está contaminado y demasiado corrompido!"

81 מָרַץ (*marats*) significa violenta, cruel, o dolorosa.

82 RV1960. La RVC lee: "Si alguien viene con espíritu de falsedad."

83 La Vulgata lee: *"utinam non essem."*

84 Se encuentra en Oseas 8:7. Cf Lutero, *Comentario a los Profetas Menores*, 1:76.

85 RV1960. La RVC lee: "Voy a profetizar acerca del vino y la sidra."

Y ese tal será el profeta de este pueblo.[86] Esto es: "El Señor los enviará a ustedes y ustedes lo escucharán. Esto es, pues, ustedes no me escuchan a mí, un profeta enviado por Dios. Serán obligados a escuchar al rey de los asirios."

12. Pero ten por seguro, Jacob, que yo los reuniré. Hasta este momento el Señor ha estado planeando su oposición contra las maquinaciones malvadas de los pontífices y sacerdotes impíos quienes se estaban apoderando de todas las cosas. Bajo un tipo de transición, pasa él ahora del reino de Israel al reino eterno y espiritual de Cristo. Pues era la costumbre de todos los profetas –algo que ya hemos visto anteriormente en los profetas que hemos interpretado– primeramente profetizar sobre la devastación del pueblo y sobre el reino externo para entonces pasar al reino espiritual y eterno de Cristo. Este reino, habían profetizado, llegaría después que fuera destruido el reino externo. Es sumamente importante observar esto en los profetas. Pues, después de todo, no podemos entender este texto como si se refiriera a la restauración del completo pueblo externo, así como suenan ciertamente las palabras. Esto texto, entonces, impulsará y ciertamente convencerá a uno que debe entenderse como un reino espiritual. Pues era acertadísimo que el reino de Israel nunca sería restituido y restaurado. Nunca hemos leído tampoco, como las historias sagradas nos enseñan, que fue restaurado. Pero, aunque fue completamente destruido y arruinado, el profeta clama por reunir a Jacob, bajo cuyo nombre ciertamente se refiere a toda la población, aunque todos ellos no fueron reunidos. Así pues, en todo esto resuena la promesa sobre Cristo: "En ti todas las naciones del mundo serán bendecidas", aunque, así y todo, no toda la gente fue bendecida. Es pues, sumamente importante notar esto en los profetas. Si no, lectores incautos se resbalarán y no podrán hacer otra cosa que tropezarse sobre textos como éstos. Es una cosa que todas las naciones sean bendecidas; y es otra cosa que todas las naciones tomen o crean esta promesa sobre sus bendiciones. Pues, después de todo, así como la promesa es ofrecida a todos, también es ofrecida a todos en Cristo por medio del evangelio. Dios da lo que él ha prometido pero no todos aceptan esta bendición. No todos la creen, por lo tanto no la reciben (la bendición). Aquí el Señor está diciendo la misma cosa. Es como si dijera: "He tirado mi red sobre todos los hijos de Israel al enviar la palabra del evangelio de Cristo, pero no todos son obedientes a esta

86 RV1960. La RVC lee: "A gente como ésa este pueblo la considera profeta."

Palabra. No quieren congregarse en el rebaño de Cristo y por lo tanto no se congregan." En este texto, por lo tanto, él habla sobre el ministerio de la Palabra así como todos los profetas hacen en lugares similares. Esto es absolutamente necesario que notemos en todos los profetas.

Yo recogeré el resto de Israel. Ésta es la misma cosa que había dicho sobre congregar a Jacob por medio del ministerio del evangelio.

Voy a reunirlos como las ovejas de Bosra, como a los rebaños en el medio de su aprisco. Esto es: "Los reuniré en un solo rebaño, en un solo aprisco. Les daré el evangelio y un solo espíritu."

Se alborotarán cuando vean mucha gente. Esto es, habrá gran multitud que creerá en el evangelio, concurrirán y se reunirán con los que lleguen en el futuro. Éste es un texto claro sobre la conversión de los gentiles.

13. El que va abriendo camino irá al frente de ellos. Lo que tenemos aquí "el que va abriendo camino" es bien suave. En el hebreo su significado es éste: "Él que raja (rompe) ascenderá ante ellos."[87] Por lo tanto ellos romperán (rajarán) camino[88] y transitarán por la puerta." De una manera maravillosa éste es un texto elegante y completamente consolador. Tenemos aquí el significado de la cruz. Es como si él estuviera diciendo: "Los estoy conduciendo a los pastos y al rebaño, así como Cristo dice: 'Les doy a ellos vida eterna.' Pero una cosa constante es por cierto: no es un camino muy frecuentado. Hay muchas cosas que interrumpen a los elegidos en romper caminos: Satanás, el pecado, la ley, la muerte, y todo el viejo Adán.[89] Pero, haré todo para que absolutamente nada les estorbe. A ellos les prometo aquél que abre una brecha, quien interrumpirá abriendo camino y quitará todo impedimento, y preparará el camino. Así, pues, tendrán un camino fácil para transitar."[90] Pero como ya dije anteriormente, éste no es el dulce camino de

87 Lee en latín: "ascendet coram eis diruptor".

88 En latín es *dirumpent.* En inglés existe una palabra que procede de esta. La misma es *disrupt.* Significa en inglés que causa conmoción al romper la naturaleza de las cosas. La palabra en latín conota en realidad poderosamente lo que la cruz causa y hace en nuestras vidas. Se entiende mejor así lo que explica Lutero en este párrafo.

89 Al Lutero hacer referencia al viejo Adán (*vetus Adam*) lo entiende como el pecado que mora en nosotros desde la desobediencia de Adán (Génesis 3).

90 La traducción por Lutero de la Biblia al alemán usa *"Durchbrecher"* para traducir literalmente "disruptor" del latín. El nombre *"Durchbrecher"* es usado en un himno en alemán para representar a Cristo: *"O Durchbrecher aller Bande"*.

la carne, pues toda la carne debe ser mortificada. El mundo, el pecado, Satanás, y todo nuestro viejo Adán, se oponen a nosotros para que no rompamos caminos, para que no sigamos a este interruptor (rompedor de caminos).[91] A pesar de todo, Cristo dice: "'Pero confíen, yo he vencido al mundo [Juan 16:33]'. Yo he abierto[92] el camino. Nada impedirá el camino, y tú también romperás una brecha, esto es, pasarás por la puerta acosada por el pecado, el mundo, la ley; romperás y pasarás a la vida eterna." De esta manera el Señor es nuestra cabeza. Esto es, es nuestro líder y nuestro conquistador. Así como él ha abierto caminos, nosotros también abriremos caminos hacia él. Y así bajo la guía de Cristo el Príncipe, Jacob ha sido congregado en un cuerpo. De este texto –aunque aparenta ser oscuro (vago)– es clarísimo que Cristo es Dios y hombre, que murió y resucitó, y que ascendió al Padre, y ahora reina eternamente, etc.

Capítulo Tres

Creo que este capítulo se narra por medio de una ἀνακεφαλαίωσιν (recapitulación, sumario). No fue predicado inmediatamente después del capítulo anterior sino mucho después. Pero todo en este capítulo es fácil, porque él solamente reprende los pecados externos así como hizo anteriormente. Todas son cuestiones morales, y no hay nada que pueda demorar al lector.

1. Justo, esto es, derecho legal.

2. Le arrancan a mi pueblo la piel y la carne, hasta dejarlo en los huesos. Ésta en una manera figurada de hablar y una locución poética, con la cual reprende la violencia de los líderes, así como ya hemos visto en el capítulo anterior. Los alemanes tienen la costumbre de hablar de la misma manera sobre los que sin pensarlo (malvadamente) se tragan sus sujetos: "Les arranca la piel hasta los huesos."[93] Así que también en este texto ha usado una manera ruda de hablar en contra de la adversaria tiranía de los príncipes impíos. "Arrancando la piel" continua siendo una descripción de la violencia. Es como si dijera: "Ellos arrancan toda la sustancia de toda la población con gran violencia."

91 En alemán: *"Durchbrecher."*

92 El sentido es: "he creado, abierto una brecha" (*perrupi*).

93 Aquí Lutero hace esta cita en alemán: *"Er schindet sie bis auf den Grat."*

4. Antes esconderá de vosotros su rostro.[94] Los profetas suelen imitar a Moisés, y esto también es tomado del cántico de Moisés [Deuteronomio 31:17-18]. Consecuentemente, "Dios esconde su rostro" significa que Dios está enojado; "Dios manifiesta su rostro" significa que se ve clemente, nos favorece, y nos desea el bien, así como vemos en el Salmo 80:3: "¡Haz resplandecer tu rostro, y seremos salvados!" Esta misma frase la encontramos presente en las Escritura en varios lugares en los salmos.

5. Así ha dicho el Señor acerca de los profetas. A partir de esto se ve muy claro que este capítulo va en contra de los príncipes, profetas, y sacerdotes del pueblo. Ofrecemos, pues, un resumen de este texto: Los profetas y los sacerdotes adulaban a los príncipes y así descarriaban al pueblo. Ellos le prohibían al pueblo que se arrepintiera de sus maldades. Pero ya que ellos depreciaron la palabra de los profetas, la cual el Señor les había enviado, confirmaron al pueblo en sus maldades.

Cuando se les da de comer. Esto es, ellos se oponen a los buenos profetas, quienes anuncian correctamente la palabra del Señor. Ellos chillan y persiguen a los profetas del Señor. Confirman al pueblo en sus impiedades cuando gritan:

Paz. Tenemos lo mismo en Jeremías 6:14: "'¡Paz, paz!' ¡Pero no hay paz!"[95] Esto también es tomado de Moisés.[96] El significado es éste: "Están ordenando al pueblo que descansen con seguridad. Esto es, que la destrucción no llegará. Ellos nos acusan a nosotros, los profetas, de mentir cuando los amenazamos con el cautiverio. Les dicen que Dios no abandonará a su pueblo, pues prometió que estaría con ellos. Los monjes y todos los que predican una seguridad bajo las buenas obras son seudoprofetas, de aquellos que anuncian la paz cuando no hay paz.

Pero declaran la guerra contra él cuando nada se les pone en sus bocas.[97] "La boca" casi siempre en las Escrituras se refiere al ministerio

94 RV1960. La RVC lee: "En ese momento les volverá la espalda."

95 Lutero afirma este texto bíblico en Jeremías 14 en la Tesis 92, en sus Noventa y Cinco Tesis: "Que se vayan pues todos aquellos profetas que dicen al pueblo de Cristo: "Paz, paz, y no hay paz", OML, I: 15.

96 Cf en la RV1960 el texto de Deuteronomio 29:19. Esta traducción se acerca mejor a las frases usadas aquí por Lutero.

97 Traducido aquí de la Vulgata la cual se encuentra más cerca al texto en hebreo: *qui non consenserit ori eorum, sanctificant contra eum praelium*. Lo traduce así la RVC: "Pero declaran la guerra cuando no se les da nada." El hebreo habla literalmente en no poner nada en sus bocas: פֶּה (*peh*).

de la Palabra. Pero la gula y el devorar se refiere a la garganta, así como vemos en el Salmo 5:9: "Su garganta es como un sepulcro abierto." Aunque a otros les parece que esto es otra cosa, el sentido aquí, me parece a mí, que es como si dijera: "Son tantas sus amargas impiedades contra los profetas del Señor que ellos se preparan para la guerra contra él y persiguen a aquel cuya predicación no está de acuerdo con ellos y que tampoco está de acuerdo con sus maldades."

6. La profecía se les volverá noche [sin visión]. Esto es: "La predicación de ustedes de paz hará que se vuelvan ciegos, para que cuando la calamidad llegue allí habrá una gran necesidad de que profeticen." Pero nada verán, nada van a predecir. Va a ser tanta la calamidad, que abandonarán a su pueblo. No encontrarán remedio para esos males y perecerán junto con el pueblo. Ésta es la manera en que Dios finalmente confunde a los predicadores impíos.

7. ¡Esos adivinos quedarán confundidos! Esto ocurrirá porque su mentira será descubierta cuando prediquen la paz falsamente. La calamidad entonces llegará y todo el pueblo verá que una miserable devastación los amenaza, así como hemos profetizado. Entonces serán acusados por mentir y nosotros seremos genuinamente descubiertos por haber sido veraces.

¡Se quedarán con la boca cerrada![98] También esto se ha escrito imitando a Moisés. Moisés habla así sobre el leproso en Levítico 13:45, diciendo que debería cubrirse la boca con sus andrajos. El profeta, entonces, habló figuradamente: "Ellos deben cubrir sus labios", esto es: "Sufrirán tal desgracia que no se atreverán a hablar con otros." No se les permitirá hablar. De hecho, estarán tan miserablemente confundidos que ni podrán hablar. Los alemanes también hablan de esta manera: *Sie werden müssen das maul zuhalten* (Tendrán que mantener sus bocas cerradas).

Porque no tendrán respuesta de Dios. Cuando se encuentre presente, la calamidad les enseñará lo que ellos han enseñado, porque el Señor no les responderá.

98 Et velabunt labia sua omnes (Ellos cubrirán sus labios).

8. En cambio, yo estoy lleno del poder del espíritu del Señor. Se jacta de su fortaleza y audacia en el ministerio de la Palabra que Dios le ha comisionado. Es como si dijera: "Aunque todos los príncipes y sacerdotes me resisten, así y todo, continúo predicando, pues así debo hacer. No abandono el instituido oficio de la enseñanza (docencia), no importa cuál sean su furia y locura contra mí. No le pongo atención a ninguna apariencia externa de parte de ellos. Terminaré lo que he comenzado con la ayuda de Dios, aunque yo sea asesinado, pues por cuenta de la eficacia del Espíritu del Señor, estoy repleto del poder y el sentido de justicia. Este 'sentido de justicia' es que estoy confiado (cierto) que estoy enseñando correctamente. Por lo tanto aunque los enemigos de la palabra de Dios me amenacen con la muerte, no les prestaré atención. El Espíritu del Señor está conmigo. Él me anima y me consuela. De seguro, acusar tan libremente a los príncipes y a todos aquellos que se encuentran en oficios (lugares) de poder, y que se enfurecen contra la verdad, no es por audacia humana sino por la del Espíritu del Señor."

9. Escuchen ahora esto, jefes de la casa de Jacob. Continúa reprendiendo la impiedad de los príncipes, sacerdotes, y profetas. Éstos, pues, eran los más importantes rangos en el pueblo judío. Entre estos rangos (puestos) había siempre algunos poquísimos que eran devotos, pero el resto eran impíos. Éstos son los frutos de sus impiedades –así como ya he mencionado varias veces anteriormente– cuando hemos deseado no adorar de pura fe. Nuestros príncipes hoy laboran con la misma impiedad y también estiman la justicia como una abominación. Esto es, no ejercen la justicia con equidad. Por lo tanto, nada más sucederá, con excepción de que ellos perecerán. La Palabra del Señor no miente.

10. Que edifican a Sión con sangre. El profeta se explica a sí mismo. "Edifican con sangre" es un hebraísmo. Es como si dijera: "Ustedes edifican magníficos palacios, grandiosas fortificadas arcas. Pero son sus rapiñas y sus opresiones a los pobres lo que le suplen a ustedes con las riquezas para esas (grandiosidades). Ustedes mismos se hacen ricos, edifican cosas espléndidas, pero mientras tanto se devoran a los pobres."

11. Sus jefes dictan sentencia a cambio de soborno. Se explica a sí mismo aún más claramente. Es más, su frase "dictan sentencia (juicio) a cambio de un soborno" es un hebraísmo. Lo traducimos al latín más precisamente así: "por cuenta de recompensa" (*propter munera*).

Mencioné esto anteriormente cuando comenté sobre un texto de los salmos:[99] "Allí Israel trabajó... por una esposa", esto es, por cuenta de una esposa. El significado, entonces, es éste: "Los líderes[100] supremos del pueblo, cuyos oficios eran refrenar la impiedad, también eran impíos. Los príncipes no practican la justicia así como deberían. Corruptos y tan sedientos de dinero como son, juzgan basados en la persona.[101] Los sacerdotes dicen también lo que le complace al pueblo. Sus lenguas están también a la venta. Trafican (negocian) con la palabra de Dios, siendo esto algo que no debería suceder. También los profetas hacen lo mismo. Adulan al pueblo, predican la paz, así como dice Jeremías, y al hacer así confirman al pueblo en sus impiedades." Así que arroja todo el peso de esta maldad sobre los impíos profetas. Este fue también el lamento supremo de Jeremías [6:14]. En breve, esta avaricia es la preocupación mayor de todos. Cf Amós 8:4. No puede haber pestilencia mayor en una república que esta peste, es decir, cuando los príncipes no promueven una justicia con equidad sino que dejan que el dinero los consuma y así pues corrompen ellos la justicia.

Y se apoyan en el Señor. Este texto es excelente, muy digno de darle mención especial. Nos ayuda a entender a muchos de los profetas. Nos deja ver qué clase de oyentes tenían los profetas: una gente muy impía que quería, así y todo, apoyar sus impiedades con cierto tipo de santidad. Es así como lo interpreta el apóstol Pablo en Romanos 2:17, 21: "...confías en la ley... Tú que predicas que no se debe robar, ¿robas?"[102] Esto es algo donde Dios no puede hacer otra cosa sino odiarlo inmensamente, así como veremos aquí. Después de todo, éstas eran las voces de los impíos alzadas contra los verdaderos profetas: "Dios ha prometido estar con su pueblo. Por lo tanto esos profetas están locos cuando nos amenazan con el mal, como si Dios no estuviera en medio de nosotros. No deben ustedes predicar, así como dijimos anteriormente.[103] El mal no llegará sobre nosotros. Dios no expulsará a su pueblo, el cual él ha elegido sobre todos los pueblos, y a quien le ha confiado él sus oráculos.

12. Por eso, por culpa de ustedes, Sión será arada como un campo. Esto es un modo de hablar de los profetas. Es como si dijera: "Por

99 El texto dice aquí "salmo" en vez de "profeta". La referencia es sobre el profeta Oseas 12:12. Cf Lutero, *Comentario a los Profetas Menores*, 1:103.

100 Los que ejercen las "órdenes supremas (*summi ordines*) del pueblo".

101 Esto es, si tiene la persona dinero para sobornar a los líderes.

102 "Robas" no aparece con signo interrogativo en el latín.

103 Se refiere aquí a su comentario de Miqueas 2:6.

cuenta de que ustedes son impíos, patrocinan también así su impiedad, como si el Señor la aprobara. Por lo tanto Sión será reducida a la nada para que así sea arada." Pues, dado el hecho también que ustedes son impíos, también ustedes se glorían en sus impiedades. Así que cometen dos pecados.

Un muro sin cimientos [*Maceria*].[104] Ya comenté sobre esta palabra anteriormente.[105]

Y el monte del templo quedará hecho un matorral. Esto es, crecerán allí plantas y frutas con espinas. Nadie las cultivará, nadie las visitará. Todo estará desierto, así como Jeremías dice en Lamentaciones 1:4: "De luto están los caminos de Sión." Éstos, y otros dichos como éstos de los profetas, les parecen imposibles a los judíos. Pues habían otros profetas que decían lo opuesto (a esto), así como ya mencioné en el inicio (del comentario) de este profeta.[106] Pues era muy clara la profecía sobre Jerusalén en Isaías 31:5: "El Señor de los ejércitos protegerá a Jerusalén como protegen las aves a sus polluelos." Tenemos otro más claro en Isaías 37:35: "Yo amparé a esta ciudad y la pondré a salvo. Lo haré por mí mismo y por mi siervo David." Animados por estas profecías los impíos continuaron pecando seguros de sí mismos. Continuaron burlándose y provocando a los profetas, los cuales amenazaban con otras cosas. Pero Dios milagrosamente hizo dos cosas: Defendió a esa (ciudad) por un tiempo, pero finalmente, así y todo, la destruyó.

Capítulo Cuatro

Encontramos esta profecía casi palabra por palabra también en Isaías 2. Me parece que Isaías tomó ésta de Miqueas, así como mencioné anteriormente que Miqueas era mayor que Isaías, aunque los dos eran contemporáneos.[107] Pero aquí realmente, en forma de transición, el profeta pasa de la destrucción del reino de Judá al nuevo y eterno reino de Cristo. No podemos interpretar este pasaje en que se refiere a la reparación del reino externo. Aunque esto es, pues, lo que los judíos hacen por cuenta de tantas y vastas promesas existentes. Aquí tenemos

104 Fue traducido del latín. Se refiere a lo que cita la RVC: "un montón de ruinas."
105 Se refiere aquí a su comentario de Miqueas 1:6: "sin cimientos."
106 Cf el Prefacio de Miqueas arriba.
107 Cf el principio del Prefacio de Miqueas arriba.

que dar testimonio de las profecías que se contradecían (una a la otra), las cuales estaban cegando completamente a los impíos para que así no pudieran creer a los profetas. ¿Cómo podían ellos creer a aquellos que anunciaban profecías contradictorias? Por lo tanto, entonces, la majestad divina obra en forma maravillosa. Tenemos, pues, la misma profecía en Zacarías 7 y 8. Primero, anuncia la miserable devastación de Jerusalén y del pueblo entero, pues dice así: "Yo los esparcí con un torbellino por todas las naciones que ellos no conocían, y por donde ellos pasaban la tierra quedaba desolada" [Zacarías 7:14]. Entonces inmediatamente añade: "Las calles de Jerusalén han de verse todavía habitadas por ancianos y ancianas de edad tan avanzada que cada uno llevará su bastón en la mano. Y todavía volverán a llenarse sus calles con niños y niñas que jugarán en ellas" [Zacarías 8:4-5]. Así pues también, Jeremías fue enviado a comprar un campo agrario para cultivar después que los caldeos hubieron ocupado la ciudad [cf Jeremías 32:7]. Por lo tanto aquí tenemos profecías diametralmente opuestas una a la otra. Jeremías fue enviado para anunciar la devastación pero la destrucción ya había llegado a la ciudad, los caldeos ya la habían ocupado, y el pueblo estaba listo para ser conducido al cautiverio. De repente Jeremías es enviado a anunciar la salvación (del pueblo) bajo el hecho de que se dirigía a comprar el campo agrario. Todo esto fue hecho a favor del reino de Judá, pues la eterna promesa había ya llegado a ellos. Por lo tanto, tenía que ser preservada (la promesa) hasta que Cristo llegara. Es así que el Señor se anticipa a nosotros con sus palabras. Aunque él (Dios) también intenta castigar este reino, así y todo, quiere consolar a los fieles. Es como si dijera: "Aunque la devastación sea inminente, aunque sean apresados y sufran por un tiempo, estén firmes, ustedes pueblo devoto, ustedes serán salvos. Yo los rescataré a ustedes del cautiverio. Restauraré de nuevo la ciudad de ustedes, y ustedes habitarán seguros en ella. El cautiverio de ustedes no durará largo tiempo." Y de hecho, pues, es que los fieles a quienes Dios había tocado sus corazones fueron finalmente regresados de Babilonia, así como vemos en Esdras 1:5. Así son los maravillosos propósitos de Dios. Él ordena a los profetas que declaren ambas cosas, la devastación y la salvación, pero la primera para los impíos y la última para los fieles. Es importante notar esto en todos los profetas. Así, esos maravillosos propósitos de la majestad divina hicieron unos tontos de los impíos. Es más, de hecho, los fieles no pudieron entenderlos.[108] Vemos claramente como Jeremías admira

108 Se refiere aquí a los propósitos de Dios.

los propósitos de Dios. Pues él dice [Jeremías 32:24-25]: "¡Mira! La ciudad va a ser entregada en manos de los caldeos... ¿Cómo pudiste decirme que compre para mí el terreno, si la ciudad va a caer en mano de los caldeos?" Pero Dios hizo que pasaran ambas cosas, así como dijimos. Éste será el resumen de los dos capítulos que siguen.

1. En los últimos días... será. Los judíos conectan este texto con los precedentes versículos a este capítulo y lo interpretan como la externa reparación del reino así: "Sión será arada como un campo, y Jerusalén será como un muro sin cimiento, y la montaña de la casa serán un inmenso bosque, pero, finalmente yo repararé la montaña. Restauraré su gloria de nuevo. Será más sublime y más gloriosa de lo que fue anteriormente." Pero a mí no me convence esta idea. Pues es evidente que el templo posterior fue menos amplio y glorioso que el anterior, y algunos que vieron el anterior lloraron. Podemos apreciar esto en la historia narrada en Esdras, Esdras 5:63.[109]

El monte de la casa del Señor será confirmado. Esto es, será definitivo, algo de lo que uno puede estar seguro. Es como si dijera: "Ha sido reducido ahora a un inmenso bosque, desierto y sin cultivar, sin ninguna estructura (edificio) en su lugar. Pero ciertamente será de nuevo bien establecido en ese mismo lugar que se encuentra ahora. Será aún más celebrado y más glorioso en el mundo de lo que fue antes. Será celebrado mucho más que otro templo." No es necesariamente algo pésimo que los judíos aplican esto al culto en el templo antes de Cristo, cuando hasta los gentiles, que iban aceptando al judaísmo, concurrían en grandes grupos al templo en conjunto con los judíos. Éste es mi pensar, pues, que esta montaña llegó a ser grandiosamente celebrada por cuenta de Cristo.

2. Porque la enseñanza saldrá de Sión.[110] "Se les confió la palabra[111] de Dios" dice Pablo en Romanos 3:2. Por lo tanto no debemos tomar literalmente "el monte" (montaña) o a "Jerusalén" sino que debemos interpretarlo como un monte o Jerusalén espiritual. Debemos seguir al

---

109 Cf también Esdras 3:13.

110 La traducción de la RV1960 se acerca mejor a la de la Vulgata: "Porque de Sión saldrá la ley" (*quia de Sion egredietur lex*). En hebreo la palabra usada es תּוֹרָה (*torah)* que se usa principalmente para denotar la ley, una prescripción legal, pero también puede usarse, aunque infrecuentemente, para denotar una instrucción o enseñanza.

111 La palabra usada en griego es λόγια que puede significar las palabras pero su definición también es un oráculo o mensaje divino. Oráculos es la palabra empleada en la Vulgata.

apóstol Pablo en Gálatas, esto es: Por medio de Cristo la santa iglesia es exaltada y glorificada bajo la predicación del evangelio entre todos los pueblos de todo el mundo. Aunque fue necesario que hubiera primero un lugar externo donde inicialmente predicar el evangelio. Esto ocurrió por medio de Cristo y los apóstoles en el templo de Jerusalén.

3. Y el Señor juzgará entre muchos pueblos. Aquí parece que mira hacia adelante a Cristo en Lucas 24:47: "Y que en su nombre se predicará el arrepentimiento y el perdón de pecados en todas las naciones comenzando en Jerusalén." Éste es el poder, o fruto, del evangelio, que fue enviado desde Jerusalén por ese nuevo Rey, quien juzga en Palabra y Espíritu. Él no solamente juzgará a los judíos sino también a muchos pueblos.

Y corregirá a naciones poderosas. "Porque es poder de Dios para la salvación de todo aquel que cree" [Romanos 1:16]. Por lo tanto invade todo lo que es poderoso y firme, y todo lo que es excelso y glorioso. Así pues la humildad de la Palabra sujeta a sí misma todo lo que es enormemente poderoso y fuerte en el mundo.

Y lejanas. No irá solamente a Jerusalén sino por todo el mundo así como el Salmo dice (Salmo 19:4). No podemos entender esto como si se refiriera al reino externo. De cierto, en comparación con esta gloria la gloria externa no tiene valor.

Y éstas convertirán sus espadas en azadones y sus lanzas en hoces. Esto es una paráfrasis sobre la paz, así como él mismo expone: "Nación no levantará espada contra naciones." Un resumen, por lo tanto, es: "El evangelio traerá paz a todos. Todos ellos cambiarán la guerra por la paz." Pero aquí no habla él sobre una paz física corporal (física), así como algunos piensan ineptamente pues dicen que hubo paz por todo el mundo bajo César Augusto. Esto no es verdad, pues, el mundo es siempre el mismo: tiene una sed constante por sangre, siguiendo el ejemplo de Caín, el primer homicida. Se refiere él a la paz que la Palabra (el Verbo) obra en los cristianos quienes se encuentran listos para "quitarse la túnica, y dejar también la capa", [112] quienes tienen paz con todas las personas, quienes no contienden (disputan) en las cortes, quienes

112 Cf Mateo 5:40.

sobrellevan la injusticia, etc. Aquí de nuevo vemos que no debemos relacionar esto a la restitución del reino.

4. Y no habrá nadie que pueda amedrentarlos. En hebreo lee: "Y él no tendrá pavor."[113] Esta frase está tomada de Moisés.[114] Esto es, vivirá en paz. Morará en su propia casa. No vivirá en un campamento armado. Todo será pacífico.

4. Esto lo ha declarado la boca del Señor de los ejércitos. Esto es una confirmación para suscitar la fe de ellos. Después de todo, así como hemos dicho anteriormente, hasta los mismos santos no pudieron entender el concilio (consejo) de Dios concerniente a la devastación de tan glorioso reino que Dios había instituido y que Dios también había prometido eternamente. Por lo tanto esto confirma todos esos detalles anteriores.

5. Podrán todos los pueblos andar [en el nombre de su dios]. Con palabras muy claras explica lo que dijo anteriormente en un lenguaje obtuso. Muchas naciones vendrán al monte de Sión, sin embargo, no todas. Muchas se quedarán bajo sus impiedades e idolatrías y no vendrán con nosotros a la casa del Señor. Ellos no tomarán la verdadera fe de este nuevo reino por medio de Cristo sino que perseverarán en sus incredulidades. Nosotros andaremos en una nueva manera que nunca cesará. Esa luz del evangelio quedará para siempre. No habrá fin a esta religión. Consecuentemente, este nuevo y grande y eterno reino consistirá de nada más ni nada menos que andar en el nombre del Señor. No florecerá (ese reino) bajo una pompa exterior ni por la fuerza de armas, así como suelen hacer los reinos de este mundo. Su tesis es ésta: sea como sea que vivamos, tenemos que vivir en el nombre del Señor, solamente bajo ese nombre somos salvos. Toda la esencia de ese reino es el de creer en el nombre de Cristo.

Ahora y para siempre. Estas palabras incluyen la futura resurrección de los muertos. Pues los profetas tienen la costumbre de abarcar todo el reino de Cristo simultáneamente cuando lo mencionan. Ellos hablan generalmente unos con otros sobre éste (reino) usando otras palabras y en forma maravillosa y con mayor detalle de lo que nosotros podemos dada nuestra miopía (limitaciones). No podremos bajo nuestra carne

113 La palabra usada en hebreo es חָרַד (*ḥaraḏ*) que significa temblar, estremecerse de miedo.

114 Levítico 26:6.

mortal andar en el nombre del Señor eternamente. Esa carne, pues, que solamente puede morir, tiene que ser resucitada (levantada de nuevo). Tenemos que ser resucitados y colocados bajo esa eternidad con nuestro eterno Rey. Los profetas no tenían grandes expectativas sobre ese breve tiempo cuando dormimos en la muerte con todos los fieles, y esperamos la glorificación de los hijos de Dios, así como dice el apóstol [cf Romanos 8:30] pues ése será un momento breve. Por lo tanto, ellos inmediatamente incluyen la resurrección y la glorificación de los devotos en ese reino eterno.

6. Cuando llegue el día, reuniré a las ovejas que cojean [con las que se apartaron]. Con magnificas palabras y promesas consuela a su pueblo, pero ellos son totalmente incapaces de captar tan amplísimas promesas. Pues eran diametralmente opuestas una a la otra, la profecía concerniente a la devastación y pulverización del reino, y la de una magnifica restauración y futuro reino más glorioso aún, la de un futuro pueblo con más fortaleza que la que tuvieron anteriormente. Obviamente, esto ellos lo veían imposible. No podían entender estas profecías, como ya hemos notado antes en Jeremías concerniente a la compra del terreno. Aquí él (Dios) dice lo mismo con todo detalle: "No permitiré que perezcan, no importa qué terrible aflicción sufran cuando sean arrastrados al cautiverio. Así y todo, reuniré a las que cojean." Lo interpreto, pues, que esto se refiere al castigo. Esto es, el pueblo está completamente quebrantado. El reino les ha sido arrebatado. Ellos ya no florecen. Han perdido todas sus propiedades y fueron llevados al cautiverio. La bondad divina siempre había animado a los devotos con magnificas promesas y aunque ellos estaban ya para ir al cautiverio y sufrir por un tiempo, así y todo sería por breve tiempo. Serían regresados y restituidos a su libertad prístina y a su gloria. Pero añade sin atemorizar:

7. Con las que cojean haré un remanente, y con las descarriadas haré una nación fuerte. Aquí la carne se ofende de gran manera. No puede entender el concilio de Dios sobre implementar sus maravillosas promesas. El Señor ha prometido un reino eterno, y un glorioso retorno del cautiverio. Todos los judíos, por lo tanto, seguían pensando que ellos serían colocados en ese nuevo y glorioso reino. Pero el Señor está diciendo aquí que él no va a salvar a todos los cojos sino a un remanente de esos cojos. Pues, después de todo, solamente unos poquísimos de los devotos después de unos años fueron regresados de Babilonia. Son ésos, pues, los que fueron tocados por el espíritu de Dios, así como la historia en Esdras 1:5 nos hace ver. Por lo tanto, está separando los devotos de los impíos y dice que los últimos quedarán en un cautiverio perpetuo, mientras que los anteriores serán retornados y glorificados.

Haré una nación fuerte. La iglesia, pues, fue establecida por medio del evangelio a través de todo el mundo contra las puertas del infierno y todos los insultos del pecado. Ha sido victoriosa sobre la muerte. Ha sido establecida firmemente sobre la firme Roca, Cristo, su Rey, y por medio de su espíritu ha sido diariamente avivada y confirmada, para que así no sea pues intimidada o vencida por ninguna criatura.

Y desde ahora yo reinaré sobre ellos en el monte de Sión.[115] Éste es un claro y evidente texto sobre la divinidad de Cristo, pues ésta es la manera en que David solía llamar a aquél que se sentaría sobre su trono con su semilla [Salmo 110].[116] Este texto es citado por Cristo mismo en la historia evangélica [cf Marcos 12:36]. Entonces, aquí también lo llama a él Señor, quien va a reinar eternamente sobre su pueblo en el monte Sión. Es necesario, entonces, que no sea un reino corporal sino espiritual y eterno, así como ya dijimos anteriormente bastantes veces. Ese reino, pues, será espiritual y eterno, su Rey eterno y glorificado, su pueblo glorificado y eterno en ese reino. Pues, ¿de qué otro modo puede él ser el Señor y sentarse en el trono de su padre David por una eternidad, a menos que el pueblo también sea eterno? Pero él no será eterno en un cuerpo mortal o muerto sino en un cuerpo resucitado y glorificado. Aquí de nuevo el profeta incluye la resurrección de los muertos.

8. Y tú, torre del rebaño, fortaleza de la hija de Sión. Creo que lo que hemos leído como "del rebaño", un nombre apelativo, debe leerse como un nombre propio, así vemos también en Génesis 35:21. Allí, Moisés[117] menciona esta montaña: "Y partió Israel de allí, y plantó su tienda más allá de Migdal Edar." Esto era como una fortaleza o torre, pues lo que leemos como "nebulosa"[118] en hebreo lo leemos como

115 En latín lee: *"regnabit dominus super eos in monte Sion"* (reinará el Señor sobre ellos en el monte de Sión).

116 El Salmo 110:1 presenta esta idea aunque es el Salmo 132:11 que la presenta literalmente.

117 Génesis 35:21 se refiere a lo que hizo Jacob, o Israel. Pero Lutero se refiere a Moisés pues lo reconoce como el autor del libro de Génesis.

118 Lutero se refiere al texto de la Vulgata que cita aquí: *"Et tu, turris gregis nebulosa filiæ Sion."* Éste es también el texto que cita aquí de Miqueas 5:8. Por lo tanto si fuésemos a traducirlo directamente del latín leería: Y tú, torre del rebaño, nebulosa, [refiriéndose aquí a la "fortaleza de la hija de Sión"].

"fortaleza" (*arx*).[119] Los hebreos dicen que la palabra en hebreo significa una fortificación o fortaleza. Por lo tanto debemos leerlo de esta forma: Y tú, oh torre de Edar, fortaleza de la hija de Sión", etc. Hay algunos que interpretan este texto en referencia al templo de Jerusalén, pero no apruebo esto. Después de todo, en ningún otro lugar en las Escrituras ese edificio es llamado torre. Pienso que el profeta se expresa metafóricamente (μεταφορικῶς) cuando llama a toda la ciudad de Jerusalén la torre de Edar o que el reino de la hija de Sión se extiende también fuera de la ciudad. Esto es, que se ha extendido por todo el mundo entre todas las naciones y así, pues, Edar significa alguna parte oscura del mundo. Después de todo, este monte no era significativo o celebrado. Su significado, entonces, parece ser éste: el evangelio va a ser tan eficaz, que será ampliamente esparcido, correrá con tanta velocidad que hasta llegará a los lugares más oscuros de esta tierra, en resumen, hasta los fines de la tierra. Éste es el significado que yo tomo de este texto. No tengo ni encuentro otro mejor.

Hasta ti volverá el señorío de antaño. Está hablando como si se dirigiera a ésos que están en el cautiverio, como si ya hubieran sido secuestrados de la tierra. Es como si dijera: "Todo se ha acabado. Tu reino se ha perdido. ¡Pero debes estar confiado! Tu anterior dominio regresará. Así como anteriormente no eras un cautivo, de nuevo serás libre después del cautiverio. No estarás desierto, ni permanecerás en el cautiverio, sino que regresarás a tu propio lugar."

9. ¿Por qué gritas tanto?[120] El profeta dice todo esto para poner esas cosas ante sus ojos. Es como si dijera: "Es muy cierto que ustedes serán llevados al cautiverio. Sus pecados han ciertamente merecido esto. Ustedes serán miserablemente afligidos, de tal manera que ustedes pensarán que nunca serán regresados. ¡Pero tengan fe! Les prometo estar con ustedes para regresarlos." Así pues, el profeta inculca amenazas y promesas, amenazas contra los impíos, y promesas para beneficio de los devotos. Lo que sigue es pertinente a este mismo punto.

119 En hebreo es עֹפֶל (ʻ*opel*).

120 El texto de la Vulgata lee: *Quare ergo nunc affligeris* (¿Por qué entonces ahora estás afligido?) La palabra usada en hebreo es רֵעַ (rea'). La frase en hebreo aquí es: *lámah tarii rea'* = ¿Por qué gritas grito? = ¿Por qué gritas tanto? Cf M. Chávez, M. *Diccionario de hebreo bíblico* El Paso, Tx: Editorial Mundo Hispano, 1992, p. 655.

¿Acaso ya no tienes rey? "Tú no vas a carecer completamente de un rey en el futuro. Tú no vas a carecer de consejeros y príncipes en el futuro." Con estas palabras quita las ansiosas dudas de la carne bajo las cuales la carne es llevada casi a la desesperación, pues la carne absolutamente no puede soportar la mano del Señor. Tiene que desesperarse cuando es afligida por el Señor. De hecho, hasta los mismos devotos casi no pueden entender la obra del Señor, así como dijimos anteriormente. Aquí el profeta propiamente alude a los pensamientos de los impíos y también a los pensamientos de los devotos, de los cuales todavía lleva buenas esperanzas en el medio de la persecución. Mientras que ellos todavía piensan estas cosas y están completamente ignorantes, "el Espíritu mismo intercede por nosotros con gemidos indecibles".

¿Acaso esos dolores de parturienta te han venido? Esto es un elegantísimo y bien apropiado uso del símil que Cristo también usa en el Evangelio de Juan [16:21]. El dolor de los apóstoles y los discípulos fue totalmente del mismo tipo. Ellos pensaron que ya todo estaba acabado para ellos, así como una mujer parturienta en peligro por su vida piensa cuando comienzan los dolores de parto. Tales eran las ansiedades de una naciente iglesia, así como dice Lucas 24:31: "Nosotros teníamos la esperanza de que él habría de redimir a Israel. Sin embargo, ya van tres días de que todo esto pasó." Vemos nosotros lo mismo aquí con todo detalle. Un gran y eterno reino iba a suscitar, pero primero tenía que nacer. Este parto no podía suceder sin la grande tristeza y el gran dolor que suelen tener ésas que dan a luz. Así que los profetas interpretan el cautiverio de Babilonia como dolores de parto. La bondad divina siempre actúa así con todos los devotos en cada tentación. Primeramente nos atormenta de modos extraños. Primeramente nos atormenta y nos lanza al infierno para matar las concupiscencias de la carne para así luego sacarnos (de eso) y salvarnos. Mientras tanto la carne ignora que ésos son dolores de parto, y que un maravilloso nacimiento es lo que le sigue. Con un mismo argumento el profeta anima aquí a su pueblo. Es como si dijera: "¡Sostente! Súfrelo, cuán grande sea el dolor. Una criatura maravillosa está por nacer. Sostén la mano del Señor. Sin duda él te rescatará, y tú producirás abundante fruto. El tiempo es breve. Estos solamente serán dolores de parto, los cuales serán absolutamente nada, una vez que el niño nazca." Éste es un símil elegante y maravilloso, así como también deleitó a Cristo [Juan 16:21]: "Cuando la mujer da a luz, siente dolor... pero después de que ha dado a luz al niño, ni se acuerda de la angustia, por la alegría de que haya nacido un hombre en el mundo." También ahora están tristes; pero yo los volveré a ver."

10. ¡Pues sufre y llora, hija de Sión! Así como solemos alentar a las parturientas (mujeres en parto) al animarlas, aquí también el profeta alienta al pueblo al animarlo para que pueda soportar ese breve tiempo de cautiverio, y piense que ese dolor es solamente como uno de parto. Está diciendo que ese nacimiento pronto tomará lugar y que un inmenso consuelo le seguirá. Entonces añade:

Porque ahora vas a salir de la ciudad. Esto es: "Admito sinceramente que serás trasladado del reino de Jerusalén, y en realidad no te agrada esto. Saldrás de la ciudad. Esto es, no habitarás en tus propias ciudades. Tampoco sujetarás ciudades a ti, sino que tú serás sujeto a los asirios. Vivirás una miserable esclavitud, pero no durará mucho tiempo, pues el Señor te liberará y te redimirá." Jeremías interpreta todo esto más detalladamente.[121]

11. Muchas naciones se han juntado ahora contra ti, y dicen: ¡[Que Sión] sea profanada! Lo que leemos: "Que sea ella apedreada"[122] ustedes leen más correctamente "sea ella profanada" (*prophanetur*). Pues se puede ver la misma palabra en Moisés[123] cuando él dice que por su idolatría ellos profanan la tierra. Su significado es, entonces: "Tu impiedad merece que seas arrastrado como un cautivo. Tus enemigos se congregaran contra ti, y pensarán que te encuentras en tu último suspiro.[124] Ellos chillarán contra ti. Estarán completamente seguros que siempre tendrán dominio sobre ti. ¡Pero ten fe! Tú los reducirás a ellos a la nada, y no ellos a ti." Ésta fue una profecía extraña en los oídos de los impíos.

¡Que nos conceda ver eso[125] con nuestros propios ojos! Ésta es una expresión hebrea que ocurre en el Salmo 54:7: "Y con mis ojos he visto la ruina de mis enemigos." Significa lo mismo en una

121 Jeremías 25:11-14.

122 Así es como la Vulgata cita en latín: "*lapidentur*" o "*lapidabitur*".

123 **Esta referencia sobre Moisés no ha sido identificada. Números 35:33 hace referencia a "profanar al país" (cf Cantera-Iglesias), la RVC lo cita como "contaminar la tierra". Pero aquí no se hace referencia a la idolatría. Jeremías 3:1-2, 9 y el Salmo 106:38 usan la palabra en hebreo** חָנֵף[*janep*] que Lutero usa para describir esa profanación. El Salmo 106:38 indica que sangre ofrendada a los ídolos manchó o profanó la tierra.

124 Literalmente: "*de te esse actum*", en otras palabras haciendo sus últimos hechos.

125 En latín lee: "a Sión" en vez de "eso".

expresión alemana: "*Ich sehe meine Lust dran.*" Pues ésta es la manera que los virulentos adversarios cortaban con los dientes al pueblo de Dios, pues el odio de las naciones que los rodeaban era amarguísimo, así como dice el Salmo 137:7: "¡Arrásenla, destrúyanla hasta sus cimientos!"

12. Pero esas naciones no conocen los planes del Señor. Es como si dijera: "Ellos están confiados de su propia victoria, se sienten prevaleciendo contra ustedes, pero no entienden los planes del Señor. El Señor convertirá tu luto en regocijo. Tú vas a tener un Rey que reinará sobre todas las naciones."

Ni que él los junta como a manojos de trigo. Por lo tanto él hace enorme el número de tus enemigos, para que sea también enorme su devastación, y así el Señor podrá destruir a muchos más de ellos. Pues ésta es la práctica del Señor, que cuando señala a los impíos para destruirlos, primeramente los agranda y hace gloriosos. Los eleva hasta lo alto para que caigan más violentamente. Esto fue lo que le sucedió al tan poderoso reino de asiria, de los romanos, etc.

13. ¡Levántate y tríllalos, hija de Sión! Éstas son locuciones metafóricas con las cuales el profeta quería expresar el poder y la eficacia del evangelio. Es como si dijera: "Por medio del evangelio harás de todas las naciones tus sujetos. Lograrás esto sin armas, solamente con la Palabra.[126] Mientras tanto ellos te dominarán por un tiempo."

Y las riquezas... las consagrarás al Señor de toda la tierra. En hebreo dice así: "Y harás anatema de sus riquezas y sus facultades, etc." Esto es, por medio de la predicación del evangelio arrebatarás a los seleccionados[127] de los impíos y los transferirás a Cristo como una ofrenda apropiada. Los ganarás así para Cristo. Por lo tanto la gloria del reino será siempre mayor por medio de la eficacia de la predicación del evangelio. Cristo también usa este modo de hablar en Lucas 11:22: "Pero cuando otro más fuerte que él viene y lo derrota, le quita todas las armas en las que confiaba, y reparte el botín."

126 En latín: "solo verbo", que para mí significa aquí la palabra activa de Dios como verbo.
127 En latín lee: los "*electiores*" que puede traducirse también como los elegidos.

14. Entonces serás destruida hija de mercenario.[128] Este dicho pertenece también al versículo anterior. Se ha interpretado como una referencia a la sinagoga impía que fue adversaria a los profetas y los mató. Pero no veo yo por medio de qué razón esta exposición pertenece a lo que se ha dicho anteriormente. Seré audaz y voy a ofrecer esta interpretación: Pienso que el profeta todavía continúa[129] y mantiene aquí su descripción sobre la futura venganza contra los gentiles [paganos] después de la restauración del reino de Judá. Creo que está llamando a Babilonia "la hija del mercenario". Pero para nosotros, leer "la hija del mercenario" (*filia latronis*) es inepto. Jerónimo también lo lee así en todos los lugares en la historia sagrada cuando traduce "[hija] del mercenario". Se debió haber traducido "[hija] del guerrero".[130] Entonces aquí, pues, en vez de leerlo "hija del mercenario" debe leerse "hija del guerrero". Esto es: "Tú, O Babilonia, que has sido equipada con armas y fuerzas militares, tú que eres tan destructora[131] en la guerra, que has causado pesares entre todos, quien no puede ser resistida fácilmente, tú, quien invade a todos con destreza." Traduzco todo este versículo del hebreo simplemente así: "Entonces haremos también la guerra contra ti, o hija de soldado, quien nos ha sitiado." Su sentido [interpretación], entonces, es éste: La hija de Sión, ofrendará al Señor todas las riquezas de los pueblos. Entre su botín tú, Babilonia, estarás también, que ahora ejerces la guerra con una gran poderosa fuerza. Tú, quien ahora nos rodeas (sitias), tú que ahora destruyes a Jerusalén, en retorno tú serás devastada. Lo que tú estás haciendo físicamente (corporalmente), ellos harán espiritualmente por medio del evangelio.

Y con su cetro golpearán al juez de Israel en las mejillas.[132] Esto es, lo consideran a ellos extremadamente despreciables. Los tratan (como

128 Ésta es mi traducción del latín, cuya frase fue tomada por Lutero del comienzo del versículo 1 de Miqueas 5 de la Vulgata que lee: *"Nunc vastaberis, filia latronis." Latronis* puede ser traducido como ladrones o mercenarios. Esta frase es parte de Miqueas 5:1. En la Biblia hebrea éste llega a ser el versículo 14 de Miqueas 4. En nuestras Biblias, en castellano, Miqueas 4 solamente tiene 13 versículos. Así que aquí Lutero sigue la división tradicional presente en hebreo. En inglés lo traduce la *English Standard Version* como "O hija de guerreros, se sitian contra nosotros." Esa traducción se parece bastante a como Lutero traduce este versículo.

129 En latín *perseverare*, persevera, es constante.

130 La traducción de Miqueas 5:1, que Lutero hace mención aquí, en la RVC lee: "Ciudad de guerreros, porque nos han sitiado." Lutero lee correctamente del hebreo la palabra גְּדוּד [*gadud*] que significa tropa o banda armada.

131 En latín *aspérrima*, tan áspera. La frase *"Studiisque aspérrima belli"* fue tomada de la obra de Virgilio, la Aeneid, I, 14, donde describe a Cartagena, el gran enemigo de Roma.

132 Lo mismo ocurre con este versículo, en la Biblia hebrea es parte de Miqueas 4:14 (que no existe en nuestras Biblias en castellano).

seres) completamente sin dignidad. Jerónimo y otros intérpretes hacen referencia a esto en relación a la pasión de Cristo, pero lo que escriben es en realidad forzado de este texto.[133]

Capítulo Cinco

2. Tú, Belén Efrata, eres pequeña.[134] Hasta ahora (el profeta) ha estado discutiendo sobre la gran victoria futura que llegaría al pueblo de Dios bajo Cristo. Ahora describe la cabeza o líder de este reino, y explica claramente el lugar de donde este Rey va a surgir. Pues para que esa fe sea confirmada, cierta persona, tiempo, y lugar tenía que ser designado para la iglesia naciente. Así que el profeta describe (aquí) el lugar definitivo, así como otros profetas describieron los días (el tiempo) que este Rey iba a llegar después del cautiverio en Babilonia. Esa persona, por lo tanto, es Cristo, y el lugar, Belén, y el tiempo, después del cautiverio en Babilonia. Pero como en Mateo 2:6 este versículo en Miqueas es citado de modo diferente ya lo hemos explicado en detalle en nuestras *Homilías para la iglesia*.[135]

Entre las familias [tribus o clanes] de Judá. Ésta es una frase hebrea tomada de Moisés. Moisés establece los "jefe de millares"[136], así como

133 En otras palabras, se practica una eisegesis (poniendo cosas al texto) en vez de una exegesis (sacarlo del mismo texto).

134 El comentario sobre Miqueas 5:1 aparece como el comentario de Miqueas 5:14 arriba. Cf nota 125.

135 Lutero se refiere aquí a su *Kirchenpostille*, 1522, WA, X-I-1, especialmente páginas 557 en adelante. Así explica Lutero las diferencias entre estos dos textos: "Aquí pudiéramos considerar por qué el evangelista cambió las palabras del profeta y dijo: 'Y tú Belén de la tierra de Judá, no eres la más pequeña entre los príncipes de Judá; porque de ti saldrá un guía que apacentará a mi pueblo Israel' (Mateo 2:6). Pero el profeta dice: 'Tú, Belén Efrata, eres pequeña entre las familias de Judá; pero de ti me saldrá el que será Señor en Israel' (Miqueas 5:1). Mateo dice: 'no eres la más pequeña', pero Miqueas dice: 'eres pequeña.' ¿Cómo pueden estas dos citas concordar una con la otra? ... Cuando el profeta llama la ciudad 'Belén Efrata' y el evangelista la llama 'Belén de Judá', esto es lo mismo, pues los dos querían señalar a la ciudad de Belén, que anteriormente se le llamó 'Efrata', pero ahora se le llama 'Belén de la tierra de Judá'"... "La otra diferencia –donde Mateo dice 'entre los príncipes de Judá' y Miqueas dice 'entre los miles (familias) de Judá– puede ser fácilmente reconciliada. La palabra en hebreo אֶלֶף (*'elep*) significa 'príncipes' y 'miles' así que cualquiera puede interpretarla usando 'príncipes' o 'miles". Esta cita fue traducida del inglés de la obra *Church Postil, II*, LW 76:93-94. [Nota editorial: La palabra *'elep* puede ser usada como un sub-grupo de una tribu, o familia (Jueces 6:15). Puede ser usada también como una unidad militar o grupo de soldados así como se usa en Números 31:48, "millares de centenas". Así que traducirlo como "miles" o "familias" es aceptable. Lutero no explica esta tercera opción que es usada en nuestras traducciones. Solo ofrece príncipes o miles como propias alternativas de traducción].

136 La palabra usada en latín es *millenarios*. Cf la nota 136 donde se explica el uso de esta palabra así como es tomada del hebreo (*'elep*).

vemos en Deuteronomio 1:15. Entre los millares (clanes) de Judá tenemos el millar (clan) de Belén, que era parte de la tribu de Judá. Por lo tanto, Cristo iba a nacer de la tribu de Judá y en el reino de Judá, así como añade aquí.

Pero de ti me saldrá. El Espíritu de este profeta era grandioso. Podía definir con certeza el lugar donde nacería Cristo. Esto no lo pudiera haber hecho sin una muy acertada y clarísima revelación divina.

El que será Señor en Israel. Con esta una palabra detrae todo lo pueda pertenecer allí a un reino corporal. Dice que este Rey nacerá de Judá y así y todo Él reinaría sobre todo Israel, aunque ciertamente ese reino de Israel no sería restablecido. Fue dispersado por todo el mundo y nunca hemos leído que fue regresado. Este texto, entonces, de manera muy evidente nos convence que el reino de Cristo sería un reino espiritual. Esto es algo que no podían ellos [el pueblo] entender, pues esta profecía parecía ser imposible y contraria a sí misma. Israel había sido raptada y nunca sería regresada. Hasta Judá sería raptado. Así y todo Miqueas está profetizando que este Señor reinaría sobre Judá e Israel. En esta situación. Judá tendría que ser también rescatada corporalmente (físicamente) por cuenta de esta Rey, que se había profetizado que nacería de Judá.

Sus orígenes se remontan al principio mismo. Ese Señor [gobernador] se presenta al principio, en esos días cuando el mundo comenzó. Él se encuentra allí ya[137] en el principio de todas las criaturas. No se presenta por primera vez en Belén después del cautiverio en Babilonia, sino que se presentó ya en un tiempo muy anterior. Ésta es la manera en que Juan describe la divinidad de Cristo [Juan 1:1]: "En el principio era el Verbo."[138] En su cántico, Salmo 90:2, Moisés[139] canta: "Desde los tiempos primeros y hasta los tiempos postreros, ¡tú eres Dios!" Allí Moisés usó la misma frase que Miqueas usa aquí, esto es: "Tú no

137 En latín se usa *simul* (al mismo tiempo, simultáneamente) cuando todo comenzó.

138 Tomado de la RV 1960 que cita literalmente la versión de la Vulgata *"in principio erat verbum"*. La RVC lo traduce "En el principio ya existía la Palabra". *Verbum*, lo mismo que la palabra original usada por Juan en griego λόγος (*logos*). puede ser traducida como "Palabra" o "Verbo". Pero el sentido de este versículo en Juan es que existe ese Verbo creador que vive como tal, activo en la creación del mundo con Dios porque también es Dios (Juan 1:2-3). En la Septuaginta, una traducción del Antiguo Testamento del hebreo al griego, la palabra *logos* usualmente se traduce con la palabra *dabar*, דָּבָר que denota palabra en acción. Puede ser, por lo tanto, la palabra interpretada como una palabra activa que habla o como la palabra hablada.

139 Este salmo se cita como una oración de Moisés.

comenzaste con el mundo sino que cuando el mundo comenzó a ser, tú ya eras." Así mismo Cristo dice sobre sí mismo: "Antes de que Abrahán fuera, yo soy" [Juan 8:58]. Este texto tiene, pues, un doble significado. Primero, el que será el líder[140] saldrá de Belén. Él ya se presentó (salió) desde el inicio del mundo. Esto es, se había determinado que él fuera adelante para que todo mérito de cada persona fracasase. Él fue ofrendado (dado) simplemente por pura misericordia, no porque nosotros merecíamos esto, o que lo hayamos deseado, sino porque, pues, esto fue predestinado desde la eternidad, así como Pablo ha escrito. El otro (segundo) significado es éste: su presentación al mundo es desde el inicio del mundo. Esto es, él nació del Padre.[141] Me agrada aún más el primer significado, pues "salir de" (*egressus*) suena como una apariencia externa y no como un nacimiento interno:[142] "Salí del Padre, y he venido al mundo" [Juan 16:28].

3. El Señor los entregará. Ahora ha descrito la persona del líder, y continúa con su oficio: en qué modo gobernará, con qué ejércitos y fuerzas va a reinar; y que su reino no será terrenal (corporal) sino que será espiritual. Él habla también de manera profética cuando dice "los" sin nombrar a aquellos que intenta señalar por nombre. En vez, afectado por su estado profético, les propone esto ante sus ojos como si ellos estuvieran presentes ante el Señor. Él se refiere a la sinagoga que todavía queda.

Hasta el momento en que dé a luz la que ahora está en cinta. Esto es, hasta el momento en que la iglesia nazca y sea establecida por medio de la palabra del evangelio. Un resumen de su significado es éste: "Cuando el líder haya nacido en Belén, él salvará a este reino. Él preservará todavía la parte restante de la sinagoga hasta que la iglesia nazca, aunque ese reinado externo dejará de existir.

Y el resto de sus hermanos vuelva con los hijos de Israel. Hace esto para que el resto de sus hermanos, habiendo escuchado el evangelio, llegue a creer y a convertirse. La sinagoga durará, hasta que el evangelio sea divulgado en parte por todo el mundo. Consecuentemente, la sinagoga tiene que ser preservada por un tiempo. Esto ocurrió hasta

140 Dux se usa en latín que puede connotar líder, gobernador, etc.

141 Natus est ex pater.

142 Esto es en realidad lo que confesamos en el Credo Niceno al afirmar que el Señor Jesucristo "fue engendrado y no hecho".

la pasión de Cristo. Esto es lo dicho en otros lugares [Malaquías 4:6; Lucas 1:17]: "Y él hará que el corazón de los padres se vuelva hacia los hijos y que el corazón de los hijos se vuelvan hacia los padres." Así que claramente está diciendo: "Ellos volverán a los hijos de Israel", y con esto quiere demostrar que este reino será espiritual y no carnal ni externo. Si no, pues, hubiera dicho: "ellos volverán a Judá."

4. Se levantará para guiarlos con el poder del Señor, con la grandeza del nombre del Señor su Dios. Procede a describir este reino admirable y el admirable triunfo de este reino. Ese Rey, quien sujetará a todas las naciones bajo sí mismo (su dominio), no batallará empleando fuerza de armas ni de ejércitos. No empleará fuerzas armadas, ni espadas, pero sí "pastoreará (alimentará) [143] su rebaño". Esto será un espectáculo, un nuevo modo de batallar, uno que a los judíos les era imposible comprender. Ni los mismos discípulos de Cristo lo habían entendido después de la muerte de Cristo [Lucas 24:21], cuando dijeron: "Nosotros teníamos la esperanza de que él habría de redimir a Israel." Significa, entonces: "Ese Rey Cristo estará con su rebaño y lo pastoreará. Esto es, anunciará la palabra del evangelio, y hará esto en el poder del Señor, esto es, con el Espíritu Santo añadiendo su cooperación y eficacia." Ese evangelio, esa humilde presente Palabra se opondrá a todas las puertas del infierno, pues "es poder de Dios", Romanos 1:16. Cuando aquellos que batallan bajo este Rey hayan escuchado y creído por medio del poder de esta Palabra, ellos vencerán la muerte, el pecado, y el infierno.

Y ellos regresarán. [144] De acuerdo al hebreo debe ser traducido "ellos vivirán". Con estas palabras ha aceptado esa completa certeza de paz del evangelio. Pues por cuenta de esta certeza aquellos que creen se encuentran seguros contra los insultos de toda criatura. Es como si dijera: "Se encontrarán seguros en esa gran tormenta de la cruz. Ninguna criatura prevalecerá contra ellos, ni siquiera las puertas del infierno." Cf Romanos 8:3. Así es como los profetas incluyen por todo lugar también la cruz.

5. Y él será nuestra paz. Si los asirios vienen a nuestra tierra. Creo que el significado de este texto es que él está atacando a los falsos profetas, sobre los cuales ya ha hecho bastantes comentarios

143 La palabra usada en latín es *"pascet"* (*pascere*) que puede traducirse como cuidar, pastorear, y alimentar.

144 Esta frase fue traducida directamente de la cita que emplea Lutero de la Vulgata: *Et convertentur.* RVC lee: "ellos vivirán tranquilos."

anteriormente, los cuales predican la paz y muerden con sus dientes. Así que está presentando su predicación en contra de ellos, como si dijera: "Los profetas de ustedes dicen cosas que le complacen. Ellos anuncian que les llegará paz y seguridad, pero yo les digo que la paz no llegará, pues el reino de ustedes será devastado, y serán ustedes arrastrados como esclavos a Asiria. Y así y todo habrá paz, pero otra clase y otro modo de paz, una paz diferente de la clase que ustedes esperan. Antes que venga esa paz, ustedes sufrirán miserables aflicciones. Primero, experimentarán la poderosa venganza de los asirios, los cuales atropellarán nuestros palacios. Y tampoco ustedes conocen el camino de la paz. Esa paz futura será una paz espiritual. Estoy profetizando un Rey eterno para ustedes, un reinado eterno. Pero ustedes se frustran esperando un reino terrenal (corporal), pero primeramente ustedes serán arrastrados."

Levantaremos contra ellos siete pastores. "De por cierto el asirio descargará venganza sobre ustedes. Él les causará miserables aflicciones a ustedes, pero después, nos vindicaremos contra él; lo haremos sujeto a nosotros, enviaremos contra él siete pastores y ocho hombres prominentes." Esta profecía aparenta ser increíblemente imbécil, que contra tan poderoso rey son enviados siete pastores y ocho hombres prominentes o plebeyos. Obviamente, ellos van en turno a derrocar el reinado de los asirios. Pero, todo esto es pertinente a un reinado espiritual. Esto es, lo invadiremos a él no con el poder de las armas ni bajo el auxilio de los poderosos príncipes de este mundo, sino que enviaremos a pastores, algunos simples líderes del pueblo, quienes predicarán el evangelio, y con su predicación sujetarán para sí mismos todo ese reino. Esto es, "les enviaré apóstoles, pobres y humildes, y no seres poderosos". Esto es lo que él está diciendo: "ocho plebeyos, líderes de hombres", esto es, seres pobres y comunes. Otros interpretan esto como "líderes de los persas" u otra cosa necia, pero esa interpretación no es válida. También pienso que el profeta está usando ese cierto número en lugar de un número indefinido para indicar que sería con un pequeño puñado, poquísimos hombres –esos humildes y despreciables– que ese tan poderoso reino asirio sería convertido a la obediencia de la fe. La misma frase ocurre en otro lugar, Eclesiastés 11:2: "Divide en siete porciones lo que tienes, y hasta en ocho", esto es, "continua ofrendando (dando)".

6. Que a filo de espada devastarán la tierra de Asiria. Esto significa con la palabra de Dios, "la espada del Espíritu" [Efesios 6:17].

Y la tierra de Nimrod [a filo de espada]. Prefiero traducir la palabra hebrea con el nombre "espada". El significado de este texto es el mismo que Cristo dijo usando otras palabras en Mateo 10:34-35: "No piensen que venido para traer paz a la tierra... sino espada. He venido para poner al hijo contra el padre, etc." Está diciendo aquí pues: "Les enviaré la Palabra, y cuando ellos la crean se convertirán mutuamente. El padre asaltará a su hijo, y el hijo a su padre. De ese modo 'él será librado de los asirios'. Esto es, cuando al principio seamos arrastrados al cautiverio por los asirios, donde seremos totalmente arruinados, entonces los asirios de vuelta serán conquistados cuando ese nuevo Rey haya llegado y su nuevo reino sea establecido. Y no tenemos esperanza que ese Rey venga, a menos que primeramente seamos arrastrados al cautiverio, etc."

7. (8) Entre los muchos pueblos, el remanente de Jacob será entre las naciones. Ahora que la venganza es absoluta, la cual iba a ocurrir contra el reino de Asiria por cuenta del cautiverio del reino de Israel, él especifica por qué fuerza iba a llegar para que la venganza fuera implementada: sería por el remanente de Jacob. Describe el poder y la función de los apóstoles y de otros primeros predicadores del evangelio, y describe qué clases de personas iban a ser: primero entre los judíos de donde ellos habían sido secuestrados, y entonces entre las naciones por toda la tierra.

Y la multitud de los pueblos. Por cierto, la sinagoga en esos días se encontraba llena, pues hasta los gentiles se convertían al judaísmo, así como podemos ver en Hechos 2. Esta profecía mira hacia adelante al Día de Pentecostés cuando el Espíritu Santo fue enviado del cielo y los apóstoles y ellos hablaban en diferentes lenguas (idiomas), así como está escrito en los Hechos de los Apóstoles.

Como el rocío del Señor. Esto es, el Espíritu Santo, no hombres, los enviará a ellos. Esto será un hecho celestial sin el consejo ni esmero humano. Animados por el Espíritu derramarán (lloverán) el dulce evangelio. Así como el rocío desciende del cielo sobre las cosechas y las flores y riega la tierra sin que nosotros lo sepamos, también cuando el Espíritu Santo haya sido enviado del cielo, ellos predicarán. En 1 Corintios 3:6 y 9, Pablo interpreta esto así: "Yo sembré, y Apolos regó, pero el crecimiento lo ha dado Dios... Porque nosotros somos colaboradores de Dios, y ustedes son el campo del cultivo de Dios, son el edificio de Dios." De esta forma el evangelio es rocío enviado del cielo. De ese evangelio, que ellos anuncian, los apóstoles son llamados el rocío que riega la hierba; esto es, ellos llueven (derraman) al pueblo con la predicación de la palabra del evangelio.

Ni ponen su confianza en los seres humanos. Esto es, la hierba no espera por las manos de los hombres. Las obras y labores de los seres humanos no hacen que ella crezca. Crece espontáneamente sin ninguna cultivación. El profeta señala (aquí) el poder efectivo del evangelio creído, contra los predicadores de la ley, quienes no saben más que forzar e imponer con sus predicaciones. Ellos no tienen el poder de cumplir la ley ni tienen un corazón dispuesto (para hacerlo). De hecho, suman a la ira y al pecado por cuenta de esa demanda. La misma comparación que vemos aquí se encuentra también en el Salmo 72:16: "Y los de la ciudad florecerán como la hierba de la tierra."[145] Esto es, infundido con la Palabra (Verbo) solamente y con el Espíritu Santo, sin el fastidioso cultivo de los seres humanos, sin una intimación de miedo por cuenta del castigo, así como la gente de la ley, quienes son coaccionados por la fuerza y por las leyes, ellos darán frutos. Aquí el profeta está diciendo la misma cosa: "El evangelio será suficiente para ellos; el Espíritu Santo les enseñará toda la verdad. No será necesario enseñarles las doctrinas y tradiciones de los hombres, porque ellos espontáneamente serán buenos, cuando el remanente de Jacob llueve sobre ellos con el rocío. Esto es lo que ocurrió el Día de Pentecostés así como Pedro y los otros apóstoles predicaron. Distingue la diferencia entre el pueblo de la ley y el pueblo del evangelio. Este último es el pueblo que vive voluntariamente sin la coacción de las leyes o de las tradiciones, sino que son espontáneamente animados en hacer el bien voluntariamente por el poder del Espíritu Santo, pues son guiados por el Espíritu de Dios, así como Pablo ha dicho [Romanos 8:14]. A la vez, habrá también en el futuro tales seres humanos "entre los gentiles", esto es, en la iglesia de los gentiles y no solamente entre los judíos, así como hemos dicho anteriormente. Y este asalto a los gentiles es espiritual por medio de la palabra del evangelio; pues los apóstoles y otros de los primeros predicadores del evangelio, fueron extirpados de entre los judíos y constituidos como líderes y fundamento o príncipes sobre toda la tierra, así como dice el Salmo.[146] Esto es, llegaron a ser el fundamento de la iglesia por todo el mundo, tanto entre los gentiles como entre los judíos.

145 RV1960 se asemeja mejor al texto hebreo y la Vulgata. RVC lo traduce: "[Y] que en la ciudad haya tanta gente como hierba hay en el campo".

146 Salmo 18:43; 45:16.

8. Como el león entre animales salvajes. Con este lenguaje metafórico indica el poder de la Palabra y el poder de Espíritu. Es como si dijera: "Así como el león se da correr, tumba, y atrapa su presa cuando ataca un rebaño, así también la palabra del evangelio hará de todos su sujeto". Pues, el evangelio avanzó (despedazó) con tal fuerza y poder que desarmó y derrumbó el reino de los gentiles, de tal manera, que ellos no pudieron escapar esa fuerza e invasión. No importa que tan poderosos y grandiosos fueron esos reinos, los más poderosos y grandiosos fueron convertidos, esos todos como los asirios y los romanos, etc. Esto es en todo sentido lo mismo que dijo anteriormente en el capítulo 4:13: "¡Yo te daré cuernos de hierro y garras de bronce, para que desmenuces a muchos pueblos! "Así pues, el profeta repite frecuentemente las mismas cosas pero con diferentes figuras proféticas, y esto lo hace por cuenta de la abundancia del Espíritu.

10. Cuando llegue ese día, acabaré con todos los caballos [y con todos los carros de guerra que hay en medio de ti]. Añade esto para indicar que no se refiere a un reino terrenal (corporal) sino a uno espiritual. De otra manera esto no concordaría con lo que dijo anteriormente, donde prometió la victoria sobre todas las naciones. De cierto, no interpretamos esto como poderes externos sino como algo espiritual logrado por medio de la predicación del evangelio, el cual "es poder de Dios" [Romanos 1:16]. Por lo tanto está diciendo: "Serás superior a todas las naciones. Harás de todos los seres humanos tus sujetos, pero vagarás a través de todo el mundo. No tendrás armas, ni caballos, ni fuertes, ni fortalezas, ni consejeros en los que puedas confiar. Pero así y todo, serás vencedor entre todas las naciones por medio de evangelio, que es la fuerza y el poder de Dios, etc." Pero mientras tanto, los apóstoles estaban destinados, es decir, a morir, así como vemos en 1 Corintios 4:11: "Hasta el momento pasamos hambre, tenemos sed, estamos desnudos, nos abofetean", etc.; y en 2 Corintios 6:4-10: "Con mucha paciencia en las aflicciones, en las necesidades, en las angustias, en los azotes, en las cárceles, etc... parecemos pobres, pero enriquecimos a muchos; parecemos no tener nada, pero somos dueño de todo." El significado de este texto es éste: "Acabaré con todos los caballos y con todos los carros de guerra." Esto es, te influenciaré de tal forma que despreciarás toda pompa de poder carnal. Te daré otro poder y otras armas; y con éstos serás superior a todas las naciones. No dependerás de poderes humanos, pues te enviaré del cielo el poder y la fuerza de hacer de todos tus sujetos.

12. Asimismo, arrancaré de tu mano[147] las hechicerías. En hebreo existen muchas palabras para (identificar) adivinos (hechiceros). En Deuteronomio 18:10-11, Moisés ha recopilado casi todas ellas. Tanto, pues, como nos ha sido posible, hemos distinguido una de las otras para poder entenderlas (mejor). La palabra en hebreo כְּשָׁפִים (*queshafim*) la cual nuestra versión en latín la traduce *maleficia* (hechicerías), la traduzco yo con la palabra "*augur*", que significa esos que practicaban la adivinación y leían el futuro al interpretar el vuelo de las aves. También lo que leemos como "*divinationes*" (adivinos) lo traduzco como "*coniectores*" (magos, conjurantes), esto es, aquellos que interpretan signos en el cielo o en la tierra, tales como en partos monstruosos[148] y cosas similares a éstas. Ahora, con estas palabras, está en voz baja censurando y picando (mortificando) a falsos profetas. Es como si estuviera diciendo: "Haré, pues, que ustedes no empleen consejo humano, el cual es ciertamente vano", así como dice el Salmo [cf Salmo 94:11]. "Quitaré de ti eso que no ofrece lo definitivo y lo firme. Ellos solamente adivinan. No pueden establecer alguna cosa con certeza." Más aún, tenemos que cumplir una responsabilidad: tenemos que estar muy confiados (certísimos) en nuestras conciencias sobre la Palabra la cual enseñamos o es enseñada, una cosa que las doctrinas humanas no pueden lograr. Pues la conciencia todavía se encuentra incierta sobre la voluntad de Dios, y los maestros (doctores) sobre tradiciones humanas no pueden aliviar ni animar las conciencias que han sido confundidas y aterrorizadas. Leemos en el Salmo 14:3: "No hay nadie que haga el bien"[149] ; y también en el Salmo 14:5: "Estaban en gran temor donde no había temor." [150] El evangelio causa la certidumbre en la conciencia y hace que tenga paz. Todo esto se dice para hacer comparaciones. Es como si él dijera: "Ahora tú dependes de tus fortalezas, de tus murallas, y del poder de tus armamentos, así como también de la idolatría y los consejos de la carne. Pero te quitaré todas estas cosas, y suscitaré cosas muy firmes y ciertas para ti."

13. Y nunca más te inclinarás ante la obra de tus manos. Esto es, la idolatría. Este modo de hablar es frecuentemente usado también por

147 La cita de Lutero en latín es: "Pues yo arrancaré la maleficencias (hechicerías) de "tu casa" (*de domo*). Pero el texto hebreo como la Vulgata cita "de tu mano", como lo traduce correctamente aquí la RVC.

148 Interpreto esto como infantes nacidos con deformaciones.

149 En la Vulgata lee: "Que conocen el camino de paz", (*viam pacis non cognoverunt*)

150 Fue traducido del texto de la Vulgata citado en latín por Lutero, ("*trepidaverunt illic timore, ubi non erat timor*"). La RVC lee: "Pues van a temblar de miedo."

Moisés. Aquellos que adoran las obras de sus propias manos y que confían en sus propias obras y la justicia carnal, pues, esto también es hacer ídolos. Ya que sin esa fe, un ídolo es nada, así como dice el apóstol.[151] Pero en lo que yo confío, en lo que yo dependo, y a lo que yo atribuyo justicia, esto es en el lugar verdadero de un dios para mí, así como ya hemos dicho anteriormente con suficiente detalles sobre la fabricación de un dios. En resumen: "Destruiré yo tus sagradas ermitas y eliminaré tu falsa adoración y esos poderes falsos que abundan entre ti y en los que tú confías. Entonces tu culto será válido[152] y verdadero por medio de la Palabra y el Espíritu."

15. Y con ira y con furor me vengaré [de las naciones que no me obedecieron]. Añade una advertencia, y amenaza a los arrogantes con el mal, no sea que la grandeza de esta innumerable bendición sea despreciada. Es como si él dijera: "Aunque ésta es la más alta gracia y la vida eterna, así y todo sucederá que pocos creerán y no serán recibidos (aceptados). "Aunque el evangelio es poder de Dios, así y todo es 'para los judíos ciertamente tropezadero y para los gentiles[153] locura' [1 Corintios 1:23]. Pero no me permito que sea despreciado en vano, porque me vengaré de esos que me desprecian." Ha dicho estas cosas para atemorizar a los impíos y dice que aquellos que desprecian y persiguen la palabra del evangelio, serán castigados por él. Pero también ha dicho esto para consolar a los predicadores de la Palabra para que ellos se afinquen en sus vocaciones; para que se afanen en sus ministerios, aunque ellos vean que el mundo deprecia el evangelio; para que sobrepasen las persecuciones de los impíos, y dejen que Dios vindique el desprecio a su Palabra, siguiendo así el ejemplo de Cristo, quien remitía la venganza a aquel que juzga con justicia, 1 Pedro 2:23.

Capítulo Seis

En los dos capítulos anteriores ya casi había completado su profecía sobre Cristo y el reino de Cristo por medio del evangelio. Ahora en los siguientes capítulos regresa a su oficio, esto es, el de denunciar las impiedades del pueblo. Sobre todo, él ataca sus normas de vida. Ésta era la costumbre de todos los profetas, primero atacar las impiedades como

151 1 Corintios 8:4.
152 En latín la palabra es *solidus* (sólido o bien fundado).
153 RV1960. La RVC lee "para los no judíos" en lugar de "gentiles".

fuente y manantial de todas las malas obras, y entonces prescribían la piedad (justicia). Una vez que esto se les había inculcado y lo habían aprendido, entonces, así propiamente seguían las buenas obras. Éste es el verdadero orden de los profetas y los apóstoles, así como discernimos muy claramente en las epístolas de Pablo. Pero esto es algo que los falsos profetas[154] no hacen. Ellos simplemente prescriben normas (una moral), reprenden los pecados, ofrecen recompensas (premios) y omiten la enseñanza (doctrina) de la piedad en relación a la justificación del corazón, etc.

1. Escuchen ahora lo que dice el Señor. Como ya dije, todo este capítulo reprende las malas obras y los pecados. Pero él declara con gran audacia que el Señor lo ha enviado para hacer esto.

¡[Levántate] y contiende contra los montes! "Presenta tu causa contra los montes." Ésta es una traducción más correcta, así como vemos también en el Salmo 43:1, donde se traduce: "defiende mi causa." [155] La idea es ésta: "Oponte contra los montes, esto es contra los gobernantes (príncipes). Declárales sus impiedades. Demuéstrales sus maldades y pecados.

¡Que oigan tu voz las colinas! Esto es, las colinas son los prepotentes y los ricos que se elevan eminentemente sobre otras personas, los que roban lo poco que otros tienen.[156] Así como notamos en otros lugares por toda la Biblia (Escritura): la Palabra de Dios ataca al soberbio, a los altaneros, a los que se glorían en sí mismos, a los santurrones, en breve, a todos aquellos que el mundo los hace grandiosos. Pero "Dios eligió lo necio del mundo, para avergonzar a los sabios; y lo débil del mundo para avergonzar a lo fuerte", etc. [1 Corintios 1:27].

2. [Ustedes los montes], y ustedes, los sólidos cimientos de la tierra. Esto es: "Ustedes príncipes, reyes, sacerdotes, profetas, aquellos en quien el pueblo depende." Está usando aquí un epíteto significativo cuando los llama "sólidos" (*duros*), esto es, los robustos y potentes en la tierra.

154 Lutero usa aquí en latín *pseudodoctores* que puede ser traducido también como falsos doctores o maestros.

155 RV1960. La RVC traduce: "¡Hazme justicia! ¡Defiéndeme!"

156 Literalmente: "los que desnudan a otros."

Porque el Señor tiene una querella contra su pueblo, y va altercar contra Israel. Él distingue entre "su pueblo" e "Israel". Vemos por medio de esto que el profeta está hablando mientras que el reino de Israel continua en pie y florece. Por lo tanto aprendemos que el orden de (que siguen) los profetas no es siempre el correcto. Esto se ve muy claramente en Jeremías, donde esto ocurre frecuentemente. Estos dos capítulos pudieran haber sido presentados antes de los anteriores, los cuales recuerdan el cautiverio de Israel. Es útil notar esto en la lectura de los profetas.

3. Pueblo mío ¿qué te hecho? Esto es una queja y conmemoración de previas bendiciones en donde el Señor urge y propone su causa. Es como si dijera: "¿Por qué están haciendo que mi nombre suene mal entre las naciones (gentes)? Dado tus maldades, brindas a las naciones la ocasión de blasfemar mi nombre." Imita aquí a Moisés en Deuteronomio 32:6: "Tú, pueblo loco e ignorante, ¿así le pagas al Señor? ¡Él es tu padre!, etc."

4. Es un hecho que yo te saqué de la tierra de Egipto. Conmemora las bendiciones previas: primero, el rescate de la miserable esclavitud en Egipto, el cual se enseña en varios lugares en la Escritura. Quería darles por medio de este ejemplo externo[157] una señal para amonestarlos, y que recordaran la bondad divina. No deberían dudar que serían liberados de todo peligro y maldad, aun cuanto fueran tan inmensos, si ellos creían y se acordaban de ese éxodo de Egipto. Así él nos ha dado también señales externas de gracia, el Bautismo y la Eucaristía (καὶ εὐχαριστίαν)[158] por medio de los cuales nos amonesta a recordar esas cosas que hemos experimentado por medio del evangelio y que nunca dejan de ocurrir para aquellos que creen.

5. Acuérdate ahora, pueblo mío, de los planes que urdía Balac, rey de Moab. Esto es otra amonestación. En la amonestación previa les recordó de su liberación de la violencia y de todo el poder del faraón. Con la segunda amonestación les recuerda de su rescate de entre las intrigas y trucos, esas de Balaam, quien vino a maldecirlos, pero no pudo dañarlos, Números 22 y 23. Pero el Señor hizo débil, inválida, e insignificante la energía, el dominio y el poder del faraón. Por otro lado, hizo la debilidad de su pueblo válida y poderosa, y por lo tanto

157 Mejor dicho: "ejemplo de otro tiempo."

158 Aquí Lutero usa la frase en griego por "y la Eucaristía".

convirtió la maldición de Balaam en una bendición. Éstas son las bendiciones que él todavía ofrece a todos sus devotos, y tales bendiciones son ciertamente grandiosas.

Yo los traje desde Sitín hasta Gilgal.[159] Sitín es un local o campo en los lugares campestres en Moab, en donde el pueblo de Israel construyó una fortaleza. Se extiende de Moab hasta Jordán, Números 25:1; Josué 3:1.

Para que conozcas las justicias de Yahveh.[160] Lee en hebreo: "por cuenta del conocimiento de la justicia de Dios." Esto es citado con ambigüedad y no claramente, así que se puede entender de dos maneras: primero, para que conozcas las justicias del Señor"; segundo, que la justicia de Dios sea conocida (pero esto es casi lo mismo); esto es, que conozcas que eres salvo no por tus propias obras o virtudes, sino por la fe[161] en mí, por mí bendición, sin ningún mérito humano. Esta justicia del Señor es pasiva,[162] y por ella él nos justifica. Así es como Pablo la usa en varios lugares en la carta a los Romanos.

6. ¿Con qué me presentaré ante el Señor? El profeta se explica a sí mismo. El significado es éste: "¿Con qué aplacaré al Señor? ¿Con qué mitigaré su ira?" Acontecerá que él te castigará, y tú estarás ansioso en prevenir esto. Pero erras, el culto que quieres ofrecer es impío. Tu corazón es inmundo; por lo tanto tus obras, no importa cuántas sean ellas, contarán para nada.

¿Cómo adoraré al Dios Altísimo? Esto es un texto evidente y claro en contra de la justicia de obras, algo que Isaías también ya ha explicado en su capítulo 1:11 (y en adelante). Abiertamente condena gestos y obras externas, aunque aparenten ser tan buenas, si el corazón es impuro. Pues obras que salen de un corazón impuro e impío no complacen a Dios, ni

159 Contrario a las versiones bíblicas, los textos de la Weimar y Erlangen citan a Gilead en vez que Gilgal.

160 Fue citada aquí la RV1960, pero fue sustituido el nombre "Jehová" por el nombre que aparece en hebreo "Yahveh". Esta traducción es más fiel al hebreo y a la Vulgata. El hebreo usa la palabra justicia, צְדָקָה *(tsedaqah)*. La cita de Pablo en Romanos 1:17 sobre la justicia procede de esta palabra hebrea. Ésa es una palabra jurídica donde uno es justo de acuerdo a una situación legal: "Porque en el evangelio la *justicia* (δικαιοσύνη = *dikaiosynē*) de Dios se revela por la fe... Mas el justo (δίκαιος = *dikaios*) por la fe vivirá." Lee en la RVC: "Para que reconozcan cuántas veces yo, el Señor, los he salvado." La Vulgata traduce así: *"ut cognosceres justitias Domini."*

161 La palabra usada aquí es *fiducia.*

162 Esta justicia pasiva se ve evidentemente en Romanos 1:17 (cf nota 161). Dios es quien actúa y quien nos justifica, por eso esa justicia es pasiva.

esas obras que él mismo ha prescrito. Uno puede ver claramente, aquí y en Isaías, que hasta obras ordenadas por Dios, como los sacrificios, son condenadas, porque las hacen por confiar en sí mismos y en una justicia de la carne. Pues hasta esas cosas que la ley de Dios requiere, sin fe no tienen valor. Cuánto menos valorables serán las ficticias obras de nuestros monjes, etc.

7. ¿Debo darle mi primogénito [a cambio de mi rebelión]? ¡Cuánta gente sacrificaba a sus hijos e hijas al ídolo Moloc! Hasta los judíos cayeron bajo esta impiedad, y pensaron, que como el ejemplo de Abrahán, agradaban a Dios al sacrificar sus hijos. A esto es lo que el profeta alude. Ver Deuteronomio 12:31.

8. El Señor te ha dado a conocer lo que es bueno. Éste es un magnifico maestro (doctor), no solamente reprueba lo que es falso e impío, sino que también indica lo que es correcto y bueno. El oficio (deber) de un profeta no es solamente reprender malas costumbres sino también, muy especialmente, la hipocresía para humillar e interrumpir a los soberbios hipócritas, los cuales miserablemente ofenden a Dios con su hipocresía, y mientras tanto piensan que solamente son ellos los que agradan a Dios. Dios está buscando a los que son verdaderamente justos, verdaderamente santos, y no hipócritas, esos a quien odia grandemente. Aquí vemos lo mismo claramente. El profeta llama al pueblo a que regrese a su original, sincera, y buena piedad, la cual afirma completamente con estas tres partes: "hacer justicia, amar la misericordia, y humillarme ante tu Dios." Hasta ahora el profeta estaba castigando su mala moral externa. Ahora se dirige al verdadero culto a Dios o a la verdadera buena moral, la cual Dios requiere de los devotos (piadosos).

Hacer justicia.[163] He explicado esta frase varias veces anteriormente en otros profetas. Significa no causar daño a nadie, darle a cada persona lo que le pertenece, no molestar a nadie, y también ayudar a otros, promover sus intereses, prevenir el ultraje y la violencia, para que los ricos no acorralen y opriman a los necesitados para que así los culpables sean castigados y los inocentes protegidos. Esto dice en Jeremías 7:5: "Si ustedes mejoran su conducta, y si imparten verdadera justicia entre ustedes y sus semejantes", esto es, si frenan a los malos y protegen a los buenos. Esto, entonces, es

163 En latín es: *facere judicium.* La palabra justicia en hebreo es מִשְׁפָּט (*mishpat*). Éste es un término jurídico que denota un juicio o decisión legal.

pertinente a todos los pueblos, pues el profeta quiere que sean afectados de tal manera que ellos se preocupen por la paz pública para que así el estado[164] viva en paz y cada persona viva (también) en paz y disfrute lo que le pertenece. Pero él dice claramente: "hacer justicia" porque él quiere que las cosas sean presentadas no con meras palabras sino con la materia presente. Con esta única expresión ha afirmado la parte buena de la conducta cristiana o moral cristiana. Pues la violencia contra nuestro vecino está prohibida, también la codicia, que no codicie yo pues los bienes de mi prójimo, o le desee el mal, sino (debo) protegerlo, defenderlo del peligro, etc. Quien haga esto, experimentará el odio de muchos contra sí, pues los tiranos y otros quienes atemorizan a los pobres, se enfadarán por esa resistencia contra ellos. Por lo tanto, quien los resista a ellos, solo lo pueden hacer con peligro de su reputación y vida. La persecución llega pues inmediatamente, pues Satanás no puede genuinamente hacer buenas obras; sino que es capaz de la mayor hipocresía. De hecho, él instituye y promueve la hipocresía para que por medio de ella, desvíe a los seres humanos de la verdadera piedad, de la fe en Dios, hacia sus propias obras y justicia. La carne escucha fácilmente y proclama estas palabras, pero no puede hacer lo que las palabras dicen, excepto que sea renovada por el Espíritu.

Amar la misericordia. Esto significa que nos deleita ser una bendición para otros pues la palabra hebrea חֶסֶד (*ḥesed*)[165] propiamente significa una misericordia que se ha demostrado, así como Cristo indica en Mateo 9:13: "Vayan y aprendan lo que significa: 'Misericordia quiero, y no sacrificio'". Por lo tanto, Dios quiere que todo fluya hacia la ayuda y el bienestar de nuestro prójimo. Es suficiente para Dios la gloria de esas obras. La fe es el inicio (comienzo) de la justificación, así como toda las Escrituras revelan. Al ser justificados por la fe, no podemos ni debemos ofrendar cualquier cosa a Dios, a menos que sea el sacrificio de la alabanza; esto es, que demos testimonio con nuestra predicación de la gracia[166] que hemos recibido para que glorifiquemos a Dios, para que prediquemos su gloria, y que prediquemos esto por medio del evangelio. Éstas son "la ofrenda de nuestros labios" [Oseas 14:2]. Entonces, demostremos la misericordia a nuestro prójimo, esto es, que sea nuestra voluntad socorrer a nuestro prójimo, buscar toda ocasión para ayudar

164 Lutero usa en latín la república (*reipublicae*).

165 La palabra *ḥeseḏ* denota: amor leal, una devoción persistente, una misericordia o ayuda que nunca falla y que nunca traiciona al que se le otorga. Es una acción de amor y no meras palabras. Esta palabra se usa también para expresar o traducir la gracia de Dios por nosotros.

166 Cf nota 166.

a nuestro prójimo. Animemos a otros para que cumplan el oficio (la vocación) de la misericordia[167], para que así toda nuestra vida ceda para el bien de nuestro prójimo, ya que no debemos nada a nadie, excepto el amar al prójimo, Romanos 13:8.

Humillarte ante tu Dios.[168] El profeta ciertamente habla sobre la buena conducta que obramos hacia nuestro prójimo. Todas otras obras él las condena –hasta todas esas que aparentan ser santísimas (obras)– con las que los impíos hipócritas piensan que complacen a Dios, mientras que a la vez afligen miserablemente y se comen a los pobres con sus atracadores impuestos y sus malvadas usuras. Este tercer punto que añade aquí es ciertamente una amonestación especial y necesaria. De hecho, peligra que después de haber sido justificados nos volvamos agua templada, donde nos sentimos tan orgullosos, que nuestros dones del Espíritu nos cosquillean, pues bajo ellos superamos a otros, y así nos complacemos a nosotros mismos. Es como si dijera: "Cuando hayan hecho lo que yo digo, cuando hayan tomado la causa del prójimo, tomen cuenta, para que no se vuelvan ustedes tan vanidosos, que sus ojos no se complazcan con la maldad, que no estén complaciéndose a sí mismos, y anden pues buscando por la gloria y la alabanza que solamente se le debe a Dios." Hasta las personas más espirituales no carecen de esa φιλαυτία (amor propio). Cuando de pronto ven que son mejores que otros, mejores maestros (doctores), y que han recibido numerosos dones del Espíritu, se complacen de sí mismos e inmediatamente desprecian a esos que son inferiores a ellos. Pues el valor propio y la buena obra por cuenta de su propia naturaleza complacen al ser humano. Las Escrituras nos demuestra un terrible ejemplo en Saúl, quien era bien reconocido por sus buenas obras. No existía mejor hombre que él en toda Israel, así como dice la Escritura en 1 Samuel 9:2. Estaba lleno del Espíritu del Señor pero carecía lo que Miqueas requiere aquí. Por lo tanto, cayó pésimamente, y Dios lo rechazó horrendamente. Absolutamente cierta es la declaración de los santos padres, en la cual ellos identificaron ese malicioso amor propio (φιλαυτίαν): "No importa cómo lo dobles (encorves), la cabeza del cardo siempre sale erguida de pie." Así que esta pésima afección irrumpe los corazones de los santos. No pueden estar sin ella.[169] Ésta es la única maldad

167 Lutero usa aquí en latín *charitatis* (la caridad).

168 Lutero cita en latín "*sollicitum ambulare*" ("caminar despacio, con cuidado", quiere decir: "humildemente". Así lee también literalmente en hebreo: וְהַצְנֵעַ לֶכֶת. וְהַצְנֵעַ procede de la raíz principal צָנַע (*tsana'*), que significa: con cuidado o con humillación. הָלַךְ (*halak*) significa caminar o ir ante (Dios). Las versiones en inglés traducen mejor este texto: "to walk humbly with your God" ("caminar humildemente con tu Dios").

169 La pésima afección de amor propio.

que es insidiosa concerniente a las buenas obras, así como San Agustín dice en su regla. Dios permite que sus santos se resbalen malamente, así como hizo Pedro y ese santísimo David. Consecuentemente ellos deben temer y tener humildad por tal grave caída. Deben estar siempre en el temor de volverse insolentes, y deben reconocer la debilidad[170] que todavía es suya. Por lo tanto, David clama en el Salmo 51:3: "¡Mi pecado está siempre ante mis ojos!" De esta manera los santos deberían humillarse al examinar y reconocer sus propias debilidades y pecados y deberían desistir de su orgullo por cuenta de sus buenas obras y los dones del Espíritu que ellos han recibido por Dios. Esto también es "caminar humildemente con tu Dios",[171] esto es, tener un sentido de simpleza y humillación de sí mismo, caminar honestamente, desear siempre no relucir y no buscar la gloria o el honor por medio de las buenas obras, y desear ganar lo que ese pésimo φιλαυτία (amor propio) y esa afección maliciosa no pueden obtener. Ese amor propio, pues, desea ser conspicuo entre todo el mundo; quiere que todos noten lo que hace para así procurar toda la gloria y la alabanza para sí mismo, para que se escuchen cosas buenas de él ante todos los seres humanos. Acerca de esto podemos considerar lo que Cristo enseña en Mateo 6:3-5: "Pero cuando tú des limosna, asegúrate de que tu mano izquierda no sepa lo que hace tu derecha; así tu limosna será en secreto... Cuando ores, no seas como los hipócritas, etc." Por lo tanto, con una humilde y simple conciencia debemos ofrendar y hacer todas las cosas de tal manera que deseemos que nadie lo sepa. Por lo tanto se encuentran en mayor peligro quienes poseen mayor abundancia, de lo que otros tienen, de los dones de Dios, y que tienen que dirigir a otros en el ministerio de la Palabra, pues οὔκ ἔστι τυχόντων (no es para todos). Pues hasta los más santísimos se han quejado siempre de este mal, que no podían conquistarlo, no importa cuánto intentaron corregirlo. Lo que leemos en Eclesiástico 3:18: "Cuando más grande seas más debes humillarte."[172]

9. La voz del Señor clama a la ciudad. Ésta es evidentemente una nueva sección, un nuevo tópico (*locus*) o sermón. Los profetas no profetizaron todo al mismo tiempo, pero algunas cosas en cierto tiempo y

170 Lutero usa una palabra más áspera aquí, *imbecillitatem*. En otras palabras, "la imbecilidad" en vez de "debilidad" que todavía es suya.

171 Cf nota 169.

172 Citado de la versión Cantera-Iglesias. Noten que Lutero cita aquí Eclesiástico, un libro apócrifo, reconocido como uno de los libros canónico de las Sagradas Escrituras por la Iglesia Católica pero no por las ramas evangélicas y protestantes de iglesias cristianas. Este libro no debe ser confundido con Eclesiastés, libro aceptado como canónico por todas las iglesias cristianas. Es importante notar como Lutero valora este libro para la enseñanza aunque no lo considera parte del canon.

otras en otro tiempo, así como ya he mencionado anteriormente varias veces. El significado, entonces, es éste: "Ésta no es mi voz sino la voz del Señor con la cual les estoy hablando a ustedes. Él predica por medio de mí. Me usa solamente como un instrumento para predicar su Palabra, y esto no está sucediendo en vano, pues ellos serán bendecidos (felices) quienes han temido el nombre del Señor, y al contrario, serán infelices quienes no lo han temido."

Es de sabios. La palabra en hebreo תּוּשִׁיָּה (*tushyyah*) la cual nuestro traductor traduce (al latín) con *salus*,[173] creo que propiamente significa felicidad (bendición), logro exitoso, y todo lo que sucede bien y exitosamente. La misma palabra es usada en Proverbios 8:14: "En mí se hallan el consejo y el buen juicio,[174] yo soy la inteligencia", esto es: "Se aconseja correctamente por medio de mí, o pues, se aconseja malamente sin escuchar mi consejo. Y también, por medio de mí los consejos son realizados felizmente. Soy yo quien otorga el afortunado éxito para que los planes de las personas se logren felizmente." En esta forma, pienso yo, es que entendemos el significado propio de esta palabra. Entonces, cuando él dice "a la ciudad" el número es singular en vez de plural, pues dirige todas las ciudades hacia sí mismo, así como el texto lee en hebreo: "La voz del Señor clama en toda ciudad" (*oppidatim*),[175] esto es, el Señor envía su Palabra por todo el reino de Israel. El apóstol Pablo ha expresado maravillosamente esta frase en su epístola a Tito [1:5]: καταστήσῃς κατὰ πόλιν πρεσβυτέρους (establecieras ancianos en cada ciudad).[176]

¿Y quién lo aprobará?[177] El hebreo se traduce aquí de varias formas. Los traductores de la Septuaginta lo traducen: "lo ordenaré";[178] Jerónimo lo

173 La misma significa en hebreo sana sabiduría, consejo efectivo, sano conocimiento o logro exitoso. Las versiones en inglés la traducen como *"sound wisdom"*.

174 El buen juicio aquí es תּוּשִׁיָּה (*tushyyah*), la misma palabra usada en Miqueas 6:9 para referirse a "es de sabios" o es "sana sabiduría".

175 Así cita Lutero su traducción del hebreo al latín: *"vox domini oppidatim clamat."* La Vulgata lee: *"Vox Domini ad civitatem clamat"*. Se puede notar cómo Lutero sustituye *"oppidatim"* (que significa "una colección de pueblos o domicilios") en lugar de *"ad civitatem"* (una ciudad, en singular). La palabra que Lutero hace referencia en hebreo es עִיר (*'ir*) que significa en hebreo "ciudades, villas, o barrio o población de un pueblo". Por eso Lutero hace aquí esta distinción usando *"oppidatim"* al traducir esta palabra.

176 Lutero lo cita en griego sin traducirlo.

177 Mi traducción del texto citado por Lutero en latín de la Vulgata: *"et quis approbabit illud?"* La RVC lo traduce: "y quien lo establece", sin signos de interrogación.

178 Lutero interpreta o traduce el verbo griego *"κοσμήσει"*con *"ornabit"* (en latín, verbo en tercera persona singular tiempo futuro de *orno*) que puede ser traducido lo equiparé, lo preparé, lo adornaré). En griego el verbo *kosmēsō* denota mejor la idea de encargar u ordenar que el verbo en latín.

traduce: "quién lo aprobará", y otros lo traducen de diferentes maneras. No entiendo exactamente lo que el profeta quiere decir, y temo que todavía nos encontramos ignorantes de algunos aspectos del idioma hebreo, especialmente cuando ciertas palabras como ésta ocurren en la Escritura. Para no pasar por alto este texto, también lo traducimos aquí con otros, pues, de esta manera: "los que se transfieren" o "se van", así que el significado es éste: "Él ha sido enviado por Dios al ministerio de la Palabra; él ha recibido un mandato divino de predicar; por lo tanto no hay razón para no aceptar las responsabilidades asignadas."

10. El impío aún tiene en su casa riquezas mal habidas.[179] Enseñó anteriormente que el Señor requiere "hacer justicia" y "amar la misericordia". Aquí los reprende por no hacer ni la una ni la otra: ellos no hacen la justicia y mucho menos aman la misericordia. Maltratan a los pobres, de los cuales se hacen ricos, y así acrecientan sus riquezas, ciertamente no es, pues, hacer justicia y amar la misericordia, si usan medidas falsas en la balanza son injustos. Ésos que usan esas pesas deficientes son malvados con los pobres y los necesitados, porque le quitan sus bienes. El significado, entonces, es éste: "No importa cuánto clamamos y los censuramos por medio de la palabra de Dios, así y todo logramos nada. Hay algunos pocos que llevan la Palabra en sus corazones, pero los otros perduran en sus impiedades." Veo todavía fuego en la casa de los impíos,[180] esto es, veo muchos tesoros robados (tomados) por medio de la impiedad. Éstos, creo yo, no son más que como un incendio el cual va a consumir a los impíos quienes poseen esos tesoros. Por lo tanto interpreto yo el incendio como un castigo. Es como si dijera: "Ellos están luchando con sus propias maldades;[181] capturan los bienes de otros por cuenta de su fraude avaro, con falsas balanzas, etc.; pero todos esos bienes van a ser la fuente de su maldad y causarán su destrucción. La misma frase ocurre así anteriormente[182] en Amós 5:6: "No habrá en Betel[183] quién pueda apagar el fuego."

Y esas odiosas medidas falsas. La lengua hebrea se expresa elegantemente. Habla sobre pesas falsas (devaluadas), esto es, medidas bajo las cuales empobrecen a otros, y le exprimen la mera substancia de ellos

179 Lee en la Vulgata: *Adhuc ignis in domo impii, thesauri iniquitatis*, que traduzco: "todavía hay fuego en la casa del impío, tesoros de iniquidad."

180 Cf la nota 180.

181 O más literalmente: "laborando con sus impiedades."

182 Lutero está pensando aquí cronológicamente de acuerdo a cuando dictó sus clases.

183 Lee en latín y hebreo: "la casa de José."

con la cual se enriquecen y se hacen ricos.[184] Interpreto esta frase del mismo modo que lo hice en aquella anterior, así que su significado es éste: "Se encuentra todavía la ira en la casa de los impíos, es decir, en sus medidas falsas. Se atesoran ellos con la ira para sí mismos, mientras que devoran y empobrecen a los pobres con sus medidas falsas. Por cuenta de esto ellos ahora son ricos, pero ese mismo hecho les producirá grandes males y destrucción."

11. Al que tiene balanza falsa y bolsa de pesas engañosas.[185] Encontramos la misma frase en Proverbios 16:11: "Las pesas y medidas justas son del Señor; todas las balanzas son su creación", donde nuestros libros ofrecen una lectura incorrecta: "en el tiempo" (en vez de "en el saco").[186] Por lo tanto el Señor dice aquí: ¿Debo aprobar las balanzas falsas y las pesas engañosas de ustedes con las cuales se han enriquecido mediante sus impías usuras y robos? Necesariamente añade esto porque ve que ellos actúan sin piedad, dándoles vueltas a los pobres y defraudándolos con la usura y pesas engañosas. Pero, así y todo, quieren remediar sus maldades con lo que consideran que son buenas obras. Ellos pretenden cierta apariencia piadosa mientras que hacen sacrificios y obran los edictos de la ley, como si fueran hechos (gente) piadosa. El Señor, no obstante, rechaza todo esto y condena esa perversa santidad con la cual ellos pensaban que agradaban a Dios mientras que se comportaban como rapiñas de los pobres. Por lo tanto, está diciendo todo esto contra la malvada presunción y confiada arrogancia de esos santos perversos.

12. Tu gente rica. Anteriormente dije que el singular fue usado en vez del plural, esto es: "en toda ciudad."[187] Quiere decir, que la gente rica salió con esas pesas falsas y medidas e hicieron algo grotesco. Por lo tanto, cualquier ganancia que tiene la adquieren haciendo injuria.

---

184 Es interesante observar cómo Lutero emplea un estilo poético frecuentemente usado en la poesía hebrea en las Escrituras. Éste es el paralelismo hebraico donde se repite la idea anterior de otra manera para puntualizar y engrandecer esa idea: "se enriquecen y se hacen ricos." Esto ocurre frecuentemente en los Salmos. Ver, por ejemplo, Salmo 90:7: "Con tu furor somos consumidos; con tu ira quedamos desconcertados."

185 Esta cita de la RV1960 es más exacta traducción del hebreo y de la Vulgata. La RVC traduce así: "Tiene balanzas falsas y pesas engañosas." Lee en hebreo וּבְכִיס אַבְ; la palabra כִּיס (*kis*) significa claramente bolsa.

186 La Vulgata crítica lee así: *et saccelli* (saco) *pondera dolos,* "y con una bolsa de pesas engañosas". Aparentemente la versión que Lutero estaba usando leía "*et saeculi*" (que puede significar edad, época, tiempo) en vez de "*sacculi*" (que significa bolsa o saco).

187 Cf nota 176 arriba.

Tus habitantes mienten. Esto es, ellos confirman sus embustes y malvados fraudes con la mentira. Inventan un precio alto a sus mercancías y esas cosas que venden a otros. Con sus embustes presionan (imponen) a sus prójimos, así como es la costumbre entre nuestros comerciantes, los cuales absolutamente no tienen concepto de la piedad, siempre y cuando puedan lograr su venta.

13. Por eso yo también te herí. Debemos leer esto en tiempo presente, así como también decimos en alemán: *Darum will ich auch anheben* ("Por lo tanto yo también comienzo").[188] El juicio de Dios es maravilloso. Al mismo tiempo que los impíos quieren aplacar a Dios con sus cultos, los cuales ellos establecen, lo irritan aún más; y a la misma vez quieren lograr ganancias con sus artimañas, con trucos que defraudan, que quieren imponer sobre sus prójimos, los cuales son reducidos a la extrema pobreza. Se presenta a Dios así como pervirtiendo a un perverso, como se puede leer en el Salmo 18:26.[189] Por lo tanto, no queda otro fin pues no importa cuántos y magníficos sean esos bienes que han obtenido pésimamente al deleitarse, ellos sufrirán una mala caída, así como dijo él anteriormente en el capítulo 1:7: "El dinero que juntó por la paga de sus fornicaciones, en dinero de prostitución se convertirá." No podemos esperar nada mejor hoy de nuestros príncipes. Ellos no conocen nada mejor que exprimir la sustancia de los pobres y colectar muchos tesoros. Aunque ellos pudieran ayudar al ofrecer cientos o miles de monedas de oro para que los pobres usen, dan absolutamente nada. Ellos no tienen consideración[190] de los pobres, sino pues, están interesados solamente en enriquecerse a sí mismos, y luego serán forzados a derrochar miles de monedas de oro en soldados malvados cuando el juicio de Dios haga que comiencen las guerras. Entonces los mercenarios serán los beneficiados de todo esto. Algunos perderán sus fortunas con prostitutas, y aunque la mayoría de sus ganancias vayan a parar a sus herederos, ellos la derrocharán prodigiosamente. Éste es el juicio de Dios, el cual no nos falla; ni nadie debe esperar algo mejor para sí mismo. "Lo que mal se gana mal se pierde."[191] El pago de una prostituta regresará para pagar una prostituta. Dios no miente. Así, pues, hemos aprendido esto por propia experiencia y estamos obligados a admitir que es cierto.

188 Sigo aquí el orden de la estructura de palabras en alemán.

189 "Al tramposo le ganas con astucia" (Salmo 18:26).

190 Puede traducirse literalmente: "no piensan nada" de los pobres.

191 Cf nota 32 arriba sobre el significado de la frase en latín: *"male parta male dilabuntur."*

14. Por eso comerás y no te saciarás. Esto es: "Te causaré tal hambruna, que aunque comas no te será suficiente para satisfacer tu hambre con comida. Lo que comas, te llegará migaja por migaja, y nunca te levantarás de la mesa satisfecho."

Y el hambre te devorará interiormente.[192] Tenemos la misma expresión en el Salmo 38:6: "Doblado ando, encorvado en extremo, todo el día camino ensombrecido."[193] El significado es como si dijera: "Haré que estés más y más oprimido cada día, y haré que disminuyan y falten todos los recursos [alimentos] en tu interior. Todos tus bienes se perderán miserablemente."

Cosecharás, pero no almacenarás. Esto es: "No podrás salvar tu propiedad ni a tu prole, los cuales esperas proteger de la destrucción; de hecho, todo esto llegará a ser el botín de los asirios. Si piensas fugarte y escaparte, me encargaré que (esa idea) perezca por la espada." Ésta es la manera en que Dios derroca a los impíos para que ni sus nombres continúen siendo recordados (existiendo), así como vemos en el Salmo 37:10, 28, 35-36.

16. Y es que tú has obedecido los mandamientos de Omri. Añade esto para que veamos que está hablando sobre el reino de Israel, así como mencioné anteriormente.[194] Omri fue el padre del malvado rey Ajab, bajo quien el reino de Israel comenzó a florecer. El rey Ajab era un hombre muy próspero pero era también muy malvado.

Has seguido los consejos de ellos. Esto es: "Has aprobado todo lo que les complace a ellos."

192 Esta traducción tomada de la Cantera-Iglesias se aproxima mejor al texto en hebreo que lee וְיֶשְׁחֲךָ בְּקִרְבֶּךָ, la palabra יֶשַׁח (*yeshat*) significa vacío, y קֶרֶב (*qereḇ*) en el medio de ti o en tus partes interiores. Así lo traduce Lutero al latín: *"erit incurvatio in medio tui."* Adapta la Vulgata que lee: *"et humiliatio tua in medio tui."* Vemos que Lutero sustituye "*humilatio*" (humillado) con "*incurvatio*" (encorvado). La RV1960 ofrece una traducción bastante literal de lo que cita la Vulgata: "Abatimiento estará en medio de ti." Lo traduzco así coloquialmente: "te estarás tocando las tripas."

193 Citado de la Cantera-Iglesias que se aproxima mejor al hebreo y a la cita de Lutero en latín. La RVC lo traduce así: "Estoy abrumado, totalmente abatido; ¡todo el tiempo estoy afligido!"

194 Cf comentarios arriba sobre Miqueas 1:1.

Capítulo Siete

En este último capítulo él (profeta) ha reunido en un breve compendio toda su profecía. Primero reprocha la malvada forma de ser del pueblo, y entonces pasa al reino de Cristo. Aún más, urge su caso con gran afecto por el pueblo; tiene gran sed por la salvación de su pueblo. Con gran determinación urge y hace todo lo posible para convertirlos y para que dejen sus impiedades. Se compara a sí mismo a un viñador quien entra a la viña que ha cultivado cuidadosamente; busca por uvas para comer pero encuentra absolutamente nada. Esta metáfora ha sido tomada de Moisés como también de otros profetas aquí y allí. Aparece en el cántico en Deuteronomio 32:32 así: "La vid de ellos es la vid de Sodoma, ¡es de los campos de Gomorra! Sus uvas son ponzoñosas y producen racimos de amargura." Tenemos la misma idea en Isaías 5, donde el pueblo de Israel es llamado la viña del Señor. Aquí el colector de las uvas o viñador es el profeta, quien corre por el pueblo buscando alguna buena fruta, pero no encuentra nada sino solamente espinas, esto es, el pueblo impío, que considera con desprecio a Dios y a su Palabra. "Me he vuelto yo como el dueño (padre de la familia),[195] que va a visitar su viña para buscar el fruto de su labor. La viña al principio ofrecía grandes expectativas (esperanza), pero ahora no encuentro nada a menos que sean uvas silvestres y espinas (Isaías se expresa también de la misma forma en el capítulo 5:2: 'Esperaba que su viña diera buenas uvas, pero dio uvas silvestres'), ni encuentro un buen racimo para comer, y tampoco ofrecerá ella (la viña) una buena copiosa cosecha de la cual se pueda hacer (exprimir) vino."

1. Los primeros frutos. Esto es, no encuentro ni siquiera lo suficiente para dar los primeros frutos a esos que se les debe, específicamente pues, a los sacerdotes, etc. Así que él habla sobre toda la viña, los racimos que aparentan estar brotando copiosas uvas. Esto es, se refiere a todo el pueblo, para que así no entendamos que esto se refiere solamente al remanente, así como algunos quieren entenderlo.

2. Ya no hay en el país gente misericordiosa.[196] Interpreta él mismo este símil que ha empleado. Las Escrituras llaman santo a aquel que

195 Lutero emplea en latín *pater familias.*

196 La Vulgata citada por Lutero lee: *"Periit sanctus de terra"* (Perecieron los santos de la tierra). Esta traducción es más exacta del texto en hebreo. La Cantera-Iglesias lo traduce literalmente así del hebreo: "Ha desaparecido de la tierra el piadoso."

ha sido justificado por la gracia, quien ha recibido la misericordia de Dios. Contrasta este tipo de santo con los otros: los hipócritas y esos que pretenden tener lo que aparenta ser una grandiosa santidad. Es como si dijera: "Aunque muchos pretenden el nombre y la apariencia de santidad, así y todo son impíos, no son santos, así como Oseas dijo anteriormente [Oseas 4:1].

No hay una sola persona honrada. Todos están a la espera de matar a otros.[197] Declara que los acusa a todos ellos de sus impiedades, como si dijera: "El amor ha desaparecido,[198] así que nadie tiene consideración de su prójimo, reina la recíproca (mutua) ley de la selva. Todos están llenos de odio y de envidia, todos son ἄστοργοι (sin amor), así como Pablo anota [Romanos 1:31; 2 Timoteo 3:3].

Todos le tienden trampas a su prójimo. Esto es, desean exterminar absolutamente a su hermano, no sea que haya mención de él o salvación para él en el futuro. Pues, cosas consagradas[199] nunca fueron rescatadas (redimidas), sino que fueron sacrificadas, así como vemos en Levítico 27:28.[200]

3. Sus manos están prontas a hacer lo malo.[201] El profeta no quiere decir aquí que están tan locos (*insanivisse*) para llamar a los homicidios, robos, y la violencia contra sus prójimos cosas buenas, para aprobarlas. En vez, está dando a conocer sus motivos hipócritas. Los hipócritas tienen cierta preocupación, ciertas obras externas, que son verdaderamente malas ante Dios pues nacen de un corazón malo y de sus impiedades. Mientras tanto, a ellos les parece que estas obras son buenas. Se dan palmadas en la espalda mutuamente y se glorían de esas [obras] pero así y todo tuvieron que ser reprendidos por cuenta de ésas. Así pues, en el mismo sentido, Cristo también dice [Mateo 7:15]: "Vienen a ustedes disfrazados de ovejas, pero por dentro son

197 La Cantera-Iglesias se aproxima mejor en su traducción de la segunda parte del versículo a la Vulgata y al texto en hebreo: "todos acechan la sangre."

198 Literalmente del latín: "la caridad está tan extinta o desaparecida" (*adeo est extincta charitas*).

199 Aquí leemos *anathemata* por *anathema*, así como ocurre en el texto de Zwickau.

200 El texto de Altenberg en la edición de Weimar lee "*ut es in Numeris*" (así como se encuentra en Números, pero el texto de Zwickau ofrece la referencia correcta que citamos aquí: "*Levitic. ultimo.*"

201 Esta cita fue tomada de la Cantera-Iglesias que se acerca mejor al texto literal de la Vulgata (*Malum manuum suarum dicunt bonum*) y del hebreo (עַל־הָרַע כַּפַּיִם לְהֵיטִיב). El énfasis del profeta de poner כַּפַּיִם (*cafaim*) "sus manos", las dos manos es muy importante, ya que señala su maldad completa, pues pone todo su ser en hacer esta maldad. RV1960 traduce: "Para completar la maldad con sus manos" y RVC: "los poderosos no disimulan sus malos deseos, sino que los confirman."

lobos rapaces." Y leemos en Isaías 5:20: "¡Ay de los que llaman bueno a lo malo, y malo a lo bueno!" Los hipócritas, pues, no pueden actuar de otra manera.

Los gobernantes extorsionan y los jueces dictan sentencia a cambio de sobornos. Podemos entender esto de dos maneras: primero, que esto debe ser conectado con lo que sigue en este sentido, que si el príncipe exige impuestos intolerables, el juez se encuentra inmediatamente presto a hacer esto legal. Esto es, el juez aprueba este impío impuesto del príncipe; el segundo significado es éste: todos los príncipes imponen inmensos impuestos; ellos solo buscan sus propias ganancias; y esto lo hacen bajo el riesgo y la pérdida de sus súbditos. Pero el juez les provee el derecho legal, esto es, acepta sobornos que lo corrompe a él y así pervierte su juicio. Si alguien es una persona importante, juzga a su favor, etc. De esa manera su opinión judicial cambia. Príncipes y predicadores impíos no pueden actuar de otra forma; solamente buscan por sus tantos intereses, y no los del Señor, así como el apóstol dice en Romanos 16:18, se comen y destruyen al pueblo física y espiritualmente. Esto es dibujado elegantemente en el Salmo 11 sobre el anticristo.

Los poderosos no disimulan sus malos deseos. Nuestro traductor no lo traduce correctamente al emplear la palabra deseo (*desiderium*).[202] Esta palabra significa en hebreo "castigo" y "culpa", al igual que cuando en alemán decimos: *Er ringt nach Unglück* ("Él está buscando [invitando] la calamidad) y también *Er hat ein Unglück angerichtet* ("Él trajo la calamidad"). Así que indicamos aquí con una sola palabra castigo y culpa. Vemos la misma palabra en el Salmo 91:3, donde leemos "de la palabra áspera".[203] En hebreo esto es "de la peste destructora",[204] esto es, de una infeliz situación. Por lo tanto el significado es éste: Los ricos y los poderosos declaran y deciden todo de acuerdo a sus malos[205] deseos. Precipitan una calamidad cuando les es más conveniente.

202 Aquí Lutero critica la traducción de la Vulgata por usar *"desiderium"* (deseo) en vez de *"pravitatem"* (falta o corrupción).

203 Ésta es una observación de Lutero de como lee en la Vulgata esta frase: *a verbo aspero* por la palabra en hebreo הַוָּה (*havah*).

204 Así lo traduce correctamente del hebreo la RVC.

205 La palabra usada en latín es *libídine*, perteneciente a un deseo sexual o lujuria incontrolable.

Y así lo confirman.[206] La palabra en hebreo significa cuerda: algo hecho nudo (torcido). Leemos en el Salmo 2:3: "Vamos a quitarnos sus yugos";[207] y en el Salmo 118:27: "¡Aten las ofrendas a los cuernos del altar!" La idea es ésta, pues: "Cada uno hace de acuerdo a su incontrolable lujuria. El pueblo no se preocupa por Dios ni la ley. Por lo tanto, todo es desconcierto y no existe orden público."

4. El mejor de ellos es peor que un espino. David usa este símil en sus últimas palabras [2 Samuel 23:6]. Cristo dice en Mateo 7:16: "Pues no se recogen uvas de los espinos, ni higos de los abrojos." También un carnero que iba a ser sacrificado en lugar de Isaac trabó sus cuernos en un zarzal así como vemos en Génesis 22:13. Así que los impíos son comparados a espinos en la Escritura. Por lo tanto el significado es éste: "Hasta los más santos entre ellos que pretenden una ostentada santidad, no son nada más que espinos y zarzales. Lucen extremadamente buenos[208] pero no producen frutos. No pueden ofrecer otra cosa sino espinos en la conciencia y con éstos dañan al pueblo.

[Pero ya viene]... el día que anunciaron sus vigilantes. "Pues me despido de ustedes. Me frustré en tratar de convertirlos, prediqué en vano; ustedes no produjeron frutos. Por lo tanto vienen los vigilantes que los visitaron, pues el rey de Asiria vendrá a castigar la tierra así como se merece." Ésta es la forma en que los profetas suelen usar la palabra "vigilantes" (*speculatio*), así como Sofonías 1:12 usa la misma frase: "[Cuando llegue el momento] yo examinaré con linterna a Jerusalén", esto es: "Examinaré a Jerusalén muy cuidadosamente y buscaré a todos los impíos para encontrarlos y entonces destruirlos."

5. No creas, pues, en tus amigos ni confíes en tus gobernantes. Entiendo, pues, que en este texto el profeta describe en términos generales la deslealtad del pueblo; si no lo entendemos así, todo esto se conecta ineptamente. Así como decimos, pues, en Alemán: *Er ist kein treuer Mensch auf*

206 **La Cantera-Iglesias traduce: "y así lo traman." Lutero explica aquí esta frase de acuerdo al hebreo que lee: וַיְעַבְּתוּהָ** que deber ser traducido lo tejen o lo retuercen. El verbo עָבַת (*'abaṯ*) procede del nombre cuerda o cordón, pues ésa es creada al tejer o retorcer hilos o cuerdas una con la otra. La Vulgata lo traduce "*conturbaverunt*" o "ellos retuercen" que significa confundir (eso también es lo que significa enredar en castellano). La *English Standard Version* lo traduce correctamente al inglés de acuerdo a su significado en inglés: "*thus they weave it together*", "así ellos lo tejen (retuercen)".

207 Mi traducción de la cita en latín por Lutero. La RV1960 lee: "Rompamos sus ligaduras", y la RVC: "Vamos a quitarnos sus cadenas."

208 Lutero usa *formosi* (lindos o bellos).

Erden (No existe un ser fiel en la tierra), así entonces se expresa el profeta aquí. Es como si dijera: "El pueblo no cree ni en sus príncipes ni en sus sacerdotes, porque enseñan lo falso",[209] así como mencionó anteriormente. Dice esto, entonces, para humillar al pueblo, para arrancarle su vanagloria, y para así sacarlo de las promesas vanas de los falsos profetas, los cuales prometieron paz y tranquilidad, como ya dijo anteriormente, cuando no hay paz, así como Jeremías dice [Jeremías 6:14]. Creo que todo este texto es proverbial, es como si dijera: "No permitan ser engañados por falsas promesas con las cuales los falsos profetas los están tentando,[210] pues de otra manera, tampoco existe la fe en los seres humanos. Tengan fe solamente en Dios, pues él no miente ni nos engaña.

6. Porque el hijo deshonra al padre. La palabra en hebreo significa lo que expresamos con "deshonrar".[211] Hoy también la misma deslealtad (*perfidia*) reina en el mundo y en ningún lugar existe una verdadera fe, pues la carne siempre es la misma. Oro y plata son frecuentemente la ocasión de tan amargos odios entre hermanos, no importa qué tan cerca sea la relación entre ellos por medio de la misma sangre que llevan.

7. Yo, por mi parte, pondré la mirada en el Señor. Ahora pasa [el profeta] a ofrecer consolación, y omite las amenazas. El profeta habla personificando al resto de todos los devotos, que también iban a sufrir miserables aflicciones por un tiempo, e iban a ser arrastrados al cautiverio, pero luego serían glorificados. De nuevo, por cuenta de las promesas hechas a David. Así como hemos dicho varias veces anteriormente, las amenazas pertenecen a los impíos, y la consolación o promesa pertenece a los devotos.

Pondré la mirada [en el Señor] Esto es: "Miraré cuidadosamente, me prepararé para ver", pues la palabra en hebreo[212] incluye todo esto. Esto es: "Aunque seamos castigados juntamente con los impíos, así y todo, pongamos nuestra esperanza en mejores acontecimientos. El Señor nos rescatará."

209 La versión en inglés traduce aquí "porque enseñan falsas doctrinas", pero el texto en latín lee: "*quia falsa docent*", "enseñan cosas falsas o lo falso". Esto puede ser doctrinas, pero no lo especifica el manuscrito aquí en latín.

210 La palabra en latín es *inescant* (los están atrayendo con engaño).

211 La palabra en hebreo es נָבַל (*nabal*) la cual significa actuar neciamente, tratar con desdén, etc.

212 Aquí Miqueas usa el verbo imperfecto צָפָה (*tsapah*). El verbo imperfecto se usa también para expresar el futuro, ya que el tiempo futuro verbal no existe en hebreo. Se lee aquí en futuro porque así lo dicta el contexto. Este verbo significa vigilar, esperar vigilantemente, observar cuidadosamente, espiar, aguardar, entre otros significados.

8. Tú, enemiga mía, no te alegres de mí. Esto es: "O Babilonia, tú, que te gloriarás de mí opresión, que me insultará, deja de ensalzarte. Pues de nuevo yo seré glorificado, no pienses que todo se ha acabado para mí."

Habré de levantarme. "Mi prístino vigor regresará; y mientras tanto, aunque todavía no soy glorificado, el Señor es mi tesoro (fortuna), mientras me encuentro en la tinieblas, esto es, en la aflicción y el miserable cautiverio. Pues en la Escritura "tinieblas" significa "aflicciones" y tiempos de incertidumbre. Vemos esto en el salmo [Salmo 112:4]: "Para los justos, la luz brilla en las tinieblas."

9. He pecado contra el Señor y soportaré su ira. Todo este texto es bello, repleto de plena afección y devoción. Los impíos no pueden soportar la mano del Señor en la aflicción. Son impulsados a la desesperación cuando han caído bajo el juicio del Señor. Los justos (piadosos), contrario a esto, confiesan sus pecados, y pacientemente sufren la mano del Señor mientras esperan por su ciertísima liberación.

Y veré su justicia.[213] Esto es: "Para que me deleite en su justicia, para que me complazca en ella." Esta misma frase apareció anteriormente. Ésta también ocurre en el Salmo 91:8: "Tú verás a los impíos recibir su merecido"; y en el Salmo 54:7: "Y con mis ojos he visto la ruina de mis enemigos." Ésta es la misma frase que ahora sigue:

10 Pues con mis propios ojos he de ver cuando seas pisoteada. Esto es: "Me deleitaré en verla porque veré lo que he deseado."

Como el lodo de las calles. Es porque Babilonia, como todo su reino, fue destruida por el rey de los persas, así como recuenta la historia. Ésta es la manera en que Dios con su juicio desconcierta a los impíos, los cuales florecen por un tiempo y parecen ser los únicos que reinan pero él (Dios) los castiga por sus pecados, etc.

11. [Jerusalén, viene el día] en que tus murallas serán reconstruidas. Esto se cumplió cuando Ciro, rey de Persia, conquistó a los babilonios y liberó al remanente judío que se encontraba en cautiverio,

213 La palabra usada en hebreo es צְדָקָה (*tsedaqa*) que es traducida al latín con *iustitia*. Esta justicia aparece en Isaías 11:4-5 y 51:1 como una vindicación o acto de Dios. Creo que es así que aquí es también empleado.

para que regresara a Jerusalén, así narra Esdras esa historia. Entonces, pues, al regresar ellos, reconstruyeron el templo y las antiguas ruinas.

Tus límites.[214] La palabra en hebreo (חק) no significa la ley de Moisés sino un estatuto o decreto. Vemos esto en el Salmo 2:6-7: "Ya he establecido a mi rey sobre el monte Sión...Yo daré a conocer el decreto que el Señor me ha comunicado"; y en Proverbios 8:27: Cuando trazaba el círculo sobre la faz del abismo", esto es, trazaba una medida o decreto. Por lo tanto aquí:

Y en ese día se extenderán. Esto es: "La ordenanza y el estatuto –ese yugo de los asirios– serán desatados. Te escaparás y serás libre. Los asirios nunca jamás tendrán el derecho de establecer estatutos contra ti, pues el Señor te liberará." "Deshace las cadenas de los tiranos", como leemos en Job 12:12, esto es, de los reinos bien establecidos de los cuales dependen los reyes

12. En ese día vendrán a ti desde Asiria y desde las ciudades fortificadas, desde las ciudades fortificadas hasta el río, y de mar a mar, y de monte a monte. Pienso que ésta es la manera correcta de leerlo en hebreo. Éstos son hebraísmos, así como decimos "de una ciudad a la próxima". Esto es: "Levantaré de nuevo a Jerusalén, y restauraré su templo. Muchas personas de diversas naciones se congregarán allí, y la gloria del templo será grandiosa." Pues el templo posterior tendría mayor gloria de la que tuvo el primero, así como hemos dicho anteriormente en gran detalle.[215] Así pues consuela a los fieles, para que ellos den gloria a Dios en que él es veraz y de que él preservará eternamente el reino de David, aunque ellos sufrían cautiverio en ese tiempo.

13. Y el país será destruido[216] **[por causa de sus habitantes].** Podemos entender esto bajo dos significados: que se refiere a los asirios, un punto de vista que no me complace. Lo conecto yo, pues, a la promesa

214 Lutero cita aquí en latín *lex* en vez de límites. Esta citando aquí y comentando directamente del texto de la Vulgata que lee *"in die illa longe fiet lex"* ("en ese día se extenderá tu ley"). La palabra חק (*joq*) puede significar decreto, medida, plazo o porción de una cosa, límite o frontera. La RVC y la RV1960 lo traducen límites, que es la traducción más común en este texto.

215 Esta observación parece contradecir lo que Lutero dijo anteriormente comentando sobre Miqueas 4:1: "Pues es evidente que el templo posterior fue menos amplio y glorioso que el anterior, y algunos que vieron el anterior lloraron." Pero Lutero comenta también sobre la mayor gloria del templo anterior usando una metáfora. Cristo es ese templo primero y anterior que exhibe mayor gloria (Miqueas 4:2).

216 La Vulgata lee: "Y la tierra será desolada."

de este modo: "De cierto, una gran multitud de personas vendrá a Jerusalén, y tu gloria será grandiosa, pero, mientras tanto pon debida atención a tu cautiverio, pues tus pecados lo han merecido. Tu tierra será desolada pero después será restablecida."

14. Señor, guía con tu cayado a tu pueblo.[217] Esto se refiere simplemente al reino de Cristo, pues él describe aquí este nuevo reino por el cual todas las cosas en la antigüedad suceden, y sobre las cuales ya hemos hablado anteriormente muy cuidadosamente.

Pastorea. Esto es, sé su pastor.[218]

Guía con tu cayado. Éste es el evangelio con el cual alimentarás las ovejas para que sean engordadas. Así el Salmo 110:2 llama al cayado: "Desde Sión el Señor extenderá su cetro real."

Quien mora en el bosque pastoreando al pueblo en el medio de Carmelo.[219] Ésta es la manera que este texto debe ser construido correctamente pues nuestra traducción es construida ineptamente.[220] Continúa con su comparación del pastor y su rebaño pues está comparando el rebaño (el cual los pastores suelen conducir a pastos) al pueblo judío quienes fueron dispersados aquí y allí entre pueblos malvados (gente impía). Ellos esperan solamente en Dios, no se amparan en ninguna protección humana, no tienen líder o tutor en el mundo del cual dependen. Les dice aquí: Tú, Señor, tú, pastor Cristo, ampáralos, aliméntalos con tu Palabra, y sé el líder de ellos, pues tú lo has prometido, etc."

En el medio de Carmelo (un campo fértil). A causa de su fertilidad, esta montaña es renombrada en la literatura sagrada y en la secular. Aquí se expresa el profeta en forma contradictoria, pues, aparentemente cuando dice que ese Pastor va a pastorear las ovejas en el

217 La Vulgata lee: "Pastorea (*Pasce*) a tu pueblo" y la Cantera-Iglesias: "Apacienta a tu pueblo." El cuadro pintado es un ruego al pastor a que apaciente sus ovejas, cuadro que conecta con el Salmo 23.

218 Cf nota 218.

219 Ésta es mi traducción de la cita de Lutero, que es su traducción del hebreo original al latín. Lee así: "*Morantem in silva pasce populum tuum in medio Carmeli*" La traducción de Canteras-Iglesias en castellano se asemeja mejor al texto hebreo que otras versiones: "Que habita solitario en el bosque en el medio de Carmelo." La Vulgata lo traduce así al latín: "*habitantes solos, in saltu, in medio Carmeli.*" La RVC lo traduce así: "Que vaga solo en la montaña, y llévalo a un campo fértil". La razón de que aquí hay discrepancias es que en hebreo tenemos la palabra כַּרְמֶל (*karmel*), que puede ser traducida como el lugar Carmelo, pero Carmelo significa en hebreo "campo fértil".

220 Se refiere aquí a la traducción de la Vulgata. Ver arriba nota 220.

bosque inmediatamente añade que serán alimentadas en el medio de Carmelo. Esta contradicción, entonces, nos hace pensar que esto se refiere a un reino espiritual en vez de un reino corporal o externo. Su significado, entonces, es éste: "Pastorea a tu pueblo en el bosque, esto es, en el medio de los peligros del mundo, donde ellos están expuestos al ataque de bestias, donde Satanás, como un león rugiente, siempre listo para la caza, espera con gusto para devorarlos, así como Pedro nos hace ver.[221] "En el medio de Carmelo", entonces, significa la abundancia de la promesa del evangelio, con el cual son alimentados y engordados.

En Basán y en Galaad. Ellos estuvieron en el reino de Israel y nunca fueran regresados del cautiverio, así como tampoco todo Israel fue regresado. Necesariamente tenemos que confesar que él habla sobre alimentar espiritualmente por medio de la Palabra. Por lo tanto me obliga a interpretar todo esto como que se refiere al reino de Cristo por medio del evangelio.

15. Yo le mostraré maravillas. Como es la costumbre de los profetas, él cambia la persona.[222] Dice [el Señor] que hará cosas nuevas y maravillosas, así como hizo cuando los guio fuera del cautiverio de Egipto. Como los datos precedentes, esto tampoco puede entenderse como una nueva restauración del templo externo sino, pues, del reino espiritual.

16. Cuando las naciones vean tu poderío, quedarán en vergüenza. Tan grandioso será el curso del evangelio y de este nuevo reino, tanto abarcará que hasta llegará a los gentiles [paganos], lo cuales verán los milagros de Cristo y sus apóstoles. Ellos experimentarán [verán] el tan grandioso poder del Espíritu en esos milagros, que se avergonzarán y fácilmente desistirán en confiar ampliamente en el brazo de la carne. Nunca más se vanagloriarán en su poder y en la justicia de la carne, en la cual confiaban anteriormente. Sino que se vanagloriarán en esto: "en entenderme y conocerme" [Jeremías 9:24].

221 1 Pedro 5:8.

222 La cita fue tomada de RV1960, pues expresa la conjugación correcta del verbo רָאָה (*ra'ah*) en el texto hebreo. El verbo אַרְאֶנּוּ es conjugado aquí como primera persona, singular, tiempo imperfecto, que es usado en hebreo como tiempo futuro. La Vulgata lee así: "*ostendam ei mirabilia.*" La conjugación aquí del verbo "*ostendam*" es en primera persona, singular, futuro de *ostendo*. RVC traduce incorrectamente así: "Muéstrale tus maravillas", traduciéndolo con la tercera persona singular en vez de la primera.

Se taparán los oídos. Esto es, no se jactarán más de su propia justicia. Después de escuchar sobre la verdadera justicia de Cristo, no querrán escuchar de su propia justicia. Querrán escuchar solo a Cristo.

17. Lamerán el polvo como las culebras, como las serpientes de la tierra, y temblarán de miedo en sus escondites. Amedrentados ante tu presencia, Señor, y nuestro Dios, se volverán a ti. Hay un error significativo en la versión de la Biblia en latín,[223] cuando se lee allí: "Ellos no desearán (*non desiderabunt*) al Señor nuestro Dios." Todo esto es dicho concerniente a los frutos de la Palabra predicada entre todos los gentiles. Tales serán los frutos cuando los gentiles oigan el evangelio. Éstas, más aún, son metáforas que indican la humillación y extenuación de los gentiles cuando escuchan el evangelio. Una humilde confesión tiene gran significado. Pues cuando hemos escuchado el evangelio, condenamos todas nuestras acciones, y confesamos que no tenemos una justicia propia, ni sabiduría, ni poder, pues la carne ofrece absolutamente nada en comparación con la grandiosa y bellísima justificación de Cristo. Esto es lo que está diciendo aquí: "Como los reptiles de la tierra, saldrán temblando fuera de sus escondites." Esto es, se sentirán humillados de sí mismos ante la presencia del grandioso Dios. Por lo tanto, como un gran tumulto y con gran apuro, saldrán de sus escondites (así como los gusanos suelen fugarse velozmente de la presencia de la gente), esto es, de su propia justificación y tradiciones, de las cuales solían depender y disfrutar. Ellos se regocijarán y temblarán ante la justicia de Cristo. Ellos harán escombros de todas sus obras, y se maravillarán y tomarán todo lo hecho por Cristo solamente.[224]

18. Que perdona la maldad. "No todo el mundo creerá en el evangelio, sino solamente un remanente, elegido desde la eternidad. De éstos tú quitarás sus pecados pues ellos no pueden quitárselos por medio de sus propias obras, propia justificación y ceremonias. Ninguna obra les salvará, pero ésta será su salvación: que tú le quites a ellos sus pecados. Ciertamente, tú solo eres el verdadero Dios, quien puede quitar pecados.

Tú no guardas el enojo todo el tiempo.[225] No guardará tenazmente su ira sino que la remitirá, ya que le complace ser misericordioso. Éstas son las generosas promesas y consolaciones con las cuales el corazón

223 Se refiere a la versión de la Vulgata que emplea para dictar sus clases.
224 Solus Christus es uno de los temas sobresaliente en la teología de Lutero.
225 La RV1960 lee: "No retuvo para siempre su enojo."

puede animarse en toda tentación, no importa qué inmensas sean, pues cuando el corazón sabe que Dios es el Padre de las misericordias, quien no desea la muerte del pecador, sino que éste viva, así como Ezequiel nos dice [Ezequiel 33:11], y quien quiere remitir pecados, etc., así como aquí añade:

19. Y arrojarás al mar profundo todos nuestros pecados. Él alejará todos nuestros pecados para que nunca jamás aflijan nuestra conciencia. Nos dará (el Señor] paz de conciencia y una conciencia libre, pues definitivamente, la paz le sigue pues a la remisión de pecados; una paz donde el corazón siente la dulzura de la bondad divina, ahora que ya ha sido perdonado, etc.

20. Les cumplirás a nuestros padres Jacob [y Abrahán]. Esto es: "Cumplirás lo que has prometido a nuestros padres: muy específicamente, tu bendición, y el evangelio de la eterna salvación." Por lo tanto, la Escritura en todo lugar excluye todo nuestro mérito propio. Por esta razón Dios ofrece su gracia, también remite los pecados, y también nos salva, porque nos lo prometió y no porque lo merecemos, etc.

A Cristo sea la alabanza y gloria
Wittenberg, 7 abril de 1525

COMENTARIO SOBRE NAHÚM

Clases impartidas en latín por el Dr. Martín Lutero en la Universidad de Wittenberg, 1525.

NAHÚM[1]

PREFACIO E HIPÓTESIS DEL PROFETA NAHÚM

Hasta el nombre Nahúm concuerda con la profecía. Pues Nahúm significa "consolador" o "consolado" para los hebreos. Él hace justicia a su nombre con todo respeto por medio de su profecía, pues no hay otra cosa en ésta que la consolación para el pueblo remanente de Judá, el cual fue preservado de la destrucción de Israel. Anteriormente, bajo los profetas precedentes,[2] vimos la devastación de todo Israel. Israel fue tan miserablemente afligido y oprimido mientras era arrastrado al cautiverio del cual nunca regresó. Antes, pues, fue enviado Jonás como profeta al rey de los asirios para declararles a los asirios sus transgresiones. Esa acción fue felizmente recibida. Después de todo, con su predicación convirtió y llevó al arrepentimiento a todo el reino Asirio. Si no hubiera sido así, el Señor tenía planeado destruir este reino, a menos que recapacitaran. Sobre esto hemos tratado anteriormente en Jonás suficientemente. Ya que se arrepintieron el castigo fue aplazado; pero tal es el corazón humano, cesado el castigo, cesó también su arrepentimiento. Cayeron de nuevo, pues, en sus impiedades, bajo las cuales obraron anteriormente. Después de todo, es imposible en la prosperidad para los seres humanos que no se conduzcan de acuerdo a su

1 Traducido del texto Zwickau, tomado de la *WA*, Vol. XIII: 371-394.

2 Lutero hace referencia aquí a sus clases y comentarios sobre Oseas, Joel, Amós, Abdías, Jonás, y Miqueas.

insolencia, pues bajo esa prosperidad no pueden vivir modestamente. Y sobre esto, una persona famosa dijo: "Fatigarán los ánimos hasta de los más sabios."[3] Ésta ha causado la ruina de todos los reinos porque han usado su buen éxito inmodestamente en sus asuntos. Por eso los asirios perecieron. Así pues, los persas fueron destruidos a manos de los griegos, y los griegos a manos de los romanos, y los romanos a mano de los visigodos. Hoy también el papa está siendo destruido por la palabra de Dios. Algunas personas prudentes, aunque no eran muy piadosos,[4] han observado esto también al decir que los de gran fama no permanecen mucho tiempo (allí). Pues no puede ocurrir durante la prosperidad que los seres humanos limiten esas ideas de grandiosidad a sus confines para no volverse ellos vanagloriosos. Como ya dije, esto le sucedió al pueblo de Nínive. Por cuenta de sus inmensas fortunas y grandes logros, ellos regresaron a su previo temperamento, aunque Jonás les había enseñado todo lo contrario. Por lo tanto, ellos menospreciaron también la paz (seguridad) de Israel, y así como anteriormente, condujeron a Israel al miserable cautiverio. Ellos confiaban que lograrían esto fácilmente. Después de todo, el pueblo de Judá era el menor y débil, el más pequeño en todo el reino. Así que los asirios no dudaban en absoluto que devorarían fácilmente a ese número (tan pequeño). Es bajo esta situación que el profeta Nahúm es enviado así como también (fueron enviados) los otros profetas que lo siguieron. Ellos iban a consolar y animar los débiles y al remanente insignificante –los más pordioseros– del pueblo de Dios para que no se desesperaran al ser atacado por los asirios, para que creyeran que Dios se presentaría para salvarlos.

Por lo tanto el profeta tiene, en resumen, este propósito: mantener la fe hacia Dios, de que Judá sobreviviría tal enorme devastación, y que completamente confirmaría en sus corazones que este reino se mantendría firme en la Palabra y el culto a Dios, que sus divinas promesas serían cumplidas, y que el reino no dejaría de existir sino que duraría hasta el adviento (la venida) de Cristo, quien iba a nacer en Judá, así como declaraban las profecías. Por lo tanto no tenemos aquí ni más ni menos que la doctrina de la fe. Él nos está enseñando, pues, en confiar en Dios y especialmente cuando nos desesperamos de toda protección, de todo poder humano y consejo, para que así creamos que el Señor se encuentra cerca de su pueblo y lo protege contra los insultos de todo

3 Lutero se refiere aquí al poeta Ovidio, *Ars amatoria*, II, 437.

4 Lee en latín: "Aunque eran extraños a la prosperidad."

enemigo, no importa qué poderoso sea pues tal enemigo, etc. Pero se necesita aquí una fe que cree esto.

Capítulo Uno

1. Profecía[5] acerca de Nínive. Libro de la visión de Nahúm de Elcos. Me agrada la idea de Jerónimo cuando dice que Elcos era el nombre de un distrito o país de Nahúm. Así como Miqueas fue de Moreset, Nahúm, pues, vino de Elcos.

Comienza su profecía con una maravillosa palabra de consolación cuando dice: "La carga de Nínive." Es como si dijera: "La carga que hasta ahora te ha doblegado se te quitará. Tú serás libre. Está tan lejos de la verdad eso que tú perecerás, que bajo la opresión serás demolido. De hecho, el pueblo de Nínive, a quien temías y todavía temes, es el que será triturado." "La carga de Nínive" es una frase hebrea, en latín decimos "la carga sobre Nínive". Pues, Nínive, como ya hemos dicho anteriormente, era la capital del reino asirio.[6] Se referían a ella en latín como "esplendida" (*speciosam*).

2. El Señor es un Dios celoso y vengador. Con múltiples palabras urge acerca de la ira de la Divina Majestad contra los enemigos de su pueblo. Sí examinamos esto cuidadosamente, estas palabras son (como) llamas de fuego.[7] El pueblo en el reino de Judá era muy débil. Temía el cautiverio que les había ocurrido a sus hermanos, los israelitas. Los feroces asirios estaban confiados de su poder y recursos y se vanagloriaban sobre éstos. Pensaban que podían fácilmente devorar a ese pueblo tan pequeño y débil. Esto es algo que las blasfemias de Rabsaces[8] indican en Isaías 36:8-9: "Yo te sugiero que hagas ahora este trato con mi señor, el rey de Asiria: yo te daré dos mil caballos, si tú puedes hallar otros tantos jinetes para que cabalguen sobre ellos. ¿Cómo vas a hacer

5 Lutero traduce así de la Vulgata: "La carga de Nínive" (*"Onus Ninive"*, *onus* significa carga). La palabra usada en hebreo aquí es מַשָּׂא (*masa'*) que puede significar un oráculo, o "una carga dada", o "un pronunciamiento profético" y dado al oficio de la profecía es acertado observar cómo concuerdan estas definiciones. Pronunciar una profecía de hecho era un peso o carga a llevar por motivo de ella. Nuestras traducciones optan por usar profecías pero Lutero prefiere el significado en latín de la Vulgata, "carga".

6 Cf Martín Lutero, Comentario a los Profetas Menores, 1:258.

7 Literalmente "muy ardientes" (*ardentissima*).

8 La RV1960 cita "envió a Rabsaces pero" la RVC lo substituye con un nombre común "envió a su primer oficial" (Isaías 36:2).

frente a un simple capitán, al menor de los siervos de mi señor...?" "Que no los engañe Ezequías, porque no va a poder salvarlos" [Isaías 36:14]. "Antes el Señor me dijo: '¡Ve a esa tierra y destrúyela!'" [Isaías 36:10]. No importa qué tan feroz fueran los asirios, no importa qué tan ciertos vieran su victoria, frente a todo esto, Nahúm anima poderosamente a Judá para que no tema, pues, no importa qué tan poderosos puedan ser los asirios, el Señor vindicará a su pueblo de sus enemigos. Pues el Señor los redimirá, así como el Dios (Señor) de David, les predijo a sus padres. Esta profecía les parece ridícula e imbécil a los asirios. Indudablemente vemos en la tierra de Judá algunos que no creían que esto ocurriría, como tampoco creyeron cuando Nahúm predijo aquí sobre el inminente peligro. Asiria movilizaba ya a su potentísimo ejército para destruirlos, mientras que Nahúm los instaba a que no se preocuparan. Les promete la libertad. Les promete que el Señor batallará a favor de ellos y se vengará contra sus enemigos. Ellos necesitaban tener una gran fe, la cual aceptaría esas promesas divinas; tal fe esperaría pacientemente la futura vindicación del Señor y no dudaría jamás que esa vindicación llegaría así como si estuviera ya tomando lugar. Todas las palabras y promesas de Dios son tales que claramente sobrepasan todo entendimiento y toda inteligencia (humana), para que así la carne no pueda hacer otra cosa que reírse y despreciarlas. Solo por la fe[9] se cree todas estas cosas, y solamente poquísimos tienen esa fe, así como el piadoso Ezequías, y otros pocos se anclaron en tal promesa del Señor. Nosotros también entenderíamos correctamente esas promesas si estuviéramos experimentando la misma situación de ellos, pues para esos acontecimientos es que estas promesas son dadas: si el papa y los príncipes vinieran furiosos con sus potentísimos ejércitos para destruirnos, etc. Entonces entenderíamos la función y el poder de estas palabras consoladoras.

Es el Señor de la venganza y de la ira. Repite esto dos veces. Esto es una indicación de la certeza y la vehemencia.

El Señor se venga de sus adversarios. Ésta es una amplísima consolación para los justos, cuando ellos escuchan cómo el Señor denomina a esos que pugnan con los justos, que los persiguen y los matan. El Señor hace la misma promesa claramente en Éxodo 23:22:[10] "Seré enemigo de

9 Aquí aparece en latín unos de los signos importantes de la teología de Lutero y de la Reforma: *"Sola fides."*

10 El texto de la Weimar cita a Deuteronomio.

tus enemigos y afligiré a los que te aflijan." Entonces, pues, aquí llama a los asirios, quienes eran los enemigos de Judá, sus enemigos. "¿En qué, por lo tanto, temeremos? Mientras y cuando creamos, todos ésos de los más grandes poderosos enemigos no pueden hacer nada contra nosotros. Pues, después de todo, están luchando contra el Señor y no contra nosotros y ellos son enemigos del Señor y no de nosotros. Esa batalla les traerá una gran desdicha, pues su empeño es luchar contra el grandioso y todopoderoso Dios."

Aquí también el profeta anima claramente los corazones de Judá. Es como si dijera: "Confíen. Ellos no pueden herirlos (dañarlos) en lo más mínimo. Todos los pelos de sus cabellos están contados. Esta lucha no es entre ellos y ustedes sino entre ellos y el Señor, contra quien pelean sin poder ganar."[11] Todas estas grandiosas promesas son dirigidas contra las impías blasfemias de los asirios, así como mencioné anteriormente en referencia a Isaías.[12] Sus propósitos (esto es, de las promesas) es de animar los corazones de los piadosos.

3. El Señor es lento para la ira. Nuestros exegetas han interpretado este versículo de diferentes maneras. Lo interpretamos nosotros así como Pablo hace en Romanos 2. Pues el profeta anticipa sus preguntas y objeciones, por medio de las cuales ellos hicieron sus objeciones así: "Tú nos prometiste libertad y rescate. Tú dices que los asirios lograrán absolutamente nada contra nosotros. Pues de hecho, el Señor ofrecerá venganza en contra de nuestros enemigos. Pero mientras tanto, entonces, ellos se ven muy confiados de sí mismos y se glorían ferozmente contra nosotros, y amenazan con destruirnos." El profeta responde: "Ésta es la costumbre del Señor, es lento para la ira. Él no castiga inmediatamente, así como Pablo dice [Romanos 2:4]: '¿No te das cuenta de que menosprecias la benignidad, la tolerancia, y la paciencia de Dios, y que ignoras que su benignidad busca llevarte al arrepentimiento?'" Aquí también el profeta habla con la misma compasión, como si dijera: "El Señor le permitió a los asirios que rugieran ferozmente contra Israel. Hasta ahora le permite a ellos (los asirios) que te amenacen con la maldad. Así pues, Dios prolonga y pospone su castigo. Le permite al adversario que acreciente su poder. Le permite que lo acreciente de tal modo que se vuelven violentamente furiosos. Pero, cuando parece que nada más va a ocurrir sino que serás derrotado, cuando de encuentres

11 En latín: una batalla "infeliz".

12 Ver arriba cita de Isaías 36:10-14 cuando Lutero comenta sobre este texto.

completamente desesperado de todo a tu alrededor, cuando es imposible que cualquier poder humano pueda resistirlos, entonces pues, el Señor se encuentra presente. Él los resiste y los vence maravillosamente. Pues Dios es grandioso y omnipotente. Él logra cosas grandiosas. Ejerce (Dios) su poder contra toda oposición y poder. Así pues, permite a los impíos que corran contra nosotros, para que así caigan con grandioso estruendo." Todo esto describe bellamente la naturaleza y las obras de Dios para que no nos desesperemos, no importa cuál angustia nos embargue. Pues podemos confiar que Dios se encontrará inminentemente presente entre nosotros cuando nos abrumamos por no poder escapar del peligro que nos amenaza. Así obra él para que creamos que el Señor finalmente tomará acción en contra de nuestros –no de sus– enemigos, pues es eso lo que el Señor los llama. Pero es nuestra debilidad[13] desear siempre que Dios tome venganza en este mismo momento. Cuando su venganza no es inmediata, pensamos, pues, que ya hemos sido derrotados.

El Señor no tiene por inocente al culpable. Se expresa aquí hebraicamente. Debemos traducir esto de otra manera. Debemos omitir el participio *mundans*[14] (limpiar o purificar). Tenemos la misma frase en el Salmo [49:7]: "Ninguno de ellos puede salvar (redimir) a su hermano. Así lee en latín: "*frater redimens non redimet*" ("un hermano no puede redimir" o "no hará a nadie inocente").[15] Es como si dijera: "No hay inocentes ante el Señor, no importa qué tan espléndidamente brillen, no importa qué tanto se gloríen de su justicia y santidad. Ésos que se sienten tan confiados de su propia justicia, a ésos los considera inmediatamente transgresores por su ofensa, y los juzga completamente culpables." Así también los asirios se gloriaban por el hecho que habían ido contra el pueblo de Dios por orden del Señor para destruir a Israel; que ellos habían sido coaccionados y no ido por propia voluntad, así como lo indica Rabsaces en Isaías 36:10: "Si yo he venido a destruir esta tierra es porque antes el Señor me dijo: ¡Ve a esa tierra y destrúyela!" Este tipo de opinión no puede ser nutrida en todos quienes persiguen a los piadosos, para que así piensen que están "rindiendo sus servicios a Dios", así como Cristo nos dice [Juan 16:2]. Esto es lo que nuestros príncipes

13 Lutero usa en latín "*imbecilitas*" (imbecilidad).

14 Lee así el texto de la Vulgata, sobre el cual Lutero comenta aquí: *et mundans non faciet innocentem* ("no limpiará (*mundans*) al inocente"). La palabra usada en el texto hebreo es: נָקָה (*naqah*), la misma significa liberar, absolver, y limpiar.

15 El manuscrito de Zwickau lee: "*non innocentabit*" en lugar de "*non nocentabit*".

locos hoy piensan cuando persiguen al evangelio de la gloria de Dios Todopoderoso y a los predicadores del evangelio. Pero Dios, por último, rinde su revancha sobre ellos y declara un juicio diferente. Hasta hoy día ésta es nuestra consolación contra esos pontífices y príncipes dementes. Mientras tanto les brindaremos a ellos títulos de "justos". Pero el Señor finalmente tomará venganza por insultar su Palabra y todo esto se aclarará. Mientras tanto creamos en Dios y dejemos ser inocentemente oprimidos, para que así nadie sino solo Dios sepa esto, etc.

El Señor marcha en la tempestad y en el torbellino. Ésta es una magnifica descripción de la venganza contra sus enemigos. Pues no puede haber mayor venganza que aquella que podemos planear o esperar. Es como si dijera: "Ningún poder, ninguna prudencia, ningún consejo humano podrá resistir la venganza del Señor, pues el Señor marcha como una tempestad y como un torbellino." Él dice todas estas cosas, así como dije anteriormente, para advertir al grandioso y poderoso reino de los asirios y para consolar al pequeño y débil Judá.

4. El Señor reprende al mar, y el mar y todos los ríos se secan. Éstas son descripciones del poder del Señor. Toma él ciertos ejemplos que eran conocidos por los judíos, como el cruce del Mar Rojo, y del Jordán, y de otros. De estos ejemplos saca varias descripciones generales, como para decir: "El Señor secó una vez al Mar Rojo. Él podrá hacer la misma cosa, y aún mucho más ahora. No tengan miedo ni se preocupen pequeña grey. Si pudo secar al mar, también podrá proveer otro mar para destruir completamente al ejército de los asirios. ¿Qué tenemos, pues, que temer cuando el Señor que seca al mar, se encuentra al lado de nosotros?" Muchos profetas usaron esta ilustración (historia) así como podemos ver claramente en el Salmo, donde el profeta nos dice que se acordará siempre de las obras maravillosas de Dios.[16]

Los ríos se secan. Una vez hizo que el Jordán se seque. No hay río, por lo tanto, que él no pueda secar. Así es que tan grande es el poder del Señor, quien batalla por nosotros, que todos tus adversarios no pueden resistir.

Basán y el Carmelo fueron destruidos y destruido también lo mejor del Líbano. Basán tiene tierras muy fértiles y productivas.

16 Ver Salmo 77:11, 16-20.

Deriva su nombre pues de su fertilidad.[17] Carmelo también tenía una tierra fértil y rica. Los bosques de Líbano estaban plenamente llenos de árboles. Pero nuestro Dios es un Dios que hace que todas estas cosas perezcan. Esto es, él reduce a la nada todos los poderes, toda la abundancia, y toda la opulencia, todo lo más poderoso y fuerte. Desistan, pues, nuestros enemigos en gloriarse, ya que nuestro Dios es capaz de destruir potestades y las fuerzas más poderosas.

7. El Señor es bueno, es un refugio en el día de la angustia. Así como anteriormente atemorizó a nuestros enemigos y adversarios con grandes amenazas, ahora aquí confirma con una clarísima promesa de consuelo al pueblo devoto de Judá, un puñado pequeño de humildes (seres). Es como si dijera: "En relación a vuestro malvado enemigo, el Señor es un poderoso y terrible vindicador, pero es gentil y dulce para consolar en el día de la tribulación." De una manera maravillosa ésta es una grandiosa declaración, sobreabundante de consolación. Debemos, pues, relacionarla no solamente a la prueba de Judá sino también a nuestra vida cotidiana[18] en nuestras tribulaciones y adversidades, para que aprendamos a refugiarnos en toda prueba en la dulzura del Señor como si fuera nuestra ancla divina. De este modo muchos Salmos se encuentran plenamente llenos de declaraciones como ésta. Así pues dice el Salmo 9:9: "[Tú, Señor,] eres el refugio... en momentos de angustia." El Señor es un dulce refugio en esos mismos momentos en que somos afligidos, cuando tenemos hambre, cuando sufrimos adversidad, cuando nuestras conciencias nos preocupan, así como él dice también en el Salmo [50:15]: "Invócame en el día de la angustia; yo te libraré." Nos insta a que vayamos a él para refugiarnos, para invocarlo. Pero tal es la debilidad del corazón humano que aunque es llamado a buscar y acudir a su dulce refugio, teme, y pierde la fe en la tentación. De esta manera claramente el Señor nos consuela en la tribulación. Esto es, aunque la tentación nos presione duramente, no dejará que sucumbamos. Pablo dice lo mismo con todo detalle [1 Corintios 10:13]: "Pero fiel es Dios, que no os dejará ser tentados más de lo que podéis resistir, sino dará juntamente con la tentación la salida, para que podáis soportar."[19]

El Señor conoce a los que en él confían. Ésta, también, es una palabra completamente consoladora: que el Señor conoce a su pueblo, que se mantiene

17 "Fértil" es una extensión del significado de בָּשָׁן (*basan*), allanada, esto es, fácil para cultivar.
18 En latín: "todos los días."
19 RV1960.

pendiente de ellos, así como dice David en el Salmo [121:4]: "Toma en cuenta que nunca duerme el protector de Israel." ¿Qué mayor consolación puede uno tener en la adversidad, en toda clase de tentación espiritual y corporal, que la que él (Dios) siempre vigila sobre él, de que él es la preocupación del Señor? Tal convicción (persuasión) triunfa sobre el pecado, la muerte, el infierno, y todo tipo de tentación. Nosotros tenemos, pues, esta convicción en la tentación, no importa qué tan extrema sea ésta, y así pues tenemos una convicción gloriosa en el medio de la más terrible deshonra, una convicción para vivir en el medio de la más horripilante desesperación en todo quehacer, etc. Esto es lo que el Salmo 1:6 nos dice: "El Señor conoce el camino de los justos." Pero concerniente a los impíos, añade:

8. Y cuando la inundación haya pasado.[20] Es un hebraísmo cuando dice: "Y cuando la inundación haya pasado." Es algo similar a lo que encontramos en Isaías 28:15: "Cuando pase la inundación que azota,"[21] y en el Salmo 32:6: "Aunque sufran una gran inundación, las aguas no los alcanzarán." Esto es, sin duda, una inundación se nos aproxima. Amenaza al mal. Muchos males abruman al justo, pero todo esto pasará rápidamente así como pasa una tormenta. Ellos cesarán muy pronto, así como decimos en alemán: *Es ist nur ein Übergang* (Es solamente una transición). No importan cuánto vuestros enemigos rujan, no importa qué confiados estén en poder devorarlos a ustedes, lograrán absolutamente nada. Ellos perecerán, y ustedes los evadirán y escaparán. Esto es lo que dice Salomón en Proverbios 10:25: "El malvado pasa como un torbellino." Nosotros también hemos experimentado esto completamente, y lo experimentaremos de nuevo en relación a nuestros príncipes impíos que con el papa han rugido contra el evangelio de Dios pero han logrado absolutamente nada en dañarlo, así como aquí dice:

Consumirá a sus adversarios [en este lugar].[22] Algunos interpretan esto como si perteneciera al lugar donde el ejército de Senaquerib, rey de los asirios, fue derrotado, así como narra la historia sagrada.[23] Pero yo, no obstante, creo que habla de manera general, así que éste es su

20 Mi traducción del texto de la Vulgata citado por Lutero: *"cum transierit inundatio."* Así es traducido en la RVC: "Pero destruye (a sus adversarios) con una impetuosa inundación."

21 Mi traducción de la Vulgata que lee: *flagellum inundans cum transierit*. La versión Cantera-Iglesias traduce manteniendo el uso de este hebraísmo intacto: "La inundación que arrastra, cuando pase." La RVC traduce: "Cuando venga la tormenta y nos azote."

22 RV1960. Se añadió "en este lugar" para concordar esta cita con la de Lutero. La RVC traduce: "Pero destruye a sus adversarios."

23 Ver 2 Reyes19.

sentido: "Cuando una tempestad o inundación haya ocurrido en algún lugar, allí el Señor hará que pase de allí. Los impíos lograrán absolutamente nada contra los fieles." Pues, en ese mismo lugar donde ellos confían que devorarán a los fieles, los fieles quedarán salvos, pero ellos caerán y perecerán. Así también nosotros y ésos que vienen después de nosotros verán la destrucción de nuestros príncipes, quienes rugen locamente contra el glorioso evangelio de Dios Todopoderoso. Cristo les demostrará qué tan poderoso Señor es él. Vengará los insultos de los impíos. Se vengará en ese mismo lugar donde ellos se glorían ferozmente y rugen contra los justos, así como añade aquí:

Y persigue con las tinieblas a sus enemigos. En la Escritura "luz" significa "feliz" (buena) fortuna, un triunfo, así como ya he comentado varias veces en los otros profetas. Vemos esto en Proverbios 31:18:"Y por la noche, mantiene su lámpara encendida." Por otro lado "tinieblas" significa adversidad, maldad, infeliz fracaso en todas las cosas. El significado es éste: "Los impíos perecerán para siempre. Nunca se alejará su maldad de ellos. Mientras tanto los fieles, los cuales ellos querían destruir, serán salvos, etc." Así que el profeta ha interpretado aquí, así como dije, un versículo del Salmo 1 [:6]: "El Señor conoce el camino de los justos, pero la senda de los malos termina mal."

9. ¿Hacen ustedes planes contra el Señor? Cierto de la promesa que él le da a los piadosos que han sido confirmados en ella, y como una advertencia con que atemoriza a los impíos, el profeta declara cierto tipo de apóstrofe contra los impíos. Es como si dijera: "¿Por qué ustedes, gente miserable, optan por luchar contra el Señor? ¿Por qué ustedes todavía se enfurecen bajo vuestra fuerza y poder? Ustedes están resistiendo al Señor contra quien lucharán sin triunfar. La batalla que ustedes traman contra el Señor no les brindará triunfo." Los impíos, así y todo, creen que esto no es verdad cuando se enfrentan al Señor. Ellos piensan que están prestando servicio a Dios. Esto lo indiqué anteriormente al citar Isaías 36 [:10] donde Rabsaces dice: "Si yo he venido a destruir esta tierra es porque antes el Señor me dijo."

Y no tendrá que vengarse dos veces. Lo traduzco así del hebreo: "No se alzará (surgirá) dos veces la tribulación."[24] Todos los sofistas han

24 Mi traducción al castellano de la traducción de Lutero del hebreo al latín (*on surget adhuc semel tribulatio*).

traducido este texto, y se han frustrado por el mismo en una manera misteriosa (extraña). Pues, el mismo les ha dado ocasión para innumerables preguntas. Hasta el Maestro de las Sentencias comentó sobre esto.[25] Pero todo esto, no nos impedirá comentar. En breve, pienso yo que su genuino sentido es como si él estuviera diciendo: "Has hecho lo suficiente, tú, rey de los asirios. Devastaste al reinado de Israel. Ya has dado suficientes órdenes. Ahora, pues, no añadirás más tribulaciones. No te permitiré que vayas y destruyas también a Judá. El Señor ciertamente los liberará a ellos de la tribulación que ahora es inminente, pero otra (una segunda) tribulación no les sobrevendrá. Por cierto, el profeta aquí habla de su propio tiempo, y no de todo el tiempo del reino de Judá. Pues, después de todo, el reinado de Judá también desapareció después, así como también desapareció el de Israel. Vemos un texto similar en el libro de 2 Reyes 6:23: "Y nunca más volvieron a merodear en Israel bandas armadas de Siria." Esto es, en ese tiempo, cuando la guerra tomaba lugar entre Siria y Samaria, ellos no regresaron, etc. También ofrece un sentido general que se puede relacionar a todas nuestras tribulaciones y adversidades: Nuestros enemigo no siempre prevalecerá contra nosotros. Llegará el momento que van a sucumbir. Se ve una maravillosa y distinguida profecía en Isaías donde el Espíritu insulta al rey de los asirios y le dice que regresará a su tierra sin gloria y sin ganar la victoria.[26] Hoy también deben nuestros príncipes, los enemigos de la palabra de Dios, leer estos versículos. Deben aprender que lograrán nada de lo que planearon hacer contra la palabra de Dios. Ellos perecerán durante el curso de su atentado. Entonces, su mayor temor es que perecerán, así como ya hemos experimentando el mismo juicio de Dios contra los falsos profetas de nuestro tiempo. En ese momento cuando se encontraban en el medio de su tarea, en ese momento que esperaban lograr lo que habían planeado por largo tiempo, perecieron bajo el milagroso plan de Dios. Ellos fueron frustrados por su impía esperanza pues llevan contra sí el juicio divino expresado en el Salmo [55:23]: "¡Esa gente sanguinaria y mentirosa no llegará a la mitad de su vida!"; y también [Salmo 21:11]: "Ellos tramaron hacerte daño; maquinaron insidias, pero no prevalecerán, etc." Todos estos juicios aguardan a los príncipes impíos quienes pugnan hoy contra el Señor. No hay cosa

25 Se refiere a Pedro Lombardo (1096-1160), obispo de Francia, fue un teólogo escolástico y autor de Los *Cuatro Libros de las Sentencias*. Esta obra llegó a ser el texto principal para la enseñanza de la teología en la Edad Media. Los aspirantes al grado de Magister (Maestro) tenían que tomar clases usando este texto para habilitarse como Magister de teología.

26 Isaías 37:29-35.

mejor en la cual ellos puedan esperar; a menos que se arrepientan de sus impiedades y violencia cruel perecerán en el medio de su atentado.

10. Como entretejidos espinos. Así lo traduzco del hebreo: "Serán ellos devorados así como una rama muy seca, mientras que los espinos se encuentran entretejidos y mientras están bebiendo en su fiesta." El profeta usa palabras que indican el gran desdén con que menosprecia la inmensa fuerza y los recursos auxiliares del rey de los asirios. Los compara con una rama seca. Es como si dijera: "Así como una rama extremadamente seca es fácilmente consumida por el fuego, así también ellos perecerán fácilmente, no importa que tan poderosos y numerosos sean." Los ejércitos más poderosos, por lo tanto, logran absolutamente nada contra el Señor. El rey asirio en su campamento contaba con 185.000 hombres armados. Pero esa gran multitud, así y todo, el profeta la compara con un gajo seco, y de hecho, pues, en una noche el ángel del Señor descendió sobre todo ese ejército, así como narra la historia sagrada en Isaías 37:36. Éste es evidentemente el final de los impíos, así como ya hemos visto con nuestros falsos profetas. Es más, los llama "entretejidos espinos". Esto es, han unido todas sus fuerzas (ejércitos), se han jurado alianza como amigos, y ellos piensan que serán vencedores. Ellos presumen grandes cosas pues están "entretejidos" sus ejércitos. Pero ellos son espinos. Ellos perecerán en ese mismo momento que entrelazaron sus ejércitos. Cuando se entreguen ellos a sus reales lujurias, y estén bebiendo es sus fiestas, cuando se encuentren tan confiados de su victoria, entonces perecerán. Así como en los versículos anteriores, aquí también debemos aplicar esto en forma general a todo consuelo. Por lo tanto confiamos que en cualquiera persecución cuando los príncipes traman contra nosotros que ellos resolverán absolutamente nada sino que perecerán y serán consumidos por el fuego como la hojarasca.

11. De ti ha salido quien maquina el mal.[27] Ésta es una frase hebrea muy similar a la que aparece en Isaías 49:17: "Tus constructores[28] destruirán a tus destructores, y ésos que te aplastaron se apartarán de ti." Esto es, partirán, te dejarán, se dispersarán. Se ve claramente aquí la misma frase. Es como si dijera: "Cuando esos espinos sean devorados,

27 Citado de la Cantera-Iglesias. Esta traducción reflejan mejor el sentido del texto en hebreo. La RV1960 lo cita así: "De ti salió el que imaginó mal (un consejero perverso). La RVC lo traduce así: ("De ti, Nínive, salió el consejero perverso), "el que pensó hacerle daño al Señor".

28 Cantera-Iglesias. La RVC lee: "tus edificadores."

entonces el consejero *Beliyaal*[29] quien trama contra el Señor, se alejará de ti, y por lo tanto ya no te insultará." Para los judíos *Beliyaal* significa una persona sin valor, uno que no vale para nada.

12. Pero así ha dicho el Señor: "Aunque sean muchos." Un poco antes el profeta hablaba con los asirios. Para impartir terror en su corazón, continuó amenazándolos con la destrucción. Ahora aquí vuelve sus palabras al afligido Judá para consolarlo y animarlo. Después de todo, el profeta había profetizado en Jerusalén, en el reino de Judá y no en Nínive. El mensaje aquí es: "No tengas miedo, reino de Judá. Imagínate que tus adversarios son poderosísimos. Imagínate que están bien armados. Imagínate que son muy ricos y sabios, y por lo tanto no carecen nada de lo que requiere un ejército bien preparado. Imagínate entonces esto también, que tienen muchos ejércitos, los cuales amenazan con destruirte. Pero no permitas que nada de esto te preocupe. No dejes que ellos te atemoricen, no importa qué tan bien armados y numerosos sean ellos." Esto es lo que Juan dice en su epístola [1 Juan 4:4]: "Porque mayor es el que está en ustedes que el que está en el mundo."

Aun así serán cortados y pasarán.[30] Habla en estilo hebreo, y ésta es una palabra profética. Isaías se expresa así también cuando declara [Isaías 7:20]: "Aquel día rasurará Adonay (el Señor) con navaja alquilada,[31] etc." Ésta es la rasura que se ve frecuentemente en Moisés y en los otros profetas, así como por ejemplo notamos de nuevo en Isaías 3:17: "Les raparé la cabeza a las hijas de Sión." Entonces "raparé" como el profeta menciona aquí no significa otra cosa que el pueblo que vive alrededor del rey será matado. Pues el cabello y barba significan los príncipes o la corte del rey. Los pelos de los pies son los siervos del rey, los plebeyos, las pésimas sobras. Así que con una sola palabra el profeta menciona e incluye todo lo que daba ánimo a los asirios. Tal como dijo Ovidio: "Allí se encuentra pues un maizal donde Troya habitaba, y se encuentra ya listo para la cosecha con hoz y cuerda esa tierra (hecha) fértil por cuenta de la sangre derramada."[32]

29 Está comentando sobre la palabra hebrea בְּלִיַּעַל (*beliyaal*) que significa una persona perversa. Aquí se está refiriendo al consejero perverso.

30 Citado de la Cantera-Iglesias. La RVC traduce: "aun así serán destruidos y dejarán de existir"; y la RV1960: "aun así serán talados y él pasará."

31 Cita de la Cantera-Iglesias. La RVC traduce: "y ese rey será como una navaja alquilada"; y la RV1960 traduce: "el Señor raerá con navaja alquilada."

32 Ovidio, *Heroides*, I, 53-54.

Y pasarán.[33] Esto ocurrió en la noche que el ángel del Señor cortó todo el cabello de Senaquerib, esto es, cuando en el campamento de los asirios él mató 185,000 hombres y por lo tanto Senaquerib fue doblegado y forzado a huir en desgracia.

Ya te he afligido bastante, Jerusalén, no volveré a afligirte. Esto es: "Hasta ahora he permitido que tú seas afligido. Ahora llega el momento que te liberaré para que tus enemigos no tengan el derecho de acosarte. No permitiré ya que ellos te insulten, sino que dirigiré todo lo malo sobre sus cabezas."

13. Voy hacer pedazos el yugo [y las coyundas que Nínive te ha impuesto]. Se encuentran las mismas palabras en el Salmo 2:3: "¡Vamos a quitarnos sus cadenas! ¡Vamos a librarnos de sus ataduras!" El poder que hasta ahora dominaba a Judá lo llama "yugo". Las "coyundas" son el yugo con que los asirios hasta este momento habían oprimido a Judá, y lo mantenían cautivo, etc.

14. Acerca de ti, Nínive, el Señor ha ordenado. Ahora el profeta se dirige cambiando de nuevo su atención de Judá hacia Senaquerib, rey de los asirios. Al leer los profetas debemos prestar atención a esos cambios de las personas hacia quienes el mensaje se dirige. De nuevo, también, el profeta usa un idioma profético cuando dice: "el Señor ha ordenado contra ti." De cierto, todo ocurrirá por la palabra de Dios. "El Señor habló y todo fue creado; el Señor ordenó, y todo apareció" [Salmo 33:9]. Por lo tanto el significado aquí es éste: "El Señor obrará algo contra ti. Él va a ordenar algo contra ti."

No habrá posteridad de tu nombre.[34] Encontramos un hebraísmo en la palabra "posteridad".[35] Algunos han aplicado este texto a la posteridad de Senaquerib. Esto es, ellos dicen que el Señor amenaza que Senaquerib tendrá absolutamente no más descendientes. Pero yo prefiero aplicarlo al dominio de Senaquerib, y así pues, consecuentemente, su significado es éste: Tú has oprimido las tierras de todas las naciones.

33 Cantera-Iglesias. La RVC traduce: "dejarán de existir."

34 Cantera-Iglesias, cuya traducción se asemeja mejor al hebreo y a los comentarios de Lutero aquí. La RVC traduce: "que no quede ni memoria de tu nombre."

35 Aquí Lutero cita la palabra usada en latín por la Vulgata "*seminabitur*" que significa "será sembrado", en otras palabras, será propagado. En hebreo el verbo זָרַע (*zara'*), de modo imperfecto, se lee en futuro. Su significado es "sembrar" o "dar semilla" e implica que será propagado, que existirá posteriormente.

Has cosechado la labor de todos los pueblos. Todo tributo ha venido a ti pues tienes el poder imperial sobre todo el mundo. Pero esto no sucederá más. Tu autoridad, tu tiranía, la cual has usado para oprimir a los pueblos y hacerlos tus tributarios, cesará. No serás ya rey: "No habrá posteridad de tu nombre, etc."

Exterminaré de la casa de tus dioses.[36] Esto es: "No serás ya Señor en Judea, tampoco serás Señor entre tus propios asirios. Serás absolutamente nada en la casa de tu dios." De por cierto el profeta vio esta profecía en espíritu. Posteriormente fue cumplida cuando el ejército de Senaquerib fue destruido y él mismo se fugó al templo de su dios, donde fue asesinado por sus propios hijos en el medio de sus ídolos (esculturas), 2 Reyes 19 [:35-37].

Por causa de tu vileza... [allí se pondrá tu sepulcro]. Esto es: "Serás considerado indigno de sepulcro en el lugar para reyes. Por lo tanto serás sepultado con tus ídolos." El Señor usa la misma amenaza para advertir a los judíos en Moisés [Levítico 26:30] donde él dice: "Y echaré sus cadáveres sobre los cuerpos inertes de sus ídolos." Indudablemente tal reproche cayó sobre Senaquerib, así como algunos quieren que sea el significado de esto, pues él regresó fugándose a su tierra, cuando perdió su campaña así como también todo su ejército. Consecuentemente, incurrió la indignación de sus propios hijos. Sin duda, ellos lo asesinaron indignamente entre sus ídolos con el consentimiento de su pueblo.

15. Ya se oyen sobre los montes los pies del que trae buenas nuevas, del que anuncia la paz. Así pues, estamos persuadidos que no hay ni un solo profeta que dejará de mezclar algo en su profecía sobre la venida de Cristo y la gracia que sería revelada por medio de Cristo. Aquí con mucho gusto acercaría esto texto a Cristo. No existe otro texto en este profeta que podamos relacionar a Cristo exceptuando éste. Pues se encuentran las mismas palabras en Isaías [52:7] y Pablo las emplea también en Romanos [10: 15], donde hace relucir los mensajeros del evangelio, pues nadie puede predicar el evangelio a menos que haya sido enviado. Pero en el nombre del evangelio no

36 Cantera-Iglesias expresa mejor el sentido en hebreo aunque no es completamente preciso. La RVC lee: "serán destruidas todas (las estatuas fundidas que hay) en el templo de tu Dios"; y la RV1960 traduce: "de la casa de tu Dios destruiré escultura y estatua fundida." La Vulgata lee así: *"de domo Dei tui interficiam sculptile, et conflatile"* ("de la casa de tu dios eliminaré (destruiré) la escultura, y estatua").

solo llegan promesas espirituales y la consolación para las conciencias sino también todo regocijo y buenas nuevas en donde todo tipo de bendiciones temporales (terrenales) son prometidas. Así y todo, no estoy convencido que Pablo quería aplicar esto texto en Isaías al evangelio de gracia (esto es, al evangelio que promete la remisión de los pecados y la salvación en Cristo), de la cual, así y todo, el profeta Isaías también habló. Por lo tanto, también, en nuestro profeta Nahúm, creo yo, no debemos interpretar este texto, a que se refiere solamente al evangelio de la gracia de Cristo y revelada a nosotros por medio de Cristo, por el cual los creyentes llegan a ser hijos de Dios y coherederos con Cristo. Pienso yo, que también este texto se debe entender que se aplica a las promesas temporales de un derrotado y disipado enemigo, sobre los botines recaudados, sobre una santa paz, etc. Realmente pienso que él hace esta declaración general sobre una victoria temporal (terrenal) la cual él la conecta de una manera general a la gracia de Cristo y su evangelio.

Ya se oyen. Éste es el grito de uno que se regocija por su victoria. Él habla en el modo que lo hacen los profetas, en tiempo presente, aunque lo que dice va a ocurrir en el futuro.

Sobre los montes. La tierra de los judíos era montañosa. Así que aquí se expresa bajo un estilo hebreo. Nosotros lo diríamos así en alemán: *Hin und wider auf den Bergen*, aquí y allí en las varias partes de la tierra. Es como si estuviera diciendo: "En todas partes algún nuevo reporte se está divulgando, el reporte de un evangelista. Lucas 1:39 usa el mismo hebraísmo: "Durante esos mismo días, María fue de prisa a una ciudad de Judá"; y también [Lucas 1:65]: "Y todo esto se divulgó por todas las montañas de Judea."

Los pies. Pues el reporte corre. Toma fuerza mientras corre. También los "que traen buenas nuevas" corren.

Del que anuncia la paz. Esto es un hebraísmo, pues los hebreos dicen "paz sea contigo" cuando nosotros decimos "cuando bien tengas tus cosas". Se tiene paz. Estamos marchando bien.

¡Celebra tus fiestas, Judá! Esto es: "Siéntete seguro ahora que el rey hostil ya ha muerto y su ejército ha sido destruido. Ahora ya tranquilo (seguro) puedes celebrar tus fiestas, algo que no podías hacer antes por cuenta de tu preocupación en entablar guerra. Ahora, ésos que pertenecen a Judá, se congregarán de nuevo en el templo del Señor, así como la ley de Moisés requiere.

¡Cumple tus votos! Lo que significa "cumplir los votos" ya lo hemos tratado varias veces en los otros profetas.[37] Significa hacer sacrificios al Señor, no solamente ofrendar animales, sino también dar gracias a Dios, alabar a Dios, etc. Éstos son los "frutos de tus labios", lo único que Dios requiere de ti, Oseas 14:2. Como he dicho anteriormente, este texto se puede aplicar de forma general a Cristo como también al evangelio que es predicado "sobre los montes". Esto es, "por toda la tierra", así como el Salmo [19:4] lo declara. Pero él anuncia también la paz, esto es, la remisión de pecados. Promete él una eterna justicia en Cristo por medio de quienes somos señores sobre toda criatura, etc. Exhorta a todos los judíos que reciban este evangelio cuando dice: "Celebra tus fiestas, Judá" etc. Esto es, "Hagan sus sacrificios, cumplan los votos que han hecho. Hasta ahora, pues, no has verdaderamente santificado y guardado tus fiestas. Pero ahora alaba a tu Dios; ahora sacrifica el fruto de los labios por la gracia que te ha sido revelada. Pues *Beliyaal* ya no te perturbará. Ningún enemigo, corporal o espiritualmente, ejercerá jamás su tiranía sobre ti."

Capítulo Dos

Los hebreos marcan el principio del segundo capítulo aquí, donde Nahúm se gira hacia Senaquerib y dice: "Nunca más será tu nombre recordado.[38] De esta manera conecta la muerte del rey con la destrucción y la exterminación de la ciudad de Nínive, donde la describe el profeta en este segundo capítulo de Nahúm.

Ya avanza contra ti el destructor. Nos parece difícil el comienzo de este capítulo. Esos hebraísmos nos causan grandes dificultades, y así pues el sentido de la estructura gramatical se nos dificulta mucho más que el propio sentido del profeta. El profeta comienza a describir, y, como si dibujara un cuadro, pone frente a los ojos de Judá el cautiverio y la destrucción de la ciudad de Nínive. Así como el profeta por

37 Ver el comentario de Lutero sobre Jonás 2:9 en Martín Lutero, *Comentario a los Profetas Menores*, 1:277.
38 Literalmente dice en latín: "será sembrado por todas partes."

medio del Espíritu pinta la destrucción de los ninivitas en su corazón, así pues, también la describe a sus oyentes. Su significado, entonces, es éste: "O rey de los asirios, ahora te sientas en tu ciudad de forma temerosa y con gran pavor. Poco antes te regocijabas en tu victoria. Cuando celebrabas tu victoria rugías ferozmente. Ahora estás obligado ver a un ejército (enemigo) dándote vueltas y rodeándote. No eres audaz para entablarlo en combate ni tampoco en enviar tu ejército para detener ese ejército enemigo, aunque puedes ver bien cómo ese ejército adversario ruge libremente contra tu ejército. Ahora te están acorralando y destruyendo, pero no te atreves ni a quejarte. Te escondes en tu tristeza, tú que eras antes victorioso sobre todos, tú que antes sitiabas a otras ciudades y teniéndolas sitiadas, las conquistabas y las ocupabas."

Vigila, pues, tu fortaleza y tu camino. Esto es una alusión a la costumbre militar, que aunque no estuvieran batallando de un lado a otro, así y todo solían vigilar, solían mantener vigilando en la fortaleza los caminos que conducían a ellos, no sea que el enemigo los atacara sin estar preparados. Así que aquí ataca al rey asirio, como si dijera: "[Guarda el camino] donde tus jinetes ahora cabalgan para guardar tus vías, y para tramar emboscadas. ¡Vamos, pues, sale y empuja a tu enemigo!" Dice, pues, todo esto irónicamente (εἰρωνικῶς).

Cíñete los lomos.[39] Esto es: "Sé valiente."

Refuerza al máximo tu poder. Esto es: "Anímate, recupera tu ánimo y sale adelante, si eres audaz."

2. Porque el Señor restaurará la gloria de Jacob como la gloria de Israel.[40] Éste es un texto muy oscuro, especialmente en nuestra traducción en latín.[41] En hebreo es un poquito más claro. Puede ofrecer dos significados. Primeramente, su significado puede ser éste, uno que algunos mantienen: "Cuando anteriormente eras tan salvaje, cuando todo te salía felizmente, eso ocurrió, pues el Señor castigó la soberbia de Jacob, e hizo esto por medio de sus ministros." Aunque no repudio este significado, no lo acepto. Creo que se puede entender mejor

39 RV1960 lo traduce mejor y más cerca al hebreo y la Vulgata. La RVC lo traduce "Vístete".

40 Tomado de la RV1960 pero se sustituyó "Señor" (*dominus*) la palabra empleada en la Vulgata en lugar de Jehová. En hebreo el título es en realidad Yahveh. La RVC lo traduce así: "Los saqueadores despojaron a Jacob... Pero el Señor restaurará su antigua gloria."

41 La Vulgata.

como una imitación (μιμητικῶς), de este modo: "Antes de este tiempo tú ataste todos los pueblos y los sujetaste ante ti, no sea que se sublevaran contra ti. Pero ahora ha llegado el momento en que la gloria de los reinos de Jacob y Judá regrese. Nunca más Judá será afligida, sino que será glorificada." Así que la "*superbia*" (soberbia) aquí significa la majestad, la pompa, el esplendor, y grandeza o elegancia del reino. Esto se nota también en Éxodo 15:1,[42] donde tenemos la misma palabra en hebreo. "Pues se ha henchido de gloria",[43] o: "se ha engrandecido".[44] Así, el profeta tiene memoria de los insultos de los asirios con los que insultaron a otros mientras los conquistaban. Ahora dirige ese insulto a la vena yugular, como para decir: "Ahora ya finalmente dejarás de insultar a Judá."

Los saqueadores despojaron a Jacob, ¡estropearon las viñas de Israel! Éstas son metáforas proféticas. Es como si estuviera diciendo: "No hay esperanza de recuperar el reino. No se encuentra ya rastro del pueblo de Judá. Es así, pues, como los asirios destruyeron todo. Es así como tan salvajemente tú nos atacabas, tú, Senaquerib, cómo nos insultabas. Ahora no nos insultarás jamás pues lo malo cae sobre tu propia cabeza. Por lo tanto la gloria se ha apartado de ti, y nosotros somos los glorificados vencedores quienes triunfan por medio del Señor. La gloria de nuestro reino ha regresado a nosotros, como también toda su honra y elegancia, las cuales nos habías arrebatado anteriormente." Así interpreto yo este texto. Y me complace mucho más que las otras interpretaciones de la palabra en hebreo[45] que nuestro traductor[46] traduce con la palabra *reddidit* (restaurar) la cual me parece a mí completamente fuera de lo que el hebreo intenta (decir). Lo traduzco así: "Pues así como el Señor ha puesto a descansar (*quiescere fecit*) o ha hecho que disminuya la soberbia de Jacob, etc." La razón por qué él dice "viñas" aquí o lo que significa lo podemos ver en el Salmo [80:8,11]: "Desde Egipto trajiste una vid...Y la vid extendió sus vástagos... hasta el mar, etc." Significa, por lo tanto, que Israel fue completamente destruido, y que ni un remanente quedó sobre la tierra.

42 En Ex 15 tenemos el verbo גָּאָה (*gaah*) ("ser enaltecido"), aquí tenemos el término גָּאוֹן (*gaon*) (majestad).

43 Cantera-Iglesias.

44 RVC.

45 La palabra es שׁוּב (*shub*), que significa volver, regresar, devolver (por ser derrotado).

46 Se refiere a la traducción de la Vulgata.

3. Rojos son los escudos de los guerreros. Aquí comienza a describir y presentar ante nuestros ojos, como si ya estuviera en camino el ejército de los caldeos. Pero dice "rojo" y "púrpura" y "flamante" para aterrorizar a los asirios, como para amenazarlos con derroche de sangre, como si ya los viera muertos y lavados en sangre. Pero describe esto, pues, para consolar a Judá, así como ya he mencionado varias veces anteriormente.

Sus carros de guerra brillan como antorchas. Esto es "Los carros brillan como antorchas ardientes y emiten una brillante luz", así que la palabra "*praeparationis*" ("se aprestan o preparan")[47] no se refiere a los carros sino a las llamas o brillante antorchas. Ciertamente no describe él los carros que todavía hay que preparar, sino los carros ya preparados y equipados con todos los armamentos y guerreros. Al ser equipados con la llama o antorcha los compara a ellos, como si dijera: "Tienen flamantes carros." Pues no solamente la historia de los judíos sino también los poetas de los gentiles constan que no solamente los judíos sino todas las naciones batallaban empleando carros. Estos carros eran muy veloces, y el profeta alude a esto aquí.

Y ruedan con estruendo por las calles. Este versículo ha sido traducido pésimamente también en nuestra Biblia.[48] Ciertamente la palabra en hebreo בְּרוֹשׁ (*berosh*) significa jabalinas, hechas del árbol de ciprés, o lanzas, así como lo traduce Juan Reuchlin[49]. Éste es su significado: "Mientras los carros corrían velozmente, mientras se precipitaban en el curso a correr, las lanzas, situadas en sus carros, temblaban y resplandecían."

4. [5.]Los carros se precipitan a las plazas. En hebreo lee así: "Corren furiosamente por las calles los carros, se precipitan por las plazas."[50] Ésta es claramente una expresión hebrea donde él indica que no existe el orden o una formación ordenada entre los carros a los caldeos al

47 Lutero está comentado sobre esta frase en la Vulgata: *"igneæ habenæ currus in die præparationis ejus."* Explica aquí que la preparación (*preparationes*) tiene que ver con la antorcha o fuego (*igneae*) y no con los carros (*currus*). La RVC traduce: "el día que se prepare, temblarán las hayas", y la Cantera-Iglesias traduce: "en el día que se aprestan a la campaña."

48 Se refiere aquí a la Vulgata, donde lee: *"quasi fulgura discurrentia."*

49 Lutero cita aquí la obra de Juan Reuchlin (1455-1522), *De rudimentis Hebraicis*, que era una obra combinada de gramática y diccionario hebreo.

50 Aunque esta cita está numerada como el versículo 4, la traducción y cita de Lutero es del versículo 5 en la biblia hebrea. La cita de este texto fue tomada de la Cantera-Iglesias, la cual se acerca mejor al hebreo y la traducción de Lutero aquí al latín.

avanzar contra los asirios. Es como si dijera: "Se precipitan como una turba y nadie sabe quién es el último y quién es el primero."

Y ruedan con estruendo por la calles. Esto es, pasan con estruendo pues son tantos. Tan numerosos son los carros que se precipitan sin mantener cierto orden.

Brillan como antorchas. Dijo lo mismo anteriormente (v 3). Con todas estas declaraciones impone terror entre los asirios al describir a sus enemigos, pues los caldeos son muy valientes y bien preparados. Es como si dijera: "Parecen llamas de antorchas que se atacan una a la otra, que batallan uno con otro mutuamente, etc.

5. Se acordará de sus valientes.[51] Aquí vemos el estilo del profeta donde inmediatamente cambia (de referirse) de una persona a la otra, de un ejército al otro. En un contexto parece hablar sobre los caldeos, pero así y todo, cambia su conversación para hablar sobre los asirios, cuyo atemorizado, fugitivo ejército, ahora lo describe como si quisiera decir: Ahora que inminentemente los caldeos corren con sus carros encendidos, el rey de los asirios requiere que se presenten sus comandantes, sus tenientes, para que junto a ellos pueda movilizarse contra los amenazantes caldeos. Así insulta con ironía a los asirios, como todo lo que sigue en el capítulo está lleno de ironías. La palabra usada aquí en hebreo en realidad no significa "valientes"[52] sino en realidad pomposos, pretenciosos, vanagloriosos, y es como si el profeta dijera: "No cabe duda que tienes líderes y oficiales extraordinarios contigo. Ahora deberías estar usando sus esfuerzos en retener al enemigo, pero solamente tienes unos magníficos y Thrasos contigo."[53]

Y éstos en su prisa se atropellan. Esto es, todo ya se ha acabado para ellos, donde corran, cualquiera cosa que tramen, ellos serán atropellados pues tienen a Dios como adversario.

Corren a las murallas. Porque los hebreos conectan éste con el precedente versículo en un solo verso, yo también lo entiendo como si se

51 RV1960. La RVC traduce: "El Rey manda llamar a sus valientes."

52 La palabra en hebreo es אַדִּיר (*'addir*), que significa esplendido, majestuoso, soberano. Se puede aplicar a la nobleza, pero aquí Lutero interpreta esta palabra usando también la ironía, pues algo majestuoso puede ser también algo pomposo.

53 Thraso es el nombre de un mendigo soldado en la comedia *Eunuchus* por Terencio.

refiere a los asirios.[54] Su sentido es éste: "Tan inmensa es su desesperación, tan inmensa es su consternación, que ni siquiera se atreven a salir de la ciudad para enfrentar a los caldeos. No son audaces para enfrentar al enemigo. Encuentran su seguridad en fugarse. Corren a las murallas para encontrar huecos donde esconderse. Allí se protegen también con ciertas fortificaciones que no son en realidad fortificaciones que protegen, o fortalezas." Pues esto es lo que la palabra en hebreo significa.[55]

6. Se abren las compuertas de los ríos. No estamos seguros por qué dice "compuertas de los ríos". Pero, así y todo, es posible que se refiera a "compuertas de ríos", porque la ciudad de Nínive estaba irrigada por ríos y tenía ríos fluyendo a su lado. Influyentes y famosas ciudades seguían este ejemplo. Lo que otros dicen –que las compuertas de los ríos son las puertas del pueblo– me parece bastante lejos de lo acertado y no es correcto.

El palacio será destruido.[56] En hebreo lee así: "La casa real, o palacio, es desolado." Aquí no está describiendo la destrucción del palacio sino la espontánea destrucción, o si pudiera decirlo así "el espontáneo derrumbe (colapso)". [57] Así como ya he dicho, todo esto está llenísimo de ironías, es como si el profeta dijera: "Las compuertas del río, que son firmes y que no son fácilmente ocupadas, ahora son tomadas. Ellas se encuentran abiertas. El palacio se derrumba por sí solo aunque no ha sido destruido." Tan extremadamente cierto se ve el juicio de Dios contra la ciudad que cualquiera la puede conquistar fácilmente.

7. La reina[58] es apresada y llevada en vilo [deportada]. Aquí sigo el significado que Lira sugiere.[59] Él traduce correctamente del hebreo: "Su esposa o princesa ha sido llevada al cautiverio." Por cierto, tenemos también la misma expresión en el Salmo 45:9: "La reina, a tu derecha." El profeta, entonces, insulta irónicamente a la reina y a su consorte de

54 Ver nota 49.

55 La palabra en hebreo es חוֹמָה (*jomah*), que significa muro o muralla de protección para una ciudad.

56 Ésta es la traducción de la RV1960, que se asemeja mejor al texto citado de la Vulgata por Lutero: *Templum ad solum dirutum*. La RVC traduce: "Y las aguas inundan al palacio."

57 La Cantera-Iglesias capta mejor en su traducción del hebreo el sentido que Lutero encuentra aquí "y el palacio se tambalea". La palabra usada aquí en hebreo es מוּג (*mug*), se derrite, fluye abajo como el agua, pues se disuelve o derrumba. Así que lo expresado por la RVC en parte es un dibujo de lo que está ocurriendo. Si el palacio se inunda con agua, se derrumba, se hace escombros.

58 En latín lee "los soldados" en vez que "la reina".

59 Se refiere aquí a Nicolás de Lira, monje franciscano influyente en la exegesis bíblica en la Época Medieval. Lutero conocía muy bien su comentario de la Biblia. La exegesis de la Biblia de Lira seguía principalmente el sentido literal del texto el cual era fundamental para toda exposición mística, alegórica, o anagógica.

príncipes, como si estuviera diciendo: "Pues, entonces, la reina sale resplandeciendo en su vestido real y elegante. Hasta ahora solamente ocupaba su trono real, pero ahora es conducida al cautiverio, pero todavía se sienta en su trono, un trono deshonrado. Sin duda recibe ahora la más grande deshonra en el trono de su antigua gloria."

Sus doncellas lamentan sobre sus corazones.[60] Pues ésta es la manera que traducimos esto correctamente, no como nuestra Biblia lee "gimiendo". Se encuentra la misma palabra en el Salmo [68:25], donde es correctamente traducido "en medio las doncellas se lamentan, etc."[61] Por lo tanto insulta a las doncellas así como insultó a la reina. Ellas gimen y están llenas de dolor mientras lamentan su cautiverio. Es como si estuviera diciendo: "Qué hermosa danza bailan ellas. Ahora son llevadas al cautiverio de esta manera, están golpeándose el pecho con sus panderos. De hecho ésta es una bella "danza"; esto es, ahora se están golpeando sus pechos, etc." Así es cómo el profeta compara sus anteriores delicias y placenteras[62] danzas con su cautiverio.

8. La gente en Nínive parece una represa [piscina] cuyas aguas se hubieran desbordado. Ahora describe a la ciudad después que ha sido desertada. Es como si estuviera diciendo: "La ciudad ya ha sido ocupada, el palacio está desierto. La reina ha sido capturada junto con todas sus doncellas. Así que Nínive solo parece una piscina sin agua. Pues así como una piscina está vacía y seca cuando su represa ha sido desbordada, así también se encuentra Nínive ahora. Anteriormente la ciudad era una (ciudad) resplandeciente y bien poblada. Ahora los caldeos han roto la represa, y todo el mundo, quien todavía podía hacerlo, se estaba fugando. Aunque fueron amonestados a quedarse quietos, no lo hicieron. No importaba qué tanto clamaran los padres a sus hijos y las esposas a sus maridos: ¡Firmes! ¡Quédense firmes!, ni miraron hacia atrás, sino que se apresuraron en darse a la fuga." Éste es el deleite que toma el profeta sobre la desolación de Nínive, la cual la vio como un futuro acontecimiento. Por lo tanto él presenta esto a un Judá afligido, obviamente para consolar y animar a Judá, así como ya he comentado anteriormente varias veces.

60 Mi traducción de la Vulgata. La RVC traduce: "Sus criadas gimen (como palomas, y en su angustia) se golpean el pecho."

61 Mi traducción del texto en latín. La RV1960 se aproxima mejor a la traducción de Lutero que lee: "En medio las doncellas con panderos."

62 Traducimos aquí "placenteras" (*delicientes*) en vez de "delicadas" (*delicantes*) danzas.

9. Unos se roban la plata, otros se roban el oro. No tienen fin sus tantos bienes, así como los cubiertos para sus banquetes,[63] sus vasijas para lavar, y todo tipo de jarras sagradas. Pues se habían tomado para sí mismos todo lo que era precioso para todos los pueblos. Las Sagradas Escrituras llaman ciudades como éstas "más que los montes de botín (rapiña)"[64] (Salmo 76:4). Por lo tanto el profeta clama a los caldeos que saquen todo lo de valor, pues sus habitantes se están fugando, y no hay fin a sus preciosísimas riquezas. Sigue con esto, pues:

Y tantos objetos codiciables.[65] Jerónimo omite[66] esta expresión,[67] o quizás uno de los copistas por falta de cuidado cometió esta omisión. Esta frase también es completamente aterradora con su ironía. Es como si estuviera diciendo: "Ya que son tan abundantes todos tus bienes, vamos pues, ustedes caldeos, evacúense poco a poco, para que sus cargas no lleguen a ser así tan pesadas. Ayúdense, pues, en hacer ligeras sus cargas.

10. [Nínive] queda vacía, vencida, despojada (saqueada). Esto debe ser traducido "saqueada", pues anteriormente usa "saqueadores" (v 2), y aquí tenemos la misma palabra. Entonces Nínive fue evacuada y finalmente fue destruida. Primero, dice él, que fue devastada y sus ciudadanos y reinos fueron secuestrados. Segundo, dice que fue evacuada y todos sus tesoros fueron robados. Tercero, ésta fue destruida y sus edificios fueron desplomados.

El corazón le desfallece. Obviamente ellos no se encuentran seguros en ningún lugar. No tienen dónde se atrevan a permanecer, ni aunque se hubieran fugado.

Le tiemblan las rodillas. Esto es, están tan llenos de pavor, que no tienen fuerzas en sus lomos ni en sus dorsos.

---

63 Lee en latín: "para servir."

64 Cantera-Iglesias. La RVC lo traduce "imponente que los montes" y la RV1960 lo traduce "montes de caza".

65 Lutero hace su propia traducción del hebreo al latín: *Gravis prae omnibus vasis* (Están cargados con todas sus vasijas).

66 Lutero se refiere a la traducción de Jerónimo de la Vulgata. Jerónimo lo traduce "ex omnibus vasis" y es aquí, basado en su traducción del hebreo, que Lutero añade *"gravis"* (cargado). Ver nota 64.

67 La palabra en latín *gravis*, representa la palabra hebrea כָּבוֹד (*kabod*). Esta palabra puede significar gloria, abundancia, riquezas, peso, o carga. Por eso traduce el texto como vemos en la cita 64. La RVC traduce así: "pareciera no tener fin sus riquezas." Aquí toma en cuenta las dos dimensiones de la palabra, pues al ser riquezas sin fin, son muchas riquezas, una carga de riquezas.

Su rostro palidece [es como una olla]. Tenemos un texto similar en Joel 2:6, donde el traductor lo interpreta así: "Todos sus rostros son como una olla negra."[68] Aquí lo traduce "como una olla".[69] Ya que no existe un acuerdo en estas traducciones, yo lo traduzco así:

"Dejen que se reúnan en una olla." No obstante, ignoro lo que el profeta quería expresar con esa figura idiomática hebrea. Generalmente se suele interpretar así: "Tantas son su pena y tristeza que sus rostros se encuentran demacrados y pálidos, y así se parecen a una olla negra." Esta metáfora es completamente absurda. No creo que esto sea lo que quiso expresar el profeta. Lo siguiente me complace mejor, pero así y todo, no me atrevería a declarar con certeza que el profeta quería decir esto: "Ellos van a ser consumidos y destruidos así como son consumidos los pedacitos de carne echados a la olla para cocinar; así como la carne en la olla, ellos son cocinados por males externos, y perseguidos. Así es como el profeta ha descrito el cautiverio de Nínive. Ahora añade el insulto con el cual los va a insultar, pues añade un canto triunfal. Les canta una cancioncita acerca de ellos, y así los censura por su anterior salvajismo (ferocidad).

11. ¿Qué hay de la guarida de los leones? Esto es, ¿dónde se encuentra ahora vuestro poder? ¿Qué es Nínive ahora, esa tan rica y formidable ciudad donde habitaban los poderosísimos príncipes, los cuales tenían por botín a todos los pueblos? Así como los leones solían cazar, ciertamente ellos tenían μοναρχία (una monarquía).

13. Voy a quemar tus carros de guerra. Los voy a quemar; obviamente por medio de los caldeos. Ustedes que hasta ahora habían vivido bajo la gloria y con sumo honor perecerán bajo el fuego. Morirán llenos de vergüenza.

La voz de sus mensajeros. Esto es: "Pondré fin a tu reino. Nunca más enviarás tus mensajeros. Tu imperio ya ha terminado." Pues a los principales (jefes) y guardias que los asirios habían impuesto sobre toda la tierra los llama "mensajeros". Ellos eran los que ejercían los mandatos magistrales, los que por todos lugares exigían impuestos y tributos.

---

68 Lutero se refiere aquí a la traducción de Jerónimo de la Vulgata, la cual lee: *omnes vultus redigentur in ollam*. Arriba mi traducción de este texto en latín. La RVC traduce "todos los rostros palidecen".

69 Se refiere de nuevo a la traducción de Jerónimo.

Ahora les dice a ellos "cesen de hacer esto ahora mismo". Esto es, el reino de los asirios se desplomará en ruinas.

Capítulo Tres

¡Hay de ti, ciudad sanguinaria! El profeta urge bajo su profecía la ruina de Nínive y la devastación del reino de los asirios. Pues, no importa cuánto haya mencionado esto con gran detalle anteriormente en el segundo capítulo, todavía se deleita abundantemente y, en el Espíritu, usa varias expresiones y figuras. Así como es costumbre entre los profetas, el repite las mismas cosas. El significado de este capítulo es también fácil (de entender), excepto que su racional gramatical nos demorará.

Ha llamado a esta ciudad "sanguinaria", lo que es costumbre llamar en hebreo a una ciudad cruel, sanguinaria, una ciudad con la tendencia a la matanza (derramamiento de sangre).

Rebosando estás de mentiras. Mejor dicho, "eres un mentiroso empedernido".

Y de rapiña. Esto es: "Reina la violencia sobre ti, no tiene fin tu rapiña. Trama, pues, para obtener los bienes de los otros, cuándo y cómo sea posible." Nota tres faltas, como si dijera: "Tu hora para ser destruido ya ha llegado. Fuiste enormemente cruel y un gran mentiroso. Ninguna confianza ni fe tenemos en ti. Finalmente, todo es una rapiña plena e incontrolable".

Solamente esto es lo que puede acontecer en los reinados de este mundo, cuando han llegado a su cumbre, cuando han comenzado a florecer con sus mayores éxitos.

Pero no renuncias al pillaje. "Estás tan lleno de tantas cosas buenas. Tú devoras así como todas las fieras suelen hacer unas con otras."

2. Chasquido de látigos, fragor de ruedas. La paciencia (μακροθυμία) de Dios es inmensurable, así como toda la Escritura lo indica repetidamente. Él carga con nuestros pecados con gran tolerancia mientras tanto ellos se encuentran ocultos. Pero, cuando nos cegamos de ellos de tal modo que hasta la gente en la calle (el vulgo) pueden verlos claramente, ya que nuestros pecados parecen ser parte de nosotros, y hacemos un hábito de ellos, entonces obviamente él ya no puede cargarlos. Él da cuenta de ellos y los castiga. Aquí vemos también lo mismo con todo detalle. Amenaza a Nínive con la destrucción e ira del Señor, pues no había limite a su impiedad. Leo todo esto así de acuerdo al (uso) hebreo en el nominativo: "(Chasquido de látigos), fragor de ruedas, galope de caballos, estridencia de carruajes, ¡y carga de la caballería! ¡Brillan las espadas, centellean las lanzas!, etc." Todo esto, así como un pintor con su lienzo, describe y pinta ante sus ojos el ejército hostil de los caldeos contra los asirios y la miseria de los asirios, así como ya hizo anteriormente en el capítulo 2. Es como si dijera: "Con extrema violencia, y gran impunidad, los jinetes galopan a los caballos y dirigen sus carruajes. Esto es su grandioso chillido. Se ven precipitados, agitados con tanta velocidad. Los jinetes galopan velozmente sentados sobre sus caballos, y sus espadas brillan como relámpago, etc." Él habla de los belicosos carruajes sobre los cuales están sentados los guerreros, así como las historias de los gentiles también han notado.

3. ¡Son muchos los caídos! ¡Abundan los cadáveres! Éste es el otro lado del cuadro, así como ya he mencionado, la miserable calamidad de los asirios. Él toma nota de esto como si estuviera ocurriendo en el presente, cuando lo estaba viendo así en el futuro por medio del Espíritu. Por cierto, la palabra hebrea nuestro traductor la traduce aquí al latín "*gravis*" (abundante),[70] y ésta ocurre frecuentemente en la Escritura y siempre es traducida así, como se ve en Génesis [13:2]: "Abrán era riquísimo (abundante) en ganado, plata y oro."[71] También leemos [Génesis 12:10]: "Pues arreció (fue grave) el hambre en la tierra", esto es tuvieron una inmensa y extensa hambruna. También aquí (vemos esto en nuestro texto). Cita así "*gravis ruina*", esto es, abundan los cadáveres. Pues lo que leemos aquí "ruina" es malamente traducido.[72] Vemos lo mismo entonces en el Salmo 110:6: "Rendirá juicio a todas las naciones, y completará (ejecutará) su destrucción (*implebit ruinas*).[73] Pero debió traducirlo amontona cadáveres[74] (*implebit cadaveribus*). Es así como lo traducimos aquí.

70 Ver nota 66 arriba donde se analiza la palabra hebrea. Aquí se usa una variación de la palabra analizada arriba: כָּבֵד (*kabed*).

71 Lee así en latín: *"erat Abraham auro gravis et argento"* (Abrán tenía una abundancia [carga] de oro y plata).

72 Lee así el versículo en la Vulgata: *"et multitudinis interfectæ, et gravis ruinæ."*

73 Mi traducción al castellano del texto citado de la Vulgata por Lutero.

74 Así lo traduce del hebreo la Cantera-Iglesias.

4. A causa de la multitudes de fornicaciones de la ramera [de hermosa gracia].[75] Ofrece la causa por este miserable desastre y lo describe como si estuviera ocurriendo en el presente. Lo traduzco del hebreo así: "Por cuenta de las fornicaciones de una graciosa ramera, de una esposa hechicera." Esto obviamente lo dice bajo un estilo hebreo, así como cuando ellos se refieren a Belcebú, esto es, "el hombre de las moscas". Y así tenemos pues "un hombre de tormentas, un "hombre sanguinario", etc., en vez de un hombre tempestuoso o un hombre cruel. Aquí, entonces, tenemos "la esposa (mujer) hechicera, esto es, la hechicera."

Sedujiste a pueblos y naciones.[76] Pienso que el profeta está expresándose aquí en un modo figurado o metafórico, y así como se acostumbra en la Escritura llama a la impiedad y el derroche de Dios, "fornicación" e "idolatría". Tampoco existe nación tan bárbara y tan salvaje que no se gloríe también del nombre de Dios y el culto de Dios. Vemos esto con los turcos y con otras sectas así como también con el papa. Por lo tanto, también los asirios usan el nombre y culto de Dios como un pretexto para su propia impiedad e idolatría. Es un hecho, que arrastraron junto con ellos muchas naciones hacía la misma impiedad, así como el profeta dice aquí. Es como si dijera: "Tanta es tu impiedad, y hasta ahora la has promovido (tanto), al punto que has aliado muchas naciones contigo y con tu impiedad."[77] Aún más, los asirios tienen tantos maestros (doctores) impíos, los cuales los han entrenado en esta impiedad, que han añadido otros tantos más a su impiedad. Es un hebraísmo cuando dice: "ella vende."[78] Es una expresión usada frecuentemente en la Escritura. Pablo también la usa en Romanos 7:14: "ha sido vendido como esclavo." También aquí: "ella ha vendido (*vendidit*) naciones." Esto es, ella los ha seducido y los ha obligado a caer. Hace ver aquí la avaricia de los falsos maestros quienes seducen a los seres humanos y hacen una fortuna por cuenta de ello.

5. Voy a levantarte la falda hasta tu rostro. Me parece a mí que el profeta usa de nuevo un lenguaje poético como es su costumbre. Pues

75 La RV1960 aquí es más exacta en su traducción del texto original y de la Vulgata. La RVC lo traduce así: "Y todo por culpa tuya, ramera de cara bonita."

76 Lee en la Vulgata: *"Quae vendidit gentes fornicationibus suis"* (Ella ha vendido gentes -naciones- por sus fornicaciones). En otras palabras, los entrega (vende) a la esclavitud del mal por sus fornicaciones.

77 Hemos leído esta frase en la segunda persona singular, pues así lo demanda el contexto de la narración, aunque el texto en la Weimar lo narra en la tercera persona.

78 Cf nota 75 arriba.

alude a la propensión del pensamiento a la lujuria cuando está inclinado a la fornicación. Así que esto significa una fornicación espiritual. Es como si dijera: "Así como una fornicaria ramera se prepara y se exhibe para incitar la lujuria de todos, así también te has prostituido tú mismo frente a todos por tu idolatría. Por lo tanto voy a desenmascarar tu abominable maldad; haré yo, pues, tus pecados muy evidentes ti. Voy a angustiarte para que seas un espectáculo ante el mundo". Esta es la manera que Dios actúa, que cuando intenta destruir a los impíos, primeramente les da conocer a ellos su impiedad. Hemos visto esto hoy en relación al papa. Su fornicación ha sido revelada por medio del evangelio. Por lo tanto, todas esas cosas que solían ser vistas como maravillosas y placenteras ahora son consideradas sórdidas y abominables. Pues, que es hoy más abominable que la impiedad de las misas. Pero antes que el Evangelio fuera revelado, todas estas cosas parecían ser santísimas y en conformidad con la Palabra de Dios, etc.

Y expondré ante naciones y reinos [tu desnudez y] tu vergüenza. Ahora coloca la "vergüenza" en contra de lo que había dicho anteriormente, en contra de la "ramera graciosa". Es como si estuviera diciendo: "Ahora eres graciosa, pero le causarás nausea a las naciones y reinos. Haré que tu vileza sea obvia, pues les será muy claro qué tan vil eres. Haré pues que así suceda", así como también añade:

6. Voy a lanzar inmundicias sobre ti. Nuestro traductor interpreta esto malamente usando la palabra "abominación" (*abominationis*).[79] Se encuentra también la misma palabra hebrea en el Salmo [107:40]: "Quien derrama desprecio sobre príncipes",[80] esto es, los hace a ellos una causa del desprecio. Esto lo hace él (Dios) maravillosamente a la luz de la Palabra. Entonces, aquí debemos entender esto así: "Haré que seas causa de nausea con todo el mundo. Serás una inmundicia para todos."

Voy a ponerte como estiércol.[81] Ésta es una expresión elegante en hebreo, como si estuviera diciendo: "Voy hacer de ti un estúpido (idiota)." Los alemanes también imitan esta expresión hebrea cuando dicen algo áspero contra una persona. Ellos dicen: *Du bist ein Narr.*

---

79 Lutero se refiere a Jerónimo y a su traducción aquí de la Vulgata: *"Et projiciam super te abominationes."* Lo traduzco así: "Voy a lanzar sobre ti abominaciones."

80 Cantera-Iglesias lo traduce casi literalmente del hebreo (y del texto citado por Lutero en latín). La RVC lo traduce: "Desprecia a los tiranos" (Salmo 107:40).

81 En latín lee: *Affriciam te contumelia.* Lo traduzco así: "Te restregaré en la inmundicia."

"Inmundicia" es lo que él llama a la idiotez que se ha dado a saber, arrastrada, para que todos la noten, y sea hecha completamente obvia a todos.

7. Todos los que te vean dirán, mientras se apartan de ti: Esto es: "Cualquiera que tenga misericordia de ti", es como si estuviera diciendo: "Todo el mundo se regocijará por tu devastación. No tendrás quien te consuele, etc."

8. ¿Acaso eres tú mejor que Tebas?[82] Éste es uno de los textos más difíciles de los profetas. El traductor del texto al latín[83] lo ha cambiado de una manera extraña. A Jeremías lo traduce así (46:25): "Traeré castigo sobre el tumulto de Alejandría."[84] Traduce igual en Ezequiel 30:14-15. Ahora la pregunta es: ¿a qué ciudad se refiere el profeta?, pues tenemos varios argumentos sobre este detalle. Estamos seguros que el profeta hace de Nínive una ciudad inferior a la ciudad a que él se refiere. Pues argumenta aquí de lo mayor a lo menor. Esto se ve muy claro en el texto. Él se refiriere a una ciudad antigua, destacada, muy noble, y una ciudad muy poderosa, la cual es la antigua Tebas, quienes ellos dicen que tenía 100 puertas, o sobre la ciudad más fortificada de Etiopía, de la cual ellos dicen que era muy poderosa y reconocida, asentada en el delta del río Nilo. Si no es una de estas dos ciudades, no podemos adivinar a la que se refiere el profeta en este texto. Lo que nuestro interprete traduce "el pueblo de" (*populorum*), es malamente traducido.[85] Traduzco este texto así: "¿Eres mejor que *Emun*, la ciudad de los artesanos?" Pues en hebreo אֻמּוֹן (*'emun*) significa discípulo, artesano, artista.

Etiopía [y Egipto] la apoyaban siempre. Este detalle es lo que me hace pensar que esta ciudad es la capital del reino de Etiopía, pues esta descripción encaja en todo detalle con esa ciudad que describe Josefo.[86]

11. También tú estarás embriagada y encarcelada. Es como si dijera: "No existe ningún consejo, ninguna prudencia contra el Señor,

82 En hebreo lee: "mejor que אָמוֹן (*'amon*)." Amón era un dios egipcio y Tebas fue por un tiempo la capital del reino egipcio y un centro principal de adoración de este dios. La Vulgata, como Lutero, cita la ciudad bajo el nombre de "Alejandría": "Acaso tú eres mejor que el pueblo de Alejandría" (*Nunquid melior es Alexandria populorum*).

83 Se refiere a la traducción de la Vulgata por Jerónimo.

84 Mi traducción del texto de la Vulgata. Noten que en el hebreo aquí no lee Alejandría sino lee Amón. Por lo tanto la RVC lo traduce: "Voy a castigar a Amón (el dios de Tebas)."

85 Cf nota 81.

86 Se refiere aquí a la obra de Josefo (José), Las Antigüedades de los Judíos, c 10, 2.

ni existe poder suficiente cuando el Señor tiene ira." Por lo tanto, si esa ciudad tan fortificada, tan poderosa, tan rica, no pudo evadir el juicio y la venganza del Señor, mucho menos tú podrás escapar. Tú estarás también frecuentemente embriagado, esto es, con el cáliz de la ira y la furia del Señor." Vemos esto en Jeremías 25:27: "Beban, y embriáguense. Vomiten y cáiganse"; y en el Salmo 75:8: "Ya el vino mezclado se ha fermentado y yo, el Señor, estoy por derramarlo." Tomen nota también de Isaías 51:17.

También tú buscarás esconderte del enemigo. Esto es: "El enemigo te aplasta, pues es tan poderoso. Buscarás un lugar donde esconderte, pero no encontrarás siquiera uno. Todo ha terminado para ti. Has ya perecido, etc."

12. Tus fortalezas. Traduzco esto del hebreo así: "Todas tus fortalezas son como los higos cuando están al principio maduros. Si alguien los sacude caen en la boca." El profeta se ríe de los esfuerzos de ésos que todavía quedan en la ciudad, que piensan que no serán inmediatamente capturados pues están cercados por sus murallas. Dice que serán fácilmente conquistados, así como cuando a la menor sacudida caen los higos maduros. Porque una vez los árboles son sacudidos, los higos caen fácilmente. Así también los caldeos serán victoriosos sin ninguna dificultad. Es como si estuviera diciendo: "El rey de los caldeos te sacudirá violentamente y te conquistará con un pequeño grupo. Con pocos esfuerzos capturará todas tus fortalezas pues tu corazón está lleno de pavor", así pues inmediatamente añade. En breve, les otorga a los asirios un desesperanzado poder y ánimo. Por el contrario, a los caldeos les brinda una victoria fácil, un ánimo estupendo y lleno de valor.

13. He aquí tu pueblo será como mujeres en medio de ti.[87] Aquí explica su símil de los higos maduros. Ofrecemos un resumen de este texto así: "Tú ya no tienes valor, confianza, o esperanza de una futura victoria. Así que toda esta situación es muy desesperante desde el lugar en que te encuentras. De cierto, los soldados, cuya virtud debe ser la valentía, cuya acción y poder debes usar para detener al enemigo, son tímidos como las mujeres. El juicio divino ha arrebatado sus corazones." Pues, no solamente la literatura de los gentiles sino también la literatura sagrada indican que las mujeres tienen una mente desvalida.

87 RV1960. La RVC lo traduce: "En tus calles los hombres se acobardarán".

Las puertas de tu tierra se abrirán de par en par a tus enemigos.[88] Se expresa aquí como es la costumbre en hebreo, pues la lengua hebrea suele expresarse así: "Regocijándome, me regocijaré. Exaltándome, me exaltaré." Entonces, aquí también: "Al abrirlas, las puertas se abrirán." Esto es: "Cuando tu tierra esté cerrada, tu enemigo entrará." Ellos irrumpirán. No podrás contra tus adversarios", etc.

14. Sácate agua para el asedio.[89] Lo leo así del hebreo: "Sácate agua para el asedio. Fortalece tus murallas. Ve sobre el lodo y pisa (mezcla) la arcilla o cemento." Lo que sigue ahora hasta el final del capítulo está lleno de irritantes amarguras y sarcasmo, los cuales los adversarios suelen usar para insultar a los derrotados. Es como si estuviera diciendo: "Saca el agua, mézclala con el lodo con el cual vas a rellenar los muros que nosotros vamos a derrumbar."

¡Sí, sí, solamente, rellena y fortifícalas de nuevo! "Son ustedes magníficos guerreros que se esconden perpetuamente dentro de sus murallas, y todos son tentados como mujeres al no intentar ni una sola vez salir fuera de la ciudad para enfrentar al enemigo. Mientras tanto, pues, tomas agua para prepararte, ladrillos, y munición, con los cuales piensas que puedes detener la fuerza del enemigo." Así pues, alude a una costumbre militar. También llama esto "agua para el asedio", como si dijera: "El agua que ahora necesitas, ya que estás en asedio."

Aunque te metas en el lodo y lo apisones. Se encuentra la misma expresión en Génesis 14:10: "Pero (el valle de Sidín) estaba lleno de (pozos de) asfalto." Entonces, lo que leemos "toma el molde de hacer ladrillos"[90] lo traducimos del hebreo "hacer ladrillos firmes" (fortalecidos), esto es: "Ve, prepara los ladrillos para reparar lo que el tumulto guerrero ha roto y derrumbado. Nada lograrás. Todo lo que trates de hacer será frustrado." Entonces añade lo siguiente:

15. Te consumirá el fuego y te derribará la espada... la espada te consumirá como el pulgón. Esto es: "Todos tus esfuerzos serán frustrados. Tú preparas defensas para ti, pero sirven para nada, aunque esperas encontrarte seguro bajo ellas. De hecho, el ejército de los caldeos

88 RV1960. La RVC lo traduce: "El país quedará indefenso ante el enemigo".

89 Cantera-Iglesias. RV1960 lo traduce "Provéete de agua para el asedio" y la RVC lo traduce: "Aunque te abastezcas de agua para el asedio."

90 Aquí citamos la segunda parte de Nahúm 3:14 de la Cantera-Iglesias.

consumirá con fuego toda la ciudad junto con sus murallas. Ellos los matarán a todos ustedes. Los asesinos caldeos los atropellaran así como suelen hacer las langostas sobre todo un territorio, de arriba para abajo." Tales símiles de langostas, grillos, y toda clase de estas criaturas ocurren frecuentemente en la Escritura.[91] Estas símiles, no obstante, no nos son muy útiles a nosotros que no estamos familiarizados con ellas. Salomón describe la naturaleza de las langostas en Proverbios 30:27: "Las langostas, que no tienen rey, (pero que) avanzan en perfecta formación". Pero éstos son todo tipo de insectos, y el idioma hebreo tiene nombre para cada uno de ellos. Jerónimo dice que el género de langosta (*brucus*) que el profeta menciona aquí se arrastra en la tierra en vez de volar, que devora todo hasta las mismas raíces, y que obviamente es muy nociva entre todas las cosechas. Jerónimo sin duda concluye esto bajo el contexto de este texto, pues es así como el profeta lo describe aquí. Pero, así y todo, Moisés lo numera entre los animales "limpios" que los judíos pueden comer. [92]

Aunque te multipliques como las langostas. Aquí tenemos la misma palabra en hebreo que encontramos anteriormente al principio de este capítulo (v 3) "graves (extensas) ruinas".[93] Esto es, se ve un extenso número (una extensa pila) de cadáveres, así como ya expliqué anteriormente, siguiendo el ejemplo en Génesis 12:10.[94] Entonces debemos traducirlo así: "extendidos como las langostas." De hecho la traducción del intérprete usando dos palabras, es algo innecesario, pues en hebreo es solamente una palabra.[95] Éstas son, entonces, palabras de insulto y completamente irritantes, así como ya dije. Su sentido es éste: "Vamos, multiplícate, recibe gran poder, extiéndete, para que puedas arrojar a tu enemigo, para que puedas dañarlos como las langostas suelen dañar al extenderse entre el pasto y los árboles. Pero tus intentos serán frustrados, no podrás multiplicarte. De hecho, te han dispersado así como las langostas y los grillos vuelan aquí y allí dispersándose. No tienes fuerza. Todos tus valientes soldados están desanimados. Todos se han vuelto como unas mujeres. Sus ánimos se encuentran descorazonados y débiles", así como dije anteriormente.

91 Cf los comentarios de Lutero sobre Joel 1:2-4 en Martín Lutero, Comentario a los Profetas Menores, 1:115-118.

92 Levítico 11:22.

93 Cf Comentarios sobre Nahúm 3:15 y la nota 69.

94 Cf Comentario sobre Nahúm 3:3 arriba.

95 כָּבֵד (*kabed*).

16. Tus mercaderes llegaron a multiplicarse más que las estrellas del cielo. Esto es: "Tú, Nínive, sé valiente ahora. Sé insolente. Aguanta al enemigo." Obviamente él quiere decir: "Ahora has sido humillada, tú que antes tenía tantas riquezas y tanto poder. Tú te hinchaste, y te enriqueciste por tantos magníficos negocios empresarios. Todas las ciudades dedicadas al negocio marítimo solían desembocar en tu puerto. Pero ahora tú puedes hacer absolutamente nada. Tus carreteras están desiertas. Tus plazas manifiestan solamente soledad por la escasez de habitantes, aunque antes se encontraban bien populosas." Es una hipérbole cuando dice "más que las estrellas del cielo". Esta figura la Escritura suele usarla cuando quiere indicar la grandeza o la abundancia o poder de algo. El Señor le habló en forma similar a Abrán en Génesis 13:16 concerniente al polvo de la tierra y las estrellas del cielo.[96] Dice que la descendencia (la semilla) de Abrán será como el polvo de la tierra, esto es, que de Abrán saldrían una gran e innumerable descendencia.

Pero llenos de miedo se dieron a la fuga.[97] Esto es, era una langosta, que se fuga, que abre sus alas y se dispersa. Pero los caldeos son las langostas genuinas. "Cuando ellos se congregan, tú te dispersas."

17. Eran tus príncipes y tus magnates tan voraces como una nube de langostas; en los días fríos se sentaban en los muros. Explica aquí lo que quiere decir con "la langosta voladora". Es como si dijera: "No te comparo con las langostas que vuelan sino con aquellas que se fugan volando. No vuelas muy confiadamente como una nube de ellas para ir a dañar. Así es como son los caldeos. "Pues son ustedes langostas reptiles que temen que el frío los destruirá. Ellas se esconden dónde pueden. Ellas no buscan cómo hacer daño sino más bien buscan calor para salvarse y poder sobrevivir", así como ahora añade:

Pero el sol salió y desaparecieron. Jerónimo dice que éstas son ese tipo (de langosta), que cuando sale el sol vuelan fugándose, y uno no puede ver dónde se encuentran, etc. Finalmente, encontramos una gran y amarguísima ironía bajo la palabra "acampando" (ésta es la manera que lo traduzco del hebreo en vez de usar la palabra empleada por el

96 Cf también Génesis 15:5.

97 Lee en la Vulgata, siguiendo al hebreo más fielmente, y usa un sentido figurado: "Y la langosta mudó la piel (abrió sus alas) y voló."

traductor "posan".) [98] Es como si estuviera diciendo: "Ése es un magnifico campamento cuando acampan en los muros y no en contra de sus enemigos. Pues, sí, sí así van obviamente a derribar a sus enemigos. ¿Pues será fugándose o confrontando (al enemigo)? ¡Están construyendo murallas de sus espantos!" Entonces, continua así:

18. Durmieron tus pastores, oh rey de Asiria, reposaron tus valientes; tu pueblo se derramó por los montes, y no hay nadie que lo junte. [99] Ahora les da la razón porque los compara a langostas que se echan a volar. El significado es éste: "Vuestros príncipes cuyo negocio sería ir al frente de la batalla, duermen [100] por cuenta de su pavor. Se esconden en sus agujeros. Se arrastran como langostas en un muro, donde buscan por lugares donde pueden sentirse seguros. Por lo tanto, batallarás inútilmente (infelizmente) en todo frente, pues reina el terror por todos lados. Tus príncipes hacen planes para fugarse; tu pueblo se dispersa como una persona errante sin tener alguien quien le guíe, etc."

19. Tus fracturas no tienen remedio. "Se manifiesta contra ti el juicio de Dios. Has hecho de ti un espectáculo ante todos. De cierto, mientras todo el mundo te mira, tú sufres tu herida. No podrás curarte de este mal que te azota, ni la mano de Chiron [101] te podrá socorrer. Todo se ha acabado para ti. Eso que algunos se aflijan y sufran por cuenta de tu miserable calamidad, está tan lejos de la realidad, pues, 'todos los que oigan sobre tu calamidad aplaudirán con sus manos sobre ti'. Se regocijarán en que tú has sido derrocado. Pues tú, o rey de Asiria, y tú, o Nínive, y todo el confín del reinado de Asiria, antes aterrorizaban a todas las naciones, invadían a todos. Pero ahora que son ustedes los que son derrotados, ellos se regocijarán. Ellos te felicitarán por tu destrucción y por el juicio de Dios que ha caído sobre ti".

Aquí vemos cómo en este profeta todo reboza con la consolación con que Dios todopoderoso consuela a su pueblo piadoso contra los poderosos insultos del enemigo. Estas consolaciones deberían también

98 Lutero traduce del hebreo usando *"castrametantur"* (acampaban) en vez de *"considunt"* (se sentaban o posaban).

99 Aquí citamos la RV1960 pues traduce correctamente el texto hebreo y se asemeja a la traducción de la Vulgata. La RVC lo traduce así: "Rey de Asiria, tus pastores ya han muerto. Para siempre reposan tus valientes. Tu pueblo anda disperso por las montañas, y no hay nadie que pueda congregarlos."

100 Lutero interpreta este texto correctamente, los líderes o pastores נום (*num*), duermen. Los pastores están rendidos de cansancio por su angustia, no es que estén muertos.

101 Era uno de los centauros en la mitología griega que se distinguía por su conocimiento médico.

animarnos plenamente bajo cualquier necesidad, para que así tengamos la confianza y la absoluta fe que el Señor no permitirá que los enemigos de la palabra de Dios prevalezcan contra nosotros. Pues él ha prometido a Judá libertad y un reino de paz (seguro), donde Cristo nacería. Y cumplió sus promesas. Él los hizo superiores a todos sus enemigos, así como el profeta ha demostrado claramente aquí en relación al riquísimo y poderosísimo reino de los asirios. Así pues, no dudamos que él se encontrará cerca de nosotros en toda clase de necesidad, física o espiritual. Indudablemente, nuestro Dios todavía es aquel que redimió a Judá, quien dijo que ni un solo pelo de nuestro cabello caería sin su voluntad.

Wittenberg, 4 de julio, 1525.

COMENTARIO SOBRE HABACUC

Clases impartidas en latín por el Dr. Martín Lutero en La Universidad de Wittenberg del 18 julio al 2 agosto de 1525

EL CONSEJO DEL PROFETA HABACUC Y EL TIEMPO CUANDO ÉL PROFETIZÓ

No existe consenso entre los autores eclesiásticos sobre el contenido o propósito ni tampoco sobre cuándo tomó lugar esta profecía. Jerónimo[1] y sus discípulos piensan que Habacuc profetizó durante el cautiverio de Babilonia y que dirige su profecía contra el rey de los caldeos,[2] quien miserablemente castigó al pueblo de Dios. Para confirmar esta opinión usan necias cosas inventadas, o una historia de Daniel donde Habacuc es secuestrado por un ángel, etc., pero ya que esa historia no se encuentra en el canon hebreo, nada definitivo se puede decidir por ella.[3] No obstante, basado en las circunstancias del texto, concluyo que la opinión de Jerónimo y sus discípulos no cuadran (encajan) bien. Por lo tanto, en este asunto no estoy de acuerdo con ellos. Pues no tengo duda de que Habacuc fue un profeta que profetizó antes del cautiverio de Babilonia y que profetizó contra las dos tribus remanentes sobre el reino de los caldeos que iba a venir. En resumen, entonces, a mi juicio, esto es lo que Habacuc decía: primero, profetizó a las dos tribus remanentes que su destrucción estaba por llegar, esto es, que el rey de los caldeos llegaría a ellos como el juicio de Dios y que destruiría todo por

1 Jerónimo (347-419) fue uno de los más destacados eruditos y comentarista de la Biblia en la antigüedad. Es conocido especialmente por su traducción de la Biblia al latín, conocida como la Vulgata. Esta traducción de la Biblia era el texto usado en la formación teológica en las universidades en la época de Lutero. Es el texto empleado, aunque de manera crítica, por Lutero en sus clases y comentarios.

2 Lutero intercambia los nombres "babilonios" y "caldeos" a través de este comentario.

3 La historia se encuentra en el libro apócrifo de *Bel y el Dragón*, que llega a ser el capítulo 14 que se le añadió a Daniel.

delante. Su segunda profecía fue que el mismo rey sería destruido, no importa cuántos reinos subyugara bajo sí y por cuántos lugares reinara. Pues el control supremo sobre todas las cosas en ese tiempo se encontraba en las manos de los caldeos.

Capítulo Uno

1. [Profecía y visión] del profeta [Habacuc]. Éste es un título de honor y orgullo pues casi nadie se llama a sí mismo profeta con excepción de Habacuc.

2. La violencia. Quiere decir: "no cesaré en clamar, predicar y revelar al pueblo sobre su impiedad. Pido al pueblo que se retire de su violencia e injusticia, pero hago todo esto en vano pues apenas me escucha." Éste me parece ser el significado de este versículo. Pero Jerónimo y sus discípulos, como ya mencioné anteriormente, creen que esto se refiere al rey de los caldeos, (y esto) es algo que no me puede convencer a mí. Cualquiera que quiera, que adopte la opinión de Jerónimo. No la puedo adoptar. Esto es, pues, de acuerdo a todos los libros del canon[4] (como ya he mencionado anteriormente)[5] cuando Dios está a punto de castigar a un pueblo malvado (impío), manda a sus profetas con anticipación para advertirles, anunciar su Palabra, desenmascarar sus pecados, y declararle la inminente venida de su ira por causa de sus pecados. Dios hace esto con la intención de que algunos se arrepientan. Aun más que esto, las circunstancias del texto me llevan a no aceptar la interpretación de Jerónimo. Mencionaré esto más adelante en el lugar apropiado cuando el texto se aplica al comentario.

3. ¿Por qué permites que vea yo iniquidad? ¿Por qué me haces espectador del mal? La Sagrada Escritura ha usado frecuentemente estas dos palabras. Es más, casi siempre usa las dos en conjunto. Pero el traductor al latín,[6] ya que se deleitaba en emplear su vocabulario extenso del latín, casi en todos los lugares ha usado diferentes palabras para

4 Lutero se refiere aquí a los libros adoptados como los libros genuinos de las Sagradas Escrituras. Pudiera ser traducido entonces: "todos los libros de las Sagradas Escrituras."

5 Lutero se refiere aquí a sus interpretaciones hechas en su Comentario sobre Jonás, en el Prefacio, y sobre Jonás 1:2.

6 Se refiere aquí a la Vulgata.

traducirlas, aunque en el idioma hebreo son las mismas, por ejemplo en el Salmo 90:10: "Pero esa fuerza no es más que molestias y trabajos", y también en otro lugar [Salmo 10:7]: "Bajo su lengua esconde ofensas y maldad."[7] Aquí tenemos las mismas palabras, con este significado: "¿Qué es esto? ¿Por qué me causas esa miseria de ir a predicar? No puedo mejorar (sus forma de ser), ellos no recapacitan y por lo tanto me veo forzado a ver solamente miserias y calamidades mientras que predico en vano pues ellos en su ceguedad persisten en su forma de ser. No veo nada más que miseria y calamidad."[8]

¡Sólo veo destrucción y violencia! Entiendo que esto tiene que ver con la injusticia del pueblo de Dios, así como ya he mencionado anteriormente. Creo que todo esto se refiere al pueblo de Dios y no al rey de los caldeos. Todas las palabras que siguen en este versículo después de "surgen pleitos y contiendas, etc.," deben ser borradas,[9] pues, ésas no se encuentran en el texto hebreo. Quizás fueron añadidas por alguien no suficientemente bien informado. Por lo tanto solamente leemos las palabras que se encuentran en el texto hebreo.

[Ante mis ojos] surgen pleitos y contiendas. Es como decir: "Sobre ningún pleito se pronuncia juicio basado en las leyes, a ningún caso se le da audiencia, ninguno es arbitrado, sino que los que están en el poder reinan sobre todo y abusan de todas las leyes y juzgan tal y como les complace. Ellos apoyan juicios con pleitos y contiendas. La justicia no es igual para todos. Es de tal forma que todo se ha vuelto violencia y tiranía." Y bajo esos argumentos el profeta continúa.

4. Por eso tu ley carece de fuerza. No hay lugar para la ley. No hay nadie que se pare a favor de la ley; no hay nadie que dicte justicia con equidad. Así, pues, los tiranos crean sus propias leyes y cambian las leyes como les complace.

7 Las palabras usadas en latín son "dolor" y "labor" pero las traducciones de la RVC y RV 1960 usan "molestias" en vez de dolor, y "trabajos" en vez de labor. RV1960 traduce "engaños y fraude" pero en latín se usa aquí también "dolor" y "labor". La palabra en hebreo para dolor es אָוֶן (*'aven*), la cual puede significar maldad, molestia, o calamidad y para labor es עָמָל (*'amal*), la cual puede significar trabajo, miseria, sufrimiento o afán.

8 Aquí Lutero cita este refrán en alemán: *Ich sehe nichts den Jammer und ungluck.*

9 Parece que Lutero estaba usando un texto en latín donde se añade algo después de "*et factum est iudicium et contradictio*". En la Vulgata, como en el hebreo, como en las varias traducciones al castellano no aparece nada más después de "pleitos y violencias".

Y la justicia no se aplica con verdad. Aquí se expresa usando un modismo hebreo. Se encuentra una frase similar en un salmo. Esto es, nadie cumple lo que ha sido establecido por las leyes.[10] Todo esto no puede ser entendido como si se aplicara al rey de los caldeos. ¿Pues cuál es la relación entre armas y leyes? "Las leyes deben ser silenciosas cuando las armas hablan", así se expresa el reconocido autor.[11] "La fuerza lo resuelve todo."[12] "El horripilante soldado es el que es amado."[13] "Prefieren usar la espada para reclamar sus posesiones."[14]

Por eso los impíos asedian a los justos, y se tuerce la justicia. Se debe traducir más precisamente la palabra en hebreo así: "los impíos asedian (cercan) a los justos"[15] pues en realidad la palabra quiere decir "sitiar" "cercar una fortaleza", "capturar", así como en el Salmo 22:12: "Me han rodeado muchos toros; fuertes toros de Basán me han cercado."[16] Aquí ofrece la razón porque los juicios son perversos y la ley tambalea y vacila (esto es lo que el hebreo significa propiamente). Ya que los tiranos obran por la fuerza, dice él, ellos no se apoyan en la ley, y oprimen a personas justas; por lo tanto es inevitable que sus juicios sean torcidos y monstruosos. No es correcto llamarla justicia pues los tiranos hacen sus juicios tal y como les place. Así pues erran, como aquellos que se desvían por los caminos. Es así como debe ser leído de acuerdo al texto hebreo. Todo lo que sigue, pues, está precisamente de acuerdo con nuestra interpretación. Pero esto es imposible hacer con la interpretación de Jerónimo. Pero no es solamente así en los comentarios de Jerónimo sobre este texto, sino también aquí y allí en todos los profetas, de hecho, en cada capítulo de casi todos los profetas, mientras y cuando todos puedan torcer las cosas a su propio modo. Ocurre que ellos tratan todo poquito a poquito y las cosas que le preceden no la relacionan (conectan) con lo que sigue, y viceversa.

5. Miren entre las naciones, y vean, y asómbrense. Lucas cita este texto en Hechos 13:41. Aparentemente esta cita fue tomada de la

10 No se ha podido identificar el texto al que Lutero se refiere aquí. El Salmo 119:136 evoca lo que Lutero expresa aquí.

11 Cicero, Pro Milone, 4, 10.

12 Ennius, *Annales*, V, 272.

13 Ennius, *Annales*, V, 273

14 Ennius, *Annales*, V, 277.

15 Lutero aquí está comentando como es traducido en latín: *"quia impius prævalet adversus justum"* que puede ser traducido: "el impío prevalece (es más fuerte) que el justo." La palabra en hebreo es כָּתַר (*katar*) que significa "cercar" y aquí "cercaron".

16 Se cita aquí la RV1960 ya que su traducción se acerca mejor a la literal en hebreo.

traducción hecha en la Septuaginta,[17] pues ha añadido muchas palabras que no se encuentran en el hebreo. La frase en hebreo, "Miren entre las naciones", Lucas la traduce: "Miren, oh menospreciadores."[18] Este error pudo fácilmente ocurrir por cuenta de una letra en la palabra en hebreo. Puede ser que ocurrió por cambiar una sola letra por los que copiaron el texto.[19] Pero, ya que todos los libros hoy están de acuerdo, lo leemos, entonces: "entre todas las naciones." Quizás ésta fue una pobre traducción hecha por los Setenta,[20] ya que en esta traducción se encuentran muchos errores, porque se encontraban bostezando y no prestando atención a su labor. Es inevitable, pues, que tales errores ocurran cuando el traductor no es diligente y no mantiene sus ojos abiertos. Otra observación: nuestra lectura de "vean" y "asómbrense" (*obstupescite*)[21] es solamente una palabra en hebreo[22] pero es repetida "admiren, admiren".[23] Es una característica del idioma hebreo repetir una palabra para mostrar énfasis o distribución, por ejemplo, me exaltaré, me regocijaré grandemente. También Moisés como una costumbre repite para distribuir: "Toma un hombre y un hombre", esto es: "Cada uno tome un hombre." Se ve esta clase de distribución en este texto.

Porque haré una obra en vuestros días.[24] La palabra "haré",[25] me lleva a la conclusión que el profeta profetizó antes que llegará el cautiverio de Babilonia, pues obviamente se refiere al rey de los caldeos quien vendrá, etc. Éste es el significado: "Los pecados de ustedes abundan, ustedes desprecian mis palabras (sermones), no produzco frutos en ustedes. Por lo tanto miren entre todas las naciones, asómbrense, algo nuevo va a ocurrir, el castigo no va ser aplazado, una gran catástrofe se avecina para ustedes; es algo que ustedes en realidad no creen, aunque se le está advirtiendo."[26] En forma general, esta advertencia es pertinente a todos

17 Jerónimo consultó principalmente la traducción al griego del Antiguo Testamento (Septuaginta) para revisar la *Vetus Latina,* la "Antigua Latina" traducción de la Biblia al latín.

18 Se cita aquí la RV1960, la cual se asemeja mejor al texto en griego. La RVC traduce: "Ustedes que todo lo desprecian."

19 La traducción usada aquí por la Septuaginta "οἱ καταφρονηταί" es probablemente basada en la lectura en hebreo de בוֹגְדִים (*bogedym* = menospreciadores) en vez de בְּגוֹיִם (*begoim* = naciones). Lucas cita palabra por palabra el texto de la Septuaginta en Hechos 13:41: ἴδετε, οἱ καταφρονηταί.

20 Es por tradición que se dice que fueron setenta hombres que independientemente tradujeron la Septuaginta cada uno, y que sus traducciones concordaron una con la otra.

21 La frase en latín es: *admiramini* (admiren) *et obstupescite* (asómbrense o quédense mudos).

22 תָּמַהּ (*tamah*), significa quedarse asombrado, atónito, admirado, sin palabras o mudo. Se repite dos veces en el texto hebreo.

23 Aquí Lutero repite dos veces *admiramini* en latín.

24 RV1960; la RVC lee: "Yo voy hacer en sus días algo."

25 En latín "*est*".

26 En latín "*narratur*" (narrando).

los incrédulos, los no creyentes. Hasta que no caen en desgracia, siguen despreciando todas las advertencias de Dios, así como también desprecian todas sus promesas. Así, pues, se puede responder a la pregunta que pueda ser hecha: ¿Por qué Lucas aplica este texto a Cristo y a la gracia de Cristo, ya que el profeta que Lucas cita miraba hacia algo totalmente diferente, esto es, al rey de los caldeos, cuya venida (el profeta) amenazaba contra ellos? ¿Cómo es que Cristo está relacionado a los caldeos? Es algo extraño cómo Jerónimo ha ignorado esta cuestión, cuando él, por costumbre, se torturaba en formas inexplicables para satisfacer preguntas de este tipo, algo que hemos notado suficientemente en (los comentarios sobre) la Epístola de Pablo a los Gálatas,[27] aunque podemos citar otros. Contesto así: Cristo, como también los apóstoles, tenían la costumbre de aplicar ciertas ideas generales no solamente a las circunstancias inmediatas sino también a muchas otras similares. Ejemplos de este tipo incluye: "Pues son ciegos que guían a otros ciegos" [Mateo 15:14]; otro, "Porque todo el que se enaltece será humillado" [Lucas 14:11]. Este pensamiento enseña la humildad (ταπεινοφροσύνην [*tapeinofrosynen*]), lo cual Cristo aplica a los huéspedes soberbios, así como nos dice el evangelio. Todas las obras de Dios son así, para que el juicio de la carne sea en no creer absolutamente estos hechos, absolutamente no entender nada de estas cosas, pues ellas transcienden toda entendimiento por medio de la razón (humana), pero esto ocurre para nuestro propio mal.

6. [Estoy por hacer que vengan los caldeos] un pueblo cruel y tenaz. Así el Señor es todo sobre todos: sin su voluntad nada ocurre. Es él el que suscita a los buenos y los malos para vindicarse.

Que recorre toda la tierra. Estas palabras señalan a la multitud y al poder de los caldeos.

Para adueñarse de los territorios de otros pueblos. Esta frase refuta a los falsos profetas, quienes avocaban al pueblo para que no creyera a los (verdaderos) profetas, quienes anunciaban la futura devastación. Para dar cuenta de esto, los falsos profetas usaban esos textos en las Escrituras y esas promesas que Dios había dado a su pueblo, de que en efecto, el Señor nunca abandonaría a su pueblo, al cual le había prometido que

27 Lutero se refiere aquí a sus comentarios sobre Gálatas de 1519 y 1535. Lutero cita múltiples veces en estos comentarios a Jerónimo.

él permanecería en su medio. Él también les había prometido un reino eterno, y por lo tanto no los conduciría al cautiverio, etc., así como ya he mencionado anteriormente sobre casi todos los profetas.

7. De ella misma procede su justicia y su dignidad.[28] Esto es: "Ustedes han puesto a un lado la justicia, han cambiado la ley arbitrariamente, no han dictado una justicia equitativa sino que han hecho todo violentamente. Por lo tanto, ya que ustedes no quisieron juzgar correctamente, un juez llegará eventualmente contra ustedes, quien les enseñará cómo juzgar: su justicia y dignidad procederá de sí mismo, ya que ustedes no siguen la justicia, por lo tanto la justicia de los caldeos descenderá sobre ustedes, para que tal los juzgue. 'Si no desean juzgar, serán juzgados por él.'"

8. Más feroces que los lobos nocturnos. Sé que he leído esto en dos textos en las Escrituras acerca de los lobos nocturnos, así como nuestra versión lo traduce en Sofonías 3:3, y en este profeta. Pero el significado de la palabra "nocturnos" es ambiguo, y vemos diferentes opiniones entre los expertos traductores, si se debe traducir "lobos nocturnos" o "lobos del desierto".[29] Jerónimo traduce "lobos nocturnos" guiado por esta manera de pensar: Desde la noche los lobos han sufrido hambre todo el día, por lo tanto atacan más ferozmente a un rebaño que otros lobos, y no se retiran hasta encontrarse bien satisfechos. ¿Quién no puede ver que ésta es una interpretación insípida? Por lo tanto prefiero adoptar la otra interpretación, así que lo traduzco "lobos del desierto", esto es, lobos que son feroces y salvajes. Los alemanes suelen decir así: "Que los lobos salvajes te hagan pedacitos."[30] Y Cristo los llama "lobos rapaces" [Mateo 7:15]. Por lo tanto la palabra indica la furia y agresividad de los caldeos.

Sus caballos son más ligeros. Ésta es la misma palabra que Moisés usa cuando describe a la lepra como erupción en la piel de una persona.[31]

28 RV 1960. La RVC lee: "Que por sí mismo decide lo que es justo y digno." La palabra usada en hebreo es מִשְׁפָּט (*mispat*), que se refiere aquí a la justicia que era costumbre practicar con sus hijas, familia. Es el tipo de justicia donde se busca el bienestar del pueblo. Pero la palabra usada en la LXX es κρίμα (*krima* = juicio). Aquí se refiere a la práctica equitativa del pueblo y no la justicia de Dios. La palabra hebrea *mispat* se usa también en otros contextos para señalar la justicia de Dios. La Vulgata usa aquí *iudicium*.

29 Las palabras en hebreo son עֶרֶב (*'ereb* = noche) y עֲרָב (*'arab* = desierto).

30 Dass dich die wilden Wölfe zerreissen.

31 Aparentemente Lutero confunde aquí פּוּשׁ (correr) and פָּשָׂה (erupción). La segunda ocurre frecuentemente en Levítico 13.

9. ¡Y todos ellos caen sobre su presa! [el terror los precede].[32] El profeta continúa describiendo el poder y la numerosidad de los caldeos, que llegarán tan bien armados y entrenados que nadie podrá evadirlos. Pero lo traduzco así del hebreo: "Todos vendrán con violencia sobre ellos como el viento oriental." Esto es, no habrá esperanza para que alguien pueda resistir al caldeo, pues llegará violentamente y apresará a todos ellos. Cuando (Habacuc) compara al caldeo con el viento oriental, no solamente indica que los caldeos habitan en el oriente (este) sino también indica que llegan con el ímpetu y la violencia del viento oriental. Moisés por aquí y allá lo llama el viento candente[33], así como podemos ver en Éxodo [10:13; 14:21], ya que ese viento suele poner todo seco, así como también el viento del sur es acompañado por la lluvia. De hecho, los poetas latinos llaman al viento sureño "viento de lluvia".

Y recogen cautivos como quien recoge arena. "Así como nadie puede prevenir al viento que azote, nadie va a poder prevenir a los caldeos que marchen impetuosamente con tantas tropas y tan gran poder, no podrán resistir que ellos recojan a los cautivos como los que recogen la arena del mar." Así pues describe a los cautivos como innumerables e incontables.

10. Se ríen de los reyes. Esto es, no solamente los reyes judíos sino que también a cualquiera de esos reyes se los llevarán al cautiverio en marcha triunfante.

Se burlan de los príncipes. Esto es, tan inmenso poder tendrán en el futuro que los conquistarán a todos ellos por mera diversión y se burlarán de todos los que quieran resistirlo.

Hacen mofa de toda fortaleza. No habrá ciudad tan fortificada que no puedan fácilmente destruir.

32 Lee en el texto citado por Lutero de la Vulgata: "*facies eorum ventus urens*" (el viento oriental va entre ellos), siendo éste un viento ardiente, devastador; la RVC y la RV1960 lo traducen con la palabra "terror". La RVC y la RV1960 lo traducen "viento oriental". En hebreo aparece el nombre קָדִים (*qadim*), que significa que procede del este u oriente, y por lo tanto se asocia con un viento candente, ardiente.

33 Lutero cita aquí el texto de la Vulgata: *ventus urens,* viento oriental, pero lo traduzco viento candente para indicar lo que significa aquí.

Construyen terraplenes y conquistan ciudades. Jerónimo escribe que Nabucodonosor hizo Tiro, que antes era solamente una isla, una península. Ciertamente esto requirió intensas labores, grandes esfuerzos y gastos para que él pudiera lograr esto. No obstante, es de por cierto que batalló ferozmente contra Tiro, así como lo cita claramente Ezequiel 29:18, ya que era una ciudad bien fortificada y opulenta. De hecho, se describe como "la ciudad bien fortificada" en Josué 19:29. Aparentemente Habacuc alude a esto aquí.

11. Entonces su espíritu mutará, y él pasará.[34] Este texto no es claro. Lo traduzco así del hebreo: "Entonces su corazón será exaltado (*magnificabitur*) y continuará y será él delincuente." Así es como suelen ser las cosas humanas. El corazón humano es tan débil (imbécil) para disfrutar modestamente de cosas buenas. No puede controlar su ferocidad, pues cosas favorables fatigan (atormentan) hasta el alma de los sabios. Todas las historias de todas las naciones atestan sobre esto, y dicen así hasta las más elegantes poesías (cantos) de los poetas: "Cuando las cosas marchan tan lujosamente, las pasiones se deleitan con extremado exceso."[35] También: "O mente humana, que no conoce su futura suerte y destino, ni sabe cómo controlar el paso en sus caminos, cuando se jacta por sus vanas circunstancias."[36] La Escritura también nos indica sobre esto cuando dice: "Puesto que en tu corazón te crees un Dios" [Ezequiel 28:6]. Los romanos, los persas, y los medos, y todos los otros reinos poderosos, demostraron esto. Aquí ahora, el profeta (Habacuc) dice lo mismo sobre el rey de los caldeos. Esto es, ya que él disfrutará tan feliz triunfo por sus hechos, se jactará de su poder, se inflará por su orgullo y así pues, no podrá disfrutar todo lo que esa victoria significa (así como su nombre demandaba como primer requisito de un rey)[37] pero sí atribuiría su ganada victoria a su propio ídolo. Por lo tanto pecaría, así como (Habacuc) añade aquí:

34 Mi traducción de la Vulgata que lee: "*Tunc mutabitur spiritus et pertransibit*". La RVC lee: "Pasan con la fuerza de una tormenta" (*pertransibit*), "y esa fuerza la atribuyen como a su Dios" (*tunc mutabitur spiritus*).

35 Ovidio, Ars amatoria, II, 437

36 Virgilio, Aeneid, X, 501.

37 Puede ser que Lutero se refiera a la narrativa de Livy, Ab urbe condita, XXI, capítulo donde Hanibal no siguió el consejo de Majarbal de continuar persiguiendo a su enemigo, y se contentó solamente con lo que había logrado con su victoria sobre los romanos cerca de Roma en el 216 dC. Si lo hubiera hecho hubiera conquistado a Roma cinco días más tardes.

Y esa fuerza la atribuyen a su dios. Así el profeta separa al ídolo de Nabucodonosor del verdadero Dios. Un ídolo es nuestra propia imaginación (idea) de quién Dios es y así pues es un dios falso a quien nosotros queremos complacer por medio de nuestros propios esfuerzos y obras. Pero el verdadero Dios es, pues, aquel que nos quiere beneficiar. No requiere (el verdadero Dios) nuestros bienes ni nuestras obras, así como ya he mencionado múltiples veces anteriormente sobre la idolatría en mi comentario sobre Nahúm. Todos los pueblos, no importa que tan malvados sean, se glorían del culto de su dios, pero ellos erran, etc. Y nuestra propia opinión es nuestro ídolo.

12. [Tú, Señor, eres un Dios santo]. Tú existes desde el principio. El profeta usa aquí su forma de expresarse, que es diferente a los otros. Anteriormente estaba comparando a los dos dioses, al verdadero y al falso, como si dijera: "El rey atribuía la victoria a su propio dios, pues ignoraba que tú eres el verdadero Dios, mi Dios", así que el énfasis y esmero era indicar "su dios" y "mi Dios". Así pues el profeta habla en lugar del pueblo. Esto es lo que el profeta pensaba: "¿Por qué, o Señor, permites que este malvado adversario pisotee a todo tu pueblo, quien es mucho mejor que el enemigo, que ni siquiera reconoce que eres tú quien lo ha conducido y le ha dado la victoria? ¿No eres tú mi Dios? Así es como la Escritura suele llamar a Dios: "El Dios de Israel, y el Dios Santo de Israel", así como también el profeta lo llama: "Tú, Señor, eres un Dios santo quien santifica a Israel." Por lo tanto, éste es el significado: "Tú das el bienestar a los reyes impíos, a pesar de que eres tú, mi Dios, mi Dios santo", para que nosotros veamos que no existe otra salvación o victoria a menos que sea una celestial. Pues no hay seguridad en un caballo con brío o en las piernas de un hombre, etc. [Salmo147:10]. Poner la esperanza en un caballo es una falla [Salmo 33:17].

¡No nos dejes morir! Anteriormente dije que esto mismo debe ser observado en todos los profetas, pues todos los profetas mantienen ante sus ojos el hecho de que el pueblo será salvo y que el reino de Judá durará hasta la venida del Cristo,[38] así como Jacob prometió en Génesis 49:10. Pero el cautiverio se oponía a estas palabras de los profetas y a las promesas acerca del reino eterno. Pues, ¿quién podía esperar por

38 En estos comentarios Lutero usa "*Christus*" en vez de "el Mesías, "el ungido" para indicar algunas veces a Jesucristo, pero otras veces a Saúl o David. En esta traducción se usa "el Cristo" cuando se refiere específicamente a Jesucristo.

un reino eterno, cuando todos ellos habían sido conducidos al cautiverio allá en una tierra distante, y mientras sus tribus perecían? Bajo estas condiciones, la razón humana no podía confiar en Dios. Por lo tanto, los profetas alentaban al pueblo a que no dudaran –ni siquiera en el medio del cautiverio– que regresarían y estarían a salvo, etc. Aquí también habla (Habacuc) así: "Hasta en todo esto, tú eres nuestro Dios y nuestro (uno) Santo, para que aunque seamos afligidos y seamos arrastrados al cautiverio, así y todo, no perezcamos. Más bien, nos estás castigando para demostrar nuestros pecados, y no para destruirnos", así como es demostrado por lo que sigue aquí:

Oh, Señor, para juicio lo pusiste; y tú, oh Roca, lo fundaste para castigar.[39] Llama (el profeta) al rey de los caldeos "el flagelo (azote) de Dios" con el cual el Señor los castigará a ellos. Ésta es la manera en que la Escritura llama en varios lugares a los reyes, cuyo servicio Dios ha usado en derrocar este u otro reino "vara o azote de mi Señor". Por ejemplo en Isaías 10:5 se refiere a Asiria como "la vara y báculo de mi furor". Esta gente que triunfa así con la ayuda de Dios (pues Dios es el que los insta y dirige) no tiene idea que es Dios quien obra por medio de ellos, ya que ellos son personas impías. Pero ellos atribuyen su victoria a sus propios esfuerzos, sus armamentos, y son tan necios que no se dan cuenta que no pueden hacer más de lo que Dios permite. Así que mientras claman: "¡Arrásenla, destrúyanla hasta sus cimientos!, el profeta Habacuc dice lo mismo, esto es: "Aunque el rey de los caldeos cree que nos va a eliminar, así y todo, va a lograr absolutamente nada, pues seremos regresados a nuestra tierra de la cual él nos arrastra como perpetuos exilados. Solamente lo usaste (al rey) como castigo y para juicio. De otra manera, él (rey) no hubiera podido hacer esto por sí mismo. Y él no nos podrá mantener en el cautiverio, porque tú eres la Roca. Solamente lo escogiste para castigarnos. Si no fuera por ti, no hubiéramos podido perseverar." Pero todas estas cosas solamente son entendidas por medio de la fe. La carne no puede entender ni creer ninguna de estas cosas, así como citó (el profeta) anteriormente: "que aun cuando se os contare, no la creeréis" (v 5).[40] Bajo la tentación la carne solamente puede desesperarse, no puede ver o percibir vida en el medio de la muerte, ni la gloria en la ignominia, etc. Solamente se puede hacer esto por fe.

39 Cito RV1960 pues la traducción aquí se acerca más al texto original y al de la Vulgata. RVC traduce: "Tú, Señor, eres nuestra Roca; ¡no hagas que este pueblo te juzgue y nos castigue!"

40 RV1960. RVC cita: "a lo que ustedes no darán crédito, aunque se les cuente."

13. Si por la pureza de tus ojos. Todo esto corresponde con lo precedente. Es como si dijera: "Los caldeos hacen sacrificios a sus dioses, aunque deberían hacer sacrificios a ti, quien nos traes a él para castigo. ¿Por qué, entonces, Señor, permites que el impío rey sea tan insolente que así pues el peor de ellos prevalezca aun dos veces contra nosotros, quienes somos más rectos que lo que él es? Nosotros soportaríamos esto tranquilos si fuera un rey piadoso que viniera contra nosotros. Consecuentemente, porque que tus ojos son puros y porque tú no puedes cargar con esta labor", ¿por qué esperas en burladores y te encuentras silencioso cuando los impíos devoran a seres humanos[41] más justos que él? Entonces continúa así:

14. ¡Tratas a la gente como a los peces del mar! Esto es: "Tú haces que el resto de los hombres sean llevados ante Nabucodonosor como pescados y reptiles, esto es, vagabundos sin líderes expuestos a ser la presa." Pues así como los pescados son devorados, Tú exhibes a todos los seres humanos para que sean devorados.

15. Los caldeos nos pescan a todos con anzuelos. Ahora continúa hasta el final del capítulo con una metáfora tomada de la pescadería. "A todos", esto es, a todos los reyes, a todas las naciones las "pesca con anzuelos". Así pues, compara la pesca con la rapiña (saqueo) del rey. Es como si dijera: "Primero captura a los más poderosos del pueblo, después al rey, los príncipes, y luego a los más sobresalientes del pueblo, y después el resto es capturado, así como una pesca común tiene lugar."

16. Luego ofrecen sacrificios a sus redes. Con esto se ve claramente lo que mencioné anteriormente sobre un ídolo, esto es, que el profeta llama eso un dios extraño en quien ellos confían. Así como aquí, pues, el profeta dice con palabras claras que el rey de los caldeos ofrecerá sacrificios a sus redes, esto es, a su ejército, con el cual capturará todas las naciones. Anteriormente había dicho que haría sacrificio a su dios. Entonces, en lo que confía él es el poder, las tropas, y obras humanas, etc.

Y queman incienso a sus mallas. Esto es: "no te da el crédito por su victoria, sino que se la da a su ejército, y su propio poder."

41 Traducimos "seres humanos" en todos esos lugares donde Lutero cita "hombres".

Pues gracias a ellas aumentan sus riquezas y su fuente de alimentos. Esto es, muy poderosos y ricos reinos.

17. ¿Vaciará por eso su red, y no tendrá piedad de aniquilar naciones continuamente?[42] Esto es, seducido por su dulce presa, no cesa, sino que continúa apresando y devorando insaciablemente, nunca tiene lo suficiente, lo más que apresa, lo más que quiere. Quiere sujetar todas las cosas para sí mismo; no se contenta solamente con esos reinos abundantes. Así es la maldad del corazón humano y esa pasión insaciable por poseer que nunca se encuentra satisfecho. Siempre quiere más y más y cosas mejores, así como Alejandro, no se contentó en conquistar todo el mundo para sí mismo, sino que deseaba también otro mundo, y ni sé que (tantas) otras cosas quería.

Capítulo Dos

En el capítulo anterior el profeta (Habacuc) describe la fortaleza y el gran poderío de las tropas del rey de los caldeos y su ataque sobre todas las naciones y contra todos los reinos. Por cuenta de esto, se ve claro que es correcto asumir (pensar) que el profeta vivió antes del tiempo del cautiverio de Babilonia. En este segundo capítulo, no obstante, profetiza castigo y revancha contra los caldeos porque ellos destruyeron todo, especialmente Jerusalén y la Tierra Santa. El castigo y la revancha fueron finalmente cumplidos después del cautiverio en Babilonia. Así pues, la actividad profética cubre los periodos antes, durante, y después del cautiverio de Babilonia. O, si alguien prefiere, así como es la costumbre profética, describe (Habacuc) como si ya hubieran ocurrido, o están ocurriendo, cosas que van ocurrir en el futuro. Pues es el deseo u óptica del profeta (y esto es algo común de los profetas) conservar al pueblo en la fe, resguardarlo con la consolación y declaración de la voluntad de Dios bajo la promesa hecha por Dios al pueblo en su aflicción; para que así no duden, sino que ofrezcan gloria al Dios verdadero. Esta promesa fue que el pueblo no perecería sino que permanecería en la tierra hasta la venida de Cristo; así como las profecías habían dicho. Pues la carne no puede bajo la tentación ni creer en Dios ni confiar que Dios es fiel y veraz en cumplir su promesa. Aquí, pues, el profeta (Habacuc) lucha

42 Cito la RV1960 y la Vulgata que conjugan el verbo con la segunda persona singular. Lee en la RVC: ¡Pero ni así dejan de lanzar sus redes!

contra las dudas de la carne, y llega al punto clave, esto es, resguardar y sustentar a esos débiles en la fe. Pues así, como anteriormente describe la batalla del ejército de los caldeos contra los reinos y todos los pueblos, ahora describe su propia lucha y conflicto contra aquellos cuya tentación de dudar los desesperaba, y así pues, aquellos que habían sido quebrantados por la maldad no podían creer que Dios salvaría (rescataría) a su propio pueblo. Pues ellos pensaban que tanto ellos como el reino ya estaban condenados, ya que el miserable cautiverio era inminente. De hecho, ya habían sido conducidos al cautiverio. Comienza (el profeta) esta consolación con el ejemplo de un buen, y diligente vigilante sobre la fortaleza, quien detenidamente observa al enemigo avanzando y los defiende contra ellos, etc. Éste parece ser el significado de este capítulo. A menos que lo entendamos así, no podremos explicar este texto, así como les sucedió a Jerónimo y a los otros escritores. Pues sus comentarios sobre este texto no valen ni tienen sentido, y no van al grano (ἀπροσδιόνυσος).[43]

1. Decidí ponerme vigilante. Decidí mantenerme en pie sobre la fortaleza. Se anima a sí mismo y alienta su corazón y mente para tener confianza contra un pueblo trepidante sobre las promesas de Dios y se encontraban aterrorizados por el cautiverio. Es como si dijera: "Aunque tú dudas y me acusas de una mentira, no impedirás que yo continúe sin temor y confiado en la promesas que Dios nos ha hecho."

Hasta saber lo que el Señor me iba a decir. Esto es: "el Señor me va decir algo. Aprenderé de lo que escucho, de lo que el Señor me revele, para que pueda responderte a ti, que te quejas de mí", así como dice:

Y qué respuesta daría a mi queja.[44] De esta palabra depende el punto principal y el propósito de todo el capítulo. Pues él lucha, como ya he dicho, contra las lenguas de sus adversarios incrédulos, que pensaban que el reino ya estaba destruido, ya que la ciudad había sido incendiada, el reino devastado, y ellos habían sido conducidos al cautiverio. Consecuentemente, ellos acusaban a los profetas de mentir, esos profetas que habían prometido que el reino sería preservado, etc. Así pues, ante tal

43 Aquí Lutero usa esta palabra en griego ἀπροσδιόνυσος (*aprosdiónysos*), que significa "no conectada al culto de Dionisio. En otras palabras, no relacionado a lo dicho.

44 RV1960 traduce: "Y qué he de responder tocante a mi queja." Esta lectura se presta mejor como traducción del latín y del texto original. El profeta no busca de Dios respuesta a su propia queja, sino a la queja que le han hecho a él por los que dudan a Dios.

virulentas calumnias como éstas, él mismo los confronta al decir que él se mantendrá de pie como vigilante, para ver en qué modo el Señor los preservaría, y que él escucharía (estaría atento) al plan del Señor.

2. Escribe esta visión. Grábala sobre unas tablillas. Ésta era una práctica profética, adoptada de Deuteronomio, donde se daban instrucciones de pulir y limpiar las rocas (tablas) donde el segundo dictado de la ley se iba a grabar cuidadosa y claramente.[45] Es más, es costumbre de Dios siempre apoyar la palabras de los profetas con un signo o añadiendo un signo a esas visiones. Así pues, cuando Isaías predecía la destrucción de Egipto, confirmó su predicción con un signo, esto es, caminó desnudo y descalzo, así como podemos ver en Isaías 20:2-3. Con un hecho o signo similar señala cómo amenaza a Egipto. Así para nosotros en el Nuevo Testamento el Bautismo es un signo (una señal) para demostrar la necesidad de mortificar (matar) totalmente al viejo Adán. Porque fuimos bautizados en la muerte de Cristo, así como Pablo nos dice en Romanos 6:3. Tenemos muchas señales de esta índole. En Isaías 8:1-2 se ofrecen ésas sobre un libro, sobre testigos, etc. Esta señal (signo) en Habacuc es de este tipo. Predice (el profeta) que habrá una visión cierta y confiable sobre la preservación (salvación) del reino. Se le ordena (a Habacuc) que escriba esto claramente, abiertamente, y acertadamente, para que todos los que lo lean no duden ni por un momento. Por este signo indica nada menos que lo que ha prometido ciertamente tendrá lugar. También llama esta visión en un sentido general una profecía sobre Cristo y el reino de Cristo, la cual ya había sido profetizada también por muchos profetas. Así pues, no se refiere a una visión que vio en ese entonces, sino a la visión de los profetas, esto es, a la profecía dada sobre la venida de Cristo, para así grabarla en la tabla para exhibirla abiertamente, para señalar con el dedo. Esto es, que la palabra "visión" debe entenderse generalmente así como es evidente en Daniel 9:24: "Para que sellen la visión y la profecía, y unjan al santo de los santos." Aquí también llama a la visión una profecía sobre la salvación del pueblo de Judá, una profecía que ya se había profetizado anteriormente, y sobre la venida de Cristo, etc., pues, con la excepción de Miguel, Daniel vio (absolutamente) nada, etc.[46]

45 Deuteronomio: 4, 8.

46 Probablemente Lutero confunde aquí el Miguel citado en Daniel 12:1 con el Gabriel de la visión en Daniel 9.

Para que pueda leerse de corrido. "Exhibe el escrito con una luz reluciente y claridad, para así mostrarlo claramente y con exactitud, y no demorar al que lo lee, sino que lo pueda hacer de corrido." Entonces añade la visión o palabras:

3. La visión va tardar todavía algún tiempo. Todo este texto ha sido traducido pésimamente del hebreo.[47] Así lo traduzco yo: "Porque la visión se encuentra en su tiempo establecido (tiempo fijado)",[48] o más claro: "tiene su hora." Esto es, la visión profetizada por los profetas todavía tiene su cierto y prescrito tiempo; no nos fallará; sin duda eso que ha sido predicho se cumplirá a su debido tiempo. Entonces, continúa así: "Y será plenamente pública."[49] Nuestro intérprete hizo una pésima traducción aquí. Ésta es la palabra que el evangelista Lucas acostumbraba a traducir con la palabra παρρησιάζειν.[50] Así cita también el Salmo 12:5: "Lo guiaré a él con confianza."[51] También dice así en otro salmo: "Hablará él con confianza con sus enemigos"[52] [cf Salmo 127:5]. El evangelista Juan se expresa así frecuentemente: "Ahora hablas claramente, etc." [Juan 16:29]. Así, pues, esto es lo que quiere decir el profeta: "Tenemos que esperar por el fin, esto es, cuando ocurran esas cosas prometidas sobre Cristo." Tuvo que usar estos símbolos y palabras y signos para dar ánimo al pueblo por la calamidad tan desesperante que ya era grotesca y se hacía cada día más agravante.

Aunque tarde, espera a que llegue. Les ofrece una inmensa consolación llena de energía. Eso que hace poco expresó negativamente, inmediatamente lo expresa afirmativamente, y responde como si lo hiciera a ésos que quisieran contradecirlo: "Nos prometiste un libertador; nos prometiste un reino de paz, ¿pero cuándo llegará ese (reino)? Siempre se tarda. No vemos cómo ese reino y nosotros tendremos paz, ya que el

47 Lutero se refiere a la traducción de la Vulgata que lee: *"Quia adhuc visus procul."*

48 Así traduce Lutero: *"quoniam adhuc visio statuto tempore."* Lee en hebreo מוֹעֵד (*mo'ed*), en su tiempo fijado, asignado, apuntado. Aquí Lutero ofrece una traducción que en realidad es más fiel al texto hebreo que la Vulgata.

49 Lutero crítica esta traducción del latín: *"et libere palam erit."* Puede ser traducido también: "será libremente palpable."

50 Hechos 26:26: "Pues el rey sabe estas cosas, delante de quien hablo confiadamente (παρρησιαζόμενος)" (*parresiatsómenos*); o hablo libremente, con franqueza, con valentía.

51 Mi traducción de la cita hecha en latín por Lutero, tomada de la Vulgata: *"fiducialiter agam in eo"* (lo motivaré, conduciré, animaré, guiaré a él con confianza). RVC lee: "Voy a levantarme para acudir a su ayuda."

52 Mi traducción de la cita de la Vulgata: *"loquetur cum fiducia cum adversariis suis."* El Salmo127:5 en RVC dice: "No tendrá de qué avergonzarse cuando se defienda ante sus enemigos."

reino ha sido destruido y nosotros somos arrastrados al cautiverio, etc." A ésos con tales objeciones el profeta le responde: "Espera, aunque se tarde y esa visión no sea cumplida inmediatamente, aunque no veamos esa liberación inmediatamente, finalmente la veremos; pronto viene y no tardará." Así, pues, el profeta afirma su oficio y consuela a los débiles en la fe, aquellos que eran tentados a la desesperación pues (la desesperación) engrandecía la calamidad. No solamente esto, sino que también alzaba su voz contra los calumniadores, a los cuales reprocha y acusa de impiedades al añadir esto:

4. Aquel cuya alma no es recta, es arrogante. Éste es otro versículo que ha sido traducido pésimamente. Yo lo traduzco así: "Vean, aquel que continúa siendo testarudo, su alma no lo complacerá." [53] Esto es, aquel que se opone y se aísla de esta profecía, y se cubre los oídos no queriendo oírla, que testarudamente se separa de ella, su alma (espíritu) no será complacida, no se deleitará de esa visión, y no obtendrá frutos de ella, etc. Como ya he dicho, el profeta dice esto contra los blasfemos, es como si dijera: "Estén alertas, ustedes, que ni un cuadro bien visible, ni una palabra los conmueve, pues si continúan rechazando obstinadamente esta promesa, se encontrarán en un lugar indeseable, y no compartirán en esta visión. No tendrán frutos de ella. Aquel que ha sido prometido, llegará en el tiempo en que tiene que ser cumplido." Lo que dice aquí es que el alma de esa persona no disfrutará de esa promesa. Esto es lo mismo que dijo Cristo en una parábola en los evangelios, usando otras palabras, sobre unos que fueron invitados pero rehusaron venir [Lucas 14:24]: "Quiero decirles que ninguno de los que fueron invitados disfrutará de mi cena." El autor de la Epístola a los Hebreos citó este texto en Hebreos 10:38, y lo traduce así: "Y si se retira, no complacerá mi alma."[54] Pues la traducción de la Septuaginta hace referencia aquí al alma de Dios, y esto no es apropiado. Pero, aunque el autor de Hebreos falla en su uso de palabras, no obstante, captura clara y apropiadamente el sentido del profeta.

Pero el justo vivirá por la fe. Este texto ha sido magníficamente traducido por Pablo en la Epístola a los Romanos [Romanos 1:17] y en la Epístola a los Hebreos [Hebreos 10:38], así como dignamente debió

53 Lutero se refiere a la lectura de la Vulgata que dice: "Aquel que es incrédulo" (*Ecce qui incredulus est*).

54 Mi traducción de la cita por Lutero de la Vulgata. RVC traduce: "Y si vuelve atrás, no será de mi agrado."

ser hecho. Como un resume, el profeta (Habacuc) presenta la siguiente idea: Los piadosos (creyentes) esperan por el Señor; por lo tanto ellos viven, por lo tanto ellos son salvos, así pues, reciben lo prometido. Lo reciben por medio de la fe, pues le dan gloria al Dios de la verdad, porque son sostenidos por la mano del Señor. Así que el profeta no solamente mira hacia esta promesa sino a todas las promesas sobre la proclamación del evangelio o la revelación de la gracia. Y así pues es su entendimiento (pensamiento): "No lo puedo forzar en los corazones de ustedes. Ustedes tienen una revelación y palabra clara. Si la creen, vivirán, porque el justo vivirá por la fe, mientras y cuando esperen en el Señor. Si no la creen, no vivirán, etc." Estas cosas parecen completamente imposibles bajo el juicio de la carne, ya que solo puede fijar su vista en la presente calamidad. Así es, pues, cómo se olvida las promesas. Pues ¿qué puede ser menos probable a la carne que creer eso que, a la vez que ve el miserable cautiverio, la destrucción del reino, y la deportación de la población, también ve que el reino será preservado, el pueblo será salvo (rescatado) en su propia tierra, etc., así como dicen las profecías? Por lo tanto las profecías parecen contradecirse. He explicado numerosas veces sobre esto en el "Prefacio a Jonás" y otros profetas cuando comenté sobre el texto acerca de la compra del terreno, Jeremías 32:6-15. Estas obras y palabras de Dios son tan maravillosas que no pueden ser entendidas ni creídas por la carne, así como dijo el profeta anteriormente. Solo por la fe se entiende y cree esto. Así mismo creemos que regresaremos con el cuerpo y el alma unidos por medio de Cristo y con Cristo. Esto, claro, es imposible creer por cuenta de la naturaleza humana si no ha nacido de nuevo por medio del Espíritu, etc. Ésta es la primerísima y más importante parte en este profeta, donde promete que Cristo va a venir, y que las promesas hechas a los padres van a ser cumplidas. Ahora continúa la segunda parte, en donde describe la destrucción del reino de los caldeos, aunque era un reino extremadamente poderoso, riquísimo, y famosísimo. Así pues, profetizó sobre dos cosas que son imposibles de comprender bajo juicio humano: lo primero es que el pueblo que había sido arrastrado al cautiverio, cuya tierra había sido devastada por incendios y robos, sería rescatado y restablecido así como era antes. Lo segundo es que aquel que era el rey más poderoso, quien había subyugado todos los reinos para sí, sería ahora castigado y sus reinos serían devastados y arrebatados de él (sus manos). Así pues, rebaja todos los argumentos de la carne, para que simplemente con nuestros ojos cerrados nos aferremos a la palabra de Dios y demos la gloria al Dios de la verdad.

5. El que es afecto al vino, es traicionero y soberbio. Esto es lo que significa en hebreo: "Así como el vino hace a uno traicionero o malvado, así te convertirás en una persona arrogante. Así como el vino hace de los seres humanos unos desvergonzados, para que obren injustamente y sin pudor, así como suelen hacer los glotones que se ahogan con vino, así, mi Nabucodonosor, el rey de los caldeos, se encontrará entre sus hombres, ya todos embriagados por el vino, eso es, entre aquellos ya embutidos con tantas riquezas y repletos hasta el tope de sus cuevas. Su destino será como suele decir este conocido proverbio: "Una casa emborrachada escupe (arroja) a su dueño." Añade, pues aquí:

Y por lo tanto no permanecerá. O mejor dicho: "No permanecerá ni será honrado." Esto es, no permanecerán en sus palacios, en plena abundancia de todo. Ya no tendrán el supremo poder o control, sino que se les será arrebatado, y serán pordioseros en su propia tierra, etc.

Pues ensancha su garganta como el sepulcro [*infernus*]. Da razón aquí de lo dicho anteriormente; explica que la excesiva embriaguez del rey de los caldeos era su excesiva avaricia e insaciable apetito por las riquezas. Es como si dijera: "No se satisfacía con lo que tenía, así que robaba y robaba mientras y cuando podía hacerlo. No podía controlar su lujuria por las riquezas." Su avaricia era como el mismo infierno, que nunca puede ser satisfecho, así como vemos en los Proverbios de Salomón [30:15-16]. Se encuentra un texto parecido en Isaías [5:14].

Reúne para sí mismo a todos los pueblos y naciones. Esto es, todas las opulencias, las riquezas, y los mejores reinos del mundo. Pero perecerá por su violencia en todo esto; no podrá permanecer, pues "Fuerza excesiva cae por su propio peso",[55] así como escribe un autor reconocido, y como dice un refrán popular: "La violencia no es perpetua." [56] Inmediatamente, pues, añade:

6. ¿Y no habrán de burlarse de ti, y de lanzarte sarcásticos refranes? Es decir, tomarán un refrán o adagio, con qué insultarlo; le lanzarán proverbios y le reprocharán abiertamente y audazmente porque no temen. Así impetuosamente describe el profeta la miserable y devastadora destrucción del reino de los caldeos, así como Ovidio describe

55 Cita en latín: *"vis nimia mole ruit sua."* (Cf Horacio, *Odes*, III, 4, 65).

56 La cita en latín: *"nulla violentia est perpetua."* La cita de Lutero es como un eco del proverbio popular de Seneca, *Medea*, 196: *"Iniquia numquam regna perpetuo manent."*

en verso la destrucción de Troya: "Allí ahora se encuentra un maizal, donde Troya solía habitar, y presta la hoz y la cuerda, para la cosecha, de esa tierra, Frigia, hecha fértil, por su sangre derramar."[57] Añade ahora el primero de sus proverbios:

¡Hay de ti, que acumulabas bienes ajenos! Esto es: "Bienes mal adquiridos tienen que ser mal perdidos."[58] Lo que es adquirido fácil, se pierde también fácil. Te hará tan buen provecho como a un perro la hierba.[59]

Acumulas contra ti denso lodo.[60] En hebreo tenemos una palabra que nuestro traductor ha traducido con dos. La palabra significa en hebreo "lodo".[61] Censura la avaricia del rey, que era tan insaciable que continuaba adquiriendo muchos reinos. Estos llegarían a ser una carga para él como también la causa de su destrucción. Lo compara a él con el lodo, con el cual, dice que se aprisiona. Esto es, se expresa así como un conocido autor escribió muy elegantemente y prudentemente: "A ése que mucha gente teme, ése debe temer a mucha gente."[62] "Acumula contra sí denso lodo", pues, es gobernar de tal forma que eres temido. Ocurre como dice Ennius: "Dejen que odien, mientras y cuando teman."[63] El profeta nos quiere dar por entendido aquí que todos los reinos se sublevarán contra el rey, ya que él adquirió su poder por medio de la fuerza.

7. ¿No habrán de levantarse de pronto tus deudores?[64] Declara así de qué forma será en el futuro el peso del lodo usando una figura idiomática de un tirano durmiente que es por naturaleza un miedoso. Es como si dijera: "Ahora te encuentras seguro; bajo las circunstancias favorables en que te encuentras te ves muy confiado que continuarás en tu reino y como tirano. Pero, cuando tú no lo esperes, súbitamente se sublevarán contra ti los que te van a morder, aquella misma gente de la

57 Ovidio, Heroides, I, 53-54.

58 Este proverbio: *"Male parta male dilabuntur"*, se le atribuye al poeta romano C. Naevius.

59 Aquí Lutero cita este dicho en alemán: *"Es wird dir bekommen wie dem Hund das Gras."*

60 Mi traducción de la cita de Lutero de la Vulgata: *"Congregat contra se lutum densum."* La RVC lee: "Acumulabas bienes ajenos."

61 En otras palabras la Vulgata traduce *"lutum densum"* en vez de *"lutum."* Lutero usa aquí la palabra en alemán *Schlamm* en vez de la palabra usada en latín *"lutum"* (lodo).

62 Seneca, De ira, 11, 11.

63 *"Oderint, dum metuunt"* se le atribuye a L. Accius. Cicerón citaba frecuentemente este refrán. Este refrán era uno de los favoritos del déspota emperador romano Calígula.

64 La Vulgata lee en latín: *"Repente consurgent, qui mordeant te"* (¿No se levantarán de repente contra ti aquellos que te muerden?).

que te sientes tan seguro. Serás botín para ellos. Te capturarán así como los capturaste y le exigiste violentamente que te pagaran tributo.

8. Y es que tú has derramado mucha sangre, y has cometido muchos robos.[65] El profeta señala como pecado principal del rey que ha arrastrado al pueblo de Dios al cautiverio y destruido Jerusalén, la ciudad de Dios, donde se encontraba la palabra de Dios. Como énfasis, llama a Jerusalén "la ciudad", como si fuera la única ciudad en toda la tierra donde se encontraba la palabra de Dios. El rey de los caldeos batalló contra Jerusalén, y ese es el primer pecado por el cual el profeta lo acusa. Todas estas cosas son dichas para consolar a Judá, a quien el profeta quería fortalecer para que no se desesperara sino que, por el contrario, creyera que su reino estaría seguro (reguardado) hasta que el Cristo viniera. Pero como he dicho anteriormente, profetizaba (Habacuc) algo que parecía increíble para los judíos como también para los caldeos. Para los judíos profetizaba seguridad y un reino amparado; para los caldeos, la destrucción y la muerte, así como en realidad ocurrió. Pues Ciro, el rey de los persas, destruyó todo el reinado de los caldeos, etc.[66]

9. ¡Ay de ti, que codicias ganancias injustas para tu casa! Señala otro pecado, la excesiva avaricia del rey y de sus príncipes, que por medio de ella debilitaron y oprimieron a todos los pueblos al amontonar para sí más de lo que era suficiente, exigiendo intolerables tributos de sus súbditos (siervos) para así poder construir grandiosas fortalezas y bellísimos sitios para sí mismos, donde pudieran acomodarse con amplitud, etc. Pero dice (el profeta) que esta avaricia sería un desastre para su casa. Es como si dijera: "va a ser desastroso y dañino para tu casa."

10. Para vergüenza de tu casa, hiciste planes malvados. Esto es: "Todo esto recaerá como vergüenza sobre tu casa. Todas esas cosas que temías recaerán sobre tu propia cabeza."

Y has pecado contra tu vida.[67] Cuando menciona el alma (*animae*)[68] comprende también toda la voluntad, esto es, el ardiente y absolutamente

65 En latín señala que ha cometido "violencia" en vez que robos.

66 Cf 2 Crónicas 36:22-23.

67 Lee en la Vulgata: "*Et peccavit anima tua*" (Y pecaste contra tu alma).

68 La palabra en hebreo es נֶפֶשׁ (*nefesh*), que se puede traducir como alma, vida, mente. En la Septuaginta se traduce con ἡ ψυχή (*he psyjé*) que significa respirar, por lo tanto se traduce generalmente la palabra griega con "alma". Así es como lo lee la Vulgata, y Lutero corresponde con esta traducción de "alma".

pleno deseo. Moisés habla así mismo sobre faraón [Éxodo 15:9]: "Mi alma se saciará de ellos",[69] etc., esto es: "Doblaré mi bazo sobre ellos."[70] Se ofrece el mismo modo de expresarse aquí: "Y has pecado con tu alma." Esto es, has pecado por pura maldad, que has doblado tu bazo. Lo que sigue demuestra que éste es el verdadero (cierto) significado:

11. Ciertamente, las piedras de los muros clamarán contra ti. El tirano tiene tan poca valentía que no se encuentra seguro ni en un solo lugar. No confía ni en su propia gente, se espanta hasta por una hoja volante. Así mismo dice (el profeta) aquí: "Tendrás tanto miedo por tu seguridad que cuando las murallas chillen, pensarás que ya tu desgracia se avecina." Hace esta referencia sobre el ruido en las paredes, pues le amonestará inmediatamente que todos esos edificios y toda su opulencia fueron malversados bajo perversas artimañas, por el sudor de los pobres. Por lo tanto: "Estos ruidos acusarán a tu conciencia pues has adquirido tu opulencia injustamente bajo violencia y robo, etc." Pues hombres como éstos, cuando los acusa la conciencia, piensan que sus pecados son evidentes ante todos, así como dice un refrán popular: "El mundo es muy estrecho para él" y "Creo que hasta los muros le siguen la vista." El profeta se ha expresado como un poeta, pues los profetas están acostumbrados a declarar sobre maizales alegres y sobre prados risueños.

12. ¡Ay de ti, que edificas la ciudad con sangre! Describe el tercer pecado. Acusa al rey y sus secuaces por su avaricia, no solamente porque han exigido y extorsionado tributo de forma violenta sino también porque han adquirido muchas otras cosas con sangre. En otras palabras, mataron a muchas personas inocentes, cuyos bienes arrancaron (raptaron) para su propio fin. Oprimieron a muchas personas inocentes, contra las cuales dictaron leyes injustas y sentencias inicuas para acaparar dinero después de haber condenado a mucha gente así; habla aquí pues de la iniquidad, esto es, de injustos juicios.

13. Los pueblos trabajarán para el fuego. Esto es: "Por tu propia impiedad pagarás este castigo a Dios: Babilonia y todo tu reino, así como todas las cosas, serán destruidas bajo incendio. Mientras tanto los habitantes miserablemente tratarán de apagar el fuego, pero no

69 Cito la RV1960. La RVC lee: "hasta quedar hastiado." Lutero cita aquí la Vulgata: "*et implebitur anima mea.*" Éxodo 15:9 usa también *nefesh* y la Septuaginta usa ψυχήν (*psyjén*).

70 Otra traducción: "Arrojaré mis disgusto sobre ellos."

podrán hacerlo; sus esfuerzos serán en vano. Serán atormentados en dos formas: primero, todos sus bienes y todas sus pertenencias serán incendiadas; segundo mientras prestan grandes esfuerzos y sudan profusamente para salvar sus posesiones, caerán sin poder salvarse."

14. Porque así como el mar rebosa de agua, también la tierra rebosará con el conocimiento de la gloria del Señor. Se encuentra un texto parecido en Isaías [11:9] donde describe la gracia que será revelada por medio del evangelio, diciendo que el evangelio será predicado en toda la tierra, y abundará la remisión de los pecados, etc.[71] Pero aquí el profeta no habla sobre la gracia que va a ser revelada, sino que habla así como otros profetas suelen hablar, sobre el conocimiento de la venganza del Señor sobre los impíos los cuales castiga, como ejemplo, pues: "Pero tan cierto como yo vivo, y que mi gloria llena toda la tierra" [Números 14:21] y como el Señor dijo al faraón en Éxodo [9:16]: "Yo te he puesto para mostrar en ti mi poder, y para que mi nombre sea proclamado en toda la tierra." Aquí está diciendo lo mismo el profeta (Habacuc): "Así como el Señor fue glorificado porque mató al impío faraón, y a otros que también estaba castigando, así también, pues, hará que después que sea destruida Babilonia, todos los pueblos lo glorificarán a él, y darán cuenta que el Señor les ha dado la victoria."

15. ¡Ay de ti, que embriagas a tu prójimo! ¡Ay de ti, que le acercas el odre y lo emborrachas para contemplar su desnudez! Las fábulas de los judíos basadas en este texto valen nada. Estas narrativas hablan sobre una copa ofrendada al rey Ezequías por el rey de los caldeos, para hacer (firmar) un tratado con él y lograr otras muchas cosas. Los judíos son maravillosos en explicar sus propios asuntos. No obstante, lo que tenemos realmente aquí es un tropo[72] que se usa frecuentemente en las Escrituras. Pues por "copa" (cáliz) y "bebida" la Escritura hace entender aquí "ira" y "venganza", así como en el Salmo (11:6): "Fuego, azufre y viento abrasador será la porción del cáliz de ellos."[73] Jeremías e Isaías usan este tipo de tropo frecuentemente. "Beber la copa", por lo tanto,

71 Lutero no cita el texto específico en Isaías. Todo el capítulo 11 de Isaías es sobre el Mesías que retoñará como una vara del tronco de Yesé (v 1) y el espíritu del Señor reposará sobre él (v 2). Aparentemente Lutero se está refiriendo al v 9 que lee: "Porque la tierra estará saturada del conocimiento del Señor, así como las aguas cubren el mar." Este texto de Isaías es parecido al texto de Habacuc aquí. Pero eso de que habla específicamente sobre la extensión del evangelio por todo el mundo es una interpretación de Lutero tomando todo el capítulo 11 de Isaías en contexto.

72 El tropo es un empleo de palabras en sentido distinto del que propiamente le corresponde.

73 RV1960. RVC no cita literalmente, sino que dice: "Y le lanza fuego, azufre y un viento calcinante."

significa sufrir calamidad y pena; "Brindar una copa", significa afligir o castigar a alguien. (Habacuc), entonces, se refiere a la excesiva crueldad y al reinado cruel del rey. El rey ha ejercido una excesiva crueldad sobre aquellos vencidos en batalla; y los ha afligido mucho más que lo que el Señor deseaba, así como mencionó anteriormente en el primer capítulo (Habacuc 1:12): "Para juicio lo pusiste; y tú, oh Roca, lo fundaste para castigar."[74] El Señor quería que el rey solamente castigara al pueblo y no que lo destruyera. Esto lo que el profeta llama "la copa de su furor".

Para contemplar su desnudez. Ésta es una metáfora de un ebrio que yace desnudo, expuesto a que todos lo vean, así como estuvo Noé [Génesis 9:20-23]. Por lo tanto, esto es lo que significa: "Les has quitado toda sus riquezas, poder, y tropas, y así nada les queda, excepto la desgracia y completa pobreza."

16. Bebe, entonces, tú, y sé circuncidado.[75] Ésta es la correcta traducción del hebreo. Su significado es éste: "Te embriagaré para que caigas desnudo y desgraciado. Todas las naciones te circuncidarán bajo tu denigrante embriaguez, esto es, te asaltarán mientras te encuentras caído y embriagado y robarán todos tus bienes."

Te circuncidarán [El cáliz de la mano derecha del Señor vendrá hasta ti].[76] Esto es: "tu calamidad será inmensa en el futuro." etc.

De afrentoso vómito. En hebreo es solamente una palabra la que ha sido traducida con dos palabras.[77] Admito que no sé el verdadero significado del nombre hebreo. Por lo tanto, hasta que yo sepa el verdadero significado, sigo aquí a nuestro traductor en interpretarlo como "el vómito de la desgracia", esto es ignominioso e indecente. Éste es su significado: "Así cuando uno que vomita demuestra estar borracho o haber comido demasiado, todos dirán que tú has sido despojado de toda tu gloria, riquezas y honores, tú, que hasta ahora te jactabas por tu singular riqueza y por ser el más estimado. Hasta ese extremo te has jactado."

74 RV1960. RVC traduce: "¡no hagas que este pueblo nos juzge y nos castigue!"

75 Mi traducción de la cita de Lutero de la Vulgata: "*Bibe ergo tu et circumcidere.*" La RVC lee: "¡Pero también tú beberás y mostrarás tu desnudez!"

76 RV1960.

77 La Vulgata traduce קִיקָלוֹן *qiyqalovn*, ("desgracia") con "*vomitus ignominiae*" ("vómito de desgracia", o "ignominia").

17. Ciertamente, la rapiña del Líbano recaerá sobre ti. (Habacuc) está diciendo que la causa principal por la caída del reino de los caldeos es que se opusieron a Judá, el pueblo de Dios y también por atacar salvajemente a Jerusalén, la ciudad de Dios, donde reina la palabra de Dios. Pues es así que Satanás especialmente ejecuta su poder cuando ve que la palabra de Dios reina. Así como es costumbre en la Escritura, Habacuc llama a Judea "Líbano", pues en regiones remotas solían llamar a Judea por los nombres de ilustres montañas o ríos, así como podemos ver en el Salmo (42:6): "Por eso me acuerdo de ti desde esas tierras de Jordán, etc."

Y las fieras te despedazarán. Esto es: "Has devastado la tierra, has conducido todo el ganado fuera de ella; por puro placer has impuesto tu tiranía sobre aquellos que has conquistado. Lo mismo te ocurrirá a ti, etc."

18. ¿De qué sirve la estatua fundida, maestra de mentiras? Hasta aquí hemos visto las amenazas del profeta contra el reino de los caldeos. Añade como una burla,[78] imitando así a Moisés, quién igualmente se burló de los hijos de Israel quienes eran idolatras por apartarse del verdadero Dios y su culto, estas palabras: ¿Y dónde están sus dioses? etc. [Deuteronomio 32:37]. Así también el profeta se burla del rey y del reino de los caldeos, como si dijera: "Mira, he predicho el mal que caerá sobre ti; serás destruido, perderás tu reino, tus cautivos serán conducidos fuera de tu reino porque te mereces esto por tus pecados. ¡Pero ahora, deja que tus dioses te ayuden, esos que adoras y a los cuales oras como verdaderos dioses! ¡Invócalos! ¡Deja que ellos te liberen de estos animales (esta catástrofe)! etc. ¿Pero cómo te van ayudar ya que son imágenes mudas, piedras mudas?" Con gran énfasis llama a esos ídolos "imágenes mudas" y "piedras mudas". De hecho, está diciendo: "Ahora, pues, entiendes que tus ídolos no son verdaderos dioses. Cuando te encuentras en el vacío de la desesperación, cuando te deberían ayudar, ellos no te pueden ayudar." Así era cómo los judíos solían burlarse de otros pueblos, así como en el Salmo [115:3-6]: Los dioses de ellos son de oro y plata; son producto de la mano del hombre; Tienen boca, pero no hablan...Tienen orejas, pero no oyen... Nuestro Dios está en los cielos, y

78 La palabra usada en todo este párrafo en latín es "*insulto*". Puede ser traducida como insultaba, pero en este contexto es la clase de insulto que llega como burla. Por eso usamos burla en todo este párrafo.

él hace todo lo que quiere hacer." El profeta añade así esta comparación pues quiere comparar al Dios verdadero con los ídolos de los pueblos.

20. Pero el Señor está en su santo templo. ¡Que calle delante de él toda la tierra! Esto es, nuestro Dios vive de tal modo que toda la tierra se estremece y calla delante de él. Enmudece, no se atreve ni a suspirar ante él, así como notamos también en Isaías [41:1]: "Que las islas callen ante mí."[79] Ésta es una oración breve, pero tengan por cierto que, aunque sea breve, expresa cosas muy importantes, pues incluye cosas del Antiguo y del Nuevo Testamentos. La expresión "la cara (rostro) del Señor" en la Escritura indica "el conocimiento" o "la venida" del Señor cuando es revelado o llega a ser conocido por nosotros. Así que ante la revelación del evangelio, Dios era conocido en el mundo, pero desde la revelación del evangelio es conocido aún más ampliamente. Desde este conocimiento de Dios todo ser humano tiene su corona de gloria, así que nadie tiene en qué gloriarse, sino únicamente en el Señor, etc. Esto es lo que el profeta dice aquí: "¡Que calle delante de él toda la tierra!"

Capítulo Tres

El profeta ha recibido malísimas interpretaciones sobre esta oración no solamente de las manos de los traductores sino también de las manos de los expositores. Casi todos los expositores han ofrecido tan variadas opiniones que hasta hoy día no es acertado por cuenta de todos estos escritos lo que el profeta decía[80] en su oración. Pues hasta hoy existen desacuerdos entre autores que escriben en los idiomas griego o hebreo. Jerónimo ha alucinado horriblemente no solamente en su juicio (explicación) sobre el significado e intención del profeta sino también en cuestiones gramaticales. Sus errores gramaticales son tan terribles que hasta una persona con un conocimiento mediocre del hebreo puede discernir acertadamente que Jerónimo cometió un error. Lo que intensamente me fascina es cómo nuestro excelente y tan grandioso Dios ha permitido que personas tan eruditas y preparadas hagan tales errores juveniles.

79 Traducido aquí de la cita de la Vulgata en latín: *"taceant ad me insulae."* RVC traduce: "Ustedes las costas, ¡escúchenme!" Esta traducción, como la de RV1960, pone la acción en escuchar a Dios, e implica que al escuchar a Dios uno tiene que enmudecer, mantenerse callado. La English Standard Version traduce al inglés: *"Listen to me in silence"* (Escúchenme en silencio). Éste es el pensamiento que expresa el hebreo sobre este texto. La palabra usada en hebreo es חָרֵשׁ (*jares*), significa "no te muevas", "quédate quieto" o "en silencio".

80 Lutero comenta en latín *"quid spectarit"*, que puede ser traducido "que veía o esperaba".

Ellos, pues, ofrecen sus interpretaciones pedacito a pedacito. Explican un texto sobre el rey de Persia –y no sé qué otra cosa– y otro texto sobre el sufrimiento de Cristo. Así como me sea posible, voy al grano del significado del profeta, rechazando así las otras opiniones anteriores.

1. Oración del profeta Habacuc. Sobre Sigionot [la ignorancia].[81] El título claramente confirma que es una oración y no un cántico, pues confiesa y alaba a Dios y le ruega por la liberación del cautiverio. Éste es el sumario completo: Así como Moisés también ora y no canta al postrarse ante Dios, confesando su calamidad, y orando que sea liberado de la misma, etc., (Habacuc) añade en el título "a favor de la ignorancia" (*pro ignorantiis*)[82] así como hace el Salmo 7 en su título. La ignorancia, por lo tanto, no es otra cosa que la inocencia, así como dice Job 9 [:21]: "Aunque sea yo inocente, eso no importa, pues tengo mi vida en poca estima", esto es: "Aunque fuera yo íntegro, así y todo, sería obligado a comportarme ante Dios como si fuera completamente ignorante de todo, como si nada sea pertinente a mí." Todo el Salmo 7 señala en esa dirección, cuando dice: "Señor, mi Dios, ¿qué mal he cometido? ¿Acaso hay maldad en mis manos?" etc. (v 3). Es como si dijera: "La culpa es impuesta sobre mí, de la cual no estoy consciente; me acusan de maldad, aunque soy yo inocente sobre esto, etc." Por lo tanto el profeta dice oren "por los ignorantes". Esto es, por sí mismos y por todos esos piadosos que fueron capturados siendo inocentes. Ora para que el Señor esté dispuesto a regresarlos, ya que verdaderamente sus conciencias ignoran el pecado que por cuenta de ellos otros merezcan el cautiverio. Así, pues, se queja de que los culpables y los inocentes sean afligidos igualmente, así como suele ocurrir en las guerras. Por ejemplo, (el profeta) Jeremías fue llevado al cautiverio junto a muchas personas piadosas. Así pues la oración cuadra con la precedente profecía. Me parece que éste es el significado, y no puedo entenderlo de otra manera. Aunque solamente ofrezco mi autoridad (magisterio) para hacer esta interpretación. Así y todo no creo que falle (en esto).

2. Señor, he oído hablar de tus hechos, y saberlo me llena de temor. El profeta hace lo mismo en esta oración, como otros profetas

81 En la Vulgata cita *pro ignorantiis,* esto es, sobre la ignorancia. En hebreo lee שִׁגָּיוֹן (*Sigayon*), que puede significar un cántico, salmo, apasionado, un ritmo irregular. Su etimología también puede señalar algo desconocido.

82 Lutero en su traducción de Habacuc al alemán en 1526 traduce *"für die Unschuldigen"* ("por los inocentes").

suelen hacer, así como podemos discernir en la Escritura. Esto es, que inmediatamente al principio ofrecen un resumen de todo en unos pocos versículos. Entonces amplían lo dicho para describir en detalle las obras y maravillas de Dios, y ofrecen así alabanzas y acciones de gracia. En Jueces 5, Débora y Barac hacen lo mismo después de lograr una victoria. Primero, en pocas palabras describen lo acontecido, inmediatamente después describen en detalle la historia del éxodo de los hijos de Israel de Egipto, y narran sobre las maravillosas obras de Dios, así como uno puede fácilmente discernir en este texto. Lo mismo ocurre en el Salmo 18 [:7]. Primeramente, el profeta David describe su causa, su aflicción, pero inmediatamente después narra la historia sobre el éxodo de Egipto cuando dice: "La tierra tembló y se estremeció; las montañas se cimbraron hasta sus cimientos, etc." También en el Salmo 68:7-10 David iba a hablar sobre Cristo, quien iba a resucitar (de entre los muertos) y ascender (a los cielos), y sobre la gracia que iba a ser revelada por el evangelio. Él preparó el camino al repetir las historias de antaño, esto es, hizo saber de los milagros hechos por la mano del Señor a favor de los israelitas al guiarlos fuera de Egipto, así como fue delante de ellos, cómo (Dios) los guio, y cuándo les dio de comer desde los cielos, etc. Es una característica del idioma hebreo repetir esta historia del éxodo de Egipto como punto de partida principal para recontar otras historias, y la mencionan frecuentemente, y conectan las otras historias con ésta. Aquí se ve claramente que el profeta Habacuc hace lo mismo. Cuando ruega por la redención, menciona primero las maravillosas obras de Dios, y las entreteje como en un tapete en donde enumera las diversas obras y maravillas de Dios, así como si alguien describiera completamente y pusiera ante los ojos un cuadro pintado que describe la pasión de Cristo. También se fortalece a sí mismo con estos milagros de Dios. Entonces, pues, éste es su significado: "O Señor, he escuchado lo que se dice sobre ti, esto es, sobre todos tus milagros, sobre tus bondadosos hechos, los cuales has hecho con tu pueblo, sobre los cuales has manifestado tan evidentes y grandes bondades." Vemos algo similar en el Salmo (44:1): "Dios nuestro, lo oímos con nuestros oídos, y nuestros padres nos lo contaron, etc."

Me llena de temor. Esto es: "Por la enorme grandeza de tus maravillosos hechos me invadió cierta reverencia y me petrificó cuando sentí tu inmensa bondad y majestad." Así es como personas espirituales se llenan de temor y pavor al escuchar sobre las maravillosas obras de Dios y sobre ejemplos de la divina bondad, pues ellos piensan un poco más profundo sobre estas cosas. Esos que leen superficialmente estas cosas, no sienten esta reverencia y temor.

Señor, tu obra, en el medio de los años vivifica [renueva] eso.[83] La palabra en latín "*illud*" ("eso") que nuestro traductor añade es superflua. El idioma hebreo frecuentemente pone un pronombre relativo al frente de una cláusula así como podemos ver en el Salmo 1:4: "Que (el viento) lleva eso de la faz de la tierra."[84] Pienso que esto significa: "Haz eso, Señor, que sueles hacer. Esto es lo que ha sido tu costumbre, es decir, en el medio de los años volverías a vivificar tu obra, la harías conocer de nuevo y te acordarías de tu misericordia en la ira." En forma extraña todos los intérpretes retuercen sus entrañas por llegar a entender lo que el profeta quería expresar con "en el medio de los años". Bajo un gran consenso quieren que se refiera al asno y a la vaca entre los cuales yace el niño Cristo en un pesebre, así como dice esa historia.[85] ¿Quién no puede ver qué inepta es esa opinión y qué tan inapropiada es para este texto? Primero, lo traduzco del hebreo así: "Señor, tu obra entre los años vivifíca."[86] Significa, pues: "No demores ahora por años tu obra, por la cual te ruego ahora. Ayúdanos, redímenos (libéranos) del cautiverio, ya que el tiempo de cautiverio nos parece tan largo. O, Señor, por lo tanto, haz tu obra presente, has que viva. Cumple lo que otros profetas prometieron, pues para nosotros la tardanza nos parece muy prolongada, etc." Usa aquí palabras muy apasionadas, la clase de palabras que suelen ser empleadas cuando la gente se encuentra en serio problema y en sumo peligro. Cuando ellos creen que todo se ha perdido, cuando todo por alrededor es desesperación y no hay esperanza de escapar, entonces se hace presente el Señor y los ayuda. Así es, pues, cómo el Señor se encuentra presente en el medio de los años. Esto es, él es la ayuda en el medio de la tribulación y en el momento oportuno, así como tenemos en el Salmo [138:7]. Job [11:17] también habla así: "Cuando tú pienses que se terminó, saldrá la luz."[87] Nos enseña excelentemente ahora todas esas cosas sobre el éxodo de los hijos de Israel de Egipto a través del mar, y cómo pasaron salvos el mar a pesar de que el faraón los perseguía rápidamente con todo su ejército y ellos creían que

83 Mi traducción del texto en latín que lee: *"Domine, opus tuum, in medio annorum vivifica illud."* RVC traduce: "Vuelve a actuar, Señor, en estos tiempos."

84 Mi traducción del latín que lee: *"quem proiicit eum a facie terrae."*

85 La Septuaginta traduce (ἐν μέσῳ δύο ζῴων γνωσθήσῃ) "en el medio de dos bestias".

86 Lutero lo traduce así del hebreo al latín: *"domine opus tuum intra annos vivifica."*

87 Cf Job 11:17 en la Vulgata: *"Et cum te consumptum putaveris, orieris ut lucifer."* RVC traduce: "Y aun la oscuridad será como el amanecer."

todo estaba perdido. Les dio agua de una roca en el desierto; comida cayó del cielo, etc.

Date a conocer en nuestros días. Esto es: "Preséntate, por favor, Señor. Muchos años han pasado, nuestro cautiverio es opresivo. Por favor, pues, termina la demora y la espera; corta la demora y espera. Enséñanos que tú eres nuestro Dios, redímenos; Señor, pon fin a todo esto, etc."

Y si te enojas, recuerda que eres compasivo. Lo traduzco así del hebreo: "En la perturbación acuérdate de la misericordia." No habla de la perturbación con que Dios es perturbado sino de la perturbación con la cual nosotros somos perturbados. Bernardo se expresa excelentemente sobre este texto pero no mencionamos su opinión aquí sobre el texto pues no es ahora pertinente. La palabra hebrea que traducimos en este texto con "*perturbationem*" (perturbación) se encuentra también en el Salmo 4:4: "Pónganse a temblar, y no pequen." Esto es: "No estén tan perturbados, no estén tan impacientes que pequen, que den lugar a la ira, etc." Éste es, entonces, el significado del profeta: "Señor acuérdate de la misericordia en nuestra perturbación o agitación, para que no seamos vencidos por la perturbación", así como el salmista dice en el Salmo 85:8: "Escucharé lo que Dios el Señor va a decir, etc.", no sea que los santos se vuelvan (tornen) a la imbecilidad; esto es, no sea que finalmente murmuren contra Dios al ser vencidos por la tentación. El Señor se encuentra presente en su lugar, así como en su tiempo, así como dice el apóstol en Corintios [1 Corintios 10:13]:"Pero Dios es fiel y no permitirá que ustedes sean sometidos a una prueba más allá de lo que puedan resistir, sino que junto con la prueba les dará la salida."

3. ¡Dios viene de Temán![88] Como ya he mencionado anteriormente,[89] es costumbre de los profetas y otras santas personas en la Escritura que, cuando oran, afirman rápidamente en los primeros versículos la causa y el propósito de su oración, y después, entonces, lo amplían en una oración extensa en alabanza a Dios. Basan esta alabanza en todas las maravillosas obras de Dios. Es evidente que el profeta hace lo mismo aquí. Es como si tejiera un tapete donde todas las cosas que predica

88 En hebreo aparece תֵּימָן (*teyman*) que es Temán, un distrito del sur de Judea. El significado de este nombre es "sur" o más literalmente "a la derecha", esto es, mirando hacia el Este. La Vulgata usa aquí *ab austro* ("desde el Sur").

89 Cf los comentarios de Lutero sobre Habacuc 3:2.

sobre Dios son entretejidas, así como dije anteriormente. Así que todo lo que aquí va a ser propuesto es hecho figuradamente, y los verbos en tiempo futuro deben de leerse en el presente indicativo. Así, pues, se entenderá más fácilmente, como si alguien señalara con el dedo a una persona la historia de la pasión de Cristo pintada en un mural, mientras que narra el orden como sucedió. Es así como el profeta (Habacuc) debe ser entendido cuando recuenta las maravillosas obras de Dios. Primero, recuerda el éxodo de Egipto, como punto de partida, de todos los notables milagros de Dios por el pueblo de Israel. Egipto se encuentra hacia el sur. Por lo tanto dice que el Señor viene del sur (Temán).

Parán es el nombre propio del desierto cerca de la tribu de Judá, donde los israelitas habitaron por muchos días, etc., así como la historia sagrada nos dice [Números 12:16]. También es conocido por otro nombre en la Escritura. Cadés Barnea [Números 34:4].

¡Su gloria cubre los cielos! Múltiples salmos se expresan así: confiesan la plenitud de Dios sobre la tierra y los cielos. Por ejemplo: "[Señor y Dios nuestro, ¡cuán glorioso es tu nombre en toda la tierra!] ¡Has puesto tu gloria sobre todos los cielos!" [Salmo 8:1]. Aquí dice lo mismo el profeta (Habacuc): "Por todas las tierras es alabado su nombre, su gloria y su magnificencia por sus admirables obras, pues guio fuera de Egipto al pueblo que había elegido para sí mismo." Y esta oración que sigue nos indica que éste es el preciso significado.

¡La tierra se llena con su alabanza! Así es como Rajab se expresa en Josué 2:9-11: "Yo sé que el Señor les ha dado esta tierra. Todos los habitantes del país les tienen miedo. Por causa de ustedes están tan atemorizados, que su ánimo está por los suelos. Sabemos que, cuando ustedes salieron de Egipto, el Señor hizo que el Mar Rojo se secara al paso de ustedes, etc... Pues el Señor es Dios en los cielos y en la tierra."

4. ¡Su resplandor es como la luz! Lo que nuestro traductor traduce "esplendor" (*splendorem*)[90] sería mejor traducirlo "rayo" o "resplandor", esto es, sus rayos son esparcidos por todos lugares. Su significado es: la manifestación y revelación de Dios, la divulgación de su poder, son tan ampliamente difundidos y llegan a ser conocidas sus obras en tan poco tiempo por toda la tierra, que se celebra este hecho.

90 En la Vulgata.

Cuernos se encuentran en sus manos.[91] Los cuernos son una metáfora para expresar "los rayos" o "el esplendor". Así es como la Escritura habla sobre el rostro de Moisés [Éxodo 34:29]: "La cara de Moisés era cornuda"[92] esto es, radiaba de sí mismo rayos que emitían luz parecida a cuernos. Entonces se debe leer así del hebreo: "Los cuernos en sus manos." Es como si dijera: "Las maravillosas obras radiaban de sus manos como rayos de luz."

¡Allí está escondido su poder! En esa luz, en esa proyección, en esa proclamación y celebración de sus maravillosas obras moraba su poder. Es como si dijera: "No proclamaba (Dios) sus maravillas, ni permitía que se esparcieran sus rayos entre otras naciones, sino solamente en el sur y en Parán."

5. Avanza precedido de gran mortandad. Aquí comienza (Habacuc) una nueva sección, pues obviamente presenta un nuevo cuadro. Presenta una abundancia de cuadros, uno tras otro, así como los profetas suelen hacer. Vamos a ver este desfile de muchos cuadros. Aquí va pintando justamente un cuadro donde va a describir, así como también va hacer con otros cuadros que siguen, lo que ha llamado la luz y los rayos del Señor, es decir, sus resplandecientes y maravillosas obras, que han sido hechas palpables entre las naciones, especialmente a esas que habitaban alrededor de allí. La palabra en hebreo דֶּבֶר (*deber*) significa "muerte" y "peste". La traduzco yo aquí (en este texto) "peste",[93] pues denota la plaga con la cual Dios afligió a los egipcios, con la cual en una noche a todos los primogénitos, de los hombres y de las bestias, hirió con la muerte. Entonces, esto es lo que sigue:

Y el diablo le seguía ante sus pies.[94] Lo traduzco: "Y fiebre salía de sus pies", pues el nombre hebreo no significa "el diablo",[95] así como otros piensan, sino que es un tipo de fiebre que brota por la peste. Este tipo de fiebre suele ser muy nociva. Así pues, se repite la misma idea.

91 Mi traducción de la cita de Lutero de la Vulgata: *"Cornua in manibus eius."* (La cita lee en la Vulgata: *"quod cornutu esset facies"*). RVC traduce: "¡Brillantes rayos salen de sus manos!"

92 Lutero cita Éxodo de la Vulgata que lee también: *"quod cornuta esset facies."* La palabra usada en hebreo es קָרַן (*qaran*), que significa "resplandecer" o "echar (crecer) cuernos".

93 La RV1960 y la RVC traducen "mortandad", pero en inglés la English Standard Version y The New Revised Standard Version traducen *"pestilence"* (peste), así como Lutero sugiere.

94 Mi traducción del texto en latín citado por Lutero: *"et egredietur diabolus ante pedes ejus."* RVC traduce: "y cierra su marcha ardiente fuego"; y RV1960: "y a sus pies salían carbones encendidos."

95 La palabra en hebreo es רֶשֶׁף (*resep*), que significa brasa o ráfagas de fuego, por lo tanto describe la fiebre causada por la peste.

Pues no son solamente los profetas los que solían repetir las mismas cosas, sino que otros autores tienen esta misma costumbre.

6. Si se detiene, la tierra se estremece. Ofrece otro cuadro, el cual también Moisés describe en Éxodo 14. Cuando los hijos de Israel parten de Egipto, son perseguidos por el faraón con un ejército completamente armado, con toda la caballería y carros, con el propósito de exterminar todo el pueblo de Dios. Dios interpone un ángel en el medio de los dos ejércitos para evitar que los egipcios los siguieran en la noche y causaran daño a los israelitas. Moisés declara clarísimamente que fue un ángel del Señor que se presentó entre el campamento de los egipcios y el campamento de los israelitas, etc. [Éxodo 14:19-20]. Esto es lo que el profeta (Habacuc) quiere expresar cuando dice "mide la tierra".[96] Es entonces cuando añade:

Si lanza una mirada, tiemblan las naciones. Emplea (Habacuc) aquí casi las mismas palabras que Moisés en Éxodo 14:24-25, pues Moisés dice lo mismo con palabras similares: "El Señor miró al campamento de los egipcios desde la columna de fuego y de nube, y trastornó su campamento: a sus carros les quitó las ruedas y a ellos los dejó en una confusión tremenda." Dios batalla con solo fijar la mirada, y así pues, cuando lo hace, imparte terror y pavor en los corazones de esos que quiere destruir. Ellos, entonces, son fácilmente vencidos y caen y no importa qué tan armados estén, ellos huyen. No pueden resistir cuando sienten en sus corazones la presencia del Señor, así como decían los egipcios [Éxodo 14:25]: "Huyamos de los israelitas, porque el Señor pelea a favor de ellos y contra nosotros."

Las montañas eternas se desmoronan. Usando una metáfora (Habacuc) llama a los gobernantes y príncipes "montañas eternas", pues el control supremo de todas las cosas se encontraba en sus manos. Moisés habla así también en Deuteronomio [cf Génesis 49:26].[97] "Aun lo deseable de los montes eternos." Esa dispersión o humillación de los líderes tomó lugar.

96 Comenta aquí cómo se expresa esta frase en la Vulgata: *"metiri terram."*

97 Deuteronomio 33:15 en la Vulgata contiene la frase *"collium aeternum"* (montes eternos) pero la cita es de Génesis 49.

Su andar en el mundo.[98] Así es como traduzco la palabra del hebreo. Pues la palabra en hebreo puede significar "eterno" o "mundo",[99] así como podemos ver en el Salmo 24:7: "elévense puertas del mundo."[100] El Señor, por lo tanto, dispersó a la gente y humilló a los príncipes del mundo, porque él también caminaba en el mundo, esto es, vivía con su pueblo, andaba en el medio de ellos como líder y vencedor, así como había prometido.

7. He visto aflicción en las tiendas de Cusán. Nuestra traducción en latín es tan difícil de entender que debería ser llamada un conjuro en vez de una oración. No se puede concluir nada con este versículo. Ésta es de nuevo una de esas partes de un cuadro, otro "rayo" del Señor. Ya que nuestra traducción[101] en latín es pésima, lo traduzco, pues, así del hebreo: "Vi las tiendas de los etíopes en aflicción, y las cortinas en la tierra de Madián afligidas." La palabra "aflicción" en nuestra traducción es la palabra en hebreo אָוֶן (*'aven*) sobre la cual hemos dicho anteriormente que significa "con trabajo", en alemán "mühe" (con dificultad o esfuerzo), así como se ve claramente en el Salmo 90:10: "Pero esa fuerza no es más que trabajos y molestia."[102] Éste es el significado: "Los etíopes, los madianitas, y todas las otras gentes estaban angustiados y llenos de gran temor cuando escucharon sobre la venida de su pueblo, a quien el Señor había conducido maravillosamente fuera de Egipto y con mano tan poderosa y grandes prodigios. El Señor los había rescatado de la mano del faraón y los había guiado maravillosamente a través del Mar Rojo mientras que el faraón con todo su ejército fue ahogado, etc." Los etíopes y los madianitas eran pueblos vecinos, especialmente esos que son llamados etíopes árabes, que vivían en la costa occidental del Mar Rojo, pues desde ese lugar se puede transitar a Egipto, así como indican los mapas.

Tiendas, pues ellos no construían tan elaboradamente, así como hacemos en Alemania y otras regiones, sino que habitaban en tiendas. Hoy los turcos se ríen de la simpleza de los alemanes, pues ellos construyen tan elaboradamente como si fueran a permanecer allí para siempre. Pero ellos han recibido esta tradición de sus antepasados, esto es de

98 Mi traducción de la Vulgata que lee: *"Ab ambulatione eius in mundo."* RVC traduce: "Sus caminos son eternos", esto es, "su caminar es eterno".

99 La palabra en hebreo es עוֹלָם (*'olam*).

100 Mi traducción de la cita usada por Lutero de la Vulgata: *"elevamini portae mundi."* Pero la RVC y la RV1960 traducen "puertas eternas" y no del mundo. Las traducciones en inglés tienden a usar otra palabra *"ancient* (antigua) *of doors"*, que es otro significado de la palabra *'olam* en hebreo.

101 Critica la Vulgata.

102 Lutero cita aquí en latín: *"reliquum eorum labor et dolor."*

los árabes, de los cuales son sus orígenes. Cortinas (*cortinae*), esto es, tiendas hechas de cortinas.[103]

8. ¿Te enojaste, Señor, contra los ríos? Todo este versículo se debe entender como una pregunta que espera una respuesta negativa o positiva. El profeta expresa abiertamente sus sentimientos. Hasta aquí expresa su admiración de las grandes obras de las cuales había hablado anteriormente. Si deseamos, pues, una respuesta negativa a la pregunta, entonces entendemos que habla sobre la gracia y bondad de Dios por la cual salvó a su pueblo y definitivamente hizo que la luz surgiera. Si esperamos una respuesta afirmativa a la pregunta, habla, entonces, sobre la ira e indignación del Señor, con la cual se opuso al faraón y lo ahogó en el mar con todo su ejército. Pero yo creo que la pregunta en hebreo debe ser contestada negativamente, así como en el Salmo [95:11]: "Por eso, en mi furor juré que no entrarían en mi reposo."[104] Y, por medio de esta respuesta negativa, afirma de este modo: "Te enojaste con tus adversarios; los destruiste a ellos pero nos salvaste a nosotros." Es como si dijera: "¿Seguro que no fueron señales de ira contra nosotros, ésas que nos condujeron por los ríos?, ¿fueron? Pues no fue así ya que él nos mira con tanta bondad mientras que todos los pueblos murmuran contra nosotros. Nos guía (Dios) a salvo por los ríos de modo maravilloso." Lo que lleva a esta conclusión es que el profeta está describiendo aquí la seguridad de los carros. Pues los israelitas salieron armados de Egipto con carros cubiertos y descubiertos, así como leemos en Números [7:2-8]. Así se goza con gran afecto el profeta recordando las bondades de Dios, y se fortalece así. Es como si dijera: "Éstos son los jinetes robustos y los carros ligeros sobre los cuales Dios monta."

9. Al quedar tu arco al descubierto, pudo verse tu aljaba repleta de flechas. Aquí se ve otra parte del cuadro. En este cuadro incluye el enfrentamiento con Sijón, el rey de los amorreos, y con Og, rey de Basán, de los cuales se ofrecen numerosas narrativas en los libros históricos del Antiguo Testamento [Números 21:21-35; Deuteronomio 2:24-3:11] y en los Salmos [135:11; 136:19-20]. Pues, después de cruzar el mar, fueron atacados por estos reyes, a los cuales vencieron por medio del Señor. Parece que como suena, la palabra "arco" simplemente significa

103 La Vulgata usa aquí *"pelles"*, (piel de cuero) y Lutero usa *"cortinae"* para explicar la función de las pieles. Era costumbre usar pieles para cubrir las tiendas durante el invierno.

104 En hebreo este juramento se encuentra en forma condicional, y se entiende que la respuesta va ser negativa.

los soldados y sus armamentos. No es necesario entender esto como un arco espiritual, así como algunos se imaginaron, pues es obvio que el profeta ha usado la misma palabra que vemos en el Salmo 78:9: "Los efraimitas, arqueros armados, volvieron la espalda en el día de la batalla." Esto es, la tribu de Efraín era valiente, preparada para la guerra, tenía una tradición militar, etc. El sentido de la frase "el Señor puso su arco por descubierto" es que usa su ejército para beneficio de su pueblo, fortalece a su pueblo con su propia fuerza, para que así su pueblo escape victoriosamente sobre sus enemigos, así como había prometido de que les daría la victoria y de que sería enemigo de los enemigos de ellos.

Aquí, pues, la palabra *Selah* ocurre de nuevo, así como fue añadida otra vez anteriormente.[105] Lo que significa esta palabra ha sido discutido entre todos los eclesiásticos, en griego y hebreo, desde el nacimiento de la iglesia y hasta este día. La *Septuaginta* la traduce διάψαλμα (*diásalma*), esto es: una pausa o silencio. Estoy completamente de acuerdo con esos que opinan que es como añadir una palabra para rellenar un hueco o vacío en el versículo, así como también nuestros poetas latinos y griegos frecuentemente añadían unas letras para completar el metro en el verso. De otro modo, serían omitidas, ya que no añaden al sentido del versículo, etc.

Con los ríos divides la tierra. Ahora describe el pasaje (viaje) por el Jordán. Éstas son simplemente personificaciones, así como vemos en el Salmo [65:12]: "Las colinas se revisten de alegría"; y también en otro Salmo [114:4]: "Los montes saltaban como carneros. ¡Las colinas brincaban como corderitos!" Creo que esto es una sinécdoque, pues por las montañas se entiende las personas que habitan en los montes. Es como si dijera: "Tú puedes dividir los ríos, y las personas han visto esto; por lo tanto sufren, dan a parir (éste es el dinamismo de la palabra hebrea) esto es, tienen tanto dolor como suelen tener (las mujeres) al parir, se encuentran en agonía. Se encuentran perplejos y viven en angustia, se desesperan de sus propios poderes, ya que vieron que fuiste tan poderoso con tu pueblo que pudo caminar entre las aguas [cf Josué 5:1].

10. El mar profundo deja oír su voz. Resume esto con la figura idiomática que se le llama ἐπιφώνημα,[106] es como si dijera: "Tan profunda y sublime son esas cosas que sirven a Dios."

105 La palabra "Selah" ocurre 71 veces en los salmos pero no se registra (aparece) en las traducciones de los Salmos del hebreo a otros idiomas ya que se usa para pausar y no tiene un significado definitivo.

106 Esto es una exclamación apropiada en forma de sumario que se añade frecuentemente como "toque final".

11. El sol y la luna detienen su marcha. Aquí combina dos eventos. El primero ocurrió cuando el sol y la luna se detuvieron hasta que los israelitas pudieron vengarse de sus enemigos [Josué 10:12-13]. El otro evento sigue aquí (ahora).

Al ver el resplandor de sus saetas. Esto también es narrado en Josué 10 (:11) cuando los cinco reyes fueron eliminados, el Señor lanza grandes granizos como piedras sobre esos que huían, así como dice la historia. Aquí describe la tempestad. La llama "resplandor de saetas", pues el resplandor de los relámpagos son las saetas del Señor, así como vemos en un salmo (Salmo 144:6): "Dispersa con tus relámpagos a mis enemigos; lanza contra ellos tus dardos de fuego y confúndelos."

12. En tu ira, pisoteas la tierra. Así lo traduzco del hebreo: "Indignado marchas sobre la tierra, en ira trituras a los pueblos", esto es, a Canaán. Significa, pues, que marchas con cierta majestad de ira, porque muchos son los adversarios de tu pueblo, todos los cuales tú destruyes. En este versículo agrupa al resto quienes se opusieron a Israel, el pueblo de Dios, como uno puede ver en Josué.

13. Acudes al llamado de tu pueblo [y sales en ayuda de tu ungido]. Hasta aquí describe todos esos hechos, aquellos que ocurrieron después de la partida de Egipto hasta cuando los padres adquirieron posesión de la Tierra Prometida. Ahora añade los hechos por los cuales indica las obras que hizo el Señor en el quieto (tranquilo) reino después de vencer completamente a sus adversarios, y así poder permanecer en sus hogares. Describe también los logros bajo los reyes, especialmente bajo Saúl y David, cuando ellos ocuparon la tierra y la habitaron. Los describe a ellos marchando adelante. Llama a Saúl y a David "*Christum*" (tu ungido), rey del Señor. Así llama también a Saúl pues la Escritura así hace aunque era malvado. Pues hasta él (Saúl) luchó satisfactoriamente a favor del pueblo, ese (pueblo) a quien el Señor le había prometido estar con ellos y luchar a favor de ellos, etc.

Abates la casa del jefe malvado, [y lo dejas desnudo de pies a cabeza]. En hebreo se unen frecuentemente estas palabras con las precedentes. Pero, si me permiten ser bien atrevido, prefiero unir estas palabras con las que siguen. Pero dejo que ustedes decidan con libertad qué interpretación les parece mejor. Opino así ya que se puede entender de dos maneras. Primero, una de las explicaciones es que cuando es expresado en singular, así como llama a los reyes "el ungido" del Señor. No apruebo esta interpretación, de que él está hablando sobre diferentes reyes, esto es, el rey de los moabitas, y el rey de los amonitas, los reyes de Siria, etc., de los cuales dice que los abatió poderosamente, quiere decir, por los reyes de Judá e Israel. (Segundo), prefiero entender que esto se trata del rey de los asirios, esto es, de aquel a quien (Dios) abatió poderosamente (fuera) de su casa malvada. Esto es, lo apartó de su reino. Pero si alguien no aprueba esta interpretación, no lo voy a contradecir. Es más, "abatir la casa y dejarlo desnudo de pies a cabeza" es dispersar el reino y despojarlo de su rey, a quien la Escritura llama "la cabeza" (del reino), así como Moisés habla de "desnudar la cabeza".[107]

La cabeza. Esta metáfora es muy áspera y única entre los profetas. Introduce una doble metáfora, por las cuales señala a los príncipes de dos maneras. Cuando se refiere a "desnudar los fundamentos",[108] está llamando a los príncipes los fundamentos. En segundo lugar los llama "la cabeza", etc.

14. Horadas con sus propios dardos la cabeza de sus guerreros. Esto es especialmente pertinente contra el rey de los caldeos. Aquí de nuevo el profeta pinta un nuevo cuadro. Lo involucra a él[109] con el rey de los asirios (pues así, creo yo, el texto anterior debe ser entendido concerniente al rey de los asirios) cuando añade "sus" (*eius*), es como si se refiriera solamente a un asirio. Por lo tanto, éste es el significado: "El reino de los caldeos no ha sido destruido, así como los otros reinos y reyes han sido, pero ahora la destrucción de ese reino es también inminente. La sentencia ha sido dictada, has maldecido sus cetros.[110] Por lo tanto, Señor, haz que tome lugar lo que has advertido (amenazado). Que el rey de Persia venga y vengue nuestra desgracia, etc., porque has maldecido sus cetros con la cabeza (la principal) de las ciudades, Babilonia."

107 Probablemente una referencia hecha en latín a Deuteronomio 32:42: *"nudati inimicorum capitis"* (desnudaste la cabeza de los enemigos).

108 Lutero comenta aquí basado en la Vulgata que lee: *"denudasti fundamentum"* (desnudaste los fundamentos).

109 Se refiere aquí al rey de los caldeos.

110 Aquí Lutero comenta el texto de la Vulgata que lee: *"Maledixisti sceptris ejus."* Horadar o atravesar significa también en hebreo "maldecir" נָקַב (*naqab*).

Que como tempestad acometieron para dispersarme.[111] En hebreo se encuentra solamente una palabra, en donde leemos: "Vino como torbellino",[112] es como si dijera: "Vino como tempestad." Pues el idioma hebreo suele expresarse con tan elegantes palabras. Éste es el significado: "Hasta ahora nuestros reyes han sufrido mucho, hemos sido afligidos miserablemente bajo los reyes y naciones enemigas. Pero, tú, rey de los caldeos, has sido entre todos nuestro más feroz enemigo. Tú nos has afligido enormemente como una tempestad y nos has maltratado también miserablemente. Nos arrastraste al cautiverio, y no solamente eso, sino que también has hecho de nosotros tu propio juguete. Te ríes de nosotros, te has vuelto soberbio por tu victoria ganada, que también te regocijas si algún malvado oprime a escondidas (en secreto) una persona pobre. Esto es, sin ser castigado tú, por no encontrarse un juez quien vindique esa injusticia." Esto es lo que el profeta entiende cuando dice: "y gozan devorando al pobre que se esconde."

15. Tú cabalgas en el mar con tus caballos. Esto es, anteriormente conquistamos en todo lugar a nuestros enemigos con la ayuda de Dios, no importaba qué tan poderosos ellos fueran, así como acaba de decir anteriormente (v 8): "Cuando montaste en tus caballos y subiste en tus carros de victoria." Pero ahora hemos sido abatidos con la tribulación. "Ahora cabalgas contra nosotros en el mar", esto es, en tribulación.

Y haces que se agiten las muchas aguas. Una frase similar se encuentra en el Salmo 69 [:1-2]: "Porque las aguas me han llegado hasta el cuello. Me encuentro hundido en profundo pantano." Todas estas expresiones señalan una excesiva tribulación. Es obvio que el significado de este texto es el mismo, así como continúa declarando sobre ese atropello cuando, con las palabras que siguen, recita cómo los caldeos los dispersaron a ellos.

16. Al oírte, se estremecen mis entrañas. Es como si dijera: "Nos afligías con esmero, nos oprimías, era como si nos arrastrásemos en el lodo de muchas aguas. Cuando yo escuchaba estas cosas, se estremecían mis entrañas y mis labios temblaban. La vanagloria e insultos de tus jinetes y soldados, quienes nos estaban atropellando y destruyendo, nos llenaba de inmenso dolor."

---

111 Cito aquí la RV1960 que se asemeja mejor al texto en latín: "*Venientibus ut turbo ad dispergendum me.*" (Mi traducción del latín es: "Vino como torbellino contra mí para dispersarme."

112 La palabra en hebreo es סַעַר (*sa'ar*).

El mal me cala hasta los huesos. Ésta es otra expresión única de este profeta. Su significado es éste: "Mis huesos se encontraban débiles por cuenta del temor y la confusión cuando me era obligado a escuchar todas estas cosas." "Todo se estremece", esto es, en mi soledad me estremecí allí donde me encontraba, o como se dice en alemán: "Me acomodé y me comí mi propio ser."[113]

Pero yo espero confiado el día de la angustia, el día en que será invadido el pueblo que ahora nos oprime. Es como si dijera: "Nuestro pueblo ha sido trasladado al cautiverio; esos que nos robaron, que nos capturaron con su ejército prevalecieron contra nosotros." Esto es lo que la palabra en hebreo significa: "El Señor permitió que ellos prevalecieran contra nosotros; la oración no valía", así como Isaías dice [64:7]: "Ya no hay nadie que invoque tu nombre, ni que se despierte y busque tu apoyo, etc." "Pero ahora la paz volverá a nosotros, seremos regresados salvos a nuestro reino; seremos liberados del cautiverio el cual ahora nos oprime, y entonces, pues, la maldición caerá sobre ustedes. Por esta razón no pude descansar cuando nos oprimían."[114]

17. Aunque todavía no florece la higuera ni hay uvas en los viñedos. Esto es: "Todo ha sido devastado. Tanto era el furor de ustedes contra nosotros, tanta era la tiranía de ustedes."

Ni hay tampoco aceitunas en los olivos. Esto es: "El fruto no brotaba de los olivos, no importaba qué tan esmeradamente eran cultivados."

Aunque no hay ovejas en los rediles. Esto es: "Los caldeos raptaban todo, así que nada quedaba sobre nuestra tierra."

18. Señor, ¡me regocijo en ti! Esto es: "Le daré gracias a Dios por nuestra salvación. Esto ocurrirá cuando el rey de los persas prevalezca contra ti; no podrás entonces ejercer tu tiranía contra nosotros; tu destrucción es inminente. Pero nosotros seremos regresados sanos y salvos a Jerusalén, y por lo tanto, llegará el momento en que me regocijaré y alabaré a Dios." Algo parecido expresa el profeta David en el Salmo [43:5]: "¿Por qué te desanimas, alma mía? ¿Por qué te inquietas dentro

113 Ich sass und frass mich drum.

114 Esta cita es el propio comentario de Lutero sobre este versículo.

de mí? Espera en Dios, porque aún debo alabarlo. ¡Él es mi Dios! ¡Él es mi salvador!"

Tú, Señor, me das pies ligeros, como de cierva. Estas palabras han sido tomadas de un Salmo, pues las mismas palabras se encuentran en el Salmo 18:33: "Y me haces correr como un venado." Es como si dijera: "Hará que felizmente todas mis cosas prosperen. Me mantendrá a salvo mientras corro en el ministerio de la Palabra y también en un reino ya seguro", así como añade aquí:

Y me haces andar en mis alturas. Esto es, el reino seguirá vigente. Será así pues incluye aquí el reino que regresa del cautiverio. Es como si dijera: "Ocurrirá que seré conducido de nuevo a la gloria fuera de este lodo en donde nos atropellan."

Al jefe de los cantores. Sobre instrumentos de cuerda. Esta palabra ocurre muy frecuentemente en los títulos de los Salmos así לַמְנַצֵּחַ (*lamnatzeja*), la cual es traducida al griego con la palabra ἐπινίκιον (*epiníkion*), esto es, "un cántico triunfal". Así que éste es el significado: "Andaré de nuevo en las alturas. Seré puesto de nuevo en las alturas con cánticos de victoria sobre mis instrumentos." En mi traducción de los Salmos al alemán he traducido esta palabra "Cantar en [voz] alta",[115] esto es, este tipo de Salmo debe ser cantado con voz sonora y en alto, ese tipo de voz que generalmente llamamos "*discantus*".[116] Por lo tanto, esto es lo que significa: "Cantaré en tono alto pero con júbilo y regocijo; ahora me encuentro afligido, ahora me encuentro oprimido, pero en breve tiempo, me llenaré de gloria de nuevo, me regocijaré y triunfaré. Esto ocurrirá cuando nos regresen del cautiverio". Esto es un breve ἐπιφώνημα[117] de todo lo precedente. Así indica el completo gozo por la redención (liberación) del cautiverio.

2 de agosto, 1525[118]

115 Hoch zu singen.
116 Sería equivalente a la voz soprano, pero en forma de descanto.
117 Cf nota 104 arriba. Significa un sumario como toque final.
118 El manuscrito de Altenburg añade al final la fecha que concluyeron estas clases sobre Habacuc.

COMENTARIO SOBRE SOFONÍAS

Clases impartidas en latín por el Dr. Martín Lutero en La Universidad de Wittenberg del 14 de agosto al 11 de septiembre de 1525[1]

Este profeta es suficientemente fácil y claro (de entender), pues indica él mismo la causa y el tiempo (del cumplimiento) de su profecía. Entre los Profetas Menores, hace las más claras profecías sobre el reino de Cristo. Lo hace frecuentemente, con lúcidos detalles y con abundantes palabras. Su punto de partida es el mismo que todos los otros profetas: el reino de Judá iba a ser destruido por los caldeos, aquellos de la tribu de Judá que sobrevivieran (esa destrucción) serían llevados al cautiverio. Pero, así y todo, un pequeño remanente de Judá sería revivido y rescatado por causa de Cristo y del gloriosísimo reino de Cristo, quien nacería en Judá, y se levantaría en el reino de Judá, así como anuncian las promesas. Pero aquí había necesidad de una gran fe para aceptar la discrepancia de los profetas, para creer que este pueblo sería glorificado y preservando, un pueblo secuestrado en Babilonia después de perder su patria, templo, y todos los elementos sagrados bajo una situación en la que todo era desesperación. Pues, ¿quién podía creer en la liberación durante el cautiverio? Este profeta se dedica completamente a esto. Profetiza antes de tomar lugar el cautiverio en Babilonia. El versículo que sirve como título del profeta así lo indica cuando dice que profetiza: "Durante el reinado de Josías, hijo de Amón, rey de Judá." Pues, bajo Sedequías, quien era tutor de los hijos de Josías, todo el pueblo fue trasladado a Babilonia.

1 El manuscrito de Altenburg ofrece el siguiente título: "El Comentario del Dr. Martín Lutero, sobre el Profeta Sofonías, Wittenberg, 13 de agosto, 1525.

Capítulo Uno

1. La palabra del Señor vino. No voy a dedicar tiempo a la pregunta de Jerónimo donde pierde el tiempo y muchas palabras aquí y otros lugares, esto es, todos los que Sofonías menciona aquí como predecesores fueron profetas. Los hebreos sueñan cosas extrañas sobre cosas como éstas, y ha llegado a ser una gran superstición para ellos. Concedo yo que pertenecieron al orden profético. Pues en el pueblo judío existían tres órdenes (oficios) (así como hemos citado anteriormente).[2] La primera es la de los profetas, la segunda es la de los sacerdotes, y la tercera la de los sabios (*sapientum*). Jeremías pertenecía a estas tres órdenes. Los profetas tenían su propia orden o su propio colegio (*collegium*), donde convenían personas y aprendían de los profetas. No todos ellos hablaban bajo el Espíritu de Dios, sin embargo, escuchaban y seguían a los profetas. Los Libros de los Reyes llaman a estas personas "hijos de los profetas" (2 Reyes 4:1).[3]

2. Voy a destruir por completo todo lo que hay sobre la faz de la tierra, esto es, Judea. Habla abiertamente sobre el cautiverio de Babilonia. Pero suena extraño eso que dice (v 3) sobre "Voy a destruir... a las bestias, a las aves y a los peces". Pero él suele hablar así usando una sinécdoque, cuando, como aquí, dice que todo el pueblo de Judá sería trasladado a Babilonia, aunque los pobres permanecieron en la tierra, así como cita la historia (2 Reyes 24:14). Pero ya que la mayoría del pueblo fue secuestrado, dice que todos los habitantes fueron trasladados. Así dice aquí. El pueblo es arrastrado fuera de su tierra, las ciudades son incendiadas y también las aves y los peces son sacados de allí, esto es, no habrá gran necesidad en el futuro de las aves y los peces ya que los que los compran y venden han sido sacados (de allí). Entonces, pues, está hablando de un reino constituido, en donde se encuentra un gran número y un uso para los animales. Esta abundancia y necesidad por los animales cesa cuando son arrastrados los habitantes de su tierra. También la palabra en hebreo אָסַף (*'asap*) no significa en realidad "*congregare*", esto es, "reunirse" sino que significa lo que los alemanes

2 Cf los comentarios de Lutero sobre Amós 1 concerniente a estas tres órdenes (Lutero, Profetas Menores, Vol. 1:172.

3 RV1960. La RVC solo cita "de uno de los profetas".

quieren decir con *wegraffen* ("arrebatar").[4] Esto es lo que vemos en el Salmo 26:9: "¡No me arrebates la vida junto con los pecadores!"

3. Eliminaré a los impíos. No me complace tanto la traducción de Jerónimo[5] como la de la Septuaginta, la cual traduce esto así: "Eliminaré el escándalo junto con los malvados."[6] El significado es éste: "Así pues, eliminaré finalmente todo escándalo, esto es, la idolatría y el culto de los malvados con el cual han alienado a mi pueblo, el cual debería estar sirviéndome.

Y borraré de la faz de la tierra a la humanidad entera. "La faz de la tierra" aquí es Judá. Así que inmediatamente, en el mismo comienzo de su profetizar, (Sofonías) ofrece en detalle y con amenazadoras palabras un resumen de todo el cautiverio de Babilonia.

4. Voy a extender mi mano contra Judá. Ahora, pues, explica y describe esos escándalos (obstáculos) que dice que va a eliminar de la tierra. El significado se puede resumir así: "Llamaré al rey de Babilonia para que venga aquí. Por medio de él voy a extender mi mano, mi poder e ira, y los voy a declarar contra Judá.

Voy a borrar de este lugar los restos de Baal. Esto es una parte del escándalo. El culto de Dios que era prescrito por la ley fue preservado bajo el rey Josías. La doctrina de la ley era pura, como así también este rey se esmeraba por la piedad. Los libros de los Reyes dan testimonio de esto. Pero, así y todo, no pudo abolir completamente el impío culto a Baal. Siempre quedó en algunos de los impíos. Pues siempre existía entre algunos de los malvados un gran interés por la impía idolatría. El piadoso rey logró esto, que no reinara la idolatría, pero siempre quedó algún remanente de ella. Y no hay razón por qué esperaríamos nosotros que vayamos a erradicar toda impiedad para que así todos los seres humanos lleguen a ser piadosos. Pues, si esto se hubiera podido hacer, no cabe duda que el rey tan preocupado por la ley y el culto divino lo hubiera logrado. Por lo tanto, la mayoría del pueblo en aquel entonces

4 Puede ser traducido como "arrastrar, arrancar, almacenar". Por lo tanto el salmo se puede traducir: "No arrastres mi vida junto con los pecadores." Pero el de congregar o reunir gente como traducción del Salmo: "No hagas que sea parte de esos malvados pecadores."

5 Se refiere a la Vulgata que lee: *"et ruinæ impiorum erunt."* Mi traducción: "Serán derrumbados los impíos."

6 Ésta es mi traducción de la traducción de Lutero al latín de la *Septuaginta*. Así traduce Lutero: *"et scandala cum impiis."*

estaba siguiendo la ley. Ellos adoraban a Dios con el culto prescrito por la ley. No obstante, muchos de los otros que eran impíos, continuaron con su idolatría. Balaam se expresa de este modo en Números, cuando predicó sobre la piedad y el verdadero culto de Dios al pueblo de Israel, Números 23:23: "Contra Jacob nada pueden las brujerías; contra Israel nada valen las artes mágicas." Así y todo, Esteban en Hechos 7 acusa de ser impíos e idolatras a todos los padres de los judíos, quienes marcharon por el desierto. Dice así (Hechos 7:42-43): "Israelitas, ¿acaso me ofrecieron ofrendas y sacrificios durante cuarenta años? Lejos de eso, llevaron el tabernáculo de Moloc y la estrella de su dios Refán, etc." Pero existe cierta armonía aquí. La Escritura suele expresarse por medio de sinécdoque y así, pues, toma una parte como si fuera el todo y el todo como si fuera una parte, así como ya hace poco expliqué. Esto es lo que se llaman una clave para entender la Escritura.

Lo mismo que el recuerdo de sus ministros idólatras y sus sacerdotes. Esto es, para que hasta sus nombres dejen de existir. Pues, quitarle el nombre a alguien es hacerlo un desconocido y sin fama. Se puede ver esto en varios de los Salmos: "[Destruyes a los malvados], y borras para siempre su memoria."[7] Hoy día, ahora que ha sido revelada la gracia de Dios por medio del evangelio, el nombre del papa ha muerto, esto es, no se celebra, no se toma en cuenta. Es más, que la misma palabra que nuestro traductor[8] traduce "sacerdotes idólatras" se encuentra también en los libros de Reyes (2 Reyes 23:5). Es más, solamente existía una específica clase de hombres entrenado en ese tipo de culto impío e idolatra. Pues ese nombre procede de "ardiente, candente devoción".[9] Es como si dijera: "Disfrutaban mayores elogios del pueblo que el resto de los sacerdotes. Eran más estimados. Ellos opinaban ante el pueblo que ellos están más profundamente interesados en la religión y en el culto a Dios que el resto de los sacerdotes." Creo yo que este tipo de persona la encontramos hoy entre esos monjes que se llaman a sí mismos "hermanos observantes".[10]Así pues, se encontraba ese malvado remanente

7 Salmos 9:5; 34:16; 83:4; 109:13.

8 Se refiere a la Vulgata.

9 Lutero aparentemente relaciona la palabra en hebreo כְּמָרִים (sacerdotes idolatras o paganos; en singular כֹּמֶר, *komer*) con כָּמַר (*kamar*), que significa "inflamar, ennegrecer, quemar, encandecer, arder". Es usado así en Lamentaciones 5:10: "se ennegreció como un horno" (RV1960); "requemada como un horno" (RVC).

10 Literalmente: "hermanos de la observación." En la Iglesia Católica la Orden de Hermanos Observantes fue una de las primeras órdenes franciscanas, seguidores de San Francisco de Asís. Es posible que Lutero se refiera aquí a esta orden religiosa. Pero se encuentran "Observantes" en otras órdenes religiosas, como la orden agustina a la cual Lutero pertenecía en el monasterio de Erfurt.

bajo el piadosísimo rey Josías. Claro, nos es imposible expurgar toda maldad y fermentación de esa maldad. No obstante, nosotros debemos actuar para que ese reino de pecado no habite entre nosotros, no sea que prestemos nuestros miembros a ser siervos del pecado, así como nos dice el apóstol.[11] En este asiduo uso de la Palabra tenemos que estar siempre constantes, correctos, censurados para que así no venza el reino del pecado, etc.

5. Esos que en las azoteas rinden culto al ejército del cielo. Esto es otro escándalo contra el cual el profeta Jeremías arremete frecuentemente, pues de cuando en cuando nos recuerda sobre la "reina del cielo".[12] Adoraban también a la luna y las estrellas del cielo, lo cual Moisés prohibió en Deuteronomio 17:3. Por lo tanto, esa práctica religiosa e impío culto era ya algo viejo. Lo habían adquirido de sus antepasados que habían vivido bajo Moisés. Además de esta impiedad, relucían un aura de piedad, de que adoraban la presencia de Dios, la cual no era más evidentemente declarada que en el sol, la luna, y las estrellas. Entonces, esa ignorante multitud comenzó adorar a Dios no solamente bajo ese mismo sol y luna sino que adoraron a ese mismo sol y luna. No cabe duda que mucho de nuestro pueblo hace lo mismo hoy. Estaban muy apegados a la idolatría y hasta adoraron también esos mismos ídolos de madera de los santos.

En las azoteas. Esto es, en lugares elevados bajo el mismo cielo. Pues ellos tenían techos planos donde comían y ambulaban (se paseaban).

Esos que rinden culto... y que de rodillas juran en el nombre del Señor y también en el nombre de Milcón. Algunos piensan que Milcón es un ídolo de los hijos de Amón; otros creen que significa "rey", pues ese es el significado de la palabra en hebreo. Pero no sé de los dos cual escoger, pero las dos lecturas (traducciones) son apropiadas. Jurar en el nombre de Dios es algo piadoso y santo, así como lo es adorar al Señor. Pero el Señor no quiere que juremos en nombre de otro, sino que solamente sea en su nombre y que solamente lo adoremos a él, así como afirma la Escritura. Pues claramente dice: "Al Señor tu Dios temerás,[13] y sólo a él servirás." Aquí el profeta reprende tal tropezar.

11 Romanos 6:3.

12 Jeremías 7:18, 44:17-19.

13 En latín lee *"adorabis"* (adorarás). La cita es tomada de Deuteronomio 6:13. La palabra usada en hebreo es יָרֵא (*yare'*) que principalmente significa "temer" pero puede significar también "reverenciar", "venerar" o "adorar".

No es menos servicio a Dios cuando obedecemos a los magistrados de acuerdo a la voluntad de Dios. Ciertamente complacemos a Dios así también, como Pablo explica en Romanos 13:5: "No sólo por causa del castigo, sino también por motivos de conciencia." También Salomón dice (Proverbios 24:21): "Teme (honra) al rey." Los judíos juraban en el nombre de Milcón o en el nombre del rey. Esto es, confiaban en el rey, pero esto se lo debemos solamente a Dios. El Señor los confrontaba por esto, al ellos elegir un rey contrario al Señor. Pues ellos confiaban que el rey los auxiliaría y protegería mejor en el futuro que estando bajo la protección de Dios. No confiaban solamente en Dios. Confiaban en el rey, así como hacían otros pueblos, como lo explica claramente la Escritura en 1 Samuel 8:19-20: "A como dé lugar, tendremos un rey. Así seremos como todas las naciones. Y nuestro rey nos gobernará, y saldrá al frente de nosotros y presentará batalla por nosotros." El profeta dice aquí, entonces, que el pueblo prestaba tributo de honor al rey al jurar en su nombre, lo cual solamente se debía hacer a Dios. Pero aquí nos brinda la ocasión (oportunidad) para hacer múltiples preguntas. Frecuentemente leemos en la Escritura que los santos juraron también en virtud de la vida de los reyes. Un ejemplo: "Pero le juro que no sé."[14] Y el apóstol Pablo jura (1 Corintios 15:31) diciendo: "Hermanos, por el motivo de orgullo que tengo por ustedes [en nuestro Señor Jesucristo], yo les aseguro que muero cada instante." Así y todo, solamente debemos jurar por Dios, así como solamente servimos a Dios. No tengo el tiempo para referirme a estas ideas en detalle, ni es necesario repetir aquí estas cosas. Ya he mencionado suficientemente sobre esto en mi Comentario sobre Deuteronomio.[15] Aunque solamente le debemos el honor y culto, o servicio a Dios, tenemos también que estar sujetos a nuestros hermanos por medio del amor,[16] para que así "respetemos y mostremos deferencia hacia los demás",[17] así como dice Pablo en Romanos 12:10. Pero, no obstante, ese servicio se convierte en culto a Dios, especialmente cuando uno a causa de Dios se somete a otra persona en amor.[18] Pero esa distinción que separa el servicio del justo (piadoso) de aquel del impío, radica en el corazón y no en cosas externas. Por lo

14 1 Samuel 17:55.

15 WA, 14, 613-617; *Luther's Works*, 9, 72-74.

16 Usa aquí en latín *"charitate"*, caridad, pero creo que Lutero se refiere aquí sobre el ágape o amor de Dios, que es a lo que la Vulgata se refiere usando esta palabra. Cf la traducción de la Vulgata de 1 Corintios 13, donde el ágape de Dios se traduce como *"charitate"*.

17 El texto lee: "Amémonos unos a otros con amor fraternal; respetemos y mostremos deferencia hacia los demás." Aquí ese amor es descrito en griego como "filadelfia".

18 De nuevo usa aquí: *"charitate."*

tanto, los judíos pecaron, y el profeta los acusa de impiedad por jurar en el nombre del rey sin tener fe. Pues el piadoso como el impío juran el mismo juramento; pero el impío lo hace con un corazón infiel, pues no brinda honor ni teme solamente a Dios, así es su corazón, infiel. Así es como el piadoso usa el oro, pues no pone su fe (confianza) en el oro, así como el impío confía en cosas creadas y en las riquezas. Reconoce (el creyente) que todo es la creación de Dios, y que todo lo que ha recibido pertenece a Dios. Pero si a alguien no le complace esta explicación sobre el rey, pues que continúe con la otra sobre el ídolo.

6. Y a los que se apartan de en pos del Señor, y a los que no buscaron al Señor, ni le consultaron.[19] Lo que traduzco aquí "ni le consultaron" es la misma expresión que vemos en el Salmo 14:4: "Y jamás invocan al Señor." Por lo tanto, éste es su significado: "Acorralaré y destruiré al resto de los impíos, que no siguen al Señor, quienes no guardan la ley del Señor, quienes no buscan al Señor, quienes no están interesados en escuchar la Palabra del Señor, y quienes, después de escucharla, no reconocen su impiedad y no recapacitan." Así son esos piadosos, en la parábola del evangelio, que dicen (Lucas 14:18-20): "Acabo de comprar cinco yuntas de bueyes", "Acabo de casarme, así que no puedo asistir". Aquellos inmersos y entregados a los placeres y quehaceres de esta vida, son negligentes sobre las cosas divinas.

7. Guardemos silencio en presencia de nuestro Dios. Esto es una exhortación. Es como si dijera: "Ya que el Señor va a borrarte[20] así, guarda silencio. Da lugar a la predicación y a la corrección. Escucha la Palabra. No reclames contra ella."

Ya el Señor ha preparado el sacrificio. El profeta juega aquí con el uso de palabras, así como los profetas suelen hacer. Es como si dijera: "El momento para tomar el cuchillo[21] para el sacrificio ha llegado. El Señor inmolará un sacrificio para sí mismo, es decir, ustedes los impíos."

---

19 Citada aquí la RV1960 pero se sustituyó "Señor" en lugar de Jehová, ya que la Vulgata traduce "*dominus*". En hebreo se cita a יהוה (*yhvh*), el nombre de Dios, el Tetragrámatos siendo impronunciable, pero algunos citan Yahvé. La RVC traduce: "En el día del sacrificio, yo, el Señor castigaré a los magnates y a los hijos del rey."

20 La palabra usada en latín es "*abradet*" que significa "raspar", así como un barbero raspa con su navaja una barba.

21 En latín "*mactabit*" (matar).

Y ha purificado sus invitados. Esto es: "Preparará a los caldeos para que estén prestos a devorar ese sacrificio, para destruir y arruinarlos a ustedes." Pues el Señor los ha llamado a ellos como sus huéspedes al banquete. El profeta alude aquí al rito del sacrificio, cuando esos que iban a comer del sacrificio, se purificaban o expiaban. Entonces aquí dice lo mismo, pues anuncia el cautiverio y la destrucción del pueblo; es decir, ha llamado a los caldeos para ser sus huéspedes para que ellos coman de su sacrificio. Así se ríe de sus malvadas ofrendas y sacrificios, y sus costumbres externas de limpieza bajo las cuales se purificaban mientras participaban del sacrificio. Mientras tanto, sus corazones eran incrédulos e idólatras.

8. Y en el día del sacrificio del Señor, castigaré a los príncipes y a los hijos del rey.[22] El profeta continúa con su amenaza, así como comenzó. Nos será más fácil entender el propósito del profeta cuando podamos ver con un ojo la celosa pasión del profeta y con el otro la inflexible y obstinada postura de los príncipes, falsos profetas, y malvado pueblo. Contra éstos el profeta arde con destructivas amenazas y la ira porvenir del Señor. De hecho, ésta es la naturaleza de la Palabra, pues batalla contra los poderosos, los sabios, y los santos. Ésta es una batalla perpetua, así como nos indica toda la Escritura. Vemos lo mismo aquí. El profeta tenía obstinados oyentes, los cuales estaban infectados con falsas creencias y se reían constantemente del profeta. Tenemos falsos doctores (maestros) que desviaban al pueblo de la verdadera palabra de Dios, que enseñaban todo lo opuesto (a ella), que también persuadían a los príncipes hacia otro camino. Ellos decían que el Señor no destruiría a su pueblo, su ciudad, su templo. Dios así lo había prometido pues estaría cerca de ellos, y el rey que había sido divinamente instituido no perecería, así como el profeta había amenazado cuando dice: "Castigaré a los hijos del rey." Pues, nadie esperaba que esto jamás ocurriera, pues este reinado había sido instituido y confirmado por la divina palabra. Es más, tenían las clarísimas promesas de David de que nunca faltaría un descendiente suyo que ocupara su trono.[23] Aquí el profeta Sofonías profetiza contra tan claras promesas. Por lo tanto su profecía parecía imposible y una mentira. Continuaban clamando contra los profetas, así como vemos en Jeremías [7:4]: "Templo del Señor, templo del Señor, etc.; [Jerusalén, Jerusalén, pueblo de Dios]", y otros clamores de este

22 RV1960.

23 Cf. 1 Reyes 8:25

tipo. Pero estas son las maravillosas obras de Dios (así como ya hemos dicho varias veces sobre los otros profetas), quien depone los reyes que él ha instituido (escogido), quien libera aquellos capturados. Por ejemplo, Jeconías, hijo de Josías, fue conducido a Babilonia. Así y todo, Dios preservó milagrosamente el reinado y los reyes, así como había prometido que los preservaría. Pues, aunque Jeconías, había sido arrastrado a Babilonia, tirado a la prisión, así y todo, después que Nabucodonosor murió, fue exaltado sobre todos los reyes de Babilonia, así como lo reporta la historia sagrada (Jeremías 28:4). Por lo tanto, Dios pudo a su modo rescatar al rey del medio de sus enemigos, en el medio de su desesperación, cuando parecía que nada más ocurriría sino que el rey perecería y el reinado sería destruido. Pero, porque todo esto parecía imposible a la razón y a los impíos del pueblo de Judá, ellos fácilmente acusaron a todos los profetas de mentir.

Y a todos los que visten como extranjeros. Aquí los intérpretes se preocupan de varias maneras. Algunos piensan que el profeta toma nota de esas imitaciones del culto idólatra de los extranjeros y dice que hasta los sacerdotes visten como extranjeros. Ya que esto no encaja con el precedente ni el siguiente contexto, ¿qué valor tiene eso de atacar miserablemente lo que entiende el profeta? Está claro que habla sobre los príncipes y los hijos de los reyes. Por lo tanto, pienso yo que el profeta habla también aquí sobre los aristócratas y nobles del rey, quienes imitaron costumbres extranjeras y vestuarios como también ritos de esas naciones extranjeras, que vivían alrededor de ellos. Ellos abandonaron los ritos, el vestir, y las costumbres de su patria. Por lo tanto, los alemanes son hoy los monos imitadores de casi todas las otras naciones. Así pues, se visten como franceses, españoles, etc. Ésta es una indicación de su gran levedad e inconsistencia en sus juicios, igual que los franceses, y alemanes que imitan a los franceses en estas cosas. El poeta Ennius dice muy acertadamente, "El Estado Romano prevalece por virtud de su anciana (antigua) moral, y ciudadanos."[24]

9. Ese día castigaré también a todos los que dan un salto al cruzar la puerta. El traductor traduce esto excelentemente,[25] pues respeta el sentido del texto, aunque no necesariamente las palabras. Lee así en hebreo: "los que saltan al cruzar el umbral en ese día." Vemos la misma

24 Ennius, *Annales,* 492.

25 Se refiere a la Vulgata.

expresión en Cantares [2:8]: "¡Yo escucho la voz de mi amado! ¡Viene saltando sobre los montes! ¡Viene brincando sobre las lomas!" Aquí también los intérpretes están buscando otro significado. Toman este texto como referencia a los sacerdotes de Dagón, quienes no se atrevieron a pisar el umbral del templo después que la estatua de Dagón fue descuartizada (1 Samuel 5:1-5). Pero, como ya he dicho anteriormente, no acostumbro, ni aquí tampoco, dilacerar (deshonrar) a los profetas como suelen hacer ésos que buscan nuevas explicaciones (sentidos) en cada oración y consecuentemente sus conclusiones no concuerdan muy bien. Ésta es mi opinión: así como un poquito antes había censurado a los príncipes impíos y los había amenazado a ellos y a los hijos del rey con el cautiverio, ahora ataca aquí a los aduladores y siervos de los príncipes, quienes habían aprobado los malvados hechos de sus jefes y los habían aplaudido. Esto ha sido traducido ineptamente[26] ya que dice así en hebreo: "Quienes rellenan la casa de sus héroes con injuria y fraude." También los llama "salteadores", esto es, impudente (descarado) y perverso. Ésos son los que confían en sus jefes, a los cuales están prestos a complacer. Pero a la vez, imponen reglas y medidas sobre sus miserables súbitos. También ellos injusta y abiertamente oprimen a otros. Mientras tanto sus señores se hacen más ricos. Así también vemos hoy aquí y allí en todas las cortes y salas de los príncipes, magistrados y comisionados a los cuales toda autoridad les ha sido delegada. Ellos son más feroces y ejercen mayor violencia bajo sus exigencias y opresión de sus súbditos que los mismos príncipes. No son más que una peste sobre todo el mundo, hasta bajo (la autoridad de) buenos príncipes, así como lo fueron bajo un excelente rey.[27] Tenemos muchos ejemplos de esto por todo el mundo, si prestaremos atención a las cortes de todos los príncipes.

Al cruzar la puerta. Se refiere el cruzar sobre el umbral. Esto es, son siervos y no herederos. Hacen su trabajo al salir y entrar, así como lo hacen hoy día los que sirven a una familia y mañana son botados afuera. Claramente esto es lo que Dios quería cuando ordenó que horadara la oreja de un siervo con una lezna, Deuteronomio 15:17.

10. Se escuchará un gran clamor desde la puerta del Pescado. Para una descripción del sitio de Jerusalén, consulten a Nehemías o

26 Así es como lo traduce la Vulgata: *qui complent domum Domini Dei sui iniquitate et dolo* (Lo traduzco: "quienes llenan la casa del Señor Dios con iniquidad y fraude").

27 La WA añade "Josías".

Esdras. Nehemías [3] lo ha descrito diligentemente. Jerusalén tenía dos colinas. A la mayor la llamaron Sión, donde se encontraba el cuartel de David, y a la menor la llamaron Moria, donde durmió el patriarca Jacob y en donde fue edificado el templo. La puerta del Pescado era la puerta al lado occidental mirando hacia el Mar Mediterráneo. Todos los que navegan a Jerusalén tienen que entrar por la puerta del Pescado. Jerónimo dice acertadamente que la puerta del Pescado es aquella que conduce a Jope. Entonces el profeta dice:

Graves gemidos desde la segunda puerta. Entendemos esto así: había un muro exterior en Jerusalén el cual tenía también casas (bajo el mismo). Entonces adentro había otro muro el cual se llamaba "la Segunda Puerta". Esto es también bien conocido en la Escritura, como cuando leemos sobre Julda la profetisa, quien vivía en la segunda puerta, así como dice el libro de los Reyes (2 Reyes 22:14). En la región solían llamar a ésa "la Segunda Puerta". Más allá las colinas son el centro de la ciudad, la fortaleza sobre Sión y el templo, como dije antes. Éste es un sumario de lo que significa: "Toda la ciudad será rellena del clamor y llanto de ustedes. Pues será completamente destruida. Estarás angustiado y serás arrastrado al cautiverio, y por lo tanto nada permanecerá allí."

11. Lloren, habitantes de Mactes. De un hecho que ocurrirá en el futuro, les da un nombre a ellos cuando los llama "habitantes de mortero". Aquí de nuevo tenemos unas variantes peculiares. Jerónimo piensa que a Jerusalén se le llama "el Mortero" (*pila*) por el descenso o por el Valle de Siloé. Lira ofrece otra idea. Piensa que el nombre procede de Tiberias, que se encuentra en un valle. Estoy completamente en desacuerdo con ellos. Primero, tenemos que advertir que existe cierta ambigüedad en nuestro texto cuando lo traducimos. Vemos de hecho como ha ocurrido aquí. "*Pila*" no es aquí una pelota que usamos para jugar, es pues un mortero, ὅλμος, así como traduce Jerónimo.[28] Por lo tanto el profeta emplea aquí una metáfora basada en el uso de un mortero. El significado es éste: "Tanta calamidad impactará a la ciudad que serán machacados y reducidos al polvo, así como son machacadas las hierbas y otras cosas cuando empleamos un mortero. Así también Jerusalén será como un mortero para ti. Sobre ella serás machacado y reducido a

28 Se refiere a la Vulgata. Las dos palabras en latín son pila (pelota) y pila (mortero). Por lo tanto pueden ser confundidas.

la nada." Ahora, si no te complace esta interpretación, puedes seguir la otra que Salomón explica en Proverbios [27:22]: "Aunque machaques al necio en un mortero, etc." Su significado es, entonces: "Jerusalén es como el mortero del Señor, en donde el Señor te machaca por medio de los profetas, quienes son enviados para reprenderte y corregirte, pero lo que logra es nada. Aunque seas machacado diariamente, así y todo, tu necedad no te dejará ni por un momento. Por lo tanto, te machacará entonces por el rey de Babilonia. Añade:

Ya que todo el pueblo de Canaán[29] **calla.**[30] Esta expresión es usada frecuentemente por los Profetas Menores. Por lo tanto, tenemos que indicar cuando ellos hablan sobre silencio y mantenerse callado. Estar callado significa ser reducido a la nada. Así pues, los profetas marcan un silencio no necesariamente vocal sino de las cosas, pues no hay uso para ninguna cosa; que todo se ignora y se desprecia. Esto es lo que dijimos al principio sobre el profeta respecto de los peces y las aves siendo destruidos. Entonces, cuando dice "Canaán" no estamos seguros si se refiere a un nombre común o propio. Como nombre común significa "mercader". No hay duda que el profeta entiende por "Canaán" al pueblo de Judá. Consecuentemente la metáfora nos indica por qué los llama Canaán. No cabe duda que si éste es un nombre apelativo (común), el profeta está censurando la avaricia y los malvados trucos de los mercaderes en Judá, quienes triunfan al defraudar a otros. Pero si éste es un nombre propio, su sentido es como si dijera: "Definitivamente no eres ahora un Judá sino un Canaán. No cabe duda que el Señor hará contigo así como hizo con los de Canaán cuando los expulsó de su tierra y los destruyó. Éste es el significado que me gusta más. Ezequiel (16:3) se expresa de un modo similar: "Tu padre era un amorreo, y tu madre una hitita." Y Daniel dice: "Raza de Canaán, no de Judá."[31]

¡Han sido destruidos todos los que traían dinero! Éstos son los ricos quienes se entregaron a la avaricia, quienes ardían con la lascivia de adquirirlo.

29 La palabra en hebreo es כְּנַעַן (*kenaan*), que puede ser traducido (pueblo de) "Canaán", o persona que ejercía el oficio de "mercader".

30 Mi traducción del texto de la Vulgata que lee: *Quoniam conticuit omnis populus Chanaan.* La RVC lo traduce: "Porque todo el pueblo de mercaderes ha sido destruido." La palabra usada en hebreo es דָּמָה [*damah*] que significa destruida, perecida, o dejado de existir, por lo tanto, significa aquí que calla, no habla.

31 Susana 56 (Daniel 13:56) Susana es considerado uno de los libros apócrifos de Daniel y es incluido en las Biblias Católicas y Ortodoxas como Daniel 13. Cita tomada de la *Biblia de Jerusalén*.

12. Yo examinaré con linterna a Jerusalén. Continúa exagerando la destrucción de ellos. Es como si dijera: "Tanta será tu devastación, tan diligentemente escudriñaré los más íntimos y recónditos lugares de Jerusalén que nadie podrá escapar a mi ira. Machacaré a todos ustedes en ese mortero, del cual no podrán fugarse." Tampoco quien yace en el mortero podrá fugarse fácilmente del mortero, así como se suele decir: "Es tan sabio que nadie puede machacar su cabeza en el mortero."

Y castigaré a aquellos que se hallan en tranquilo reposo [y asentados como el vino]. Éstos son los obesos, los que se acomodan en sus asientos. Esto es una profética figura idiomática de este profeta. Este texto puede tener dos significados. Primero, usa "asentados" (*feces*)[32] – una palabra miserable y grosera– para dar cuenta de sus injusticias y creencias. Mientras depositan su fe en esto, se contaminan. Tornan la verdadera palabra de Dios y sus promesas en las más asquerosas ideas que ellos mismos han inventado. Mientras se encuentran seguros, no escuchan las advertencias de los profetas a ellos sobre la destrucción. Pero eso sí, patrocinan sus impiedades y errores, sus propias frígidas e imbéciles opiniones, las cuales las han aprendido de los falsos profetas. El otro significado es: Así como los sedimentos están al fondo del tibor, así es entonces este pueblo, el más cerca y próximo a la devastación. El cautiverio es inminente. Es similar a Isaías 7:4, donde le llama a los dos reyes con gran desprecio "no son más que el humo de dos tizones apagados". Es como si dijera: "No les queda ninguna energía (fuego), pronto serán apagados, no importa cuánto humo echen." Ya que esta figura idiomática es incierta y ambigua, no podemos con certeza tomar una decisión sobre su significado. Así y todo, me inclino hacia el primero de los significados sobre sus dogmas y creencias con los cuales defienden (patrocinan) ellos sus errores para no escuchar a los profetas. De hecho, el próximo texto explica lo mismo:

[Castigaré a] esos que dentro de sí piensan: "El Señor no hace bien ni hace mal." Es como si dijera: "Entre ellos consideran que soy nada, solamente soy un loco imbécil. Después de todo, ellos no creen que les estoy hablando del verdadero Dios cuando los amenazo con la ira de Dios. Por lo tanto me insultan y se burlan de mí. Se jactan de las promesas que Dios hizo a sus padres sobre la preservación de ellos, sobre

32 La palabra en latín es *feces*, "fecal" o "excremento", pero el texto en la RVC usa "en reposo", "asentados".

un reino eterno, sobre la posesión de la tierra en perpetuidad. Pero ya que profetizo contra sus opiniones, se ríen de mí y de mi Dios, de quien yo me jacto y de cuya ira yo doy testimonio. Ellos dicen: 'Nuestro Dios nos ha prometido la salvación y un reino, pero tú nos amenazas con una devastación y un cautiverio por medio de sus manos. ¡Vete tú con tu Dios! Ese mal con el que tú nos amenazas que ocurrirá, no dará lugar. Sería bueno que tu dios nos deje tranquilos, pues nuestro Dios nos protegerá y nos salvará, así como ha prometido." Éste es, en realidad, el verdadero significado de este texto, no que nadie pueda pensar que los judíos estaban tan locos para negar que Dios cuida de todas las cosas, etc. Sino que ellos negaban que el Dios del cual Sofonías daba testimonio con amenazas a ellos de calamidad, etc., fuera el verdadero Dios. Hasta el día de hoy niegan que es el verdadero Cristo y el evangelio de Cristo el cual nosotros predicamos.

13. [Por pensar así] sus bienes serán saqueados y sus casas serán derribadas. Describe aquí la devastación con la cual visitaría a los hombres paralizados sobre sus fecales (sus porquerías) y sobre los cuales ya había hablado, diciendo que todas sus cosas perecerían. Aquí el profeta llama a los recursos, materias, y riquezas de ellos "sus fortalezas".

Construirán casas. Esto es: "Están sentados muy tranquilos no pensando que algo como esto les pueda suceder, no importa cuánto clame yo sobre esa devastación que ha por venir. Lo más que yo les advierto sobre la ira y el juicio, lo más locos que se vuelven. Así pues, sin ningún temor, construyen sus casas. Las edifican como si fueran a permanecer una eternidad en la tierra. Me acusan de mentir, etc. Así pues, entonces, la calamidad les llegará de improviso. Cristo también dice [Lucas 17:27 ss], pues, que acontecerá antes del juicio final que edificarán casas, se casarán, etc. También Pablo dice [1 Tesalonicenses 5:3]: "De repente, cuando la gente diga 'Paz y seguridad', les sobrevendrá la destrucción, etc." Pues siempre ocurre y ha ocurrido así, que cuando un reino se encuentra en su apogeo y cenit, inmediatamente después la muerte y devastación cae sobre el mismo. Porque éste es el juego de Dios entre asuntos humanos, así como el salmista dice (Salmo 73:18): "¡Ah!, pero tú vas a hacerlos resbalar; vas a hacerlos caer en desgracia."[33] Los poemas de casi todos los poetas citan frecuentemente esto. Así pues, ese

33 Aquí cita la Vulgata que lee: *"in ludibrio posuisti eos, deiecisti eos, cum elevarentur."* "Los puso como objetos de ludibrio (burla), y los hizo caer (resbalar) porque ellos fueron elevados". Este texto en latín explica mejor el sentido de lo que Lutero explica aquí.

reconocido poeta ha dicho admirablemente: "Los grandes (grandiosos) no pueden permanecer por mucho tiempo."[34]

14. Ya está cerca el gran día del Señor. Se opone siempre al soberbio quien lo contradice, y a los burlones que lo desprecian, quienes no cesaban de acusar al profeta de mentir. Decían sin parar que el Señor no les traería el mal, etc. Por lo tanto el profeta no cesa de advertir con gran detalle sobre la inminente calamidad, y urge con gran vehemencia. Pero, como ya hemos dicho anteriormente, se sentían muy seguros de sí mismos, y no temían su futuro, pues habían sido persuadidos por sus falsas ideas. Pero así siempre ocurre con los malvados. Cuando ellos han florecido plenamente y tienen todo en control, cuando para ellos no es posible que ocurra esa destrucción, repentinamente, pues, les llega la destrucción. Así como nos dice el profeta en el salmo [55:23] "no llegará a la mitad de su vida". Y Cristo dice también en la parábola sobre el siervo infiel en el Evangelio (Lucas 12:46) que el señor vendrá cuando el siervo menos lo espere. Pues, ya que se mantuvieron testarudos, no les conmovió las amenazas del Señor. Por lo tanto, la destrucción les llega súbita e inesperadamente. Después de todo, la naturaleza humana solo puede inflarse (vanagloriarse) bajo buenas circunstancias. No puede resolver ese enigma de qué tan lejos se encuentra el infortunio de la presente fabulosa felicidad, así como dice el dicho. Pues, no se puede temer la adversidad bajo buenas circunstancias, etc. El profeta dice la misma cosa aquí. Es como si dijera: "Te encuentras muy creyente de tus triunfos, pero ni creas por un momento que el Señor te va a decir una mentira cuando te predice el cautiverio. Ya éste es inminente para ti."

Será un día de amargura [y de gran estrépito]. Esto es, el clamor de aquellos que lloran y sufren en el día del Señor. Pone la calamidad frente de sus ojos así como si ya estuviera presente. Pues se imagina que el pueblo está en el cautiverio, que sus casas han sido derribadas, que ellos lloran, que ellos claman, y que ellos gritan. Él llama el día del cautiverio a Babilonia, "el gran día del Señor", y no (lo llama) el último día. Pero el segundo significado es lo que Jerónimo pensaba que era. Así como solía hacer, pues añade regularmente significados singulares (peculiares) a casi todas las advertencias de los profetas.

34 Lutero cita este verso en otras ocasiones pero no dice quién es el autor.

Hasta los valientes pedirán ayuda.[35] No puedo captar suficientemente el sentido de la palabra en hebreo usada aquí por el profeta. Pues el traductor al latín pasó muy rápido sobre la letra ה y pensó que era una ח.[36] Los lexicones (diccionarios) más recientes dicen que esta palabra significa "clamar en alto". Ya que no tenemos mejor recurso y no podemos ofrecer algo con mayor certeza, los seguimos a ellos. Esos gramáticos más recientes han sido y siguen siendo más diligentes en comparar puntos gramáticos que lo que hicieron los antiguos intérpretes, cuando una palabra como ésta ocurre. Por lo tanto lo traduzco del hebreo así: "Allí ese hombre robusto clamaba en alto"[37] y así pues tenemos un singular en vez que un plural. Esto es, los valientes, amantes de la guerra, quienes debían ser más temidos entre el pueblo, y entre los más poderosos, clamaban mucho más y temían mucho más por sí mismos que el resto de la gente, etc.

15. Será un día de ira. Este texto se ha usado frecuentemente en todas las iglesias cuando (los sacerdotes) cantan misas funerales, y lo han aplicado al día del juicio final.[38] Pero aquí vemos claramente que ellos han distorsionado ineptamente esto. Pues, el profeta habla sobre el cautiverio de Babilonia. Pero, cuando leemos: "un día de calamidad", se ha traducido mal del hebreo. Debería ser traducido del mismo modo que lo hizo el evangelista Lucas en el capítulo 21:25: "por el bramido del mar y de las olas"; y también como vemos en Proverbios 3:25: "No temerás que de repente te asalten las calamidades que merecen los impíos"; y en el Salmo 65:7: "Tú sosiegas el estruendo de los mares." Por lo tanto debió haber sido traducido: "un día tumultuoso e impetuoso."[39] El profeta demuestra que los babilonios vendrán con un ataque grandioso, abrumarán a los judíos, así como el mar suele sonar cuando el viento lo agita.

Día de oscuridad y tinieblas. El profeta se imagina cierta tempestad, por medio de la cual describe el tan violento y feroz ataque de los

35 En latín *Tribulabitur ibi potens* (Los poderosos serán afligidos).

36 Lutero sugiere que la Vulgata, en vez de traducir *tribulabitur* ("serían afligidos") tradujo *clamabit* ("gritarán" o "clamarán"), por lo tanto confundió el verbo hebreo צָרָה con צָרַח. El manuscrito hebreo usa צָרַח (*saraj*), clamar o gritar.

37 Lutero traduce del hebreo al latín así: *alte clamabit ibi robustus.* La RV1960, así como Lutero lo traduce en singular "gritará allí el valiente", mientras que la RVC como hemos visto arriba lo traduce en plural "los valientes pedirán ayuda".

38 Este versículo en la Vulgata comprende la primera línea de la secuencia medieval (*litania*) *Dies irae.*

39 Mi traducción del latín: "*Dies tumultus et impetus.*"

caldeos. Esto es, los judíos de ningún modo van a resistir. Ellos perecerán en la ruina.

16. Día de trompetas, de gritos de guerra. No cabe duda que, por el día de los caldeos, se refiere a como si los caldeos confiados de su victoria gritarán triunfantes y jubilosos, para que alguien pudiera morir por causa de tan horrendo y horripilante sonido.

Contra las ciudades fortificadas. Esto es, el Señor conducirá al ejército de los caldeos contra ti para que perezcas y para que seas arrastrado al cautiverio. No podrás resistir. Tus bien fortificadas ciudades no te podrán defender. Ni siquiera Jerusalén o cualquier otra fortaleza, no importa qué tan firme y fuerte la hayas fortificado, serán suficientemente fuertes para poder resistirlos. Por lo tanto, no hay estrategia, no hay sabiduría, no hay poder contra el Señor.

17. Yo afligiré a los mortales. No entiendo tampoco esta palabra hebrea. Pues no significa "atribular" (afligir) así como nuestro intérprete lo traduce. Yo lo traduzco así: "Gritaré entre los mortales, y escucharé de ellos también. Gritaré a todo lo alto entre ti. Esto es, inculcaré el pavor (terror) en ti, y por lo tanto comprenderás que emprendo la guerra contra ti." Pues así Dios emprende la guerra. Arrebata el corazón y el ánimo de esos que quiere destruir, así como ya he mencionado anteriormente varias veces en los profetas. Entonces, pues, fácilmente emprenderán la fuga sin casi ningún esfuerzo del enemigo, sí, se fugarán por apenas caer una hoja del árbol. Entonces batallarán, pero infelizmente (sin resultado).
Expresa el significado cuando añade:

Andarán como ciegos. Es como si dijera: "Con ese pavor (terror) en sus corazones, prevendré que puedan emplear todas esas estrategias. No podrán recobrar sus sentidos. Serán ofuscados, no tendrán idea de si huir o resistir al enemigo, o si ofrecer condiciones para la paz. Estarán bien confundidos, tan ignorantes de qué plan seguir, que andarán como ciegos."

Por haber pecado contra mí. Todo concuerda muy bien con mi explicación. Pues aquí ofrece la razón por sus afirmaciones anteriores. Es como si dijera: "Les daré un sentido del pecado. Este sentido, o revelación, del pecado en sus corazones los confundirá. Es que, pues, no reconocen su pecado. De hecho, hasta promueven (patrocinan) el pecado con que han pecado contra el Señor. Entonces, pues, no hay remedio para ellos. Caerán derrumbados en sus pecados."

Su sangre será esparcida como el polvo. No debemos leer esto "como el humo".[40] Pues esta palabra significa en hebreo "como la tierra de la fosa", la cual puede ser esparcida como ceniza o polvo. De ésta Dios también creó a Adán, el primer hombre. Por lo tanto es traducido frecuentemente con la palabra "polvo" (*pulveris*), como [en Génesis 3:19]: "Porque polvo eres, y al polvo volverás."

Y su carne será como estiércol. Leo esto muy correctamente (bien preciso) así en hebreo: "su pan es como estiércol."[41] Esto es, pues, un hebraísmo, pues la comida o cosas que comer se encuentran bajo la palabra "pan" para los hebreos. Por lo tanto lo debemos traducir así: "y su comida como el estiércol." Así es como Pablo habla a los filipenses sobre la justicia de la ley (Filipenses 3:8): "Y lo veo como basura[42] para ganar a Cristo." Quizás Pablo estaba mirando hacia atrás al texto del profeta. Su significado es éste: "Aunque quieran aplacar a Dios con carne y sangre, esto es, con los animales que ofrendan; sí, aunque quieran realmente hacer sacrificios gratos al Señor, así y todo sus sacrificios no serán agradables. El enemigo vendrá y dispersará todos sus sacrificios, sangre y pan como el polvo." Vemos frecuentemente sacrificios en Levítico a los que llaman comida (*pabula*), pues era dado a los sacerdotes. No cabe duda que la palabra en hebreo significa lo que en latín se llama "*escam*" (comida). Pero lo evangelistas siguieron ese hebraísmo y lo tradujeron con la palabra "pan". En forma similar y con este mismo sentido, Oseas menciona anteriormente en el capítulo 9:4: "Su pan será como los que comen en luto y todos[43] los que coman quedarán impuros."[44] Esto es, sus sacrificios serán en luto, sacrificios que el Señor no quiere. Pues esto lo cubre la ley, ver Deuteronomio 26:14. Éste, entonces, es un admirable texto pues rechaza toda la justicia de la carne y la llama estiércol, así como también la llama el apóstol Pablo. Indica, pues,

40 Lutero se refiere aquí a la traducción hecha por la Vulgata que lee: "*sicut humus*" (como el humo). Pero la palabra citada en hebreo es עָפָר (*'apar*), la cual significa polvo o ceniza y es la misma usada en Génesis 3:19.

41 La palabra citada en hebreo es גָּלָל (*galal*), que significa bola de estiércol o excremento.

42 Lutero cita aquí la Vulgata que emplea estiércol (*stercora*). La palabra usada en griego es σκύβαλον (*skybalon*), que significa también excremento, basura o desperdicio.

43 En latín lee: "e Israel comerá de éste y será impuro."

44 Lutero, *Comentario a los Profetas Menores*, 1:81.

que nada se requiere de uno por la verdadera justicia de Dios, excepto la fe en el Verbo[45] de Dios.

18. Ni su plata ni su oro. Dice, pues, que nada de esto los ayudará. Primero, rechaza su justicia, su religión, su culto, y su sacrificio. Dice que ellos no le agradan al Señor, para que así el Señor los rescate de sus enemigos. Después de todo, todos serán considerados como estiércol. Hasta ellos mismos sentirán su pecado contra el Señor en su propia conciencia. Se desesperarán y su tribulación les hará entender, así como dice Isaías [28:19]. También añade que ni en cosas externas (superficiales) como la riqueza, la plata, y el oro van a encontrar remedio para su maldad. Esto es, no podrán redimirse (rescatarse) a sí mismos con oro o plata de ser muertos o conducidos al cautiverio todos ellos por los caldeos.

[Porque toda la tierra será consumida] por el fuego de su enojo. Una vez que la ira del Señor sea encendida, no podrá ser apagada. El Señor no permitirá a los caldeos aceptar el oro o plata con lo que quieren redimirse, aunque generalmente solían hacer esto en la guerra. Así que nada más queda que toda la tierra de Judá sea devorada por el fuego de la celosa ira del Señor. La súbita consumación de esto la experimentarán todos los que habitan en esa tierra. Por lo tanto, ni su propia justicia ni ningún precio los redimirá a ellos del cautiverio de Babilonia, etc.

Capítulo Dos

En el primer capítulo vimos la advertencia profética sobre el futuro cautiverio en Babilonia. Ahora, después de amenazarlos con calamidad, los exhorta al arrepentimiento, por si de algún modo pudieran esconderse en el día del furor del Señor, para que así complazcan al Señor con asambleas públicas y oraciones, para que así no perezca todo el pueblo, y que por lo menos quedaran unos pocos de ellos, un remanente, que pueda ser preservado, etc. Éste es un resumen de este capítulo.

45 Lee en latín: *"verbum Dei." Verbum* puede ser traducido como Palabra, pero aquí uso "Verbo" como en Juan 1:1 y 14 en la RV1960 que hace referencia específica a Jesucristo como el Verbo, la Palabra encarnada y viva de Dios, en el cual se cree para la salvación. Claro que se puede traducir "Palabra". Pero se usa Palabra, entonces, en forma de sinécdoque; así como cuando se habla de la copa (cáliz) en la Santa Cena pero se está haciendo referencia en realidad a la sangre de Cristo que contiene la copa.

1. Congregaos y meditad.[46] El primero y segundo verbo son casi lo mismo en hebreo.[47] En alemán lo traduciríamos correctamente así: *Sammlet euch und kommet her.*

Oh nación sin pudor. Esto es, "Gente detestable, que son dignas de odio y no de amor."

2. Antes de que entre en vigor el decreto. En la Biblia latina (Vulgata) también se ha añadido "*et visio*" (caso legal), pero un escriba insertó lo que otro había anotado para indicar una variante de lectura. Pero en hebreo no significa un caso legal sino un decreto, una sentencia, algo definido, así como en el Salmo 2:6-7: "Yo he establecido a mi rey sobre el monte Sión, mi lugar santo. Yo daré a conocer el decreto que el Señor me ha comunicado." Allí vemos claramente la misma expresión en hebreo. Moisés usa casi la misma palabra para la ley ceremonial, así como vimos anteriormente en otro lugar.[48] En resumen, su significado es éste: "La sentencia ha sido hecha (definida) y ya se ha dictado contra ti. Lo único que falta por hacer es que dé a luz,[49] esto es, que se cumpla. La amenaza todavía está en efecto.

Y el día se pase como el polvo. Los hebreos se buscaron grandes dificultades con este texto, pues pensaron que esto es una oración elíptica. No creo necesariamente que sea tal cosa. Lo leo y entiendo simplemente así: "Antes que un decreto dé a la luz, el día ése será como el pasar de un tamo; será así como cuando un torbellino arrastra violentamente a un tamo." Este modo de expresarse ocurre frecuentemente en la Escritura. Por ejemplo en el Salmo 1:4 tenemos: "¡Son como el tamo que se lleva el viento!" y en Job 21:18: "¿Acaso el viento los arrebata como paja, o el torbellino se los lleva como un tamo? Por lo tanto, significa esto: "En ese día serás dispersado como el tamo o el polvo son dispersados por la fuerza de la ventolera o el torbellino."

Antes de que caiga sobre ustedes.[50] En hebreo esto se cita negativamente: "Antes que no venga." Esto es, pues, una costumbre del idioma

---

46 RV1960. La RVC lee: "[Tú, nación desvergonzada,] ponte a pensar."

47 Los verbos en hebreo son el primer verbo הִתְקוֹשְׁשׁוּ (congréguense unidos) y el segundo וָקוֹשׁוּ (congréguense), y los dos parten de קָשַׁשׁ (*qasas*).

48 Lutero se refiere a su Comentario sobre Miqueas acerca del texto 7:11. Así explica Lutero allí: "La palabra en hebreo (חק) no significa la ley de Moisés sino un estatuto o decreto."

49 En latín "sea parida" (*peperit*).

50 En latín se traduce en la segunda persona singular con "vos".

hebreo, el expresar algunas veces el afirmativo con el negativo. Es más, se encuentra omitida en nuestra Biblia la palabra "día".[51] Entonces, pues, se debe leer así: "Antes que venga sobre ti el día de la ira del Señor."[52]

3. [Ustedes, los humildes[53] de la tierra...] ¡Busquen al Señor! Esto es: "¡Hagan, pues, para que no se congreguen en vano! ¡Hagan que la asamblea de ustedes no sea en vano! En vez, por medio de la oración y la predicación, llámense unos a los otros para poder recapacitar, ustedes que son los mansos (humildes) de la tierra." Traduzco la palabra hebrea "manso"[54] como *elend*, humilde, oprimido, los despreciados ante el mundo, aquellos que pocos respetan, los ἄφατοι, aquellos sin fama ni riquezas. Cristo, entonces, vino al mundo como un manso rey, así como Mateo cita a Zacarías (Mateo 21:5), esto es, humilde, sin regalía real, pompa, y gloria, y en todas las cosas relucía en él lo más despreciado, etc. María, pues, canta así en su propio cántico (Lucas 1:48): "Pues se ha dignado mirar a su humilde sierva."

Los que practican la justicia del Señor. Esto es, si todavía hay entre ustedes aquellos cuyos corazones se adhieren a la justicia[55] y la palabra de Dios; quienes buscan al Señor, que son humildes, busquen, pues, al Señor para ver en qué modo pueden ser reconciliados, para que algunos pocos sean salvados, aunque casi todo el resto del pueblo perezca.

¡Busquen al Señor y su justicia! Debemos leer esto de acuerdo al hebreo: "Busquen justicia, busquen humildad."[56] Aquí el profeta urge por la "humildad" ante todas las otras cosas. Pues (el profeta) sabe que a Dios le complacen los humildes, y no los soberbios, fastuosos, arrogantes, ni críticos malditos.

Tal vez el Señor los proteja en el día de su enojo. Esto es: "Quizás sean de algún modo ustedes protegidos para no perecer cuando el furor del Señor se haga presente." Pues el profeta no dice esto para indicar que el cautiverio del cual él había amenazado sería revocado. Pero sí

51 Se refiere aquí a la Vulgata.

52 Lee así en latín: *"priusquam veniat super vos dies irae domini."*

53 La palabra usada en la Vulgata es *mansueti* (mansos). Lutero comenta en este párrafo sobre esta palabra.

54 En hebreo es: עָנָו (*ʿanav*).

55 En latín lee *"pietas"* (piedad).

56 Lee en hebreo: בַּקְּשׁוּ עֲנָוָה בַּקְּשׁוּ־צֶדֶק. El verbo בָּקַשׁ (*baqas*) es usado aquí en el imperativo dos veces (בַּקְּשׁוּ). El contexto no dicta aquí un acto futuro, sino una acción urgente en el presente.

los urge a orar al Señor, pues él está dispuesto a protegerlos y a salvarlos, hasta que la ira de su furor pase, no sea que ellos también perezcan con todo el resto. Job ora de la misma forma (Job 14:3): "Que me ocultaras mientras pasa el enojo."

4. Porque Gaza quedará desamparada. Argumenta desde (la perspectiva) de poder de Gaza y otras ciudades, sobre las cuales él amenaza aquí con el desplome y la destrucción. Después de todo, fue un gran milagro –lo sigue siendo todavía para mí– que una nación tan pequeña como la de los filisteos, tan insignificante con solo cinco ciudades, pudiera siempre en forma irritante resistir, y resistir de tal forma que bajo ningún rey pudieran ser dominados y que Israel nunca pudiera subyugarlos menos bajo David. Su significado, por lo tanto, es éste: "Tú, tribu de Judá, junto a la tribu de Benjamín quedas como remanente, ahora que Israel es arrebatada y devastada. Ahora pare (da a luz) también tu infortunio. Un inminente y grave cautiverio te amenaza a ti también. Va a ser tan devastador que no te va a destruir a ti solamente sino también a todas las naciones vecinas, no importa qué tan poderosas sean. Claro que el traductor al latín no pudo traducir la elegante alusión verbal que tenemos en hebreo "Gaza" significa "fortaleza". Éste es el significado: "Gaza que es fuerte y poderosa, quedará desamparada, y Ascalón será destruida."

Azdod será saqueada en pleno día.[57] Ya que no tengo otro significado que ofrecer aquí, sigo a Jerónimo, aunque tengo dudas sobre su interpretación: "Serán echados al mediodía, esto es, al campo abierto en plena batalla, sin ningún truco, sin ningún fraude."

Y Ecrón será arrancada de raíz. Aquí también se ofrece una alusión al nombre. Es como si dijera: "Así como es tu nombre, así será tu misma experiencia. Serás verdaderamente erradicada."

5. Ay de ustedes, cretenses, que habitan en la costa del mar.[58] Esto es un hebraísmo. Pues "*funiculo*" (cuerda)[59] indica distribución y medida, así como leemos en Josué, cuando escribe que la tierra fue

57 En latín: "en medio día." (*in meridie*).

58 Traduzco así de la cita en latín: "Ay ustedes que habitan en el funículo (soga) del mar" (*Vae qui habitatis funiculum maris*).

59 La palabra en hebreo חֶבֶל (*jebel*) significa cuerda de medir, soga, un área medida.

dividida en doce cuerdas.[60] Moisés también dice (Deuteronomio 32:9): "Jacob es la herencia (cuerda) que le tocó."[61] Aquí llama a los filisteos "el litoral del mar", esto es, los que habitan en la costa del mar. Pues ellos habitan cerca del Mar Mediterráneo, cerca de donde se encuentra hoy el reconocido puerto de Jope.

Tu gente será destruida.[62] Esto es un hebraísmo. Esto es: "gente perdida" es una nación que será destruida, arrancada (de su suelo). Son ineptos al intrepretar los (aquellos) que dicen que esto se refiere a los cretences.

¡La palabra del Señor va dirigida contra ti, Canaán! De este lado del Jordán se encontraban los cananeos, donde habitaban también los filisteos. A ellos los amenaza con la muerte y de ser extirpados violentamente, a tal punto que nadie podrá habitar la tierra.

6. La costa del mar quedará convertida en praderas de pastoreo y en corrales de ovejas. Tenemos aquí la misma palabra que tradujimos anteriormente en Joel y Amós como "el espacioso desierto".[63] Allí dijimos que significa un nombre apelativo (común). Por lo tanto creo que lo traducimos mejor así: "las habitaciones del desierto." Su significado es éste: "Hasta ahora la gente filistea no había sido conquistada. Los judíos nunca pudieron dominarlos. Ellos resistieron a los judíos violentamente, pero ahora es inminente su final. Serán tan devastados que ninguno de ellos podrá permanecer allí. Se volverá todo un desierto." Pues, después del cautiverio en Babilonia ni ellos ni el resto de la gente vecina serán restablecidos. Fueron tan milagrosamente dispersados y vejados en tantas diferentes maneras, que nunca regresaron a sus propios lugares.

Ahora todos llevan el nombre común de "árabe", una nación reunida de todas esas naciones. Pero han perdido sus previos nombres. Esas mismas nobles ciudades de los filisteos han sido tan devastadas, aplanadas hasta el suelo, que nadie ha podido reconstruirlas. Solamente reliquias de las ruinas permanecen, como pilas de rocas, así

60 Cf RV1960 donde en Josué 17:17 se usa "parte" en vez de cuerda por la misma palabra hebrea.

61 Cita en latín: *"funiculus domini Iacob."*

62 Lee en la RVC: "Yo haré que te destruyan hasta no dejar un solo habitante."

63 Lutero, Comentario a los Profetas Menores, 1:124 y 173-174. La palabra en latín es "*speciosa*", y en hebreo נָוֶה (*naah*) o en plural נְאוֹת.

como Jerónimo ha mencionado frecuentemente, pues él (una vez) las visitó. Entonces sigue con:

7. Aquí cuidarán sus rebaños los sobrevivientes en la casa de Judá, y pasarán la noche en las casas de Ascalón. Esto es, por todos lados solo habrá rediles para ovejas. La devastación de los filisteos será tanta, que cuando regresen los judíos de Babilonia no encontrarán ninguna muestra del anterior brío, poder, y esplendor de los filisteos. Solamente encontrarán apriscos de ovejas y a ellos podrán regresar sus ovejas en la noche, después de pastorearlas.

Porque el Señor su Dios los visitará. Esto es, en un momento regresarán de su cautiverio. Entonces el Señor los rescatará. Su cautiverio no durará perpetuamente. Así, los profetas en todos los lugares son muy diligentes para no rechazar completamente al pueblo de Judá, como si ellos nunca volvieran a ser restituidos. Pues, no importa cuánto urgen por la venida de ese cautiverio, y todo lo que le acontecerá al pueblo, así y todo, fijan sus ojos sobre el reino de Cristo que ha de venir. Sabían que ese reino vendría (saldría) del pueblo. Ellos tienen las promesas. Hemos mencionado ya bastante veces esto. Por lo tanto era necesario que, si no todos, por lo menos unos cuántos, fueran salvados. Así pues, por el consejo de Dios, muchos fueron conducidos fuera de Babilonia a su propia tierra. También, por el milagroso plan de Dios, Joaquín fue rescatado de la prisión, no fuera ser que la luz de la casa de Jacob fuera extinguida, así como dice la promesa.[64]

8. Han llegado a mis oídos las ofensas de Moab. Ahora el profeta gira su cara hacia el oriente, y amenaza a los moabitas y los amonitas con la destrucción, y también a los egipcios. Pero ya conocemos la historia: esas dos tribus fueron siempre enemigas de Israel. Siempre arremetieron contra los judíos con cruel odio. Cuando les era posible, los resistían y atacaban. Entonces, se regocijaban y bailaban si algo malo le sucedía al pueblo de Dios, los insultaban en su miseria. Cuando (el pueblo de Dios) era conducido al cautiverio, los moabitas y los amonitas aclamaban a los enemigos de los judíos que los arrasaran y destruyeran.[65] Esto lo podemos ver en el Salmo (137:7): "Señor, recuerda lo que decían los edomitas el día que Jerusalén fue destruida. '¡Arrásenla, destrúyanla

64 2 Reyes 25:27-30.

65 Aquí dice el texto en latín "ellos" pero se entiende que son los judíos.

hasta sus cimientos!'" También Jeremías dice (Lamentaciones 2:15): "¿Y es ésta la ciudad de hermosura perfecta?"[66] etc. Esto es: "Ésta es la tierra de Judá, el pueblo de Dios, que hasta ahora nadie ha podido conquistar. Pero nada ahora se puede hacer por ella." Aquí dice claramente lo mismo que antes dijo Amós.

Sé que se han engrandecido sobre su territorio. Esto es: "Se han enorgullecido con cachetes inflados, y grandiosas palabras. Pensaban que todo estaba perdido para mi pueblo. Pero ellos no escaparán de ser completamente destruidos. Tú mantente tomado de mi mano, no te desesperes."

9. Que a Moab le pasará lo que a Sodoma. No será destruida igualmente o en todo detalle como Sodoma. Pues así la destrucción de Sodoma se usa como ejemplo en casi todos los profetas. Lo cita así Jeremías (23:14): "Todos ellos son como los habitantes de Sodoma y Gomorra." También Isaías dice (1:9): "Si el Señor de los ejércitos no nos hubiera dejado un remanente, un poco más y seríamos como Sodoma, ¡semejantes a Gomorra! Éste es, por lo tanto, el significado del profeta: "Será tanta la devastación de los moabitas que nada de por seguro les quedará a ellos. Todo les será destruido para que así nada puedan rescatar." Pues, es así como todas las naciones vecinas fueron conquistadas y dispersadas por los romanos, persas, etc. Ni pudieron preservar sus propios nombres. Como ya dije hace poco, se mezclaron como un solo pueblo.

Será un campo de ortigas y de minas de sal. Esto es, repleta de lugares con sal. Así leemos en otro lugar (Salmo 107:34): "Deja estéril la tierra generosa."[67] En resumen: "El Señor reducirá todo a una tierra estéril, donde solamente brotarán las espinas y ortigas en la tierra. El campo será estéril."

El remanente de mi pueblo los saqueará. Éstos son claramente los que regresarán del cautiverio de Babilonia. "Ellos serán reducidos a la nada para que ésas, que han sido hasta ahora poderosas naciones, sean saqueadas por el pequeño remanente de mi pueblo. Esto acontecerá a pesar de que mi pueblo nunca los pudo dominar completamente." Así

66 En latín lee *"urbs santa"* (ciudad santa).
67 En latín: *"qui convertit terram in salsuginem."* (Que convierte la tierra en sal).

y todo, no pudieron tomar todo su reino, sino algunas ciudades aquí y allí. Los persas, romanos, también capturaron algunas de ellas. Por lo tanto Jerónimo se frustra sin razón sobre este texto, pero ésta es ya su costumbre, etc.

11. Y todas las naciones se inclinarán ante él, allí donde se encuentren. Después de regresar del cautiverio de Babilonia, el Señor hará al templo de Jerusalén más célebre que lo que fue bajo Salomón, cuando algunos reyes hicieron regalos a Salomón. Pero la religión y el culto nunca creció tanto, ni fue propagado tanto entre otras naciones así como fue después del regreso de Babilonia. Lucas indica esto en Hechos 2:5 cuando dice: "En aquel tiempo vivían en Jerusalén judíos piadosos, que venían de todas las naciones conocidas." Esto era un preludio, pues, a la futura venida del reino de Cristo, el cual iba ser esparcido no solamente entre los judíos sino también en todo el mundo, entre todas las gentes de la tierra. Después los apóstoles establecieron y divulgaron ese reino, y así pues comenzó a relucir también por todos lados, hasta entre los gentiles. Por lo tanto Cristo hizo que la gente por toda la tierra adorara a Dios, no solamente en Jerusalén, sino entre todas las naciones. Entonces, pues, lo que el profeta está diciendo aquí es sobre el culto de Dios siendo propagado hasta entre los gentiles: "Todas las islas de las naciones" lo adoraran a él, esto es, presentarán sus ofrendas en el templo de Jerusalén. Hasta los gentiles darán testimonio que éste es el culto del verdadero Dios, etc.

12. "Ustedes, los etíopes, también sufrirán la muerte ante mi espada." Ésta es definitivamente la espada que el rey de Babilonia usará. Ahora el profeta gira hacia el sur amenazando a los etíopes con su destrucción. Por lo tanto, quiere predicar en el mismo modo o método, y sobre lo mismo que Jeremías cuando el Señor le ordenó tomar la copa del furor de Dios sobre todos los pueblos. Es como si Jeremías dijera (25:15): "Si el Señor no excusa al pueblo de Israel, quien ha elegido como suyo, menos pues excusará a los pueblos vecinos, quienes no son parte del pueblo de Dios." El profeta Sofonías dice aquí lo mismo, no sea que piensen que solamente el pueblo de Dios merece el cautiverio. Pero el Señor comienza primero con su propio pueblo. Así dice Pedro en 1 Pedro 4:17: "Ya es tiempo que el juicio comience por la casa de Dios, y si comienza primero por nosotros, ¿cómo será el fin de los que no obedecen el evangelio de Dios?" Dios, después de mandar su Palabra, primero crucifica a sus propios mártires y predicadores de la Palabra. Hace que su propio pueblo sufra muchas tribulaciones. Entonces, después de afligir a los piadosos (justos) por un tiempo, la horrible ira y castigo de Dios desciende sobre los enemigos de la Palabra y el pueblo de Dios. Esto mismo es lo que estamos experimentando hoy.

13. En un montón de ruinas y en árido desierto.[68] Ya mencioné anteriormente que esta palabra es obviamente un nombre común, "el espacioso". Pero aquí es en realidad un nombre propio y no un nombre apelativo. Entonces en vez de "el espacioso" (el espléndido), debemos traducirlo "Nínive". Entonces, pues, tenemos una gran confusión con las palabras que siguen. Las traduzco así del hebreo: "Y la flota de naves como un desierto." Por cierto, la palabra hebrea[69] significa sin vía pasable y sin agua. ¿Pero cómo un desierto puede volverse una vía impasable, cuando ya es impasable? Esto tan absurdo me motiva a traducirlo así como lo traduzco. Por lo tanto, su significado es éste: "Haré de Nínive una desolación allí donde abundan naves, esto es, las ciudades marítimas, que se encuentran tan cerca de las olas o tocan el mar, y que son famosas por sus mercancías. Las reduciré a ellas a la nada."

14. Los rebaños y los ganados harán de ella su aprisco. Es todo tipo de animal de esa nación, esto es, de esta área de la cual hablo, no de todas las naciones como nuestro traductor lo traduce.[70] Es como si dijera: "Después que haya matado todos los hombres y devastado todas sus ciudades, esos lugares no serán más que pastos para animales de todo tipo, salvajes así como también domésticos. Todos los habitantes habrán sido sacados de allí. Reduciré todo a un desierto."

Y en sus dinteles dormirán los pelícanos, los erizos y todas las bestias del campo. Hasta el día de hoy los gramáticos del idioma hebreo contienden sobre los nombres de las cosas. Ya que para nosotros el idioma hebreo en gran parte ha sido perdido (olvidado), y por lo tanto no podemos traducir con certeza muchas de ellas; seguimos, pues, la luz incierta cuando no podemos ofrecer una mejor traducción. El pelícano es un pájaro conocido en el idioma latín. Pone su rostro (pico)

68 Lutero comenta específicamente aquí sobre la cita del texto en latín: *"Et ponet speciosam in solitudinem."*

69 La palabra que Lutero hace referencia es: צִיָּה (*tsiyah*).

70 Lutero lee aquí *"gentis"*, que significa *"regionis"*, donde la Vulgata traduce *"gentium"* o "de las naciones".

en el agua emitiendo un enorme grito. No ha sido domesticado por la humanidad ni tampoco tiene un uso práctico entre los seres humanos.

Se oirán trinos en las ventanas. Si se me permitiera, pondría aquí el nombre propio de un ave. Donde un traductor pone "se oirán trinos" (*cantantis*), yo lo traduciría con el nombre de "cuervo" u otra ave. Pero ya que no tengo otro ejemplo, no me atrevo a traducirlo así. Cierto, uno podría traducir la etimología de la palabra, si la traducimos "algo cantando" (trinando). Existen muchas palabras de este tipo en este idioma que, aunque parecen nombres apelativos (comunes), son en realidad nombres propios. Podría haber traducido la palabra anterior, la cual nuestro traductor traduce "pelícano", con la palabra buitre, pues la etimología del nombre permite esto. Plinio[71] escribe muchas cosas sobre el esófago del pelícano. Dice que es como otro tipo de estómago y que deposita allí lo que come lentamente y entonces lo deposita en su estómago. Pero si uno lee esto de forma descriptiva en conjunto con el traductor latino, su sentido sería como si dijera: "Búhos y otro tipo de aves salvajes chillarán tranquilas en la noche allí en la ventana donde antes jóvenes y niñas solían cantar, etc."

Debemos entender que todo este versículo se refiere a Babilonia en vez que a Nínive. Pues Nínive ya había sido devastada, y su reino transferido a Babilonia. Por lo tanto estoy casi seguro que éste era el único reino y la única jurisdicción de los caldeos y asirios. Ellos tuvieron diferentes reyes que vivieron en diferentes lugares de tal modo que cada uno de ellos quería, así como los diferentes reyes de Israel, habitar en diferentes ciudades, así como nos indica la historia sagrada. Por lo tanto, aquí está llamando a Nínive, el reino ya trasladado a los asirios. Lo llama, digo yo, por su antiguo nombre de Nínive. Ésta era la mayor y más importante ciudad del reino, la capital del reino. La Escritura cambia también a veces así hasta los nombres de los reyes, etc.

15. Así quedará la ciudad alegre.[72] El profeta insulta mientras da a conocer la soberbia y fastidio, o insolencia del reino. Es como si dijera: "Aquí está Nínive, la ciudad más poderosa del reino. Hasta ahora se jactaba de su poder y abundancia, de su riqueza, etc." Pues esto es lo que la palabra en hebreo significa, que nuestro traductor traduce con "gloriosa". Esto, pues, es lo que llamamos "militares gloriosos",[73] no que era

71 Plinio, el anciano, Historia Natural, X, 47, 66.

72 La Vulgata lee "gloriosa" en vez de alegre.

73 El "*miles gloriosus*" era un personaje cómico que se ve presente por toda la historia del drama.

glorioso, una persona admirada por su virtud, sino uno que se ofrecía para la venta (como mercenario), etc. También aquí añade el profeta: "Yo soy única, no hay nadie como yo."

Quedará asolada; ¡quedará convertida en una guarida de fieras! Esto es: "¡Qué desolación se ha vuelto! ¡A qué selva ha sido reducida! Antes era la sede del reino ahora se ha convertido en una guarida de fieras."

Capítulo Tres

Este tercer capítulo profetiza sobre la ciudad de Jerusalén y el pueblo de Dios que vivía en Jerusalén después del cautiverio. Ellos habían restablecido sus príncipes, sacerdotes, y escribas, los cuales son mencionados frecuentemente en el Evangelio. Por lo tanto, yo creo firmemente, y no como otros, que está describiendo las condiciones del pueblo que había sido guiado desde el cautiverio en Babilonia a Jerusalén; del pueblo que había restablecido su culto y los sacrificios así como el Señor lo había prescrito (mandado) por medio de Moisés. Entonces, el profeta amenaza de nuevo con la devastación del mundo, después que primero describe, como ya dije, el pueblo malvado al cual Cristo iba a venir. Pues esto es lo que menciona inmediatamente al principio del capítulo. Entonces, pues, cuando Cristo vino, allí había de nuevo mucha gente malvada quienes merecían ser destruidos. Todo esto el profeta ve aquí como si fuera en el tiempo presente. Ése es, definitivamente, el curso del mundo que seguirá así hasta el final, así como se ha experimentado desde el comienzo del mundo. Cuando la palabra de Dios sea divulgada por medio de la gracia de Dios, habrá aquellos que la despreciarán y la perseguirán, así como sucedió antes del cautiverio de Babilonia. Pero ya que el Señor fue un juez justo, no pudo soportar el desprecio a su Palabra, a menos que los castigara (a ellos). Castigó esto con un miserable cautiverio.

Cuando fueron regresados del cautiverio y la sincera Palabra fue restablecida junto con el verdadero culto a Dios, de nuevo no faltaron los falsos profetas para corromper la sincera Palabra y sacar al pueblo de la verdadera piedad y llevarlos hacia la maldad, así como todas las historias del evangelio indican. Por lo tanto, finalmente sucedió que el juicio del Señor extinguió y rechazó completamente esa gente miserable.

Nosotros también experimentaremos lo mismo. Tenemos la clara y abundante palabra de Dios. Trae la luz a tantos. El resto, no obstante, la desprecia y la persigue. Para ellos la ira del Señor permanece. Pues es imposible para el Señor no tomar en cuenta el desprecio a su Palabra. Por lo tanto, podemos declarar con completa certeza que un gran mal caerá sobre aquellos que desprecian la Palabra. No podemos ser engañados, pues, sobre esto. Es más, aun cuando la sincera Palabra sea restituida, no faltarán esos que van a corromper la Palabra y el niño puro hasta que Cristo venga y ponga fin a este mal y los destruya a todos ellos. Éstos son los temas con los cuales yo quería hacer un prefacio de este capítulo.

Desgracia sea a ella que es una ciudad rebelde y redimida, paloma.[74] Con la misma palabra que llama a la ciudad "redimida",[75] indica casi todo el argumento de este capítulo. Es como si dijera: "Has sido regresada del cautiverio. El Señor te ha restituido a tu prístina dignidad. Pero tampoco cesas de irritar a Dios con tu impiedad y tu infidelidad." Él comienza, pues, con todos esos peores vicios los cuales son las raíces y fuentes de todos esos hediondos actos externos. Éstas son las cosas que Dios más odia. Ellas son faltas con las cuales irritamos a Dios: esto es, adscribimos justicia a nuestro poder y obras; cuando queremos contender con Dios; cuando queremos ser justos por nosotros mismos; y cuando no le permitimos a él que condene nuestras obras abominables, sino que las protegemos al enseñar nuestros dientes[76] contra la palabra de Dios.

Paloma. Tenemos que adivinar por qué llama a Jerusalén una "paloma". Se ve lo mismo en Cantares [6:9] de Salomón: "Pero la paloma que poseo es única y perfecta." Aquí, pues, llama a Jerusalén "la paloma del Señor", esto es, la predilecta, la que ha elegido como suya propia, así como la llama Isaías [1:21] "¡Ay, ciudad fiel!" El profeta está

74 Ésta es mi traducción del texto latín de la Vulgata citado por Lutero: *Væ provocatrix, et redempta civitas, columba!* RVC traduce: "¡Ay de la ciudad rebelde, contaminada y opresora!"

75 La palabra usada en hebreo aquí es גָּאַל (*gáal*). El significado que predomina sobre esta palabra es "contaminada". Pero significa también: 1) "Rescatar mediante la compra de la propiedad vendida" (Levítico 25:33). 2) Libertar, comprar la libertad de una persona (Levítico 25:48). 3) Redimir o adquirir la propiedad de un familiar fallecido (Rut 4:4) Cf. M Chávez, *Diccionario de hebreo bíblico* (El Paso, Tx: Editorial Mundo Hispano, 1992, 106-107). Lutero prefiere la segunda definición en este versículo.

76 En latín lee *"mordicus"* (dar mordiscos) contra la palabra de Dios.

secretamente indicando que el Espíritu Santo se encuentra en Jerusalén, pues el Espíritu Santo es "la Paloma" de Dios.

2. No quiso escuchar la voz de su Dios. Debemos leer todas las palabras en tiempo presente, modo indicativo.[77] Entonces, pues, su significado llegará a ser claro. Aquí enumera los pecados bajo los cuales ella (Jerusalén) va a provocar al Señor. Es como si dijera: "Ella no escucha la voz del Señor. Tampoco obedece la voz del Señor o la palabra de Dios. Pues, inmediatamente después del cautiverio de Babilonia ellos despreciaron a los verdaderos profetas. Tomaron a los fariseos, saduceos, y otras sectas como substitutos de ellos (los profetas). Ésos mutilaron al pueblo en diferentes formas y los corrompieron con sus depravadas opiniones. Por lo tanto, la palabra de Dios se enfrió (entre ellos).

Ni recibir su corrección. Esto es, no aceptará regaño, no aceptará condenación, como dije hace poco. Pues, ella está tan lejos de ceder su propio ingenio que piensa que la piedad y el verdadero culto a Dios solo le pertenecen a ella. Así que no deja a nadie decirle algo.

No confió en el Señor. Esto es, enseña la justicia de la carne. Ella no enseña una fe que exhorta a uno a temer y confiar en Dios.

Ni se acercó a él. Uno se acerca a Dios adquiriendo conocimiento de él. Esto ocurre por medio de la fe y no por medio de las obras, no por el uso de las manos y los pies, sino por una asidua (frecuente) práctica y ejercicio cotidiano. Esto es lo que Pablo llama "por fe y para fe" (Romanos 1:17),[78] de virtud a virtud, "la gloria del Señor, de gloria en gloria"[79] (2 Corintios 3:18), hasta que lleguemos a ser personas perfectas" así como cita Efesios [4:13].

3. Sus príncipes.[80] No está hablando sobre príncipes. Es como si dijera: "No van a tener más príncipes pero sí violentos tiranos quienes devorarán todos sus recursos. Arderán con tal deseo de poseer, que laborarán con inexplicable avaricia para así solidificar sus riquezas." Aquí tenemos, pues, el primer fruto de la maldad, la avaricia. Le sigue la violencia, la lujuria, la inmoralidad sexual, y la vagancia.

77 La Vulgata lo traduce en tiempo perfecto.

78 RV1960.

79 RV1960.

80 RV1960; la RVC traduce: "Ustedes los humildes."

Sus jueces son lobos nocturnos. Vimos la misma frase anteriormente en Habacuc 1:8: "Y más feroces que los lobos nocturnos." Allí, como ya he dicho, lo traducimos con "lobos del desierto". Pero todavía no estoy convencido en esos dos lugares cuál de los dos es lo más correcto. Los llama aquí "lobos nocturnos". Dice que lo debemos traducir, pues, con esta antítesis "que no dejan un solo hueso para el día siguiente". Éste es su significado: "Es tal el furor de sus jueces, es tal su avaricia, que son insaciables. Pues es tanta la fiebre que los ha invadido, que ellos quieren devorar toda la población y al mismo tiempo obtener todos los recursos y las propiedades de ese pueblo."

4. Sus profetas son irresponsables. Lo traduciría así al alemán: *Es sind lose Buben, leichtfertige Leute* ("Son pillos sin límites, gente que valen nada"). La Septuaginta lo traduce bastante bien con πνευματόφοροι (cargados [llenos] de viento). Se encuentra la misma expresión en Génesis [49:14] "e impetuoso como las aguas". Pablo lo ha expresado adecuadamente así (Efesios 4:14): "Para que ya no seamos [niños fluctuantes], arrastrados para todos lados por todo viento de doctrina." Ellos son arrastrados por cada capricho en sus pensamientos así como el agua cae indiscriminadamente cuando alguien la derrama. Tenemos, pues, la misma expresión en Jeremías 23:32, donde el traductor, así como acostumbra, lo traduce usando varios detalles: "Han decepcionado (desviado) a mi pueblo con sus mentiras y sus milagros."[81] No cabe duda que hay gran acuerdo (concordia) con el nombre con el cual el traductor traduce al latín aquí con la misma palabra. ¿Pero, qué concordia (relación propia) existe entre la palabra "descarriado" y la palabra "milagro"? Por lo tanto lo debió haber traducido en Jeremías "con sus descarriar", esto es "con sus locuras". Tenemos la misma expresión en el libro de Jueces [11:3], cuando el autor escribe sobre unos vagabundos que rodearon a Jefté, esto es, eran personas ineptas que no tomaban algo en serio. Es por eso que traduzco aquí "Sus profetas son irresponsables". Esto es, no razonan.[82] No lo piensan con seriedad, y toman absolutamente nada en serio. En sus asambleas dicen cualquier tontería que se les ocurre. No estiman, no toman en cuenta el valor de las palabras de Dios. Todo lo que piensan es sobre cosas humanas, etc. Entonces añade:

81 Mi traducción del texto en latín: *"deceperunt populum meum in mendacio suo et in miraculis suis."* La RVC traduce: "pues con sus profecías mentirosas y lisonjeras hacen que mi pueblo pierda el camino."

82 En latín "no piensan" (*incogitantes*).

Traicioneros.[83] Mejor dicho "despreciadores" (*contemptores*). Ellos consideran la Palabra sin ningún valor alguno. Sin razón se rebelan contra la palabra de Dios. En el Salmo (cf 25:3; 119:158) lo traduzco al alemán con *Verächter*.

Sus sacerdotes contaminan el santuario. Esto es, las cosas sagradas. Trataban las cosas sagradas indignamente. Pues, es una profanación de las cosas sagradas cuando uno adscribe justicia a ellas, cuando enseñamos a las personas a confiar en cosas sagradas, como esos (sacerdotes) que enseñaban a confiar en las obras. Así contaminaron el templo, y los instituidos sacrificios divinos, pero no solo por hacer éstos.

Y falsean la ley. Esto es, depravan la ley. La han interpretado carnalmente y no espiritualmente, como debieron haberla interpretado. Pues, es espiritual, así como dice el apóstol (Romanos 7:14). Entonces, pues, han profanado lo que es sagrado y la ley, cuando continuaron confiando en sus cultos, sus sacrificios, y las obras requeridas por la ley. Su profanación no fue por el hecho de no observar la ley o porque despreciaban al templo y otras cosas sagradas. Esto es quizás lo que nuestro traductor piensa. Él está conectado con las cortes.[84]

5. El Señor es justo y no hace iniquidad. Habla sobre Cristo Jesús, el Salvador, quien, a diferencia de ellos, enseña sobre la verdadera justicia. Pues la más inmensa maldad reinaba de nuevo entre ellos cuando Cristo vino. Por lo tanto él mismo se opone a la maldad de ellos, etc.

Por la mañana saca a luz su juicio. Esto es, inmediata y rápidamente. Ésta es la manera que los profetas suelen expresarse sobre "la mañana", así como en el Salmo [46:5]: "Ya en la mañana Dios le brinda su ayuda." El significado, entonces, de lo que dice el profeta es: "No importa qué tanta maldad reine cuando Cristo venga; no importa cuánto maldigan los fariseos contra la verdadera justicia que él enseñará, y no importa cuánto la vayan a despreciar; ella pues, persistirá. Él guiará su propia justicia como si fuera la luz. La causa de su salvación permanecerá en

83 En la Vulgata lee *Viri infideles* (Hombres infieles).

84 El texto tiene aquí *iudiciarius*. Quizás sea *iusticiarius* (la justicia por medio de obras) lo que quería traducir. La crítica es dirigida aquí a Jerónimo, "nuestro traductor", el primer traductor y editor de la Vulgata.

contra de los impíos." Pues nada los ayudará, pues ellos quieren interrumpir esa justicia al reunir fuerzas contra ella. Él acabará con eso. Profesará su causa para una mayor gloria. Sigue, entonces, así:

Pero el perverso no conoce la vergüenza. Esto es, no aprobará esa vergonzosa iniquidad de otros que seducen con otras cosas. Esto es lo que dice el Salmo 1[:6]: "El Señor conoce el camino de los justos." Esto es, lo aprueba. Se complace del camino del justo. También, pues, Cristo le dirá a los impíos (Mateo 25:12): "No los conozco." En resumen: Dejará que otros se dejen llevar por sus propias iniquidades. Él no tendrá intercambio (*commercium*) con los impíos. Así reprueba.

6. Yo permití que las naciones fueran destruidas, y que sus habitaciones quedaran asoladas. Éste es un nuevo párrafo de los previos. Pues el profeta comenzó en este capítulo a dirigir su profecía al pueblo que había sido regresado de Babilonia. Esto ya he explicado anteriormente con suficientes detalles. Ahora comienza a dar motivo para reprobar las bendiciones pasadas que habían recibido del Señor. Es como si dijera: "Te regresé del cautiverio en Babilonia. Destruí muchísimas y potentadas naciones por causa tuya. Con mi poderosa mano te guie fuera de Egipto y ahogué al faraón con todo su ejército. Derroqué y destruí los inmensamente poderosos reinos de Babilonia y los asirios. Pero ahora tú te olvidas de estas cosas. Todo esto se vuelve algo de antaño en tu meditar. Tú nunca, o quizás solo una vez, recuerdas esos milagros que he hecho por ti." Pues, estas cosas suceden no solamente en cosas humanas sino también en cosas sagradas. Nada se olvida tanto en los corazones de los seres humanos que la gratitud y el recuerdo por las bendiciones recibidas. También, pues, en cosas espirituales inmediatamente nos olvidamos de todas las cosas que han sido otorgadas a nosotros por la gracia de Cristo. Después de todo, pocos consideran hoy de qué cargas y vínculos del papa el evangelio de Cristo, ahora revelado a nosotros, nos ha librado. El profeta reprueba aquí a los judíos por el mismo olvido.

Sus habitaciones. Esto es, sus príncipes o jefes. Quiere decir: "He destruido el principado en esas naciones. He matado a sus reyes y príncipes." Así, pues, suele llamar la Escritura a los príncipes o líderes de los reinos. Los llaman en otros lugares "cabezas" o "barbas" o "montañas" o "habitaciones", etc.

Yo dejé sus calles desiertas. Es como si dijera: "Sus reinos están bien poblados. Sus niños y niñas llenan y corren agitadamente de un lado para otro las calles. Pero los arrebataré de allí. Serán reducidos a vivir en soledad. Arrebataré al gentío (de allí).

7. Yo me dije: "Seguramente esta ciudad me temerá; aceptará ser corregida." Esto es: "Te he enviado mis profetas. Ellos te han predicado. Te han enseñado a que me temas y a que aceptes mi disciplina. Quiere decir, te han enseñado a temerme al recordarte de esas obras milagrosas que he hecho por ti. Te enseñaron a que no cometas similares pecados como los anteriores. Lo hicieron para que yo no fuera forzado a destruir tus habitaciones así como te destruí a ti antes de que fueras arrastrado al cautiverio. Pues, si no aprendes a temer y a tener disciplina, no preservaré tus habitaciones." Y no las preservó, pues los romanos destruyeron miserablemente todo, etc. Con estas pocas palabras el profeta ha incluido todo lo que comprende la vida de un verdadero cristiano. El temor a Dios conlleva la fe y la humildad de corazón para que tengamos reverencia hacia la majestad de Dios. "Disciplina" comprende una moral evidente,[85] que nos comportemos entre nosotros con honestidad sin ofender a nuestros hermanos, que vivamos modestamente, que nos sirvamos uno al otro en amor.[86] Esto es el resumen (la razón) y la visión de todos los profetas y de toda la Escritura.

Pero ellos se apresuraron a corromper todos sus hechos. Es como si dijera: "No importa, pues, cuánto les enseñaron los profetas a temer, todo fue hecho en vano. Continúan ustedes con sus impiedades. Perseveran en la impiedad que heredaron de sus padres. Y lo hacen con gran esmero y con todo su ser." "Temprano"[87] indica, así como ya mencioné hace poco, "inmediatamente" y apresuradamente, como en el Salmo 78[:34]: "Y con gran diligencia volvían a él." Esto es, esos que querían reconciliarse con el Señor se levantaron temprano para encontrar su gracia, etc. Por lo tanto tenemos aquí: "Se levantaron temprano y corrompieron todos sus hechos." Esto es, no solamente no escucharon las advertencias de los profetas, quienes les enseñaron a temer a Dios y sobre la disciplina, sino que fueron también muy dispuestos y listos

85 Esto es: *"externos mores."*

86 La palabra usada aquí es *"charitate"* pero es más que caridad. La palabra *charitate* significaba en el contexto de Jerónimo un amor con sacrificio, un amor ágape. Evidencia de esto se puede ver en la Vulgata que traduce con *"charitate"* ese amor ágape, sufrido, que procede de Dios en 1 Corintios 13:3-7. No es dar limosna sino darse a sí mismo como Cristo se dio por nosotros.

87 En latín *"mane"* (temprano en la mañana). Corresponde en la cita de la RVC a "apresuraron".

para acrecentar sus iniquidades, para depravar así su fe y moral evidente. No cabe duda que son gente odiosa, sin fe, reprobables en cuanto toda buena obra, así como Pablo dice (Tito 1:16). Es obvio, entonces, que somos vistos con mucho más esmero y disposición hacia la maldad que a la piedad. También, Cristo dice que "los hijos de este mundo son más sagaces que los hijos de la luz" (Lucas 16:8). Tenemos casi las mismas palabras en el Salmo 14:1, así como las tenemos aquí: "Corrompidos están. Sus hechos son repugnantes."

8. Por lo tanto, espérenme hasta el día en que me levante para juzgarlos. Esto es: "Ya que no tienen la palabra de Dios en sus corazones, y ya que los amonesté en vano por medio de mis profetas, los desprecio a ellos, aunque ya regresaron del cautiverio y han sentido mi ira lo suficiente. Andaré por el mundo y buscaré otro pueblo para mí pues los he rechazado. Llevaré todas estas cosas a una conclusión. En poco tiempo sucederá que tu reino será arrebatado de ti y será dado a otro pueblo que produce frutos, etc. (Mateo 21:43). Provocaré en ti celo hacia un pueblo insensato, uno que no es un pueblo", así como vemos en Oseas.[88] Esto continuará hasta el día "de mi resurrección". Este sentido no me fastidia, sino que lo apruebo pues interpreta este texto como si se relacionara a la resurrección de Cristo. Es como si dijera: "En virtud de mi resurrección, cuando yo resucite de entre los muertos, acontecerá que brotará un nuevo pueblo." Tenemos también otro significado, que "la resurrección del Señor" se tome así como la Escritura generalmente lo usa, para la venganza y preparación propia en contra del enemigo. Vemos esto en el Salmo [44:23]: "¡Despierta, Señor! ¿Por qué duermes?" Significa esto: "Te rechazaré. Elegiré un nuevo pueblo para mí cuando me levante por medio de los romanos, que enviaré contra ti, para destruirte y devastar todo lo que es tuyo. Moisés dice lo mismo (Éxodo 33:5): "Si acaso los acompañara, en cualquier momento podría acabar con ustedes" en toda la tierra. Entonces, ya que habla sobre el futuro,[89] Jerónimo se preocupa extrañamente. Pero su significado es muy simple. Esto es: "Y por el resto (*de caetero*), si al mismo tiempo yo fuera a resucitar."

Porque he decidido reunir a todas las naciones. El profeta explica sobre qué resurrección ha estado hablando, esto es, sobre la

88 Posiblemente se refiera a Oseas 1:9 o Deuteronomio 32:21, y si es así debemos leer Moisés en vez de Oseas.

89 El texto de la Vulgata traduce así: *"in die resurrectionis meae in futurum."*

resurrección de Cristo. Ya he dicho anteriormente que este significado me complace más que cualquier otro. Pues, después que Cristo resucitó, ascendió a los cielos para ser juez de todo al mundo, así como observamos en el Salmo [110:6]: "Dictará sentencia entre las naciones." Por lo tanto, pues, el juicio aquí no necesariamente significa la ejecución de la ira sino más bien el oficio y poder del que juzga, así como vemos en más de un salmo. Aún más, la reunión de reinos y naciones tomó lugar bajo la palabra del evangelio, la cual ha sido divulgada por todo el mundo.

Para derramar sobre ellos todo mi enojo [y el ardor de mi ira]. El apóstol Pablo ha interpretado esto rotundamente en Romanos 1[:18]: "Porque la ira de Dios se revela desde el cielo contra toda impiedad y justicia de los hombres, etc." Pues el mensaje del evangelio es [Mateo 3:2; 4:17]: "Arrepiéntanse, porque el reino de los cielos se ha acercado." También Cristo dice en el último capítulo de Lucas [24:47] que en su nombre se predicará el arrepentimiento. El evangelio primero anuncia el diluvio de la ira y el furor del Señor, así como él dice aquí: "Para derramar sobre todos ellos mi enojo y el ardor de mi ira." Porque él dice [Marcos 16:16]: "Pero el que no crea, será condenado"; es más [Juan 3:18]: "El que no cree, ya ha sido condenado."

9. Cuando llegue el momento, devolveré a los pueblos la pureza de labios. El profeta acomoda sus palabras de tal forma que no podamos dudar que todas ellas deben ser entendidas con referencia al evangelio. Aquí, pues, describe la invocación del nombre del Señor y el unánime culto a Dios como "la pureza de sus labios". Por lo tanto, significa esto: "Voy a sacar a esos depravadores, a esos que adulteran la palabra de Dios, quienes usan lenguaje impuro. Estableceré para mí un pueblo santo. Les daré un idioma puro. Ellos enseñarán mi Palabra en pureza e invocarán mi nombre." Entonces dice: "Cambiaré (o transformaré)" o como si dijera: "tus labios son impuros", como leemos en Isaías 6:5: "Cambiaré los labios impuros de la gente, a labios puros. Ellos enseñarán la sana e irreprensible palabra de fe. Por cuenta de esto recibirán abundantes frutos. Invocarán, entonces, mi nombre, algo que no podían hacer a menos que enseñaran con labios puros, esto es, bajo el sincero evangelio." Así, entonces, cuando mezclan obras y la confianza en las obras con la doctrina de la fe, no pueden invocar el nombre del Señor. "Ahora bien, ¿cómo invocarán a aquel en el cual no han creído?" [Romanos 10:14].

Y me sirvan con espíritu unánime. Esto es, en armonía unos con los otros, unánimes. No van a titubear entre dos sentimientos, así como Elías dice en 1 Reyes 18:21: ¿Hasta cuándo van a estar titubeando entre dos sentimientos?[90] Todos serán de un mismo sentir.

10. De allende los ríos de Etiopía [mi pueblo esparcido vendrá a adorarme]. Se refiere al fruto del evangelio. Esto es, su pueblo no solamente será santo y puro de labios entre los pueblos vecinos sino que también lo será entre esos pueblos remotos. Pues sus futuros suplicantes se encontrarán también más allá de los ríos de Etiopía, y no solamente en el templo en Jerusalén. Pues, "Por toda la tierra ha salido la voz de ellos" [Romanos 10:18].[91] También Cristo dice [Juan 4:21-23]: "Viene la hora cuando ni en este monte ni en Jerusalén adorarán ustedes al Padre... Pero... los verdaderos adoradores adorarán al Padre en espíritu y en verdad." Y, "Mi pueblo esparcido vendrá a adorarme y me traerá ofrendas [no solo en el templo en Jerusalén]." Por lo tanto, todo lo por venir en el futuro será nuevo: una nueva forma de orar, una nueva forma de hacer sacrificios, y un nuevo pueblo. Éste es realmente un texto maravilloso. Con palabras muy claras enseña la abrogación de la ley. Pues, después de todo, la ley prohíbe hacer sacrificios u orar si no es hecho en el modo y el lugar designados, el templo de Jerusalén. Pero los cristianos ofrecen diariamente sacrificios espirituales a Dios, así como Pablo dice en Romanos 12:1: "Ruego... que se presenten ustedes mismos como un sacrificio vivo, santo y agradable a Dios." Los llama "mi pueblo[92] esparcido". Esto es también lo que Pedro escribe cuando se dirige a los "esparcidos elegidos" en Galacia, etc. (1 Pedro 1:1). Pues, los cristianos habían sido esparcidos por todo el mundo. Ellos no se congregan en un solo lugar así como tenían que hacer los judíos.

11. Cuando llegue ese día, no tendrás que avergonzarte por ninguna de tus rebeliones contra mí. Esto es: "Limpiaré (purgaré) a mi pueblo para mí. Tendré verdaderos santos. Entre ellos no habrá hipócritas ni impurezas ni doctrinas impuras, las cuales contaminan el alma. Más bien, los santificaré a todos con el Espíritu Santo, el cual les daré en sus corazones." Entonces añade la siguiente explicación:

---

90 Lee en RV1960: "¿Hasta cuándo claudicaréis entre dos pensamientos?" Esta traducción se asemeja mejor a la Vulgata.

91 Cf Salmo 19:4.

92 En la Vulgata "hijos esparcidos".

Porque yo quitaré de en medio de ti a los que se alegran por tu soberbia. Es como si dijera: "Hasta ahora siempre has sido acusado por tener falsos maestros (doctores) con labios impuros, y magistrados con comezón de oír.[93] Los profetas te han reprendido 'por los que se alegran por tu soberbia', esto es, por los que se jactaban por la justicia de la carne y de sus obras. Pero a éstos yo los quitaré de en medio de ti. Enseño, pues, algo diferente: que las personas deben desesperarse completamente de su poder, de su sabiduría, y de su justicia de la carne; pues todos los seres humanos son culpables de su condenación, de que no hay nada en que la carne humana pueda gloriarse, así como Pablo dice en Romanos 3:27: 'Entonces, ¿dónde está la jactancia? Queda excluida etc.' También [Romanos 3:19]: 'Para que todos callen y caigan bajo el juicio de Dios', y pues, 'Quien se quiera vanagloriar, que se vanaglorie de entenderme y conocerme. Porque yo soy el Señor'" (Jeremías 9:24).

12. Un pueblo humilde. Esto es, los apóstoles y el pequeño remanente en Israel. "Los más poderosos, los más sabios, los más predilectos del pueblo, los sacerdotes y los príncipes, perecerán. Pero dejaré entre ustedes un pueblo humilde y necesitado quien esperará en el nombre del Señor." En pocas y bellas palabras describe a la iglesia de Cristo, que es un pueblo pobre, necesitado, y oprimido que invoca al Señor y espera en el Señor. Ésta es la mayor justicia; éste es el mayor culto de Dios.

13. El remanente de Israel no cometerá injusticias. Esto significa la virtud o poder y la eficacia de la fe. Juan dice en 1 Juan 3:9: "Todo aquel que ha nacido de Dios no practica el pecado, porque la simiente de Dios permanece en él, y no puede pecar, porque ha nacido de Dios." Pero somos nacidos de Dios por medio de la fe (Juan 1:12-13).

Gente mentirosa. Esto es, alguien de buena apariencia seduce las almas. Les promete algo que no puede cumplir. Pues enseña y promete justicia, aunque más bien ofrece la muerte, etc.

Porque ellos serán apacentados.[94] Será, pues, con la palabra del evangelio.

Y ellos dormirán sin que nadie los atemorice. Esto es, en paz, con buena conciencia. Con conciencias en paz estarán en la presencia del

93 2 Timoteo 4:3.

94 RV1960. La RVC traduce: "Porque yo los cuidaré como un pastor."

Señor, y así pues, nada los podrá atemorizar. Romanos 5:1 cita: "Así, pues, justificados por la fe tenemos paz con Dios [por medio de nuestro Señor Jesucristo]. También en Romanos 8:31: "Si Dios es por nosotros, ¿quién contra nosotros?"[95] Pues es la gloria del reino de Cristo que nosotros estemos regocijados y en paz por medio de Cristo, quien nos reconcilió con Dios. No quiere decir esto que la cruz no va a estar presente en el futuro, ni tampoco que el mundo y Satanás no vayan a poner sus trampas ante nosotros. Pero sí quiere decir que ante todo esto la conciencia se fortalecerá y encontrará seguridad. Entonces, pues, todos estos (males) no permanecerán. Ésta es la obra del poder de Dios en nosotros, así como el apóstol Pablo nos hace ver.

14. ¡Canta, hija de Sión! Ha descrito el reino de Cristo. En esto que sigue, el profeta felicita con exuberante pasión a Israel y a la hija de Sión. Esto es, que tal reino ha llegado a todos los que han creído. Es así como Pablo se regocija con los romanos por sus conocimientos de Cristo (Romanos 1:8): "Por medio de Jesucristo doy gracias a mi Dios por todos ustedes, etc." "Canta" (*Lauda*) significa "dar gracias, regocijarse en el Señor".

¡Da voces de júbilo, Israel! Por todo esto, se ve clarísimo que el profeta no habla de un reino temporal cuando reluce un Israel jubiloso, pues, como vimos en Oseas, después del cautiverio de Israel, Israel nunca fue restablecido o restituido. Por lo tanto, está él (profeta) claramente señalando al reino de gracia por medio de Cristo, el cual fue propagado por todas partes en el mundo y ha congregado a todas las naciones y reinos, así como dijo anteriormente, de los judíos como también de los gentiles.

15. ¡El Señor ha apartado tus juicios! Se ve cierta ambivalencia en este discurso. Se nota la misma frase en Job [34:5]: "Y Dios me ha quitado mi derecho."[96] Esto es: "No me defiende en mi juicio; no abroga a mi favor la sentencia." Pero aquí el significado es todo lo contrario. Aquí el profeta ha usado la palabra "juicios" así como Pablo la usa en 1 Corintios 11:31: "Si nos examináramos[97] a nosotros mismos no seríamos juzgados... [por el Señor]."[98] Esto es, si fuéramos a corregirnos nosotros

95 RV1960.

96 RV1960. La RVC traduce: "Y que Dios lo ha tratado injustamente."

97 En latín: "Si nos juzgáramos (*iudicaremus*) a nosotros mismos..."

98 Lutero añade en latín "por el Señor" pero en realidad esta frase es parte del próximo versículo 32 que lee: "pero si somos juzgados por el Señor."

mismos. También vemos en Romanos 13:2: "Y los que se oponen acarrean condenación sobre ellos mismos." Aquí también, pues, "¡El Señor ha apartado tus juicios!" Esto es: "No quiere que continúes culpándote. No quiere que continúes odiándote a ti mismo. Pues se deleita como si fueras su hija. Tú tienes ahora a un Dios quien es un Padre bondadoso, y no un Juez que desea aterrorizar tu conciencia con la ley." Esto es lo que el profeta llama "juicios", quiere decir, la ira de Dios aplicada por medio de la ley. Eso, dice él, Dios lo ha abrogado.

¡Y ha expulsado a tus enemigos! "Ha hecho esto para que tus enemigos nunca más puedan herirte, no importa qué tan poderosamente te ataquen, no importa cuánto odio tengan contra ti. ¡Pero confía! Es el Señor quien hace que no tengas temor para que puedas descansar y no tengas miedo." Esto es lo que el profeta dice (Salmo 118:18): "Aunque el Señor me castigó con dureza, no me entregó a la muerte." También leemos en el Salmo 105:14:[99] "Pero Dios no dejó que fueran agraviados."

¡El Señor es Rey de Israel, y está en medio de ti! Esto es: "El mismo Señor es ahora tu rey y se encuentra en medio de ti. Ahora ya no tienes, pues, cualquier hombre dándote ordenes, ¡solo tienes al Señor!" Leemos en Juan 14:23: "Y vendremos a él, y haremos morada con él."[100] Pues Dios se encuentra presente en los corazones de los fieles, a los cuales él llama su templo, etc.

¡Nunca más verás el mal![101] Esto es lo que dijo anteriormente sobre la seguridad y la expulsión de los enemigos. Una cosa es experimentar el mal y la otra es temer al mal, así como una cosa es morir y la otra ver y probar la muerte, como dice Jesús en Juan [8:51]. La ley, entonces, murió para nosotros ya que ha perdido su poder y su aguijón. Ya tampoco nos puede atemorizar; no tiene ya más el derecho de condenarnos. Así mismo, aunque la muerte invada a una persona justa, no puede aterrorizarla, ni tampoco puede ejercer la tiranía contra o sobre ella. Por lo tanto, para esa persona la muerte es, mejor dicho, como dormir. Aquí también, pues, el profeta habla sobre el temor de uno por sus enemigos, así como lo vemos también en el Salmo [64:1]: "¡Protege mi vida de mi temible enemigo!" Pues, hasta el punto que uno se preocupa por el mal, hasta ese punto lo siente. El mal entristece y doblega también

99 La Weimar cita el Salmo 103.
100 RV1960.
101 En latín: "Nunca más temerás el mal."

a los impíos, y el temor de la maldad los invade. Quiere decir, están aterrorizados en sí, en su conciencia, por la muerte y el pecado, porque el poder de Dios no ha sido confirmado en ellos. La paz y la certeza de fe no se encuentran en sus corazones, etc.

16. Cuando llegue el momento,[102] **se dirá a Jerusalén: "No temas."** Esto es lo que tenemos en el Salmo [118:15]: "En el campamento de los hombres justos se oyen gritos jubilosos de victoria." Es como si el profeta dijera: "Solamente esto oirás, solo esto se te predicará. 'No temas hija de Sión, pues Dios se encuentra entre ti, y él es tu rey.' Entonces, pues, '¿Qué más podemos decir?[103] Que si Dios está a nuestro favor, nada podrá estar en contra de nosotros'" (Romanos 8:31). Así que, hasta en el supremo momento de la consolación, siempre indica que en el futuro tendremos la cruz y también enemigos que nos confrontarán. Pero, el poder del Espíritu estará presente. Los afirmará para que no sean quebrantados por el mal, ni sucumban ante el mismo (mal); en resumen, para que no teman a sus enemigos. Pues Satanás no cesa de atacar a los santos. No importa cuánto los santos resistan, pero algunas veces el cansancio y la larga batalla los ahoga, así como algunos padres[104] han dicho. En realidad Satanás nunca descansa; siempre presiona hasta lograr lo que ha comenzado. Por lo tanto añade:

Que no se debiliten tus manos. Esto es: ¡Persiste! ¡No desmayes! Persevera, etc.

17. Por ti se regocijará y se alegrará. Todo esto significa que sus conciencias experimentarían la dulzura paternal del reino del Señor. Significa, entonces: "Sentirás regocijo. Sentirás en tu conciencia que el Señor se encuentra misericordiosamente dispuesto hacia ti, que es realmente un padre bondadoso hacia ti en todas las cosas." Pues el Señor dice que se regocija sobre nosotros cuando hace que experimentemos su favor, τὴν αὐτοῦ χρηστότητα ("su misericordia"). Ha expresado enfática y adecuadamente la naturaleza del reino de Cristo. Pues ocurre que él permite que los piadosos sean atacados y abrumados de varias maneras, a la vez de ser abrumados por muchos males, para que así ellos se acojan a su Rey. Pero, así y todo, añade ese sentir de regocijo, esa tranquilidad

102 En latín: "cuando llegue 'ese día'."
103 En latín: "¿Qué más podemos 'temer'?"
104 Se refiere aquí a los escritos de los padres de la iglesia.

de corazón para que todo vaya a ser más dulce, y para que nada nos pueda separar del amor de Dios, Romanos 8:39.

Por amor guardará silencio. No en "tu" amor, así como lo hemos leído.[105] Esto es, hará que guardes silencio para que así tengas en los lugares secretos de tu corazón una quietísima paz y un silencio tranquilo. No habrá ruido ni clamor así como sucede en los corazones de los impíos cuando el mal los oprime, y carecen la seguridad en sus corazones.

Y con cánticos se regocijará por ti. Esto es: "Entenderás que él está bondadosamente dispuesto. Ese sentido de la bondad y clemencia de Dios provocará que cantes con regocijo. Cada día darás gracias; bendecirás y exaltarás a Dios por tu salvación."

18. Yo reuniré a tus habitantes, a los que por tanto tiempo han tenido que cargar con tu oprobio. Así es como Jerónimo lo ha traducido.[106] Tiene, pues, sus razones que lo han llevado a traducirlo así. Piensa que "*nugas*" (los burlones) es una palabra en latín tomada del idioma hebreo así como ocurre también en otros idiomas. Pero me asombra ver cómo Dios ha permitido a personas tan ilustres fallar tan extraordinariamente, así como aquí también Jerónimo, una persona tan distinguida, ha cometido tal error filológico.[107] Ésta no es una palabra hebrea, así como él sugiere. La palabra correcta es נוּגִים (*nugim*), "los sufridos".[108] Es más, cuando leemos: "los que se han apartado de la ley" (*qui a lege recesserant*), la palabra apropiada aquí en hebreo es "el tiempo designado",[109] así como es tan evidente en múltiples textos en la Escritura. Génesis 1:14: "Y sirvan de señales para las estaciones." Aquí se ve claramente la misma palabra. Vemos también en el Salmo [104:19]: "Tú hiciste la luna para medir los tiempos." Y en el libro de los Jueces [20:38]: "Ésa sería la señal" o el tiempo designado. En los Salmos esto es traducido como "días de fiestas", así como tenemos los "Festivales" de San Miguel, de Valpurgis, de Navidad, y muchos otros

---

105 La edición de la Vulgata que Lutero tenía debe haber usado "*tua*" por "*sua*".

106 Así lo tradujo al latín Jerónimo: "*Nugas, qui a lege recesserant, congregabo.*" (Mi traducción: Congregaré a los burlones que se han apartado de la ley).

107 Lutero dice "error gramatical" pero en realidad es filológico pues trata sobre de dónde procede esta palabra.

108 RV1960 traduce: "Reuniré a los fastidiados" (también puede ser "a los sufridos").

109 RVC traduce: "a los que por tanto tiempo" y RV1960: "por causa del largo tiempo" que se entiende por el tiempo designado, en hebreo מוֹעֵד (*mo'ed*).

asignados.[110] Por lo tanto lo traduzco del hebreo así: "Los congregaré a ustedes que por largo tiempo son oprimidos por la tristeza." Significa, pues: "El reino de Cristo será tal que congregará a los entristecidos, a aquellos que por un tiempo han sido oprimidos con amargura, esto es, esos que han caído en cierto pecado por cuenta de la debilidad. Así como Pablo nos dice en Gálatas [6:1]: "Hermanos, si alguno es sorprendido en alguna falta, ustedes, que son espirituales, restáurenlo con espíritu de mansedumbre, etc." En resumen: Cristo sobrelleva a aquellos débiles en la fe y forma de vida para corregirlos, ayudarlos, y guardarlos hasta que crezcan a una madurez. Por lo tanto, nos hace ver en este texto sobre la materna misericordia de Cristo, pues nos cuida y guarda como una madre cuida y guarda a su bebé. Así como dice Isaías 49:15: "¿Pero acaso se olvida la mujer del hijo que dio a luz? ¿Acaso deja de compadecerse del hijo de su vientre?" También vemos en Isaías 46[:3-4]. "Ustedes, que han sido llevados desde que estaban en el vientre, sustentados desde que estaban en la matriz; yo mismo los seguiré llevando hasta que estén viejos y canosos. Yo los hice, yo los llevaré. Yo los apoyaré, y yo los protegeré." Esa ternura de Cristo obra para que nuestra debilidad de fe o forma de vida no puedan dañarnos, siempre y cuando, nos mantengamos firmes bajo la sincera Palabra, y siempre y cuando no caigamos fuera del vientre de Dios, quien nos dio a luz. Cuando esto ocurre, nuestro benigno Padre fácilmente cierra sus ojos a todos los otros pecados.

Para que no tengas que cargar el oprobio por esto.[111] Ya que el evangelio es tan sincero, enseña, pues, una fe sincera y un amor genuino hacia el prójimo, la mayor modestia y pureza. La razón, por lo tanto, inmediatamente reprende la vida y moral de los predicadores de la Palabra si ve que no cuadra completamente con la pura doctrina que ellos enseñan. Pues la razón juzga (compara) sus vidas de acuerdo a sus doctrinas y por lo tanto desprecia también sus doctrinas. Por lo tanto, también hoy los enemigos del evangelio objetan que siempre oyen el evangelio de nosotros pero no ven lo evangélico. Muy claro dicen que enseñamos una cosa y vivimos otra cosa. Ellos deben recordar que el ser humano es un animal racional, quien tiene el divino mandato de

110 En el año cristiano se han designado ciertos días para celebrar días especiales o de personas significativas en la vida de la iglesia cristiana.

111 Traducido del texto citado por Lutero de la Vulgata: *"Ut ultra non habeas super ea opprobrium."* Lee en RVC: "Han tenido que cargar con tu oprobio"; y en RV1960: "Para quienes los oprobios de ella era una carga."

tener domino sobre todas las criaturas, Génesis 1[:28]. Pero miren a un infante. Nada de tan poderoso dominio se ve en él, ya que es el animal que entre todos experimenta las más grandes calamidades. Es incapaz de ayudarse a sí mismo. Depende totalmente de otros para el auxilio. De otra forma perecería. Es bien claro, pues, que uno que yace en una cuna y solo puede llorar, ¡cómo va a dominar sobre toda criatura y animal! Plinio escribe en detalle sobre esto. Pero, el infante retiene, así y todo, dominio sobre todas las criaturas, aunque esto no sea aparente. Vive así en esa esperanza. Se nutre de esa esperanza y se forma en esa esperanza y finalmente recibe todo su poder, y toma posesión de su cargo imperial, cuando crece. Lo mismo ocurre en todas las criaturas, los árboles, las semillas, las plantas, los frutos. Ya que esto es tan necesario en cosas pequeñas, aún más tiene que suceder con cosas más importantes y divinas, para que así diariamente crezcamos de fe en fe, hasta que finalmente crezcamos y nos reunamos con el Señor, llegando a ser personas perfectas, como el apóstol nos dice en Efesios [4:13]. Mientras tanto, Dios, nuestro Padre misericordioso, pasa por alto nuestras debilidades y no nos juzga inmediatamente, no sea que seamos reprochados por eso, siempre y cuando guardemos la sincera Palabra, bajo la cual él siempre nos guarda.

19. Perseguiré a todos tus opresores. Lee así en hebreo: "He aquí, haré yo."[112] Ésta es una palabra mosaica, pues Moisés solía expresarse así: "Hará un holocausto (ofrenda hecha en fuego) por el pecado." Esto es "ofrendará o sacrificará". Virgilio también se expresa así: "Cuando haga [una ofrenda] de ternero por las frutas, etc."[113] Nuestro traductor,[114] por lo tanto, ha traducido esto correctamente. Es como si dijera: "Por un tiempo Dios permitió a los impíos reinar y triunfar, y oprimir a los piadosos hasta que se llenaran (jactaran) de sus iniquidades. Entonces, irrevocablemente los destruye. Entonces se venga de ellos."

Salvaré [a las ovejas] que cojean. Esto está tomado casi palabra por palabra de Miqueas 4:6. Se refiere a ese pueblo que ha sido maltratado y vejado de tantas maneras por tantas malvadas tribulaciones.

112 En latín: *"ecce ego faciam."* La palabra en hebreo por *ecce* es הִנֵּה (*hinneh*), palabra que se añade, casi como manera imperativa para pedir atención. Puede significar: "¡Miren! ¡He aquí! ¡Presten atención!"

113 *"Cum faciam vitula pro frugibus"*, Virgilio, *Eclogues*, III, 7.

114 Se refiere a la Vulgata.

20. Yo mismo los reuniré. Esto es, por la Palabra.

Haré que sean motivos de alabanza. Esto es: "Cuando me hayan glorificado por la cruz, cuando hayan sostenido mi mano, entonces llegará el tiempo que su juicio será de nuevo sacado a la luz (cf Salmo 37:6), llegará el tiempo en que ellos serán de nuevo glorificados." Cristo se expresa de la misma manera (Mateo 10:32): "A cualquiera que me confiese delante de los hombres, yo también lo confesaré delante de mi Padre que está en los cielos." Por lo tanto, finalmente los apóstoles y los mártires fueron glorificados ante Dios y ante todo el mundo. Antes éstos fueron maldecidos como los seres más repugnantes del mundo, así lo cita Pablo (1 Corintios 4:13): "como la escoria del mundo, etc." Ahora son recordados con bendiciones, esos como Juan Hus, y otros que sufrieron la persecución y la muerte por la gloria de Dios. Nuestra memoria de ellos, la cual ha sido por largo tiempo dejada en la oscuridad, ha sido revivida. Pero nuestra memoria de los malvados se pudre (disipa). Ellos perecen bajo la mayor ignominia y confusión. Ellos siempre permanecerán bajo desgracia pública.

Los haré gozar de renombre. Con una afirmación peculiar abarca una universal. Es como si dijera: "Ustedes han sufrido el cautiverio en Babilonia y han sido afligidos de varias formas. Pero yo los redimiré, no solamente del cautiverio, sino de aún mucho más, de la muerte, de Satanás, y del infierno." Amén.

¡A Cristo sea la gloria y la alabanza!

COMENTARIO SOBRE HAGEO

Clases impartidas en latín por el Dr. Martín Lutero en La Universidad de Wittenberg, 11 de septiembre, 1525[1]

Prefacio

El profeta Hageo es el más fácil (de interpretar) entre todos los profetas. Si fuésemos a considerar el tema sin simpatía, el profeta nos parecería algo superficial y de poco valor, especialmente en nuestro día. Pues todo sobre lo que profetizó, especialmente sobre la reconstrucción del templo, ya ha tomado lugar (cesado). Por lo tanto, debemos considerar correctamente el tema, para que no esperemos más de éste como palabra de Dios. Observar este principio es muy importante no solamente con este profeta sino también en muchos otros lugares de la Escritura donde leemos sobre temas similares. El tema presente es el templo. Así y todo, la Majestad Divina desciende tan bajo, que asume con muchas palabras la reedificación del templo, como si fuera ése el tema de gran importancia. Con esta presente advertencia aprendamos no tanto, pues, a observar y evaluar en la Escritura el tema, sino más bien el afecto (espíritu) y las palabras. Así evaluaremos las obras de Dios de acuerdo a la voluntad de Dios, pues todas estas obras son buenas, no importa qué humildes e indeseables aparenten ser. La hipocresía emplea otro método pues toma a la palabra de Dios con desdén. Con otra actitud mira, casi con la boca abierta, a esas obras encomendadas, para ver si son obras pequeñas o grandes. Pero uno no debe juzgar una obra por ser grande o pequeña, sino pues, debemos juzgarlas de acuerdo a la voluntad de aquel quien encomendó esas obras. Esto es lo que la fe hace,

1 El texto de Altenburg ofrece el siguiente título arriba del Prefacio: "El Comentario sobre el Profeta Hageo por M. Lutero. Wittenberg, 11 de septiembre, 1525. Se puede deducir que completó estas clases antes de diciembre de 1525 que es cuando comenzó sus clases sobre Zacarías.

la fe que sabe que las dos son las obras del mismo Dios. Se juzga una obra como pequeña o grande de acuerdo a la palabra de Dios, y solo se mira a eso, tomando así la voluntad de Dios con suma importancia. Pues, la palabra de Dios bajo la cual los judíos fueron encomendados a reconstruir el templo y bajo la cual también Dios creó desde el principio a toda criatura en el cielo y la tierra, fue la misma y única Palabra. Aquí tenemos, pues, que aplicar este principio. Entonces, esta profecía nos será muy útil, etc.

El tiempo cuando el profeta Hageo profetizó es evidente por su título, pues dice que profetizó bajo el rey Darío.[2] Pero las historias narradas por los griegos como por los latinos sobre esto varían curiosamente. Por lo tanto, no podemos ofrecer una conclusión acertada. Pues los historiadores argumentan en varias maneras sobre el número de reyes persas. Con la mayor claridad que me fue posible, puse en una tabla (lista) sus años y orden (de reinados), la cual ya es bien conocida ahora a todos pues ha sido publicada.[3] Quien quiera ver el orden de sucesión de reyes, podrán encontrar esta información allí. La dificultad se encuentra en que cada uno de los reyes, tenía dos o hasta tres nombres. Pues en el Libro de Judit [1:1],[4] a Cambises o Artajerjes le llaman Nabucodonosor. Era hijo de Ciro,[5] el rey más poderoso, Darío le siguió en el trono como el IV (rey). Fue bajo Ciro, pues, que los judíos regresaron del cautiverio y comenzaron a reconstruir el templo.[6] Pero, impedidos por las tribus vecinas, no pudieron continuar la obra que comenzaron, pues ni a pesar de sus grandes esfuerzos pudieron luchar contra sus adversarios. Entonces Jerjes[7] declaró un edicto prohibiendo la reedificación del templo. Así, pues, bajo Ciro nada más fue logrado el regreso de los judíos de su cautiverio. El templo no pudo ser reconstruido a pesar de que Ciro había firmemente declarado su reconstrucción. Es que todavía no tenían la palabra de Dios. Todas las recomendaciones y direcciones eran meramente humanas. Digo esto, pues, no sea que alguien piense que tenemos aquí una contradicción.

2 Hageo cita precisamente "El día primero del mes sexto del año segundo del rey Darío" (1:1). Se trata de Darío I, rey de Persia, 521-456 aC.

3 Lutero se refiere aquí a una tabla cronológica sobre los reyes medos-persas que preparó para sus alumnos que tomaron sus clases sobre los Profetas Menores, comenzadas en 1524 (CF. WA, XIII, f.)

4 Libro deuterocanónico que se encuentra en la Septuaginta y Biblias católicas y ortodoxas pero es omitido en las Biblias protestantes y evangélicas.

5 Esto es, indirectamente. Le sigue a Ciro Cambises (II), quien fue reemplazado por el usurpador Gautama, quien fue derrotado por Darío.

6 Cf Esdras.

7 Esto es, Cambises (II). El manuscrito de Zwickau anota: "Cambises." Los griegos los llamaban Jerjes, la Escritura lo llama Artajerjes o Asuero (Esdras 4:6-7).

SOBRE EL ÁNIMO Y LA DISPOSICIÓN DEL PROFETA

La palabra de Dios tiene este modo de ser, que es promulgada, y llega cuando el ser humano se encuentra en la mayor desesperación sobre todas las cosas, y cuando piensa que nada aparentemente sucederá es cuando la palabra de Dios dice que ciertamente sucederá. Pero, ésta no llega a los vagos ni a los que buscan el placer. Para ellos es motivo de risa. Ella (la Palabra) llega a los humildes y oprimidos, a esos con necesidad. Ellos finalmente la reciben de tal forma que toda gloria humana perece, y nada se le atribuye a nuestro poder y energías, sino solamente a Dios. Por medio de los más despreciables seres humanos, la bondad de Dios hace que, cosas que son claramente imposibles a la razón humana, se vuelvan realidad, así como vemos aquí tan claramente. Pues, como vemos, la reconstrucción del templo es encomendada contra poderosísimos y formidables enemigos. La encomienda es dada, digo yo, a un pequeño y disminuido pueblo, un pueblo que es resistido por poderosísimos reyes y por poderosísimas naciones, quienes vivían alrededor, y diariamente amenazaban con una inminente destrucción, así como se ve en Esdras. Pues era tanta la violencia de los pueblos vecinos que los judíos tenían que reconstruir con una mano, y batallar con la otra para repeler a los pueblos adversarios. Así y todo, este único y débil profeta se atreve a levantarse y profetizar sobre la reconstrucción del templo contra todos estos feroces y poderosos enemigos. Por lo tanto ordena a un pueblo tan pequeño que recientemente había sido sacado de tan grande pesar, que se oponga contra tan furioso y vanidoso rey, quien no quería que ellos reconstruyeran el templo. Su ejército era tan numeroso que no podía contarlo sino que solamente podía ofrecer un estimado aproximado de tantos innumerables soldados bajo grupos de diez mil (cada uno). Este poder mental y de espíritu debemos tomarlo en consideración, aunque muy brevemente. Aquí, pues, las mentes son energizadas contra un poderosísimo rey y las más poderosas naciones, quienes preferían que todos los judíos fueran eliminados en vez de que ellos reconstruyeran su templo. Pero es, no obstante, la palabra del Señor quien manda esas cosas, y por lo tanto hay que escucharla aunque todo el mundo la resista, así como los judíos también escucharon. Pues, cuando atribuimos a Dios la gloria de la verdad, ocurre que todo lo que al principio se opuso a nosotros, ahora es obligado a promover y ayudarnos en nuestros planes. Esto es lo que sucedió aquí donde todas las pesadas cargas y amargos obstáculos fueron cambiados a pacíficos auxilios. Pues, así como la historia demuestra, el rey ordenó a los príncipes que ayudaran al pueblo, cuando anteriormente habían sido ordenados a resistirlo y oponerlo. Así que lo que anteriormente parecía imposible llegó a ser fácil por cuenta del plan de Dios. Es obvio que es así como la divina clemencia, obrando maravillosamente, cambia todo a bueno para todos los que creen; el juicio lo cambia a salvación para ellos, el pecado a la justicia, etc., a los enemigos en amigos y siervos. Pues Dios quien es παντοκράτωρ (el "Todopoderoso") lo tiene todo bajo sus manos. Todo el mundo, reyes y príncipes también le deben obedecer, pues no permite a ninguna persona que cause daño a los cristianos, sino que "por ellos castigó a los reyes", así como el Salmo 104:14 lo expresa tan hermosamente. Y, "Si Dios está a nuestro favor, nadie podrá estar contra nosotros" así como leemos en Romanos 8:31. Claramente éste es el punto principal y la visión del tema y el mensaje, o ímpetu, que debemos observar en este profeta. De esta manera todas las cosas serán endulzadas.

Capítulo Uno

1. Del mes sexto. El profeta fue σύγχρονος (contemporáneo) de Zacarías, pues los dos profetizaron bajo el rey Darío (esto es, bajo el cuarto rey quien fue el sucesor inmediato de Cambises al trono). Pero Hageo comenzó a profetizar dos meses antes que Zacarías, así como el primer versículo de cada profeta indica.[8] Hageo comenzó en el sexto, y el otro en el octavo, así como la historia también nos indica.

El día primero [del mes]. El hebreo usa la misma palabra para "uno" y "primero", así como Génesis 1:5 indica: "Y fue la tarde y la mañana un día."[9] Pero aquí debemos traducirlo "en el día primero".

En la mano.[10] Esto es, de Hageo.

2. Este pueblo dice: "Todavía no es el tiempo [de que la casa del Señor sea reedificada]." Comienza con un reproche, así como es la costumbre de todos los profetas. Pues, lo primero que hacen es

8 Hageo 1:1 y Zacarías 1:1.

9 RV1960 traduce este versículo del hebreo como Lutero. Pero la RVC lo traduce: "Cayó la tarde y la mañana. Ése fue el día primero."

10 Traducido de la Vulgata que lee: "*In manu.*" La RVC traduce "por medio del" profeta Hageo.

presentar un reproche, amenazando con la ira de Dios, para entonces añadir dulces y gentiles promesas. Esto es algo que Satanás no hace. Primero (Satanás) atrae las almas por medio de sutiles medios que son esas invitaciones al error, heridas mortales, y perdición. Así también hacen los pregoneros de Satanás con sus enseñanzas. Dios, primero, pues, conduce (las almas) al infierno y entonces los regresa de allí, los humilla, y los eleva. Los confunde con la ignominia (deshonra) y finalmente los glorifica.

El reproche comienza aquí, pues, con la negligencia de esos que se demoraron y no se esmeraron en reedificar el templo del Señor. Éste era el sentir del pueblo. Es como si dijera: "Bajo Ciro comenzamos a edificar el templo pero los pueblos vecinos previnieron la labor urgente que habíamos comenzado. Esta situación, consecuentemente, nos hace pensar que no es la voluntad de Dios que el templo sea reedificado por nosotros." A esta opinión el profeta –mejor dicho el Señor por medio del profeta– se opone. Nos urge que continuemos la obra comenzada; quiere que sobrepasemos todo enemigo, todo poderío. Quiere que consideremos su voluntad, no sea que caigamos ante el mal y sucumbamos a la angustia, para que perseveremos y seamos salvos. Debemos, pues, llevar a la conclusión nuestra obra, no importa cuánto el mundo nos fustigue.

Nadie, por lo tanto, al servicio de Dios es excusado por ser atacado, y porque el mundo se le opone, aunque Satanás y los príncipes de este mundo o, quien quiera que sea, pues, fueran sus enemigos. Ya que si uno es siervo de Dios y cree, no ignora que su Señor es más poderoso que cualquier potestad o poderío y superior a ellos. Sabe que toda la sabiduría del mundo, poder, gloria, y fortaleza no son nada más ante Dios que el polvo de la tierra que la fuerza e impetuosidad de un torbellino lanza aquí y allí. Así también sabe él que cuando fuere presentado a juicio ante reyes y príncipes, Dios ha prometido dar a sus siervos la habilidad y la sabiduría para expresarse y que nadie pueda confrontarlo (resistirlo). Jeremías [1:18] así también menciona la promesa: "Te he puesto contra esta tierra como una columna fortificada; te he puesto como columna contra los reyes, etc."

4. ¿Acaso sí es tiempo de que ustedes, etc.? El profeta describe diligentemente la incredulidad del pueblo pues todo lo que pudieron ver sus ojos fue el poder y la grandeza del rey de Persia, como también la violencia e ira de los pueblos vecinos. Pero el poder divino no se encontraba de la misma forma ante sus ojos. Por lo tanto, solo podían estar temerosos y sucumbir (ante los vecinos). Así que, si tenemos que morir y ser derrotados, si nosotros estamos ya por morir debemos prestar nuestra atención a la muerte y al pecado, quienes pues solamente pueden declarar nuestra conciencia culpable, y confundirla, y haciendo esto, entonces condenarnos. Pero, en vez, pues, debemos voltear nuestra mirada a otro lugar que no sea al pecado, la muerte, y Satanás, nuestros enemigos, en breve, de todo clase de mal que nos agravia. Debemos regocijarnos y confiar, como si esas cargas fueran nada, y como si tuvieran nada que ver con nosotros. Así como dice el profeta en el Salmo [3:6]: "Aun si me rodean legiones de soldados, no tengo nada que temer." Aquí el profeta hace exactamente lo mismo cuando quiere llamar al pueblo fuera de la incredulidad a la fe. Es como si dijera: "Si no es el tiempo de reedificar la casa del Señor, ¿por qué es el tiempo de reedificar sus propias casas? Por lo tanto, es, pues, falta de fe de parte de ustedes, así como también es avaricia cuando ahora aquí se dedican totalmente a la construcción de sus casas pero son negligentes en la obra del Señor. Lo único que les preocupa a ustedes es su propia comodidad, pero no la del Señor. Además dice esto:

En sus casas artesanas. No sé si dice esto en alabanza o critica de sus casas. Creo yo, simplemente, que se refiere a los techados de las casas. Pues, no pienso, que sus casas fueron construidas con espléndidas recamaras o arcos. Significa simplemente esto: "Ustedes fueron negligentes con mi casa. La abandonaron y la desertaron. Así y todo, cuidan sus propias casas; sí, construyen sus propias casas."

5. Pongan sus corazones sobre sus caminos. [11] Esto es un hebraísmo. Quiere decir: "Consideren sus obras y sus inclinaciones. Pongan el triunfo de sus hechos ante sus ojos. Consideren cómo le van las cosas." Es como si dijera: "A causa del mismo castigo pueden comprender que han pecado; cuando todo les sale tan mal a ustedes, cuando ningún triunfo se ve conectado con sus esfuerzos, cuando la tierra solamente brota la semilla recibida, cuando las viñas solamente producen malas uvas, etc. Han comido pero no han quedado satisfechos. Tuvieron, pues, pocas cosas con qué saciarse. No tuvieron nada más en que poner su dinero que en un saco (bolsa) perforado, lleno de agujeros." Por "saco" quiere decir el lugar donde depositamos nuestras monedas.

11 Mi traducción del texto en latín que cita así: *"Ponite corda vestra super vias vestras."* La RVC lo traduce así: "Piensen bien lo que hacen."

Entonces, pues, esto es como un proverbio, un modo de hablar: "Han puesto sus monedas en un saco lleno de agujeros." Esto es: "Todo se desvanece en las manos de ustedes. No tienen triunfo en los negocios, etc." Pero miren que tan maravilloso es el consejo (plan) de Dios. Sacó a ese pueblo fuera del cautiverio en Egipto con sus grandes prodigios y su mano fuerte. Por cuarenta años los alimentó en el desierto. Eliminó a muchos pueblos y reyes que lucharon contra su pueblo. Finalmente los condujo a la tierra que prometió a sus padres. ¿Pero, qué hace él ahora? Ahora ha traído un pueblo a esa tierra que tiene las maravillosas promesas que les hizo a ellos y a sus padres. Pero permite que sean atacados y afligidos miserablemente por los pueblos vecinos. La tierra no les devuelve la semilla con el crédito que merecen. Ellos siembran en vano, y cosechan en vano. Tienen hambre y sed. ¿Es ésta la manera de presentar las promesas? Aquí continúa aparentando que todo esto se encuentra lejos de lo cierto, de que Dios será fiel y que lo que él prometió llegará a acontecer. Pero no, todo lo opuesto estaba sucediendo, pues el pueblo estaba siendo presionado con inmensa penuria (pobreza) y con muchos males. La bondad divina hace esto, de acuerdo a su propia costumbre, para humillarnos y que no presumamos de nuestros propios planes. Así, pues, aprendemos que no es por nuestros propios planes o esfuerzos que podemos lograr algo, que todo es nada, y que nada triunfa (de por sí). Aprendemos que solamente el Señor hace todas las cosas y que debemos dejar las cosas a él. Entonces, las tempestades que nos achacan se convierten en una serenidad (calma) placentera. Para que así después los judíos no se vanagloriaran o atribuyeran alguna cosa a sus propios esfuerzos, fueron forzados por la necesidad o aprendieron por experiencia en reconocer que el Señor los habían animado en su inmensa desesperación sobre sus situaciones, y que el Señor les suministró con la fortaleza mental y triunfos a sus esfuerzos de reedificar el templo.

7. Pongan sus corazones sobre sus caminos. Esto es una repetición de lo que se dijo anteriormente.[12] Es como si dijera: "La falla no radica en el tiempo. Es, pues, que no pueden urgentemente completar lo que han comenzado pues ustedes no se lo merecen. Ya el tiempo ha sido propicio para que ustedes puedan proceder con urgencia."

12 El versículo 7 repite las palabras en latín que la Vulgata cita en el versículo 5. De nuevo es traducido en la RVC: "Piensen en lo que hacen."

8. Vayan al monte, y traigan madera. Ésta es la otra parte de este mensaje profético. Pues después de sus amenazas y reproches, aquí añade promesas, no sea que parezca que ha olvidado su obligación como profeta. Aquí finalmente se añade claramente y ampliamente la palabra de Dios a la obra humana. Ordena abiertamente que se reedifique el templo. Ninguna obra tiene valor, no importa qué tan espléndida y buena sea en apariencia, a menos que la palabra de Dios la apruebe o que la palabra de Dios confirme que la obra está basada en la palabra de Dios. Pues las conciencias no pueden tener tranquilidad sin la palabra de Dios, la que nos declara la voluntad de Dios. Pero cuando la conciencia ha sido confirmada por medio de la Palabra, y ha sido asegurada que Dios aprueba la obra que ha sido iniciada por su mandato, esto es capaz de actuar. Se apresura hacia adelante en esa realidad, siempre buscando la voluntad de Dios. Entonces llega a acontecer que todo es aprobado por Dios, no importan cuánto lo impida la debilidad de nuestra carne, así como hemos visto con el apóstol Pablo.

Al monte. Interpreto yo aquí "al monte' como el lugar donde anteriormente ellos edificaron el templo, y donde lo van a reedificar de nuevo. Debemos recordar aquí lo que dije anteriormente al principio (del comentario). Tenemos que considerar este tema como lo ve la palabra de Dios. Entonces, esto se verá como una gran obra, esto es, una que la palabra de Dios ha encomendado y establecido.

Yo pondré en ella mi beneplácito. Aquí tenemos otra promesa, y por cierto una muy grandiosa. Bajo la autoridad divina, la Palabra de Dios ha confirmado de tal manera sus corazones que ellos no dudan que la obra que han comenzado es placentera a Dios. Esta frase "mi beneplácito" es una que los evangelistas han usado, por ejemplo [Mateo 3:17]: "Éste es mi Hijo amado, en quien me complazco." El monte de por sí claramente no era importante. Pues solamente era tierra, así como es la base de todo el mundo. Pero, cuando Dios escoge ese lugar para sí mismo con su propia Palabra, cuando él declara que se complace con ese lugar y que se va a gloriar en ese lugar, entonces, ese monte se encuentra por delante de todos los otros montes. Es así por virtud de la palabra de Dios. Ciertamente, este texto dio gran ocasión para que los judíos derramaran sus salvajes atrocidades contra los cristianos y contra los profetas quienes hablaban contra el templo. Tenemos un ejemplo de esto en los Hechos de los Apóstoles [capítulos 6 y 7] en la historia sobre Esteban. El reino de Cristo había sido prometido a los judíos. A este reino, todo lo que sucedió antes de que llegara, tanto palabras como obras, tenía que ser aplicado, ya que todas las cosas señalaban hacia el mismo. Por lo tanto, todas las obran debieron ser dirigidas a Cristo. Pero ya que los hipócritas no estaban haciendo esto, ellos se sedujeron a sí mismos como también a otras personas. Ciertamente esta promesa era muy agradable a los judíos. Por medio de esta promesa, acerca de un signo en referencia a un templo corporal (físico), la palabra de Dios les hizo ver con certeza sobre la benevolencia de Dios, así como los sacramentos son también tan gratos para nosotros. Cristo quiere que ellos sean signos de la gracia que él nos ha prometido y exhibido (presentado).

Y seré glorificado. El primer templo fue reconocido con mucho entusiasmo, todos están de acuerdo. Lo construyeron espléndidamente y con muchas riquezas. Mucho oro, plata, piedras preciosas abundaron en esa obra, así como vemos en 1 Crónicas. Así y todo, no fue menos la gloria del templo posterior. Pues esa estructura no iba a ser comparada con la anterior. El culto a Dios en el templo posterior [segundo] era bien concurrido y celebrado. Pues, en ese tiempo todas esas naciones las cuales habían sido enemigas de los judíos antes del cautiverio finalmente fueron con los judíos a este templo posterior [segundo] para adorar a Dios. Así mencioné anteriormente sobre Sofonías 3. Esto es algo que no ocurrió en el templo anterior, donde solamente los judíos asistían para adorar a Dios.

9. Yo de un soplo lo disipo. El profeta se desenvuelve en este discurso de una manera peculiar. Pues, regresa de nuevo a su reproche anterior, donde dijo: "Pongan sus corazones, etc." Ahora la palabra hebrea significa "soplar"[13] así como vemos en Génesis [2:7], "infundió en su nariz aliento", emitir un respiro. Esta frase significa que Dios reduce fácilmente las numerosas fuerzas presentes a la nada; que cuando Dios maldice, nada más sucede; que todo poder, no importa qué grandioso sea, se desvanece. Él puede enviar la más grandiosa bendición hacia la más extrema pobreza, pues es propio a la naturaleza de Dios hacer todo de la nada,[14] hacer de la más extrema necesidad las más grandes riquezas, y proveer el más feliz de los resultados y triunfo en todas las cosas. Muchos Salmos se encuentran llenos de este hecho así como también las historias en los Evangelios.

13 La palabra en latín es "*spirare*" y en hebreo נָפָה (*napaḥ*), que significa soplar, o respirar.

14 En latín: *ex nihilo faciat omnia.*

Mientras cada uno de ustedes corre a su propia casa. Esto es: "Se mantienen muy ocupados en sus propias cosas."

11. Y llamé la sequía sobre esta tierra.[15] Nuestras traducciones leen pesimamente que él (Dios) llamó por ella sobre el trigo. Sería mejor si se leyera "sobre el grano, etc." Ya hemos explicado todo esto arriba.

12. Y todo el pueblo tuvo temor delante del Señor. El profeta añade aquí qué fruto fue producido por la predicación de la Palabra. Pues la palabra de Dios es de tal modo que cuando es predicada nunca volverá vacía. No le es posible otra cosa que dar frutos en algunas personas cuando es predicada, así como vemos en Isaías 55[:11]. Entonces, aquí, cuando escucharon la palabra de Dios, recibieron la Palabra por medio de la fe, ellos creyeron en la Palabra. Se animaron y se aprestaron a cumplir las obras que Dios había encomendado. Esto es algo que no hubieran hecho a menos que la bondad divina haya primero brindado la más dulce y más amplia promesa consoladora. Una vez que esta promesa los fortaleció, ellos no dudaron que complacerían (gratificarían) a Dios al reedificar el templo.

13. Por mensaje del Señor, [y como enviado suyo].[16] Preferiría leerlo: "entre los ángeles (*inter angelos*) del Señor" para mantener la palabra griega (ἄγγελος), así como lo leemos también en Malaquías 3:1: "He aquí yo envío a mi ángel."[17] También leemos en otro lugar (Malaquías 2:7): "Porque él es mensajero (*angelus*) del Señor de los ejércitos." El evangelista Mateo [11:10] también retiene esta palabra: "Yo envío mi mensajero (ángel)[18] delante de ti." La palabra "mensajero" (*nuncius*) no ofrece (lleva) el mismo grandioso significado. El espíritu (a quien llamamos ángel) no debe ser distinguido aparte (separado) de un ser humano, por medio de la palabra "ángel". Pues, todos los que llevan la palabra de Dios, todos los que son mensajeros o ministros

15 RV1960. La RVC traduce: "Yo hice venir la sequía sobre esta tierra."

16 Mi traducción del latín: *De nunciis domini*. La RVC lee: "por mandato del Señor."

17 Mi traducción del latín que lee: *"ecce ego mittam angelum meum."* La RVC y la RV1960 usa "mensajero" en lugar de ángel. La palabra usada en hebreo en Hageo es מַלְאָךְ (*malak*), y en la Septuaginta, la traducción preferida de Jerónimo como texto para usar en la Vulgata, usa la palabra equivalente en griego ἄγγελος. Éste es el ángel del Señor (ὁ ἄγγελος κυρίου). Un ángel o *malak*, es un embajador, emisario, mensajero que habla en lugar de Dios. Por lo tanto los profetas y lo apóstoles se consideran en las Escrituras como tales mensajeros. Ellos hablan en lugar y con la autoridad que les fue dada como mensajeros del propio Dios. En varias traducciones rendidas al castellano se usa "mensajeros" en vez de "ángeles".

18 Mateo usa en griego ἄγγελος.

de la Palabra son llamados "ángeles de Dios", así como todos los que son empleados para hacer las obras de Satanás, quienes predican la doctrina de Satanás, son llamados "ángeles de Satanás" y así es como Pablo los llama a ellos también.[19] Es algo inmensamente glorioso para un ser humano miserable ser llamado "embajador" de Dios y llevar un nombre en común con los espíritus celestiales. Así, pues, Pablo se llama en varios lugares embajador (*legatus*) del Señor,[20] y aquí Hageo se llama a sí mismo "ángel [enviado] del Señor" (*angelum domini*) por cuenta de la autoridad de la Palabra, etc.

Yo estoy con ustedes. Pienso yo que comienza un nuevo discurso aquí. Pues Hageo no completa toda su profecía con un solo discurso. También es la costumbre de varios profetas que frecuentemente solo con los más breves discursos ofrecen las más grandiosas y magnificas promesas, así como aquí la inefable misericordia de Dios es prometida con palabras que aparentan ser pocas y breves. ¿Si Dios, por lo tanto, está con nosotros, quien podrá estar contra nosotros? Menos podrá dañarnos un enemigo, pues no puede dañar a Dios. Aquí es necesario que todas las criaturas cedan. Si tenemos a Dios como nuestro Protector (pues esto es lo que él llama Dios "está con nosotros"), ningún mal, ninguna peste, ninguna persecución, ninguna tentación sea carnal o espiritual, puede ser tan grande que logrará que caigamos (sucumbamos). Pues, ¿cómo pueden las criaturas vencer sobre su Creador? Lean, pues, Romanos 8:38a. Indudablemente el profeta explicó con muchas palabras este tema cuando predicó.

14. El Señor despertó el espíritu de Zorobabel [hijo de Salatiel]. El profeta añade también el fruto de su discurso (sermón). No fue suficiente haber escuchado la Palabra, si el Señor no hubiera añadido su poder a la Palabra, para que ella fuera eficaz en sus corazones. Pues, debemos seguir a Dios el Obrador después de haber escuchado la Palabra, así como Cristo dice (Juan 6:65): "Por eso les he dicho que ninguno puede venir a mí, a menos que el Padre se lo conceda." Es que el Espíritu, quien conmueve el corazón, debe ir como acompañante de la Palabra, así como aquí el espíritu de Zorobabel y otros fueron despertados. Este texto se opone a los profetas insanos [tercos] de nuestro tiempo, que escuchan la Palabra con desprecio, es más, la rechazan

19 2 Corintios 11:12-15; 12:7.

20 Lutero aparentemente estima los nombres *legatus, angelus* y *apostolus* como equivalentes. Pablo usualmente reclama el título de apóstol al comenzar sus epístolas.

completamente, aunque aquí es más claro que la luz que el Espíritu Santo inscribe en sus corazones eso mismo que el profeta Hageo había declarado, etc.

El espíritu. Esto es el ánimo, *Mut*. Se usa esta palabra en varias formas en alemán. *Er hat einen Mut*, esto es, está orgulloso, lleno de ánimo. Se encuentra robusto con ánimo para cargar cosas adversas con fortaleza. Esto, Dios el Espíritu, suscita en nosotros cuando Dios respira en nosotros su Espíritu, cuando hace por medio del Espíritu que nosotros tengamos el ánimo y la fe para terminar algo que hemos comenzado y que de otro modo no tengamos el valor en hacer por cuenta de nuestra timidez. Es muy cierto que el Espíritu Santo es así, pues temblamos (nos conmovemos) en los negocios de Dios. La carne no puede por sí misma creer en Dios. Solamente puede temer al mundo y a sus enemigos. Tenemos, por lo tanto, la necesidad del Espíritu como nuestro Fortificador y Animador. Cuando él llega, nos anima tanto que no tememos nada a causa de la gloria de Dios. Somos completamente audaces. Hasta nos acercamos a Dios.

Capítulo Dos

1. En el día vigésimo cuarto del mes.[21] Aparentemente aparece aquí una discrepancia, esto es de días, como se dijo anteriormente.[22] Pues en el primer capítulo dice el profeta que comenzó a profetizar el primer día del mes. Para los hebreos marzo es el primer mes. Entonces, éste era el mes de agosto. El profeta predicó por tres semanas y durante este tiempo añadió a otros para que le ayudaran en la predicación. Me complace la explicación de Lira sobre este texto. Él (Lira) quiere aplicar y conectar esta pequeña parte del segundo capítulo con el final del primer capítulo, para que comencemos el segundo capítulo con la parte

21 Ésta es mi traducción de la cita de Lutero de Hageo 2:1 de la Vulgata que lee: *"In die vicesima et quarta mensis"* [*in sexto mense*]. Pero en realidad esto es parte del final del primer capítulo en Hageo [1:15] en la Biblia Hebrea y así también es citado en la RVC y la RV1960. Hageo 2:2 en la Vulgata comienza en latín con *"In septimo mense, vigesima et prima mensis"* que es casi palabra por palabra la traducción hecha de Hageo 2:1 en la RV1960: "En el mes séptimo, a los veintiún días del mes." La RVC traduce [1:1]: "El día veintiuno del mes séptimo." Para eliminar confusión numero éste como versículo 1, así como aparece en hebreo y la RVC y RV1960. Lutero, no obstante, cita en la Weimar "del mes séptimo" como parte del versículo 2.

22 Se refiere a Hageo 1:1.

"del rey Dario" [1:15]. Por lo tanto, Hageo predicó por tres semanas y tres días antes de que Zacarías comenzara su profecía.

Del mes séptimo, etc. Aquí comienza el nuevo capítulo y un nuevo discurso. En hebreo los versículos están aquí separados. La separación en el texto hebreo, no obstante, no concuerda en todos los lugares con los capítulos en latín.[23] Con este texto el profeta comienza un tercer discurso (sermón) en donde consuela al pueblo al describir el reino de Cristo el cual iba a venir, y que era, de hecho, inminente y que debía ser declarado inmediatamente. Aquí, pues, el profeta describe el reino de Cristo de tal forma que parece como si estuviera allí (frente) a la puerta (así como decimos comúnmente). Anuncia que está tan cerca que no puede haber otro de los profetas que pueda igualarlo. Se entrega totalmente a describir el reino de Cristo para que el pueblo crea verdaderamente sus promesas (las de Cristo).

3. [¿Hay entre ustedes alguien que haya visto el esplendor que antes tuvo esta casa?] ¿Qué les parece ahora?[24] Él concede que las palabras de Dios parecen ser imposibles para ellos. Después de todo, el cautiverio había durado setenta años. Muchos niños pequeños fueron llevados al cautiverio, así como Daniel, que vivió casi hasta el regreso del cautiverio. Así, pues, el texto indica que todavía había sobrevivientes que habían visto la primera casa de Dios que fue tan magnífica y de espléndida estructura. Así que a ellos les parecía imposible que el templo fuera restablecido. Hemos tenido este tipo de experiencias. Al comienzo de la predicación del evangelio a nosotros nos parecía algo insensato, pero es así como Dios declara su poder. Es cuando no esperamos algo más, cuando pensamos que todo se va al suelo, es entonces, pues, que el Señor está cerca, así como ya hemos mencionado al iniciar el prefacio. Pues nuestra razón no puede penetrar la palabra de Dios. Sus ojos se fijan solamente en cosas presentes, así como nuestro texto aquí claramente propone. Pero Dios, quien puede hacer las cosas *ex nihilo* (de la nada), claramente da su Palabra contrario a los presentes acontecimientos, para que aprendamos a prestarle mayor atención (a ella) que a las cosas presentes. Pues cuando los sacerdotes y el pueblo consideraban la reedificación del templo, claramente les parecía algo imposible. Ellos temblaban por la magnitud y dificultad de esa obra.

23 Cf nota 21 arriba.

24 En latín: "¿No se ve, entonces, como nada?" La Weimar no cita el texto aquí y todo esto es parte del párrafo anterior.

El Señor, por lo tanto, fortalece al pueblo con sus dulcísimas promesas: "Que todo el pueblo se consuele (fortalezca), pues yo estoy con ustedes, dice así el Dios de los ejércitos.

5. Así que no tengan miedo, etc. Éstas son palabras vibrantes[25] para animar el corazón del pueblo. Repite, pues, las mismas palabras de su último discurso [1:3] para indicar qué tan magnífica es esta predicación y qué tan llena de consolación es, pues el Señor promete estar con nosotros, etc. Es como si dijera: "Si temen a Satanás, la muerte, el pecado, las naciones enemigas, yo, tú Dios, que soy más poderoso que todos esos, estoy con ustedes, y voy a cumplir el pacto hecho con ustedes en Egipto." Hoy día no tenemos una promesa como ésta, como los judíos tuvieron una vez, donde todo el pueblo era llamado pueblo de Dios. Ahora, no obstante, el reino es espiritual, y promesas como éstas solo son pertinentes a los piadosos, sean ellos judíos o gentiles. Dios ha preservado a los judíos –tanto a los piadosos como a los impíos– a causa del reino futuro de Cristo. Y, aunque él haya preservado hoy algunos en ésta u otra región por causa de personas piadosas (justas), así y todo, hoy no tenemos la misma promesa de Dios, así como tuvieron una vez los judíos.

Mi espíritu estará entre ustedes. Esto es: "Estará fijado sobre ustedes. Quiere decir que tendrán ustedes un corazón confiado y audaz."

6. Dentro de poco tiempo haré temblar [los cielos y la tierra]. Vean, pues, por qué tolera a los impíos y preserva la promesa. Él no toma en consideración los méritos ni los deméritos (las faltas). Solamente puede fijarse en la venida del reino de Cristo. A causa de él –esto es, Cristo Rey– tolera a todas las personas por igual, ya que Cristo iba a nacer de una de ellas. Este texto muy clara y evidentemente convence a todos los judíos para que ellos no puedan contradecirlo. Pues claramente indica que este primer pueblo (esto es, los judíos) sería preservado en la carne hasta la venida de Cristo. No podía perecer antes del nacimiento de Cristo. Por causa de Cristo el pueblo externo iba siendo preservado, y Dios lo llamaba su pueblo, selecto de entre todas las naciones de la tierra. Pero ahora los judíos no son un pueblo de este modo (tipo), pues no tienen un reino ni un sacerdocio. Por lo tanto, si este texto es cierto –ya que no puede ser (otra cosa) que la mismísima verdad– los judíos no pueden negar que el Cristo prometido a sus padres ha llegado. Hoy,

25 En latín: "candentes", llenas de fuego, calientes.

pues, no tienen un rey, ni sacerdotes, ni profetas. Antes del nacimiento de Cristo nunca carecieron de éstos, ni siquiera en el cautiverio. Es así, pues, en el cautiverio ellos tuvieron a Daniel y a Jeremías como pregoneros de la Palabra, y ellos por la palabra de Dios sostenían y animaban a aquellos, para que no perdieran su fe, etc.

La tierra seca. Los teólogos (doctores) de la iglesia ofrecen varias explicaciones sobre el nacimiento del Señor, siendo algo que los profetas no dicen mucho. Nosotros, no obstante, entendemos esto en relación al ministerio de Juan, así como Cristo dice (Lucas 16:16): "La ley y los profetas llegan hasta Juan." El reino de Cristo comenzó con el bautismo y la predicación de Cristo, no con su nacimiento. Esto es, comenzó cuando Cristo fue bautizado y se oyó la voz del Padre celestial, que decía: "Tú eres mi hijo amado, en quien me complazco" [Lucas 3:22]. Así fue que llega a ser (*creatus est*) nuestro doctor, maestro, líder, y rey. Así que casi todos los textos de los profetas miran hacia el reino de Cristo. Solo algunos miran a su nacimiento, así como vemos en Isaías [7:14]: "He aquí que la virgen concebirá y dará a luz a un hijo."[26] Así que, por el reino de Cristo todo ha sido cambiado (*mutata sunt*). La ley y los profetas duraron hasta el tiempo de Juan. Hemos sido hecho nuevas personas por medio del evangelio. Ahora la tierra ha cambiado para nosotros, pues ya no nos apegamos a los elementos de este mundo. El papa es nada, pues los corazones han cambiado y su reinado no les complace; es por eso que no podrá durar. Dios hoy también mueve todas las cosas así, pues él ha cambiado corazones que no se afanan por el furor del mundo y sus príncipes (líderes), etc.

7. Entonces vendrá lo más deseado [por todas las naciones]. Lean "deseado" o "lo que es deseado" por todas las naciones.[27] Lo podemos tomar en voz pasiva o activa. Yo lo entiendo de esta manera: "lo que

26 RV1960. Se cita aquí esta versión pues su traducción refleja mejor la traducción de la Vulgata: *"ecce virgo concipiet in utero et pariet filium."* La Vulgata enfatiza que es una concepción virginal. La RVC traduce: "La joven concebirá, y dará a luz a su hijo." La palabra usada en hebreo es עַלְמָה (*'almah*). Aparece aquí con el artículo definitivo הָ, הָעַלְמָה (la virgen). Así es como también aparece en la Septuaginta y en Mateo, con artículo definitivo. La *Septuaginta* traduce esta palabra al griego como "la virgen" (ἡ παρθένος). Así aparece también en Mateo 1:23 en griego. Es interesante notar que RVC traduce la cita de Mateo 1:23 correctamente del griego "una virgen concebirá" aunque no lo hace en el texto original citado de Isaías 7:14 ya que le da el significado de joven a la palabra hebrea *almah*. Este texto se ha discutido mucho ya que hoy en día varios intérpretes señalan que la palabra *almah* en hebreo quiere decir "joven" y no necesariamente virgen. Pero la *Septuaginta* lo traduce la virgen, y Mateo lo traduce la virgen, la Vulgata lo traduce la *ecce* (virgen) y así lo lee Lutero.

27 Aquí Lutero sugiere que en vez de leer con la Vulgata *"desideratus"* (deseo) que se lea *"desiderium"* (deseado) o *"desiderabile"* (lo que es deseado).

es merecedor para todas la naciones", esto es, "un tesoro" que debió ser promulgado por el evangelio. Así que habla sobre un tesoro muy placentero, el cual los gentiles tanto desconocían[28] que no podían desearlo. Así indica, pues, que el reino tiene que ser esparcido por el mundo a todas las naciones, así como Cristo dice en el último capítulo de Lucas [24:47]: "Y que en su nombre se predicara el arrepentimiento y el perdón de los pecados en todas las naciones, etc." Ya hemos mencionado numerosamente esto anteriormente con otros profetas. Pregunto, ¿qué pueden sollozar los judíos sobre este texto? Dígannos a nosotros qué es, pues, este tesoro deseado, que fue divulgado a los gentiles en tan poco tiempo, así como es citado aquí. Es muy cierto que no hemos recibido de ellos nada más que la predicación del evangelio, que es el tesoro más noble y bien más deseado.

Y llenaré de gloria esta casa. Declara más ampliamente sobre este tesoro para que así sepa la gente que adorarán al Señor en el nuevo templo junto con los gentiles. La gloria del templo posterior fue que Cristo lo decoró con su presencia y su predicación, aunque fue suficiente tal esplendor que también los gentiles se congregaron en ese templo posterior cuando se convirtieron a la fe.

8. La plata y el oro son míos. Ésta es una frase ambigua en hebreo que se puede explicar de dos maneras. Su primer sentido es éste: Es como si se dijera: "Tú piensas que no hay tan copioso tesoro de plata y oro así como en el (primer) templo anterior. No puede ser posible que este templo posterior llegue a ser más espléndido. Pero yo abundo en todas las cosas. Soy suficientemente rico. Son mías todas las cosas en la tierra. No te preocupes, por lo tanto, sobre el oro, etc." El otro (segundo) sentido es éste: "No se requiere oro ni plata para este esplendor. Todas estas cosas son producto de mi mano, así como se puede leer en el último capítulo de Isaías [66:2] y en el Salmo 49 [:11-13]: "Pues todas las fieras del bosque son mías... si estuviera hambriento no te lo diría, no comería la carne de los toros."[29] Así que hay una transición (un cambio) de la gloria de la carne a la gloria del espíritu. Es esto, pues, por qué prefiero este significado. Es como si dijera: "No habrá gloria en el oro, en la plata, o en cosas externas, pero sí en mi Cristo, que me da la paz", así como ahora sigue. Con esto señala que el evangelio será divulgado en Jerusalén, así como Isaías [2:3] nos dice: "Porque de Sión saldrá la ley, y

28 En latín *ignorabant* (ignoraban).

29 Mi traducción del texto citado por Lutero en latín.

de Jerusalén la palabra del Señor [YWHW]"[30]; y en el último capítulo de Lucas (Lucas 24:47): "Comenzando por Jerusalén." Aquí también, que ellos nos contesten cuándo finalmente ocurrirá esto, cuándo el evangelio tendrá que ser divulgado desde Jerusalén, etc. Por lo tanto, éste es también un muy evidente texto contra los judíos. Es muy digno para nuestra consideración, no tanto por cuenta de los judíos, para que ellos callen cuando nieguen el nacimiento de Cristo, sino por causa de nosotros para que nuestras conciencias sean fortalecidas. Pues en toda la Escritura no existe tal poderoso argumento (como éste) contra los judíos. Ahora, ya que han sido tan perturbados y humillados por su error, traman algunas ideas necias y sueñan sobre un tercer templo. Pero el texto habla claramente sobre el templo postrero, pues, ahora que ven que Hageo estaba profetizando, ellos comienzan a ver que la gloria de este templo sería mayor que la del primero. Su gloria no radicaría en el oro o la plata o en lo precioso de sus objetos, ya que el primer templo fue construido más grandioso y opulento. Ésta es, pues, una gloria espiritual, que llega por la predicación del evangelio. Todas estas cosas han sido cumplidas en Cristo.

10. El día veinticuatro del mes noveno. Hasta ahora hemos explicado tres discursos de Hageo, los cuales los promulgó al pueblo en diferentes ocasiones. Aquí sigue con el cuarto. En éste (discurso), el Espíritu en el profeta los exhorta no solamente como a un pueblo que se encuentra temeroso sino también desfallecido. La primera tentación (estar temeroso) suele ocurrir cuando nos encontramos favorables a cosas divinas y las cosas que la palabra de Dios ha encomendado, ya que Satanás no cesa en atacarnos con varias adversidades. Entonces cuando ve (Satanás) que esa aspiración le está fallando, y no puede lograr nada bajo su mano izquierda, entonces se vuelve hacia la mano derecha para pedir que nos apartemos de las obras de Dios bajo un innoble ocio y despreocupación. Pues es con cierta malicia que nos agrede cuando no somos lo suficientemente vigilantes y cautelosos. Es muy cierto que ésta no es una pequeña (leve) tentación. De hecho, ella requiere una mayor advertencia que cuando somos abiertamente malvados. Todo este discurso, entonces, se dirige contra la falsa seguridad del pueblo. Por lo tanto, el profeta se dirige a la pregunta sobre la carne santificada [v 12], así como vemos en el texto, bajo la cual (pregunta) reprende sus negligencias y descuidos, y entonces determina castigos. Dios desea que

30 RV1960.

nosotros continuemos urgentemente para llevar la obra a conclusión.[31] Si esto no ocurre, si no obramos entregadamente en lo que Dios nos ha encomendado, esto no complacerá a Dios, no importa qué buena sea nuestra obra. También aquí usa otro tipo de exhortación que la que usó anteriormente. Veamos.

12. En la falda de la ropa. Esto es, en las extremidades o bordes de las vestimentas.

Si alguien lleva carne santificada, etc. Esta pregunta tiene dos partes: Si la ropa hace inmunda la carne santificada y si una persona inmunda hace que algo se vuelva inmundo. Ya que esto no ocurre naturalmente, él les pide a los sacerdotes que tomen una decisión de acuerdo a la ley. Pues, de acuerdo a la naturaleza, todo es limpio (puro), ya que son la buena creación de Dios. Pero la ley discierne entre lo puro e impuro y dice que una persona impura hace las cosas impuras, así como leemos en Levítico [19:8]. Cómo son santificadas las cosas de nuevo también lo dice aquí. Por lo tanto, los sacerdotes podían responder fácilmente. En resumen, lo que el profeta hizo con esta pregunta fue esto: Motivó y animó a un pueblo que se había vuelto vago y descuidado, así como ya dije anteriormente. Así que está usando una nueva figura de discurso para que ellos presten atención. Buenos maestros suelen hacer esto para animar a sus oyentes con alguna nueva proposición, para que ellos escuchen detenidamente y con atención su tema, etc. Presenta entonces una última pregunta.

14. Así es como se porta este pueblo [delante de mí]. Es como si dijera: "Cualquier cosa que el pueblo haya tocado es inmundo ante mí." Por lo tanto está exhortando a un pueblo vago, que aparenta ser santo por sí mismo. Pero ellos eran impuros mientras el templo no estuviera completamente terminado. Es como si estuviera diciendo: "Si quieren ser puros, apúrense, pues, a reedificar el templo. Terminen (la construcción) del templo. De otra forma no pueden ser santificados por una obra santa. De hecho, ya que ustedes son impuros, todo lo hacen impuro, hasta el mismo templo, que es santo por sí mismo." Así también el apóstol Pablo en su epístola a los Corintios presenta maravillosos argumentos –sumamente precisos y bien pulidos– para arrancar de sus corazones sus arrogancias y ostentosidad. Aquí también, pues,

31 En latín: *"ut ferveat opus"* (para llevar a "hervir" la obra).

Hageo escrupulosamente y con exactitud investiga el tema. Pero, relaciona maravillosamente la pureza de la fe con una pureza legal. De otra manera las promesas hechas, sin nuestra fe, no son promesas.

¡Todo lo que aquí ofrecen es impuro! Esto incluye no solamente lo que hacen que no está conectado con la religión, sino también las cosas que hacen en su culto a Dios, con las cuales piensan que son agradables a Dios. Ellas no son gratas a Dios, porque no se hacen en fe y porque ellos quieren lograr la satisfacción por medio de la justicia de la ley. Dios no aprueba eso. Pues ser negligentes a la fe y al juicio es peor que omitir cosas de la ley, así como Cristo dice (Mateo 9:13): "Misericordia quiero, y no sacrificio." Son de mayor peso (más importantes) el juicio, la misericordia, y la fe que la ley. El sentido de este texto es éste: "Eres impuro, aunque seas puro de acuerdo a la ley." Aquí podemos ver que las obras no lo purifican a uno; también que las obras sin la fe son nada ante Dios, porque "Todo lo que no proviene de fe, es pecado" (Romanos 14:23).[32] Esto es un duro juicio contra todos los que se justifican por sí mismos (por las obras), los que son pregoneros de sus propias obras y justificación.

15. Pero de ahora en adelante pónganse a pensar de corazón, etc. Repite lo mismo que dijo anteriormente en el primer capítulo (vv 5, 7). Los amonesta sobre las pérdidas que han sufrido y el mal que han experimentado en el pasado, para que así recuerden mejor sus previas maldades y sean más prestos en creer al profeta. Este texto es totalmente proverbial, así como decimos frecuentemente: "A los imbéciles hay que quitarles su imbecilidad con el palo."[33] Pues es un vulgo (gentuza) tan ignorante que no se pone a trabajar a menos que sea bajo fuerza y golpes. Cristo también nos dice [Lucas 7:32]: "Tocamos la flauta, y ustedes no bailaron, etc." El profeta dice aquí, como si dijera: "Si no quieren aprender por medio de las promesas van a aprender por medio de los golpes." Pero la ciega malicia de la naturaleza humana es tal que ni los golpes la mueven a recapacitar de sus errores. Isaías [9:13] nos dice: "El pueblo no volvió al Señor de los ejércitos. No buscó al que lo castigaba." De hecho, cuando más uno reprocha (a la naturaleza humana) mucho más ella se endurece. Esto lo vemos hoy claramente con los judíos, quienes tenazmente protegen su vana esperanza y opinión. Su impertinencia los hace invictos. No reconocen su culpa, así como también hacen los

32 RV1960.

33 Lutero cita así en alemán: *Nurren muss man mit Kolben lausen.* (Sería algo como: "A los imbéciles hay que tratarlos como se merecen").

papistas que no se conmueven ni por los golpes ni por los signos para creer en el evangelio de Dios Todopoderoso.

18. Por lo tanto, de ahora en adelante, pónganse a pensar de corazón. Aquí repite lo mismo que dijo anteriormente (v 15). Esto es una costumbre, pues, del idioma hebreo, el repetir lo mismo frecuentemente. Por ejemplo, vemos que esto es hecho frecuentemente en Moisés.[34] Aquí vemos que nuestros intérpretes hacen una pregunta sobre el mes, pero no sé si esto es, pues, de importancia a nuestro tópico. Hageo comenzó a profetizar el día primero del mes,[35] así como indica el título de la profecía. En ese tiempo pusieron el fundamento del templo. Ahora, pues, les urge que se entreguen a la obra ya comenzada. Les dice que es tiempo de que ellos produzcan resultados (frutos).

Del mes noveno. Éste sería el mes de enero para nosotros, pues ellos comienzan el año con el mes de marzo. También llaman a septiembre, el principio (comienzo) del año, así como vemos en Éxodo [12:2]. Así que, entonces, este discurso duró hasta abril o mayo.

21. Habla con Zorobabel que es el gobernador de Judá. Al final añade una promesa concerniente a Zorobabel. El Señor declara esto para consolar al rey y al pueblo, Aquí anuncia muy claro los mismos cambios que anteriormente había anunciado sobre un cambio en todas las cosas. Esto ocurre por medio de la Palabra del evangelio en los corazones y las conciencias de las personas.

23. Y haré de ti mi anillo de sellar. Esto es, como el anillo que identifica al signatario.

Porque [tú eres mi siervo:] ¡Yo te he escogido! Esto no es tan pertinente a la persona del rey como es pertinente a la persona de Cristo, quien nació de sus costillas, porque "la salvación viene de los judíos", así como dice Juan [4:22]. Por lo tanto, Cristo, quien procede de los judíos, lo cambió todo por medio de su venida, esto es, por medio de la predicación del evangelio. Pues, mientras Zorobabel viviera no sucederían esos cambios. Ellos llegaron después de su muerte cuando el nuevo Rey, Cristo, nació. A él sea la alabanza y la gloria. Amén.

34 Se refiere a los primeros cinco libros de la Biblia, el llamado Pentateuco o Tora.

35 Nuestro manuscrito cita *"mense primo"*, pero en Hageo 1:1 leemos *"mense sexto, in die una mensa"*. Debemos, por lo tanto, leer esto aquí: *"mense [sexto], primo [die]"*.

COMENTARIO SOBRE ZACARÍAS

Clases impartidas en latín por el Dr. Martín Lutero en La Universidad de Wittenberg de 14 de diciembre a marzo de 1525-1526

SOBRE EL PROFETA ZACARÍAS

De los profetas anteriores y de Hageo podemos entender el propósito de Zacarías, y, de hecho, de todos los otros profetas que profetizaron a los israelitas después del cautiverio en Babilonia. Este propósito era uno muy especial, el de consolar al remanente del pueblo dispersado quien había sido afligido miserablemente, y el de animarlo a que no se desesperara. Ellos no deberían perder la esperanza de que la promesa divina hecha a ellos sobre la venida del Rey se cumpliría: Que Cristo el Rey de ellos llegaría a pesar de la situación completamente desesperante de ellos, a pesar de la devastación de la tierra, y a pesar de ese pueblo dispersado el cual enfrentaba la muerte miserable. Para que esto sucediera, era necesario renovar a ese pueblo en cuestiones carnales, y para esta renovación Cristo continuaba siendo prometido como el Rey de ellos que estaba por venir. Para persuadir al pueblo sobre todo esto, el profeta hace que ellos confíen por medio de visiones y sermones (discursos). Todo esto lo hace para consolar a corazones perturbados, para que ellos no pierdan la fe durante un tiempo tan difícil en su historia. Para que, por el contrario, pongan sus manos en labrar la tierra para así completar el templo que ellos habían comenzado a construir. Él dice que el Señor se encontrará presente así como ha prometido.

En realidad, todo esto señala el hecho de que debemos conocer que Dios no quiere que su pueblo comience nada, y que él apruebe nada, a menos que él haya enviado primero su Palabra, bajo la cual estamos ciertamente informados sobre su voluntad. Pero él no aprueba nuestros propios planes, ni razones, ni propios esfuerzos, aunque nos pareciera a nosotros que vienen de mente piadosa. Esto ocurre para que él pueda brindar a nuestras conciencias la certeza (confianza) completa de que lo que hagamos bajo su mandato lo complace a él enormemente; y lo contrario sucede cuando lo que hacemos es inventado por nosotros sin la palabra de Dios ya que eso no le complace a él en absoluto. También, esos que quieren decidir cualquier cosa sobre la piedad (lo justo) sin la palabra de Dios, no pueden de por sí estar confiados en sus conciencias de que lo que han decidido es grato para Dios. La conciencia siempre vacila y admite que no sabe si su obra es o no agradable a Dios. Por lo tanto con muchas y varias palabras consoladoras el profeta por medio de la palabra de Dios fortalece a esa gente miserable, la cual fue tan oprimida bajo tan miserable cautiverio que ni se atrevía apenas a respirar. Esto lo hace para que sus conciencias confíen plenamente que Dios estará con ellos y bendecirá eso que ha iniciado pues ya él nos ha brindado su testimonio sobre su voluntad por medio de innumerables promesas.[1] Este propósito del profeta lo podemos discernir a causa de lo que ocurría allí en esos alrededores. Pues en esos días la situación de los israelitas se había deteriorado tanto que no existía en todos los alrededores de la tierra judía ni siquiera una nación que no insultara o persiguiera a Israel, ni una sola nación dejaba de regocijarse por las adversidades de los israelitas, esto es, sobre sus posesiones reducidas a la nada ahora que Israel había sido arrastrada al cautiverio. Cierto era que no poseían nada para restablecer ni siquiera la esperanza, pues, de restaurar a Israel. Bajo el juicio sobre la carne parecía completamente imposible que el reino fuera restituido con la recepción de (bajo) un rey, y de hecho, ser glorificado así como nunca antes había sido glorificado. Simplemente no había lugar para la esperanza. Con muchas palabras y discursos (sermones) el profeta, por lo tanto, fortalece a un pueblo muy débil y desorientado y alimenta la fe de ellos.

Pero todo esto ha sido también escrito para nuestra enseñanza, para que así aprendamos que Dios sí tiene un propósito –para anunciar cosas que son imposibles a nuestra manera de pensar y razón– y que no hay nada de acuerdo entre su Palabra y nuestro juicio. De hecho, ellos (su Palabra y nuestro juicio) se encuentran en batalla constante uno con el otro, que después, cuando él hubiera hecho y cumplido lo prometido, nuestra gloria perecería. Y él, quien crea las cosas *ex nihilo* y hace de lo imposible lo posible, sería glorificado. Pues, para él nada es imposible, así como dice Cristo. Por lo tanto, nuestro propio juicio y razón son desarmados y nos damos cuenta que todas las cosas recibidas proceden de él. Entonces, pues, al ser sinceros con nosotros mismos, entendemos que no le debemos nada a nuestros propios esfuerzos y que esos

1 En latín *"copioso verbo"* (copiosas o numerosas palabras).

(esfuerzos) luchan plenamente contra la palabra de Dios. Ellos no creen en la Palabra pues la consideran algo increíble.[2] Por lo tanto, el profeta aquí demuestra maravillosamente esta debilidad del pensamiento entre ese pueblo aterrorizado por las dificultes allí presentes, por la iniquidad de sus sacerdotes, etc., así como menciona en el capítulo tres. De hecho, el profeta quita todas esas cosas presentes ante sus ojos, y torna al pueblo de regreso a la palabra de Dios, diciendo, pues que Dios cumplirá su Palabra aunque todas las criaturas lo resistan. Pues es él que hace (crea) vida de la propia muerte, la justicia del propio pecado, y la más grande riqueza de la extrema pobreza. En breve, hace todo de la nada, y llama a ser ésas que son nada como si fueran en sí mismas algo (Romanos 4:17). Esto es algo sumamente necesario que observemos en cualquiera tentación: que tengamos fe en Dios, y que aprendamos a entregarnos a él, y él nos liberará mucho más que ninguna razón o juicio de nuestra parte, así como nosotros nunca hubiéramos esperado. Es claro que ésta es una causa y una función de la profecía, la cual puede ser útil también para nosotros, no sea que solamente, pues, parezcamos leer meramente historia cuando leemos lo que le ocurrió a Israel.

Capítulo Uno

1. En el mes octavo del segundo año de Darío. Anteriormente, en el principio del comentario sobre Hageo, menciono que los dos, Hageo y Zacarías fueron contemporáneos (συγχρόνους), Hageo precede a Zacarías por unos dos meses, así como el primer versículo en cada uno de ellos indica: Hageo profetizó en el mes sexto del segundo año, pero Zacarías lo hizo el octavo mes (del mismo año). También, bajo la dirección de Hageo, la fundación (base) del templo fue puesta (echada). Por otro lado Zacarías, al comienzo de su obra, llega para exhortar al pueblo a que se esfuerce en completar lo que había comenzado. Exhortaba así, pues, para que sus ánimos no se debilitaran, y pudieran trabajar arduamente sin ser atemorizados por las naciones que les rodeaban. Todas éstas deseaban que los Israelitas se demoraran y no progresaran, pues ellos frecuentemente se oponían duramente a los israelitas. Contra todo esto, digo yo, les urge a ellos a que confíen (se sientan seguros). Les recuerda que el Señor los protegerá contra todos sus enemigos, etc.

2 Lutero usa en latín *"impossibile"*.

En mi comentario sobre Hageo también dije que pienso que Darío es *Darius Longimanus*, quien remplazó a Cambises y a los hijos de Cambises en el trono. Ahora, este Darío estaba favorablemente dispuesto hacia los judíos, un hecho que aprendemos de Esdras,[3] donde escribe (1 Esdras 6:27-34) que Darío mandó cartas dando órdenes que no se le impidiera al pueblo terminar el edificio que había comenzado. Los traductores de la Septuaginta numeran a los reyes persas de manera diferente que la lista que yo he publicado.[4] No creo, así y todo, que yo esté equivocado aquí. Es así, pues los historiadores difieren sobre este asunto. Puede ser que el jurado esté deliberando todavía sobre este punto de disputa para determinar quiénes de nosotros se acerca mejor a lo que es lo correcto.

2. El Señor está muy enojado. Ningún escritor latino hubiera añadido "iracundia".[5] Iracundia fue añadido para emular el estilo hebreo. Pues el hebreo se expresa así: "me regocijo con gozo" o "deseo con deseo" o "me airaré con ira" pero en el latín se dice simplemente "me regocijo" o "deseo" o "me airaré". Comienza esta profecía repitiendo sus calamidades previas. Los exhorta y los atemoriza a ellos para que no sean incrédulos concernientes a la palabra de Dios así como fueron sus padres. Es como si dijera: "Ustedes poseen la muy evidente palabra de Dios. Dios también les ha enviado a ustedes dos testigos, a Hageo y a mí. Por lo tanto, deben escuchar esta Palabra antes que todos sus sacrificios. Lo difícil de ser obedientes, lo imposible de esta situación, la ferocidad de sus enemigos, la inminente destrucción de todo lo que es de ustedes, todo esto los aterra a ustedes. Pero no se atemoricen por todas estas cosas presentes, y tengan cuidado, pues, que no se vuelvan causas por las cuales ustedes desobedecen a Dios, así como también desobedecieron sus padres."

La carne siempre tiene el poder de disputar u oponer el estudio de la palabra de Dios. Recuerden lo que ellos dicen en el Evangelio (Mateo 22):[6] "Acabo de casarme, de comprar cinco yuntas de bueyes, así que no puedo asistir." Hoy también hay mucha gente que se preocupa

3 Libro deuterocanónico que se encuentra en la Septuaginta y Biblias católicas y ortodoxas pero es omitido en las Biblias protestantes y evangélicas.

4 Lutero se refiere aquí a una tabla cronológica sobre los reyes medos-persas que preparó para sus alumnos que tomaron sus clases sobre los Profetas Menores, comenzadas en 1524 (Cf WA, XIII, y ss).

5 El texto de la Vulgata en latín refleja la redundancia de la sintaxis hebrea al traducir: *"iratus est... iracundia."* No es necesario en latín repetir ira, con *"iratus est"* es suficiente.

6 Lutero parafrasea aquí estas excusas de Lucas 14:19-20. En realidad Mateo 22 no cita específicamente esas excusas.

por sus esposas, hijos, bienes, amigos, honores, reputación. Si no fuera así, estarían libremente confesando el evangelio. Pero no debe haber causa para apartarnos de seguir a Dios. Obviamente esto es una debilidad y ceguedad de la carne, como si Dios, que les ha dado a ustedes hasta esas cosas por las cuales están ansiosos, no pudiera darles más. Los alemanes acostumbran decir, y es bien dicho y también cristiano: "Dios tiene mucho más de lo que él ya ha ofrecido."[7] Así que si tienes que dejar a tu esposa por causa de Dios, hazlo así. Deja, pues, hijos, casa, amigos, reputación, déjalos ir a todos. Dios tiene más cosas buenas que devolverte, para que resulten en mayor gloria a él. Pues, ciertamente, nos ha hecho la muy clara promesa que recibiremos "cien veces más" (Marcos 10:30) también en esta vida, aunque suframos pérdida de bienes por causa de su gloria. Y finalmente recibiremos la vida eterna. Aún más, pues, el rico se verá hambriento y pobre. "Pero los que buscan al Señor lo tienen todo", así como leemos en el Salmo 34:10. Pues, ¿qué crees que es preferible: perder los bienes, esposa, hijos, y finalmente hasta la vida; o perder al Señor quien te da la vida, te justifica, y santifica, y que finalmente forma nuevo cielo y nueva tierra? Es mejor, pues, perder bienes temporales que ser cortados de los bienes eternos y de Dios mismo. Pero, ya que la carne se preocupa solamente de la cosas presentes y la pérdidas de ésas, se cuenta la historia (fábula) a una que es sorda, así como decimos en un proverbio.[8]

3. Así ha dicho el Señor de los ejércitos. Los profetas y las Escrituras aquí y allí llaman al Señor "el Señor de los ejércitos" pues צָבָא (*tzaba'*) significa de lo militar o del ejército. Por lo tanto él es el Señor de los ejércitos o de los soldados o los militares. Éste es un nombre (título) admirable para Dios. Se nos ofrece no solamente para enseñarnos, sino también para consolarnos. Para enseñar se aplica de esta manera: todos los que confiesan el nombre del Rey o Señor deben ser soldados. Deben estar siempre armados y presentes en el campo así como dice Job 7:1: "La vida del hombre sobre la tierra es como la de un soldado."[9] Tenemos peligrosos y grandiosos enemigos en contra de nuestra persona y también de la Palabra, y ése es el mal supremo. El mundo amenaza

7 *"Gott hat nach mehr, den er je vergeben hat."*

8 Cf Terentius, Heautontimorumenos, II, 1,10: *"quam nihi nunc surdo narret fibulam"*, y Horatius, Epistalae, II, 1, 199-200: *"narrare asello fabulam surdo."*

9 Traducido directamente del latín citado por Lutero. En RVC y RV1960 se cita "como la de un jornalero" en vez de soldado. La palabra usada en hebreo es שָׂכִיר (*sakir*), que puede referirse a una persona empleada por dinero o también a un mercenario, esto es, un soldado al que se le paga por combatir. Es este segundo significado que Lutero tiene en cuenta aquí.

con la muerte. Hasta amenaza también con quitarnos junto a nuestra vida nuestros bienes. También el ejército más próximo a nosotros es nuestra carne, ese enemigo en nuestros propios hogares. La carne nos fastidia con esa preocupación por el sustento de nuestros cuerpos, y de aquellos que se encuentran cerca de nosotros. Nos aflige para que hagamos cosas bochornosas. También, pues, Satanás no cesa de atacarnos con sus huestes espirituales de maldad (Efesios 6:12), con una desesperación contra la fe, y con la manifestación de nuestros pecados. Así pues, el diablo devasta nuestra conciencia en varios modos, y nos lleva a la desesperación. Nunca cesa (Satanás) de acorralarnos para entonces devorarnos, así como dice Pedro (1 Pedro 5:8). Por lo tanto debemos vivir siempre como soldados preparados para la batalla al ser atacados por esas militantes y poderosísimas huestes, y mientras batallamos bajo nuestro Señor Dios. Entonces, se le llama a él Señor de los Ejércitos para consolarnos y para que sepamos que aquel que está en nosotros es mucho mayor que aquel (Satanás) que está en el mundo (1 Juan 4:4). Pues él ha vencido al mundo y al príncipe de este mundo, así como afirma Juan 1:33. Ciertamente el príncipe de este mundo no tiene poder sobre él (Juan 14:30). Él ha vencido al mundo y al príncipe de este mundo, pero, lo ha vencido por causa de nosotros.

Entonces, es nuestra consolación que nuestro buen Señor fielmente se presenta para ampararnos, y batalla por nosotros en el campo de combate. Batalla al lado de nosotros para que no perdamos la fe, sean lo que sean esos grandes males que nos oprimen. Por lo tanto, aquí el profeta Zacarías repite la expresión "Señor de los ejércitos" tres veces, como para decir: "Cualquier cosa que teman, cualquier cosa que los oprima, tenga fe. El Señor batalla por ustedes. Va delante de ustedes como el general de la guerra al batallar él en el campo de batalla."

Así ha dicho el Señor de los ejércitos: Vuélvanse a mí. Ya que todos los sofistas[10] han tomado este texto como una aserción del libre albedrío, no debemos ignorar esto. Pero ellos llegan verdaderamente a una conclusión inepta. Cualquiera con un poco sentido de juicio que no carece de sentido común pueden juzgar esta (conclusión de los sofistas) como inepta. Así es, pues, como llegan a esta conclusión: "'Vuélvanse a mí, y yo me volveré a ustedes.' Por lo tanto tenemos libre albedrío." Rechazo

10 Aquí Lutero no usa "sofista" en referencia a esos filósofos (σοφιστής, *sofistes*) de los siglos cuarto y quinto aC o del segundo al tercero dC que enseñaron primordialmente en Grecia. Se refiere aquí a teólogos y a otros durante su tiempo que creían que el uso de la razón era superior a lo revelado por Dios.

las conclusiones tomadas del verbo imperativo hacia el indicativo.[11] Pues, ¿cuál es la consecuencia? "La ley dice: 'Amarás al Señor tu Dios con todo tu corazón y con toda tu mente'; por lo tanto tengo la libertad (poder) para amar." Pues es tan terrible y total nuestra ceguedad que, cuando carecemos de la gracia de Dios, seguimos la luz de la naturaleza y de nuestra razón concerniente a cosas divinas. Hoy vemos laborando en esa oscuridad a pensadores que son reconocidos como los más ilustres y destacados en nuestra época, intelectuales que reyes y príncipes admiran grandemente. Pero aquí no dice lo que podemos hacer sino lo que debemos hacer. Pues "Vuélvanse a mí" es la palabra de la ley. Por lo tanto ese texto no habla a favor de la voluntad humana sino en contra del libre albedrío. Abogados se expresan así –y lo hacen debidamente– que las malas costumbres procrean buenas leyes. Pues las leyes son promulgadas (anunciadas) ya que lo que la ley requiere no se está haciendo. Cuando yo exijo algo de alguien, inmediatamente lo convenzo que eso no lo está haciendo. Si no, pues, estaría exigiendo algo estúpido. Cada niño que se sabe el alfabeto puede reírse de esa falta de lógica. Pero si tuviéramos que conceder esto a esos que afirman el libre albedrío, ellos tendrían sin duda todas las leyes de la Escritura a su favor, y con todas ellas podrían confirmar el libre albedrío. De hecho, este "vuélvanse" ofrece dos aspectos. Uno es nuestra vuelta a Dios, el otro es la vuelta de Dios hacia nosotros. Una cosa es, pues, cuando Dios se vuelve a nosotros y otra cosa es cuando nosotros nos volvemos a Dios. El Señor exige que nos volvamos (a él) no porque es algo que podemos hacer bajo nuestro propio esfuerzo, sino para que nosotros podamos reconocer nuestra debilidad e imploremos la ayuda del Espíritu, bajo cuya acción podemos volver. Ésta es, entonces, la conversión causada por el evangelio. Ésta es una doble conversión: la de la ley y la del evangelio. La ley solamente nos ofrece el mandato, pero nada ocurre; pero algo sí sucede, pues, por medio del evangelio cuando el Espíritu es añadido (otorgado). El Espíritu renueva los corazones y entonces Dios se vuelve a nosotros. Ésta es la conversión de paz, esto es, que no solamente somos justos sino también llenos de regocijo y encontramos deleite en la bondad de Dios. Ésta es la razón por la que Pablo les desea a los cristianos: "Gracia y paz."

4. No sean como sus padres. Así como ya dije anteriormente, el profeta pone ante sus ojos sus previas calamidades. Se esmera particularmente en convencerlos que no pierdan su confianza en la palabra de

11 "Vuélvanse" es el imperativo, y "volveré" el indicativo.

Dios y que no deben ser negligentes con la Palabra. Estos son detalles que todos los profetas urgen vigorosamente.

Apártense ya de sus malos caminos. El profeta se expresa en forma espiritual y declara una sentencia espiritual por sus comportamientos. El profeta condena y nombra (señala) lo impío, lo idólatra, la mala conducta, y todas esas cosas que parecen ser buenas a ese sentido carnal y todas esas cosas que el juicio de la razón solamente puede aprobar. Así fue, entonces, cómo los judíos fueron conducidos por sus propias opiniones y por la apariencia de ser buenas para así instituir nuevos cultos y maneras de adorar a Dios. Pero, ya que ellos mismos habían descubierto estas cosas, ya que ellos mismos las habían fabricado, ésas no complacían a Dios, así como ya mencioné al principio (del comentario). Por lo tanto, los profetas condenaban todas estas cosas y testificaron que eran idolatría y no un (verdadero) culto a Dios. Hoy también, esa forma de pensar bajo la carne pone grandes obstáculos al evangelio para su eficacia entre mucha gente ya que impone sobre ellos la apariencia de estar en lo correcto. La hipocresía de la tradición humana es pues así. Es eso lo que el profeta llama aquí "malos caminos". Él lo hace para atemorizarlos con el ejemplo de sus padres para que abandonen esos propósitos y para que se aferren solamente a la palabra de Dios. Esto es lo que toda la Escritura siempre requiere en todas partes (lugares). Pero ya que la carne solo puede imitarse a sí misma, desprecia a la Palabra, y aprueba lo que ya ha conspirado por sí misma. El profeta añade:

Pero ellos no me hicieron caso [ni me escucharon]. Todo poder radica en escuchar y prestar atención, así como siempre es y será hasta el final del mundo. Los profetas por todos lugares se expresan así. Dios no demanda holocaustos (ofrendas quemadas). En vez (dice): "Está la Palabra que yo les he encomendado, para que ellos escuchen mi Palabra que les hablo."[12] Pero ya que la palabra de Dios acostumbra a hacer mandatos que son imposibles de cumplir a causa del juicio carnal, abandonamos la Palabra, la miramos con desprecio, y prestamos atención solamente a nuestro propio sentido como a todas esas cosas que ponen ante nuestros ojos. Esto ya expliqué antes detalladamente.

5. ¿Y dónde están ahora sus padres? Es como si dijera: "Ustedes puede ver que sus padres y los falsos profetas que reinaban

12 1 Samuel 15:22; Jeremías 7:22-23.

confiadamente antes del cautiverio, y que consideraban mi Palabra un chiste han pagado ya su castigo, mientras yo les hablaba en vano por medio de genuinos (verdaderos) profetas. Vean, pues, ninguno de ellos existe ya. Su reino ha sido devastado. Han sido arrastrados al cautiverio y han muerto miserablemente. Es así, pues, como vindico mi Palabra, y esto los atemoriza a ustedes. Instruidos por el ejemplo de sus padres, se atemorizan por la ira cuando ustedes ven que, por el desprecio de la Palabra, tanto sus padres como los profetas, tanto discípulos como maestros perecieron por igual, esos que no desistían en oponerse a mi Palabra, y que deseaban destruirla por todos modos. Pero son ellos los que han perecido y mi Palabra continúa salva." Ésta es una gentil (elegante) amenaza que debería debidamente atemorizarnos para que nosotros tomemos la Palabra de corazón y que no seamos dormilones ni negligentes, como si no tuviera algo que decirnos y como si la estimáramos como frígida y muerta. Si no, pues, pagaríamos el mismo castigo que ellos pagaron por no hacerle caso y por mirarla con desprecio.

¿Han de vivir para siempre (*sempiternum*)?[13] En hebreo la palabra "*aeternum*" significa un tiempo indeterminado. Esto se puede observar claramente en Éxodo 21:6: "Le horadará su oreja... así quedará para siempre[14] a su servicio." Aquí, no obstante, "para siempre" no puede significar por una "eternidad" sino algo como un continuo estado de ser, esto es, "un continuo estado (quedará para siempre) de servicio". Por lo tanto, el significado aquí es como si dijera: "Vean, pues, qué falsos son los padres de ustedes y los profetas que continuaban diciendo cosas para complacer a los padres de ustedes, pues ellos sin duda ya han perecido hace largo tiempo. ¿Acaso viven todavía como personas salvas? Pues, de acuerdo al sentido, debemos leerlo usando el (verbo) indicativo, lo que en el idioma hebreo bajo su propio uso lo toma como algo en el futuro. No cabe duda que los falsos profetas no cesaban de prometer a sus oyentes la paz, la justicia, el favor de Dios, la seguridad de todas sus posesiones, un reino de paz, y tranquilidad de vida. No cesaban de decir "¡Paz, Paz!", pero no había paz,[15] así como también Miqueas 3:11 repite: "¿No es verdad que el Señor está entre nosotros? ¡Ningún mal nos sobrevendrá!" Por citas como éstas, por su modo de hacerlas, el Señor alude aquí en el profeta, como para decir: "Si sus promesas hubieran sido verdaderas, ellos todavía estarían vivos y reinando ahora."

13 RV1960. La RVC traduce: "¿Viven todavía?"

14 La palabra aquí en hebreo es עוֹלָם (*'olam*).

15 Jeremías 6:14.

6. ¿Y acaso las palabras y ordenanzas [que di a mis siervos los profetas no alcanzaron a los padres de ustedes]? Más bien, esto es lo que les sucedió a ellos: Querían salvarse por sí mismos, y querían que mi Palabra desapareciera; por lo tanto la maldad cayó sobre sus propias cabezas, pues las leyes y ceremonias que habían prescrito continuaban acusándolos y destruyéndolos por su negligencia de éstas (las leyes y ceremonias). Así también hoy, pues lo que está escrito en la ley y los profetas testifica contra los judíos y los juzga culpables para ser castigados por causa de sus transgresiones. Por cierto, cuando leemos[16] "ordenanzas" (estatutos), podemos también traducirlo correctamente con la palabra "ceremonias".

Por eso ellos se volvieron a mí, y dijeron: "El Señor de los ejércitos nos ha tratado en conformidad con lo que merecen nuestros caminos." Creo que el significado de este texto simplemente es: La ley los ha capturado y la experiencia les ha enseñado. Ahora, entonces, ellos sienten el repudio del Señor, y también reconocen sus errores por los cuales son afligidos. Y finalmente ahora ellos son avergonzados, pues en días anteriores, cuando rehusaban poner a un lado su naturaleza, creían absolutamente que esto no ocurriría jamás. Así era que tan confiados y seguros se creían sobre su causa. Por lo tanto, el profeta aquí se fija en la desvergonzada y malvada obstinación bajo las cuales se sentían tan confiados y creían que nada malo les sucedería. Es como si dijera: "Ahora no se ven tan erguidos y arrogantes (inflados) sino que están sintiendo el castigo de la ley." Por lo tanto, "bastará el espanto para entender lo revelado" (Isaías 28:19). Así, pues, hoy también, ya que somos carnales y malvados, no creemos en la Palabra. Desestimamos la fe con desprecio y solo queremos aprender bajo la experiencia. Pero, sin duda, aprenderemos bajo la experiencia, así como aprendieron ellos, para nuestro gran detrimento (perdida). Entonces, cuando seamos atrapados por nuestra propia calamidad y queramos recobrar nuestro sentido, será imposible. Porque fuimos negligentes con la Palabra y la despreciamos, es imposible que la calamidad y las tragedias no lleguen a nosotros. Complazcan a Dios para que esas (calamidades) no se desplomen sobre nosotros mientras estemos vivos, para que Dios nos dé su gracia y fallezcamos bajo la gracia. Pues así como los mejores y más santos profetas entre los judíos no pudieron lograr nada para hacer que el pueblo se arrepintiera de su maldad, a pesar de que ellos eran

16 Se refiere a la Vulgata.

inspirados por el Espíritu Santo, tampoco nosotros tenemos ninguna confianza de que vayamos a lograr que la carne no sea lo que es, esto es, malvada e incrédula concerniente a toda la palabra de Dios. No, la carne no cree hasta que no sea atrapada y abrazada por la maldad, y vea que su causa está perdida. Por lo tanto debemos encomendar estas cosas a Dios.

Hasta ahora hemos estado comentando sobre el primer discurso del profeta, el cual promulgó en forma de ley. Ejecuta (administra) el oficio de la ley, ya que hace que las conciencias tiemblen para humillarlos a ellos y lleguen, pues, a conocerse a sí mismos. Así es, pues, la manera de obrar del Espíritu Santo. Primero, humilla. Luego levanta y regresa ya salvos a ésos que él humilló y condenó o lanzó al infierno. El espíritu de Satanás obra diferente. Con palabras grandiosas promete la salvación para así engañar a pobres e incautas conciencias. Y, cuando bajo engaños hipócritas, lanza a ésos hacia el error de la iniquidad, no los puede hacer regresar (de allí), etc. Pero para ésos que son derrumbados, para los corazones que son humillados y consternados, les sigue una grandiosa y bien clara consolación. Así que el profeta ha seguido aquí la correcta (justa) orden del Espíritu.

7. El día veinticuatro del mes undécimo, que es el mes de Sebat, del año segundo de Darío. Éste es el segundo discurso del profeta, el cual presentó mucho tiempo después. Los libros de los profetas deben ser divididos en muchos discursos, así como ya he mencionado varias veces acerca de los profetas. Como ya he dicho, él consuela ricamente aquí a un afligido pueblo atemorizado por su reproche. Aquí y allá por toda su profecía interpone bastantes cosas sobre Cristo. Por lo tanto, Cristo y los apóstoles también citan numerosos testimonios de este profeta. Lo que he dicho anteriormente sobre los discursos (sermones) de los profetas es cierto: que proclamaron algunos en un tiempo, y otros en otros momentos, y que no lo promulgaron todos en una sola ocasión. Este texto me convence muy claramente de esto, pues vemos que el profeta se esconde por casi tres meses después de su primer discurso. Comienza su discurso anterior en el octavo mes, a éste lo comienza en el undécimo mes. Así vemos, pues, que los profetas no siempre predicaron bajo un singular empuje y motivación del Espíritu, sino que predicaron éste en un tiempo y otro en otro tiempo, a causa de la revelación del Espíritu. Pues el Espíritu Santo obra como nos explica Cristo en Juan 3:8 sobre el viento del Espíritu: "El viento sopla de donde quiere, y lo puedes oír; pero no sabes de dónde viene, ni a dónde va." Es más, para los hebreos, marzo era el comienzo del año. Si ustedes cuentan los meses en su correcto orden desde ese punto, el undécimo desde marzo será enero, el cual es llamado Sebat (con una corta primera sílaba).[17] Así que comenzó este discurso en enero.

8. Una noche vi a un hombre cabalgando [un caballo alazán]. No existe dificultad, si somos persistentes en el plan y la causa del asunto, no sea que alguien vanamente se imagine ciertas dificultades para sí mismo. En resumen, esto es lo que discute aquí: una visión consoladora es revelada aquí al profeta, la cual debe explicar a un afligido y atontado pueblo. Esto es lo que todas las circunstancias indican. Por lo tanto, ya que el profeta tenía una visión tan cierta, el pueblo no debería haber dudado que ellos tenían un Dios favorable y un Padre propicio. Pues Dios suele conectar estrechamente palabras con signos, para así poder fortalecer ciertamente toda nuestra debilidad humana, la cual concibe todas las palabras y obras de Dios como imposibles. Consecuentemente, llega a ser obvio que él destruye ese pavor y hace que el corazón se anime, no sea que vaya a dudar que Dios lo cuida y que es un Dios clemente. Después de todo, ¿qué es más grande que ese Dios –plenamente bondadoso y todopoderoso– misericordiosamente predispuesto hacia el insignificante ser humano, completamente pecador, ese Dios que lo considera y lo cuida, etc.? Esos hechos, no cabe duda, son incomprensibles. Solamente esas personas que lo han experimentado pueden entender esto. Pues cuando el corazón humano ha abrazado tal fe (confianza),[18] que cree que Dios cuida de él, que Dios es favorable hacia él, que Dios será un fiel tutor (guardián) y compañero en toda necesidad, entonces esa persona ya no es un ser humano que cree esto, sino un ser (criatura) divina, ya que tiene una llama y poder divinos en su corazón. Esta llama inflama su corazón y lo hace firme contra todo temor, de hecho, ante todo enemigo que se enfrenta, en breve, contra toda criatura. Por lo tanto, ya que esto es un hecho (algo) de gran magnitud, necesitamos un grande y múltiple suministro de la Palabra, para que así seamos finalmente confirmados por ella. Ahora vamos a examinar todos los detalles de la visión.

Una noche. Noche significa sin duda el estado de ese pueblo. La visión es como el corazón de tales personas (esto es, como tales cosas

17 Lutero aquí distingue este nombre propio שְׁבָט (*shebat*) usado para señalar el undécimo mes del año hebreo del nombre común שֵׁבֶט (*shebet*) que significa vara o cayado (Salmo 23:4).

18 La palabra usada en latín es *"fiduciam"*. Esta clase de fe es una de plena confianza.

que ellos pensaban). Pues en ese pueblo no existía la luz, esto es, no había alegría, no había regocijo sino solamente el temor de conciencia, la tristeza, los ánimos desfallecidos. La palabra "noche" significa todo esto. Por lo tanto, para un pueblo completamente destituido de toda clase de ayuda, para un pueblo que vivía en el medio de la muerte, allí llega una luz y la más plena consolación. Pero ellos no pensaban que esto iba a suceder, así como veremos aquí. Pues, a primera vista todo en esta visión se ve terrible. Todo amenazaba en esa visión hacia una mayor calamidad, como los caballos alazanes (rojos) entre los mirtos que había en la hondonada. Al ver todo esto, el profeta se encuentra aterrorizado. Pues la debilidad[19] del corazón humano es tal, y su temor y pavor es tanto, que el corazón se fuga hasta de esas cosas que van a ser buenas y consoladoras. Hasta se fuga también de la misma salvación, y su desmayo hace que pierda fe. Piensa que todas estas cosas (estos signos) son perniciosas. Entonces, aquí en la persona (lugar) de su pueblo, el profeta se ve temeroso de la visión que solamente prometía, pues, la más grandiosa consolación y tranquilidad. Así también nos fugamos de Dios cuando nos lanza a la pobreza o a la enfermedad. No obstante, éstas son muy claras indicaciones del favor divino. Pero, inmediatamente, digo yo, nos desesperamos de la bondad y el favor de Dios hacia nosotros, y buscamos por la salvación entre las criaturas (la humanidad). Por lo tanto, no podemos pensar sino en lo peor respecto de cualquier signo o palabra de Dios. Ésta es claramente la intención del profeta cuando pregunta: "Mi señor, ¿quiénes son éstos?" (v 9).

9. Y el ángel que hablaba conmigo me dijo. Creo yo que el ángel que cabalga un caballo (en el idioma hebreo se expresa con la frase "un hombre montando[20] en un caballo", pero en latín se dice diferente) y el ángel que le habla al profeta son los mismos. Pero pienso también que es algo insignificante si alguien cree que son dos diferentes personas. De todas maneras, todos los jinetes están de acuerdo que "toda la tierra se halla reposada" (v 11), esto es, que el Señor es favorablemente propicio, y que ellos no deben temer ninguna batalla, que ningún reino va a levantarse contra Judea, etc. Después de todo, todas las circunstancias de la visión han sido estudiadas y examinadas, ellas darán testimonio que éste es el verdadero y genuino significado de esto. Primero, el árbol mirto es un árbol jocoso y alegre. Los gentiles creen también

19 Se puede traducir "imbecilidad".

20 En hebreo es רָכַב (*rakab*), que significa montar, pero cabalgar se acerca muy bien a esta traducción. En latín lee "*super equum rufum*" (sobre un caballo rojo).

que éste fue dedicado a Venus a causa de esto. Ellos usaban el mirto para celebrar y bailar bajo el mismo. Pues, hasta nosotros los alemanes indicamos que es un lugar placentero cuando decimos: "*unter einer grünen Linde*", así como escuchamos en muchas de nuestras canciones. El ángel cabalga entre los mirtos, esto es, entre los felices árboles. Él es un portento de máxima felicidad. Así que los dos signos, el caballo y el mirto, compiten uno con el otro. Es como si dijera: "Temen a los caballos como portentos de una próxima guerra, pero, ¡estén confiados! yo he negociado toda guerra, y las he negociado en el medio de la paz." Sigue, entonces, con,

En la hondonada (v 8) (profundidad). Éste también es un lugar tranquilo y ameno. Pues hay muchos lugares más placenteros y amenos en los valles que en los montes, donde las bestias salvajes se encuentran, así como nosotros los alemanes también decimos: "*In der hübschen, grünen Aue*" (en un placentero campo verde).

Caballos alazanes, overos y blancos (v 8). Ellos señalan hacia los potentísimos medos, persas, y otros. Así también señala que el poder (autoridad) de todas estas naciones, por más poderosas o belicosas que sean, así y todo, no lucharán contra Israel sino que se inclinarán hacia la paz. Dice, consecuentemente: "Esos reinos y potencias están a salvo. No han sido destruidos o aplastados. Siguen siendo 'caballos' pero son de paz pues yo he hecho que todo esté en paz."

Los jinetes son sin duda ángeles por medio de los cuales Dios administra al mundo visible. Esto lo revela la Epístola de los Hebreos [2:5]: "Dios no puso el mundo venidero, del cual estamos hablando, bajo la autoridad de los ángeles", como por decir: "Él sujetó este mundo visible a ellos, pues los hizo sus espíritus ministradores" (cf Hebreos 1:14). También: "El Señor mandará sus ángeles a ti, para que te cuiden en todos tus caminos" (Salmo 91:11). Y Cristo dice: "Sus ángeles en los cielos ven siempre el rostro de mi Padre" (Mateo 18:10). En esta visión tenemos cuatro órdenes de jinetes o ángeles. Este profeta, más que los otros, se deleita con el número cuatro. Veremos el número cuatro frecuentemente al adentrarnos en este libro. Con estas cuatro órdenes se refiere a los pueblos de los cuatro rincones del mundo, esto es, que la paz llegará a Israel de todos los pueblos en la tierra, para que nada pueda llevar a un contrito Israel a la desesperación, sino que todo estará en paz e Israel será consolada y animada (ayudada).

Ahora, no obstante, no estamos completamente de acuerdo sobres los colores de los caballos. Conocemos muy bien qué clase de caballos son rojos, pues el color rojo (*rufus*) es lo que llamamos *rotfarb*. Alazán: escritores más recientes dicen que caballos con este color son los que los latinos[21] llaman *spadices* (rojizo). En realidad no sé con seguridad qué color es éste. Pienso que es rosado, rojizo, así como el color púrpura es un tipo de rojizo. Llamamos a este tipo de caballo *die braunen Schimmel*. El blanco (*glaucus*) es como un color azulado, así como el color del mar. A estos los llamamos *die apfelgrauen Hengste* (garañón con un toque de gris). Nuestros intérpretes dicen que estos cuatro órdenes señalan a cuatro reinos: persas, caldeos, etc. Pero creo que ellos quieren indicar que representan todos los reinos en los cuatro rincones del mundo o cielo. Por lo tanto, el número cuatro tiene que ver más con la división de las cuatro partes del mundo: Este, Oeste, Norte, y Sur. Los colores pueden indicar también esto. Cada uno de ellos puede ser uno de los rincones del mundo.

Lo que resta en este capítulo es fácil de comprender, pues la misma alusión o visión lo revela. No discute, pues, nada más en todo este capítulo, excepto que amplifica y hace más explícita esta visión.

10. Éstos son los que el Señor ha enviado a recorrer la tierra. Ésta es la explicación de esta visión. Es como si dijera: "Ustedes están muy temerosos. Se encuentran desalentados, bien atemorizados por la ferocidad de esas naciones que se oponen a ustedes. No es urgente para ustedes la edificación de la casa de Dios, la cual ya comenzaron. Están temerosos del poder y las armas de los pueblos vecinos. ¡Pero tengan fe! Toda ocasión para todo mal ha sido eliminada. El Señor tiene compasión de ustedes, ha mandado a sus ángeles para que visiten la tierra para ayudarlos. El Señor usa el ministerio de ellos para administrar a todas las naciones, pues ellos son espíritus ministeriales." Es claro, pues, que no hemos sido abandonados y de que él ha mandado sus guardianes y ángeles ministradores para buscarnos. Éste es el impacto de las palabras "que el Señor ha enviado", pues señala el oficio de ellos, esto es, que ellos guardaran para que ningún infortunio le suceda a Israel y Judá a causa de esas naciones de la tierra, las cuales anteriormente las consideraban las más crueles.

11. Ellos, por su parte, hablaron con el ángel del Señor que estaba entre los mirtos. En Daniel 12:1 Miguel es señalado como el gran

21 Esto es, los que hablan latín, los romanos.

príncipe quien se levantará y se presentará ante el pueblo del Señor, etc. Ellos creen que él es el ángel entre los mirtos.

Toda la tierra, [y ésta] se halla reposada y tranquila. Los libros de Josué y Jueces usan frecuentemente la palabra "halla reposada" la cual encontramos aquí. Por ejemplo, "y la tierra descansó de la guerra"[22] (Josué 11:23). Esto es, todo estaba en paz. La ira y la crueldad de los reinos (imperios) ya no existían. No había más tumultos y guerras. Por lo tanto, el significado aquí es éste: Toda la tierra está reposada y tranquila. Cada cual disfruta su pedazo en paz.

12. ¿Hasta cuándo vas a negarle[s] tu compasión a Jerusalén? Hasta ahora, el profeta habían presentado la visión en esta manera, que todos los acontecimientos alegres y prósperos son anunciados, y la visión concuerda completamente con esta declaración, pues así como anuncia el ángel, las cosas se presentan (aparecen).

Ahora sigue una amplificación y exageración de la exposición. Este texto es muy sutil, y maravillosamente consolador. Ahora el príncipe Miguel intercede por el pueblo para que el Señor tenga compasión de Jerusalén. Todo esto es pertinente, como ya he dicho anteriormente, para consolar a un pueblo afligido. Por lo tanto, su significado es éste, como si dijera: "Señor, solo tu pueblo es miserable y temeroso. Solamente ellos han sufrido calamidades mucho más que cualquier nación en todo el mundo. Y aunque sería propio para ellos que estuvieran completamente confiados y llenos de gloria, en ningún lugar es la tierra menos cultivada que en tu tierra, en ningún lugar hay menos paz que en tu pueblo de paz. Mientras tanto, todo el resto de las naciones se encuentra bajo seguridad y floreciendo." Tan poderosa es la oración con certeza cuando se afinca en la divina promesa, como para decir: "Si tratas con benevolencia a los gentiles, ¿por qué, entonces, no tratas con benevolencia a tu pueblo, al cual le diste la promesa de que estarías con ellos, ese pueblo que dijiste que querías salvar contra todos los insultos de las naciones de la tierra, etc.?"

Durante setenta años. El ángel responde con una objeción, como si estuviera escuchando al Señor decir en respuesta que no es todavía la hora de ayudar a Jerusalén. Así que el ángel dice que ahora es el momento, que el pueblo debe ser glorificado de nuevo de acuerdo a la

22 RV1960. RVC lee: "Y hubo paz en la tierra."

promesa hecha sobre los setenta años. Encontramos esta profecía en Jeremías 29:10: "Cuando se cumplan los setenta años de Babilonia, yo iré a visitarlos, y cumpliré mi promesa de hacerlos volver a este lugar." Con esa promesa, todos los que habían sobrevivido el cautiverio fueron salvados (rescatados). De otra forma, nadie hubiera sido salvado, porque el cautiverio continuaba imponiéndose contra las promesas sobre el reino eterno de David. Pues, ¿qué parecía menos cierto que eso de que el reino de David continuaría eternamente, cuando rey y pueblo fueron secuestrados (trasladados) fuera de allí? Por lo tanto, el Señor estaba añadiendo otra promesa para que su pueblo no dudara que aunque estaban cautivos, ellos regresarían a su tierra y serían glorificados.

13. Con palabras amables y reconfortantes. No es a causa del profeta sino a causa del pueblo que todas estas cosas ocurren. Pero son reveladas al profeta para que él se las contara al pueblo, y pudiera fortalecer y confirmar sus contritos corazones, es como si dijera: "No teman, sino tengan fe y regocíjense. El Señor les brinda palabras consoladoras y muy agradables."

14. "Levanta la voz y di." El ángel manda al profeta a que proclame al pueblo estas maravillosas palabras de consolación. "Levanta la voz y di", como son empleadas aquí, deben ser propiamente expresadas con "predicar la Palabra, para indicar el oficio. Veamos frecuentemente esta expresión en Moisés. Ahora el ángel indica al profeta lo que debe predicar.

Muy grande es mi amor[23] por Jerusalén y por Sión. Como ya he mencionado, éste es un texto muy hermoso; mucho más lleno de consolación que los anteriores. Todas las palabras son muy aptas. Le otorga celo[24] a su pueblo, ira a los gentiles. El celo de por sí es un tipo de ira que por naturaleza conlleva amor, así como el celo que tiene un esposo por su esposa. En breve, es un tipo de odio al mal que sufre la amada, un odio o ira de tipo amistoso, amoroso. Es como la ira de los padres hacia sus hijos desviados (delincuentes). Por lo tanto, pues, el Señor elimina todo tipo de sospecha de ira con una sola cita (oración). Es como si dijera: "Mi celo era muy intenso contra Jerusalén, pero ahora que ha cesado, el amor vence contra la ira." Nuestro Dios grande y maravilloso

23 RV1960 traduce: "Cele con gran celo." Esta traducción es casi palabra por palabra la de la Vulgata.
24 Ver 23 arriba.

amó a ese pueblo por causa de su Cristo (*propter suum Christum*), quien tenía que nacer de (con) la misma carne del pueblo. Por lo tanto, se indigna por las faltas de su pueblo, así como un esposo que no puede tolerar el amor de otros hombres por su esposa, o a la inversa, en el caso de una esposa, el amor de otras mujeres por su esposo.

15. Estoy muy airado contra las naciones. Esto es: "Estaba celoso de Jerusalén, pues había cambiado todo a cosas buenas porque la amo. Pero estoy irritado con los gentiles, muy lleno de ira. Voy a destruir todas sus bases (fundamentos) por ser tan despreocupados." Lo que Dios odia en los gentiles es esto: Son muchos, son poderosos, son muy despreocupados, esto es, confían en sus propios esfuerzos y poder. Y porque confiaban en éstos, eran arrogantes ante Dios y ante su pueblo. Por lo tanto, Dios odia la soberbia, el desprecio, la arrogante actitud de los gentiles.

Porque, cuando mi enojo no era tanto. Aquí él explica lo que quiere decir con "celo". Dice, pues: "No quería que mi pueblo se perdiera y que estuviera abandonado. Solamente los castigué para bien. Los quería sanar, no eliminarlos." Así, entonces, ofrece completa consolación a sus mentes afligidas, y lo hace con palabras muy dulces. Después de todo, ¿qué es más dulce y más placentero que saber que Dios nos castiga como lo hace un padre? Cuando el corazón entiende esto, se encuentra ciertamente mucho más dulzura en conocer esta voluntad de Dios que dolor por causa del castigo. De hecho, cuando el corazón entiende al Padre, esto mitiga todo dolor que sentimos cuando somos castigados. Estas palabras aquí pueden ser una fuente de consolación en toda adversidad. Cuando Dios nos lanza a la pobreza o a la ignominia, cuando nos clava en la cruz, cuando permite que nos arrebaten nuestros bienes, debemos siempre decir [como nos expresamos en alemán]: "Déjenlo, pues ir, Dios no intenta (desea) nada malo (*Lass gehen, Gott, meint's nich böse*). Dios hace todo por causa de su amor paternal. Su celo es el de un padre. No puede estar siempre airado. Pero cuando esto ocurre [así como decimos en alemán], "ya la mitad de lo malo por ocurrir ha ocurrido" (*so ist mehr denn halb geschehen*).

Ellos lo agravaron más. Ésta es también una maravillosa declaración, y no es menos consoladora que la precedente. Esto es lo que significa: "Los gentiles han propuesto mutuas acciones, y conspiran contra mi pueblo para erradicarlo totalmente, y que ni siquiera quede su nombre presente." El Salmo 137:7 repite estas palabras de los gentiles: "¡Arrásenla, destrúyanla hasta sus cimientos!" Llama esta conspiración de los gentiles "agravándola más". Como ya he dicho, ésta es una declaración bien dulce. El Señor indica no solamente que no está airado con nosotros mientras nos castiga sino también que odia el castigo que emplea contra nosotros. Este texto es digno de ser observado (destacado) pues nos puede consolar cuando por la voluntad del Señor nuestros adversarios nos flagelan por una buena y divina causa. Entendemos que ése es un castigo paternal, y que ninguna maldad nos puede amenazar, pues Dios odia a nuestros adversarios. Cuando entendemos esto, un gozoso espíritu nos invade para que gentilmente soportemos la mano del Señor y entreguemos nuestra defensa al Señor. Podemos ver (tomar) a nuestros enemigos sin afán, sean cuanto sean sus insultos e ira.

16. Volveré a compadecerme de Jerusalén. "Porque tengo ahora compasión, prometo la misericordia. No los castigaré ya más, pues mi ira ya ha cesado." Ésta es una promesa muy generosa. Cuando la misma llega al corazón del ser humano y rinde frutos, esa persona es entonces señor (dueño), de la muerte, del pecado, y del infierno. Por lo tanto no hay nada que pueda atemorizar a esa persona. ¿Qué persona, que confía plenamente en tal consolación divina, no se atrevería a edificar un templo que llegaría hasta las nubes?

La plomada volverá a tenderse. Usa una paráfrasis para demostrar que no solamente el templo sino también la ciudad fueron destinados a ser edificados. Esto es, habrá tanta paz y confianza, que los obreros saldrán confiados y sin temor para edificar la ciudad. No se apresurarán por causa de temor ni interrumpirán la labor que comenzaron, así como hicieron anteriormente.

17. Mis ciudades volverán a rebosar con abundancia de bienes. Esto es, no solamente Jerusalén sino también la tierra de Judá y otras ciudades de mi tierra rebosarán con abundancia de bienes. En hebreo "rebosar" es una palabra bien elegante. No podemos traducirla adecuadamente usando solamente una palabra en latín. Lo podemos traducir así literalmente del hebreo: "Mis ciudades serán regadas con bendiciones." Esto es, habrá varias ciudades dispersas aquí y allí, y así y todo, a ninguna le faltará su propia prosperidad. Se dirige aquí no a la abundancia de las bendiciones sino a la abundancia de las distribuciones entre ellos.

Por hacer tantas numerosas promesas el profeta proclamó sin duda muchos sermones (pero ni con tantos sermones pudo en realidad explicar el poder y la grandiosidad de estas promesas). Para nosotros, también, estas promesas pueden proveer ciertamente grandiosas y ricas promesas para muchos sermones, ya que todos esos temas son tan dulces y plenos de consolación. Si el profeta examinó esos (temas) tomando en cuenta todas las circunstancias, si los relacionó a cada ciudad de acuerdo a cuánta calamidad cada una sufrió, necesitaba hacer muchos sermones. Y, no cabe duda, ellos ameritan ser discutidos detalladamente. Pues, ¿qué hubiera sido más consolador a miserables y atormentadas conciencias que escuchar que Jerusalén sería reedificada, y las ciudades reconstruidas a su antigua prístina dignidad, y que el pueblo sería glorificado por el Señor? Pues todos los gentiles pensaban que este pueblo había sido devastado y todo había terminado. Y ahora, pues, que Jerusalén había sido destruida, ¿que podía ser más consolador que escuchar de una vez por todas que el Señor había elegido de nuevo a Jerusalén, y que la favorecía y le deseaba lo mejor?

18. Después levanté la vista y vi allí cuatro cuernos. Aquí tenemos otra visión, la cual confirma la previa consolación. Lo que mencioné anteriormente sobre el número cuatro debe ser notado de nuevo aquí. "Cuernos" a través de la Escritura significa tronos; es así también en un sentido histórico.[25] El profeta Daniel (7:7) especialmente menciona esto. Por lo tanto, los cuatro cuernos significan los cuatro tronos dispersados por todas las partes de los cuatro rincones de la tierra.

21. Aquellos cuernos son los que dispersaron [a Judá]. El profeta no se refiere a los carpinteros aquí, así como pudiera entenderse a causa de esa inepta traducción.[26] Está usando aquí una construcción hebrea. En el hebreo se suele poner el relativo primero y el demostrativo segundo, así como se ve en el Salmo 1:4: "como el tamo que el viento arrebata de la faz de la tierra."[27] Y en otro Salmo (68:16): "El monte que deseó Dios para su morada."[28] Ya que nuestro traductor no tomó esto en cuenta, él confundió el orden de esta construcción. De acuerdo al hebreo el orden correcto es éste (v 21): "Aquellos cuernos son los que dispersaron

25 Lutero se está refiriendo aquí al *"sensus historicus"*, el cual es una narración en la Biblia de un evento histórico. Lo contrasta con el *"sensus propheticus principales"*, el cual es el sentido del evento histórico en un tiempo futuro.

26 Se refiere a la traducción de la Vulgata.

27 Mi traducción del latín.

28 RV1960.

a Judá, uno sobre el otro, ninguno alzó su cabeza, éstos han venido para hacerlos temblar."[29] Pero en latín sería construido (traducido) así: "Han venido para hacer temblar todos esos cuernos que han dispersado a Judá, etc." El significado es éste: "Han llegado para poner en fuga, para aterrorizar, y para quitar de mi pueblo ese poder amenazador y esa tiranía de todos los reinos de la tierra." La palabra que usa nuestro traductor "*deterrere*" (aterrorizar) es bien elegante. Moisés usa la misma palabra en Génesis 35:5 "El terror de Dios cayó sobre las ciudades de los alrededores."

Cuando tiene compasión de nosotros, el Señor envía su Palabra tan abundantemente y tan generosamente que no hay modo de medir esto. Su clemencia y amabilidad son infundidas sin fin. Pero, cuando está airado, no hay modo de medir su ira. Cuando desiste de presentar su Palabra, entonces, un furor siempre le sigue al otro. Esto es tanta calamidad y horrenda ceguera. Pero, cuando él promete ser nuestro, se demuestra (revela) totalmente. No hay amargura, no hay terror; y todas las cosas son tranquilas y en paz. Vemos aquí, pues, qué tan grande y variada consolación, y qué tan gran vehemencia y clemencia nuestro Padre ha empleado para animar y fortalecer temerosos y contritos corazones para que ellos no teman nada más sino que crean que tendrán a un Padre clemente. Tan constante es Dios para consolar y fortalecer (confirmar) una aterrorizada, y temblorosa conciencia para lograr que el ser humano regrese a él. Pues, este tipo de pavor en las conciencias es horripilante y tan monstruoso y sin medida. La conciencia es tan delicada, débil, y desamparada, que una vez que haya sido aterrorizada, la gran preocupación y gran consolación de la divina Palabra apenas la puede restaurar para guardarla y que no se llene de más desesperación. Esos que escriben bastante sobre la formación de la moral (carácter) humana ignoran esto. Si estas personas hubieran aprendido solamente una vez qué tan enorme es la angustia de la conciencia afligida, y qué tan enorme es su temor, cesarían muy pronto en insistir tanto por lo moral. Dios todopoderoso conoce su obra, conoce nuestra debilidad. Por lo tanto ve cuáles múltiples y tan dulces promesas y consolaciones necesitamos. O Dios, es algo mucho más grande que esta conciencia sea consolada que lo que ellos piensan, etc. Éste es, entonces, el sentido histórico de este capítulo uno: Que los corazones atemorizados sean animados y fortalecidos, que ningún poder los aterrorice, para que ellos puedan continuar la edificación (construcción) de la casa del Señor que

29 Mi adaptación de RV1960 basada en el texto citado por Lutero en latín.

habían comenzado; que no hay nada tan difícil, o tan cruel para que ellos teman eso; que el Señor estará a su lado; que él no permitirá más que los gentiles ataquen sin refreno a su pueblo para poder destruirlo sin piedad (él se refiere aquí a "dispersarlos a ellos uno por uno uno"); que el Señor no permitirá más que los gentiles levanten sus cuernos, esto es, atacarlos como un toro feroz (*mit dem Kopf hindurchgehen*).

Capítulo Dos

En este capítulo dos, así como acostumbra un predicador, convierte lo histórico a una profecía alegórica. Pues así como habló anteriormente sobre el presente estado de Jerusalén, ahora aquí hablará sobre su futuro, que significan en el futuro todas las cosas en espíritu para que la gracia sea revelada por medio de Cristo en todo el mundo. Aquí también explicará porqué se deleita tanto en el número cuatro.

Por lo tanto, a causa de todas esas ideas anteriores sobre la gran paz y tranquilidad externa, sobre la reedificación de Jerusalén, etc. nos indica esto: Todas las cosas están sucediendo a causa de la futura gracia que será revelada por medio de Cristo. En este capítulo añade el reino espiritual de Cristo. Él mismo explica sobre los caballos y los cuernos que se dispersan. Demuestra que todo tiene un significado espiritual. Ahora llega, como había ya mencionado, la razón para usar el número cuatro. El evangelio tenía que ser divulgado y propagado hasta el fin de toda la tierra, así como revela el Salmo 72:8: "Que su dominio se extienda de mar a mar." También Cristo dice en Mateo 24:31: "Y juntarán a sus escogidos, de los cuatro vientos", etc.[30] Entonces, vemos también en Isaías 60:4: "Tus hijos vienen de muy lejos; tus hijas son llevadas en brazos." Aquí y en todos los textos similares se esconde el misterio en las palabras "consolación" y "dominio", así como aquí también debemos entender la expansión de Jerusalén como una expansión espiritual. Pues, estas cosas no cuajan con una Jerusalén corporal (terrenal), así como vamos a ver en el transcurso de este capítulo. Éste es el misterio del segundo y primer capítulo:

Los ángeles con caballos son los reinos de todo el mundo. Ellos están entre los mirtos, esto es, están en paz y tranquilos. El pueblo de Judá requería paz corporal para que Jerusalén y otras ciudades fueran reconstruidas. Éste era el significado de la historia. El misterio es éste,

30 RV1960

entonces: "Esa paz externa significa el gozo externo y seguridad de la iglesia, esto es, de los justos, ésos que creen en Cristo. Sus conciencias están tranquilas y en paz, y por lo tanto, nada puede separarlos del amor de Dios, aunque la guerra y el odio los rodeen. Así dice Cristo: "En el mundo tendrán aflicción; pero confíen, yo he vencido al mundo" (Juan 16:33). El mundo no cesa de estremecer y perseguir a los miembros de Cristo, y "los caudillos se declaran en contra del Señor", así como leemos en el Salmo 2:2. Pero, a pesar de todo esto, los cristianos no sucumben. Pues tan grandiosa es la paz de Cristo, "que sobrepasa todo entendimiento", así nos dice Pablo (Filipenses 4:7). Esto es, tan vibrante es la paz en nuestros corazones, que en cada tribulación nos encontramos muy lejos de ser vencidos por el miedo, "que hasta nos regocijamos (en los sufrimientos), así como Pablo afirma en Romanos 5:3. Por lo tanto, al no retirar (rechazar) lo malvado o los enemigos sino dejándoles actuar libremente, el Señor hace que nos sintamos seguros, que siempre nos regocijemos, y que no seamos vencidos por ninguna maldad, sí, aunque todo el mundo saque sus pezuñas contra nosotros. Dejen que el papa se enfurezca. Dejen que los emperadores y sus príncipes nos amenacen con sus maldades. Nos sentaremos (radicaremos) bajo la belleza de la paz, aunque nos arrojen a la cárcel. Si se les deja a ellos que se entreguen a su ira, si hasta puedan matarnos, no nos regocijaremos mucho menos que si hubiéramos sido invitados a una boda. Ésta fue la respuesta de Santa Inés (de Roma) a un tirano cuando la iba a matar. Los carpinteros son los predicadores del evangelio, como lo son también los ángeles que cabalgan los caballos. Porque ellos son ministros de la Palabra, ellos batallan no por sus propios esfuerzos sino con la Palabra. Su adiestramiento para la batalla parece se insignificante, y sus armas muy inadecuadas (débiles). Pero con esa mismísima Palabra, que el mundo considera ridícula, ellos logran que los más grandes y poderosos reinos se fuguen de ellos. Ellos (esos reinos) logran que le tengamos lástima en vez de que les temamos, y sintamos pena ya que ellos se están consumiendo tan inútilmente bajo su ira e indignación. Malgastando sus propiedades, sus cuerpos, y almas, batallan contra nosotros pero hacen todo esto en vano. Porque nosotros siempre tenemos nuestros caballos entre los mirtos. Por lo tanto nuestros enemigos son forzados a sujetarse (rendirse) a nosotros, y ellos, pues, no pueden ni siquiera conquistar nuestro espíritu, ya que, como un muro de bronce, se presenta firme y sin temor contra sus amenazas y sus poderes maleficentes. Esto es algo que causa al diablo grandes dolores. Cuando él (el diablo) invade nuestro cuerpo, su propósito es derrocar (vencer) a nuestra alma.

De otra forma, estima que herir a nuestro cuerpo no vale nada. El profeta nos brinda todo esto en el capítulo dos, el cual lo estimo como una alegoría del capítulo precedente. Pues, no puede ser la Jerusalén carnal (física) la que el profeta ve aquí, así como el contexto llevará a convencer.

1. Y me vi ante un hombre con un cordel de medir en la mano. Este hombre es Cristo, quien ha recibido el don del Espíritu Santo del Padre y quien ciertamente mide a su iglesia. Esto es, hace pequeño o grande por medio de dones específicos del Espíritu, pues él da a cada uno así como quiera dar, así como dice el apóstol en Efesios 4:7: "[Pero a cada uno de nosotros se nos ha dado] la gracia conforme a la medida del don de Cristo." Por lo tanto, la iglesia no va más allá que el Espíritu de Cristo. Vean, pues, 1 Corintios 12. Éste es el significado del cordel de medir: el Espíritu Santo con sus dones.

3. Otro ángel le salió al encuentro. Aquí omito lo que Jerónimo soñó: que los ángeles ignoraban el misterio de la encarnación.[31] También omito las alucinaciones de Dionisio sobre la jerarquía celestial, que unos ángeles enseñan a otros, que algunos ángeles son de un rango menor y otros de un rango mucho mayor, y no sé qué es todo esto que escribe tan imprudentemente como si él hubiera visto todo esto.[32] Cristo dice: "Yo les digo que sus ángeles en los cielos ven siempre el rostro de mi Padre" (Mateo 18:10). Por lo tanto, es Dios quien ilumina a los ángeles y quien usa sus obras. No es cierto que algunos ángeles iluminan a otros ángeles. Pero, ya que todo esto ocurre para consolar a un pueblo afligido y atemorizado, tuvimos que prestar alguna atención a esta comedia.

4. A este joven. Este joven es Zacarías.

Jerusalén… la ciudad no tendrá muralla alguna. En Nehemías y en Esdras se había dado el mandato de reedificar a Jerusalén y las murallas alrededor de la ciudad. Por lo tanto, es claro que no podemos tomar este texto como que se refiere a la Jerusalén carnal (terrenal) sino a la Jerusalén cuyas fronteras son el fin de la tierra. Es como si estuviera diciendo: "No habrá ciudad tan amplia y vasta que pueda contener a todos los cristianos, pues habrá muchos de ellos allí, tantos de ellos

31 Jerónimo, *Commentaria in Zachariam prophetam, Patrologia*, Series Latina, XXV, 1433.

32 Lutero explica sobre Dionisio y la tal jerarquía celestial en su Comentario de Génesis, al comentar sobre Génesis 3:23-24. Ver *Luther's Works*, volumen 1, p. 235 (W. XLII, 175).

estarán allí, viendo (el profeta) que vivirían por todo el mundo." No me disgusta la idea de esos que interpretan "hombres" como "esos robustos en la fe" y "ganados" como "gente débil".[33] Después de todo el cuerpo de Cristo tiene carne y huesos, esto es, fuertes y débiles. Porque su reino es un reino de amor, entonces, unos llevan la debilidad de otros, así como Pablo nos hace saber (Romanos 15:1).

5. Yo seré para ella una muralla de fuego. Esa Jerusalén terrenal no tendrá una muralla de piedra. Pero, tendrá una muralla de fuego en vez de piedra. Esta muralla de fuego el Señor promete que será él. Ésta es una generosa consolación pero aunque es mucho más generosa esta consolación que las anteriores, nadie la cree a menos que su corazón sea iluminado por el Espíritu. Aquí tenemos la clase de vista (visión) como la que tuvo Eliseo cuando miró a su alrededor y vio carros de fuego y jinetes alrededor y dijo a su siervo: "No tengas miedo, que son más los que están con nosotros que los que están con ellos" (2 Reyes 6:16). Esto se puede apreciar claramente también en el Salmo 125:2: "Como Jerusalén tiene montes alrededor de ella, así el Señor está alrededor de su pueblo."[34] ¡Si de algún modo pudiéramos, pues, creer que Dios no puede mentir! Para aquellos que le son fieles, él es una muralla de fuego, esto es, él es un Dios terrible quién absolutamente destruye a todos quienes se le oponen. Pues qué gran poderío, o potencia puede ser tan enorme que puede enfrentar el muro, el cual se traga y consume todo lo que se le acerca. Aquí Satanás y todos los enemigos de la Palabra tienen que ceder su lugar. Pues, ¿quién puede vencer al Señor, la Majestad Divina, quien dispersa todos sus enemigos por (causa) de su iglesia, y los reduce a la nada, así como si fueran polvo? Pero todas estas cosas son dichas en un sentido espiritual. Debemos entender estas cosas, pues, en un sentido espiritual.

Para hacer esto, debemos tener fe, pues para la carne todo esto parece lo opuesto, mientras nuestros enemigos nos oprimen, nos llevan al cautiverio, y nos acechan libremente, y finalmente nos eliminan. Pero el Señor dice que él es una muralla de fuego, es como decir: "Confíen. Aunque ellos los opriman a ustedes, no me vencerán a mí. Ellos no escaparán de mi venganza. Pues en corto tiempo ocurrirá que ellos serán absolutamente nada, pues sus nombres apenas sobrevivirán después que yo haya derrumbado y destruido sus fundaciones." Esto es algo que

33 Esto está reflejado en la traducción de este texto en RV1960 que traduce: "a causa de la multitud de hombres y de ganado en el medio de ella" (2:4).

34 RV1960.

(Dios) declaró muy bien con respecto al horrendo rechazo de los judíos. Pues, cuando ellos fueron dispersados por todo el mundo, ni apenas un pequeño remanente de ellos sobrevivió, y fue así bajo miserables condiciones. Declaró lo mismo concerniente al derrocamiento del Imperio Romano. No cabe duda que ése fue el más poderoso y floreciente imperio mundial. En ese tiempo atacaba constantemente a los santos mártires cristianos. Pero, finalmente, la muralla de fuego se esparció y lo destruyó, (de manera) que su ciudad capital no tiene siquiera una apariencia de ser ciudad. Tan vil son los trapos de su impureza, tanta la confusión por allí, que es imposible reconocer una imagen de lo que fue una vez un espléndido imperio. Quiero hoy que nuestro príncipes sean amonestados por esto; esos que nos amenazan con la maldad, esos que rugen como si fueran a comernos vivos. Pero dejen que rujan. Dejen que descarguen la impotente locura de sus pensamientos. Ellos muy pronto serán nada, y la humanidad apenas recordará sus nombres, sean esos Margrave o el Duque Jorge.[35] Desde el principio, Dios no ha pasado por alto a esos que han despreciado su Palabra. Por lo tanto, no pasará por alto a esos que ahora hacen lo mismo. Si alguien ataca contra esta muralla, él lo convertirá en polvo y será absolutamente nada.

Para gloria suya. Él remueve toda la gloria de la carne para que cualquiera que se gloríe que se gloríe en el Señor y nosotros nos gloriaremos solo en Cristo, nuestro Señor. La gloria de la Jerusalén terrenal radica en su pueblo, sus ejércitos, su valentía, su bienaventuranza, su justicia, su ley. Ella podía gloriarse en todo esto. Pero la única gloria de los cristianos se encuentra solo en Cristo, en quien ellos creen y también confían.

6. Eh, eh, huid de la tierra del norte.[36] Después de presentar la promesa y la consolación, el profeta añade la exhortación de que los judíos no deben despreciar la abundante gracia e inefable misericordia de Dios. Esto es lo que el profeta vio que iba a suceder: Que casi todo Israel tomaría a Cristo y la promesa de gracia en Cristo con desdén; y que tendrían que ser doblegados para que así un pequeño remanente pudiera llegar a salvarse. Esto es particularmente lo que hace sufrir a los fieles predicadores del evangelio. Pues ellos ven al mundo no solamente despreciando al evangelio de la gloria de Dios Todopoderoso sino también

35 El Margrave Joaquin I de Brandenburgo (1485-1535) y el Duque Jorge Albertine de Sajonia (1471-1539) eran enemigos de Lutero y de la Reforma.

36 RV1960. RVC traduce: "¡Vamos, salgan ya de ese país del norte!"

persiguiendo a los que lo confiesan. Esto puede ser un argumento sobre el mundo, en que no es meramente estúpido e ignorante de Dios, sino también lleno de diablos y que es impulsado (dirigido) por este hecho. Este texto preocupa a Lira. De hecho, se atormenta al preguntarse por qué Dios solamente los llama de la tierra del norte cuando él los había dispersado a los cuatro vientos por todo el mundo. Pasando por alto alegorías místicas, yo pienso que el significado más simple es que ellos habían sido recientemente regresados de Babilonia. Concedemos que bajo ésta y el cautiverio por los asirios, los hijos de Israel fueron dispersados alrededor del mundo, así como ya mencioné anteriormente. Los reyes caldeos y asirios los habían dispersado, mientras que algunos buscan su seguridad al mantenerse siempre en la fuga. Consecuentemente, la mayor parte del cautiverio tomó lugar en Babilonia. Por lo tanto, él los llama a ellos de Babilonia, pues es allí donde se encontraba el número mayor, el regreso mayor partiría de allí. Es como si dijera, pues: "Cosas mayores se encuentran en manos. Cristo, el Rey y Salvador de ustedes, pronto vendrá. No se preocupen por los babilonios. Si no vienen a la Jerusalén terrenal (corporal), por lo menos vengan a la espiritual." "Porque había prometido que de Sión saldrá la ley, y de Jerusalén la palabra del Señor" (Miqueas 4:2).[37]

8. Así ha dicho el glorioso Señor de los ejércitos, que me ha enviado a decir [a las naciones]. Ésta es una confirmación y amplificación de la promesa sobre la nueva Jerusalén de tan admirable grandiosidad que será edificada por todo el mundo. Describe, pues, al edificador y líder, o cabeza, de esta nueva Jerusalén. No se pueden tomar estas palabras en referencia a la Jerusalén terrenal, ya que de hecho Jerusalén nunca sujetó a los asirios, caldeos, y egipcios para sí misma. Por lo tanto, tenemos que comprender que ésta es una referencia a una sujeción espiritual. También el Señor Dios de todos los ejércitos, habla aquí, y no Zacarías, quien solamente había sido enviado como profeta a los judíos para fortalecerlos, y no a los caldeos y asirios. Por lo tanto, el sentido gramatical demuestra (convence) que Cristo es verdadero Dios y verdadero hombre (*verum deum et hominem*). Pues el verdadero Señor de los ejércitos envía al verdadero Señor de los ejércitos; pero él es enviado a los gentiles, no en su propia persona, sino en el evangelio y en su Espíritu, así como vemos en la Epístola de los Efesios 2:17. "Vino por su gloria", así como él dice aquí. Nuestros intérpretes sorprendentemente

37 RV1960.

se preocupan mucho con este texto. Creo que debemos simplemente entenderlo como que Cristo está diciendo que él vendría "por su gloria", esto es por la sinagoga y por el reino para que fueran regresados de Babilonia y también restablecidos. Dice, de hecho: "He prometido restablecer el sacerdocio y el trono de este pueblo, para reedificar las ciudades de Judá, para brindar a mi pueblo el fruto de la paz, etc. Cuando todo esto suceda y ellos comiencen gradualmente a extraviarse de nuevo, inmediatamente me presentaré, no en gloria, sino por esa gloria, en humildad y disgusto. En vano me esperarán para que yo venga marchando en pompa y esplendor. Pero, no se desmayen al perder el aliento en su espera de armas y poderíos, buscando que yo los rodee a ustedes de vestuarios reales."

Isaías concuerda con este significado, cuando dice: "Una vara saldrá del tronco de Yesé; un vástago retoñará de sus raíces" (Isaías 11:1). Pues Cristo vino en la propia carne, cuando la tribu de David yacía completamente ignoraba y casi había dejado de ser. Ya no se encontraba rigiendo un rey nacido de la raíz de David. Los sacerdotes y sumos sacerdotes ya se habían sublevado y batallaban contra Judá para controlar el estado. Esto se ve muy claro en la historia de los Macabeos y en Filón.[38] Es más, que los sacerdotes vencieron, así que la tribu de Judá ya no tenía esperanza de recobrar su reinado ya que ahora reinaban naciones gentiles. Así que, cuando la tribu de Judá se encontraba afligida y sin ningún poder, Cristo vino a tomar el trono de nuevo, así como ya había sido prometido. Esto es lo que Isaías llama "una vara" y "un vástago" retoñando de un tronco muerto. La profecía de Jacob es también pertinente a esto, de que el cetro no se quitará de Judá ni el símbolo de poder de sus pies (Génesis 49:10). Esto es, Cristo vendría cuando la tribu de Judá hubiera perdido su reinado, autoridad, y dignidad real. Cuando él dice que vendrá "después de la gloria", esto es, después que su pueblo y especialmente después que la regente tribu de Judá hubiera sido humillada, él relaciona esto a la desgracia y humillación de la tribu de Judá.

El que los toca a ustedes. Él dice: "Seré enviado entre los gentiles como para vindicarlos a ustedes, pues ellos los han desnudado y sujetado. Pero los someteré a ellos a ustedes, pero esa será una sujeción milagrosa. De hecho, ella se presentará cuando ellos los estén afligiendo y atacando. Pero, cuando ellos los estén tocando e hiriendo a ustedes, también me

38 Aquí Lutero se refiere posiblemente a la obra de Seudo-Filón, *Breviarum de temporibus*.

estarán tocando e hiriendo a mí." Esto es lo que él quiere decir con "tocar", así como podemos leer también en el Salmo 105:15: "¡No toquen a mis ungidos!" Tenemos, por lo tanto, que tomar enteramente este texto en un sentido espiritual. Es como si dijera: "Pongan a un lado todas sus pompas, todos sus espléndidos vestuarios y extravagantes artículos magistrales, pues ustedes serán reyes, pero muy admirables. Pues ustedes serán tocados, esto es, serán afligidos; serán obligados a cargar una cruz; los gentiles los amenazarán a ustedes con adversidades, etc. Pero, ustedes serán superiores a todas estas cosas y enfrentarán por igual tantas calamidades. Los gentes, así y todo, aunque se sientan tan confiados de que son victoriosos, sucumbirán. Ésta es una maravillosa contradicción, una que es completamente foránea a todo juicio de la razón. La persona que es subyugada, es la que vence; y la que es la superior (aventajada) es la vencida. Pues, mientras los cristianos han sido oprimidos por el juicio del mundo, y son doblegados por la adversidad, ellos triunfan por el poder del Espíritu de Dios. Aquí, de nuevo, tenemos una promesa bien generosa, y si fuésemos a ser confirmados en nuestros corazones por ella, ¿qué calamidad, que acto violento del mundo o Satanás, sería tan enorme para vencernos? No solamente daremos la talla a ésas, sino que de hecho seremos superiores a ésas (calamidades). Pues el Señor nos valora tanto, nos cuida tanto, él nos ama tanto que dice que la pupila de sus ojos es tocada cuando nosotros somos tocados, esto es, cuando somos afligidos y oprimidos. Ya que no hay nada más sensible que la pupila del ojo, por lo tanto el Señor dice que quien toca a los cristianos, toca también la pupila de su ojo. Por lo tanto, su significado, en conclusión, es: "Los amo y los quiero a ustedes tanto como quiero la pupila de mis propios ojos." Pero tales cosas requieren fe. Ellas no quieren ser captadas por la razón, ni tampoco pueden, ya que todo lo contrario es lo que aparenta ser cierto a la razón. Esto es, pues, ya que mientras él dice que nos cuida como si fuésemos la pupila de sus ojos, también nos pone en la cárcel, deja que perdamos nuestras posesiones e hijos, nos obliga a fugarnos, y finalmente deja que seamos asesinados. Por lo tanto, dejó que su queridísimo amigo Juan el Bautista, muriera de forma tan desgraciada e inmerecida, pues la cabeza de un ser humano tan santo y digno fue ofrecida a cambio de un baile obsceno por una ramera desvergonzada. Dice el juicio hecho por la razón: "Una grande preocupación para Dios, y tanto pues para sus santos. ¡Pues esto es amarnos como la pupila de sus ojos!" Pero, como ya he dicho anteriormente, la fe cree y siente esto cuando una persona es afligida y cuando aprende esa nueva forma de batalla y esa nueva forma de victoria por medio de la cruz. Si fuésemos a creer esto, nunca cesaríamos de llorar sobre la miserable ceguera e impiedad de nuestros enemigos cuando ellos nos persiguen. Pues nosotros sabemos que ellos están tocando la pupila del ojo del Señor, un horrendo pecado que Dios no les perdonará.

9. Yo levantaré mi mano contra ellos. Esto significa: "Soy poderoso. Ejecutaré mi poder contra todos los que los han lastimado. De hecho, los conquistaré por medio de las debilidades de ustedes." Pues por medio de lo débil del mundo, él vence todo lo poderoso. Presenta a los miserables gusanos, a los débiles pequeños, las vasijas de barro, contra las montañas de bronce, contra el fuerte y potente espíritu de Satanás, quien dedica todo su poder contra una sola cosa: romper la débil vasija a pedacitos para reducirla a la nada. Y Satanás pudiera lograr sin dificultad todo lo que le complace, si Dios no se cubriera de nuestra propia debilidad para así vencer a Satanás por medio de nosotros. De otro modo, seríamos nada más que polvo y las más leves cenizas ante su poderío. Esto es lo que sucedió al inicio de la iglesia naciente. El número de los fieles aumentó a causa de tantas muertes y tantas heridas. Ningún poderío ni tiranía pudo ser tan enorme para aterrar a los cristianos. De hecho, ellos se convirtieron en más y cada vez más valientes. Sus números aumentaron así como frescas cabezas, nacidas por tanta sangre derramada, continuaron renaciendo en la Lernea Hydra por Hércules.[39]

Así sabrán que el Señor de los ejércitos me ha enviado. Dice en efecto: "Cuando se encuentren bajo la tribulación, cuando los enemigos de ustedes los invadan, entonces, la experiencia de ustedes les enseñará, y ustedes conocerán y entenderán que yo mismo he logrado esto."

10. Canta y alégrate hija de Sión. Ésta es la congratulación (felicitación) por reconocer y poseer tanta gloria bajo la ignominia de la cruz. Esta alegría sincera es increíble cuando reconocemos que con nuestra debilidad estamos venciendo el inmenso poder de Satanás. Aquí no hay tribulación ni adversidad que pueda arrancar ese gozo de nuestros corazones.

Porque yo vendré a ti, y en medio de ti viviré. Dios habita en nosotros, esto es, en nuestros corazones por medio de la fe, así como está escrito en Efesios 3:17. También Juan dice: "Porque mayor es el que

39 La referencia es sobre la segunda de las doce labores de Hércules. Por cada cabeza que Hércules cortaba de la Lernea Hydra, aparecían dos nuevas inmediatamente.

está [Dios] en ustedes que el que está en el mundo" (1 Juan 4:4). Consecuentemente, tener a Dios habitando plenamente en nosotros es tener un corazón con plena fe en Cristo, quien quiere ser misericordioso. Tener a Dios habitando en nosotros significa que el Padres es un Padre misericordioso, quien nos protege en toda adversidad.

11. Muchas naciones se unirán a mí. Éste es el mismo tema que mencionó anteriormente sobre la extensión de Jerusalén por todo el mundo, que por medio de la Palabra y por medio de la fe, todas las naciones serían convertidas para que creyeran en Cristo y fueran plantadas y habitaran en esta Jerusalén. Éste es un texto significativo sobre la conversión de los gentiles al evangelio.

12. Y el Señor volverá a hacer de Judá su heredad en la tierra santa. Claramente distingue tierra de tierra aquí, como para decir: "Nunca más abandonará el Señor a Judá. Por el contrario, la heredará y la tomará como su posesión y porción. Esto ocurrirá en una tierra santa, esto es, en una no contaminada, en una tierra que no podrá ser ni vil ni profana, así como dice Isaías: "Los malvados han perecido [por completo] y nunca más volverán a conquistarte."[40] No podemos en realidad tomar esto como si se refiriera a la tierra de Judá, pues muchas personas impías la habitaban. En realidad se está refiriendo a la verdadera iglesia, la cual es santificada por medio del Espíritu de Cristo: "Porque los hijos de Dios son todos aquellos que son guiados por el Espíritu de Dios" (Romanos 8:14).

13. Que la humanidad entera guarde silencio [delante del Señor]. Esto es un apóstrofe (interpelación) a todas las naciones. Es como si dijera: "Ya que tal reino y tal santificación van a existir en el mundo; por lo tanto, guarden silencio, ustedes naciones. El reino de Dios está cerca. Pues el reino depende en su venida y corrida (expansión) cuando la Palabra es enviada y predicada entre todas las naciones. Guarden silencio, esto es: "Crean, cedan el espacio, descansen de sus preocupaciones y presunciones, dejen, pues, que el Señor reine."

Porque él se ha levantado. Esto es, ha alzado (puesto a trabajar) el evangelio. Ya, pues, ha comenzado a reinar con su evangelio.

40 La cita es de Nahúm 1:15, no de Isaías.

Capítulo Tres

Hemos visto en los capítulos antecedentes que el propósito del profeta es animar y fortalecer al pueblo para continuar empujando ese trabajo de construir la casa del Señor, el cual ya habían comenzado. Aquí en los capítulos siguientes consuela a los líderes del pueblo, ésos que eran responsables tanto de los asuntos espirituales como de los civiles. Josué era el sacerdote encargado de asuntos espirituales. Zorobabel era líder en cuestiones políticas. A estos dos el profeta los anima con grandiosas y dulcísimas consolaciones y promesas. Es muy importante que el pueblo tenga un líder valiente que guíe al resto de la multitud por su ejemplo. No siendo atemorizados por dificultades, entonces el vulgo sigue a su líder, así como generalmente se suele decir (en alemán): "Un buen líder merece toda honra" (*Ein guter Anheber ist aller Ehren wert*).

Aquí debemos tomar nota muy especialmente sobre ese problema moral, cuán difícil es someterse al llamado de Dios, y qué gran esfuerzo y cuánta consolación finalmente son necesarios para no obedecer nuestros pensamientos y nuestros sentimientos para escuchar el llamado divino (*divinae vocationi*). ¡Vean, pues, cuánta trepidación (miedo) tenía antes el pueblo! Vean cómo el profeta logró casi nada con su generosa y tan dulce consolación. Vean, pues, en el caso del sacerdote, y luego en el caso del rey, cómo no hay nada más que temor y pura desesperación. Apenas se les podía empujar para que terminaran la obra del Señor que ellos habían comenzado, siendo que, así y todo, el profeta los había animado con mucha consolación. La naturaleza de la vocación (llamado) divina es tal que, primero uno se presenta a ella con gran temor, temblor, y desesperación. Aquí nada ocurre precipitadamente. No se necesita temeridad, ni audacia, ni insolencia, sino que se necesita, pues, una grande consolación. Por lo tanto, debemos prestar muy especial atención a este texto, para que nosotros también tomemos nota de nuestra vocación con temor y temblor. De otra forma, cualquier obra que emprendamos, haciéndola con más arrogancia que la necesaria, confiando solo en nuestros propósitos y audacia, será infructuosa. El verdadero Espíritu no puede estar presente en esas personas, quienes, es decir, se exaltan (alaban) a sí mismas y sus triunfos al iniciar (comenzar) su llamados (vocación) y están dispuestas a intentar cualquier cosa. Es muy cierto que completan todo rápidamente, como si ya hubieran vencido a Satanás, aunque todavía no lo han visto. Si estas personas, cuando la adversidad los ataca, tienen que dar razón por lo que ya han comenzado, es significativo cómo pierden su fidelidad a la causa, y no pueden, entonces, persistir en ella. Esto es algo que hemos visto en el caso de nuestros propios profetas. Se ve bien claro que el profeta Isaías se opuso al Señor, quien lo enviaba. Como excusa señala sus labios impuros en Isaías 6:5. Moisés y Jeremías, los dos pretendieron no ser elocuentes para prevenir ser enviados. Pero Dios en su propia obra sobrepasa (excede) todos nuestros pensamientos, habilidades, y entendimiento de la razón. Él (Dios) requiere y desea cosas más difíciles y sublimes para hacer, que las que pueda lograr el intelecto humano. De hecho, todos estos esfuerzos parecen muy débiles. Por lo tanto, necesitamos otro Maestro, para que podamos romper estas barreras. Esto es, para que nosotros cerremos nuestros ojos y oídos y nos afinquemos solamente en la Palabra, para que demos la gloria a Dios por ser verdadero (sincero), y para que no dudemos que el perfeccionará (completará) todo lo que él desee cumplir en nosotros. Esto es lo que Pablo dice: "Y Aquel [Dios] que es poderoso para hacer que todas las cosas excedan a lo que pedimos o entendemos" (Efesios 3:20).

Aquí vemos lo mismo. Qué situación más imposible le parece ésta al sacerdote; cuántas cosas allí presentes iban a atemorizarlo. Primero, a causa de su agravada y no bien parada conciencia, se encontraba frustrado por una pregunta común: ¿Quién sabe si yo, un hombre pecador, soy aceptable a Dios? La conciencia culpable no puede hacer nada bueno. Se encuentra siempre incierta sobre la voluntad de Dios. Lo hace todo con miedo, y de hecho con la más grande incertidumbre. Por lo tanto, Dios no puede aprobar los esfuerzos de ella, porque la mente cambia tanto de parecer (fluctúa). De hecho, debemos hacer una buena obra con una conciencia completamente buena (limpia) para que creamos, pues, que no es nuestra propia obra, ni es una obra hecha por nuestros propios esfuerzos o propósitos sino que es una obra de Dios. Con una conciencia firme y madura podemos confiar que el Señor efectuará (completará) lo que ha planeado por medio de nosotros y de nuestro ministerio, para que reconozcamos que nosotros somos sus herramientas u órganos (ὄργανον). Pues, si el corazón no se fortalece, es imposible para nosotros comenzar de nuevo. Pues, la magnitud de la obra, la dificultad en cumplirla, nuestra razón, y Satanás nos aterrorizan inmediatamente. Satanás exagera tanto la obra que nos lleva a otros rumbos. Señala (Satanás) a esa dificultad, nos amenaza con muchos males, y entonces nos manda a hacer de nuevo nuestra labor. También exagera nuestro pecado y carne débil al señalar que Dios no aprueba a los pecadores sino que los rechaza y los castiga, y que ésa es una obra para los santos, los cuales son los encargados de obras divinas como ésas, etc. Esto, definitivamente, nos pone en el medio de una tremenda lucha violenta mano a mano. Pues cuando nos presentamos vigorosamente (valientemente) y damos la talla ante tal tentación, estamos venciendo sobre el pecado, la muerte, y Satanás simultáneamente. El corazón ya no teme más. No duda sobre la voluntad de Dios. Está convencido que Dios lo aprueba a pesar de la debilidad y el pecado que todavía reside en él. Está convencido también que Dios quiere usar su ministerio, aunque a la carne le parezca todo completamente diferente. No cabe duda que para vencer estos tres, no es posible con los esfuerzos humanos.

Por lo tanto, para que podamos vencer con gozo, y permitamos, pues, que Dios use nuestro ministerio, el Espíritu Santo tiene que estar presente en nosotros como nuestro Paracleto (παράκλητον), dando ánimo a nuestro corazón para que no temamos a la muerte o al pecado; o si no nos encontramos completamente gozosos y audaces, que podamos, así y todo, vencer en el medio de nuestra debilidad e incertidumbre, para poder fijar siempre nuestros ojos no en nuestras debilidades sino en la voluntad de Dios, ya que él nos ha lanzado a esa vocación por su propia voluntad, etc. Esta idea aparece bellamente en este capítulo donde el profeta trata este tema en forma general (universal) para fortalecer a un indeciso sacerdote que tiembla ante la magnitud de la tarea, por esos males que lo amenazan, y finalmente por su propio pecado, y así pues, animar a ese sacerdote frente a todos los insultos que le lanzan, etc.

1. El ángel[41] **me mostró al sumo sacerdote Josué.** El profeta no vio en realidad la persona de Josué sino una imagen similar bajo la cual el sumo sacerdote Josué era representado como si estuviera presente.

A su mano derecha estaba Satanás. "Satanás" generalmente y muy apropiadamente significa cualquier adversario. Pero creo que aquí particularmente significa el diablo. De nuevo, tenemos que tomar en cuenta que lo que vio aquí fue una imagen de una persona que siempre era un adversario del sacerdote y lo aterrorizaba para que no completara lo que había comenzado.

41 En RV1960 lee: "el ángel de Jehová" y en la Vulgata lee: "Me mostró el Señor." En el hebreo lee: מַלְאַךְ יְהוָה (*malak yhvh* o ángel de Yahvé). En hebreo se leía Adonai por Yahvé, que en latín es *"dominus"* (Señor). La Biblia de Jerusalén lo traduce "el ángel del Señor". La razón por la cual la Vulgata omite "el ángel" es que se reconoce a Jesús como ese ángel o mensajero de Yahvé, y por lo tanto es identificado como el *dominus*.

Ésta es en cierto modo una maravillosa visión, pues nos muestra vívidamente el corazón y las más íntimas emociones del sacerdote. Él había escuchado el mandato bien claro de Dios de reedificar su templo. Entonces, después de escuchar la Palabra, pensó que debía prestar atención a Dios. Pero, así y todo, continuaba luchando consigo mismo por causa de este problema: "¿Quién sabe si Dios va a aprobarnos? Quizás Dios nos rechace a nosotros pecadores." Ésta es, pues, la forma en que el corazón humano lucha contra el pecado en la presencia de Dios (*coram deo*). Pues Satanás infla y exagera tanto los pecados, que el corazón queda convencido que Dios lo rechazará. No puede concebir otro Dios, sino solo ése que lo amenaza con una paliza o con latigazos. Aquí, pues, el sumo sacerdote Josué, prosternado y aterrorizado por sus pecados, no se atreve a continuar con su tarea. Por lo tanto se le confirma y se le anima a creer que el Señor no se encuentra airado, que quitó esas acusaciones incrustadas en la conciencia de Josué para acusar al mismo Satanás, quien desanima tanto el corazón con la atrocidad de su pecado, que no puede continuar sirviendo su llamado (vocación).

2. Pero el Señor le dijo a Satanás: "Yo soy el Señor, y te reprendo. Ésta es una admirable y muy dulce consolación. Todo se encuentra (radica) contenido en esta grandiosa consolación. Ha colocado estas palabras con tanta precisión, como para decir: "De ahora en adelante, Satanás, deja de confrontar al sacerdote. El Señor ordena que todas esas cosas sean malditas, las que has inspirado para que el tímido sacerdote las tome en cuenta y quede aterrorizado y no continúe su tarea. Estás logrando que se desanime ante Dios y que no se atreva a emprender nada ante la humanidad. Tú actúas como si el Señor ha rechazado completamente a Jerusalén. Pero el Señor no ha hecho esto, sino, al contrario, la ha elegido y se deleita en su propia posesión (propiedad).

Y a este hombre lo he rescatado del fuego. "Tú haces esto para que las fundaciones sean destruidas e Israel perezca, para que así ni un remanente pueda sobrevivir y pueda ser salvo. Pero el Señor preservará el remanente para sí. Él lo glorificará y lo salvará. Pues el sacerdote junto con algunos pocos que sobrevivan serán como el tizón rescatado del cautiverio." Tenemos la misma analogía en Isaías (7:4) donde llama a los dos reyes: "el humo de dos tizones apagados", y anteriormente leímos en Amós 3:12: "como cuando un pastor logra rescatar, de las fauces del león solo dos piernas", etc. Éstas son las maravillosas y grandiosas obras de Dios. Trata a su pueblo como si él fuera completamente incapaz de protegerlo. Permite que ellos sean tragados casi totalmente. Así y todo también preserva a algunos y absolutamente los protege de tal manera que ningún poderío del mundo o del diablo es tan contundente para que sea superior a esos pocos.

3. Como Josué estaba ante un ángel, y su ropa estaba muy sucia. Un ángel siempre es añadido para presentar propiamente la lucha de la conciencia ante la presencia de Dios. El sacerdote, aunque en silencio, siempre pensaba de sí mismo así como es exhibido en esta visión. Lo que es esta ropa sucia, el mismo profeta lo explica: el corrupto sacerdocio y los pecados del sacerdote. Atemorizado por éstos, se encontraba ansioso y trepidante de que su sacerdocio no complaciera al Señor. Era parte del oficio sacerdotal orar por los pecados del pueblo y también ofrendar sacrificios por esos pecados. Pero el sumo sacerdote Josué con su conciencia tan llena de ansiedad siempre pensaba que Dios era el vengador de los pecados, que él era un pecador, y que su intercesión ante Dios por los pecados del pueblo sería inútil. Atemorizado por el terrible, horrendo, y miserable rechazo del reino y del pueblo no podía concebir ante sus ojos la misericordia de Dios. Por lo tanto, todavía pensaba que Dios estaba airado, y que todo lo que él –un mero hombre– intentara sería en vano ya que su existencia era tan deplorable, afligida, y de hecho sin ninguna esperanza. Así que se cambia su ropa sucia y se pone una limpia. Ésta es una consolación frente a la adversidad de su pecado, así como anteriormente él seguía siendo fortalecido contra las tentaciones de Satanás. Quiero, pues, añadir una advertencia: lo que Lira y Jerónimo soñaron aquí sobre la suciedad de la ropa es solamente una basura imaginada.[42]

4. Date cuenta de que ya te he limpiado de tu pecado. Todo en esta visión es revelado de tal forma que esta visión anuncia y declara la voluntad de Dios con el sacerdote. Fortalece al sacerdote para que ya no tenga ninguna duda de que Dios aprueba su ministerio, que sus sucias vestimentas han sido cambiadas, y que su pecado ha sido limpiado (quitado). Ahora viste nuevas ropas, esto es, una alegre y gozosa conciencia, que ya no se fuga de Dios, que no piensa nada malo sobre Dios sino que espera toda bienaventuranza. Por lo tanto la ropa limpia no significa obras sino que significa la gracia y la fe. La conciencia está

42 Cf Jerónimo, *Commentaria in Zachariam prophetam, Patrologia, Series Latina*, XXV, 1436: Éste debe entenderse en tres maneras: concerniente a un matrimonio ilícito, los pecados del pueblo, y el derroche durante el cautiverio.

equipada no con obras sino con la fe para que así encontremos la paz ante Dios. Así pues, el corazón que ha sido confirmado (fortalecido) por la fe se regocija y no le teme a nada. No le preocupa ni los insultos ni la violencia del gentío, ni Satanás, ni el pecado. Por el contrario, con gozo desprecia a ésos, y desempeña con regocijo las obras del Señor.

5. Pongan en su cabeza una mitra limpia. La mitra es un ornamento sacerdotal. Consulten Levítico 8:9. Ahora esa persona es justificada y declarada digna, el (su) oficio sacerdotal es aprobado. Por lo tanto la mitra es puesta sobre su cabeza para que desempeñe su sacerdocio, y para señalar que el Señor aprueba sus labores. Se ve claro aquí que la pureza del carácter de la persona debe estar presente siempre antes de la pureza de su oficio, pues si su carácter es puro (limpio) todo lo que resta es también puro. ¿Cómo puede una persona inmunda hacer obras puras? "Un árbol malo no puede dar frutos buenos" (Mateo 7:18).

6. Luego, el ángel del Señor amonestó a Josué y le dijo. Ahora que Satanás había sido rechazado, el sacerdote restablecido (fortalecido), y sus pecados limpiados, el ángel añade (ofrece) una palabra de aliento (exhortación). Conecta sutilmente el sacerdocio de Cristo a ese sacerdocio externo (público) y legal. Pues todo estaba sucediendo para un solo propósito y había sido establecido como una mínima preparación para ese futuro sacerdocio del sumo sacerdote, Cristo. Todo esto solamente estaba aconteciendo por causa de él. Esto es, pues, la promesa había sido hecha, que él saldría de ese pueblo, y por lo tanto ese pueblo y sacerdocio tendría que sobrevivir y ser preservado hasta su venida. Por lo tanto, este texto significa lo siguiente: "Ahora que has sido constituido (establecido) en tu oficio sacerdotal, tus obras complacen a Dios. Por lo tanto ejerce ése tu ministerio sacerdotal. Si hicieres esto,

7. Tú gobernarás mi casa. Esto es: "Serás un juez en mi casa. Estarás a cargo del pueblo y los gobernantes (reyes) en esos asuntos pertinentes al culto (la adoración) de Dios." Pero esto es la ley, pues este discurso se ofrece de modo subjuntivo así como el lenguaje de la ley acostumbra hacer. El evangelio dice: "Yo hago, yo hago, etc."

Y te daré un lugar entre los que están aquí. Algunos intérpretes creen que se refiere aquí a los ángeles. Me parece a mí que simplemente no se refiere a ángeles sino que el Señor va a dar también un pueblo y auditores, quienes van a escuchar al maestro (doctor) sacerdote, y que ellos no van a despreciarlo. Consecuentemente, éste será un feliz (bienaventurado) sacerdocio.

8. Así que escúchame bien, Josué, como sumo sacerdote que eres. Maravillosamente conecta, así como ya mencioné hace poco, los dos sacerdocios: el legal y el único verdadero del gran sumo sacerdote, Cristo. De hecho, está diciendo: "Sumo sacerdote Josué, escucha lo que me propongo con ese sacerdocio tuyo externo (público). Estoy renovando las promesas sobre la venida de Cristo. Pues las múltiples promesas de la ley ofrecen esto: que Cristo será un sacerdote. Así que, ¡adelante! Toma posesión de ese sacerdocio público (externo) hasta que él venga. Pues es a causa de él que el pueblo y el sacerdocio serán restituidos, para que las promesas sean verídicas."

Que tus amigos... que son una señal prodigiosa.[43] Tenemos que tomar esto en un buen sentido y no en un mal sentido cuando los llama "hombres portentosos".[44] Encontramos el mismo significado y la misma frase en Isaías 8:18: "Somos en Israel señales portentosas de parte del Señor de los ejércitos." El significado es, pues, éste: "Tú y ésos que están parados al lado de ti son hombres de buen portento, y fuentes admirables para el mundo." Así es como Pablo interpreta esto: "Pues hemos llegado a ser espectáculo del mundo, a los ángeles y los hombres" (1 Corintios 4:9).[45] Es así, pues los cristianos atentan y se embarcan en situaciones imposibles, en cosas que son foráneas bajo todo juicio o raciocinio. Todo esto sobrepasa el entendimiento humano, así como ya mencioné con múltiples detalles al comienzo de este capítulo acerca de la victoria sobre Satanás, la muerte, y la conciencia.

Voy hacer que venga mi siervo, el Renuevo. Esto propiamente se refiere solamente a Cristo. También cuando leemos "*orientem*"[46] ("mientras él se levanta") es mejor traducirlo "germina", así como las hierbas y frutas germinan o brotan. Por lo tanto, Cristo es descrito en Isaías 4:2 así: "Ese día, el renuevo (*germen*) del Señor será de gloria y hermosura. Leemos en Jeremías 23:5: "Vienen días en que haré que un descendiente de David surja (*germinare*) como rey. Y será un rey justo."

43 Lutero cita aquí la Vulgata que traduce este texto al latín: "Quienes son hombres portentosos" ("*quia viri portendentes sunt*").

44 Cf 43.

45 RV1960.

46 Lutero comenta aquí sobre el texto en la Vulgata que lee: "*ecce enim ego adducam servum meum orientem*" (vean cómo yo conduzco a mi siervo mientras él se levanta ("*orientem*").

También en esto texto prefiero usar la palabra "Renuevo" para que así el texto lea: "Voy a hacer que venga mi Siervo, como un Renuevo." Llama a Cristo un Renuevo así como Isaías lo llama "un Vástago", y dice también "Crecerá ante él como un renuevo" (Isaías 52:2). Con esta forma de expresarse Isaías quiere indicar que el reino de Cristo siempre se encuentra creciendo. Pues el Espíritu y la Palabra de Cristo siempre se encuentran creciendo. Se encuentran siempre corriendo hacia adelante y por lo tanto producen muchos frutos. El mundo se opone a todo esto con poder y astutamente, para hacer que este renuevo se seque y deje de germinar. Agrede al retoño con la muerte, la desgracia, la pobreza y todo tipo de maldad. Pero Dios siempre hace que germine (retoñe). Le proporciona suficiente humedad para que continúe germinando y floreciendo hasta bajo el ardiente sol en pleno verano.

9. Fíjate en la piedra que he puesto ante ti. A él se le llama también una piedra en el Salmo 118:22: "La piedra que los constructores rechazaron, ha llegado a ser la piedra angular." Y en Isaías 28:16 leemos también: "Miren esto: yo he puesto en Sión por fundamento, una hermosa piedra angular", etc. Cristo es llamado una piedra (o roca) porque todos los que son cristianos se apoyan sobre él. Solamente él es nuestro firme fundamento en quien podemos depender. Pablo lo interpreta así, de esta manera (1 Corintios 3:11).

Tiene siete ojos. Esto es lo que dice el profeta Isaías: "El espíritu de Dios el Señor está sobre mí. Sí, el Señor me ha ungido" (Isaías 61:1). Los siete ojos son, pues, los siete espíritus o dones del Espíritu Santo, los cuales Cristo ha distribuido en su iglesia. Estos dones hacen que el Vástago germine, aunque el mundo, Satanás, y todas las criaturas siempre se oponen a esto.

Voy a poner en ella una inscripción. Algunos exegetas se atormentan de varias maneras al interpretar este texto. Uno lo interpreta creyendo que significa la formación (desarrollo) en el útero de la Virgen; otro lo interpreta como que se refiere al otorgamiento de los varios dones del Espíritu Santo, aunque ya los siete ojos se han expresado sobre éstos. Pero, a mi juicio, pienso que debemos interpretar esta inscripción como que se refiere a la pasión de Cristo, como si Dios estuviera diciendo: "Grabaré mi propia inscripción, tallaré mi propia escultura para prepararlo a él por medio de su pasión (sufrimientos) para que él sea el ángulo sobre el cual el edificio sea edificado." Pues Cristo ha sido tallado y formado por su pasión y resurrección. Así es como primeramente comenzó su verdadero reino.

Y en un solo día borraré[47] **de la tierra el pecado.** En el día de su pasión él cargó todos nuestros pecados, así como Isaías 53:4 cita: "Con todo, él llevará sobre sí nuestros pecados."[48] Pues, por medio de Cristo y su crucifixión, Dios quitó todos los pecados de todo el mundo. Así, pues, el profeta indica que el verdadero sumo sacerdote vendrá para quitar los pecados de su pueblo y liberarlo de sus pecados. Éste, finalmente, será el verdadero sacrificio, el cual el sacerdocio de Josué, el sumo sacerdote de la ley, no podía cumplir. Declara también que esto ocurrirá "en un solo día". Con una sola frase abroga todo el Antiguo Testamento, como si dijera: "Necesitará solo un día, y solo ése será suficiente. Con ese solo día quitará los pecados de todo el mundo. Con solo un sacrificio él hará que todas las cosas sean perfeccionadas." Después de ese día, no habrá necesidad de otro día, ni de otro sacerdocio, ni de otro sacrificio. Tomen nota de Hebreos 7.

10. Cuando llegue ese día, cada uno de ustedes invitará a sus amigos. Ésta es una frase proverbial. Es como si dijera: "Frecuentemente han sido ustedes inculcados con tantas promesas sobre la gran paz y gran seguridad que todavía ha de venir. Esto, no obstante, no ha sido implementado. Será implementado cuando llegue ese día. Su reino será de paz y seguridad. Esta paz será de conciencia y por la abundancia de toda bendición espiritual (bienaventuranza). Así, pues, él toma un proverbio común, y lo transforma en uno con poder espiritual. Nadie debe pensar que lo que ofrece la promesa es una mera paz y seguridad carnal y corporal pues la vida cristiana no es una vida de placeres. No consiste de una vida llena de días placenteros. "Todos los que quieren vivir piadosamente en Cristo Jesús padecerán persecución" (2 Timoteo 3:12). "Para que sean hechos conforme a la imagen de su Hijo" (Romanos 8:29).

Capítulo Cuatro

Vimos en el capítulo anterior la plena consolación con la cual el Señor por medio del profeta consuela al sumo sacerdote. El sacerdote era uno

47 En latín dice "levantaré" o "quitaré".

48 Así lee en latín: "*peccata nostra ipse portavit.*" Pero RVC traduce "males" en vez que "pecados". No cabe duda que el Siervo de Dios muere por nuestros pecados de acuerdo a Isaías 53:5. La palabra usada en hebreo es חֳלִי (*hali*), que significa males, enfermedades malignas y crónicas.

de los líderes del pueblo que había sido regresado del cautiverio y se encontraba reedificando el templo y la ciudad. Hemos visto, también, cómo el mismo profeta, y bajo su propia iniciativa, ha comentado sobre la alegoría de sus visiones. El hecho que el sumo sacerdote Josué se vistió con una sucia ropa de luto, se las quitó y se puso un ornamentado vestuario limpio, significa que en cierto día, pues, un Sacerdote vendría para sufrir y morir para quitar todos los pecados del mundo; de que él resucitaría para glorificarnos y para hacernos sus coherederos de todas las bendiciones del Padre. Este Sacerdote fue Cristo Jesús.

Ahora, después que el profeta da la consolación al primer líder, sigue para ofrecer la consolación al otro líder, Zorobabel. Ya he mencionado varias veces anteriormente que esto es algo increíble, completamente incomprensible a la razón humana, eso que el corazón humano pueda tomar de la gracia divina cuando se encuentra tan oprimido por el pecado y preocupado por sus adversarios. Esto es, que no dude (el corazón) que tiene un Dios bondadoso y clemente. Así también, pues, debemos fortalecernos bajo tal generosa Palabra, con múltiples visiones y promesas. Es esto lo que vemos ocurrir en este capítulo. El profeta se conmueve de nuevo para animar y fortalecer al líder, en un momento donde la situación se ve tan caótica que podemos claramente discernir que no todo el mundo es tan fácilmente movido por el Espíritu, así como algunos hombres se glorían de esto hoy también, esos hombres se llenan e inflan con su propia manera de pensar.[49] La Majestad Divina, pone grande valor en su Espíritu para que uno lo estime tan vilmente. Por lo tanto, esos hombres impuros no deben confiarse; hombres que con tanto orgullo y palabrerías promueven en realidad su propio espíritu. Pero ya he mencionado esto varias veces.

1. El ángel que hablaba conmigo volvió. Aquí, de nuevo, el profeta comienza un discurso (sermón) que pronunció en otro tiempo y en otro día después que terminó el (discurso) anterior.

Y me despertó, como si me despertara de un sueño. Aquí el profeta no se refiere solamente a su estado de ánimo cuando es despertado del sueño, sino que se refiere al gobernante y a todo el pueblo. Está diciendo, pues: "Ustedes son vagos, como casi fríos, sin vida, al cesar (su labor) en la obra del Señor, así como si estuvieran durmiendo y roncando."

49 Lutero está haciendo referencia aquí a los llamados profetas celestiales procedentes de Zwickau. Lutero escribió su *Tratado Contra los Profetas Celestiales* en 1525, unos meses antes que comenzará a dictar su curso sobre Zacarías al final del 1525.

Esto, por lo tanto, significa: "Me despiertan como a una persona que estaba durmiendo." En la persona del profeta, entonces, debemos ver una imagen de todo el pueblo y cómo ellos habían sido afectados.

2. Lo que veo es un candelabro todo él de oro. Moisés en Éxodo 25 usa también el mismo estilo cuando describe el tabernáculo. Pero los santos escritores se han expresado en varias maneras acerca del candelabro sobre la cabeza de la base del candelabro. Respondemos brevemente aquí que el profeta se refiere a la cavidad (hueco), o los platos, de la base del candelabro donde el candelabro se coloca, se sienta, *die Schalen*, se dice en alemán. "Sobre la cabeza" es un hebraísmo de "por encima", así que su significado es: "por encima del candelabro hay siete lámparas."

3. Junto [al candelabro] hay dos olivos. Traducimos esto incorrectamente cuando ponemos los olivos "sobre" (*super*),[50] éste, pues inmediatamente sigue "uno de ellos a la derecha del depósito, y el otro a la izquierda".

Esta segunda parte no pertenece a la visión. Pero hasta ahora mismo esto parece absurdo para ésos que hasta hoy no entienden la interpretación que vamos a presentar inmediatamente. Ya verán que todo es muy dulce y placentero.

Ahora tenemos (se escuchan) frecuentes preguntas del profeta por el ángel, y el ángel por el profeta. Esto ocurre para que veamos que el profeta no ha, pues, desperdiciado palabras. Al contrario, vemos que todo es pertinente para que él enderece el estado de ánimo del pueblo. Por lo tanto, aunque se ha entretenido con estas preguntas, ha ganado oyentes atentos y los ha mantenido en suspenso para que ellos, atónitos, presten atención a todo lo que el Señor se propone con esta visión.

6. Yo no actúo por medio de un ejército, ni por la fuerza, sino por medio de mí espíritu. Ésta es la interpretación de esta visión. Pero, así y todo, no parece concordar completamente con lo que el profeta vio. Pues, ¿qué tiene en común el Espíritu con las luces o los candelabros? Pero, en realidad todo concuerda muy bien en harmonía. El significado, entonces, es como si él dijera: "Tu mente, Zorobabel, está todavía muy ocupada con tantas cosas carnales que te encuentras casi durmiendo, y esto hace que te encuentres indeciso (titubeando). Por un lado sabes lo

50 El texto de la Vulgata lee *"super"* (sobre) y Lutero lo traduce con *"iuxta"* (junto), que es como la RVC lo traduce aquí.

que debes hacer de acuerdo a la palabra del Señor, reedificar el templo. Pero por otro lado, temes a los reyes y a la gente que se te opone. Por lo tanto no te pones a trabajar. No puedes ver (concebir) que puedas dar la talla al gran poder y fortaleza de tus adversarios. El Señor dice que no hay necesidad de armamentos, poderíos, ni potestades; que tú absolutamente no requieres éstos pues solamente necesitas la luz del Espíritu para poder tener cierta confianza en tu pensar.

Con estas palabras inculca lo que debe pensar Zorobabel sobre los poderes, armamentos, y fortaleza de sus adversarios. Le exhorta para que se sienta seguro sobre todas esas cosas. Todo lo que se requiere, dice él, es la fe, para que así no pierda confianza en el Señor. Cuando se encuentra presente esta fe, el Señor promete muy evidentemente que él repulsará y quebrantará todas las armas, poderíos, y fortalezas –sean tan grandes (poderosas) como sean– hasta de todo el mundo. Aquí, pues, tenemos un bello texto sobre la confianza del corazón que recibimos por la fe. Con esa confianza, personas alertas y piadosas (justas) se encuentran confiadas contra todo poder de sus enemigos terrenales y espirituales. Esto concuerda con la victoria externa (pública) sobre los malvados, donde todo poderoso y victorioso hecho también reside bajo una fortaleza mental. Por lo tanto, quien sea que haya dicho que "Los corazones son más poderosos que la manos, pues los corazones son los que tienen todo el poder (vigor)", parece que ha expresado esto correctamente. He escuchado algo parecido de algunos que batallaron en el campo de guerra. Ellos afirman que pueden predecir basados en conjeturas aproximadas y señales evidentes antes que la batalla comience, qué lado va a perder. Pues dicen que todas las señales de un lado ostentan destrucción, ya que todo se ve tan consternado, que hasta los caballos bajan sus cabezas con tristeza presintiendo lo peor. Pero del otro lado, el que está destinado a la victoria, todo promete la victoria, todos los soldados se ven con ánimo y alerta, y los caballos saltan dispuestos. En breve, no hay nada que no prometa una segura (cierta) victoria. Por lo tanto, solo ese ánimo vence, ése que es dado por el Señor a los que quiere que sean victoriosos. Nosotros, los alemanes, también tenemos un refrán en común, el cual es muy cierto: *Gott behüt mich vor einem, der mich meint* (Que Dios me proteja de ése que la tiene conmigo, o que me tiene entre cejas). Ya que esto, entonces, ocurre entre los malvados, cuánto más puede ser logrado por los justos que son animados por la fe y el Espíritu para vencer y conquistar.

Sigue, entonces: todo lo que el profeta vio en la visión está hecho de oro. Nada está hecho de hierro, lo cual es lo propio para las armas, sino que todo es de oro. El oro no sirve para la guerra, pues el oro indica la paz. Es más, el candelabro se encuentra encendido, como si dijera, que hay necesidad de luz y fuego. Porque el Espíritu Santo arde, esto es, anima e ilumina al corazón para que se sienta seguro, se sienta confiado, y que no tema nada.

Por lo tanto todo concuerda maravillosamente en esta visión. Esos que intentan interpretar a Moisés, tiene ocasión para meditar, y de eso aprender que en todo el edificio y estructura del tabernáculo de Moisés, el Señor no ofrece otro significado que ése, que lo que ocurre en el mundo es por medio del ministerio de la Palabra. La mesa significa la palabra de Dios. Esto el Salmo [23:5] lo explica claramente: "Aderezas mesa delante de mí en presencia de mis angustiadores."[51] También el Salmo [69:22] dice así: "Que sean sus mesas una trampa para ellos."[52] Pues la Palabra es comida. Nos alimenta para protegernos contra el viento norte (de acuerdo al texto de Moisés, la mesa fue preparada así en el tabernáculo), esto es, contra las tentaciones de Satanás. El candelabro señala a la paz, pues está hecho de oro. Cuando la Palabra es predicada, nada sucede por medio de la fuerza, armamentos ni guerras. Al contrario, el pueblo descansa tranquilamente y en paz. Por lo tanto, el candelabro es el ministerio de la Palabra, quien enseña y nutre a la iglesia. El altar de incienso es la verdadera oración, hecha en fe y bajo el Espíritu. La verdadera oración solamente puede ser pronunciada por esos que tienen el Espíritu de Cristo. Otros quisieran, pues, especular más sobre estas cosas, ya que es un campo (tema) muy amplio y extenso. El candelabro, no obstante, que vio el profeta en esta visión se encontraba en el medio de los dos árboles de olivos. Esos árboles son Zorobabel y el sumo sacerdote Josué. Es como si dijera: "No tienen nada que temer. El Espíritu Santo se encuentra entre ustedes. Brilla entre ustedes. Así que no necesitan ni ejército ni fuerzas. Ustedes me tienen a mí, su Dios propicio y clemente."

Los varios objetos alrededor del candelabro señalan hacia los ministros de la Palabra. Equipados con varios dones del Espíritu Santo, ellos promueven el ministerio de la Palabra, pues cada ministro no posee todos los dones. El apóstol Pablo explica esto con detalle en 1 Corintios 12 y en Efesios 4. Los reservorios del candelabro son los profetas, y los candelabros son los predicadores. Estos últimos enseñan lo que han recibido de los profetas. De nuevo, no todos los predicadores tienen

51 RV1960.

52 Mi traducción del latín. La RVC traduce: "Que sean sus banquetes una trampa para ellos".

el don de adentrarse en las profundidades de la Escritura. Esos a los que los predicadores enseñan son los varios ornamentos en las lámparas (candelabros). Y esos todos son también de oro, etc.

7. ¿Quién eres tú, monte imponente? ¡Ante Zorobabel! Esto también es pertinente a la visión. La enseñanza ha sido implementada, esto es, la visión ha sido explicada. Ahora exhorta a Zorobabel. El Señor torna (vuelve su vista) de Zorababel y se dirige a sus enemigos para consolarlo (a Zorobabel). Es así como hizo, pues, también en el capítulo anterior [3:2], cuando, usando un apóstrofe cambia su conversación y se dirige a Satanás. "Te reprendo a ti, Satanás, etc." Así también, como los versículos anteriores de este capítulo se dirige tan exactamente a los pensamientos de Zorobabel, este versículo es, pues, muy pertinente a este tema. El profeta se imagina lo que Zorababel está pensando: ¿Qué puedo yo, una sola persona, lograr contra reyes tan poderosos y enemigos tan salvajes? Pues la Escritura llama a la nobleza "montes" y "colinas". Desarrolla aquí la idea que la gran acumulación de los enemigos –los reyes persas como también esos tan poderosos de ese pueblo– es un monte imponente. Le llama la atención a Zorobabel sobre esa hueste de enemigos, al gran poder de sus armamentos, y el poderío de sus ejércitos. Aterrorizado por todo esto, Zorobabel interrumpe la obra que había comenzado. Ahora el profeta lo insta a que regrese (se afirme) a la fe y al Espíritu. Entonces le asegura que la montaña será fácilmente allanada, no importa qué enorme aparente ser. Pero déjenme decirles esto también. Otros dividen este texto en varias maneras. Yo lo divido y lo leo simplemente así: "¿Qué eres tú, monte tan enorme? Ante Zorobabel serás allanado." Esto es un reproche para el enemigo, ese enorme monte, como si estuviera diciendo: "Que el Señor te reproche a ti, enorme monte que impide al príncipe (líder) Zorobabel continuar su obra que ha comenzado de acuerdo a la voluntad del Señor." "Allanar"[53] es un lenguaje (modismo) "elíptico". Es como decir: "Que el Señor te reduzca a una llanura para que ya no interrumpas al príncipe, y para que no lo angusties más."[54]

Porque él extraerá la piedra principal. Esto es: "Hasta en contra de tu voluntad –de hecho, después que hayas sido reducido a una llanura y tus poderes hayan sido destruidos –Zorobabel "extraerá la

53 En la RVC lo expresa así: "Quedarás convertido en una llanura".

54 Literalmente: No lo llenes de terror (*ne amplius terrorem*).

piedra principal". Esto es, se precipitará (se lanzará) hacia adelante y completará la obra que ha comenzado, pues ya había echado anteriormente el cimiento bajo el rey Ciro. Él terminará todo el templo del Señor y se apurará para edificarlo así como también hizo al echar el cimiento.

Verá por igual la gracia con esta gracia.[55] Éste es un texto no muy claro (oscuro). No puedo llegar definitivamente a un acuerdo, ya que tenemos aquí más que un solo hebraísmo. Santos escritores se han preocupado por el mismo de varias maneras en hacer (brindar) "muchas gracias". Pero esos han sido esfuerzos vanos. Primero quiero hacerles saber lo que creo que dice. Primero, del hebreo lo traduzco así: "Con aclamaciones o felicitaciones, gracia, gracia por esto." Por lo tanto, su significado es éste: "Ese enorme monte que hasta ahora ha impedido a Zorababel será completamente allanado. Entonces, Zorobabel extraerá la piedra principal, para edificar el templo que ya había comenzado, y no solo una persona sino todo el pueblo aclamará y animará (esa repetición indica esto). Así que todos aclamarán "¡gracia y gracia!" Tenemos aquí el mismo significado que en Hageo [2:9] sobre la gloria del nuevo templo: "La gloria de esta casa será mayor que al principio." Es más, ha usado aquí la repetición como se acostumbra a usar en hebreo, como para decir que las naciones por todas partes del mundo correrán juntas con gusto y ofrecerán sus gozosos elogios sobre la edificación del templo, aunque en ese momento se muestra (ese templo) como un objeto de desprecio. La palabra "gracia" en la Escritura significa "favor" (regalo), así como vemos en Proverbios 1:9 "Adorno de gracia serán sobre tu cabeza" y en otro proverbio [31:30]: "Engañosa es la gracia, y vana la hermosura."[56] Aquí no significa exactamente "favor" sino eso que es debido y que hace que uno sea preferido (favorecido). De hecho, entonces, está diciendo "que muchos ornamentos serán añadidos a este templo. Habrá muchos más tesoros añadidos al mismo". Pues, con bullicio y alzando sus voces el pueblo se presentará para decorar el templo, algo que después ocurrió. Por lo tanto, debemos tomar repeticiones como éstas en un sentido distributivo.[57] Se entiende esto al

55 Lee en latín: *Et exaequabit gratiam gratiae eius* ("Igualará la gracia a esta gracia". En la RVC lee "entre aclamaciones a su belleza" y en la RVC "Gracia y gracia a ella". En hebreo la cita es: חֵן חֵן (*ḥēn*) y la Septuaginta lo traduce literalmente *χάριτος χάριτα*.

56 RV1960. La palabra usada en Proverbios 1:9 y 31:30 en hebreo es חֵן (*ḥēn*), la cual significa el favor, bondad, y misericordia de Dios. Pero también se usa para expresar la belleza, gentileza, "gracia" de una persona o Dios.

57 En cómo se distribuye la gracia o cosas.

leer Ezequiel [14:4]: "Hombre tras hombre de la casa de Israel", esto es "cualquier hombre de la casa de Israel";[58] y en Moisés "vara sobre vara", etc.[59]

9. Zorobabel mismo echará los cimientos de esta casa. Expone ahora con palabras más claras acerca de lo que parece que dijo con menos claridad anteriormente sobre extraer la piedra principal, erigir el templo, y la gran gloria del nuevo templo para que así muchas naciones se reúnan gozosamente y congratulen a Zorobabel. Pablo dice cosa similar sobre los cristianos: que ellos deben emprender buenas obras, o ser celosos; esto es, estar dispuestos a hacer buenas obras unos con otros, hasta estar más dispuestos que otros en obrarlas (Tito 2:14). Este mismo tipo de rivalidad, dice, ocurrirá en el futuro entre esos que van a congratular a Zorobabel por su edificación del templo. Por lo tanto, el significado de este texto es éste: "El templo será completado mientras Zorababel todavía viva, aunque todo está tan desordenado que no tenemos esperanza que sea posible cumplir esto. Pero cuando la obra sea completada, sabrán (comprenderán) finalmente que el Señor de los ejércitos me ha mandado a ustedes y que yo he profetizado estas cosas por ser el mandato de Dios. Entonces, por primera vez la voluntad de Dios será claramente palpable, aunque ahora son negligentes por todas esas cosas que le previenen de escuchar la Palabra y la voluntad del Señor.

Es tan maravilloso y completamente tan más allá de nuestro entendimiento humano captar sin dudas cómo ciertas obras complacen a Dios. Si no, el templo sería algo insignificante. Para el mundo parecía ser algo despreciable y sin valor. El mundo creía que la construcción de tal edificio era una de las cosas que menos le importaba a Dios. Por lo tanto, Satanás con toda su fuerza se imponía para que ellos no escucharan la voluntad de Dios y para que la voluntad de Dios no fuera cumplida, pues Satanás se tiene que oponer a todas esas cosas pertinentes a la justicia y al culto de Dios. Tan maligno es ese espíritu que puede cargar con todo, menos ésas que son pertinentes a Dios. No cabe duda que la base (fundación) de muchos grandes edificios fue construida por todo el mundo, cuando se edificaba el templo, y ese maligno espíritu no tenía nada que decir sobre eso. Pero sí continuaba atacando solamente éste, ya que era de Dios, y señalaba hacia la gloria de Dios. Así es, pues cómo siempre obra el diablo, ya conocemos como piensa (Satanás). Se ofusca cuando llega a conocer que el ser humano tiene

58 RV1960.

59 La expresión *"virgam et virgam"*, vara sobre vara, no ocurre en el Pentateuco. Quizás Lutero se refiere a la frase *"tenentes baculos manibus,"* "con varas en las manos" (Éxodo 12:11).

conocimiento de esto. No solamente trama una trampa para nuestras almas sino también para nuestra sanidad.[60] Nosotros ya tenemos un suficiente ejemplo horrendo de esto en el caso de la sedición y sublevación de los campesinos, y en ésta podemos percibir la malicia y el poder de Satanás.[61] No obstante, la voluntad de Dios permanece firme y la voluntad de Dios finalmente se cumple, aunque Satanás y las puertas del infierno se opongan.

10. Porque los que se burlaron de los modestos comienzos. De nuevo les quita la timidez al enfocarlos fuera de su situación o de esa dificultad de completar su obra y al dirigirlos a su Palabra. Como resultado, pues, ellos no deben fijar sus ojos en la magnitud de su obra, ni en los inminentes peligros, ni en el poderío de las naciones vecinas sino en la voluntad de Dios. Es como si dijera: "La montaña que se encuentra frente de ustedes es enorme. Ustedes están sufriendo severos ataques por todos lados. Todo esto hace presión en el pensar de ustedes por lo tan reales que son esas dificultades ante ustedes, y sufren por lo tanto una falta de confianza. Todo parece sin esperanza. No se puede comparar el poder de ustedes con el poder de sus enemigos. Así que los días parecen ser muy insignificantes, esto es, en esos días, el pueblo, su situación, su obra, parecían ser insignificantes por causa de que todo lo que hacían producía pocos frutos. Pero, ¿por qué demoran su obra? ¿Por qué no me creen cuando yo hablo? ¿Por qué no fijan sus ojos en mi Palabra en vez de en la timidez de ustedes? Yo puedo aliviar todas sus dificultades y convertirlas también en cosas muy fáciles." Pues la divina bondad hace todas las cosas *ex nihilo*, crea la más inmensa felicidad ante la total desesperación sobre todas las cosas, hace oro de cenizas, aunque esto aparente ser tan imposible. Así, pues, él manifiesta su gran afecto sobre sus más íntimas preocupaciones.

Se alegrarán al ver la plomada en la mano de Zorobabel. Ya que el hebreo carece de verbos impersonales, no pueden expresar convenientemente frases impersonales. Por ejemplo, Cristo dice en el Evangelio [Lucas 6:38]: "Ellos se los darán en sus medidas" (*sinus*) en vez de "Se le dará en sus medidas".[62] También [Juan 15:6]: "Ellos lo recogerán y

60 Esto es, equilibrio mental.

61 Lutero había escrito ya en la primavera de 1525 su tratado *Contra las Hordas Ladronas y Asesina de los Campesinos* (Obras de Martín Lutero, 2:269-78). Como ya mencionado comenzó sus clases sobre Zacarías al final del 1525.

62 Mi traducción del texto citado por Lutero en latín.

será arrojado" en vez de "Será recogido". Aquí entonces, pues, tenemos "Ellos serán alegrados", esto es: "Allí habrá regocijo."[63] Es más, todo este texto es ambiguo por los dos significados que puede ofrecer. El primer significado es que el profeta está hablando sobre el Reino de Judá y dice que se regocijará con la edificación del templo. Así, pues, la plomada se convierte en el templo, pulido, adornado, y perfectamente terminado bajo el liderazgo de Zorababel, etc. Pero, es mi opinión que todo esto parece que es una referencia a Cristo, por causa de quien el templo fue reedificado y el pueblo regresado de su cautiverio. Ya que Cristo había sido prometido a los judíos e iba nacer de esa carne, por lo tanto, ese reino y sacerdocio tenía que ser preservado. En breve, todo ese tiempo después del cautiverio en Babilonia es tiempo de espera por Cristo. Todo ocurría por causa de esto. Aquí uno puede ver los maravillosos planes de Dios Omnisciente (*optimi maximi consilium*), y cómo obra a su propio modo llamando a ser lo que no es (Romanos 4:17) y lleva a los infiernos antes de conducir a los cielos, etc. (1 Samuel 2:6). Y se encuentra listo para presentar a Cristo Rey, así como él había prometido. Permite a los persas que tomen el poder después que los judíos fueron arrastrados a ese miserable cautiverio. Ahora, pues, nada parecía posible para un reino y sacerdocio, los cuales junto a su pueblo, que habían sido sacados de allí, pudiera regresar, reedificar el templo, el pueblo reconstituir su prístina dignidad, y finalmente que su reino durara eternamente, así como había prometido. Ésta es la razón por la cual el profeta conecta siempre con este tiempo, el reino de Cristo, y la nuevísima gloria, la cual iba a venir por medio de Cristo Rey. Hemos visto ya anteriormente en el capítulo tres, en qué modo se expresa sobre el texto concerniente a la lápida (roca) que iba a quitar los pecados del mundo, etc.[64] Esto no lo podemos entender de ninguna otra manera excepto de que se refiere a Cristo. Hageo también añade a su segundo capítulo [vv 7, 9]: "Y haré que en este lugar haya paz. Lo digo yo, el Señor", y "Vendrá lo más deseado por todas las naciones", así como para decir: "Tan pronto cuando el templo sea terminado, Cristo vendrá y tomará su trono." Ésta es la primera razón porqué pienso yo que este texto debe entenderse como que se refiere a Cristo. Otra razón es que hace él una clara distinción entre una piedra y la otra piedra: Al principio se refiere a la piedra angular (fundamental) del nuevo templo. Dice que esta piedra será presentada no sin mucha gloria, ni aplauso,

63 Mi traducción del texto citado por Lutero en latín.

64 Cf. Efesios 2:20

y felicitaciones de mucha gente, así como dijimos anteriormente. Pero aquí nombra a otra piedra y hace referencia al discurso (sermón) anterior quien sostuvo con Josué, el sumo sacerdote sobre la Piedra (Roca) preciosa. La tercera razón es que repite los "siete ojos". Hemos ya hecho nota que es una referencia sobre el Espíritu Santo y los dones del Espíritu al referirse al número siete.

Por lo tanto, podemos ofrecer un resumen del significado de este versículo, es como si estuviera diciendo: "Los días aparentan ser insignificantes para ustedes, pero ignoran lo que voy hacer o lo que me propongo. Pues voy hacer cosas más maravillosas y gloriosas durante estos días insignificantes que las que hice anteriormente. Levantaré el gozo. Este gozo será fecundo." La ocasión para este gran gozo será:

La plomada [o masa de plomo]. Llama a ésta "plomada" (de plomo) para distinguirla de la primera Piedra, la Angular (la Piedra Principal). Así que el significado es éste: Él será hecho de plomo, esto es, brillante, pulido, suave, así como el plomo. La Piedra (Roca) es Cristo resucitado, colocado como piedra angular en la iglesia por medio de la proclamación de los apóstoles. Esta proclamación fue la ocasión para tanto gozo y próspero anuncio: la gracia y la vida eterna. Y esta Piedra (Roca) será vista,

En la mano de Zorobabel. Esto ocurrirá, aunque Zorababel no se encuentre vivo, cuando Cristo nazca. Pero es así como acostumbran a expresarse los profetas. Por ejemplo, se dice de Cristo que se sentaría en el trono de David (cf Isaías 9:7). También anteriormente en el capítulo tres, el Señor dice que levantará esa grande Piedra en la presencia de Josué, el sumo sacerdote. El significado es éste: La administración de Josué, el sumo sacerdote, ya ha sido restituida, y el pueblo que está bajo (la dirección de) Zorababel verá esa Piedra. Esto es también como entendemos lo que él dice aquí sobre Zorababel, que ellos van a ver la plomada en la mano de Zorobabel.

Éstos son los siete ojos del Señor. Pues leo y conecto eso con el Espíritu Santo. El evangelio nos trae simultáneamente con Cristo los dones del Espíritu Santo, quienes corren por todo el mundo donde el evangelio es predicado. Le llama al Espíritu Santo "un ojo", pues el reino de Cristo es un reino de fe. Se encuentra situado solamente en el conocimiento, así como nos dice Isaías [53:11]: "Mi siervo justo justificará a muchos por medio de su conocimiento." A ese conocimiento lo llama un ojo. Así, pues, el profeta quería relacionar esta alegoría a una visión de cosas físicas. Así es como interpreta el verdadero (genuino) templo y el verdadero (real) candelabro. Ésta es la costumbre de los profetas.

11. ¿Qué significan [las dos ramas de olivo?] Aunque ahora entiende sobre lo de los candelabros, le preocupa que en el tabernáculo de Moisés no hubiera visto el candelabro entre los dos olivos. Esto, entonces, lo lleva a esa pregunta.

Algunos se han preocupado de varias maneras al interpretar este texto. Unos lo toman como si significara la gracia, otros, que significa otra cosa. Yo simplemente sigo mi interpretación que ya mencioné anteriormente: Los dos olivos son las dos administraciones, una de la ley mosaica por Josué, y la otra de la política (πολιτείας) externa por Zorobabel. Por lo tanto, simplemente entiendo que estas dos ramas de olivo son un solo pueblo judaico que tenían dos tipos de administraciones. Por lo tanto significa esto: El pueblo tiene el favor divino. En el medio de ellos tienen los candelabros, esto es, el Espíritu Santo, quien está listo para promover (avanzar) estas dos administraciones hasta que Cristo venga. Mientras tanto, nada será estéril mientras las dos ramas se encuentren presentes, esto es, todo en el reino florecerá en paz, para que el reino dé frutos para Dios y su Palabra.

12. ¿Por cuyos brazos de oro se vierte el aceite como oro? Le llama "brazos" (*rostra*) a los dos pequeños agujeros de los candelabros (lámparas), *die Schneuzen.*[65] Moisés también quería que los brazos de las lámparas se encontraran exactamente opuestos uno al otro.[66] Entonces, aquí también el profeta ve a los brazos puestos en una línea recta, y un olivo puesto a la derecha, y el otro olivo puesto a la izquierda.

14. Éstos son los dos ungidos que están delante del Señor[67] de toda la tierra. Ésta es la segunda parte de la visión explicada, esto es, Josué con su administración espiritual y Zorobabel con la suya política. Ellos son los "hijos de olivos (aceite)"[68], esto es, los hijos de la buena fortuna y de la prosperidad. Así es, pues, cómo generalmente se expresa el idioma hebreo, como por ejemplo vemos en el Salmo 80:17: "Sobre el varón [hijo][69] a tu diestra." Esto se traduce al latín en manera

65 Así es como lo traduce Lutero en su Biblia alemana aquí y en Éxodo 25:38 y 37:23.

66 Éxodo 25:37

67 Lee en latín: *"duo filii olei, splendoris"* ("los dos hijos de olivos, de esplendor")

68 Cf 67 arriba.

69 El texto de la Vulgata lee *"virum"* (hombre o varón) pero Lutero lo lee *"filum"* (hijo). La cita fue tomada de la RV1960.

absurda,[70] pero es la misma cosa, ya que en latín decimos: "Esto es algo a tu (mano) derecha." Pues, ¿qué sería menos propicio a nuestro oído latino que llamar a una viña "el hijo a la diestra?" También leemos en Isaías 5:1: "Una viña en una ladera fértil." Hay muchos Salmos repletos de hebraísmos de este tipo. De nuevo, entonces, el profeta ha exhortado y animado al príncipe con muchas palabras para que fuera con gusto y apresuradamente a construir el templo que había comenzado de acuerdo a la voluntad de Dios. Y lo insta a que no tema a nada en absoluto no importa qué tan difícil aparente ser esta empresa. Pues es así como las obras de Dios aparentan ser. Ellas militan contra todo juicio y sentido racional humano. Ellas aparentan ser absolutamente imposibles. Ésta es la razón por la cual los justos no se precipitan inmediatamente para cumplir tales obras. Por el contrario, llenos de pavor y trepidantes apenas se les puede motivar y atraer por causa de tan generosas consolaciones, para que puedan emprender su obligación y hacer lo que el Señor les ha encomendado. Ya he mencionado anteriormente esto suficientemente. Por lo tanto, se manifiesta (se ve claramente) cómo no debemos confiar en esos inflexibles bribones que dicen que no entienden nada, menos (sino) las cosas del Espíritu, pero que intentan hacer las cosas tan fácilmente.[71]

Capítulo Cinco

Santos escritores (autores) han tratado este capítulo de varias maneras. No obstante, omitamos tonterías de este tipo y las ideas de los hombres, y en vez busquemos aquí el mensaje genuino lo mejor posible.

En los capítulos anteriores el profeta ha animado y fortalecido al príncipe, al sumo sacerdote, y al pueblo. Ya hemos explicado esto con suficientes detalles. Entonces, (el profeta) aplicó todo al futuro y presente reino de Cristo el cual, así como describió, sería un reino de gozo e inmensa tranquilidad, etc. Ahora en este capítulo, se expresa así como acostumbran hacer todos los profetas. Todos ellos acostumbran no solamente a describir ampliamente y con mucha dulzura el reino de Cristo sino que también añaden la perfidia y horrenda ruina de Israel, quien rechazó recibir y reconocer este Rey y Salvador, el Cristo. Entonces, pues, con visiones y lamentaciones, y múltiples profecías es que los profetas declaran la caída eterna de ese pueblo miserable.

70 Se refiere a la Vulgata.

71 De nuevo esto es una mención a los llamados "profetas celestiales" en su época.

Los apóstoles, también, acostumbraron a seguir este patrón. Pedro y Pablo muy claramente declaran que después de la proclamación del evangelio, falsos maestros (*pseudo doctores*) llegarán como lobos quienes con gran atrevimiento perseguirán al rebaño del Señor y lo pisoteará a gusto. También dice, pues, el profeta Daniel (12:10): "Pero los impíos procederán con impiedad." Como ya he mencionado, Zacarías hace exactamente lo mismo aquí. Cuando proclama su profecía sobre la plomada, a la misma vez e inmediatamente añade lo que le debe ocurrir a ese pueblo que no va a recibir este reino de Cristo. Éste es un resumen de este capítulo. Trata muy específicamente con los fariseos, los saduceos, y otros escribas, los cuales Cristo encontró entre su pueblo cuando declaró que él era el Rey y Salvador, pero también a él lo dejaron atrás.

Levanté la mirada una vez más. Ante sus ojos tenía al Espíritu, quien estaba consolando al príncipe Zorobabel y también al pueblo, así como ya hemos visto. Vio, pues, que después que el reino y el sacerdocio fuera restituido, el templo sería reedificado. Pero ahora mira detrás de esos sucesos a las cosas tristes y horrendas que van a suceder inmediatamente después que esas cosas sucedan. Éste es el propósito del profeta cuando dice: "Levanté la mirada...y vi un rollo que volaba." Esto nos hace recordar a Abrahán cuando se volteó y levantó los ojos al estar a punto de sacrificar (inmolar) a Isaac y vio un carnero trabado por los cuernos en un zarzal (Génesis 22:13).

2. Veo un rollo que vuela. La imagen es apropiada y elegante. El rollo no puede significar otra cosa que la enseñanza (doctrina) o ley, pues no se ve ningún artefacto de guerra aquí –ni espadas, ni caballos, ni armas. Entonces, pues, el profeta ve que después de él otro tipo de doctrina (enseñanza) impía se presentaría, pues las sectas están resurgiendo– los saduceos, fariseos, y esenios.

De veinte codos de largo y diez codos de ancho. Aquí algunos presentan preguntas concernientes a los números citados. Pienso yo, simplemente, de que si se encuentra en los números alguno significado misterioso (escondido), éstos simplemente se refieren al largo y ancho del pórtico de Salomón, y aluden aquí a esa estructura, como si él estuviera indicando con este rollo, que lo que se estaban enseñando no eran cosas verdaderas sino solamente superficiales (externas) ya que el pórtico se encontraba fuera del templo. Si no, pues, quisiera relacionar a los números al relato (historia) de la visión. Esto es, que herejes y doctrinas (enseñanzas) impías se están infiltrando como serpientes y divulgándose ampliamente. Como nos dice Pedro (2:2): "Muchos imitarán su conducta indecente [y por causa de ellos se hablará mal del camino de la verdad]." Por lo tanto, las dimensiones del rollo significan el poder y la eficacia de la doctrina (enseñanza) impía. El mismo profeta interpreta el rollo.

3. Entonces el ángel le dijo: "Ésta es la maldición que caerá sobre la faz de la tierra." El rollo es un excelente pregonero al llamar la atención sobre la impía doctrina, pues llama tal enseñanza una maldición. Es que quita la bendición y la gracia que el evangelio demuestra (exhibe) a todas las personas. Porque el evangelio es la Palabra de salvación, se le llama la palabra de bendición, así como leemos: "En tu simiente serán bendecidas todas las naciones de la tierra" (Génesis 22:18). Esto es, por medio del evangelio una bendición será divulgada a ellos, pues el evangelio quita la venganza y la ira y confiere la bendición y el favor de Dios.

Sobre la faz de la tierra. Esto es, los judíos. Parece que el apóstol tomó cuenta de esta sección más de una vez. Frecuentemente él usa tal vehemente ataque de palabras contra la doctrina impura, así como podemos ver en Gálatas 3:10: "Maldito sea todo aquel que no se mantenga firme en todas las cosas escritas."

Todo el que hurta será destruido. El texto hebreo parece sugerir un significado totalmente diferente, pues del hebreo se traduce así: "Pues por (causa de) esto todo ladrón será de tal manera juzgado inocente."[72] Éste es el sentido propio de la palabra en hebreo. No recuerdo leer otra cosa en la Escritura, pues se encuentra exactamente la misma palabra en el Salmo 18:23: "Entonces seré sin pecado y absuelto (o inocente) de un grande delito."[73] Por lo tanto lo que sigue debe ser traducido así: "Por (causa de) esto, todo aquel que jura falsamente (será pues) en forma similar juzgado inocente."[74] Es como si estuviera diciendo: "Éste es el tipo de rollo[75] que ofrece la libertad para no pecar y promete la espe-

72 Mi traducción de cómo traduce Lutero este texto del hebreo al latín. Lee en hebreo וְכָל־הַנִּשְׁבָּע נִקָּה, el verbo נָקָה (*nā·qā(h)*) es pasivo y significa ser perdonado, quedar libre, quedar absuelto.

73 Mi traducción de cómo traduce Lutero este texto del hebreo al latín. Pero aquí se usa el adjetivo תָּמִים (*tamim*) que significa estar sin pecado, inocente. Lutero lo traduce con la palabra en latín *immaculatus* (inmaculado), que significa estar sin pecado.

74 Mi traducción de cómo traduce Lutero este texto del hebreo al latín.

75 Lutero usa aquí "*liber*", libro.

ranza de ser libres del castigo. Libera a los bribones para que puedan hacer lo que les complazca. Así, entonces, las leyes papales han permitido la usura para los sacerdotes y para todo el tal llamado clero para que ellos se pudieran enriquecer. Es más, el papa hasta permitía la rapiña y el robo, siempre y cuando parte de la ganancia se le enviara a él. Así, de esto modo, pues, con el pretexto de la religión obtuvieron ganancias, de forma legal o ilegal. Entonces, también todos los que juran falsamente son absueltos. Esto es propiamente pertinente a la doctrina, ya que toda doctrina está sujeta al nombre del Señor. Los pregoneros (mensajeros) también confirman su doctrina en el nombre del Señor cuando dicen que ellos vienen en el nombre del Señor. Esto es evidente de acuerdo a todos los profetas. Cristo, también, confirma sus discursos con un juramento. Por lo tanto, en resumen, este texto significa: "La doctrina que va a venir será tal que enseñará la impiedad (injusticia). Por lo tanto el hurto significa todas las leyes corruptas que animan a robar y a la usura. El falso juramento significa todas las leyes malvadas que promueven la impiedad. Todo esto se ve muy claro si ponemos al papado frente de nuestros ojos. Una parte del papado enseña a confiar en las obras en oposición a Cristo y la gracia exhibida al mundo en Cristo. La otra parte es que los decretos del papa, así como ya he dicho, huele solamente a la avaricia, algo que los maestros (doctores) de los mismos decretos admiten. Entonces, primeramente ellos roban las almas con sus doctrinas impías; y luego también roban a los cuerpos al exprimirlos por medio del fraude y trucos de sus bienes y facultades. Así es como entendemos este texto. Los fariseos también, pues, hicieron exactamente la misma cosa. Las historias en los Evangelios revelan cómo ellos sirvieron a sus propias panzas (vientres) y a su avaricia. Cristo también los reprende con muy severos reproches en Mateo 23: [14]: "Ay de ustedes... Porque devoran las casas de las viudas", y también allí sobre el juramento por el oro que se encuentra en el templo [v 17]. Cristo también reprende sus impías (falsas) doctrinas, cuando ellos enseñaron a confiar en las obras. Todos los evangelistas[76] nos declaran esto en detalle: el hecho de que los fariseos rechazaron a Cristo cuando él les enseñaba. Pues no puede ocurrir otra cosa cuando hemos perdido a Cristo y la sana doctrina que nos volvamos ciegos, que seamos siervos (esclavos) de nuestra lujuria, y que consideremos nuestras panzas nuestro Dios, así como el apóstol nos dice (Filipenses 3:19). Es así, pues, cómo todas las ideas malvadas de los monjes, y de sus sacrificios llegaron a tomar lugar.

76 Esto es referencia a los escritores (autores) de los cuatro Evangelios.

4. Yo he dejado salir, dice el Señor de los ejércitos.[77] Está diciendo, entonces: "Presentaré yo este rollo", esto es, "cuando ya hayan pecado lo suficiente con su impía doctrina, cuando ya se hayan elevado a las más supremas (majestuosas) alturas, entonces, declararé cómo todas sus enseñanzas son malvados robos y perjurios. Declararé también la impiedad de sus doctrinas, que bajo el pretexto de mi santo nombre, ellos solamente han destruido almas al tomar mi nombre en vano"; así como él dice aquí que caerá "esta maldición"... "sobre la casa del que en mi nombre jura falsamente". El evangelio ha logrado descubrir (revelar) los errores porque entró en la casa de los ladrones y de esos que juran falsamente. Esto es, les reprocha por los errores que ellos hicieron tan abiertamente (descaradamente); y así como ellos mismos devoraron tantas almas y cuerpos, ellos también van a ser devorados. Por lo tanto él dice: "Permanecerá hasta consumirla." Nadie puede negar que esto está tan claro como la luz del mediodía. Tan miserablemente han sido esparcidos los judíos por todo el mundo que ni tienen un pequeñísimo lugar donde puedan vivir con seguridad. Cegados por Dios han vivido por todas partes como miserables, despreciados exiliados. Ésta es la primera visión. La segunda sigue ahora.

5. Levanta la vista ahora, y fíjate. Esta imagen también es pertinente al mismo tema porque el profeta casi siempre suele usar dos visiones para un solo propósito. Hemos observado esto en los capítulos anteriores. Ve entonces que sale una *efa*[78] (medida). (La *efa* es una medida común usada por los judíos, así como para nosotros es un "*modius*"[79]. Un "*gomer*" era un décimo de una "*efa*". Pudiéramos traducir "*efa*" con "una medida" o "cesta"). Segundo, vio una pesa de plomo y a una mujer sentada dentro del cesto (de la medida), pero de tal forma que ella se ve sentada sobre el cesto en una silla elevada. Pero él vio la pesa de plomo volar hacia arriba. Era tan enorme que cubrió completamente por arriba la abertura (boca) del cesto. Entonces, inmediatamente añade que la pesa de plomo fue lanzada fuera de la abertura, quiere decir del cesto, y la mujer se perturbó enormemente. El mismo profeta interpreta (el significado de) la mujer, pero no lo hace sobre la pesa de plomo. Usa una descripción muy clara sobre la vida malvada. Pero tenemos que indagar sobre la razón o causa de porqué ha usado tal imagen.

77 RV1960. La RVC lee: "Yo he dejado caer esta maldición."

78 En hebreo es אֵיפָה. Se pronuncia *eifah.*

79 "Modius" era una medida usada por los romanos para medir granos. Es equivalente en medida una cuarta parte de un barril.

6. Éste es el ojo[80] de ellos en toda la tierra. "Ojo" aquí significa la apariencia o forma de las cosas que están en la tierra. Así es como se acostumbra a usar la palabra "ojo" en hebreo.[81] Por ejemplo, leemos en el Salmo 6:7: "Mis ojos están cansados de sufrir." También en Éxodo 10:15: "Y la langosta cubrió el ojo de la tierra",[82] esto es, la superficie o faz de la tierra. El significado es, pues, lo que dice Pablo (2 Timoteo 3:5): "Que parecerán muy piadosos, pero negarán la eficacia de la piedad." Por lo tanto, el profeta indica que el cesto (la medida) es la misma figura o forma que sigue esa doctrina de ellos. Por lo tanto la silueta (forma) de los decretos papales son sus capas, tonsuras, cinturones, con los que ellos ciñen sus ceremonias, días obligatorios, sus formas específicas de orar, etc. Todas éstas son medidas exactamente como si fuera una cesta (medida). Todo esto es reducido a ciertas formas definitivas, limitado por ciertos lugares, tiempos, y personas. La forma de la cesta (medida), entonces, se refiere a su impiedad. La función de esa medida es pertinente a la avaricia porque los papistas solo nacieron para consumir los frutos de la tierra. Son glotones, animales[83] (criaturas) del vientre, ya que su panza (vientre) es su dios. En esa medida se sienta una mujer, no un hombre. Ella es la razón humana, el corazón impío, y sus ideas impuras. Todas estas cosas no son controladas (regidas) por el Espíritu Santo, siempre y cuando ellos piensen que son placenteras a Dios. Es más, ella está sentada, esto es, preside, rige, enseña, así como Cristo dice sobre los fariseos que "se apoyan en la cátedra de Moisés" (Mateo 23:2). El hecho de que dice "en toda la tierra", nos hace ver que la doctrina impía se propaga rápidamente, así como una carcoma gangrena, como nos hace ver Pablo (2 Timoteo 2:17).

Es más, que la pesa de plomo es lanzada hacia el aire, esto es, su hipocresía no es todavía contenida (superada). La mujer todavía se sienta muy confiada, pero ella puede ver que está por venir el impedimento de la maldad, pues añade así ahora:

8. Arrojó a la mujer dentro de la medida. Esto es, le quitó su asiento, lanzándola de su elevado asiento hacia adentro de la medida. Esta acción la consternó. Unos momentos antes ese asiento la elevaba sobre la medida, pero ahora la pesa (tapa) de plomo la lanza dentro de la medida, y ella es

80 Mi traducción de la Vulgata. La RV1960: Ésta es la iniquidad (en vez de ojos) de ellos en toda la tierra.

81 La palabra en hebreo es עַיִן (*'ayin*), originalmente significaba ojo, pero se entiende como capacidad para entender. La palabra significa también desfallecer, cansarse, y la traduce la RVC "iniquidad" aunque sería más exacto traducir "este es el desfallecer de ellos en toda la tierra". Desfallecen por ser inicuos.

82 Mi traducción del texto citado en latín. La RVC lee "De tal manera cubrieron la superficie del país".

83 Pudiera traducirse, creo, como "parásitos" en el vientre.

sellada (cubierta) adentro. Esto significa, pues, que la impiedad es humillada por el evangelio y así es avergonzada. Pero el evangelio no la corrige. La hipocresía siempre queda y no puede ser corregida. Es más, que esos que se han entregado a la hipocresía se convierten más y más duros (tercos) y se hunden más y más profundamente en su impiedad, aunque el evangelio los sacuda y los estremezca. Vemos, pues, que ocurre lo mismo en nuestro tiempo como ocurrió con los judíos. Cristo los reprendió, pero ellos continuaron inmersos en sus errores. No tienen ninguna esperanza en subir a la superficie. Es más, cada día son culpables de muchas más blasfemias. Por lo tanto se vuelven más ciegos pues Dios los ha puesto (lanzado) en una situación muy miserable. Ellos no tienen ni templo, ni reino, ni sacerdocio, ni escuelas públicas. Si enseñan algo, solo enseñan sobre sus propias cosas. Si enseñan a alguien, solo enseñan a sus propios hijos. Estas enseñanzas las hacen musitando privadamente y lo hacen en rincones y en esquinitas ya que han sido empujados hacia debajo de su cesta y sellados allí, y no pueden emerger (salir) de allí. Lo mismo nos ocurrirá a nosotros, los que despreciamos el evangelio. El evangelio se sacará de allí, aunque continúen teniendo lugar todos los asuntos humanos.

La masa (tapa) de plomo es lo que el profeta llama "la carga", así como cuando ellos dicen "la carga de la palabra del Señor". En breve, es el peso del juicio del Señor, que oprime al corazón y la conciencia de esos que están tan ahogados por su hipocresía que no pueden emerger (salir a la superficie). Como ya he dicho, los judíos por causa del evangelio se han visto (vuelto) atónitos y cortados completamente de la fe. Así y todo, persisten en sus obras; las protegen con diente y uña. Pero sus conciencias se encuentran tan consternadas y aterrorizadas que, aunque se maceran por causa de tantas de sus obras, no se atreven a sacar la cabeza hacia la libertad. Sus corazones se encuentran tan acongojados, sus mentes tan agravadas, que ni una sola vez se glorían o regocijan en Dios. Nunca llegan a ese momento de probar la divina bondad y misericordia. Ese plomo pesa enormemente y los oprime (presiona) hacia abajo. Esto es necesario que ocurra con toda hipocresía, que al principio nos provee con una buena vista, pero que finalmente, como ya he dicho, lleva a ese fin inevitable. Esto es lo que el Salmo dice bajo una misma manera de pensar: "Los impíos... saldrán temblando de sus encierros (fortalezas)."[84] Es natural para la hipocresía coaccionar, ence-

84 Lutero cita aquí en cántico de David en 2 Samuel 22:46. Se cita aquí la RV1960. La versión literal de la Vulgata lee: Filii alieni...contrahentur in angustiis suis ("Los hijos extraños...saldrán temblando de sus servicios") pero Lutero sustituye *"impii"* en lugar de *"filii alieni"*. Arriba traduzco como Lutero cita el texto con ese cambio. El texto en hebreo lee נֵכָר (*neḵar*), "extraños" o foráneos.

rrar, y oprimir la conciencia. Pero, contrario a esto, el Espíritu Santo hace que la conciencia emerja a lugares espaciosos, esto es a la libertad. Levanta y anima al corazón. Hace que la conciencia se regocije y tenga paz. La Escritura usa la misma expresión en el Salmo 18:19: "Me sacó a un lugar espacioso."[85] También: "Porque tú le das libertad a mi corazón" (Salmo 119:32), y, "No hay paz para los impíos" (Isaías 57:21).

9. Y vi dos mujeres que salían. Esto es, dos mujeres eran conducidas o sacadas hacia adelante o iban hacia adelante.

Agitando el aire con sus alas. Esto es, el viento agitaba sus alas. Ellas tenían alas móviles, así como Isaías vio también a dos serafines que volaban con dos alas (Isaías 6:2).

Las cuales [las alas] eran como de cigüeña. Ya he mencionado varias veces que los gramáticos del hebreo varían (difieren) en su selección de palabras para traducir diferentes objetos. Aquí hay duda sobre lo que nuestro traductor traduce con "*milvus*".[86] Lo traduzco usando "cigüeña", siguiendo el texto del Salmo 104:17: "En las hayas hacen su nido las cigüeñas."

Las mujeres levantaron la medida. Esto es, volaron, estaban levantado la medida la cual la pesa de plomo había cerrado (tapado), y ellas levantaron la medida entre la tierra y el cielo.

11. La llevan a Babilonia [Sinar].[87] La localidad de Sinar se puede ver en Génesis 10 [:10]. Allí dice que los hijos de Noé fueron rumbo al oriente donde encontraron la llanura de Sinar, donde luego fue edificada la torre de Babel.[88] Se dice que la llanura en ese lugar era muy amplia y amena. Entonces, lo que leemos "En cuanto lo edifiquen" es más correcto leerlo "En cuanto lo pongan abajo". Ahora vamos a exponer el significado de la traducción que sugiero aquí. Después que la *efa* (la medida) fue cerrada por el plomo, el profeta vio que fue ante sus propios ojos sacada de allí y elevada hacia las alturas. Esto significa que la impiedad no va a permanecer ante el pueblo. En vez de eso, esas

85 RV1960.

86 La Vulgata usa "*milvus*"

87 En hebreo es, שִׁנְעָר *Šin'ar*. Esta palabra hebrea se aplica a la llanura aluvial situada en el valle formado por los ríos Tigris y Éufrates en Mesopotamia. En la literatura española aparece bajo los nombres Senaar, Sinar o Shinaar. La RV1960 lo traduce "[Para que sea edificada] en la tierra de Sinar".

88 Aparece en latín "*Babylonica*", esto es, la de Babilonia.

dos mujeres que volaban la conducirían a otro lugar. Trasladarla de allí es un completo hecho inverso: Los judíos fueron trasladados de Babilonia a Jerusalén pero la *efa* es trasladada de Jerusalén a Babilonia. En resumen, esto significa que a ésos cuyo lugar el Señor nos ha concedido, serían erradicados y expulsados fuera de la iglesia, así como Pablo argumenta detalladamente en Romanos [11]. Y para más, son mujeres las que la[89] llevan. Esto significa el oficio de la enseñanza. Pues, no cabe duda que los dos querubines ante Moisés e Isaías[90] indican el ministerio de la Palabra. También, se encuentra allí en el medio de ellos el medio de la propiciación, esto es, Cristo, hacia quien toda la Escritura señala (pone su vista) y solamente sobre quien el ministerio de la Palabra trata (se refiere). Los querubines tienen también alas, pues la Palabra vuela, corre velozmente. Esto es también lo que los poetas han querido dibujar con Mercurio, el mensajero con alas de los dioses, y es así que su nombre fue escogido, y porqué debía ser llamado Hermes (Ἑρμῆς). También Virgilio describe al rumor como "con alas", pues no hay otro gran mal que se mueva con tanta velocidad.[91] Así pues, justo como el ministerio de la pura Palabra "con alas" significa esto, también aquí en la impiedad, un malvado ministerio de una impía palabra significa lo mismo. Por lo tanto, estas dos mujeres con alas significan todo lo mismo que los judíos o su impía palabra enseñan. Éstas son mujeres las que vuelan, no hombres casados. Esto es, toda su enseñanza (doctrina), toda su predicación, todas sus palabras, son carnales. Éstas son dos mujeres, así como hubo dos querubines, porque la Palabra se encuentra entre el orador y el oyente. Así mismo, pues, Cristo envía siempre de dos en dos para predicar. El resumen, por lo tanto, de todo esto es que la miseria y la calamidad de los judíos es tan inmensa que no solamente ellos se encuentran sellados en la *efa* (medida), para que no puedan escapar, sino que ellos tampoco nunca van a escuchar la Palabra pura, y que maestros (doctores) impíos deben ser congregados para lograr que el pueblo nunca escuche la Palabra pura, encerrados, pues, en la más grande (grotesca) impiedad. El Señor también amonesta en Isaías 5:6: "Ordenaré a las nubes que no derramen lluvia sobre ella." Con horrendos detalles describe la desesperada ruina del pueblo, tan desesperada ruina que ni siquiera un pequeño remanente de ellos quedará para ser restituido. Ellos serán rechazados perpetuamente. Nunca serán convertidos no sea que vayan a ser salvados. Entonces, tenemos

89 Esto es "la medida".
90 Cf Números 7:89 e Isaías 6:2.
91 Cf Virgilio, Aeneid, V, 174-177.

que recordar que las mujeres voladoras están portando el *efa* hacia las alturas entre el cielo y la tierra. Esto significa que su doctrina no toca ni cielo ni tierra, esto es, ellos no enseñan el reino de Dios, ni comprenden (abarcan) al reino del mundo. Ellos ya no poseen ni un reino espiritual ni terrenal. Las dos administraciones han perecido: la espiritual del Josué sumo sacerdote, y la terrenal o política (πολιτικήν), la del príncipe Zorobabel. En resumen, han perdido los dos, tanto el reino como el sacerdocio. Aunque los judíos vean y sepan esto, son todavía tan miserables y ciegos que no pueden reconocer su error. Por lo tanto, permiten que sean conducidos a las alturas, entre el cielo y la tierra. Su impertinencia los hace irreconciliables.

La llevan a Sinar [Babilonia], donde le edificarán un templo. No se digna a nombrarlo con su nombre reciente sino con su nombre original. No dice "Babilonia" sino "Sinar". Allí, dice, se edificará un templo y se preparará (acomodará). Existe una pregunta sobre su localidad, pero en realidad es una cuestión de comparar los dos lugares, para que así no haya necesidad de imaginar cierto lugar terrenal. Brevemente, éste es el significado: El pueblo que se encuentra ahora en una doble administración, una espiritual y la otra política, ha sido llamado a regresar de Babilonia. Ellos serán transferidos finalmente a la verdadera Jerusalén. Es más, el remanente que ya ha sido destruido, no se quedará en Jerusalén, sino que será también transferido a Babilonia, y a una mística Babilonia, esto es, a un lugar confuso, a una completa ceguera, un lugar donde la ira, el juicio, y la venganza de Dios están presentes. Allí no existe la paz, ni la gracia, ni la misericordia, ni Jerusalén. Todo esto les seguirá a ellos allí donde se encuentren.

Pondrán la medida sobre una base. Lo más miserable y horrendo de esto es que ese error es irrevocable: que ese rechazo dura perpetuamente. También así son las advertencias del Señor por toda la Escritura pues suenan indiscutiblemente horrendas: "Porque no me compadeceré más (de ellos)"[92] (Oseas 1:6); también: "Los olvidaré con un olvido eterno";[93] así como uno puede notar también aquí y allí en los profetas. Así, pues, cuando hayan sido puestos "sobre una base", esto es, sobre su testarudez, impertinencia, y su malvada obstinación, para que ya no tengan

92 RV1960. Lee "no me compadeceré más de Israel" en vez "de ellos" como cita Lutero en latín.

93 Mi traducción del texto citado en latín por Lutero: "*obliviscar oblivione aeterna*". Lee en RVC: "sino que los eliminaré por completo" la RV1960 "los quitaré de todo". Esto es, nada de ellos estará presente para poder recordarlos. No serán parte de ninguna memoria.

esperanza de poder regresar, y hayan sido quebrantados, y cortados del árbol, así como el apóstol dice en Romanos 11:22-24, etc.

Capítulo Seis

Este capítulo tomado solamente por sí mismo es muy oscuro (difícil de entender), y varias interpretaciones lo han hecho aún más oscuro. Y es tal, que yo también tengo ciertas dudas en una forma u otra de su genuino significado. Así y todo, creo que no lo voy a interpretar tan mal. Sería algo extenso recitar y refutar cada opinión de cada intérprete. Ahora, tenemos un consenso general que ellos quieren que los cuatro carros sean los cuatro imperios –el de Babilonia, Persia, Grecia, y Roma– sobre los cuales Daniel ofrece bastantes detalles. Pero mi singular objeción señalará cómo estas (interpretaciones) no encajan. El profeta solamente ofrece esta práctica aquí: en todas sus visiones solamente discute eventos por venir –no eventos que ya han sucedido, o historias pasadas. Esto lo podemos notar en sus visiones anteriores y en las que siguen. Esto, por cierto, no encaja con la interpretación de esos que interpretan que los cuatro carros son los cuatro imperios. Pues, con el primer carro tienen que retroceder al imperio de Babilonia, y eso no encaja con lo que acostumbra a hacer el profeta. Por esta razón no apruebo la alegoría de ellos. Ellos entienden esto de forma ridícula e insensata cuando interpretan que los cuatro caballos alazanes[94] del primer carro son los mártires, y los caballos blancos las vírgenes, los cuatro negros los confesores, y los caballos pintos representan la diversidad que se encuentra entre todos los santos, y también interpretan otras cosas mucho más necias y ridículas. Pues, en cada alegoría hay que demostrar que es hecha conforme a la fe, esto es, que se relaciona a la fe o al ministerio de la Palabra. Esas alegorías que se relacionan a las obras no valen nada pues no se debe considerar las obras,[95] pues son cosas externas de las criaturas, como la virginidad, las manos, los pies. Esto es digno de observar, no sea que vayamos a ser seducidos por el ejemplo de ellos, que por causa de su deleite en las obras se imaginan todo tipo de ineptas y absurdas interpretaciones.

En este capítulo presentaremos lo que el Señor nos ha dado. Ustedes serán los jueces. Si hay alguien que no satisfacemos y ofrecen una mejor

94 En latín lee *"ruffos"*, esto es caballos "rojos".

95 Lutero se refiere aquí en cuanto a ser el modo de salvación.

interpretación, debe comunicarlo, pues, a nosotros. Pero creo yo que voy acertar aquí correctamente.

En resumen, el profeta trata aquí la misma cosa así como ha hecho en todos los capítulos anteriores. Consuela y anima a su pueblo, que se encontraba tan atemorizado y preocupado por causa de su temor por las naciones del norte. Pues, ya he mencionado anteriormente cómo solían las naciones vecinas interrumpir a los judíos en reedificar el templo, algo que ya habían comenzado por el mandato divino de reconstruirlo. Los judíos temían el poder y los ejércitos de las naciones del norte. Anteriormente esas naciones los habían tomado cautivos y los habían afligido miserablemente. Los judíos todavía tenían siempre muy presente esta calamidad y se encontraban constantemente atemorizados pues conocían muy bien cuánto habían sufrido. Así, pues, ese recordatorio de las anteriores calamidades siempre hacía que se aterrorizaran con ese miedo de que algo similar –o hasta peor– les ocurriera. Por lo tanto, continuaban sospechando de los del norte pues es de esa dirección que el profeta Jeremías había profetizado que todo tipo de mal les llegaría. Contra ese miedo y terror el profeta consuela a su pueblo para que se compongan y se acuerden de las palabras del Señor, quien dijo que todo estaría seguro, y que el norte –ese lugar tan temido– no solamente no los confrontaría sino que también se encontraría en harmonía con ellos, sería fiel, y creería en la Palabra. Por lo tanto, es el propósito del profeta quitar toda causa de sus temores. Esto es lo que estimo que es y lo que presento sobre este capítulo. Pues todo en este capítulo se ve que se refiere al tema de la administración de la Palabra. Así, pues, este capítulo estará muy conectado al capítulo anterior. En el capítulo anterior vimos la visión del rollo volante, la medida, la tapa de plomo, las mujeres volando, etc. Esa visión expuso a la impía doctrina farisea, la cual iba a regir durante el tiempo cercano a la venida de Cristo. En este capítulo revela (el profeta) lo que va a suceder cuando ya venga y rija; que una nueva luz –la enseñanza del evangelio– sería encendida. Esa luz, no solamente expulsaría la impía doctrina sino también sería divulgada (iluminada) por todo el mundo y cosecharía frutos entre todas las naciones. Así, pues, como ya he dicho, este capítulo sigue el mismo orden directo (linear) que el anterior, el cual ya hemos completado. Ahora nos dirigimos al texto.

1. De nuevo levanté la mirada, y vi. Cuando dice "levanté",[96] demuestra lo que sucederá después de su tiempo y lo que todavía no ha ocurrido. También, pues, dice en el capítulo anterior que "levantó la

96 En latín "vire" la mirada.

mirada" cuando vio al rollo en vuelo. Esto es lo que yo ya mencioné al principio de mi introducción, que lo que ellos interpretaron sobre los cuatro imperios no cuaja, ya que el profeta indica que se está refiriendo a algo que está todavía por ocurrir.

Los montes eran montes de bronce.[97] Esto es un hebraísmo que se traduce al latín: "Entre dos montes de bronce."

Cuatro carros. En la visión de un capítulo, el capítulo uno, también se ven caballos. Pero en éste no hay solamente caballos sino que también se ven carros presentes, para indicar que ésta es una visión totalmente diferente de la anterior, donde los caballos se encuentran esparcidos por los cuatro rincones de toda la tierra y hacen que el Espíritu del Señor descanse por todo el mundo. Así que no podemos entender esto de otra forma, sino que se refiere al ministerio de la Palabra.

2. Caballos alazanes.[98] Éstos son de color rojizo, los pintos tienen varios diferentes listados, manchas, o salpicados colores. Éstos son los tipos de caballos que llamamos *die grauen Schimmel*, los cuales visten muchas manchas. Tenemos la misma palabra[99] en Génesis, donde Jacob cortaba varas donde las ovejas tomaban agua. Allí ellas concebían y parían ovejas con manchas.

5. Éstos son los cuatro vientos de los cielos. Ésta es la interpretación de esta visión aunque es bastante oscura. Tenemos que depender de nuestra interpretación, la cual propusimos anteriormente, para que todo concuerde. Los carros son llamados רוּחַ רֻחוֹת, esto es, espíritus. Pues, en este texto no queremos traducir esta palabra con "vientos", aunque la palabra en hebreo puede significar viento o espíritu.[100]

Que salen después de presentarse ante [el Señor], etc. En la visión anterior los jinetes estaban regresando con sus caballos. Aquí ellos no están regresando. En vez, son enviados fuera de estar presentes ante la presencia del gobernador de la tierra (es así como lee en hebreo).[101] Es así ya que la Palabra siempre corre, ella nunca descansa. Pues la

97 Mi traducción del texto en latín. La RVC lee: "Los montes eran de bronce."

98 En latín de color *ruffi* (rojos).

99 La palabra en latín es probablemente "maculus" (manchados o salpicados). Cf. Génesis 30:39.

100 La RV1960, Biblia de Jerusalén, Cantera-Iglesias lo traduce "vientos", y no espíritu.

101 Lo traduciría en castellano: "Fuera de estar presentes ante el gobernador de la tierra".

Escritura hace de los ángeles ministros de Dios, quienes asisten a Dios. Así como leemos por ejemplo en Daniel (7:10): "Y a su servicio estaba una multitud imposible de ser contada." Allí habla el profeta sobre el ministerio y el servicio de los ángeles. Los sofistas se torturan para poder explicar esto. Especialmente Dionisio[102] ha configurado teorías tan ridículas sobre la jerarquía celestial (de éstos). Pero cuando habla (Zacarías) aquí sobre el regente (gobernador) de la tierra, está pensando en Cristo,[103] así como declara, por ejemplo, el Salmo 8:1: "Señor y Dios nuestro, ¡cuán glorioso es tu nombre en toda la tierra!"

Anteriormente vimos lo mismo en este profeta. Debemos observar diligentemente todo lo relacionado a esta visión. Los caballos alazanes (rojos) que tiran el primer carro, son pasados por alto en silencio. Los negros y los blancos en el segundo y tercer carro son enviados hacia el norte. Consecuentemente, lo que mencioné anteriormente se hace ahora claro: no podemos hacer ver que estos carros se refieran a los cuatro imperios. Pues, ellos no vienen del norte sino de Jerusalén. Ellos transitan desde la presencia del profeta hacia el norte. El cuarto carro con los caballos pintos viajan hacia el sur. En el hebreo en esa oración las palabras son juntadas (una con la otra): "los pintos y robustos caballos."[104] Éstos son los mismos caballos pero, así y todo, los menciona como si se refiriera a caballos diferentes.

8. Luego [el ángel] me llamó, y me dijo. En hebreo ésta es una expresión con mucho énfasis: "Me clamó a mí." Aquí radica el sumario y énfasis de todo este capítulo. Es así hasta qué punto llega la primera parte de este capítulo, la que clarificaremos lo mejor que nos sea posible.

Anteriormente mencioné que el número cuatro significa las cuatro esquinas de un círculo, esto es, la tierra. Por lo tanto, nos hace entender (el profeta) que son los cuatro caballos mandados con los cuatro carros a los cuatro rincones del mundo. No dice nada sobre los caballos alazanes del primer carro. Nosotros no diremos nada tampoco sobre ellos. Los caballos del segundo carro son enviados al norte, así como también son los del tercer (carro). Esto es pertinente a la consolación del pueblo. Es como si dijera: "Ustedes temen al cuadrante (la esquina) del norte, pero tengan fe. Tengan ánimo y disipen su tristeza y miedo, el Señor

102 Se refiere Lutero aquí a Dionisio el Areopagita, discípulo y colaborador de Pablo (Hechos 17:34). Existen dudas que fue Dionisio el que escribió sobre esto. Algunos ven estos escritos solamente como expresiones litúrgicas (diría yo hasta artísticas) de la fe.

103 Diría yo "el Cristo" el Mesías prometido.

104 La Vulgata lo lee con *"varri et fortes"*.

va a levantar (entablar) una guerra contra ese cuadrante. Él combatirá por ustedes contra los del norte ahora que ya ha enviado los dos carros." Cuando el profeta proclamó esto, los judíos probablemente no se percataban a qué se refería. Así y todo, ofrece (el profeta) la consolación para que ellos se levanten firmes y que se animen para así disipar su terror y miedo; para que ellos tomen en cuenta al Señor pues se preocupa por todos ellos, y ya esos que ellos tanto temen son arrestados por esos dos carros que fueron enviados contra ellos. Vemos, entonces, que lo que dije tiene constancia, que su propósito en este capítulo es que su pueblo se anime y fortalezca ante su terror por esos enemigos del norte.

Alegoría: Si aceptamos el color de los caballos como una alegoría (ἀλληγορικῶς), entonces todo cuadrará con el ministerio del evangelio, al cual tenemos que relacionar todas las cosas, y no a esas ideas insensatas y comentarios ridículos sobre las buenas obras.

Primero, hay dos montes.[105] Ellos significan la iglesia gemela compuesta de judíos y gentiles, la cual él ha hecho una sola, así como Pablo nos hace ver (Efesios 2:14): "De dos pueblos hizo uno." Éstos son llamados "montes", pues por toda la Escritura "monte" significa una multitud o congregación de personas y la potencia de sus reinos. Esto ya mencionó anteriormente cuando dijo (Zacarías 4:7): "¿Quién eres tú, monte impotente? ¡Ante Zorobabel...!" Isaías también llama a la iglesia un monte en Isaías 2:2: "En los últimos días el monte de la casa del Señor será confirmado como cabeza de los montes", esto es, "el poder de la Palabra exaltará y glorificará la iglesia de Cristo; está hablando, pues, de una exaltación y glorificación espiritual. Es más, las montañas son de bronce ya que la iglesia es invencible (invicta) frente a todo ataque de Satanás, y de la puertas del infierno, y del mundo.

La iglesia no es un vampiro insaciable. Nadie debe pensar que el bronce se refiere a esto. Es más, el bronce significa la invencible resolución y perseverancia de la iglesia, así como está escrito en Miqueas (4:13): "¡Yo te daré... garras de bronce, [para que desmenuces a mucho pueblo!"]. Todavía tenemos que interpretar los colores de los caballos. A los caballos alazanes los pasa por alto sin hacer comentarios. Brevemente tomaremos los colores de los caballos de acuerdo al efecto que ellos causaron entre el pueblo al cual fueron mandados. Los caballos alazanes (rojizos) significan el efecto causado por el evangelio entre

105 Traducido del texto citado por Lutero en latín, pero esta frase no aparece en la Vulgata ni en la RVC o RV1960.

los incrédulos y judíos carnales. Esto es, el evangelio acervó en ellos solamente cosas carnales, y removió sus impiedades, sus tantas envidias contra el evangelio de Cristo y los pregoneros del evangelio, mientras que solo pocos –apenas un remanente– fueron salvados. Por lo tanto, al principio el ministerio del evangelio no logró casi nada. Solamente logró mayormente que los judíos fueran más carnales, y, consecuentemente se volvieron más crueles y fieras contra los santos. Los negros y los blancos son los caballos del segundo y tercer carros. Los filósofos dicen que los colores negro y blanco son los colores extremos. El rojo (alazán) es un color entremedio de ellos, pues es naturalmente confeccionado del negro y el blanco si éstos dos son mezclados.[106] Vemos esto en el carbón, vidrio, y cosas como éstas cuando los ponemos al fuego. En breve, el color negro es el color de las tinieblas y de la muerte, y el blanco es el color de la luz y de la vida. Estos dos colores significan (deben ser entendidos como) la Palabra, Pues primero declara al pueblo culpable y lo condena y lo destruye. Después de hacer esto, entonces, justifica y salva a los que ha destruido. Los caballos pintos son el apóstol Pablo y todos los otros ministros quienes han predicado el evangelio entre diferentes y remotos pueblos. Éstos son los más valientes, pues, Pablo laboró más que los otros apóstoles en el ministerio de la Palabra. Él mismo da testimonio de estos (1 Corintios 15:10) ministerios. Se vistió de muchos colores para acomodarse a diferentes pueblos. Estos caballos están listos para correr en cualquier dirección. Esto es, Pablo con sus discípulos se presentó ante formidables y feroces naciones, hasta entre los romanos. Por lo tanto era necesario enviar robustos predicadores para enseñar la Palabra del evangelio con gran ánimo, fe, e inmensa energía.

Mira, los que salieron hacia el país del norte. Aplica la visión en proporción a lo que ellos habían entendido y cómo habían sido afectados en ese tiempo. Si ellos, pues, no podían entender esa oscuridad, esa que ahora hemos explicado, entonces el profeta hace esto para simplemente confirmar (alentar) sus temblorosos corazones, no fuera que continuaran preocupándose sobre el norte.

Mi espíritu. Éste es obviamente el Espíritu Santo, no la "venganza" ni la "ira" como interpretan otros. La misma dicción ocurre en Isaías 11:2:

106 Aquí se refiere Lutero a una teoría construida por Aristóteles en para explicar la sensación del color en una de sus obras.

"Sobre él reposará el espíritu del Señor." Y aquí tenemos, pues: "Harán que mí espíritu repose en ese país del norte." Esto es: "Reinará allí por medio de la Palabra y el Espíritu Santo." Es más, solo aplica esta visión al norte, así como ya dije anteriormente, pues el profeta se acomoda al temperamento de sus oyentes ya que ellos no temían a otros naciones así como temían al pueblo del norte. Por lo tanto solo se refiere al norte, aunque lo mismo es cierto en relación a todo el mundo. Pero era necesario aplicar esto al norte por el pavor que cargaba el pueblo en sus conciencias. Los heraldos (pregoneros) de la Palabra deben dirigir la Palabra allí donde ven que las conciencias más sufren, donde ven el más inmenso terror.

10. Toma los del cautiverio a Jeldai, etc.[107] Ahora ya hemos terminado con la visión del profeta, la cual contiene cosas muy difíciles y por las cuales el profeta ha sido considerado muy oscuro (difícil de entender). Aquí al final añade un signo como confirmación de todas sus anteriores visiones y discursos hechos hasta aquí. Esto es, pues, una costumbre de todos los profetas y en toda la Escritura, el añadir un signo que confirma la Palabra. Por ejemplo, a Isaías, en el capítulo 20, se le manda quitar su silicio, las sandalias en sus pies, y andar desnudo y descalzo. Con este signo confirmaba su predicación de la devastación y el saqueo (desnudez) de Egipto (de la cual él había profetizado) por el rey de los asirios. Se encuentran muchos signos de este tipo en Jeremías; en el capítulo 13, por ejemplo, donde él (Jeremías) habla sobre el cinturón que se pudrió cuando Jeremías se escondió. Con este signo Jeremías quería confirmar la humillación que el Señor quería para el pueblo de Israel quien se había apartado del verdadero culto y la correcta Palabra por causa de su impiedad. Jeremías también ofrece este tipo de signo cuando se le da la copa del furor del Señor para que él se la dé a los gentiles para tomar (Jeremías 25:15); y también cuando se puso unas coyundas y unos yugos sobre su cuello para señalar cómo todas las naciones iban a ser sometidas a la potestad del rey de los caldeos (Jeremías 27:2). Por lo tanto en toda época siempre se añaden signos a la Palabra. Noé tuvo un arco (Génesis 9:14) y nosotros tenemos el Bautismo y la Eucaristía (εὐχαριστίαν). Lo mismo ocurre con todos los profetas.

"Toma los del cautiverio." Esto es, de esos cautivos que regresaron del cautiverio en Babilonia. Aquí nombra a Jelday, Tobías, y Jedaías. Con estos hombres se le ordena que entre en la casa de Josías, quien será el

107 RV1960. La RVC lee: "Jelday, Tobías y Jedaías estaban cautivos en Babilonia."

cuarto cautivo que regresó de Babilonia, que se unirá a ellos. Debemos indagar sobre estas personas. Dos son mencionados en Esdras,[108] y no cabe duda que Jedaías era de la casa de Josué y Tobías de la tribu de Zorobabel. Esdras no nombra a los otros dos bajo los nombres que se citan aquí, pero esto es algo común. Pues muchos de ellos frecuentemente tenían dos o tres nombres. Es muy probable que estos cuatro pertenecían a las dos tribus de Judá y de Leví, ya que en resumen da a conocer esto con ese signo, el que Cristo es Sacerdote y Rey, tanto que estas palabras son muy claras. Es significativo que añade los "cautivos en Babilonia", esto es, aquellos que habían regresado de Babilonia, para que ésos que habían regresado del cautiverio fueran bien fortalecidos y que también creyeran, y que también otros no dudaran una vez que vieran el signo.

11. Toma también plata y oro. Esto es el oro y la plata sagrados que se habían ofrendado para el templo y el ministerio sagrado.

Y haz unas coronas. Uno no pecaría si añadiera "dos", para que leyera "Haz dos coronas".

Ponle una de ellas al sumo sacerdote Josué. Él no quiere que la corona sea colocada en la cabeza de Josías o de Jelday sino en la cabeza de Josué el sumo sacerdote. Es bajo este hecho y propósito en lo que el signo consiste, que el sumo sacerdote vista la doble corona. A este signo son añadidas las siguientes palabras:

12. Éste es el hombre cuyo nombre es Renuevo, porque de sus raíces saldrán renuevos. Así es como lo traduzco del hebreo, así como he hecho anteriormente. En el capítulo 3, donde ocurren las mismas palabras, ya he explicado el texto con suficientes detalles. El evangelista Lucas parece tener presente este texto cuando dice (Lucas 1:78): "La aurora nos visitó desde lo alto." Usa la palabra (en griego) ἀνατολή (*anatole*, alzar, levantar). Ésta es más expresiva, no obstante, cuando la traducimos con la palabra (en latín) "*crescere*" (crecerá). El significado de este texto es: "Hasta ahora te he consolado con muchos discursos y visiones para que tengas la certeza de que el templo será reedificado, de que han sido salvados, y que crecerá en el medio de ustedes el reino de Cristo. Por lo tanto, no teman. Nadie los vencerá, ni impedirá que ustedes reedifiquen el templo. Pues ya que Cristo vendrá, todo

108 Los mencionados en Esdras son Jedaías (2:36) y Tobías (2:60).

tiene que ser hecho. Cuando él venga, el tomará al mismo tiempo el reino y el sacerdocio. Él crecerá admirablemente, y habrá mucho crecimiento bajo él, esto es, el evangelio prosperará contra las puertas del infierno, contra los ataques de Satanás, y frente a todos los insultos del mundo. Cristo será eficaz frente a toda la sabiduría, justicia, y fortuna del mundo, así como ya hemos explicado detalladamente en el capítulo 3. Por lo tanto, es evidente que no debemos aplicar este texto a Josué el sumo sacerdote, quien solo es una figura y signo del Hombre que habrá de venir, esto es, el Cristo Renuevo (creciente). También, pues, todo lo que sigue declarará esto claramente (abiertamente) cuando él será descrito como el que va a sentarse en su propio trono, algo que no era una prerrogativa del sumo sacerdote. Pues el reino y el dominio pertenecían solamente a la tribu de Judá, y no a la tribu de Leví. Así que cuando dice aquí (el profeta) que los dos (oficios) residen solamente en una persona, debemos tomar esto como que se refiere a Cristo, quien llega a ser nuestro Rey y Sacerdote en la eternidad, así como dice la Escritura.

13. Y se cubrirá de gloria. En hebreo éstas son palabras muy significativas. Ya que no tenemos un absoluto (completo) entendimiento de este idioma, no las podemos traducir con palabras que sean lo suficientemente adecuadas o apropiadas. "Gloria" significa aquí "alabanza" y "celebración" así como es citado en ese texto que es usado frecuentemente en los Salmos (cf Salmo 104:1): "¡Estás rodeado de gloria y esplendor!" Esto es de alabanza y decencia (honra), *ein köstlicher, hübscher Schmuck.*[109] Ésta es la clase de elegancia y belleza con que las jóvenes se adornan con brazaletes, collares, y toda clase de joyas hechas de oro y plata. Esto lo llamamos "ornamento" o "decoración" en latín pero en hebreo se le llama "honra". Tenemos un texto claro sobre esto en Éxodo (28:2): "Vestiduras... que le confieran honra y hermosura."[110] Aquí debemos ver, pues, la honra y hermosura o la tan amplia proclamación del reino de Cristo. Ya que el reino de Cristo no es corporal (del mundo), no puede ser decorado con ornamentos mundanos. Es más, no posee otra elegancia que no sea la proclamación de la Palabra del evangelio. Éste es el más elegante ornamento y la más grande alabanza de Cristo. Los reyes de este mundo se cubren del color púrpura, y se visten adornados con joyas de oro. Pero Cristo

109 Lutero en su traducción al alemán de la Biblia cita así el Salmo 104:1: *du bist schön und prächtig geschmücht.*

110 Lutero lo traduce en latín *"vestes in laudem et gloriam"* o "vestido en alabanza y gloria". En hebreo lee para... כָּבוֹד (*kabod)*, esto es gloria (u honor) y תִּפְאָרֶת (*tip'ereṯ*), esto es hermosura (o esplendor).

viste la luz. Por medio del evangelio es predicada su gentileza, dulzura, justicia, santidad, y clemencia. Cuando él es predicado "lleno de gracia y verdad" (Juan 1:14), entonces, él es adornado con sus más preciosas joyas y con la más espléndida gloria. En este sacerdocio y reino no hay nada externo, así como hubo en el sacerdocio mosaico. Aquí todo es espiritual. Vemos lo mismo en ese pequeño y tan bello versículo en el Salmo (145:5): "Hablarán de tu gloria y majestad, y yo proclamaré tus hechos maravillosos." Allí el profeta explica lo que quiere decir con "tu gloria y majestad". Vemos una frase similar en Deuteronomio:[111] "Pon sobre él [Josué] tus propias atribuciones", esto es, adórnalo, encomiéndalo y alábalo ante el pueblo. Por lo tanto Dios es adornado cuando lo predicamos a él en Palabra y fe. Así es como la tierra se llena de la gloria y majestad del Señor.

Se sentará. Esto es, como un maestro (doctor). Éste es el segundo ornamento de Cristo.

Para gobernar. Esto es, como rey. Éste es el tercer ornamento de honor. También,

Al lado de un sacerdote. Él será simultáneamente Rey y Sacerdote, para que así las funciones (oficios) de las dos tribus sean puestas sobre una sola persona. Esto es algo que nunca había sucedido anteriormente. De hecho, no estaba permitido. Esto, pueden ver, es a lo que la profecía hace referencia: que no sería arrebatado el cetro de Judá hasta que todas las naciones deseadas llegaran (cf Génesis 49:10; Hageo 2:7). Es obvio, entonces, que Cristo es a la misma vez nuestro Rey y Sacerdote. Él es nuestro Rey al gobernar sobre nosotros, al guardarnos, y protegernos contra todo poderío y poder físico como también espiritual de nuestros enemigos, para que así, pues, ninguna criatura pueda dañarnos si no es su voluntad. Él es nuestro sacerdote –y esto es lo más dulce y más consolador para nuestras conciencias– al interceder por nosotros ante su Padre, y cargar todas nuestras iniquidades como si fueran suyas propias, y nos hace sus coherederos con él de todas las cosas buenas de su Padre, y para reconciliarnos con su Padre. Por lo tanto, el Padre puede tener ira contra nosotros o puede rechazarnos tan poco como podría hacerlo

111 Probablemente Lutero está recordando aquí lo que dice la Vulgata en latín sobre Número 27:20 concerniente a Josué.

en el caso de su propio Hijo, Cristo, pues fue su voluntad que él fuera nuestro sumo sacerdote.

Y entre los dos habrá un acuerdo de paz. Algunos interpretan esto como si se refiriera a la unidad entre judíos y gentiles, así como Pablo dice en Efesios (2:14) que "de los dos pueblos hizo uno al derribar la pared intermedia de separación", esto es, la ley, la cual separaba a los judíos de los gentiles. Los judíos querían aparentar ser más dignos y mejores que los gentiles por causa de su divina aceptación de la ley. Los judíos creían que por su aceptación de la ley iban a ser justificados y los gentiles serían condenados al no tener la ley. La pared de división, dice el apóstol, Cristo la abolió y la clavó en la cruz para que así tanto judíos como gentiles supieran que serían salvos solo por la fe (*per solam fidem*) y no por las obras. Este significado no es malo de por sí (*per se*). Así y todo, si yo no fuera tan atrevido, aprobaría otro significado, el cual me complace aun más, esto es, que el profeta se refiere a la unión y armonía de los dos oficios de rey y sacerdote, que los dos residían en Cristo a la vez. Si lo interpretamos así, pues, es muy claro, que no podemos tomar esto como referencia al sacerdocio de Josué, así como algunos piensan, ya que la autoridad del reino pertenecía únicamente a Judá y no a la tribu de Leví, quien tenía la responsabilidad por el sacerdocio. Las coronas gemelas indican también esa doble administración: una corporal (física) y otra espiritual. Un sacerdote de la ley no podía ocupar los dos (oficios). Estas dos coronas señalan, pues, qué clase de reino es éste: Una es de oro y la otra es de plata. La de oro significa la fe, y la de plata el ministerio de la Palabra; múltiples textos en la Escritura nos dan a conocer esto. Salomón dice en uno de los Proverbios (10:20): "La lengua del justo es plata escogida." También leemos en el Salmo (12:6): "Las palabras del Señor son puras. Son perfectamente puras, como la plata refinada en el crisol. Solamente la fe (*fides sola*) es el precio que Dios requiere de nosotros.

14. Las coronas le servirán a Jelday, Tobías, Jedaías y Josías. Es muy común en hebreo que tengan cada uno (las personas) dos y hasta tres nombres. Esto a veces confunde a los lectores ya que no está claro cuándo esos nombres se sustituyen (cambian) en otros lugares (de la Biblia). Aquí dos nombres –el primero y el cuarto– fueron cambiados. Pues el Señor ordena que esas coronas sean suspendidas (colgadas) en memoria de ese asunto. Nosotros también tenemos la costumbre de colgar armas e insignias de combate de ciertas personas en nuestros templos y lugares públicos como recuerdos de nuestro pasado. El Señor también quiere hacer aquí lo mismo. Quiere que los nombres de esos cuatros sean inscritos allí para que el pueblo no dude que lo que ha sido prometido y señalado por ese signo iba a ser cumplido. Por lo tanto esas coronas prevalecieron como sellos (σφραγῖδα) de la promesa de Dios hasta la venida de Cristo.

15. Y los que están lejos vendrán y ayudarán a edificar el templo del Señor. Algunos interpretan que esto se refiere a los reyes y a los opulentos reinados de las naciones. Todos estos, influenciados por la célebre fama del proyecto, enviaron oro, plata, y otros valiosos regalos a Jerusalén para su uso en el templo. Los ornamentos (adornos) en el templo fueron tan espléndidos y magníficos, que hasta los apóstoles de Cristo se maravillaron de esa estructura del templo, así como se describe en el Evangelio (Marcos 13:1). Pero yo sigo estrictamente el orden y la secuencia del texto. Pues el profeta habla sobre el "Renuevo" (creciente) Cristo quien va a establecer al mismo tiempo un nuevo reino y un nuevo sacerdocio. Él dice que muchos pueblos que están lejos, vendrán allí desde tierras muy lejanas, esto es, que naciones de todas partes del mundo se congregarán con él, así como lo revela en varias partes la Escritura, para completar el verdadero templo, donde él será glorificado y proclamado, esto es, tanto por los fieles como por los gentiles.

[Esto sucederá] si ustedes son obedientes y atienden la voz del Señor su Dios. Añade sin duda esto para atemorizar mucho a los judíos. Pues, después de todo, esto significa la caída y miserable ruina de ese pueblo, de la cual ya profetizó anteriormente profusamente en el capítulo 5. También Isaías, por todo su libro, insiste especialmente sobre esto. Es como si Zacarías estuviera diciendo: "Estas cosas que he predicho, sucederán. Ustedes, pues, vean (tomen en cuenta) cómo no despreciar la palabra de Dios. La voz del Señor edificará esa estructura. Empleará su voz solamente para tan gloriosa y magnifica empresa. Cumplirá todo esto con el ministerio de la Palabra. Por lo tanto, si quieren estar en el templo crean también en la Palabra. Deben recibir la Palabra sin dejar de admirar su esplendor exterior o equipo."

Hemos, pues, concluido (completado) los más difíciles versículos de este profeta. De hecho, fue solo con un gran esfuerzo que hemos podido poner a un lado (eliminar) las interpretaciones de esos ineptos doctores (maestros), las cuales nos han demorado mucho más en todo que el singular entender del profeta. Estas interpretaciones varían bastante y confunden mucho. Jerónimo es especialmente culpable de esto. Pues casi no puede escribir algo significativo sobre todo lo que dijo el profeta. Por lo tanto, es algo propio que liberemos el significado de las interpretaciones de todos esos intérpretes como si fueran ellas un laberinto sin salida.

Capítulo Siete

Los dos próximos capítulos que siguen son suficientemente claros y fáciles *per se*, ahora que ya nos hemos dirigido a las dificultades de las visiones. Le tomó al profeta casi dos años explicar (revelar) los primeros seis capítulos. Esto es lo que la inscripción al principio de este libro como también del séptimo capítulo nos indica. Él comenzó en el segundo año del reinado de Darío, y aquí dice que Darío había comenzado su cuarto año de reinado. Por lo tanto, le predicó al pueblo por dos años antes de comenzar este sermón. Vamos, pues, a ofrecer un resumen de estos dos capítulos. Después que el pueblo se había establecido y llamado de nuevo al buen y verdadero camino para caminar en la ley y la palabra del Señor, Satanás o la impía razón humana, comenzó a seguir los caminos de tradiciones e inventos humanos, los cuales se encuentran fuera y más allá de la palabra de Dios. Pues Satanás acostumbra por todo lugar a entrometerse en todas esas cosas relacionadas con Dios y la santa adoración de Dios. Esto es algo que los alemanes expresan muy elegantemente en ese proverbio: "Donde nuestro Dios tenga una iglesia, el diablo tendrá también una capilla muy cerca" (*Unser Herr Gott hat nirgend eine Kirche, der Teufel will auch eine Kapelle daneben haben*). Consecuentemente, es necesario que ocurra entre ese pueblo todo lo que el capítulo quinto anteriormente describió tan horrendamente sobre el rollo volador. Por lo tanto, el Señor permite que eso ocurra mientras viva el profeta, para que así el pueblo sea amonestado bajo este ejemplo para no apartarse de la Palabra sino que permanezca bajo la sinceridad y pureza de la Palabra. En todo el Antiguo Testamento no se ve en ningún lugar tan evidente –así como veremos aquí en todo el capítulo– contra las tradiciones humanas y esa religión de los ángeles,[112] las cuales por causa de su hipocresía aparentan ser tan santas al juicio de la razón. Pero la ceguedad de los papistas es tal que ellos presentan

112 Cf Colosenses 2:18.

este texto a favor de sus tradiciones, pues ellos son seres ciegos y distantes de todo sentido común. De hecho, éste es ese celebre texto que ellos usan para apoyar el ayuno en la iglesia del papa. Los ha impulsado a ellos a constituir los ayunos para cada temporada del año.[113] Tal es la ceguedad de la razón humana, la cual abusa tan imprudentemente de la palabra de Dios por sus propios caprichos. Solamente escucha algunas palabras y es negligente de toda lógica y contexto de todo el discurso. Pues, ya que se menciona aquí "los ayunos", inmediatamente se aferran de un mordisco a esa palabra y creen que así establecen eso que ellos están soñando. Así y todo, esos ayunos no tienen apoyo de la Escritura. Ellos fueron las obras predilectas y prácticas religiosas voluntarias de ese pueblo, así como Pablo nos dice,[114] y el Señor los condena completamente aquí.

Pero el texto, no obstante, no ofrece una razón por ese ayuno. Y no importaba que una razón fuera añadida para algo sin valor. Pues, ¿quién puede ofrecer razones sólidas por tantas de sus tontas tradiciones? Satanás trama miles de trucos para imponer sobre los incautos para que ellos piensen que es una religión lo que ellos instituyen bajo su autoridad (del diablo). Finalmente, si es absolutamente necesario que añadamos razones, debemos de conformarnos (contentarnos) con ésas que proponen los judíos. Jerónimo ya ha comentado sobre esto con gran detalle. No vamos a demorarnos con esto para determinar cuáles son genuinos (certeros) o cuáles no lo son.

El cuarto día del mes noveno, es decir, el mes de Quisleu.[115] Ellos citan esta razón: Fue en el cuarto mes que el rey de Babilonia por primera vez pone sitio a Jerusalén, derrumba las murallas y se lanza dentro de la ciudad y la captura. Éste es el mes cuando el rey se había fugado y Jerusalén cae bajo el poder del enemigo. Como memorial (recuerdo) por esta derrota, para que ellos dieran testimonio que guardaban luto por la calamidad sufrida por la santa ciudad, le parecía bien a ellos ofrecer un ayuno de luto, el cual observaron como si lo hubieran recibido como precepto de Dios. En nuestros días hoy tenemos también gentes que son exactamente iguales a esos judíos. Ellas son personas supersticiosas, que bajo sus tontos ritos religiosos entierran su imagen de Cristo

113 Se refiere a los tales llamados *"eiuninia quattor temporum"*, ("Para el ayuno del cuarto mes"), días de ayuno establecidos por la Iglesia Católica para las cuatro estaciones litúrgicas del Año Cristiano.

114 Probablemente se refiere aquí a Colosenses 2:23.

115 Quisleu se refiere al ayuno de ese mes. Los cuatro ayunos comentados aquí se encuentran en Zacarías 8:19.

hecha de madera, y se abstienen de comer todo el día de preparación hasta que la imagen de madera sea sacada (elevada) de la tierra. Hacen esto para brindar homenaje a la pasión de Cristo, pero, mientras tanto son negligentes en cuanto al verdadero significado de la pasión. Los judíos tenían una superstición muy similar. Ellos ayunaban el cuarto mes de cada año, pues Jerusalén fue capturada durante ese mes. También, pues, debemos tomar en cuenta que ese cuarto mes es junio, ya que ellos comienzan a contar sus meses a partir de marzo.

El ayuno del quinto mes, indica que los judíos ayunaban también en el quinto mes. Para este ayuno ellos brindan la siguiente razón: En este mes, después de la captura de la ciudad, el templo del Señor y el palacio fueron incendiados. La historia sagrada nos da cuenta de esto. Ellos estaban muy conmovidos por tal calamidad, que al rey de Babilonia no solamente le bastó destruir y maltratar la ciudad que había capturado, sino que también destruyó el templo del Señor y con fuego derramó su ira contra algunos de los más opulentos palacios. A consecuencia, ellos (los hebreos) instituyeron un ayuno por todo esto.

El ayuno del séptimo mes. Éste es el mes de septiembre.[116] Para instituir este ayuno se usó el pretexto que fue en ese mes que Gedalías fue matado.[117] El rey de los babilonios[118] lo había nombrado gobernador de la tierra de Canaán para que rigiera sobre ella. Vemos algo sobre esto en Jeremías,[119] donde ellos son amonestados por temer ser castigados por el rey de los babilonios, y por fugarse a Egipto. Este asesinato de Gedalías fue luego ocasión para una mayor calamidad.

El ayuno del décimo mes. Éste es diciembre. Para instituir este ayuno ellos dicen que fueron influenciados por la ocasión de que en ese mes el reporte sobre el incendio del templo y la fuga a Egipto les llegó por primera vez a los oídos a esos que habían sido llevados al cautiverio en Babilonia.

Éstas son las cosas, en resumen, que los próximos dos capítulos, el séptimo y el octavo, discuten (tratan). El Señor condena esas obras de justicia elegidas por ellos y dice que tales obras no le complacen, pues,

116 En la Weimar lee "Noviembre" pero corrige esto en una nota con "Septiembre".

117 Cf Jeremías 41:1-3.

118 Lee asirios, pero fue corregido por el editor de la Weimar con "babilonios".

119 Lee Isaías, pero el editor de la Weimar lo corrige ya que la cita se refiere al contenido presente en Jeremías 39-44.

ni las ha instituido ni las ha mandado a cumplir. Éste es ciertamente un texto muy claro –así como ya mencioné al comienzo de esta sección– contra las tradiciones humanas y las obras por ellos elegidas, no importa qué tan buenas aparenten ser. Pues, ¿quién puede negar que el ayuno sea una buena obra? Pero, así y todo, aquí el Señor lo rechaza. En vez, exige que ellos sean piadosos y de buen corazón, y devotos a la palabra de Dios, y que se dediquen a esas obras que Dios ha encomendado. Él dice que no es necesario inventar tales obras predilectas y culto voluntario (ἐθελοθρησκείας),[120] así como Pablo lo llama.

1. Del año cuarto del rey Darío. Esto es: "la palabra me fue dada para predicar y divulgar." Esto ocurrió el mes de noviembre, el mes que ellos llaman Quisleu. En realidad, los judíos computan sus meses de acuerdo a los ciclos lunares, comenzando con la aparición de la nueva luna, pero nosotros no hacemos así ya que tenemos fijados meses y días del mes. Por causa de nuestro sistema, necesitamos, pues, intercalar días, algo que ellos no necesitan hacer.

2. El pueblo de Betel había enviado [a Sarezer, y a Reguen Mélec y a sus hombres] a implorar el favor del Señor.[121] Aquí Jerónimo se atreve mucho al traducir la palabra Betel la cual es citada en hebreo usando "la casa de Dios". Éste es el nombre propio del lugar (Betel), así que no debió ser traducido con un nombre apelativo (común). Pues cuando la Escritura menciona el templo del Señor, usa otras palabras, como הֵיכַל אֲדֹנָי (*heikal adonai*). No conozco ningún lugar en la Escritura donde debemos traducir "Betel" con un nombre común. Por lo tanto lo leemos así: "Y ellos mandaron a Betel." Es como si dijera: "Que ésos sean avergonzados por sus impiedades, los que todavía están afincados a ese condenado lugar, y por lo tanto sufren intensas aflicciones." Ahora, Sarezer y Reguen Mélec eran los que fueron enviados para implorar por la bondad del Señor. Ellos iban a hacer esto con los regalos y ofrendas que el pueblo solía enviar como una promesa. Finalmente, cuando habían ya hecho sus sacrificios y oblaciones (ofrendas) en Betel –algo que eran sumamente malvado, pues el Señor había rechazado y prohibido ese lugar– ellos fueron a los sacerdotes de la casa del Señor en Jerusalén para interrogarlos.

120 Colosenses 2:23.

121 Lee en la Vulgata: *"Et miserunt ad domum Dei Sarasar et Rogommelech"* (que traduzco del latín: "Y mandaron a la Casa de Dios [Betel, en hebreo] a Sarezer y a Reguen Mélec").

3. Si debían guardar luto. De acuerdo al hebreo, debe leerse así: ¿Debería llorar yo en el mes quinto para mi santificación, así como hice por muchos años?[122] Tomen nota del libro de Números (6:1-21) sobre los nazareos: qué abstemios eran ellos, cómo nunca se cortaban el cabello, y cómo observaban quién sabe cuántas cosas más. El apóstol Pablo hizo también esto por causa de la debilidad (ignorancia) de los judíos, así como se puede ver en Hechos de los Apóstoles (21:23-26). El profeta alude a estas observaciones en esa pregunta propuesta a los sacerdotes y profetas del Señor, como si dijera: "¿Debo yo, pues, abstenerme de vino, hacer ayuno, y también guardar esos supersticiosos ritos de los nazareos, en memoria de esa calamidad que aconteció después de la devastación de la ciudad y la conflagración del templo?" Pregunta, pues, si él debe adoptar esas prácticas de esa religiosidad ahora que ya el templo ha sido reedificado. Esto es lo mismo que algunas personas débiles hacen hoy cuando hacen tantas preguntas sobre sus ridículos votos.

5. Cuando ustedes ayunaron y guardaron luto. El Señor amonesta contra esa estúpida superstición, como si dijera: "El comer y beber de ustedes no me complace. ¿Qué son éstos, pues, ya que no se los he mandado hacer? No tiene nada que ver conmigo eso de que ustedes andaban tristes, llorando, y hambrientos por causa de su ciudad capturada y su templo incendiado. Pues, mientras todo esto estaba ocurriendo, no cambiaron su forma de vida, ni desistieron de su idolatría. Continuaron despreciando la palabra de Dios. No tuvieron fe en mí, ni tampoco estaban dispuestos por amor." También, pues, añadirá un reproche similar sobre sus inicuos juicios, sus calumnias contra las viudas y los huérfanos de padres. Se encuentra un texto similar en Malaquías (3:14): "Servir a Dios no nos sirve de nada. ¿Qué ganamos con cumplir su ley y que andemos afligidos en presencia del Señor?" etc. En resumen, el Señor está diciendo aquí que el ayuno no se hace por causa de él, que todas estas cosas son vanas, pues él no las ha ordenado. Pero también, él aprueba esas cosas que proceden de una buena raíz (fuente), de un corazón fiel. Pues, una vez que el corazón ha sido santificado y purificado, todo lo que venga después de eso también es puro y santo, sea que uno ayune o coma, mantenga vigilia o duerma, etc.

6. Que cuando ustedes comen y beben. Se encuentra un texto similar en Jeremías (7:21): "Añadan sus holocaustos a sus sacrificios y cómanse

122 El verbo llorar o hacer duelo es citado en la Vulgata como también en el texto original en hebreo en primera persona singular. En RVC ("debían guardar") como en RV1960 ("lloraremos") se cita como primera persona plural.

la carne." Esto es: "No me molesten con sus comer y beber y sus ayunos." También leemos en el Salmo 50:13: "¿Acaso me alimento con carne de toros, o bebo sangre de machos cabríos? Y, en el Salmo 50:12: "Si yo tuviera hambre, no te lo diría" etc., esto es: "Ni sus ayunos ni comidas me complacen." Pablo dice también lo mismo (1 Corintios 8:8): "Los alimentos no nos acercan más a Dios; pues no somos mejores por comer ni peores por no comer." Cualquier cosa que ocurra, nada se interpone ante él. Él aprueba todo esto. Pero estas cosas son solo externas. Sea que coman o ayunen, o beban o duerman, ¿qué son todas estas cosas ante Dios? Él quiere que el corazón sea puro y piadoso. Así hizo también Pablo, cuando se cortó el pelo junto a los otros judíos, así como cita los Hechos de los Apóstoles [21:24-26].

7. ¿Y acaso no son estas palabras las mismas [que el Señor proclamó], etc.? Leo este versículo así: "¿No son éstas las palabras que el Señor proclamó por medio de los profetas anteriores, cuando Jerusalén todavía se encontraba en pie?" Éstas son las palabras: "Ustedes ayunaron, fueron de luto, instituyeron sus propias religiosidades, etc. Pero no quiero todas estas cosas. No las apruebo. Con todas éstas ustedes han provocado mi ira. Y aunque fueron instruidos bajo su anterior experiencia, y fue así para su grande injuria (mal), ustedes no desistieron hasta que yo rechacé y repudié todas esas prácticas y la exclusiva religiosidad de ustedes. ¿Cuánto más van abusar de mi paciente sufrimiento? ¿Cuánto más van a continuar en sus impiedades?" Los hipócritas, pues, cometen un pecado doble: primero, abandonan a Dios e inventan cosas contrarias a la palabra de Dios; segundo, blasfeman el nombre de Dios. Cuando ellos añaden su concepto de la justicia de Dios a sus obras y prácticas, piensan que éste es un culto a Dios y que Dios lo aprueba. De esta manera ellos le "llaman bueno a lo malo, y malo a lo bueno", así como Isaías cita [5:20]. Esto es algo que hasta los pecadores públicos y los desvergonzados criminales no hacen.

9. Así ha dicho el Señor de los ejércitos. Ésta es la manera que quiero traducir este versículo para que concuerde con la sección anterior. Pues él expone (explica) lo que son esas palabras que escucharon anteriormente de los profetas, cuando añade así:

Juzguen ciñéndose a la verdad. Está diciendo, pues: "Mis profetas no hablaron así: '¡Ustedes deben ayunar, guardar luto, lamentarse!' Pero ellos no dijeron nada de eso, sino que dijeron: 'Juzguen ciñéndose a la verdad.' Entonces, pues ¿no es esto una locura? ¿Quieren continuar con esto un tanto más? Escuchen lo que el Señor dice. Escuchen lo que él requiere de ustedes: Que tengan magistrados, príncipes, y jueces justos para administrar al gobierno correctamente; que se preocupen debidamente por la ley para pronunciar juicio ("ἄνευ τῆς προσωποληµψίας" sin acepción de personas);[123] personas incorruptibles ante sobornos y que no quieren pervertir la ley ni oprimir a los pobres." Éste es el primer pecado, tienen "βασιλῆας δωροφάγους" ("gobernadores llenos de hambre").[124] Entonces, Dios requiere la compasión de todos y la misericordia hacia nuestro prójimo. Éstas son las funciones del amor, lo cual es pertinente por igual a todos los seres humanos, así como Cristo mismo nos hace ver: "Misericordia quiero y no sacrificio" (Mateo 9:13). La misericordia, pues, es la bendición bajo la cual Dios nos hace merecedores de otros. Es como si él dijera: "Trátense bien mutuamente entre ustedes. Sean de ayuda mutua con otros por medio del amor. También, pues, muestren misericordia unos con otros, esto es, cada uno sea bondadoso con su hermano y tenga compasión de su prójimo en toda necesidad. Que cada uno perdone la ofensa del otro. Levántense mutuamente uno al otro, si uno de ustedes se cae. No acusen falsamente a la viuda, al huérfano, al pobre, ni calumnien a esos que de por sí ya están destituidos de toda forma de ayuda. Ya que de por sí se encuentran miserables, 'no añadan mal por mal'. Si no, pues, 'el pobre yacerá (abandonado) por todos lados'."[125]

11. Pero ellos no quisieron escuchar. Preocupados por sus propios asuntos y lujurias, desviaron sus oídos de la verdad y endurecieron sus corazones como si fueran de hierro. No sé en realidad si la palabra "*admantem*" significa en hebreo "hierro", ya que como he dicho anteriormente los lingüistas del idioma hebreo se notan inciertos sobre palabras para (identificar) objetos. En Éxodo lo traducimos con la palabra "diamante", pero aquí se usa una palabra diferente.[126] La palabra significa la malvada impertinencia de los fariseos, la cual gobernaba sus corazones, y les impedía escuchar la palabra de Dios.

12. Por medio de su espíritu y de los profetas de antaño. Dice, pues: "Por eso los hice pedazos (a ellos) por medio de los profetas", así

123 Lutero cita aquí la palabra en griego προσωποληµψίας, que ocurre en Romanos 2:11; Colosenses 3:25; Santiago 2:1.

124 Lutero cita aquí esta expresión griega tomada de Hesíodo, *Opera et Dies*, 364.

125 Lutero cita aquí *"pauper ubique iacet"* de Ovidio, Fasti, I, 218.

126 En Éxodo 28:18 la palabra usada en hebreo es יָהֲלֹם (jaspe, ónice); arriba en Zacarías 7:11 la palabra usada es (pedernal, diamante, dureza).

como cita Oseas [6:5].[127] "No he dejado nada por hacer, ningún tipo de esfuerzo, para llamarlos a que desistan de sus impiedades contra la palabra de Dios. Pero han continuado obstinadamente en su forma de ser. Me han dado la espalda." De este texto fue tomada la frase citada en el Credo Niceno: "habló por medio de los profetas", y también lo que dice Pedro en su epístola (2 Pedro 1:21): "Sino que los santos hombres de Dios hablaron siendo inspirados por el Espíritu Santo."[128]

13. Ellos no lo escucharon (cuando él clamó). "Así como los profetas predicaron y ellos no los escucharon, también así, cuando ellos clamen, yo no los escucharé." Entonces, pues, esto tuvo que ser traducido con el subjuntivo, pues la lengua hebrea no dispensa del (modo) subjuntivo.[129] El Señor mismo testifica que ellos no invocaron el nombre del Señor. Ésta era sin duda una excelente práctica. Si alguien alguna vez le concede algo al poder del libre albedrío, aquí se le atribuye mucho, esto es, la invocación del nombre de Dios. Pero, ya que rehusaron escuchar la palabra de Dios, era imposible, pues, que Dios escuchara sus clamores. Por todo esto, aprendemos que si queremos que él escuche nuestras oraciones, primero debemos escuchar la palabra de Dios. De otra forma él no nos escuchará, aunque lloremos y clamemos, aunque exploten (por todo esto).

14. Yo los esparcí [con un torbellino] por todas las naciones. La palabra que nuestro texto (de la Vulgata) traduce con "*dispersi*" (dispersar) es una palabra elegante y enfática en el hebreo.[130] Se lee así del hebreo: "Los lancé a ellos como un torbellino entre todas las naciones." Es como si dijera: "Los he esparcido y lanzado en todas direcciones como resultado de una impetuosa tempestad. Nadie podía resistirla, por lo tanto fueron lanzados por tal horrenda tempestad. De que ellos fueron azotados con tanta tristeza, no me molestó en absoluto."

La tierra quedaba desolada. Esto era, pues, no quedaba atrás ni cultivador (campesino), ni ningún residente. Todo fue reducido a un desierto.

127 En la Weimar cita a Isaías, pero debe ser Oseas.

128 RV1960. La palabra usada en griego es φέρομαι (*feromai*), esto es, guiados o conducidos por el Espíritu Santo. RVC lo traduce "bajo el control", que puede ser mal entendido ya que los escritores fueron impulsados, conducidos, por el Espíritu, pero lo hicieron así libremente, y no como robots.

129 Lutero nota aquí que la Vulgata en vez de traducir aquí con el verbo "*clamabunt*" (modo indicativo), debió traducir con "*clamarent*" (modo subjuntivo).

130 En hebreo es סָעַר (*saar*), que significa embravecer el mar, causar un torbellino.

Pues la tierra otrora deseable la convirtieron en un desierto. Tenemos aquí la misma palabra por "deseable" que encontramos en Hageo[131] [2:7]:[132] "Vendrá lo más deseado de todas la naciones." Los judíos especialmente se deleitaban por Jerusalén y su tierra. Ellos fueron duramente afectados cuando fueron arrastrados de su tierra. Pero no importaba cuánto deleite tenían por su tierra, el torbellino los levantó y los esparció.

Capítulo Ocho

Este capítulo es fácil y claro por causa de su relación a lo dicho precedentemente. Dije[133] que uno tenía que hacer esto: Que uno debía ver (tomar en cuenta) cómo el profeta presentaba dos eras. La primera era cuando el pueblo fue regresado del cautiverio y cuando el templo y la ciudad fueron reedificados, para que el Señor animara como al fuego a tan pequeño remanente –como si fuera una pequeña llama– para que se esparciera por todo el mundo. Por eso, algunos fueron rescatados (salvados) por causa de la promesa. La segunda era es en la que él describe a Cristo como si ya estuviera presente y reinando. El profeta usa este capítulo como un resumen para repetir todo lo que se había tratado anteriormente usando tantas imágenes y variadas visiones. Aquí repite todas estas mismas cosas usando un lenguaje muy claro. Por lo tanto, podemos denominar fácilmente este capítulo como una explicación (*glossa*) e interpretación de todo lo que le precede (en este profeta).

2. Es tan grande mi amor por Sión, que me lleno de celos y de ira. Anteriormente tuve que explicar en detalle lo que era ese "celo". En resumen, el Señor dice esto: "Hasta ahora he estado muy airado con Sión. Los destruí por medios de los caldeos, y los afligí severamente. Así y todo, no los rechacé completamente. Sino que, así como un esposo amonesta a su esposa por su amor a ella si ve en ella mal comportamiento, así también hago yo, etc. Entonces, pues, no estaré ya airado, pues ya he devuelto a Jerusalén la misericordia y ahora la paz sigue después, y no la venganza y el odio."

131 La Weimar cita a Génesis en vez de a Hageo.

132 La palabra en hebreo es חֶמְדָּה (*ḥemdah*), que significa algo apreciado, lujoso.

133 Lutero se refiere a lo dicho en su introducción al capítulo uno de este comentario.

3. [Y Jerusalén será llamada] "Ciudad de la Verdad", y el monte del Señor. Él llama el Monte Moriah,[134] el cual se encuentra en el medio de la ciudad de Jerusalén, "el monte del Señor". Éstos son títulos muy honorables, muy honorables heraldos, tanto para la ciudad como para el monte. Así y todo, no otorga esa santidad y verdad a los habitantes de la ciudad porque ellos sean santos u honestos, sino porque él mismo va a vivir en Jerusalén y él es santo. De hecho, él es en sí mismo santo y absolutamente verdadero. Si observas al pueblo, verás que es profano y gente malvada, que mataron a los profetas y hasta al mismo Cristo. Pero, por causa de la Palabra que el Señor predica aquí, la ciudad se convierte en santa y el monte en verdadero, y entonces el pueblo que tiene la palabra de Dios también se vuelve santo. Pues podemos decir que Dios vive en cierto lugar cuando él habita allí por medio de su santa Palabra y por medio del Espíritu Santo. Éstos se encontraban presentes en Jerusalén, así que no cabía duda sobre la voluntad de Dios, pues él había prometido que ciertamente estaría presente allí en ese lugar y los escucharía a ellos cuando lo invocaran. En breve, lo que nosotros tenemos en Cristo, ellos lo tenían en el templo. Por lo tanto, Dios Todopoderoso siempre quiere guiar a las conciencias con un signo externo y quiere asegurarles que no deben dudar sobre su voluntad, ni tampoco vacilar inciertos sobre lo que Dios aprueba, y tampoco deben, así como los ciegos, dirigirse hacia una meta incierta. Por lo tanto, tenemos la más cierta confianza en Cristo de que Dios nos escucha, de que podemos entender su voluntad hacia nosotros. Asimismo, pues, ellos tenían la más inmensa confianza cuando adoraron en el templo que Dios estaba presente allí y también los escuchaba. En resumen, entonces, el profeta dice: "Ellos serán fieles. De nuevo haré resurgir el verdadero culto a Dios. Ellos tendrán la pura palabra de Dios, por medio de la cual yo siempre estaré presente."

4. [Las calles de Jerusalén] han de verse todavía habitadas por ancianos y ancianas. Estas palabras deben relacionarse a las emociones del pueblo al cual le habla el profeta. En esos días ellos fueron afectados enormemente por su situación presente. Nada se veía con seguridad. Nada les salía bien. Sus cosechas no producían abundantemente. Todas sus oraciones no recibían buenas respuestas. También, pues, ellos estaban rodeados por sus enemigos que continuaban hostigándolos e

134 Es el lugar donde Dios manda a Abrahán a llevar a su hijo Isaac para ofrecerlo como holocausto (Génesis 22:2) y es el lugar donde Salomón construye el primer templo de Jerusalén (2 Crónicas 3:1).

insultándolos y así les impedían continuar reedificando el templo. Cambises, el rey persa, y sus malvados tenientes, los demoraban para que no pudieran terminar la obra comenzada bajo Ciro. En breve, solo la intriga, la guerra, el fraude era lo que reinaba allí. Por lo tanto, no podían ver nada más que todas esas condiciones deplorables de ellos. Pensaban que todo se había terminado para ellos y su reino. A estas emociones y otras similares de ellos, el Señor se acomoda. Los consuela no sea que vayan a perder la fe de que el reino sería salvo, glorioso, y densamente habitado. Pues, de este modo, Hageo y Zacarías son los primeros en ofrecer tal consolación. Como si se dijera: "Todo estará en paz, ni disturbios ni sublevaciones se escucharán en la tierra. La ciudad de Jerusalén estará llena de jóvenes, los niños jugarán seguros en las calles. Esto ciertamente, pues, les parece imposible a ustedes, pero tengan confianza. Haré que tome lugar muy fácilmente."

7. ¡Miren! Yo salvaré a mi pueblo [del país de oriente]. Este texto, como otros que le siguen, algunas personas lo aplican a Cristo. Esto no es necesariamente algo impropio (de por sí malo). Si alguno quiere seguir muy seriamente este[135] énfasis, hágalo pues. Yo prefiero, no obstante, hacer referencia y aplicar a Cristo solamente esas declaraciones que propiamente son pertinentes a Cristo y que eficazmente toman en cuenta su reino, y paso por alto ésas que se pueden eludir por una razón u otra. Él dice que la ciudad será populosa (bien poblada), que sus calles estarán repletas de personas ancianas, niñas y niños, aunque ahora allí se encuentran pocas personas, y aunque todo aparenta ser deplorable y listo a derrumbarse. Tenemos evidencia definitiva de esto en Nehemías: ni apenas un décimo de la ciudad había sido reedificada en ese tiempo. El resto (el otro noventa por ciento) había sido incendiado y destruido. Así que nada tan imaginable parecía que iba a ocurrir, que esa ciudad, desierta y devastada, iba a restablecerse como un lugar célebre, bien poblado, y ameno. Pero Dios definitivamente tiene el poder de crear todas las cosas de la nada (*ex nihilo*), no sea que nos gloriemos de nuestros propios esfuerzos. Así que, inmediatamente él añade: "Yo salvaré a mi pueblo del país de oriente, y del país del occidente." Esto es: "Llamaré tanto a los judíos como a los israelitas para que regresen de Babilonia y de otras partes del mundo, sea donde sea que se encuentren, y Jerusalén será repoblada."

135 En latín: "adherirse firmemente."

8. En verdad y en justicia. Esto es: "Sus cultos (adoración) a mí serán legítimos, genuinos y sinceros por causa de la Palabra y de las personas piadosas que se encontrarán entre el pueblo." De otra forma, la idolatría nunca hubiera cesado entre el pueblo. Por causa de la Palabra, y el Espíritu Santo, el cual se encontraba presente en algunas de esas personas, él dice que quiere evitar que ellos se atemoricen de otra devastación.

10. Porque antes de ahora, [por culpa del enemigo] ni los trabajadores recibían su salario. Describe ahora el miserable estatus (condición) del estado antes de esta profecía, nadie se encontraba feliz por sus esfuerzos, los campos agrarios no devolvían las semillas (no daban la debida cosecha) con esmero, y vivían en suma pobreza y muy temerosos de complots e intrigas. Esto lo podemos ver claramente en Hageo, capítulo 1. Por lo tanto, la bestialidad y crueldad y suma calamidad sobre todas sus cosas los controlaba a ellos. No tenían paz, ni verdad, ni justicia. Es una frase idiomática de la Escritura decir: "No hay salario para los trabajadores." Nosotros traducimos esta frase en forma negativa simplemente así: "Lo que los obreros trabajaron fue todo una perdida, no dio resultado." La gente tiraba todo a un saco que tenía un hueco grande en el fondo. Vemos, entonces, pues, de qué modo la Escritura habla sobre los méritos humanos, o sea, sobre los resultados de las obras humanas, y no sobre los méritos.

12. Habrá paz cuando se siembre. Encontramos de nuevo un hebraísmo (aquí). Está diciendo: "De ese pequeño remanente levantaré para mí (causa) un pueblo innumerable. De esa insignificante llama encenderé un enorme fuego. Ellos serán mi siembra de paz, esto es, serán prósperos y bendecidos. Se multiplicarán como la semilla". Entonces añade en detalle:

13. Así que ustedes, de la casa de Judá y de la casa de Israel [no deben tener miedo]. Incluye también a Israel en la promesa, aunque la profecía había declarado que Israel nunca sería regresado. He dicho que, así y todo, debemos entender esto de esta manera: no cabe duda que muchos israelitas fueron regresados, pero su reino y nombre nunca fueron restablecidos. Para Judá el nombre, trono, administración, y sacerdocio fueron restablecidos. Israel fue llevada a estar con los medos y después jamás recuperó su príncipe, su culto divino, ni ninguna organización política (πολιτείαν). Por lo tanto, si algunos del pueblo de Israel fueron regresados, ellos fueron contados como parte del pueblo de Judá. Pero, de que llegaran a ser una maldición para los gentiles o una bendición significa que iban a ser un ejemplo, así como en latín se suele decir. Ellos fueron ejemplo de una maldición cuando algunos los trataban como miserables por causa de su rechazo y cautiverio, así como les sucedió por causa de la ira de Dios.

14. Así como pensé en hacerles daño [cuando sus padres me hicieron enojar]. Siempre se preocupa por sus afligidas conciencias, las cuales fueron tan miserablemente oprimidas en el pasado. Siempre se queda algún sentimiento (recuerdo) de la calamidad sufrida. Continúa llamando (instando) a las conciencias para que pongan a un lado esos malos y aterradores pensamientos de pasados infortunios, y los fortalece nuevamente con extensas, ricas, y consoladoras promesas. Pero se requería una gran fe para captar esas promesas. Pues, de acuerdo a la razón todo aparentaba estar completamente perdido.

16. [Lo que sí deben hacer es] hablar siempre a su prójimo con la verdad. Él no urge hacer ceremonias o sacrificios, cosas que ellos consideraban muy valiosas. En vez, él demanda las mejores obras de amor, así como ya lo hemos tratado suficientemente en el capítulo anterior. Es como si él dijera: "Así como yo soy justo, y veraz, así pues, deben ser también ustedes.

Y juzgar en sus tribunales siempre con apego a la verdad y a lo conducente a la paz. Ésta es una maravillosa composición de palabras. Ellas significan: "Que cada uno de ustedes sea sincero y cándido con su prójimo. Que cada uno de ustedes haga lo que dice que va hacer. No simule (pretenda) ser un amigo y muestre entonces que es un enemigo. Que no lleve un pedazo de pan en una mano mientras que lleva una piedra en la otra. Entonces, pues, juzgue correctamente, pues por causa de juicios inicuos (injustos) nacen odios, y de esos odios salen complots; y de los complots se levantan sediciones y guerras." Es así como yo interpreto el juicio que conduce a la paz.

17. Nadie debe pensar en hacerle daño a su prójimo. Por toda la Escritura, pues, se requiere misericordia y no sacrificio: que hagamos el bien unos a otros, que uno ayude al otro con obras o con consejo. Pero el Señor quiere encomendar a nuestro cuidado a esos que están oprimidos y afligidos. Hacia esas personas, dice él, tiene consideración, así como nos dice toda la Escritura. Los ojos del Señor se compadecen por los pobres.

Ni deleitarse en juramentos falsos. Esto lo podemos entender como que se refiere al culto (adoración) y religiosidad falsos, cuando tomamos el nombre de Dios en vano para nuestros propios propósitos y culto ficticio, así como ya interpreté anteriormente en el capítulo 5. Pero cada uno debe seguir lo que le parezca mejor.[136]

19. Los ayunos del cuarto mes, y de los meses quinto, [séptimo y décimo]. Aquí se contesta la pregunta sobre el ayuno. Ya ofrecimos una solución y la explicamos con sumo detalle anteriormente.[137] Abroga (invalida) completamente todas esas tradiciones humanas, diciendo, pues, así: "No quiero que ustedes estén afligidos y no quiero que continúen con hambre. Después de todo, ¿qué es el ayuno de ustedes para mí? Pero cambiaré esa tristeza de ustedes en alegría para que así como ustedes estuvieron tristes durante esos primeros días, ahora comerán libremente y se alegraran." Pero esto se traduce malamente en nuestra Biblia[138] así "*in solemnitates praeclaras*" (nobles fiestas). Nosotros debemos traducirlo así "*in solemnitates iucundas seu bonas*" (fecundas o buenas fiestas). La traducción más pobre (inexacta) ha dado ocasión a los malos sacerdotes para que apliquen indebidamente este texto para confirmar sus impías tradiciones, y para hacer ver que sus ayunos son nobles y dignos de ser divulgados y propuestos al pueblo para que sean imitados como parte de sus costumbres. Pero el profeta dice claramente que no deben seguir tales costumbres (prácticas). El profeta inculca, pues, que se hagan obras de caridad diligentemente pues es la naturaleza de la hipocresía y de la tradición humana rechazar la verdad y el esmero hacia el prójimo. Esto es algo que todas las órdenes impías de los monjes, y especialmente esas órdenes de los que se consideran los más santos, como por ejemplo la de los Cartujos, todavía enseñan hoy muy abiertamente.

20. Van a venir pueblos y habitantes de muchas ciudades. Hasta este texto algunos lo aplican a Cristo. Aunque esta práctica no sea un rechazo de su significado, no obstante, pues, todo este texto no puede ser aplicado a él (Cristo). Por lo tanto continuaremos usando ese primer significado. Dice pues: "Los habitantes de muchas ciudades se congregarán aquí. No solamente ustedes sino también los habitantes de muchas ciudades (es

136 Se refiere aquí a cómo interpretar este versículo.

137 Ver arriba la introducción al capítulo siete.

138 Se refiere a la Vulgata.

así como debemos leer esto).[139] Y los residentes de una ciudad dirán a los residentes de otra: Vayamos a implorar el favor del Señor" [v 21]. Entonces, un poco después añade "vayamos a buscar al Señor de los ejércitos (a Jerusalén)", [vv 21-22]. Ahora, pues, si esa sección no hubiera sido añadida, yo aplicaría también este versículo a Cristo. Por lo tanto, aplicamos ésta a un culto (adoración) literal y legal. Por lo tanto, su significado es como Lucas lo explica en Hechos 2:5:[140] "Moraban entonces en Jerusalén (judíos), de todas las naciones bajo el cielo." El templo finalmente era tan estimado que hasta los príncipes y reinas de tierras lejanas lo honraban con sus regalos, así como Josefo relata.[141]

21. Yo también iré. Jerónimo cree que estas palabras no fueran dichas en el lugar de la persona de Dios, así como algunos quieren que sea, sino que fue en (lugar) de la persona del pueblo.[142] Esto es ambiguo. ¿Cuál es, entonces, el mejor significado (la mejor interpretación)? Esto lo dejo sin resolver. Si se dijo en la persona de Dios, éste es el significado: "Yo estaré en el medio de ellos, y seré su Dios", así como dice en otros lugares. Por lo tanto, debemos entender esto como que se refiere no solamente a los judíos, sino también a todos los piadosos (justos) de todas las naciones de la tierra que se congregan allí para adorar a Dios.

23. Cuando lleguen esos días, diez hombres [de diferentes naciones y lenguas] se aferrarán al manto [de un judío y le dirán]. Él conecta el tiempo del regreso con el tiempo del reino de Cristo. Dice que diez hombres de cada lengua y nación de la tierra se aferrarán al borde del manto de un judío para ir con él. Los judíos miran con urgencia este texto de varias maneras maravillosas y dicen que todavía no se ha cumplido. Pero, no obstante, se ve una gran incongruencia en esas interpretaciones, que no se puede entender (comprender) cómo ellos sueñan todo esto. Por lo tanto, no podemos aplicar esto al borde externo de un manto, sino, pues, a la proclamación del evangelio. Es como si él dijera: "El evangelio será predicado entre todas las naciones. Dará tanto fruto que un apóstol (o, como otros les agrada mejor, Cristo) por causa de su predicación, convertirá muchísimos miles de personas a la piedad (justicia). Ellos harán esto espontáneamente, y no

139 Lutero propone leer aquí *"habitatores civitatum multarum"* en vez de como lee la Vulgata *"habitent in civitatibus multis"*.

140 La Weimar cita Hechos 1.

141 Flavio Josefo, *Antigüedades de los judíos,* XI, capítulo 5.

142 Jerónimo, *Commentaria in Zachariam prophetam*, sobre Zacarías 8:21. Patrología, Series Latina, XXV, 1476.

bajo la ley que los obliga, sino porque el Espíritu Santo los guía." Ya que el número diez es el ciclo de todos los números, significa, pues, la universalidad de todos los que van a ser convertidos a la fe en cualquier lengua. Entonces, el profeta también en voz baja nos indica que ellos no vendrán a este reino a menos que sean seleccionados y limitados hasta cierto número. Este cierto número es asunto de Dios. Él llama y escoge de acuerdo a su propia voluntad, así como quiera hacer. Nada de esto se encuentra bajo la prerrogativa de nuestro propio poder o esfuerzos, sino, pues, bajo su misericordia.

Capítulo Nueve

Ya casi hemos completado la primera sección de este profeta. En los capítulos que siguen, él profetizará sobre el futuro, esto es, sobre la sucesión del tiempo hasta y después de Cristo. La primera parte de este capítulo se nota bien extraño y oscuro. Un gran número de exegetas lo ha interpretado de varias maneras, pero, a pesar de la variedad de interpretaciones, todavía no quedo satisfecho. Algunos interpretan que esto se refiere a Babilonia, otros a los macabeos. Jerónimo lo relaciona todo a Cristo.[143] Pero todos ellos no apuntan en línea directa. Lo que el profeta dice sobre la carga es completamente claro y bien manifestado. Después de todo, el título de este capítulo contiene (nos hace ver) esto. Por lo tanto, donde se encuentra una carga por causa de la palabra del Señor, allí debe encontrarse algún mal; o, sino, una opresión que está por venir es declarada y señalada. Esto es algo común en todos los profetas. Pero aquí él mezcla inmediatamente la gracia con la profecía de la devastación, así como añade dentro de este capítulo: "Les quitaré la sangre de la boca, y de entre los dientes les arrancaré sus abominaciones" (v 7). Brevemente, creo que éste es el significado de la primera parte de este capítulo: El profeta quiere profetizar y predecir que acontecerá que los pueblos vecinos alrededor de Jerusalén –Tiro, Sidón, y toda Palestina– serán convertidos a Cristo por medio del evangelio revelado por todo el mundo. Pero una significativa calamidad, destrucción, y aflicción, precederá a esa gracia. Esto es, es cierto que sucederá que nuestros vecinos irán con nosotros en el futuro y que nosotros como ellos tendremos la misma fe. Pero, ellos no llegarán a recibir esa gracia antes

143 Jerónimo, *Commentaria in Zachariam prophetam,* sobre Zacarías 9:1, Patrología, Series Latina, XXV, 1479.

que sean bien castigados. Primero, van a pagar por el castigo de sus impiedades y porque han causado tantas miserias y aflicciones atroces. Éste me parece ser el significado real (germinal). Si no les cuadra, no veo otra manera de explicarlo por mí mismo, y queda bajo una significativa oscuridad. Después de todo, el profeta dice todo de forma oscura, y así, pues, que la profecía, ahora oscura, no fue entendida hasta que los judíos la vieron cumplida. En referencia a Tiro y Sidón, ciudades muy opulentas (pues eran ciudades costeras [con marinas] abundando en todo género de buena mercancía), debemos consultar los libros de historia. Estas ciudades fueron devastadas dos veces, la primera vez por Nabucodonosor, rey de Babilonia. Ezequiel hace memoria de esta devastación en gran detalle. "El rey Nabucodonosor de Babilonia lanzó con su ejército un feroz ataque contra Tiro", etc. (Ezekiel 29:18). La segunda destrucción ocurrió por medio del rey Alejandro, quien era llamado Alejandro el Grande. Sobre esto escribe el historiador de los gentiles. Se menciona también en la historia evangélica (los Evangelios), cuando Cristo dice: "¡Hay de ti, Corazín! ¡Ay de ti Betsaida! Porque si en Tiro y Sidón se hubieran hecho los milagros que se han hecho con ustedes", etc. (Mateo 11:21). En este texto Cristo mismo da testimonio de que esas ciudades fueron derrocadas y completamente destruidas. Esto ocurrió en la más reciente devastación bajo Alejandro el Grande. Entonces, después de la muerte de Alejandro ellos continuaron bajo una perpetua disensión (discordia), bien amargados, con odios y contiendas armadas entre los reinos de Egipto y Siria. Con frecuencia se involucraron en amargas guerras uno con el otro que produjeron grandes calamidades y destrucciones a esas ciudades que se encontraban en el medio de ellos (por ej Egipto y Siria). Esas ciudades estarían sujetas a cualquiera que las venciera, y serían desplomadas por ellos. Sobre esto lean las historias de los macabeos y Josefo.

1. De la tierra de Jadrac. Jerónimo cree que esta palabra se compone de dos elementos separados.[144] Esto quizás no sea una observación inadecuada. Es una nueva palabra que fue inventada por el profeta para oscurecer (mantener oscura) su profecía. Significa, pues, *ein Schenck*, uno que solamente carga tazas (un copero). El profeta ha abusado la etimología de la palabra para describir las costumbres de esas ciudades como lujosas, malcriadas, y sumamente opulentas. Es como si dijera: "Ahora somos pobres y destituidos. Todas nuestras cosas se encuentran

144 Ver arriba cita 143.

en estado deplorable. Sufriremos enormemente al trabajar tan ardorosamente para reedificar el templo y reparar las miserables ruinas de nuestra ciudad. Pero, ustedes los sirios solamente son coperos. Todo lo que producen demuestra un feliz porvenir, pues se ven tan abundantes y llenos de tantas cosas. Con ocio y bien confiados sacian todos sus apetitos. No tienen ninguna preocupación por las calamidades. Pero, en un breve momento ocurrirá que sus ciudades también serán destruidas y sus lujos serán prohibidos para que así, siendo ustedes oprimidos, puedan regocijarse con nosotros por la gracia revelada por el evangelio."

Y de Damasco. Se refiere aquí a Siria, donde Damasco es la confianza o capital. Esto es, los sirios confían especialmente en esta ciudad, y descansan allí seguros.

Israel y la humanidad entera, deben volver los ojos al Señor. Ésta es una frase (idiomática) usada en la Escritura, que el profeta también usa en el Salmo 3:8: "La salvación es del Señor",[145] esto es, *Bei dir steht die Hilfe*. Por lo tanto, el hecho que hombres, y todas las tribus de Israel vean, no es algo propio de ellos, sino que es propio del Señor. Es él quien nos provee la vista. El significado de este texto es el siguiente: "Es inminente que otro cambio sucederá y amenazará. Ese peso (carga) se encuentra ante sus manos. Muy pronto habrá otro reino. El Señor proveerá su ojo a la humanidad entera. Esto es, la luz del Señor se manifestará."[146] Este texto, pues, nos insta a que entendamos esto en términos de una vista (ojos) espiritual.

Todas las tribus de Israel. Dice, pues: "Ustedes los sirios y los palestinos aparentan entre ustedes ser gente inteligente. Creen que todo se ha expuesto a la luz para ustedes y que nosotros nos encontramos envueltos en las tinieblas. Para hay otra luz, otro modo de ver, que ése que ustedes piensan. Esa luz le pertenece al Señor, quien brindará su ojo a todos nosotros y a todas las tribus de Israel para que no solamente veamos lo que debemos ver, sino que también nos regocijemos sobre lo que hemos visto." Así es como la Escritura frecuentemente usa la palabra "ver". También, esa nueva luz es el evangelio, el cual ilumina los corazones y las más oscuras tinieblas.

145 Mi traducción de la cita de Lutero en latín.
146 Literalmente *"orietur"* (se levantará o elevará).

2. Lo mismo que Jamat, vecina de Tiro y Sidón, a pesar de su sabiduría. Esto es, no solamente será carga sobre los borrachos, y amantes de la lujuria, sino también con Jamat (esta es la ciudad que se llama hoy en día Antioquia), que hace frontera con Damasco. Esta gente, dice, aparentan ser sabios. Son, pues, sabios ante el mundo pero necesitan también de otra sabiduría. Explica también la sabiduría del mundo y la razón por la cual toda esa región era distinguida. Toma en cuenta especialmente a Tiro al añadir. "Tiro edificó una fortaleza para sí, etc.", como si dijera: "Porque fuertes murallas la protegen, porque las riquezas la rodean por todas partes, ella piensa que se encontrará contra todos los ataques de sus enemigos. Ella posee muchos líderes en su gobierno, una amplia reserva de oro y plata. Pero nada de esto le podrá ayudar." Ahora, pues, esa ciudad era muy opulenta y floreciente. Así que solo fue con gran dificultad que Alejandro el Grande pudo vencerla. Pero finalmente fue conquistada. Inmediatamente añade el profeta esto:

4. El Señor la despojará de sus riquezas, acabará con su poderío marítimo. Es así como yo conecto aquí la continuidad en su discurso. De otra manera no se ve una coherencia (continuidad). También tomo como hecho lo que el Señor dice de que la posesión de Tiro será algo bueno. Por lo tanto, el significado es éste: "El Señor habitará por medio de la Palabra hasta en Tiro. Pero una gran calamidad acontecerá antes que él tome posesión. Primeramente el poderío de Tiro será arrojado al mar, y también será devorada por el fuego.

5. Cuando Ascalón vea esto, se llenará de miedo. Entonces explica esa carga en referencia al resto de las ciudades vecinas. Nombra, pues, la capital y las ciudades principales del reino de los filisteos, especialmente ésas que iban floreciendo. Aunque éste era un pequeño reino, se atrevía a ir en contra de reinos muy poderosos y grandiosos. Esto causó muchos problemas a los judíos, pues ésos (los filisteos) frecuentemente también los conquistaron a ellos. Pero aquí dice el profeta que los filisteos perderán la confianza en sí mismos, pues leemos: "porque verán desvanecerse su esperanza" ["su" es redundante]. Esto es, perderán su presuntuosa confianza. Esos hombres que pueden ofrecer valiosos consejos para conservar la república, serán arrebatados de entre ellos. Y cuando carezcan por no tener una república, poder, recursos, o armamentos, nada se le facilitará.

6. Asdod será habitada por extraños. Jerónimo aplica esto a Cristo, pero en realidad esto no encaja (cuadra). En hebreo se usa (la palabra)

מַמְזֵר (*mamzēr*), "un bastardo", que vive en Asdod. Esto es, los nativos (indígenas) y genuinos ciudadanos serán expulsados de allí y destruidos. Habitarán allí solamente extraños y gente foránea. Por lo tanto dice que ellos perecerán totalmente; así como ellos ahora dicen que solamente un remanente de aquellos de los más ricos de esas ciudades apenas sobrevive. En un tiempo, pues, ellos eran muy poderosos y bien célebres, que yo mismo también muchas veces admiro su poderío, aunque ése hubiera sido tan pequeño.

7. Les quitaré la sangre de la boca. Este texto promete la gracia, así como ya he mencionado al principio de este capítulo. Éste es su significado: "Ellos son unos homicidas y ladrones, también idólatras y grandes pecadores. Les arrancaré todos esos pecados (pues esto es lo que él llama 'la sangre': los pecados de la carne). Se los arrancaré por medio del evangelio." Esto ocurrió por medio de la predicación dc los apóstoles, quienes viajaron por todas estas ciudades.

Pero quedará también un remanente para nuestro Dios. Esto es, ésos también serán una parte del remanente del pueblo de Dios, quienes serán salvos por medio del evangelio.

Y en Judá ellos serán como capitanes[147] (maestros). Esto es, será tan completamente convertido, y el evangelio producirá tantos frutos, que hasta tendrán líderes en la Palabra, que serán similares y aptos como los maestros y líderes de Judá. Por lo tanto, la profecía con que el profeta quería indicar que el reino de Cristo se encontraría presente en corazones espirituales se ha vuelto oscura. El evangelio enseñó y limpió sus corazones, hasta entre los gentiles. Y eso era algo que los judíos pensaban que jamás iba a ocurrir.

Y los de Ecrón serán como los jebuseos. Esto es, Ecrón será un prosélito de la fe, así como los jebuseos eran prosélitos y socios en la fe de los judíos en Jerusalén. Ellos creerán el evangelio de Cristo así como los judíos (lo creyeron).

8. Entonces acamparé alrededor de mi casa para vigilarla. En hebreo se dice: "Acampa." Tenemos la misma palabra en el Salmo 34:7:

147 En latín lee como "gobernadores" o "líderes".

"El ángel del Señor acampa alrededor de los que los temen."[148] Esto es, así como un ejército, él acampa, rodeando alrededor de personas piadosas sus ángeles para custodiarlos. Hace de sus ángeles sus guardias, para que así no sean de ninguna manera lastimados. Tenemos aquí también la misma frase, como si dijera: "Fortaleceré bien esa iglesia que he congregado para mí de gentiles y judíos, 'para que nunca más haya quien oprima ni destruya a mi pueblo', esto es, por el legislador, sino que sea gobernada y dirigida por el Espíritu. Por lo tanto, les brindaré celosos y vigilantes apóstoles y predicadores de la Palabra, quienes ejercerán bien sus obligaciones para salvar el rebaño encomendado a ellos, no sea que los lobos ataquen a ese rebaño, o falsos profetas los acosen, los descarríen, y ellos pierdan sus almas." Así, pues, ésos que están encargados del ministerio de la Palabra son los soldados de Cristo. Ellos marchan esparciendo la Palabra, entablando duras batallas con Satanás, tanto a favor de sus oyentes como también por la Palabra, ya que Satanás nunca cesa de acosarlos, buscando a quien devorar, así como Pedro nos dice (1 Pedro 5:8), para ver a quién desvía de (la presencia) de Cristo por medio de sus secuaces, esto es, por medio de los maestros (doctores) de las obras y de la justicia humana.

Porque ahora miraré con mis ojos.[149] Ahora la ley ha sido abrogada y destruida, veo yo, pues, un pueblo espiritual que se está congregando en un solo rebaño, de gentiles y judíos.

9. Llénate de alegría, hija de Sión. Esto es, así como ya dije, la segunda parte del capítulo, en donde describe la grandiosa consolación y amplia proclamación del reino de Cristo por todo el mundo y entre todas las naciones. Este texto es bien conocido. Los evangelistas lo han citado (Mateo 21:3; Juan 12:15), y ya nosotros lo hemos interpretado detalladamente en mi "postilla".[150]

Mira que tu rey viene a ti, justo, y salvador. Esta es una maravillosa descripción de este Rey. Así como él es tan diferente de los reyes del mundo, también, pues, su oficio y su insignia real son claramente muy diferentes de aquellos que se atribuyen a un rey en este mundo. Aquí no

---

148 RV1960.

149 RV1960. RVC traduce: "porque esta vez yo mismo los estaré vigilando."

150 Lutero se refiere a su *Enarrationes epistolarum et evangelium, qua postillas vocant* de 1621 (W, VII, 477-479). La palabra "postilla" se deriva de la frase en latín "post illa" (después de estas [palabras]). Esta palabra la usaba Lutero en referencia a una serie de sermones que él publica sobre los textos (perícopas) recurrentes de las Epístolas y los Evangelios para la celebración del Año Cristiano.

se encuentra la violencia, ni armamentos, ni poderíos, ni ira, ni furor. Todas estas cosas son propias de los reyes de este mundo. Aquí solamente se encuentra la clemencia, la justicia, la salvación, la misericordia, y toda buena cosa. En breve, él ofrece la plena dulzura y misericordia de Dios. Él es justo, porque justifica. Él es el Salvador, porque salva. Éstas son cualidades que ningún rey pudiera emprender en su trono pues son cualidades mayores que ningún ser humano pueda emprender. Es más, que todas estas cualidades son y señalan a un reino espiritual, las cuales revelan la venida y accesibilidad de este justo Rey. Ya que viene humilde, montado sobre un asno. También, pues, no se encuentra rodeado por el poder de sus siervos (subordinados). El poder del pueblo reside en el Rey, y no viceversa, lo que es muy cierto en el caso de los reyes mundanos. Todo este texto está de acuerdo con la antítesis. Pues si ese Rey nuestro es justo y viene a salvarnos, entonces, pues, nosotros somos evidentemente impíos y condenados pecadores. De otra manera, el vendría frustrado para justificarnos y salvarnos.

Y humilde [pobre].[151] La palabra en hebreo[152] no significa exactamente "pauper" (pobre). Se traduciría mejor con la palabra "humilde", o en alemán *elend*. Lucas quería traducirlo así en el Cántico de María (Lucas 1:48): "Pues se ha dignado mirar a su humilde sierva." Su significado es éste: "El Rey viene a ustedes. Traerá justicia y salvación. Pero no viste pompa ni regalía de rey. No se presenta exhibiendo gloria o grandeza sino, pues, como una persona humilde, plebeya, como unos de los *hoi polloi*,[153] uno de los entre muchos, no destacado de entre otros por cualquier insignia real. Tampoco le siguen a él caballos,[154] ni carruajes. El más humilde animal, un asno, lo lleva a él."

10. Yo destruiré el carro[155] **de guerra de Efraín.** Tenemos aquí un solo carro en vez de carros. De nuevo, incluye aquí a las dos tribus: la de Israel como también la de Judá. El reino de Israel se encontraba en Efraín; y el de Judá en Jerusalén. Por lo tanto este texto está lleno de plena consolación. Es como si dijera: "Aunque Israel fue trasladado entre los medos, y nunca regresado a su lugar, así y todo, lo llevaré junto con Judá a formar un solo reino para que así tanto Israel como Judá

151 La Vulgata lo traduce al latín "*pauper*" que significa "pobre".

152 עָנִי (ʻ*ani*), que puede ser traducido con humilde, pobre, afligido, o miserable.

153 Aquí cita la frase griega ἐκ τῶν πολλῶν, que significa "[uno] de entre muchos".

154 Esto es, escoltado por jinetes a caballo.

155 En la RVC lee "los carros" en plural.

tengan la misma fe y el mismo Espíritu. Es más, éste será un reino espiritual. Nada de estas armas, carros de guerra, caballos, nada de estas cosas externas tienen que ver con este reino. No uso nada de esto. No llevo ninguna señal de cosas externas como éstas: armamentos ni otro símbolo de un reino externo. Solo soy un Rey justo, y el Salvador. Por lo tanto, ese reino mío va a ser pobre y humilde en la superficie. Ese reino no aparentará nada de un imperio. Pero, investiré con poder espiritual a aquellos que serán mis soldados en ése, mi reino. Ellos tendrán dominio no sobre las personas, sino sobre la muerte, el pecado, el infierno, y Satanás para que así ninguna criatura pueda prevalecer contra ellos. Ellos serán los príncipes de mi salvación." Esto es lo que él declara con (las palabras) "destruir los carros de Efraín". Es por esto que Isaías [2:4] también dice: "Y ellos convertirán sus espadas en rejas de arado, [y sus lanzas en hoces]". Esto es lo mismo que el profeta añade aquí: "Destruiré...los briosos caballos de Jerusalén." Esto es, no habrá más preocupación por los armamentos. Los animales no serán equipados para la guerra.

[Porque]: Tu rey anunciará la paz a las naciones. Aquí ofrece la razón[156] del porqué él dijo lo que hizo en los versículos anteriores. Esto es, él proclamará la remisión de los pecados para reconciliarnos con Dios y la humanidad. Donde se encuentre, pues, el perdón y la reconciliación, allí debe seguir también, entonces, el mutuo amor y la paz entre nosotros. Es en realidad más fácil el rechazar y poner a un lado las armas. Esto es en realidad evidente entre los cristianos que no luchan entre ellos mismos. Después de todo son gente de paz. Ellos son como reyes. Bendicen a aquellos que dicen maldiciones, hacen el bien a sus enemigos, y brindan también su túnica a aquel que quiere quitársela.[157] Pero dice "a las naciones". Es que Efraín se encontraba dispersado entre todas las naciones. Por lo tanto, hasta Efraín encontrará esa predicha paz entre las naciones.

Y su señorío se extenderá de mar a mar. Toma esta declaración del Salmo 72:8: "Que su dominio se extienda de mar a mar", etc. Éste es un texto muy claro sobre el reino espiritual de Cristo, quien cerrará las bocas de los judíos, quienes se imaginan un reino carnal para ellos. Aquí, Cristo el Rey, claramente se dice que tendrá dominio sobre toda

156 Lutero usa aquí una palabra técnica "αἰτιολογία", la cual se usa en la retórica.

157 Mateo 5:38-45.

la tierra, el mundo, pero sin violencia, sin armas. Esto no puede ocurrir en un reino terrenal (corporal).

11. También tú serás salvada por la sangre de tu pacto. [Has liberado tú a tus cautivos]. El énfasis aquí es sobre el pronombre "tú". Ha descrito ya al Rey y al reino de paz. Ahora describe la manera en que este reino fue preparado y cuánto le costó la preparación del reino al Rey. Todo este texto es en sí una clase de contraste, pues distingue entre la sangre del antiguo pacto y la del Rey. Es como si dijera: "Es cierto que Moisés tenía sangre, pero era la sangre de machos cabríos y becerros, tú, por el contrario, tienes tu propia sangre bajo la cual has confirmado (establecido) tu pacto." El autor de la Epístola a los Hebreos explica este texto maravillosamente: "Y no por medio de la sangre de machos cabríos ni de becerros, sino por medio de su propia sangre. Entró una sola vez y para siempre en el Lugar Santísimo, y así obtuvo para nosotros la redención eterna" (Hebreos 9:12).

Este texto sobre redimir a los cautivos, Jerónimo y Lira lo interpretan como que trata sobre los patriarcas (padres) salvados del limbo, al borde del infierno.[158] Esto hacen, usando una palabra que ellos mismos han inventado. Es algo extraño cómo tales grandes hombres tan frecuentemente y tan estúpidamente han errado por causa de su divagues, y lo han hecho sobre textos como éste, tan enormemente consolador, donde la suma de nuestra salvación es presentada. Esto es, pues, lo que han hecho con este texto, cuando recitan ellos de sus sueños sobre los patriarcas, aunque aquí se habla sobre la salvación de todos los creyentes, la cual es preparada por el derramamiento de la sangre de Cristo. Pero si los patriarcas no fueron salvados y hechos justos antes que llegaran al infierno, jamás tendrán la salvación ni serán sacados de allí. No habría, pues, salvación para ellos. Pues el perdón de nuestros pecados debe preceder la salvación, y nosotros tenemos que recibir ese perdón mientras estemos vivos. Esto es exactamente lo que les ocurrió a los patriarcas. Mientras ellos vivían, fueron librados y salvados por medio de la fe bajo la cual somos salvos. Pues, "También todos ellos comieron el mismo alimento espiritual, y todos bebieron la misma bebida espiritual", etc. (1 Corintios 10:3-4), aunque todavía esa sangre no había sido revelada. Ellos creyeron, así y todo, que iba a ser revelada. Contra textos muy claros de esta índole los santos padres

158 Jerónimo, *Commentaria in Zachariam prophetam*, sobre Zacarías 9:11. *Patrologia Series Latina*, XXV, 1485.

han tenido horrendas alucinaciones y sus haraganerías sobre la Escritura me disgustan. No creo tampoco que ese limbo, del cual algunos se jactan, exista, y lo hace así sin un sólido testimonio de la Escritura. La Escritura cita que nuestros padres que murieron duermen en el Señor y que ellos son guardados en las manos del Señor.[159] La Escritura no menciona que ellos fueron relegados al limbo.[160] Aquí el profeta habla sobre el testamento (pacto) de Cristo. Es bien claro que ése no tiene nada que ver con los muertos, puesto que ellos no pueden oír. Éste tiene que ver con los que viven. Por lo tanto, a nosotros que todavía vivimos, nos es anunciado el evangelio y el perdón de los pecados en la sangre de Cristo derramada por nosotros. Entonces, pues, por medio de una comparación, él contrasta esta sangre del Rey con la sangre de cabríos y de becerros, la cual Moisés usó en su testamento (pacto). De hecho, la sangre del propio Rey ha confirmado este testamento: la remisión de los pecados y la salvación eterna, así como cita el escritor de la Epístola a los Hebreos [9:15]. Así es como debemos captar lo que dice sobre los cautivos liberados. Es como si dijera: "En el primer testamento los cautivos fueron liberados de Egipto y llevados a la tierra de Canaán. Ustedes, no obstante, transfieran cautivos 'de esa cisterna sin agua',[161] esto es, de la muerte, del pecado, y del infierno. Ellos no tienen paz ni refrigerio sino solamente una sed eterna. Nos encontramos súbitamente, pues, en esa cisterna cuando estamos al borde de la muerte, a menos que Cristo nos rescate de la misma."

12. ¡Vuelvan, pues, a la fortaleza! Esto es a la vez una exhortación y una consolación. Dice, de hecho, así: "Ahora que Cristo, Rey y Salvador, ha sido revelado, y después que ustedes han escuchado el evangelio, ¡vuelvan, pues, a la fortaleza!" No designa cierto lugar para esta fortaleza, pero persevera (continúa) con un perpetuo contraste. El testamento anterior (primero) proponía el lugar hacia donde iban: a la tierra de Canaán. Pero, así y todo, muchos murmuraron en el desierto, y otros murmuraron por otras partes. Como consecuencia de esto, perecieron, y no llegaron al lugar que deseaban estar. La Epístola de

159 Jesús cita, por ejemplo, en Mateo 8:11 que Abrahán, Isaac, y Jacob ya se encuentran sentados en el reino de los cielos al que muchos otros irán.

160 Sobre el llamado *limbus patrum,* la Iglesia Católica señala textos deuterocanónicos y no tanto pasajes de los textos canónicos de la Biblia. Creo que confunden algunos textos canónicos, como Mateo 8:11, citando el mismo como prueba del limbo de los padres. Cf la *Catholic Encyclopedia*. Esta información fue tomada digitalmente el 14 de abril, 2018 de: ***http://www.newadvent.org/cathen/09256a.htm***

161 Jeremías 38:6 pinta también este cuadro.

los Hebreos también explica esto en detalle. Por lo tanto, para que esto no les ocurra a ustedes también, abrásense fuertemente al evangelio, y crean, ya que han sido sacados de la cisterna, no sea que sean apartados de la consolación al llegar al final, así como ellos fueron apartados de la tierra de Canaán, la cual había sido sin duda escogida de antemano, y hacia la cual contendían (en llegar). Contrasta con ese definitivo lugar "la fortaleza". Pero no menciona por nombre un lugar definitivo. Es como si dijera: "Ésta es esa fortaleza. Cuando hayan llegado a ella, estarán seguros contra todo tipo de ataques por el pecado, la muerte, y el infierno."

¡Prisioneros de esperanza! Con esta frase particular responde a la objeción de la carne, quien no puede ver en los cristianos ese dominio sobre toda criatura. De hecho, lo opuesto le parece lo más cierto. Pues los cristianos han sido expuestos a todo tipo de maldad. Ellos son miserables objetos de desprecio ante el mundo. Ellos sufren muchas persecuciones. Ellos sienten y están conscientes[162] de sus pecados, le temen a la muerte, etc. Contra este modo de pensar, responde, pues: "Ustedes no ven la fortaleza. Son todavía prisioneros. Nada es tan evidente como eso de que ustedes se encuentran bajo la muerte y el pecado. ¡Pero confíen! Son ustedes prisioneros de la esperanza. 'Porque con esa esperanza fuimos salvados', así como dice el apóstol (Romanos 8:24). Esa liberación del abismo por medio de la sangre de Cristo está basada en la esperanza." La salvación y la justicia no son visibles, se encuentran escondidas. Pero llamarlos "prisioneros de la esperanza", es un hebraísmo, así como Pablo se llama a sí mismo "prisionero de Cristo".[163] Llama "sus cadenas" los vínculos con Cristo y el evangelio, pues esos vínculos son lo que sufren por Cristo y por el evangelio.

En este preciso día yo les hago saber que les devolveré el doble [de lo que perdieron]. "Este preciso día" ya ha sido explicado excelentemente en la Epístola a los Hebreos.[164] Uno pudiera tomar este "el doble" como referencia a la multiplicación del pueblo o del Espíritu dado por el oír del evangelio. Es como si dijera: "Ustedes antes eran mi único rebaño, un insignificante rebaño en Judá. Pero, por la proclamación del evangelio, haré que, pues, lleguen ustedes a ser duplicados para mí y para que Israel y todas las naciones de la tierra crean junto con ustedes."

162 Lutero usa aquí una sola palabra *"sentiunt"*, que ricamente expresa sentir y estar consciente de algo.
163 Cf Filipenses 1:13; Filemón 13.
164 Se refiere a Hebreos 3:7.

Pero me complace mucho más otra declaración que se encuentra en Isaías [40:2]: "Que ya ha recibido de manos del Señor el doble por todos sus pecados." Y aquí tenemos: "En este preciso día yo les hago saber que le devolveré el doble." Allí la palabra "devolver" no sugiere "mérito" en ese cuadro, no sea que una persona impía le atribuya algo a su propio mérito o dignidad. Pues, es por la mera gracia por la cual él devuelve el doble de gracia en lugar de nuestros pecados los cuales han sido arrancados de allí, esto es, él quita de nosotros la ley y el pecado. Éstos son los más grandes males. La muerte siempre acompaña la ley y el pecado. "Porque el pecado es el aguijón de la muerte, y la ley es la que da poder al pecado" (1 Corintios 15:56). No es suficiente que seamos liberados del pecado a menos que el autor del pecado sea también eliminado (sacado de allí). Ése, por supuesto, es la ley, la que hace que abunde el pecado y que hace exigencias sobre nosotros y nos acusa para que así ninguna conciencia puede jamás tener alegría. De hecho, esa redención es lograda por la sangre del Rey. En resumen, el profeta está haciendo esto: Describe en qué modo ha llegado el Rey a este reino de salvación y justicia. Por medio de la Palabra somos justificados y liberados. Somos transportados del reino de las tinieblas al reino de la luz por el poder de la sangre de Jesús. Entonces, vivimos en esperanza.

13. Ya he tensado a Judá como un arco, y de Efraín he hecho una flecha. Sigue allí una multiplicación y difusión de esta función. Pues de Judá y Efraín, dice, esa gracia será propagada entre todas las naciones. Pero confiere este honor a Judá y Efraín, para nombrarlos primero, pues Cristo pertenecía propiamente a ellos pues él había sido prometido a ellos. Juan dice (4:22) "la salvación viene de los judíos". Pablo también siempre menciona primero a los judíos justificados antes que a los gentiles. Dice Pablo (Romanos 1:16): "En primer lugar, para los judíos, y también para los que no lo son."[165] Pero lo que sigue aquí parece que contradice sus palabras previas, cuando dijo que "los briosos caballos de Jerusalén, y los arcos de guerra serán hechos pedazos" porque establecería todo el reino por medio de la Palabra y el Espíritu (v 10). Pero aquí él menciona de nuevo armas, arcos, y espadas. Respondo así: La declaración anterior es un resumen de cuando el rey humilde se describe en su andar sin vestuarios reales. Así marcha él. Así mismo él describe su reino, y a todos los que pertenecen a este mismo reino. Esto lo dice con muy claras palabras y sin usar ninguna metáfora y por lo

165 La Vulgata lee *"Graeco"* pues en griego lee también "para los griegos" que implica los gentiles, los que no son judíos.

tanto no puede ser entendido de otra forma. Por lo tanto, así como aplicamos una simple lectura a lo dicho anteriormente ahora tenemos que aplicar a las presentes palabras un sentido figurado. Debemos entender la espada, el arco, y otras armas metafóricamente (μεταφορικῶς) para que éstas no aparenten contradecir lo dicho tan claramente por él anteriormente. Su significado es, entonces: "Yo tomaré, pues, estos dos reinos, tanto a Judá como a Efraín. Emplearé su conversión no solamente para convertir a los judíos sino también a todas las naciones del mundo cuando divulgue al evangelio por todo el mundo por medio de ellos. Usaré sus obras para anunciar por medio de ellas también a los gentiles que la salvación ha sido derramada sobre ellos por medio de mi sangre. Tensaré a Judá como mi arco, para lanzar como una flecha la proclamación del evangelio para que así muchas personas sean impactadas por mi arco y lleguen a ser mis siervos." Así lee el Salmo 45:5: "¡Que penetren, oh rey, tus agudas flechas... y que los pueblos se rindan a ti!"

Y de Efraín. Esto es, llenaré plenamente a los apóstoles y a otros discípulos con el Espíritu Santo, para que ellos lancen flechas incendiadas con la palabra de gracia entre las naciones. Ésta es una interpretación que usó anteriormente: "Tu rey anunciará la paz a las naciones y su señorío se extenderá de mar a mar" (v 10).

Una espada de guerrero. La palabra del evangelio será eficaz, se regará entre todas las naciones y producirá abundantes frutos.

14. Entonces se verá cómo el Señor los cubre. Esto es, los discípulos, los apóstoles, los predicadores del evangelio declararán y brindarán testimonio del poder de la Palabra con milagros y por su constancia. Nadie, cuando vea, pues, estos signos y el robusto ánimo en esos apóstoles podrá negar que el poder de Dios radica en ellos, y que el Señor estuvo empleando sus esfuerzos como órganos (instrumentos) para su propósito.

Como un relámpago. Nadie podrá impedir la Palabra, la cual correrá velozmente como un relámpago de oriente a occidente. Nadie podrá impedirle a ella correr y resplandecer. Por lo tanto nadie podrá demorar la eficacia y el curso de la Palabra.

[El Señor] tocará la trompeta. Esto es, el evangelio. Avanzará entre los torbellinos del sur. La tempestad que parte desde el sur es la más fulminante. Con esta expresión él indica ese poder del evangelio al ser predicado. Es como si dijera: "La Palabra descenderá con gran poder, como un torbellino y tempestad, se infundirá entre naciones y pueblos. Ella humillará y esparcirá a esos de tal forma que primero los mortificará y condenará para luego vivificarlos y, pues, salvarlos (rescatarlos)." Es así como obra el Espíritu Santo para convertir a los impíos.

15. [El Señor de los ejércitos] les dará su protección, y ellos lo destruirán[166] **todo.** Se deleita fecundamente en usar tales metáforas e idioma figurado. Con todos éstos describe la energía del evangelio al ser predicado, y comenta sobre su grandeza y gloria. Pero, indica también cómo los ministros de la Palabra han sido en tiempos de persecución expuestos a múltiples peligros y fueron destinados a la muerte, así como leemos en el Salmo 44:22. Ellos son prisioneros de la esperanza. Por lo tanto necesitan del Señor para que los defienda, y el Señor definitivamente los defiende, así como él dice (Mateo 10:30): "Pues aun los cabellos de ustedes están contados." También [Zacarías 2:8]: "El que los toda a ustedes, toca la niña de mis ojos." Es más, no solamente defiende nuestro cuerpo. Después que nuestro cuerpo ha sido derribado, hace pues que la Palabra sea eficaz y que persevere contra Satanás y contra todo adversario. Esto señala (destaca) su gloria.

Ellos devorarán.[167] Esto es, atraparán y censurarán a los pecadores, así como Cristo dice (Juan 16:8): "[El Espíritu Santo] convencerá al mundo de pecado." Una vez que hayan sido mortificados, los devorarán, esto es, los incorporarán a ellos para ellos mismos por medio de la fe del evangelio. Esto es lo mismo que él dice sobre la piedra angular. Es como si dijera: "Proyectarán y lanzarán y su predicación será efectiva."

Beberán y se carcajearán como embriagados. Esto es, causarán un tumulto (disturbio). Con todas estas expresiones señala, pues, al feliz avance del evangelio entre los gentiles. Esto es, se regocijarán por la conversión de los gentiles así como los bebedores se regocijan por el vino cuando se satisfacen plenamente cuando bebe.

Y se derramarán sus copas como los cuernos del altar. Ésta es otra metáfora, inspirada (tomada) de una patena; esa patena es *eine Schale*

166 En la Vulgata lee "devorarán" (*devorabunt*), que es la palabra correcta ya que la palabra usada en hebreo es אָכַל (*'akal*), que significa comer o masticar. La traducción de este versículo es más exacta en RV1960 la cual traduce: "Jehová de los ejércitos los amparará y ellos devorarán", etc.

167 Cf nota 166.

(*phialis*),[168] la cual era usada en los sacrificios para depositar el vino y la sangre de los animales sacrificados. Dice, entonces, pues: "Jugarán con los gentiles así como los sacerdotes jugaron con la patena y otros vasos usados para hacer sacrificios. Sacrificarán y ofrendarán a los gentiles con sus predicaciones." Esto mismo es lo que Pablo dice (Romanos 15:16): "Para... ministrarles el evangelio de Dios, para que ellos sean una ofrenda agradable a Dios, [esto es, por medio del evangelio hago de los gentiles un sacrificio y lo traigo a su cumplimiento, para que los gentiles, así ya santificados], sean una ofrenda agradable a Dios." Así, pues, todos los pregoneros (predicadores) de la Palabra ofrendan al Señor a los pecadores e impíos, cuando ellos (esos predicadores) llevan a éstos a la desesperación por medio de la Palabra para entonces convertirlos a la justicia. Por lo tanto, pues, Pablo fue repleto (rellenado) con la sangre de muchos gentiles. Así, pues, con una sola palabra el profeta explica todo su racional (fundamento) sobre los sacrificios del Antiguo Testamento concerniente a lo que se relacionan y a lo que son pertinente, esto es, al ministerio de la Palabra.

16. El Señor su Dios salvará a su pueblo. Esto es, solamente él es el medio de la salvación. No debemos esperar otra salvación a menos que sea por medio de la Palabra del evangelio, de la cual ahora hablamos. Pero su revelación se encuentra en el futuro. Todo esto solamente es un preludio hasta que la salvación sea conocida. Por lo tanto, pues, el profeta usa muchas y varias metáforas, En nuestro idioma ellas son muy difíciles de expresar, pero en el idioma hebreo son muy apropiadas. Es así ya que entre el pueblo judío se empleaban frecuentemente esos sacrificios, y por lo tanto les era muy fácil aceptar ese tipo de metáforas, algo que nosotros no podemos hacer. Pero esas metáforas relacionadas al comer y beber, las cuales menciona aquí, son usadas frecuentemente entre otras naciones. Vemos esto también en Job 5:5: "Que los hambrientos coman su cosecha", y en el Salmo 79:7: "Son ellos los que han consumido a Jacob." También en el Salmo 14:4: "Devoran a mi pueblo", etc., esto es, los han consumido. Hasta el latín usa esta terminología *exhausti sunt* (han sido completamente consumidos).

Como si fuera un rebaño. Cristo y los apóstoles han meditado muy cuidadosamente sobre este profeta. Es así, pues ellos usan muchas

168 Lo que Lutero describe aquí no es una copa *per se* sino más bien una patena, platillo donde regularmente se deposita el pan y no el vino. Así pues, de la misma se derrama muy fácilmente el vino.

palabras de este profeta en sus oraciones (peticiones). Hasta aquí y allí citan algunos de sus versículos. Es así, pues, como Cristo siempre tiene presente la palabra "rebaño" cuando llama a los cristianos "su rebaño".

Y los exaltará en su tierra como a las piedras de una diadema. Ya hemos hecho mención del rito de los nazareos en Números 6: Cómo los nazareos eran santificados para el Señor, cómo nunca se afeitaban, y andaban descalzos, etc. Los hebreos llaman a ese ritoנֵזֶר (*nezer*), el cual lo traducimos con la palabra *Zucht* ("disciplina") en alemán. Ellos mantenían una abstinencia voluntaria con la cual servían a Dios, para así no caer en la idolatría. Se complacían enormemente en ser personas religiosas. Y aquí, pues, es a ese rito de los nazareos, y de hecho, a todos los sacrificios, comidas, fiestas –en pocas palabras, a todo tipo de ceremonias– que el profeta alude. Y por medio de esta alegoría relaciona todo esto a Cristo. Esto es lo que los verdaderos predicadores y los apóstoles hacen. Pues a esto es lo que el apóstol Pablo llama "edificar sobre este fundamento poniendo plata, oro, y piedras preciosas" (1 Corintios 3:12). El apóstol Pablo presenta lo mismo en Gálatas 4 donde interpreta alegóricamente (ἀλληγορικῶς) la historia de los dos hermanos llamados Ismael e Isaac. Aquí, entonces, el profeta habla sobre Cristo usando muchas opacas metáforas e idioma figurado pues ya había explicado lo mismo anteriormente usando un lenguaje muy claro y directo. Por lo tanto, las joyas de los nazareos son los apóstoles y los predicadores del evangelio, quienes, dice él, deben ser elevados sobre toda la tierra. Pero la palabra en hebreo no significa exactamente "elevar" sino más bien "levantar"[169] así como se hace con una insignia o bandera al comenzar la guerra. Esto es evidente en Éxodo 17:15 en referencia al altar que había sido construido. Allí Moisés añade: "[Moisés levantó un altar], y le puso por nombre Adonay Nisi (el Señor es mi נִסִּי ('bandera')", esto es, la bandera o insignia militar que atrae los ojos de los espectadores. Así pues, entonces, llama a los apóstoles y ministros las joyas de los nazareos, las cuales deben ser elevadas como una bandera. Los apóstoles y los predicadores (heraldos) de la Palabra son el fundamento de la iglesia pero ellos deben ser dedicados y consagrados al Señor así como fueron los nazareos. Esto es, ellos deben enseñar el evangelio y la fe en la manera más pura. No deben contaminar éstos con enseñanzas (doctrinas) humanas o mezclarlos con la fermentación

169 La palabra a que se refiere Lutero aquí es נָסַס (*nasas*), que significa levantar en alto para que se vea muy prominentemente.

de los hipócritas. Los apóstoles fueron personas como tales, así como Zacarías profetiza sobre ellos aquí.

Los exaltará. Esto es, por medio del Espíritu Santo en la tierra, como líderes y como estandartes en los cuales pondrán la vista los oidores del evangelio. Pues donde se predica el evangelio allí comienza una batalla, ya que el mundo no puede convivir en armonía con Cristo. Así batallan ellos, los piadosos apóstoles confiando en la Escritura, se oponen a los enemigos de la piedad y hacen que ésos cierren sus bocas. Así es como el Espíritu Santo los exalta, cuando provee fieles pregoneros (heraldos) del evangelio, los cuales no buscan su propia gloria, ni buscan favores de otros, ni se encuentran hambrientos por saciarse de riquezas y honores, sino que solo buscan enriquecer a Cristo, y devolverle a él todo ese talento y abundante cuidado (que han recibido de él), y así, pues, se dedican y se consagran solo a Cristo (*soli Christo*). Es así como son verdaderos (genuinos) nazareos al enseñar el puro evangelio de Cristo sin mezclar en ese (evangelio) sus propias ambiciones[170] y doctrinas humanas, y así pues lo siguen a él. Pero esto es una oportunidad para discernir el maravilloso resultado y la razón por lo que se presentó anteriormente. Él dice (v 16): "Cuando llegue ese día, el Señor su Dios, salvará a su pueblo como si fuera un rebaño y los exaltará en su tierra como las piedras de נֵזֶר (*nezer*)". Pero el profeta presenta esto para indicar bajo qué plan o modo quiere él (el Señor) salvarnos, es decir, por medio de la Palabra al enviar a sus apóstoles para que declaren (proclamen) a Cristo, y así, pues, atraer a él a ésos en que el evangelio es eficaz. Claro que estos apóstoles deben ser las piedras de נֵזֶר (*nezer*), esto es, deben ser consagrados al Señor. Deben ellos enseñar sinceramente el evangelio. De otro modo no pueden ser "las piedras de נֵזֶר (*nezer*)".[171]

17. ¡Cuánta bondad, y cuánta hermosura! Este texto ha sido distorsionado pésimamente a favor del sacramento de la Eucaristía (εὐχαριστίας). Ocurre así porque (este texto) menciona "el trigo y el vino". Tan obvia es la intolerante negligencia de los santos escritores, especialmente cuando pudieron ser más vigilantes y diligentes. Jerónimo, al igual que los judíos, critica severamente a la Septuaginta, por traducir [así] "el trigo de jovencitos y el nuevo vino (mosto) que florece

170 Lutero usa en latín *"somniis"* (sueños), que significa en ese contexto "ilusiones" o "ambiciones".

171 El usar נֵזֶר (*nezer*) es un juego de palabras ya que *"nezer"* significa también la consagración del sacerdote o nazareo.

(germina) virgenes".[172] Pero, creo yo que es Jerónimo quien ha traducido pésimamente este texto. Me suscribo a la versión de la Septuaginta que traduzco así (al latín): "*frumentum electorum et mustum [vinum] germinans virgines.*" Entonces, pues, éste es el significado de este texto: "No con poder, ni con ejércitos, ni con impulsos bélicos, salvará Cristo a su pueblo. Lo hará con bondad y con hermosura. No salvará con bestiales armamentos sino con "humildad y justicia", así como cita el Salmo 45:4. Esto es lo que se llama aquí "trigo y vino": el evangelio, el cual es el supremo decoro y honor de Cristo. Con este evangelio atrae corazones los cuales gustan de la dulzura del evangelio. Pues el evangelio es la luz, y radiante rayo por el cual Cristo es glorificado porque ahora recibe alabanzas, es celebrado, es magnificado, cubierto de hermosuras, y miles de otras alabanzas mencionadas en los Salmos cuando describen el decoro de Cristo. Este evangelio, dice él, será hermoso, generará jovencitos robustos y vírgenes, y no pues, infantes débiles como los que son nacidos de la carne inútil. No, inmediatamente florecerán jóvenes robustos y vírgenes decorosas, así como suelen ser las jovencitas al punto de contraer sus nupcias, y como suelen ser también los jovencitos en la flor de su vida. Consecuentemente, tenemos un milagro conectado con el nacimiento de ellos. En resumen, él nos indica que el pueblo del evangelio será robusto, energético, y alegre, en el espíritu y en la fe. Pues en Cristo no vivimos nuestra vejez sino, pues, un eterno florecer. En Cristo no existe una triste senectud, ésa que nos toca con varias enfermedades, ese tipo de problema que les llega a ésos que han dejado atrás la adolescencia y ahora viven la madurez de su edad senil. La juventud no sufre ninguno de esos males. Hace que los corazones de los jóvenes sean vibrantes como también inmunes a la tristeza y al desánimo. Así también son las jovencitas quienes se encuentran en la flor de su juventud.

Capítulo Diez

El profeta continúa jugando con alegorías, metáforas, y figuras idiomáticas, así como había comenzado (su tarea profética). Pero todo este texto es citado casi palabra por palabra en Mateo 4, donde el evangelista describe la predicación de Cristo en Galilea. También toda esta sección consiste de contrastes ya que (el profeta) discierne la diferencia

172 Lee así en la Septuaginta: "σῖτος νεανίσκοις καὶ οἶνος εὐωδιάζων εἰς παρθένους."

entre cuales son los predicadores genuinos, y cuál es la genuina palabra de Dios de los que son hipócritas y falsos maestros (doctores), ésos que no son "rocas de נֵזֶר (*nezer*)", y que solamente dictan visiones que parten de sus propios corazones. Éste es el significado.

1. Pidan ustedes al Señor que llueva en la estación tardía. El énfasis aquí es en el Señor. Es como si dijera: "Abran los ojos y 'cuídense de la levadura de los fariseos' (Mateo 16), no sea que ellos impongan sobre ustedes estas cosas como si fuera algo correcto, y hagan que ustedes se extravíen en el desierto, así como se desvían las ovejas cuando el pastor se va." Todo esto ha ocurrido. Pues cuando Cristo vino, todo había sido mezclado con tradiciones humanas y la levadura de los fariseos.

La Escritura en varios lugares menciona dos tipos de lluvia. Ya he explicado esto anteriormente en detalle. El primer tipo de lluvia es la que fecunda la tierra para que la misma reciba lo que se ha sembrado. La otra (lluvia) es la que nos resguarda de la sequedad después de sembrar para irrigar las semillas, no sea que se marchiten. La primera lluvia fue la doctrina de la ley. Dice, entonces, pues: "Ustedes tienen a los profetas entre ustedes. Ellos los exhortan y los resguardan a ustedes solamente con la ley como si ella fuera un guardia. Es algo difícil para ustedes el sobrellevar a esos profetas. Por lo tanto les doy a ustedes otro consejo. No permanezcan solamente en la ley, sino pidan también por una segunda lluvia. Cuiden del trigo de los jovencitos y del mosto (vino nuevo) de las vírgenes. Entonces, pues, las conciencias de ustedes serán elevadas cuando sea levantada (eliminada) la tiranía de la ley. Mientras teman ustedes esa tiranía, se encontrarán espantados, y cargarán un tremendo peso. Entonces, pues, habla, así como ya he dicho, usando contrastes.

El Señor enviará relámpagos y a cada uno le dará lluvia abundante. Lo que nuestro traductor[173] llama "lluvia abundante" (*pluviam imbris*) es solo una palabra en hebreo.[174] Los expertos en la gramática hebrea no concuerdan, pues, en lo que esa palabra propiamente significa. En toda la Escritura esa palabra es usada tres veces: dos veces en Job (28:26 y 38:25) y aquí en Zacarías. Los traductores de la Septuaginta usan φαντασίας (*fantasías*) para traducirla. Pero me parece a mí

173 Se refiere a la Vulgata.

174 "*pluviam imbris*" en la Vulgata, traduce del hebreo lo que es una sola palabra מְטַר־גֶּשֶׁם con una palabra compuesta, algo como "llovisnadelluvias", la cual no existe ni tiene equivalente en el castellano. No obstante, la palabra, pues, más difícil de traducir del hebreo es חֲזִיז ("relámpago") la cual es traducida por la Vulgata con "*nives*" ("nubes").

que se refiere aquí a la tempestad que suele ocurrir en la primavera al concluir el invierno, cuando el trueno se siente más extremadamente sacudiendo la tierra. Pues se dice que el trueno beneficia la tierra y la siembra, y eso es así por ese temblor en la tierra que hace que se abra y sea fertilizada. Éste es, entonces, el significado que yo ofrezco: Es como si él dijera: "Cuando hayan pedido al Señor por la lluvia de la primavera, él les dotará (brindará) una abundante, grandiosa, y fuerte lluvia con la tempestad de la primavera, la que suele fecundar la tierra. 'A cada uno le dará... hierba verde en el campo.' Esto es, cuando el pueblo haya pedido el evangelio, allí será predicado brindando el máximo crecimiento." Producirá los más abundantes frutos.

2. Los terafines han comunicado mensajes sin sentido. Usa diferentes figuras idiomáticas para describir a los falsos maestros (doctores), así como anteriormente usó para describir a los predicadores genuinos (verdaderos). Los llama falsos maestros, idólatras, adivinos, mentirosos, soñadores de sueños ilusorios (falsos), etc.

Sueños ilusorios. Esto es, los que se preocupan con sueños y tontas imaginaciones. Judas los llama también en su epístola [v 8] "soñadores". Ellos conectan sus sueños a todo lo que predican cuando prescriben obras por medio de las cuales engañan a los incautos y también desean consolar por medio de ellas sus miserables conciencias. Y ellos añaden también que Dios aprueba este tipo de obra. Por medio de esto prometen el favor (amor) de Dios. Es así como ellos destruyen las almas con esas falsas promesas, y de las cuales ellos no se ven muy convencidos. Esto es algo que arruina las almas. Entonces añade esto:

Por eso el pueblo sufre y vaga sin rumbo, como ovejas sin pastor. Indica aquí que esa dispersión (vagar) no es algo simple o común sino una en la cual cada oveja busca por sí misma su follaje cuando de alguna manera el pastor ha sido sacado de allí. Entonces lo que ocurre es que las ovejas comienzan a vagar por aquí y allí, se debilitan, y por lo tanto perecen. Tenemos visiblemente la misma declaración muy clara y sin usar figuras idiomáticas en Isaías [53:6]: "Todos perderemos el rumbo como ovejas, y cada uno tomará su propio camino." Aquí le es necesario al profeta escribir estas cosas en forma oscura y usando un sentido figurado. Pues, si hubiera dicho esto abiertamente para que ellos lo entendieran a él, él, quien estaba conectando y predicando el rechazo y la ceguedad del pueblo, sin duda hubiera puesto su vida en peligro. Pero el profeta había sido encomendado para esto mismo: había sido enviado para consolar y animar a un pueblo afligido, el cual vivía miserablemente y oprimido. Así, pues, serían animados a reedificar el templo, también declarar que el Señor vendría y bendeciría lo que ellos habían comenzado, y finalmente para recordarles que el Señor enviaría al Rey que él había prometido a sus padres. Por lo tanto, si (el profeta) hubiera conectado a esas promesas consoladoras unas muy claras amenazas que ellos hubieran entendido, los hubiera espantado para emprender su labor y proceder en la reedificación del templo. Por lo tanto presentó las amenazas e ira de Dios usando palabras oscuras para que, finalmente, solo las entendieran los que las debían entender. Entre ese número[175] se encuentran los apóstoles, todos los judíos que fueron convertidos a Cristo y a nosotros los gentiles que creemos en el evangelio, el cual promete la remisión de pecados en Cristo, etc.

3. Mi enojo se ha encendido contra los pastores. Ésta no es una oración complicada pero la manera en que se presenta gramaticalmente lo hace a uno pausar por un momento. Éste es su significado: "Los pastores solamente están dispersando al rebaño. No lo conducen al pasto. Ellos causan la destrucción de muchas almas, son afanados idólatras y adivinadores. Ellos solamente propagan sus sueños, no son *nezer* (nazareos) del Señor. Por lo tanto me encuentro airado con ellos. Impondré castigo sobre ellos."

Yo castigaré a los jefes [hircos].[176] Vemos también este texto en Mateo (25:32) donde dice: "Como aparta a las ovejas de los cabritos." Llama, pues, aquí hircos a esos podridos maestros (doctores) que solamente devoran al rebaño. Vemos un texto similar en Ezequiel 34:11: "Yo mismo voy a ir en busca de mis ovejas, y yo mismo las cuidaré." Entonces, está diciendo aquí que el Señor mismo va a visitar a su rebaño: la casa de Judá; que el Señor por fin vendrá para pastorear y llamar a su rebaño para que abandone sus errores, etc.

Y les dará el privilegiado lugar de un corcel de batalla. Aquí repite la visión anterior sobre los caballos que mandó hacia Jerusalén. Ya ha

175 Se refiere aquí a los citados en la previa oración, a ésos que "debían entender".

176 La Vulgata cita "hircos" en vez de "líderes" ("*et super hircos visitabo*"; "y sobre los hircos (cabríos) impondré castigo"). Esto es dado a que en hebreo la palabra usada es עַתּוּד (*'attud*), o "macho cabrío". En ciertos contextos denota el cabrío dominante de un rebaño. Por lo tanto se usa la palabra líder o jefe en forma figurativa para traducir la palabra hebrea.

descrito esto en el capítulo 6. Pero está hablando en sentido figurado. Arriba, en el capítulo 9, dice que el Señor destruirá a los caballos y los carros de guerra de Judá. Allí también ofreció una descripción del reino espiritual de Cristo. Aquí dice que el Señor dará a Judá el lugar privilegiado como su glorioso corcel. Estas dos ideas parecen contradecirse una con la otra. Pero aquí de nuevo tenemos que advertirles así como anteriormente les advertimos. Debemos tomar en cuenta este principio especialmente en la Escritura, que las palabras dichas previamente siempre toman precedencia a las que luego son dichas. También, pues, todas esas palabras dichas anteriormente en forma muy simple y sin usar un sentido figurado ni oscuro, interpretan ésas dichas bajo un lenguaje con sentido figurado y expresado con metáforas. Una clara declaración de palabras donde no se usa un lenguaje figurado conlleva mayor valor. Esto es algo que los profetas de nuestra época deberían entender. Ellos claman, confunden la tierra con el cielo, y piensan que han ganado la palma de victoria cuando producen algunos textos oscuros contra nosotros, mientras que ignoran a la vez muchos textos que dicen lo mismo –o lo opuesto– muy simplemente y claramente sin usar un idioma oscuro o figurado. Es así como les consta a ellos que la Escritura nunca vive en armonía consigo misma. Por lo tanto, nosotros debemos hacer lo mismo aquí. Esas declaraciones hechas (en la Escritura) en forma oscura y usando modismos figurados, debemos relacionarlas e interpretarlas en conexión con ésas declaradas simplemente (directamente) y sin uso de modismos figurados pues no pueden entenderse de otra manera. Aquí tenemos una metáfora. "Haré de ellos –mis apóstoles y elegidos que creen en el evangelio– como si fueran mi triunfante corcel, magníficamente condecorado con todo tipo de bellísimos adornos." Esto es lo que palabra "*laude*" (alabanza) significa, así como ya mencioné anteriormente. Por lo tanto, él está hablando acerca de un corcel espiritual y de una batalla espiritual, donde (el Señor) marchará sobre los gentiles por medio de la proclamación del evangelio, por medio de la proclamación de los apóstoles, y otros pregoneros de la Palabra. Ellos son, después de todo, "privilegiados corceles", esto es, plenamente llenos del Espíritu Santo. Ellos irrumpen con su predicación y por lo tanto son eficaces, aunque toda la creación batalle contra ellos. A esto también, lo que sigue, no puede ser recibido como un mero sonido de las palabras.

4. [De la casa de Judá] saldrá la piedra angular, la clavija. Señala (aquí) que el pueblo de los judíos no será rechazado completamente, sino que un remanente del mismo será salvo. Esta misma declaración es hecha usando un idioma claro en Isaías [10:21]: "El remanente volverá; sí, el remanente de Jacob se volverá al Dios fuerte." Esta clara declaración hecha aquí por el profeta (Zacarías) reluce de manera oscura y figurativa al comentar sobre la piedra angular y la clavija.[177] Ésta es una frase hebrea que Esdras [9:8-9] también usó en una oración: "Ahora el Señor... nos ha dado un lugar seguro [la clavija][178] en su santuario." Aquí dice lo mismo el profeta (Zacarías). Es como si dijera: "Aunque los otros se hayan estancado en sus sueños y sus lobos que están muy dispuestos a destruir sus almas, yo tendré, así y todo, la piedra angular, aunque casi toda la casa –esto es, Israel y Judá– haya sido rechazada. De esa piedra angular que he salvado, me edificaré una nueva casa, la iglesia. Permitiré al pueblo que vague, que sea abrumado y ahogado en sus errores. Redimiré para mí un pequeño número de ellos, y ellos serán mi clavija (de la tienda). Sobre ellos pondré (suspenderé) las bellas vasijas y ornamentos de mi casa, así como cita Isaías (22:23-24). Esto es, mucha gente fiel se afincará (penderá) sobre esos sacerdotes y heraldos (pregoneros) míos, a los cuales yo he elegido. Ellos se encargarán que muchos sean convertidos al evangelio para que mi casa reluzca mayor esplendor, aparatos, y ornamentos. Es así como el apóstol Pablo llegó a ser una clavija significativa en la iglesia. De él (Pablo) muchas magnificas vasijas fueron suspendidas: Timoteo, Tito, Apolo, y otros. Pedro fue también una de esas clavijas.

El arco de guerra. Esto es: "Subyugaré a mucha gente bajo la proclamación del evangelio. Para esta predicación los usaré como el arquero usa el arco."

Y también todo opresor. Esto se refiere a todo maestro de la ley, que solamente oprime y carga las conciencias con la revelación de la ley. Isaías (9:4), pues, llama a la ley "la vara del opresor".

5. Y serán como poderosos.[179] La palabra usada en hebreo[180] es elegante. La misma significa un héroe o un gigante, así como vemos evidentemente en el Salmo 19:5: "Como si fuera un poderoso guerrero

177 Esto es, la estaca con que se afinca una tienda de campaña.

178 Por lugar seguro en hebreo lee יָתֵד (*yaṯeḏ*), que se traduce como "estaca" o una "clavija de telar" al castellano, y es esta palabra que Lutero traduce literalmente del hebreo al latín.

179 Mi traducción de la Vulgata que lee: *"Et erunt quasi fortes."* La traducción de RV1960 se acerca mejor al sentido en hebreo: "Y serán como valientes." RVC traduce así: "Serán como los guerreros."

180 La palabra en hebreo es גִּבּוֹר (*gibbor*), la cual significa héroe, valiente, fuerte, y guerrero.

se levanta alegre"; y en el Salmo 45:3: "¡Cíñete la espada, valiente (gigante) guerrero!" En lugar de "gigante" leemos allí "poderoso". Aquí tenemos el mismo significado así como vimos también anteriormente en el capítulo 9 acerca del trigo de jovencitos y el nuevo vino (mosto) de la vírgenes. Es como si estuviera diciendo: "No habrán infantes ni débiles sino héroes, poderosos gigantes, valientes guerreros para poder pisotear fácilmente a todos los que quieran impedirlos." Dice, entonces, que habrá admirables héroes, que conquistarán no con un ejército armado, no con armas ni espadas, sino pisoteando todo lo que se ponga en su camino. Ellos son poderosos en su pisar y en su caminar. Con este pisotear el profeta quiere solamente señalar el ministerio de la Palabra, la Escritura. La Escritura compara este ministerio por todas partes con el andar y con el correr. En resumen: ellos dominarán y subyugarán los cuellos de los arrogantes, los que se justifican a sí mismos, los santurrones y maestros de este mundo, pues a éstos les llama aquí "lodo". Después de todo, por medio del evangelio se nos predica que nuestra propia sabiduría, justicia, santidad, fortaleza, y poder –en pocas palabras, todo lo que radica en nosotros– ha sido condenado. No tienen otro uso que el de ser pisoteados. También nos dice que la justicia, la sabiduría, y la salvación han sido propuestas y manifestadas (exhibidas) solo en Cristo (*solo Christo*). Que Dios solamente ha hecho de él (Cristo) nuestra santificación y redención. Por lo tanto, cuando el corazón humano escucha y capta esta predicación, inmediatamente considera toda su propia justicia (justificación) una escoria, así como Pablo dice, que todo que no procede de la fe es pecado (Romanos 14:23). Pero en nuestra traducción lo que leemos no es muy efectiva.[181] Lean esto así: "Los aplastarán (pisotearán) como lodo en la calle" (*comminuent sicut lutum platearum*).

Combatirán, porque el Señor estará con ustedes. Ésta es la interpretación de esa aguda batalla y feliz atropello. Dice, pues: "Ellos entablarán tal guerra no con armamentos poderosos, sino con un nuevo género de estrategia, esto es, por medio de la presencia del Señor." Esto es lo que Pablo dice en 1 Corintios 3:7: "Así que ni el que siembra ni el que riega son algo, sino Dios, que da el crecimiento." Por lo tanto, fue por medio de la predicación de los apóstoles que ellos plantaron, pero fue el Señor quien puso sus palabras en el corazón de los oyentes, y así, entonces, por causa del poder del Espíritu Santo, quien el Señor

181 Dice es "mala" y se refiere a como lo traduce la Vulgata: *"conculcantes lutum viarum."*

añadió a la Palabra, ellos marcharon sobre los más poderosos y sabios del mundo.

Los soldados de caballería quedarán avergonzados. El Señor no empleará caballos, ni tumultos, ni ningún tipo de armamentos. Por el contrario, pues, solamente con el Espíritu el Señor conducirá su admirable batalla con sus nuevos gigantes.

6. Yo fortaleceré la casa de Judá, y protegeré la casa de José.[182] Anteriormente escuchamos varias veces sobre el eterno rechazo del reino de Israel, de que el reino de Israel no había sido restituido, ni había sido restaurado. Pero el reino de Judá había sido restituido. Pero fue con un pequeño remanente que comenzó su restitución y esto tomó lugar por causa de la futura venida del reino de Cristo. Pero aquí dice que confortará y salvará[183] a Israel como también a Judá (pues el reino de Israel viene bajo el nombre de "la casa de José). Estas dos parecen estar una contra la otra, a menos que lo apliquemos aquí a una tarea espiritual y tomemos de nuevo en cuenta lo que dice aquí sobre la proclamación del evangelio por todo el mundo, el evangelio que reconcilia a muchos de Israel, ésos los que creen. Pero ese eterno rechazo, no obstante, es pertinente (se aplica) a ese externo rechazo del reino y del sacerdocio: de que Israel no fue regresado, y el reino no fue restituido, de que no fue restituido a su previo lugar de honor. Por lo tanto, lo que sigue prueba que este texto debe ser entendido en relación a una conversión espiritual. "Yo los haré volver, porque me he compadecido de ellos. Todo será como si jamás los hubiera rechazado." Así y todo lo que hemos leído, "Yo confortaré [fortaleceré] la casa de Judá" se lee con mejor sentido así como se lee en hebreo: "Haré por lo tanto que prevalezca Judá"[184] ("*faciam, ut praevaleat Iuda*") o: "que Judá conquistará." Tenemos la misma expresión en Génesis 7:18: "Prevalecieron[185] las aguas del diluvio" (*praevalebant aquae diluvii*), esto es, "superaron todo".

Todo será como sí jamás los hubiera rechazado. Esto no indica el modo de vida del pueblo restaurado. Sino, pues, esto es lo que él intenta decir: "Así como vivieron ellos bajo la gracia, así como tuvieron a un

182 En latín lee: "Yo confortaré la casa de Judá y salvaré la casa de José."
183 Cf nota 182.
184 Mi traducción del latín.
185 En la RV1960 dice "crecieron", y la RVC dice "aumentaron" las aguas.

Dios propicio y aplacador antes de ser rechazados, así también ahora tendrán a un Dios clemente, gentil, y protector de ellos quien quiere preservarlos y rescatarlos.

[Porque, yo soy el Señor su Dios,] y les responderé. Esto es: "La misericordia y conversión de ellos será tal, 'Porque, yo soy el Señor su Dios, y les responderé'." Esta declaración comprende en su totalidad la completa función (oficio) del reino de Dios y de toda la cristiandad. Está diciendo, pues: "Ellos me rogarán y yo les responderé mientras ellos oran. Esto es en realidad lo sumo y más destacado del reino de Cristo: orar y ser escuchado. Bajo la palabra "ruego" (oración) incluimos también la predicación y la alabanza a Dios, esto es, que predicamos la palabra del evangelio, y que esto adorna y alaba la bondad y la gracia de Dios en Cristo. Por lo tanto, entonces, oremos. Es importante ya que Satanás, el pecado, el mundo, nuestra propia carne, y muchos males nos atacan diariamente. Es por eso que no existe ni un solo momento en que no sea necesario orar para que el nombre de Dios sea santificado, y para que la palabra de Dios sea fructífera y que el reino de Cristo sea propagado. Ésta es la vida entera de un cristiano en la presencia de Dios, así como Pablo nos enseña por todas sus cartas.

7. Efraín será semejante a un guerrero. Aquí debemos observar cuidadosamente acerca del plan del profeta. ¿Cuál es su meta? ¿Hacia dónde va? ¿En qué lugar está describiendo el reino de Cristo? Es evidente que ahora está usando una comparación para indicar que se está expresando metafóricamente (μεταφορικῶς) no sea que los judíos se imaginen que se les está prometiendo a ellos un tipo de reino carnal, y poderío. Dice: "Efraín será semejante a un guerrero." Es como si dijera: "No serán gigantes ni héroes carnales (usa las mismas palabras que usó anteriormente) sino que serán gigantes y héroes espirituales bajo el Espíritu por medio de la palabra del evangelio. De hecho, ellos serán tan poderosos que nadie podrá vencerlos, y ellos mismos serán los victoriosos. Y será así aunque ellos ahora se encuentren dispersados y rechazados entre los medos y los sirios.

Y su corazón se regocijará como si bebiera vino. Esto es, tendrán conciencias tranquilas y alegres en la presencia de Dios. Nunca más podrá la ley ni el pecado aterrorizarlos o condenarlos. Por el contrario, ellos creerán que sus pecados han sido perdonados y que también han recibido la gracia y la redención de Cristo. Entonces, añade:

[También sus hijos lo verán], y se alegrarán; su corazón se gozará en el Señor. Es como si dijera: "Su gozo no estará basado en su propia sabiduría o justicia."

8. Yo les daré la señal de que vuelvan. Ésta es una bella expresión en su idioma original, la lengua hebrea. Significa silbar o respirar sobre alguien, estimular el ánimo o sentimiento de alguien. Vemos esto en Isaías[186] 7:18: "El Señor llamará con un silbido a la mosca que está al final de los ríos de Egipto." Esto es, los moverá con su espíritu (aliento). "Levantará una brisa", dice en otro lugar. El significado de esto es, pues: "Silbaré por ellos. Los animaré y los entusiasmaré para que comiencen su labor con alegría. No les daré muchas leyes para coaccionarlos y dirigirlos. Ellos no serán hipócritas sino al contrario estarán dispuestos y gozosos de encargarse del ministerio de la Palabra. Los cristianos son un pueblo con voluntad (para servir). En resumen: por medio de la Palabra les enviaré mi Espíritu. El Espíritu los animará, y hará que ellos se vuelvan activos y entusiastas (para la obra). Entonces, pues, los congregaré bajo la unidad de fe. Pues hemos sido constituidos coherederos con Cristo en esa unidad de fe."

Cuando los haya redimido. Ésa es tan dulce señal que hace que nuestros corazones se regocijen. Cuando nuestros corazones escuchan que Cristo murió por nuestros pecados y que lo que él hizo es suficiente, somos entonces trasladados del reino de las tinieblas al reino de la claridad (brillantez) del Hijo de Dios. Llegamos así a ser coherederos con Cristo.

Volverán a multiplicarse como antes. Explica esta multiplicación al añadir esto:

9. Aunque los esparcí entre los pueblos. Por todos lados él se encuentra con las opiniones carnales de los judíos. Los judíos pensaban que todos ellos serían congregados en la tierra de Canaán, de donde habían sido expulsados por el juicio de Dios. Pero el profeta describe un congregar y multiplicar muy diferente (extraño) al decir que serían esparcidos entre todos los pueblos, en las más remotas regiones del mundo. No podemos, por lo tanto, tomar esto como una multiplicación carnal pues esto es tan claro para que el profeta nos pueda rescatar completamente de los enredados errores de los judíos. Esa dispersión, no obstante, la

186 La WA cita a Jeremías pero el texto se encuentra en Isaías.

debemos tomar (entender) como una bendición. Es así como Pedro, Pablo, y otros apóstoles, son esas semillas y granos esparcidos entre los gentiles para proclamar la Palabra y ganarlos para el Señor por medio del evangelio.

Aun en los países más lejanos se acordarán de mí. Esto no es una buena traducción.[187] También este texto confunde por causa de la puntuación empleada.[188] Léanlo así: "Entre los países (gente) lejana se acordarán de mí." Así como dije anteriormente, éste es un congregar extraño, el cual no concuerda con la opinión de los judíos que ellos erróneamente (falsamente) se habían imaginado. Su significado es éste: "Me recordarán entre pueblos lejanos. Esto es, ellos me predicarán (predicarán de mí). Ellos me adornarán con mensajeros (predicadores) y me celebrarán por medio del evangelio entre todos los pueblos." Pues es así como la Escritura usa la Palabra "recordar", así como Cristo también dice: "Hagan esto en memoria (recuerdo) de mí" (Lucas 22:19). Por lo tanto, debemos comprender que este texto se refiere a la proclamación del evangelio, lo cual los apóstoles hicieron por toda la tierra, y a la reunión (congregación) por la fe en la iglesia de Cristo. El Salmo 87:4 nos ofrece lo mismo: "Aquí están Filistea y Tiro, con Etiopía. Éste nació aquí." Y también tenemos en Isaías 60:4: "Tus hijos vienen de muy lejos."

Y volverán con los hijos con quienes vivieron. Esto es, serán bien cuidados. No guardarán luto así como hicieron en su cautiverio previo. Ningún mal les oprimirá, sino que se regocijarán y volverán con sus hijos. "Vivieron" aquí significa que fueron bien cuidados. Esto es, en el medio de la muerte, del pecado, y del infierno vivieron (y vivirán) por medio de la fe. Ninguna criatura los separará del amor de Dios. Ellos triunfarán sobre Satanás y las puertas del infierno.

10. Yo los haré volver de Egipto. De los versículos precedentes y de los que le siguen, uno se convence plenamente que el profeta se refiere a un regreso espiritual, pues añade "los traeré a las tierras de Galaad y del Líbano"; y no a Jerusalén ni al monte Sión, así como ellos quizás piensen, sino a Galaad, la cual era la primera región más cerca de la Tierra

187 Aquí Lutero está criticando la traducción hecha por la Vulgata con *"de longe"* y sugiere *"inter longinquos"*. Quiere decir, en vez de leerlo *"et de longe recordabuntur mei"*, lo prefiere leer *"inter longinquos recordabuntur dei"*.

188 La posición gramatical de la versión de la Vulgata.

Santa hacia el norte, siendo el Líbano la más distante. Con este dicho absurdo nos demuestra que se refiere a un regreso espiritual. Definitivamente los judíos eran muy conscientes de esto, de que su regreso del cautiverio sería a Jerusalén y no a Líbano ni a Galaad. Por lo tanto esto es lo que significa: Habrá muchos cristianos por todo el mundo. Se encuentra un mismo significado y punto de vista al final de Abdías (v 9): "Los del Néguev poseerán el monte de Esaú", etc. Jerónimo relata que había muchos cristianos destacados en los confines de Arabia y que en esos días la iglesia fue fundada allí.

Y todas esas tierras no les serán suficientes. Es como si dijera: "Eran tantos que ningún lugar será suficiente para ellos, por lo tanto tendrán que ser dispersados entre pueblos lejanos por toda la tierra." Esto es lo mismo que Cristo dice: "Viene la hora cuando ni en este monte ni en Jerusalén adorarán ustedes al Padre" (Juan 4:21).

11. Cuando pasen por el canal del mar.[189] "Canal" (*Fretum*) es como llaman al estrecho, o entrada, hacia el mar, donde se contiene o restriñe al mar, y es como el estrecho en la nuca en un cuerpo. Más allá de ese canal, el mar se abre bien abierta y extensamente hacia un inmenso horizonte. El Estrecho de los Dardanelos (*Hellenpontus*) es así. Lo que esto significa es que el evangelio será proclamado entre los griegos.

Yo golpearé las olas del mar. Imita aquí al Salmo (65:8): "Tú sosiegas el estruendo de los mares, acallas el estrépito de las olas." Dice, pues: "Golpeará a los que habitan en el Estrecho de los Dardanelos, y a los que habitan en las costas marítimas, y hasta golpeará las olas del mar." Esto es: "Golpeará a los tiranos quienes predominan en las ciudades marítimas, quienes acosan y persiguen al evangelio. Los convertirá a ellos, y así, pues, esos que antes eran enemigos severos del evangelio y de los pregoneros del mismo, sus corazones serán cambiados y serán convertidos en amigos del evangelio."

[Y secaré] las profundidades del río.[190] Éstos son los tiranos, los sabios, los justos, los poderosos, aquellos bajo los cuales todo está controlado.

189 Mi traducción del texto en latín: *"Et transibit in maris freto."* Lee en RVC: "Cuando pasen por el mar turbulento."

190 Conocido hoy como el río Nilo.

Haré que ruede por el suelo la soberbia de Asiria. El profeta hace un recorrido por todo el mundo: primero menciona a Asiria, entonces a Grecia. Entra en Asiria para indicar el curso y paso del evangelio por todo el mundo entre todos los pueblos.

Y que llegue a su fin el reinado de Egipto. Esto es, ningún jefe, ningún tirano de la ley afligirá ya más a los cristianos. Nadie regirá sobre ellos, ya que hay solo un Señor, quien toma posesión de los corazones de los cristianos. Todo lo otro queda atrás. No queda nada de la ley para ninguno de los cristianos.

12. Yo mismo infundiré fuerzas [a mi pueblo]. De nuevo añade esto por necesidad, para decir: "Ellos serán poderosos, no por su propia fuerza, sino por Cristo. Andarán (caminarán) en su nombre." Esto es, ellos creerán y vivirán bajo la fe, la cual tiene a Cristo como su propio objeto (propia meta).

Capítulo Once

Hasta aquí el profeta ha predicho la venida del reino futuro de Cristo y qué tipo de fruto produciría la Palabra por medio de la divulgación del evangelio por los apóstoles en todo el mundo. Es decir, que los gentiles serían convertidos a la fe. Todos los profetas eran conscientes y sabían muy bien que el reino externo (terrenal) de los judíos cesaría cuando Cristo viniera, y también (sabían) que ese reino tenía que cederse a Cristo, el nuevo Rey, para que él pudiera instituir su nuevo trono desde el cual iba a regir de mar a mar y hasta los confines de la tierra. Así y todo, por causa de la insuperable impertinencia de los judíos, y por causa de su intolerancia en ceder al nuevo Rey, ellos fueron obligados a ceder. Su reinado como su sacerdocio fueron devastados, y ellos, esos miserables obstinados fueron lanzados fuera y cortados del reino de Cristo, y solamente un pequeñísimo remanente fue rescatado (salvado).

El profeta discutirá lo mismo en este capítulo. Pero aquí, no obstante, lo hará en forma oscura y usando un lenguaje intrincado. Es decir, no solamente se expresa el profeta en este capítulo de manera oscura, sino que también una gran variedad de interpretaciones aumenta su oscuridad. Si nos desenlazamos (desenredamos) de este capítulo, creo yo que venceremos (superaremos) lo que es obtuso y difícil de explicar en este profeta.

¡Líbano, abre tus puertas [de par en par]! Aquí le llama al templo de Jerusalén "Líbano". En cuanto a cosas terrenales (externas) ese pueblo no tenía nada más augusto y sagrado que ese templo. Lo llama "Líbano" porque lo habían construido con cedros de Líbano, así como cita Esdras (3:7). Lo llama también Líbano empleando una metonimia (*μετονυμίαν*)[191] para oscurecer la profecía sobre la devastación del templo por los romanos. Esta figura idiomática, o metáfora, le agrada también a los autores latinos. Le llama al templo "Líbano" ya que tanta madera de Líbano relucía en el templo y porque la mayor porción del templo consistía de troncos de Líbano. Podemos decir lo mismo sobre el Bosque Hercinico.[192] Usa también aquí el modo imperativo e indica, pues, que esto sí va a suceder. Es como si dijera: "El templo que ahora construyen, guardan, y custodian finalmente se encontrará abierto, desierto, y destruido cuando venga Cristo. Será expuesto (el templo) para que entren al mismo los enemigos de Roma. Ningún poder (esfuerzo) será suficiente para evitar que los enemigos lo invadan."

¡[Para que el fuego consuma] tus cedros! Esto es, para que el fuego consuma sus edificios.

2. Y tú ciprés, ¡llora [por la caída de los cedros!] Se dirige a objetos inmóviles (*inanimatas*) a favor (a causa) del pueblo. Pues está refiriéndose al dolor del pueblo por razón de su templo devastado.

¡Por tus imponentes árboles derribados! Quiere decir, por todas tus finas y magnificas decoraciones del templo. Pues las decoraciones del templo eran magnificas, así como dije anteriormente, y sus copas (vasijas) para sacrificios eran bellísimas, tanto era así, que hasta los discípulos de Cristo admiraban la estructura del templo. El texto que indica esto en la narración citada en el Evangelio es bien conocido (Marcos 13:1).

¡Lloren también ustedes, encinas de Basán! Basán, (que se encuentra) más allá del Jordán, es la región del Rey Og. Basán luego fue llamada por los nombres de Galaad y Manasés. Ésta es una significativa localidad en la tierra de Canaán. Abundan allí las encinas; un dato mencionado por Isaías (2:13): "El Señor será exaltado... contra todas la

191 La metonimia es un tropo que consiste en emplear una cosa con el nombre de otra que le sirve como signo (o guarda con ella alguna relación de causa y efecto.

192 Bosque en Alemania, que corre al este, y paralelo al Danubio.

elevadas alturas, contra las encinas de Basan."[193] Aquí también el profeta se dirige a esas encinas (cedros) que han sido tomados de allí para ser usados en la edificación del templo.

¡Por sus espesos bosques que han sido talados! De nuevo, describe la devastación del templo. Pero le llama al templo "espeso bosque" así como arriba lo llama "Líbano". Anteriormente estuvo considerando los varios edificios y el esplendor de la madera y de las columnas del templo.

3. ¡Dejen oír sus voces de dolor[194], pastores! Esto es un hebraísmo, y su significado es éste: "Cuando el templo sea destruido y la ciudad devastada, se escuchará pues el llanto de los pastores, esto es, de los príncipes y los escribas, esos que tienen todo bajo sus manos en control. El reino, el sacerdocio, sí, toda la gloria del templo y la ciudad, perecerá bajo el fuego.

¡Lancen al aire sus rugidos, leoncillos! Así llaman los hebreos a los ricos y poderosos, "leoncillos". El Salmo 34:10 toma nota de esto al citar: "Los cachorros del león (leoncillos) chillan de hambre, etc."

El esplendor del Jordán. La palabra en hebreo[195] significa propiamente "excelencia". En un cántico Moisés declara (Éxodo 15:1): "Cantaré yo al Señor porque se ha glorificado (magnificado) grandemente."[196] Esto es, al elevarse él se ha hecho preeminente, exaltado, visto por todos. Él anda (marcha) sobre todas las cosas. Por lo tanto, el profeta indica aquí también grandeza o preeminencia. Le llama, pues, al pueblo "Jordán" ya que es el río principal, el rey (más grandioso) de todos. La lengua hebrea acostumbra llamar al pueblo o la tierra por donde cruza un río principal, o se encuentra un monte bien reconocido, por el nombre de ese río o de ese monte. Vemos así en el Salmo (42:6): "Por eso me acuerdo de ti desde estas tierras del Jordán, desde los montes Hermón y Mizar." Metáforas como éstas agradan a los judíos, y ellas son tan claras para ellos como oscuras para nosotros. La preeminencia de este reino que se encuentra cerca del Jordán será disminuida y desplomada.

193 Aunque la WA cita aquí Isaías 2:13, en realidad esta cita de Lutero es una paráfrasis de Isaías 2:12-13.
194 En latín "el clamor del llanto" de los pastores.
195 La palabra en hebreo es גָּאוֹן (*gaon*), que significa en forma negativa "soberbia, arrogancia, enaltecimiento" y en forma positiva "excelencia, grandeza, esplendor, eminencia", etc.
196 Mi traducción de la cita de Lutero en latín. La RV1960 ofrece una cita similar. Así cita la RVC: "Cantaré al Señor que se ha engrandecido."

4. Así me dijo el Señor mi Dios: Cuida de mis ovejas que van al matadero. Ha dibujado (descrito) aquí la devastación del reino. En un nuevo discurso (sermón) prosigue a describir la culpa de ellos, por la cual les vino la devastación. Éste es también un capítulo difícil y muy oscuro, así como ya mencioné al comenzar mi comentario de éste. He sudado mucho sobre éste para llegar a ofrecer un genuino comentario sobre el mismo. Lira lo interpreta en que se refiere a su historia perpetua pero no estoy de acuerdo con esto. Pues, al explicar a los profetas, debemos tener cuidado en no hacer de ellos historiadores, a menos que esto sea evidente a nuestra razón y por necesidad nos obligue a hacer esto. Por lo tanto, ésta es mi explicación: Arroja (lanza) él toda la culpa por esa devastación a los impíos maestros (doctores) y escribas, quienes bochornosamente abusaron del ministerio de la Palabra para así ellos, pues, cuidar y disfrutar sus lujurias, lujos, y avaricias. La avaricia reinaba entre los fariseos cuando Cristo vino como el verdadero Pastor y Rey. Así que ellos se reían de Cristo cuando enseñaban. Se burlaban de él. Ellos eran siervos de su propio bienestar. Por lo tanto, todo este capítulo encaja exactamente en los tiempos de Cristo y los apóstoles. No debemos torcerlo para que sea entendido diferentemente, no todo en este capítulo cuadrará completamente.

Por lo tanto tenemos aquí el mandato del Padre en donde ordena a Cristo a cumplir su oficio vigorosamente, para que la Palabra sea proclamada. Es como si el Padre dijera: "Cristo, predica sobre ese pueblo miserable, en donde nada más que el matadero reina." El "matadero" es el error y la destrucción de las almas. Pues, él habla sobre la matanza espiritual, la cual ocurre como resultado de la enseñanza (doctrina) impía por los impíos maestros (doctores). Esto es suficientemente claro y obvio por los versículos que le siguen (aquí). El evangelista Mateo (9:36) indica esto cuando escribe que mientras Cristo andaba en Galilea tuvo compasión de ellos porque estaban desamparados como ovejas que no tienen pastor.

5. Los poseedores de ellas.[197] Los llama "poseedores" para indicar la tiranía de los sacerdotes y los escribas. Ellos tratan salvajemente a sus súbitos para deleite de sí mismos. Destruyen almas así como a cuerpos y propiedades como si el reino fuera comisionado a ellos y no como si ellos fueran sus ministros.

197 Mi traducción del texto en latín: *"Quae qui possederant."* La RVC lee: "A las que sus compradores" (esto es, sus poseedores) "matan".

Y no se tienen por culpables.[198] Ellos destruyen almas con impunidad y no temen nada. Se encuentra un texto similar en Ezequiel 34:2.

Y quienes las venden. Es esto lo que Ezequiel (13:18-19) dice: ¿Y van hacer caer a mi pueblo, para salvar su propia vida? ¿Y van a ofenderme entre mi pueblo a cambio de cebada y mendrugos de pan, matando a quienes no deben morir, dejando con vida a quienes no deben vivir...? Esto es, por causa de sus panzas ellos entregan almas al abismo del infierno.

Exclaman: "¡Bendito sea el Señor, pues ahora soy rico!" Aquí el profeta demuestra el refrán común que los impíos maestros usarían al ellos jactarse por pensar que estaban complaciendo a Dios, y que riquezas y honores se les otorgaría por causa de sus propias bondades. Así, pues, ellos apoyan sus propias maldades usando el nombre de Dios. Isaías también reprocha la avaricia de los falsos maestros. "¡Ay de los que anexan una casa a otra casa, un terreno a otro terreno hasta poseer todo lugar!" (Isaías 5:8).

A las que ni los pastores compadecen. Sin ser tocados por esa emoción de la compasión, ellos continuaron devorando al pueblo. Destruyen las almas así como también la propiedad de sus súbditos. Tan insaciable deseo de tener más los ha invadido, que no existe límites a su rapiña. Sus vientres son insaciables, así como Salomón cita (Proverbios 13:25). Vemos esto entre nuestros pontífices y obispos: en qué modo ellos raspan (juntan), tomando para sí todo lo habido y por haber.

6. Por eso, no voy ya a tener compasión. Aquí comienza, pues, la advertencia, a la cual añade lo que dijo anteriormente, para así profetizar su destrucción. Es como si dijera: "La impiedad de su doctrina (enseñanza) causa que yo castigue al pueblo. También los destruiré a ellos porque me han tirado a un lado, y han preferido escuchar a los maleantes y a los seductores."

Más bien, voy a entregarlos en manos de sus propios compañeros. Por medio de Josefo todas estas cosas se aclaran. Nuestra interpretación aquí es confirmada en la historia narrada por Josefo. Él escribe que cuando regían los saduceos y fariseos todo se encontraba muy

198 Así traduce la RV1960. La RVC traduce: "sin sentirse culpable."

confundido.[199] Asesinatos, constantes rebeliones, y la intranquilidad predominaba entre los judíos. Pues, además de los males internos que afligían la tierra tan gravemente, también el Imperio Romano los perseguía. Ese poder frecuentemente maltrataba severamente a los judíos. Todo esto fue el preludio de la devastación por venir. Ninguna otra, pues, sería tan llena de calamidad y tan horrenda como ésa. Y a esa sedición civil el profeta aquí alude al mencionar "de su propio rey", al cual ellos sirven, sea el rey de los sirios o el de los romanos.

Y aunque éstos destruyan al país. Esto es, por esos males internos y por la incursión del enemigo.

7. Me dediqué, entonces, a cuidar de las ovejas para el matadero. Yo creo que ésta es la respuesta de Cristo al precepto dado anteriormente que él había recibido para que alimentara al rebaño. Si es así, pues, estas palabras concuerdan con las dichas anteriormente: "Así me dijo el Señor (mi Dios): 'Cuida de mis ovejas que van al matadero.'" "Yo soy su pastor." Esto es: "Así como me ha mandado mi Padre, así, pues, he predicado. He hecho esto a favor del pobre rebaño, los desamparados, y los oprimidos en el pueblo. Porque rescataré para mí a los débiles, a los humildes, a los despreciados, pero mataré (eliminaré) al rico y al soberbio de Israel." Esto que sigue después también prueba que ésta es la idea coherente del texto (v 13). "Échalo al tesoro... y las eché al tesoro del templo del Señor."[200]

Me hice dos cayados. Describe en qué modo ha cumplido su oficio de maestro el cual su Padre le había encomendado. La palabra en hebreo,[201] la cual nuestra traducción traduce en latín con "*virga*", significa el cayado, o tipo de vara, que los pastores usan para servir (cuidar) a sus ovejas. Pues aquí significa el modo en que un pastor alimenta a su rebaño. Hubiera preferido yo mantener intacta la palabra hebrea con la cual él llama a los dos cayados, y no traducirla en absoluto. A la primera vara le llama נֹעַם (*no'am*), y a la otra חֹבְלִים (*ḥobelim*). No cabe duda que נֹעַם significa placentera, en alemán *Lust.* Pero lo que propiamente significa חֹבְלִים no lo entiendo todavía. Me encuentro incierto sobre su debido significado. Algunos lo traducen usando la palabra en

199 Flavio Josefo, *La guerra de los judíos* I, capítulo 5.

200 En los textos de Weimar y Erlangen citan este versículo como si fuera a ser comentado en el próximo párrafo, aunque no es así.

201 En hebreo es מַקֵּל (*maqqel*).

latín "*funiculum*" (cuerda fina), otros lo traducen con "*ducem*" (líder), y otros con "*nautam*" (marinero). Pueden seguir la traducción que más les guste. Si fuera yo a seguir mi propio pensar, creo que significa "ésos que guardan luto". Es así, ya que él quería que los diferentes cayados fueran entendidos, primero como una deleitosa vara que no lastima a las ovejas sino, pues, las congrega y las pastorea (reúne) para alimentarlas, y la otra un (cayado) amenazador para espantar a los lobos, para que fuera reconocido como un tipo de garrote. Pero, como no podemos aquí llegar a una conclusión definitiva, no vamos a variar de la interpretación de la Septuaginta y de Jerónimo. Estos (cayados) los traducen como "una cuerda fina [*funiculum*]. Por lo tanto entendemos que la primera vara significa *ein fein Rütlein*; una placentera (agradable) suave vara; y la segunda una vara usada en lugar de un látigo o un mismo látigo. Éste es el racional gramatical que ofrezco. Abajo añadiremos el significado.

8. En un mes destruí a tres pastores. Zacarías ahora describe al Señor ejerciendo su oficio de maestro. Es como si dijera: "He comenzado mi ministerio bajo felices (agradables) auspicios. De hecho, en un solo mes –esto es, en un muy breve tiempo– he destruido a tres pastores." Algunos exegetas se preocupan (tuercen sus cuerpos) de manera extraña, sobre lo que él quiso señalar con esos tres pastores. Lo tomo en su simple contexto. Una triple orden de principales (jefes) regía a los judíos: los ancianos (de mayor edad) son los reyes, príncipes y jueces, quienes están encargados de todas las cosas, los que principalmente administran la espada. Los sacerdotes rigen con la Palabra. Ellos ejercen el oficio de maestro. Los profetas ofrecen las inspiraciones. Luego los profetas fueron remplazados por los escribas, quienes son llamados maestros de la ley (νομοδιδάσκαλοι). Los fariseos y los saduceos no ejercieron ninguna administración legal sino que fueron sectas. Creo que aquí el profeta alude a estas tres órdenes. Es como si el Señor dijera: "Con mi predicación he puesto fin al reino de los judíos. Lo he erradicado espiritualmente, de hecho, con la Palabra." Esto ocurrió desde el bautismo de Juan y en adelante, cuando Cristo asumió su oficio magisterial después que ocurrió la revelación desde el cielo, etc.

Pues perdí la paciencia con ellos.[202] Esto es un hebraísmo. Significa cargar con algo impacientemente, impetuosamente. En alemán se nos

202 La frase en latín es: *Et abbreviata est anima mea* (Fue abreviada o acortada mi alma).

ofrece una frase muy similar. Decimos: *Er ist kurz angebunden*. Esto es, "está impaciente". Lo toma todo muy fácilmente como algo malo. Por lo tanto, su significado es éste: "Odio a ese pueblo. No puedo hacer otra cosa que rechazarlos y dispersarlos. Pero, así y todo, rescataré (salvaré) a un pequeño número de ellos. También sus almas se han nauseado conmigo. Se han jactado contra mí por el gran odio que tenían contra mí. No los quiero aquí y por lo tanto ellos tampoco me quieren aquí."

9. Entonces les dije: "Ya no voy a cuidar de ustedes.[203] **La que deba morir, que se muera; la que haya de perderse, que se pierda."** El profeta usa aquí por esta razón nombres femeninos.[204] Lo hace, creo yo, para señalar esa calamidad que el pueblo sufre bajo esos malvados magistrados principales, pues ellos carecen de una cabeza (líder), uno genuino, un pastor masculino, y ése es Cristo. Su significado es el siguiente: "Ya que rehúsan aceptarme, yo, entonces, no los tengo en cuenta a ustedes. No me importa si mueren o se salvan. El que muera que se muera. No voy a protegerlos a ustedes. No los rescataré. No los salvaré. Los dejaré cubiertos bajo la tapa de plomo (ver arriba capítulo 5:8) para que no puedan salir." El juicio de Dios, y hasta mucho más, los judíos todavía lo sienten hoy. Amarrados así en sus errores no pueden soltarse de ellos para poder recapacitar y llegar a ser salvos. Ellos no pueden llegar a un entendimiento de la verdad. Después de todo se expresa aquí sobre la destrucción y la muerte espiritual por medio de las cuales son separados de la congregación de los justos. Y ellos erran como si no hubiera Dios para cuidarlos en medio de todas esas vicisitudes presentes en el mundo. Por lo tanto, bajo su juicio, Dios Todopoderoso ha permitido también a todo el mundo vagar aquí y allí, antes que nos devuelva su evangelio a nosotros, por medio del cual (el evangelio) somos arrebatados de Satanás y colocados en el reino del Hijo de Dios, etc.

10. Luego tomé mi cayado "Gracia" נֹעַם (*no'am*). Existe un desacuerdo entre los intérpretes sobre lo que estos dos cayados significan. He pensado en varios significados pero no veo uno mejor que ése que el texto sugiere. Pues dice claramente "lo quebré", o para traducirlo mejor "quebré un pedazo del mismo" pues es lo mismo que "romper así el pacto". Esto es algo que debemos observar diligentemente. Estos dos

203 Traduce mejor la RV1960: "Y dije: No os apacentaré."

204 Se refiere al texto original en hebreo.

cayados significan las dos predicaciones, el evangelio y la ley. El primer cayado es el evangelio; la dulce y deliciosa palabra que alimenta, dirige, y congrega las ovejas para que ellas no se extravíen sino que sean alimentadas con dulzura y delicia. El otro cayado es la ley, que es predicado a los tercos e inflexibles justificadores de sí mismos para que se atemoricen ya que la misma (ley) nos amenaza con la muerte y el infierno. Así también, pues, Cristo usó los dos cayados, pero él consideró el primero, el evangelio, el más valioso. Es así, pues, ya que vino a predicar el evangelio a los pobres, sanar sus contritas y afligidas conciencias las cuales oprimía la carga de la ley. Contra ésos que permanecían inflexibles, su enorme peso les era necesario. Ahora él dice que quebró un pedazo de ese primer cayado, esto es, ha quitado la dulzura y luz del evangelio a los judíos. Por lo tanto, ese quebrar del cayado tiene que ver mejor con el pueblo que con el mismo cayado. Es como si él estuviera diciendo: "He expulsado la mayor parte del pueblo para que erren (vaguen) bajo una completa ceguedad de la cual están destinados a no regresar nunca. Así y todo he salvado a un pequeño remanente para mí." Esto es lo que precisamente Pablo dice en Romanos 9 [:28]: "Porque el Señor ejecutará su sentencia sobre la tierra con justicia y prontitud." Esto es, porque la Palabra da frutos solamente en unos pocos. Por lo tanto, cortará pronto a muchos que se vuelven incrédulos y serán cortados de la congregación de los creyentes. Entonces añade:

11. Ese día el pacto quedó desecho. Esto es, la promesa del evangelio fue anulada entre el pueblo. De la misma manera se les ha quitado a ellos el evangelio hasta el día de hoy.

Y así los pobres del rebaño que me miraban se dieron cuenta [de que ésta era palabra del Señor]. Éstos son ese pequeño pedazo del quebrantado cayado, ese pedazo que todavía queda en mis manos. Ese pequeño remanente que ha sido rescatado (salvado) conoce la dulzura y amplitud del tesoro del evangelio. Por lo tanto ellos lo aceptan y lo creen. Para todos los otros el evangelio les parece ser la palabra de Satanás. Esto es claro: en todo lugar en la historia (los escritos) del evangelio, donde los impíos judíos son descritos como amargamente opuestos a Cristo, como gente que no quería reconocer esa luz y salvación de todo el mundo. En resumen, todo este capítulo ofrece esta idea: cuando el evangelio es predicado, ofende todo lo que sea excelente, magnifico y sabio en el mundo. Solo unas pocas personas lo aceptan, esos despreciados y considerados miserables ante los ojos del mundo. Pero para el resto, los que lo rechazan, el evangelio pierde su valor. No es que el evangelio pierda su valor, ya que es siempre el poder de Dios. Es que, pues, el evangelio no toma su efecto en los corazones de los que lo rechazan. Es así como Pablo opina del anticristo sentando en el templo de Dios (2 Tesalonicenses 2:4).

12. Si les parece bien, denme mi salario. Esto es, si les complace a ustedes. Esto es un hebraísmo usado frecuentemente en la Escritura. Por ejemplo, en Génesis (1:31) tenemos: "Y vio Dios todo lo que había hecho, y todo ello era bueno en gran manera", esto es, le complacía a él. Aquí el profeta añade un extraordinario detalle bajo el cual trata sobre la razón por la cual el cayado, el cual ya había mencionado, fue quebrantado. También describe a los judíos impíos quienes despreciaron a Cristo y lo trataron tan indignamente. Pues ellos lo valoraban tan pésimamente que prefirieron al criminal Barrabás. También lo compraron a él por treinta monedas de plata, un hecho que es evidente de acuerdo a la historia narrada en los Evangelios. Por lo tanto, aquí el profeta alega sobre el desprecio y reproche de ellos. Es como si dijera: "Por derecho, ustedes debieron reconocer gran mérito en Cristo, el Salvador y Rey de ustedes. Pero lo que han hecho es despreciarlo, pagar dinero por él, y tomarlo por basura. Es ésta la razón por el cual él los ha rechazado."

Si les parece bien. Esto es: "¿Quieren o no quieren comprarme a mí?" Por lo tanto, ya que todo esto no cuadra muy bien con la historia del evangelio, no buscaremos ninguna otra, otra interpretación que vaya a ser tan lejana del texto. Les ofrece esta opción: "¿Quieren o no quieren comprarme a mí?" Él dice que ésta es la decisión de ellos, no que Dios los hubiera mandado a hacer la compra. En vez, pues, quiere tomar en cuenta la frivolidad de ese pensar por ponerle tan poco precio (valor) a Cristo al tener que deliberar si pagar o no treinta monedas de plata por él. Por lo tanto él imita aquí sus deliberaciones, donde discuten sobre el precio de la compra.

13. ¡Échalo al tesoro! El evangelista Mateo (27:10) traduce esto con "campo del alfarero" y esto es muy correcto. Después de todo, la palabra hebrea significa "*figulum*" (campo del alfarero).[205] Esto es muy evidente al tomar nota de varios textos en la Escritura. El Salmo 2:9 cita: "Como

205 La palabra usada en hebreo es יָצַר (*yaṣar*), la cual significa "alfarero". La palabra usada en griego por Mateo es κεραμεύς (*kerameus*), que también significa alfarero.

vasija de alfarero los desmenuzarás."[206] También en el Salmo 103:14:[207] "Él sabe de qué estamos hechos." Y de nuevo en Jeremías 18:6: "Como el barro en la mano del alfarero." Ya que los judíos no pueden diluir tan clara y evidente cita contra ellos, lo traducen muy diferente. Otros hasta lo traducen "tesoro".[208]

¡Vaya precio el que me han puesto! Esto es una ironía. Es como si dijera: "Mi pueblo es tan maravilloso. Tanto lo estimo. Lo saqué de Egipto con tantos prodigiosos signos y con tan gran poder. Los elegí ante que todos los otros pueblos de la tierra. Y miren ahora en qué modo me desprecian. Vean con qué gratitud me devuelven por tantas y magnificas bondades, por tantos milagros, por tantos favores y por mi predicación. ¿No es éste un maravillo precio que pagan por mí? Judas, quien me vende, es el líder y jefe de ellos. ¿Pero qué debo hacer yo? Pues ellos me desprecian. Me compran y me venden. Me destinan a la muerte, aunque no cargo (tengo) con culpa. Es obvio que me merezco esto. Debo, pues, dejar que ellos Me compren y vendan. Debo permitir que me conduzcan como una oveja al matadero. No voy a impedirlo."

Y yo tomé las treinta monedas de plata. El texto en Mateo (27:3-7) cuadra perfectamente con éste. Mateo escribe aquí que después que Judas se arrepintió de su traición, su conciencia fue tocada (impactada) por su pecado, regresó corriendo a los escribas y los fariseos y les arrojó el montón ganado por esa venta[209] ante sus pies en el templo; y encontró el medicamento para su dolor en una horca. Luego ese "precio de sangre" (v 6) fue usado para comprar el "campo de un alfarero" (v 7). Sobre esto se atormentan los escritores sagrados. Jerónimo cuestiona el por qué el evangelista Mateo cita que este testimonio proviene de Jeremías cuando nunca aparece en Jeremías sino en el profeta Zacarías. En breve, ésta es mi respuesta: los evangelistas no suelen citar el testimonio de los profetas palabra por palabra. Solamente hacen relucir su significado. Esto es lo que Mateo hace en el texto mencionado arriba en (Zacarías) 9:9, donde el profeta dice: "¡Llénate de alegría, hija de Sión! ¡Da voces de júbilo, hija de Jerusalén! Mira que tu rey viene a ti."[210] Mateo (21:5) cita así este texto: "Lo dicho por el profeta: 'Digan a la

206 La RV1960 fue citada aquí. La RVC lo traduce "como a vasijas de barro".

207 La Weimar cita aquí a Isaías.

208 Es así como en las versiones castellanas de la RVC y RV1960 es traducido, como también en la Biblia de Jerusalén y otras.

209 Lee en RV1960: "El precio del apreciado." Algo parecido es citado por Lutero en latín.

210 Así cita RV1960: "Alégrate mucho, hija de Sión; da voces de júbilo, hija de Jerusalén."

hija de Sión: Tu Rey viene a ti.'" Aquí claramente se ve que las palabras son diferentes pero también que el sentido del texto no ha cambiado. Entonces, también, Mateo (27:9) añade: "por los hijos de Israel", algo que no es citado por el profeta. Esto fue citado obviamente por Mateo para explicar la compra y venta y para hacer ver que los hijos de Israel fueron responsables por esto. Sobre el hecho de que (Mateo) cita que ese testimonio procede de Jeremías, no tengo otra cosa que responder que esta respuesta ya muy común sobre esto: que el profeta quizás era conocido bajo dos nombres, o que también era la costumbre de todos los evangelistas generalmente citar sin preocuparse por los nombres de los profetas. Agustín es muy diligente al interpretar este texto.[211] No voy a creer eso tan fácilmente, eso de que los nombres de los libros de los profetas fueron cambiados por causa de un cambio de los títulos (de esos libros). No cabe duda que junto con Mateo se encontraban santos y eruditos, hombres llenos del Espíritu Santo, que le aconsejaron que la Escritura que él estaba citando se encontraba en Zacarías y no en Jeremías. Amonestado por el consejo de ellos, (Mateo) hubiera corregido este pequeño error si hubiera pensado que era algo de suma importancia. Pero no debemos ser tan escrupulosos ni torcernos con ansiedad con esto aquí o con dificultades similares. Después de todo, todo lo importante y fundamental de nuestra fe no depende de esto. Así y todo, esto es algo que los profetas de nuestro día intentan hacer cuando leen las Escrituras con el propósito de encontrar en textos como éstos algo en que aferrarse para usar en sus debates y controversias. Mientras tanto son negligentes en lo vital (más importante) en la religión, cuando deberían practicar algo muy importante: enseñar el reinado de Cristo. Todos los apóstoles hacen esto bajo un consenso unánime. Ellos enseñan en todo lugar el misterio de la pasión y resurrección de Cristo, como si se hubieran olvidado del resto de sus milagros y sus obras.

14. Luego quebré el otro cayado. Este otro cayado es la administración de la ley, así como ya interpreté anteriormente. Ahora, dice él, el otro cayado ha sido quebrado. Esto es, no solamente ese evangelio, esa dulce y gentil predicación, ha sido quitada de entre ellos, sino también la ley ha sido abrogada (quitada) de entre ellos. Por lo tanto, ya no poseen la ley, bajo la cual pudieran establecer (constituir) el sacerdocio, reino,

211 Agustín, *De concensu evangelistarum*, III, cap. 7, pars. 28-31, *Patrologia Series Latina*, XXXIX, 1174-1178.

ceremonias, y sacrificios. En vez, ahora que la ley ha sido quitada de entre ellos, todas esas cosas cesan de existir. Esto es, ellos ya no pueden preservar la ley. Carecen de la ciudadanía, del templo, del sacerdocio. Por lo tanto no pueden hacer sacrificios. Hoy solamente pueden cargar sus desnudas Biblias junto con sus ridículos sueños dando vueltas por aquí y allí. No debemos tomar (entender) esto como una abrogación espiritual de la Ley, como si ella fuera abrogada de entre todos los justos, como si la misma (ley) no tuviera el derecho de acusar y condenar a ellos. En vez, lo que significa, pues, es que la ley no ha sido abrogada por ellos bajo la letra ni el espíritu. Esto es, ellos no tienen uso para la ley.

Con lo que rompí la relación de hermanos entre Judá e Israel. Esto se refiere a la hermandad entre los judíos verdaderos (legítimos) y los judíos de acuerdo a la letra. Ésos que creyeron la promesa sobre los hijos de Abrahán, son llamados Judá. Ésos que no creyeron son llamados Israel. Es así, pues tenemos que tomar (entender) esas palabras en este profeta en un sentido espiritual, como también Pablo las interpreta[212] para que aquellos que creen vengan con el nombre de Judá. Porque hoy existe Israel por todo el mundo, allí y donde se encuentren creyentes. Esto es muy claro también en el Salmo 87:4: "Entre los que me conocen, tengo presente... Aquí están Filistea y Tito, con Etiopía. Éste nació allá." Esa pelea entre los verdaderos judíos y aquellos de acuerdo a la letra, nunca cesa. Todavía pelean vehementemente (sin tregua) sobre la ley. Vemos la misma cosa en la Epístola a los Romanos. Pero, ya que los judíos protegen su justicia con tanta voracidad, ellos nunca llegan a obtener esa justicia.

15. Ponte ahora la vestimenta de un pastor con poca inteligencia. Los sagrados escritores aplican todo este texto en completo acuerdo al anticristo. Lira especialmente hace esto. Yo creo que la tercera parte de sus libros son acerca del anticristo. No puedo entender esto más allá de que aquí está ofreciendo un signo de la precedente profecía para así confirmarla. Pues suele ocurrir así en todos los profetas, que signos son añadidos a sus discursos. Esto ya he mencionado anteriormente con muchos detalles. Por lo tanto Jeremías (27:2) se puso un yugo sobre su cuello e Isaías (20:2) anduvo desnudo y descalzo. Aquí, entonces, añade un signo a los previos discursos concerniente al rechazo y la destrucción del pueblo. Se le ordena al profeta que tome la vestimenta de

212 Romanos 2:28ss.

un pastor, esto es, los instrumentos usados por un pastor, su vasija, su saco, su vestimenta, su vara. También añade una flauta de pastor. Pero todo esto es un equipo para un pastor con poca inteligencia, esto es, el tipo de pastor que en todo solo representa al "pastor" en su hábito (presencia) exterior, pero que realmente ni muestra un pequeño detalle de lo que es propio de un pastor.

16. Voy hacer que se levante en la tierra un pastor. El profeta explica el signo. Ése es singular en vez de plural, como si dijera: "Ellos me han vendido y comprado a mí, quien era el verdadero Pastor y Salvador. Por treinta monedas de plata me vendieron. Yo vine en el nombre de mi Padre, y ellos no me recibieron. Otro vendrá en su propio nombre. A ése sí le recibirán (cf Juan 5:43), y esto con gran daño pues él estará inclinado hacia la destrucción de ellos en alma y cosas materiales. Ellos no recogerán lo que está dispersado; no sanarán lo que se encuentra lastimado, etc." Lo que esto es ya lo he tratado en detalle en un sermón sobre un texto similar en Ezequiel.[213] En resumen, esto significa: el verdadero pastor debe vigilar. Debe ser celoso en la Palabra. Debe tener consideración de las conciencias para consolar al triste, fortalecer al afligido, no sea que se vayan a desesperar. Por lo tanto debe llamar para que regresen ésos que se han descarriado. En breve, debe ganar a muchos para Cristo. Los pastores inservibles, dice, no harán ninguna de estas cosas porque ya no tienen la Palabra. Esa (Palabra) ha sido arrebata de ellos. Los dos cayados han sido quebrantados. Pues cuando la Palabra se encuentra ausente, toda predicación es en vano. De hecho, tal predicación es muy nociva (como un veneno dañino) y destructiva para las almas. Entonces añade inmediatamente:

Y les romperá las pezuñas. Ésta es una frase elegante que es digna de ser destacada. Esto es: "Los hará inútiles a ellos." En la Sagrada Escritura los falsos maestros constantemente escuchan que ellos destruyen tanto a los cuerpos como a las almas. A "las pezuñas" se les atribuye el poder de la predicación, así como vemos en Miqueas 4:13: "Te daré pezuñas (garras) de bronce." Ahora, cuando el profeta dice que esos pastores inútiles van a romper las pezuñas de todos, esto indica la calamidad que proviene de una doctrina impía: las ovejas son lastimadas, afligidas, no permitidas de ir al pasto (a comer); las conciencias se

213 Lutero se refiere aquí a su sermón para *Misericordias Domini*, basado en Juan 10:12-16, donde también allí reflexiona sobre Ezequiel 34:2ss. W, XII, 531-535.

encuentran incapacitadas de llegar al conocimiento de la verdad. Así, pues, hasta el día de hoy esos falsos maestros de los judíos no permiten a su pueblo miserable que emerja, y se libre de sus errores. De hecho, día a día esos maestros los involucran más y los hunden más a ellos bajo mayores errores.

17. ¡Ay del pastor inútil! Quiere decir: De hecho ustedes habilitan a un pastor solo en apariencia pero sin ninguna función, así como un ídolo pintado (dibujado) que se asemeja a alguien.

¡Que abandona el ganado! En hebreo leemos esto claramente en plural. Esto es, como troncos e ídolos ustedes se adornan con vestimenta de pastor pero en realidad son menos que lo que es un pastor. Pues no apacientan (dan de comer) a las ovejas. Es más, ustedes se jactan con la leche y la carne de las ovejas.

¡Que una espada le hiera en el brazo y en el ojo derecho! Esto es, no tiene poder (algo que es indicado por el brazo derecho), no tiene sabiduría, ni luz de la verdad (lo cual él entiende por "ojo derecho"). Pues la espada se encuentra sobre él. Ésta es la ira y el juicio de Dios que condena, debilita, y lo ciega, no vaya ser que llegue a tener algún poder. Esto significa que carecen de la luz de la verdad. Las tinieblas y todo tipo de errores los cubren. Mienten como para ser sepultados por esas mentiras. Se encuentran tan encerrados en esas mentiras que ni siquiera una sola vez pueden aspirar por la verdad. Por lo tanto, no pueden ofrecer la mano derecha o nada bueno. Ellos en realidad poseen un brazo pero el que poseen es el izquierdo. Ellos obran, y solicitan con esmero la justicia de las obras de la carne. Pero ésas no son las obras del brazo derecho. Ellos carecen de luz y verdad. Se encuentran fuera de la fe. Por lo tanto todo lo que hacen es pecado. Ellos también tienen un ojo izquierdo. Esto es, están equipados con el ojo de la sabiduría de la carne y de este mundo. Con respecto a esto, superan a los hijos de la luz, así como Cristo dice (cf Lucas 16:8). Pero todo lo que hacen es siniestro (como izquierdo). Toda la sabiduría que tienen es carnal y de este mundo. Cualquier inteligencia que poseen es enemiga de Dios, así como observa el apóstol en Romanos (8:7). Una espada de este tipo se encuentra sobre todos los que han sido cortados de la gracia y por lo tanto nada pueden hacer, no saben nada, y nada entienden. Otros toman este texto como que se refiere simplemente a la destrucción de los falsos maestros. Pero el significado (sentido) anterior encaja mejor, y me convence mejor de que el hombre malvado se convierte en su propio castigo, así como observa San Agustín. Pues, inmediatamente que un hombre perverso se ha apartado de la piedad, recibe su propio castigo. No le falta nada, excepto que su castigo no ha sido todavía revelado. En realidad todo este texto puede ser aplicado al pontífice romano y a los obispos de nuestros tiempos. Es más, las vestimentas y los adornos de los obispos no se prestan en absoluto a dar valor a los obispos. Ellos son ídolos y apariencias que nacieron solamente para destruir almas. Hasta ellos carecen de un ojo derecho y un brazo derecho pues no enseñan nada bueno sino solamente la perdición de las almas.

Capítulo Doce

Los intérpretes laboran con afán para explicar este capítulo. Uno se tuerce (tortura) de una manera, y el otro de otra manera. Lira lo interpreta como relacionado a la persecución de la iglesia primitiva. Entonces pasa a dirigirse al anticristo ya que él va a sentarse en el templo de Jerusalén. (Lira) también menciona todo tipo de otras cosas necias (sin valor). No los reprendo (censuro) a ellos, de hecho, quiero seguir (afirmar) a ésos que interpretan esto en relación al tiempo inmediatamente después de Cristo, y para explicar cuáles fueron los frutos producidos por la Palabra de los apóstoles, los cuales fueron los primeros enviados a Judea y entonces entre todos los pueblos por todo el mundo.[214]

1. Acerca de Israel. Traducimos el nombre como acostumbramos hacer. Por lo tanto nos obliga a tomar (entender) Israel como la iglesia de Cristo. De hecho, el evangelio comenzó primeramente entre este pueblo. Pablo discierne aún más claramente la diferencia entre el verdadero Israel y el Israel carnal al decir que "no todos los que descienden de Israel son israelitas" (Romanos 9:6), sino solamente aquellos que son de la semilla fiel (Gálatas 3:7). El Israel de acuerdo a la carne, nunca ha sido restituido ni jamás será restituido. Por lo tanto cuando habla aquí de cierta carga sobre Israel, debemos entender que se refiere al Israel fiel, ya que Zacarías estaba profetizando cuando ya el reino de Israel había sido dispersado y destruido. Es más, dice que cargas de esta índole llegarían porque Israel sufriría persecución por causa de los pueblos vecinos, y de todos los impíos, los cuales ejercerían su tiranía contra los fieles,

214 Cf Hechos 1:8

ésos que aceptan y creen en el evangelio. Entonces también dice que no solamente una violencia del exterior los invadirá, sino que también les acosarían peligros por causa de falsos hermanos quienes azotaban (castigaban) la verdad con astucia y con engaño. Ésta es una batalla perpetua contra la iglesia de Cristo, donde algunos atacan con violencia y otros con engaños. Traman así para destruir a los fieles. Todas estas cosas las declarará con gran detalle en este capítulo.

El Señor que extiende los cielos y afirma la tierra, y que en el interior del hombre forma el espíritu, ha pronunciado esta palabra profética. El profeta necesariamente presenta este título primero, pues en el mismo se encuentra toda la consolación contra esa gravísima carga de los enemigos del evangelio. Es como si dijera: "De cierto vendrá la maldad, la miseria y la tiranía de los enemigos, como también la impostura (el engaño) de los falsos maestros. Así y todo nada de estas cosas hará que se demoren. El Señor está con ustedes. Éste es el mismo Señor que creó los cielos y la tierra. Éste es el mismo Señor que formó el espíritu del ser humano, para que el ser humano no pueda pensar sin que el Señor se lo permita. La palabra espíritu significa "la mente, el movimiento o las emociones de las mentes". Esto, dice él, en vez de ser barro para el Señor, es "barro en la mano del alfarero". Así también los planes, y la razón para eso planes, en breve, todos los pensamientos del ser humano, proceden de la voluntad del Señor. Él mismo es el alfarero, quien cambia, aplica, y dirige nuestros planes de acuerdo a su voluntad, y hacia donde quiera, así como hace cualquier alfarero. Ésta es la misma palabra que en el capítulo anterior traducimos con "alfarero". Por lo tanto el profeta no está hablando sobre la creación del espíritu en el ser humano, sino que explica en qué modo Dios Todopoderoso dirige los corazones y pensamientos ya creados y los guía hacia donde quiere que vayan, para que así nos les sea posible pensar en algo, a menos que sea algo que Dios quiere hacer, y también mucho menos cumplir lo que solo nosotros queremos. Esto es, así como ya he dicho, la consolación de todos los justos cuando se encuentran bajo la cruz, cuando son prisioneros, cuando sufren persecución, y cuando viven bajo una sentencia de muerte. Por lo tanto, no deben temer la violencia y la tiranía de los enemigos del evangelio, cuando esos enemigos traman cosas malvadas contra ellos y los amenazan con la muerte. También cuando los falsos maestros los atacan y luchan contra la doctrina de la fe, cuando, digo, ellos sufren todo esto, no deben desesperarse. Deben saber que esos tiranos no van aconsejar nada más que lo que el Señor desea, ya que él fue quien formó sus espíritus. Por lo tanto, estamos muy confiados que no nos encontramos bajo el poder del enemigo, de que ellos ni mueven un solo pelo de nuestro cabello si el Señor no lo permite aunque ellos nos ataquen, aunque tramen tantas muertes contra nosotros.

2. Pero yo haré de Jerusalén una copa [de borrachos][215] **que hará temblar a todos los pueblos que la rodean.** En forma sorprendente vemos que la mayoría de las palabras traducidas aquí han sido traducidas ineptamente en nuestra Biblia.[216] Jerónimo sigue aquí a la Septuaginta (LXX) y traduce πρόθυρα, esto es portal (*superliminare*), pero no me complace su traducción. Por lo tanto, primero debemos resolver el problema gramatical pues éste es un texto muy oscuro. Traduzco, entonces, y conecto este texto de esta manera: "Vean, pues, voy a hacer de Jerusalén una copa que hará temblar[217] a todos los pueblos que la rodean, y que también hacen lo mismo contra Judá al ser sitiada Jerusalén." Esto es, al sitiar a Jerusalén quieren también sitiar a Judá. El hecho que traduzco "copa" y no "vasija" o "portal" está basado en el texto en Éxodo 12:22, aunque en este mismo texto Jerónimo traduce –incorrectamente– con "portal"[218] la misma palabra. Tenemos, entonces, que traducirlo así: "Y tomen un manojo de hisopo y mójenlo en la sangre que se encuentra en la copa, y unten el dintel (portal) con la sangre." Es más, la palabra que hemos traducido con "conmoción"[219] es una palabra que conlleva gran significado. La misma en sí significa "tambalear" (vacilar) o "andar de adelante hacia atrás", así como los borrachos acostumbran hacer, cuando ni sus pies ni sus mentes funcionan como debe ser. Habacuc 2:5 nos hace ver, pues: "El que es afecto al vino, es traidor y soberbio, y por lo tanto no permanecerá", y en el v 16: "Pero también tú beberás y mostrarás tu desnudez." Así cita Isaías 51:17: "Bebiste hasta la última gota el cáliz de aturdimiento." Allí se encuentra la misma palabra que se lee correctamente con "conmoción" (temblor). Vemos también lo mismo en el Salmo 60:3: "Nos has hecho beber un vino que nos aturde (hace temblar, conmueve)." Su significado, pues, es como si dijera: "Todos los pueblos, especialmente los judíos impíos que se encuentran alrededor de los fieles, andarán

215 Añadí aquí la palabra usada en la Vulgata *"crapulae"* la cual describe qué tipo de copa es, esto es, una de intoxicación, borrachera, o de tomar excesivamente.

216 Se refiere a la versión de la Vulgata.

217 Lutero lo traduce al latín *"ciphum commotionis"* que es una traducción correcta del hebreo סַף (*sap*), que significa "copa de vértigo", o conmoción, o para sacudir o poner a alguien a temblar.

218 Lutero se refiere aquí a la traducción de Jerónimo en la Vulgata: *"qui est in limine"* (que estará en un portal). La traducción de Lutero es muy acertada de acuerdo a RVC que traduce "que deberán haber recogido en un recipiente" y la RV1960 "que estará en un lebrillo", las cuales son traducciones correctas ya que lo que aquí se cita en hebreo es a una סַף (*sap*).

219 Cf cita 217.

atolondrados (temblando, conmovidos) como si se encontraran borrachos. Ellos sin duda devorarán a Jerusalén pero para su propio inmenso mal, pues por causa de esa acción,[220] tendrá lugar que ellos lograrán una mala digestión, ya que la comida no les caerá bien. Ellos marcharán contra Jerusalén y Judá, pensando que los van a devorar completamente. Pero en ese devorar, quiero decir, en esa bebedera, ellos serán devorados y consumidos." De nuevo, entonces, corazones piadosos, que viven oprimidos bajo la cruz son inmensamente consolados. Ellos saben que van a conquistar aunque se encuentren oprimidos por la maldad, pues hasta cuando los cristianos son asesinados, así y todo, reinan sobre sus asesinos. Bajo la cruz, ellos reinan contra la persecución. Por medio de la muerte obtienen la vida, etc."

Ahora vamos a reflexionar sobre lo palpitante de este capítulo. Eso puede ser una doble victoria; una de benignidad o una de severidad. Esto es, algunos enemigos son devorados en la ira y otros en la misericordia. Al recibir la iglesia respuestas por sus oraciones de que muchos de sus enemigos y perseguidores de la fe se han convertido a la fe, algunos de ellos, no cabe duda, son devorados y perecen por causa del severo juicio de Dios. Así sucedió con los romanos. Muchos de ellos, que se gozaron por el derramamiento de sangre de los mártires, fueron convertidos a la fe, y así fueron salvados, aunque antes hubieran perseguido severamente a los cristianos. Pero al mismo tiempo, también ésos que continuaron en sus maldades y no cesaron ni un momento en devorar a los cristianos, finalmente pagaron con plenos castigos por sus sangrientos colmillos.[221] Esto sucedió por causa de Jerusalén, esto es, por causa de los cristianos, ya que la sangre de ellos es preciosa ante los ojos del Señor, que hubiera sido mejor que los cristianos ni hubieran sido tocados. Lo mismo ocurrió con los judíos. Y lo mismo ocurrirá a nuestros pontífices y príncipes que nunca cesan su frenética furia contra el evangelio de Dios Todopoderoso, mientras que también incendian sus propias casas. No es que ellos esperan que el Señor no castigue sus propias maldades. Pues el Señor escucha a sus siervos y el clamor de sangre inocente, así como dice en Génesis (4:10): "La voz de la sangre de tu hermano [Abel] me pide que le haga justicia." Entonces, añade:

Lo mismo que Judá. Esto indica el irritante odio y la tiranía de los enemigos del evangelio. No se contentan con sujetar solamente a los cristianos, así como suele ocurrir por derecho de guerra. Quieren

220 Esto es, de "ser totalmente devorados" (*se devoraturos esse totum*).
221 Lee en latín "por su devorar".

también extinguirlos totalmente para que ni siquiera sus nombres sobrevivan. Se afanan para derrocar y destruir así también a la iglesia de Cristo. Pero Cristo dice: "Las puertas del Hades (infierno) no prevalecerán contra ella" (Mateo 16:18).[222]

3. Yo pondré a Jerusalén por piedra pesada [a todas las naciones].[223] Ésta es otra comparación. Por "pesada" se interpreta propiamente "una carga que uno se pone (echa) sobre sí mismo". Vemos esto en Génesis 42 y 44, donde José ordena a sus hermanos que llenaran sus sacos y cargaran con ellos sus asnos. Pues la frase en alemán concuerda con esto: *Du wirst ihn auf dich laden* (Pondrás sobre ti mismo la carga). Significa esto, pues: Los enemigos de los justos se cargan ellos mismos con un enorme peso. Quieren cargar esa piedra hacia arriba y lanzarla para que se rompa en pequeños pedazos. Quieren arrojarla completamente fuera de este mundo. Pero, sin pensar en esto, esa (piedra) cae sobre sus cabezas y los tritura haciéndolos polvo. Por lo tanto, ellos son quebrantados en pequeños pedazos y el Señor salva a los suyos, a quienes él considera nada menos que la niña de sus ojos. Esto ocurre también de dos maneras: para algunos para su propia salvación y para otros para su propia condenación. Mencionamos ya esto anteriormente: que algunos son convertidos y sanados y los otros son severamente condenados.

Se aliarán [congregarán] para atacar a Jerusalén. Dice así, pues: "Hay muchos enemigos poderosos, y todos ellos se oponen a Jerusalén. Se adiestran para destruirla. Pero que ejerzan su furia, lo que ellos más desean, no sucederá. Pues les devolveré sus iniquidades sobre sus propias cabezas.

4. Cuando llegue ese día, haré que todos los caballos se llenen de pánico, y que los jinetes pierdan la razón. Ésta es una explicación de esa pertinente ira durante la batalla. Esto es, está describiendo aquí el castigo para esos adversarios que ni se conmueven ni se convierten para poder desistir sus vanas oposiciones contra Dios. Sus caballos se llenarán de pánico y ellos perderán la razón. Ésta es, pues, la explicación de la conmoción, de la cual habló ya muy recientemente. Esto es, el Señor imparte terror en los corazones de sus enemigos para que ellos no puedan persistir. Ellos pierden la confianza de su parte (por

222 Cita de RV1960.
223 Cita de RV1960. La RVC traduce: "Pero yo hare de ella [Jerusalén] una piedra tan pesada."

sus esfuerzos), así como le dice al rey de Babilonia en Habacuc 2:16: "¡Pero también tú beberás y mostrarás tu desnudez!" Esto es, te has enfurecido y derribado muchos reinos, así como también has destruido muchas naciones. Pero ahora lo mismo te sucederá a ti. Ahora te llega el turno para que seas botín de tus enemigos, etc.

Pero sobre la casa de Judá mantendré abiertos mis ojos. Por lo tanto, todo ocurrirá contrario a lo que los impíos esperan. Mientras piensan que solamente ellos reinan y que también pueden ejercer su tiranía sin contratiempos contra los justos, están pereciendo. Esto es lo que dice el Salmo 37:35-36: "Yo vi cómo el maligno era enaltecido; lo vi extenderse como verde laurel... cuando lo busqué, ¡ya había desaparecido!" Pero Dios salva y también cuida de los justos, mientras que el mundo piensa que ellos ya han sido derrotados. El Señor los mira con misericordia y con bondad. (El Señor) no permite que ni un solo pelo caiga de sus cabezas. En el medio de la muerte y dificultades él se encuentra muy cerca de ellos. Por lo tanto él moldea (le da forma), guía el espíritu de los impíos para que ellos no puedan dañar a los justos, no importa cuándo y cómo ellos sean insultados, atacados o amenazados por el mal.

5. En su corazón, los capitanes (líderes) de Judá dirán. Esto es, aunque Judá sea oprimida, aunque experimente la violencia de los tiranos, así y todo, todavía quedará consolación en los corazones de los líderes. Ellos sostendrán a los desconsolados y a los débiles, no sea que pierdan la esperanza. Quiere decir que los ministros de la Palabra se preocuparán por sus hermanos. Con la Palabra los animarán y fortalecerán para que se mantengan firmes. Es más, ellos serán consolados no por su propio poder, ni caballería, ni armamentos, así como hacen sus adversarios, sino por el Dios de ellos, Señor de los ejércitos. Por lo tanto, la cruz de los tiranos, sus derramamientos de sangre, sus tiranías, sus hechos violentos, prisiones, muertes, persecuciones, todas esas cosas ven ante ellos, ésas son muy evidentes. Pero, por causa de una maravillosa victoria, una que ahora no podemos percibir y que no es tan evidente (de hecho, todo parece lo contrario), venceremos ante todas esas cosas. Evadimos esas cosas siendo más que victoriosos por causa de él, quien fija (vuelve) su rostro hacia nosotros, y en quien se encuentran completamente todas nuestras victorias.

6. [Cuando llegue el día] haré de los capitanes (líderes) de Judá un brasero en llamas. Lo que nuestro texto traduce con "*caminum*"[224] (un horno) en hebreo es כִּיּוֹר (*kiyyor*), esto es, una fuente para lavarse. Ve (toma) esto como si fuera una "masa en llamas", como un brasero de hierro. Alude aquí al labio de bronce de una fuente para lavar, la cual reluce como si estuviera en llamas. Ahora describe la victoria de los justos (piadosos) usando otras símiles. Es como si dijera: "Mi pueblo se encuentra muy lejos de llegar a perecer, de ser oprimido y devorado, pues ellos mismos están devorando a ésos que los atacaban y amenazaban con la muerte y con todo tipo de mal." Es así como los líderes de Judá se enfrentarán contra sus enemigos: como un brasero en llamas en medio de la madera, y como una antorcha ardiente entre manojos de trigo, donde nada queda en pie y solo reluce (arde) el fuego y las llamas. Por lo tanto, ellos prevalecerán contra toda tiranía del mundo, así como el fuego prevalece sobre la madera y la antorcha sobre los manojos. De nuevo ofrece las más bondadosas consolaciones donde vemos a Dios Todopoderoso comparando a todos nuestros enemigos y a todo el poder del mundo con madera y paja. Pero nosotros que somos débiles ante el mundo, que somos tirados a la cárcel y hasta eliminados (muertos) –sí, pues, ¡nosotros!– dice él, somos antorchas para quemar esa madera y paja seca. Debemos ser recordados de eso, para que nuestros corazones sean ricamente dotados con maravillosas consolaciones como éstas, para poder usarlas cuando las necesitemos. Pero solo por la fe podemos comprender esto, pues todo esto parece tan extraño e imposible a nuestra carne. Pues todo esto se encuentra tan lejos de nuestra carne para poder creerlo, etc.

Y una vez más Jerusalén volverá a ser habitada. Esto también es pertinente (relacionado) a nuestra consolación. Es como si estuviera diciendo: "Aunque los tiranos quieran exterminar (destruir completamente) a la iglesia, así y todo, ella prevalecerá firmemente. Ni el mundo ni las puertas del infierno podrán reclamarla pues la iglesia prevalecerá triunfante. No tenemos, pues, que aplicar este texto a la Jerusalén terrenal, aunque estas palabras aparenten indicar esto. Es así, pues en el hebreo las palabras "bajo ella"[225] son claramente añadidas. Por lo tanto este texto indica que donde Jerusalén se encuentre, allí será preservada. Nunca perecerá.

224 Se refiere a la Vulgata.

225 Lutero se refiere aquí a la preposición תַּחַת (*taḥat*) que significa debajo de, en lugar de, en remplazo de.

7. En primer lugar, el Señor salvará a las tiendas de Judá. Esto es lo que mencioné ya anteriormente: que en parte la violencia, y en parte los engaños de los falsos profetas azotarán continuamente a la iglesia. Aquí no podemos esperar algo mejor, pues nosotros experimentamos estas dos cosas hoy. Y esto puede ser prueba de que nosotros hemos recibido verdaderamente y sinceramente la palabra de Dios del mismo Dios. Y es así porque nosotros no carecemos de gente que nos asalte con violencia, y que quiere destruirnos de un solo golpazo. Abundan también entre nosotros falsos hermanos y falsos profetas. De hecho, éstos sobreabundan. Pero, contra todos éstos, el Señor otorga la salvación a las tiendas de Judá, esto es, protege y preserva a su iglesia bajo el mismo espíritu (ánimo) con el cual los ha rescatado siempre. Por lo tanto, la familia real vino con el nombre de "Casa de David".

Los habitantes. Así llama él (Dios) a aquellos que viven en la Jerusalén terrenal. Arrebata la gloria de entre todos éstos, no sea que la familia real u otros ciudadanos se gloríen en la propia carne. Pues los falsos profetas se preocupan especialmente de una sola cosa: buscar su propia gloria. La (propia) gloria, dice Agustín, es la madre de toda herejía. Así y todo, la gente quiere nada más que inclinarse a esa (gloria), y siempre solo llevan ésa en sus labios, mientras dicen que hacen todas las cosas para la gloria de Dios. Éste es, entonces, un resumen de este texto: "Los humillaré con la cruz y con tiranos, para que aprendan y conozcan por experiencia de que dependen de mí solamente para ser salvos, y para que se gloríen en mí y no en la sabiduría de ellos, ni en sus poderíos ni en sus propios esfuerzos. Como dice Pablo: 'Pero si alguno quiere jactarse que lo haga en el Señor'" (2 Corintios 10:17).[226] Si no, la casa de David inmediatamente se opone a Judá. Una desprecia a la otra al compararla consigo misma. Los falsos maestros quieren aparentar que son los mejores (más brillantes). Para tal mal no existe mejor remedio que llegar al conocimiento de Dios. Este conocimiento llega bajo la sabiduría de la cruz, cuando el pueblo es oprimido bajo la adversidad y es llevado así a la desesperación por causa de sus propios esfuerzos y mañas, entonces pasan a dar honor y solo la gloria a Dios. De otra manera, dice Pablo, no pueden evitar gloriarse en la carne de sus oyentes (2 Corintios 10:16).[227] Pablo dice esto en múltiples lugares para arrebatarle la gloria a esos falsos profetas y no cederles ni un pedacito

226 La RV1960 traduce así: "Mas el que se gloria, gloríese en el Señor." Este texto se conforma mejor a la traducción del mismo en la Vulgata.

227 En otras palabras se jactan de la gloria ya cumplida, lograda por otros.

de uña. Conocemos muy bien muchos de esos textos en las epístolas de Pablo. Por ejemplo: "¿Son descendientes de Abrán? Yo también. ¿Son ministros de Cristo? (Hablo como si estuviera loco.) Yo lo soy más" (2 Corintios 11:22-23).

8. Cuando llegue ese día, yo el Señor defenderé a los habitantes de Jerusalén. El profeta continúa su descripción metafórica o espiritual de Jerusalén. En ese día, esto es, el día del nuevo testamento (pacto) cuando llegue el reino de la gracia, el Señor los protegerá. El profeta se expresa usando un contraste. Es como si dijera: "Hasta ahora ha defendido también a Jerusalén, bueno hasta cierto punto, pero de manera limitada. Pues, cuando el evangelio comience a reinar y la gracia sea revelada por medio de Cristo, eso será perpetuamente. Su protección también será constante, y procede del Espíritu." Pero para la carne esto no parece ser protección sino persecución. Es así, pues los enemigos continúan atacando, persiguiendo, e indignamente maltratando a los fieles. Esto ya lo hemos presentado detalladamente. Por lo tanto, esa protección es una protección espiritual, la cual procede de la fe, la cual cree que existe victoria en medio de la muerte, y justicia en medio del pecado, y libertad bajo el yugo, en breve, que cree que el Señor está en la cruz.

El más débil entre ellos será tan fuerte como David. Creo que es bien simple el significado de este texto, pues en el reino de Cristo no se le prestará atención a los méritos de los fieles, sino solamente a la misericordia, a la gracia, a la bondad de Dios ya que el reino de Cristo es llamado también el reino de gracia. En resumen, el significado es éste: todas las cosas les ayudan a bien a todos los que creen, pues son hijos de la gracia. Todas las cosas son perdonadas. No pueden salir mal. Es así aunque hayan sido muchas veces débiles e ignorantes, pues la bondad divina cierra sus ojos ante tales cosas. No los acusa. Pues todos los pecados de los creyentes –aunque sean mortales– son en realidad veniales.[228] Pero, aunque muchos de ésos que viven

228 La división de pecados entre mortales y veniales es algo que Lutero toma aquí de su tradición católica. La Iglesia Católica cree que algunos pecados son tan graves, mortales, que nos separan de Dios y nos condena a la muerte eterna. De acuerdo a ellos los pecados veniales no nos separan de Dios ni de la vida eterna. La Iglesia Luterana, así como Lutero también, enseña que todos los pecados nos condenan ante Dios (cf Santiago 2:10-11 y Romanos 3:23). Lutero, por ejemplo, nos hace ver claramente en su Comentario a los Gálatas de 1519, en el capítulo 2:17, que la ley obra para descubrir nuestros pecados, y ver cómo todos ésos nos condenan, y por lo tanto necesitamos refugiarnos solamente en la justificación, misericordia de Dios otorgada a nosotros por Cristo Jesús. (Martín Lutero, *Comentarios de Martín Lutero* (Barcelona: Editorial CLIE, 1992), *Gálatas*, II: 102-103.

fueran de la gracia se fatiguen al hacer muchas cosas buenas y muchas obras buenas, así y todo, el Señor no las aprueba. Ésas le agradan a Dios tanto como le complació lo que hizo Saúl: es así pues Dios lo separó a él (Saúl) de la gracia. No aprobó nada de lo que él hizo. No obstante, contrario a esto, perdonó a David los más enormes pecados: adulterio, homicidio, y el hecho que le había ofrecido la oportunidad a los gentiles de blasfemar al Señor. Todo esto se puede leer en la historia sagrada.[229] Aunque todos éstos eran pecados mortales, fueron convertidos a veniales, pues David era uno de los pequeños hijos amados por él, y por lo tanto nada de lo que hacía podía terminar mal. Y aquí el profeta dice que todo esto ocurre también con los justos. David es un tipo e imagen de todos los creyentes; y por eso, así como los pecados de David –hasta los más terribles– fueron perdonados, así también a los creyentes en Cristo todo les será perdonado, siempre y cuando no caigan de la fe. Por lo tanto, describe aquí excelentemente el reino de Cristo. Esto es, no es nada más ni nada menos que un reino de perdonar, de no tomar en cuenta, y de remitir pecados. Pero la labor y meta aquí es la de permanecer en el reino, y que no nos apartemos del mismo. Debemos, pues, tener esta preocupación, que esa falsa idea que engaña a todos no nos llegue a engañar a nosotros, esa idea que algunos piensan que son parte del reino de Cristo, pero en realidad no lo son. Estos principios mayores (esenciales) son muy ciertos: todo hijo de la iglesia es un hijo de la remisión y de la gracia; y: ningún hijo de la iglesia puede pecar mortalmente.[230] Pero, si añadieras ese principio menor: yo soy hijo de la gracia, tú eres hijo de la gracia, pudieras fácilmente fallar. Pues por causa de esto ocurre después que los sucios puercos corren al santuario donde lo ensucian todo y proveen la ocasión para que otros blasfemen contra la gracia de Cristo. David vino a la gracia no por mérito propio, si en realidad ustedes consideran los méritos. Él mereció el juicio y la ira pero ya que confesó su culpa al decir "yo he pecado", recibió el perdón. El profeta (Natán) inmediatamente añade: "El Señor ha perdonado tu pecado y no vas a morir" (2 Samuel 12:13). Después de todo, si la confesión es hecha sinceramente de corazón, el Señor no puede hacer otra cosa sino hacer de ellos hijos de la gracia.

Y la casa de David será como la casa de Dios.[231] En la casa de Dios todo es alegre, placentero, y pacífico. El regocijo, la danza, la seguridad,

229 2 Samuel 12

230 Cf nota 228.

231 Mi traducción del texto citado por Lutero en latín. La cita de la RV1960 es muy similar: "y la casa de David como Dios." La RVC traduce: "Y los descendientes de David serán tan poderosos como el ángel del Señor."

la paz, y la misericordia reinarán en ella. Dice que la iglesia de Cristo es así –tal como es, pues, en la casa de Dios– pues no carecemos de las cosas buenas. Si todavía existe algún remanente de la maldad al vivir nosotros todavía en nuestra carne pecaminosa, Cristo no las contará contra nosotros.[232]

Como el ángel del Señor que los precede. Añade esto para describir la forma o el modo de la iglesia, para explicar de qué modo es constituido este reino de Cristo en nosotros, mientras vivimos (nos encontramos con vida), no sea que alguien se imagine que es un reino visible y físico (terrenal). Él es,[233] dice él (Dios), como un ángel o mensajero, como si dijera: "uno tiene todavía una casa angelical", esto es, todo se encuentra latente en la Palabra. Todavía es un reino de fe. Todo todavía lo vemos oscuramente, así como Pablo dice, hasta que llegue el día cuando veremos todo cara a cara (1 Corintios 13:12). Por lo tanto, con esta declaración él nos llama a la iglesia militante. Pues todavía todo yace cubierto. Nosotros solamente creemos. Ante Dios, no obstante, todas las cosas siempre son evidentes y quedan claras. Nosotros también esperamos por esa revelación.

9. Cuando llegue ese día, me daré a la tarea de destruir a todas las naciones. Ésta es una declaración consoladora, bajo la cual él declara que está hablando sobre un reino de fe y espiritual. Anteriormente, al inicio de este capítulo dijo lo mismo sobre los malvados adversarios de la Palabra y sobre los perseguidores de la Palabra: en qué modo ellos ejercitan sus músculos (se preparan con esmero) para arruinar y destruir totalmente a la iglesia de Cristo. Aquí también, como lo hizo anteriormente, consuela a los creyentes contra todos esos males, al decir algo como: "Malvados perseguidores oprimen a mi iglesia. La quieren destruir por todos los medios, pero yo la vindicaré, la protegeré de tal manera que salvaré a mis cristianos y venceré sobre mis enemigos. Velaré por ella, la cuidaré, y la protegeré. Buscaré la forma de destruir a los gentiles (infieles). Ustedes, mi pueblo fiel, disfruten los frutos bajo mi protección al regresar a mí como mi iglesia vindicada. Los salvaré (rescataré) a ustedes, aunque las puertas del infierno y todo el poder del mundo griten reclamándolos (protestando)." Esto claramente, pues,

232 Lee en latín: *"non imputatur nobis"* (no las imputará a nosotros).

233 Aparentemente se refiere aquí al cristiano.

ocurrió entonces. Pues el Imperio Romano, el reino de los judíos, y todos los que se opusieron a la iglesia de Cristo han perecido.

10. [Sobre la casa de David y sobre los habitantes de Jerusalén] derramaré un espíritu de buena voluntad y de oración. Todo esto es una descripción del reino de la iglesia. El significado es éste: "No permitiré a mis cristianos defenderse a sí mismos con armas, violencia, y el tumulto de guerra, pues ellos convertirán sus espadas en rejas de arado, y sus lanzas en hoces.[234] Éste será un reino de paz. Así y todo, les daré otras armas con las cuales batallarán a sus enemigos: el Espíritu de gracia y suplicación (éste es el nombre con que llama al Espíritu Santo). Por lo tanto, llama al Espíritu Santo el Espíritu de gracia, pues es el Espíritu el que hace que Dios este predispuesto hacia nosotros, y para que, entonces, nosotros amemos a Dios, unidos así como estamos en un estrecho mismo pensamiento. Esta declaración es muy amplia (abarca mucho), pero si se estudia más profundamente (detenidamente), se encuentra aquí el sentido y la vitalidad de la más plena bondad (favor) de Dios en los fieles. Aquí rige la dulzura, la gentileza, la tolerancia, y todas las más dulces emociones con que enfrentar esos "favores" de ira, impaciencia, tristeza, malicia, y todo otro tipo de emociones amargas. Éstos no son la iglesia de Cristo, pues allí solamente se encuentra un favor (regalo/don), pues ellos[235] están predispuestos hacia el prójimo, sí, hasta también a favor de los enemigos. Esto es lo que dice el apóstol Pablo: "[Porque Dios ha derramado su amor en nuestro corazón] por el Espíritu Santo que nos ha dado" (Romanos 5:5).

De oración. El apóstol Pablo ha explicado esto: "El Señor está cerca... Que sus peticiones sean conocidas delante de Dios en toda oración" (Filipenses 4:5-6). Es como si él dijera: "No se preocupen. Ustedes tienen a Dios como protector. El Señor está con ustedes. Él tomará y sustentará la causa de ustedes. Pongan a un lado todo temor, ira, y amargura. Si se proponen entablar batalla, batallen con la oración. Pues no hay otra forma en que podemos batallar bien predispuestos contra Satanás para hacer que tiemble (titubee) que con nuestras oraciones, o para traducir esto mejor, con nuestras súplicas. Pues la súplica es algo que abarca más que la oración. Es como decir que la súplica es orar con una fórmula sagrada, así como por ejemplo añadimos "por medio de nuestro Señor Jesucristo" a nuestra oración.

234 Cf Isaías 2:4
235 Se refiere a la comunidad de la iglesia.

Y volverán los ojos a mí y llorarán por el hombre a quien traspasaron. El evangelista Juan citó este texto en el capítulo 19:37. Aquí tenemos un maravilloso desenvolvimiento (del lamento). Lo que sigue ahora hasta el final del capítulo es sobre el lamento y qué tipo de luto ocurre (se experimenta) sobre Cristo. Leemos esto también en el Evangelio: "Y todas las tribus de la tierra se lamentarán sobre Cristo."[236] Pero no debemos aplicar esto al día del juicio, pues todos estamos enfocados aquí en una descripción de la iglesia. Por lo tanto, es así como lo interpreto: un cristiano vive una doble vida, la vida del Espíritu, y la mortificación de la carne. Pues, cuando hemos sido justificados, y trasladados al reino de la gracia de Dios, todavía tenemos que lamentarnos por causa de nuestra carne, no solamente debemos guardar luto y lamentarnos sobre el Cristo sufriente, sino que debemos también imitarlo a él; debemos morir con él y crucificar nuestra propia carne. Aquí, entonces, habla sobre la mortificación de la carne y no sobre el lamento por el Juicio Final, cuando todos los ojos verán a Cristo juzgando a los culpables y castigando a los impíos por crucificarlo.[237] Después de todo, las manos de los judíos que crucificaron a Cristo son las manos de todos los impíos. Pero mientras los cristianos están vivos en esta tierra, ellos lamentan mientras mortifican su propia carne. Hacen esto por causa de Cristo (*propter Christum*). Pues como dice el apóstol en Romanos 6, nuestro viejo Adán fue crucificado, muerto, y sepultado junto con Cristo. Consecuentemente, afligirse (lamentarse) por causa de Cristo es, pues, imitar la crucifixión, muerte, y sepultura de Cristo para que así mortifiquemos nuestra carne y los deseos de la carne –los nuestros o los impuestos por otros– esto es, cuando Satanás, el mundo, y nuestros enemigos nos atacan. Así pues, todas estas ideas concuerdan maravillosamente una con la otra, como si él dijera: "Verán en qué modo fui crucificado por ellos. De hecho verán en qué modo ellos me crucificaron a mí." Pues, como dice Isaías (53:11): "Y él mismo llevará las iniquidades de ellos." Por lo tanto, ellos dicen inmediatamente junto con el apóstol Pablo: "Y los que son de Cristo han crucificado la carne con pasiones y deseos" (Gálatas 5:24). Voluntariamente ellos cargan con la pobreza, la hambruna, las enfermedades, y toda condición adversa, hasta cuando tienen que poner la vida en peligro. Todas estas cosas son ciertamente graves y merecen ser llamadas (identificadas con) "la cruz". Éste es un

236 Traducido aquí como lee en la Vulgata: *"super Christum."* En la RVC y la RV1960 se traduce: "y verán al Hijo del Hombre."

237 La palabras usadas en latín es *"se transfixerunt"*. En otras palabras, se hace referencia aquí al hecho del soldado que traspasó el costado de Jesús con una lanza (cf Juan 19:34).

lamento como el lamento por el primogénito. Esto es un bien amargo, doloroso lamento.

11. Cuando llegue ese día, habrá gran duelo en Jerusalén. Esto es cuánto abarca este luto. "En Jerusalén" significa en la iglesia de Cristo.

Como el duelo que hubo en Hadad Rimón, en el valle de Meguido. Recuerda ahora en la historia sagrada el evento de la muerte del tan piadoso (justo) rey Josías. Antes de comenzar la batalla con el rey Necao de Egipto, fue traspasado por flechas y murió. Esta muerte levantó gran duelo en todo Israel, así como cita 2 Crónicas 35. Hasta el profeta Jeremías compuso un lamento, un cántico fúnebre para él (Josías). Tan grande fue el dolor experimentado cuando este piadoso y a la misma vez prospero rey murió. Tal dolor descenderá también sobre la iglesia por causa de la muerte de Cristo. Los justos imitarán su muerte para conformarla a la del Señor.

12. Todos en el país guardarán luto, cada familia por separado. Esto es, cada familia guardará luto separada de las otras. El hebreo suele unir dos palabras cuando se expresa de manera distributiva. Vemos esto por ejemplo en Moisés: "Toma de ellos una vara por cada casa" (cf Números 17:2, 6). Esto es, cada uno de ellos tomó una vara por separado. Su significado es éste: "En la sinagoga el pueblo era separado en cierto orden. Esto lo observan los judíos hasta el día de hoy. Los hombres ocupan su lugar y las mujeres ocupan el suyo. Aquí le recuerda al pueblo este ritual para que comprendan la idea más fácilmente. Es como si dijera: "Las familias guardarán luto en todo lugar en las iglesia por todo el mundo." Es más, se ve un gran énfasis en la palabra "por separado",[238] como si dijera: "No prescribo una regla general para mortificar la carne. En vez, individuos, así como puedan y no amarrados a ciertas leyes, refrenarán su propia carne." Esto es algo que debió ser recordado por el estúpido papa y los obispos que imponen ayunos en casi todo el mundo sin tomar en cuenta la edad o condición física de cada persona. Así también hacen (imponen) los monjes. En cierto lugar (escrito) San Agustín dice lo mismo al prescribir ritos y ceremonias: "No será igual para todo el mundo, pues no todos están igualmente constituidos." Pero la envidia monástica ha despreciado este consejo no sea que uno ceda un pedacito de uña al otro. Esto ha hecho

238 Es una sola palabra en latín: *seorsum*.

(causado) que muchas personas perezcan. También muchos han caído en la locura y nunca han recuperado un sano equilibrio. Esto es lo que Satanás ha causado por causa de tan estúpidas leyes ceremoniales de este tipo. Los cristianos guardan luto por separado, esto es, como les sea apropiado para cada uno de ellos. Cada individuo castiga y aflige su carne para refrenar su propia concupiscencia.[239] Ésta es, después de todo, la función de esta acción. Cada persona tiene su propia cruz, así como Cristo dice muy apropiadamente: "Tome su cruz, y sígame" (Mateo 16:24). No dice: "toma mi cruz." Por lo tanto, el profeta delicadamente transfiere al rito espiritual de la sinagoga el hecho que cada cristiano lamenta tanto como le fuera posible, en orden de mortificar la concupiscencia de la carne.[240] Pero también hacemos esto de tal manera que honramos (respetamos) nuestros propios cuerpos, no sea que vayamos a dañarnos y fallecer. Pues nuestro Dios Todopoderoso no nos ha dado nuestros cuerpos para hacer esto. El Señor nos dará la medida para nuestro lamento (luto), y el Espíritu enseñará a cada persona, hasta qué punto se debe afligir (castigar) a uno mismo. El Señor dará tentaciones las cuales podremos resistir. "Y junto con la prueba", como el apóstol dice, "les dará la salida, para que puedan sobrellevarla (cf 1 Corintios 10:13). El profeta en varios lugares condena "el culto a los ángeles" (θρησκείαν τῶν ἀγγέλων) el cual gira alrededor de comida, vestuarios, y tales cosas necias como éstas (cf Colosenses 2:18). Pero la constitución de cada cuerpo no es igual al de los otros. No todos pueden soportar lo mismo. Por lo tanto no permitiré a nadie que me imponga a mí el ejemplo de los santos, ni los de Jerónimo y Bernardo, que al torturarse cada uno con el ayuno, ninguno podía distinguir la diferencia entre el agua y el vino después de ayunar. Aunque Jerónimo se afligió a sí mismo de maneras extrañas (durmió desnudo sobre la tierra e hizo otro tipo de cosas necias), así y todo, nada de eso pudo reprimir el ardor y la pasión de su concupiscencia. Esto es hacia lo que debemos mirar en adelante: debemos reprender toda concupiscencia

239 Lutero se refiere aquí a los pecados carnales que parten de nuestro pecado original. Felipe Melanchton ofrece una clara definición de esto en la Apología de la Confesión de Augsburgo, II, 26: "Tenemos razón, pues, al exponer dos aspectos o defectos en nuestra descripción del pecado original. Por una parte no creer en Dios, no poder temer a Dios, ni amar a Dios. Por la otra parte tenemos una concupiscencia que busca las cosas carnales, contrariamente a la palabra de Dios, esto es, que apetece no sólo los deleites del cuerpo, sino justicia y sabiduría carnales, y confía en estos bienes despreciando a Dios" (Citado de *Libro de Concordia* [Saint Louis: Editorial Concordia, 1989], p 72). En la edición en inglés esta palabra es traducida con "lust" que significa los deseos o deleites sexuales. Pero como se ve en esta definición la lucha contra la concupiscencia es lucha con todo lo que ponga la justicia y la sabiduría humana contra Dios.

240 Cf nota 239.

y apetitos que se oponen al Espíritu: la ira, la soberbia, la envidia, la flojera (vagancia), la avaricia, la líbido (deseo sexual), etc.[241] Los monjes se encuentran tan lejos de dominar todo esto con sus ayunos, que todos estos pecados reinan casi solamente en sus monasterios. Es así como la iglesia se presenta de acuerdo al ser interior y al ser exterior.

Capítulo Trece

Los profetas que consideraban sobre el uso de la ley y de los rituales en la ley tenían a la vez un entendimiento del futuro así como les enseñaba el Espíritu. Por lo tanto, frecuentemente convertían asuntos legales en proverbios y metáforas. Zacarías hace lo mismo aquí en este texto. Después que describe la condición de la iglesia en relación a la justificación del espíritu y la mortificación de la carne, ahora confirma lo que expresó anteriormente al aludir sobre ello usando algunas alegorías. Hace esto para su propio deleite o por la abundancia (plenitud) del Espíritu. El apóstol (Pablo) hace lo mismo en Gálatas (4:21-31) donde habla de un hijo de Abrahán nacido conforme a la carne, y sobre la verdadera semilla nacida conforme a la promesa. Allí discierne maravillosamente entre los hijos conforme a la carne, y la legítima semilla espiritual, que es así conforme a la fe de Abrahán. Éste es el significado de este texto: en nuestros rituales legales tenemos muchas y variadas maneras de purificar. Las tantas justificaciones de la carne nos torturan (así como tan maravillosamente nos lo explica la Epístola a los Hebreos (9:10-11): "con comidas y bebidas; y con diversas ceremonias de purificación y ordenanzas externas, cuyo valor tiene vigencia hasta que llegue el momento de reformarlo todo. Pero Cristo vino ya, etc." Es más, cuando ese reino venga, en el cual todo descansa sobre la justificación del espíritu y la mortificación de la carne, así como ya hemos dicho, entonces tendrá lugar (ocurrirá) la verdadera limpieza. Ésta será muy diferente a esas purificaciones (limpiezas) externas que han sido prescritas en la ley.

1. Cuando llegue el momento. Ese día será el día del nuevo testamento (pacto) bajo el reino de Cristo.

241 Aquí Lutero explica claramente las diferentes y variadas dimensiones de la concupiscencia.

Se abrirá un manantial. Enfatiza aquí la palabra "manantial" como para decir: "Habrá allí una fuente viva de agua, la cual es la Palabra del Espíritu". Así es como dice Cristo en Juan 7:38: "Del interior del que cree en mí, correrán ríos de agua viva." Esto dijo sobre el Espíritu. Nadie podrá vaciar o secar esa fuente con sus limpiezas (purificaciones). Nunca quedará estancada. (El agua) siempre brotará fresca y abundante así como también dice Juan [4:14]: "Una fuente de agua que fluye para vida eterna."

Se abrirá. Esto es, el manantial fluirá públicamente. Todo el mundo lo palpará. Como ya he dicho, el profeta siempre mira hacia atrás a la ley y los procedentes rituales. La ley también estableció muchas purificaciones pero eso se hizo para situaciones específicas. Constituyó y limitó todo a ciertos lugares, tiempos, y personas. A estas ligaduras de la ley él (profeta) contrasta la gracia, la cual es revelada por medio del evangelio por todo el mundo y entre todas las naciones. Entonces añade:

Para que la casa de David. Esto es, no solamente ocurrirá para Leví, así como está en la ley de Moisés, sino también para la casa de David. De hecho, será también para todos los habitantes de Jerusalén: esto es, para todos los creyentes a través de todo el mundo. Ya mencioné anteriormente que el profeta hace este uso espiritual de las palabras "casa de David", "habitantes de Jerusalén", "Israel", "Judá", etc.

Se purifiquen de su pecado [y de su impureza]. En hebreo la palabra "limpieza" (*ablutionem*) no se encuentra, pero no es malo añadirla. En hebreo lee así: "en pecado y separación [impureza]."[242] Dice, entonces, pues: "Ese manantial será preparado para quitar el pecado como también la impureza." Hay dos tipos de impureza (inmundicia): la voluntaria y la natural. El lavado externo de la ley limpiaría la voluntaria, pero no podemos hacer nada sobre la natural. Por lo tanto, también fueron constituidos dos tipos de limpieza, una para purgar (limpiar) el pecado voluntario, ése que ocurre cuando alguien toca a un muerto, un leproso, o una mujer menstruando, etc; el otro para purgar el pecado natural, así como se encontraba en una mujer después del parto, etc. Todo esto se encuentra en Levítico.

242 Lutero traduce aquí en latín "*separatione*" (separación) ya que la palabra hebrea נִדָּה (*nidda*) significa impuros o separados por causa de ser impuros.

El profeta, por lo tanto, alude aquí a esos asuntos legales, como si dijera: "Todo tipo de impureza nos preocupa a nosotros que estamos bajo la ley. La ley hace muchas cosas inmundas, y nos atormenta a nosotros eso de purgar todas nuestras impurezas. Pero todo esto es ridículo y en realidad no es algo serio. La responsabilidad de limpiar nuestro pecado y nuestra verdadera impureza le pertenecerá (corresponderá) al Espíritu Santo. Él mismo limpiará los pecados presentes como también los pasados." Por lo tanto aquí propiamente lo llamo pecado original, al igual que (llamo así) todos sus frutos. El Espíritu Santo quita todo esto. Así y todo, permanece una inmundicia en la carne, que es la mujer menstruando o impura. El Espíritu Santo también anima y consuela el corazón con la gracia de la remisión de los pecados para que entonces no tema jamás la condenación o juicio por causa de su pecado. Entonces, pues, con el corazón justificado, los cristianos crucifican su carne más y más diariamente para que así el remanente del viejo hombre sea purificado (limpiado). Así, entonces, la carne finalmente llega a ser purificada hasta que ella desaparezca completamente. Esto es lo que el profeta explicó con gran detalle en el capítulo anterior sobre la justificación por medio del Espíritu y sobre el luto (experimentado) por las familias.

2. Borraré de la tierra los nombres de los ídolos. De nuevo compara el antiguo y el nuevo testamento, como si dijera: "Bajo el antiguo acto la labor principal era expulsar a los ídolos. Muchos reyes fieles (piadosos) trataron de hacer esto. Destruyeron las estatuas de los ídolos y los bosquecillos sagrados.[243] Pero ellos no pudieron borrar el nombre de los ídolos. Por lo tanto, esto que hicieron fue solo como un gesto, esto es, solo lo pudieron declarar por escrito. No obstante, el nuevo testamento es efectivo. No solamente quita los ídolos sino también borra el nombre de los ídolos." Es así, pues, una vez que la verdad es conocida, una vez que el Espíritu Santo ha sido enviado, los ídolos caen por sí mismos. El Espíritu –no las manos humanas– es el que los quebranta; pues ésos que poseen el Espíritu de Dios son completamente libres de la idolatría. Así como se expresa en hebreo, dice: "los nombres de los ídolos." El profeta ha usado también la misma forma de expresarse en el Salmo 9:7: "Su memoria pereció con ellos",[244] así también como su resonar, esto es, la alabanza y estimación de ellos. Esto significa "tener memoria de alguien" así como Cristo dice: "Hagan esto en memoria

243 Lutero usa aquí la palabra técnica *"lucus"*, la cual era usada en la antigua religión romana para designar tales bosquecillos o arboledas sagradas.

244 RV1960.

de mí" (Lucas 22:19). Esto es, celebren, anuncien, alaben, y honren para que mi estima aumente (crezca)". La memoria de los judíos ha perecido. Esto es, ya no tienen sacerdocio ni reino. Toda su situación ha sido difamada como ignominia. Esto es lo que la Escritura llama olvidarse de nosotros, así como vemos en el Salmo (16:4): "Ni mis labios pronunciarán sus nombres."

Con los [falsos] profetas y con el espíritu de impureza. Esto es: "Cuando envíe mi Espíritu Santo no solamente quitaré el culto a los ídolos sino también a los maestros de ese culto." Distingue aquí entre el Espíritu Santo y el espíritu de impureza ya que solamente el Espíritu Santo es ese manantial que siempre fluye. Todos los otros espíritus son espíritus impuros (contaminados). Por lo tanto, hoy que el evangelio ha sido revelado, los maestros impuros junto con su religión monástica están siendo destruidos en sus monasterios, porque ellos no pueden cargar con la palabra de Dios.

3. Sucederá entonces que, si acaso alguien llega a profetizar. Usa aquí una magnifica comparación pero todavía compara al antiguo testamento con el reino de Cristo. Dice: "Toda maldad será eliminada:[245] las leyes malvadas, las enseñanzas malvadas, los maestros malvados, así como también ésos que dicen que tienen nuevas[246] visiones." Pues los cristianos disciernen cuidadosamente entre la voz de Cristo y la voz de extraños, ya que Cristo dice: "Las ovejas lo siguen, porque conocen su voz. Pero a un extraño no siguen... porque no conocen la voz de un extraño" (Juan 10:4-5). El significado de esto es así: "Bajo el antiguo testamento fueron constituidos los maestros y jueces, esos que tenían que juzgar concerniente a las visiones y profecías. Pero esta práctica claramente cesará en el nuevo testamento pues todo el mundo –del menor al mayor de entre ellos– me conocerá a mí. Ninguno de los hombres profetizará más a su vecino, "los hijos y las hijas de ustedes profetizarán". Pondré mi ley en sus corazones. Por lo tanto todos serán iguales, porque todos tendrán el mismo Espíritu. En resumen: él indica que la autoridad en hacer juicio sobre los falsos profetas radicará en todos los cristianos.[247]

Su padre y su madre que lo engendraron. Esto se refiere a esos que les enseñaron a ellos anteriormente.

245 Literalmente: "arrojada de allí."

246 Esto es, voces extrañas que no se conforman al mensaje de Cristo y sus profetas.

247 Lutero alude aquí a Joel 2:28-19 (Hechos 2:17-18).

Le traspasarán cuando profetizare.[248] Harán esto con la palabra del Espíritu. Vemos que ocurre lo mismo en nuestros días hoy. Nuestros hijos quieren también tener nuevas visiones, nuevos dogmas. Pero ya que ellos profetizan falsamente en el nombre del Señor los traspasamos.

4. Sucederá que todos los profetas se avergonzarán de sus visiones [y profecías]. Por lo que sigue, es claro de qué matanza o vergüenza habla. Es decir, se refiere al amistoso reproche de los fieles (piadosos), ésos que quieren llamar a los impíos para que se vuelvan de sus errores. Pues un falso profeta por sí mismo diría abajo, cuando se le interroga sobre sus golpes así: "Fui golpeado en la casa de ésos que me aman." Por lo tanto se refiere a ser atravesado espiritualmente. Pero sobre ese ser atravesado de los falsos profetas el apóstol Pablo dice: "Porque su insensatez se hará evidente a todos" (2 Timoteo 3:9), pues cuando sus errores sean revelados finalmente, ellos serán avergonzados, y no podrán presentarse en el juicio, así como nos indica el Salmo 1:5. Dice todo esto para consolar a la iglesia, de que los falsos maestros no prevalecerán sino que serán avergonzados.

Y nunca más volverán a ponerse vestidos de piel para engañar. Aparentemente los profetas solían usar vestimentas muy peculiares por medio de las cuales el pueblo los podía distinguir uno del otro. Por eso le dice el Señor a Isaías:[249] "Ve y quita el cilicio de tus lomos."[250] El cilicio era un saco, o vestimenta de un material muy pobre (barato) que usaban los profetas, pues ellos siempre se encontraban regañando y amenazando al pueblo. De esto modo, entonces, se veían sus vestuarios en armonía con sus enseñanzas. Así era el vestido (vestuario) de Juan el Bautista. Por lo tanto, éste es el significado del texto: todo rito externo que produce hipócritas también será arrojado (quitado). Los falsos profetas no podrán ya jamás engañar a los cristianos por sus apariencias de ser rectos y piadosos. Ya que el Espíritu Santo ha enseñado a los cristianos, ellos podrán juzgar sobre toda falsa doctrina, no importa cuánto simulen (imiten) los falsos maestros una sana doctrina y santidad. Ninguna cosa de este tipo podrá ser impuesta en la iglesia. Los fieles (piadosos) podrán inmediatamente comparar la doctrina de

248 Citado de RV1960 que se conforma literalmente a la traducción ofrecida en la Vulgata. En la RVC es traducido: "Le quitarán la vida por pretender ser profeta."

249 En la Weimar Jeremías es citado aquí.

250 RV1960.

los falsos maestros con la palabra de fe, para probar si es correcta de acuerdo a la analogía de la fe.

5. Yo no soy profeta, sino labrador de la tierra. Esto significa que los falsos profetas estarán tan confundidos, después de ser humillados y avergonzados, que ya no querrán ser profetas. Ya no se sentirán tan grandiosos y soberbios de sí mismos. Cederán fácilmente a ésos que los quieren amonestar. Esto es lo que el apóstol desea: que uno escuche al otro, que respetemos y mostremos deferencia hacia los demás, que uno no muerda (saque los dientes) al otro o discuta con el otro sobre cosas insignificantes y que cada uno honre al otro.[251] En resumen, dice él aquí: "No quiero ya perseguir esas herejías sino ahora solo me someto a la unidad de la fe. No quiero continuar con mi altivez (orgullo). Ya no me comporto en mi predicación como un insolente o un ser superior a otros como lo hice anteriormente. Pues solamente soy un labrador. Soy una persona muy simple. Soy inferior a la persona que era antes cuando quería promoverme usando el nombre de profeta. El profeta también alude aquí al racional de preparar la comida entre los judíos, quienes no disfrutaban de bienes adquiridos comercialmente, y se alimentaban de frutos y ganados siguiendo el ejemplo de los patriarcas. Ante Dios ésa es la más justa y mejor manera de preparar la comida, pues se ha eliminado toda motivación para obtener ganancias.

Desde mi juventud he trabajado en el campo.[252] Éstas son palabras de confesión y humildad, bajo las cuales se somete para ser juzgado por otros que tienen un mejor sentido de santidad (piedad). Cede voluntariamente aquí su propio juicio al indicar que él no es diferente de otra persona común. La frase en hebreo: "Un hombre me ha comprado" (*possedit me*)[253] es un hebraísmo. Aparece, por ejemplo, en Génesis 4:1: "Por la voluntad del Señor he 'poseído'[254] (*possedi*) a un varón." Esto es, he "adquirido". También aparece en este texto (Proverbios 8:22): "Desde el

251 Cf Romanos 12:9-21.

252 Lutero traduce aquí este texto del hebreo al latín que lee así: "Porque un hombre me compró (o vendió) desde mi juventud. El verbo es הִקְנַנִי (*hiqnani*), que es conjugado en el pretérito perfecto en la tercera persona singular. Significa pues que un hombre compró (adquirió) o vendió.

253 Cf arriba la cita 253.

254 Lee aquí en la RVC: "adquirido." El verbo usado aquí en hebreo es קָנִיתִי (*qaniti*) pretérito perfecto, primera persona singular. Este verbo no es el mismo que el usado en Zacarías 13:5, aunque su significado incluye entre ellos adquirir y comprar pero también se usa para expresar "crear un objeto similar al que crea" o "formar". En Génesis 4:1 aunque es traducido en la RVC y RV1960 con la palabra "adquirido" en realidad significa especialmente en este contexto "he dado vida", "he creado" a un varón, esto es, "he creado o formado a Caín" y no expresa nada de comprar o poseer.

principio, el Señor me poseía."[255] Traducimos aquí correctamente "nos tenía" (*habendi*), una palabra que no existe en hebreo. Su significado es éste: "Desde mi adolescencia he estado entre mi gente campesina en sus pastos y en sus fincas. Estoy muy lejos (me falta mucho) por aprender algunos nuevos misterios o revelaciones sobre la majestad divina. Todos los falsos profetas se jactan en que ellos conocen tales cosas, pero ya no quiero seguirlos a ellos."

6. ¿De qué son esas heridas en tus manos? La Palabra y el Espíritu lo han confundido, avergonzado, y humillado. Lleva sobre sí esas heridas: las marcas de su confusión. Cuando se le interroga, él responde que ésas son palabras bondadosas, amables, y en realidad heridas paternales. "Ésos que me engendraron en Cristo, me dieron estas heridas amistosas. Ellas son amistosas porque la iglesia agrede (golpea, impacta) con su voz. No se enfurece con poder o con armas sino que obra para llamar a los corazones de sus errores y para ganar muchas almas para Cristo.

7. ¡Vamos, espada, ataca al pastor! No parece haber una aparente conexión de lo anterior con la segunda parte de este capítulo. Hasta ahora se ha estado discutiendo el reino de Cristo: de qué modo los fieles van a ser justificados en el Espíritu; de qué modo han sido abrogadas la ley y las ceremonias; y de qué modo los fieles van a ser mortificados por causa de la ley. Inmediatamente introduce la persecución del pastor y la dispersión del rebaño. Pero, hasta ahora, faltaba una cosa en este profeta. No había interpretado su visión anterior sobre la grabación (inscripción)[256] de la piedra, sobre la cual escribió en el capítulo 3. Es por esto, por lo tanto, que conecto esta parte con las partes precedentes así: el profeta ha descrito qué tipo de reino sería el de Cristo. Ahora describe quién va ser la cabeza (el principal) y príncipe en este reino, qué clase de persona debería ser ése (líder, príncipe) y cómo debería ser instituido. El profeta, por lo tanto, en resumen señala dos cosas. Primero, ese (reino) sería preparado de acuerdo a un plan muy diferente de lo que el mundo puede pensar o creer, por medio de un afligido y humillado pastor, así como describe Isaías 53. Esto es, el reino de Cristo es un reino de escándalo, porque muchos se ofenderán y se ahuyentarán (alejarán) por causa del afligido Rey. Apenas un pequeño remanente será salvo. Contra la opinión carnal de los judíos él dice muchas cosas:

255 Proverbios 8:22 sí usa el verbo קָנָה aquí, como en el texto citado arriba en pretérito perfecto en Zacarías 13, pero conjugado en la primera persona singular קָנָנִי.

256 Usa en en latín el verbo *sculpendo* (grabar, esculpir, inscribir)

no todos serán admitidos al reino y muchos caerán porque las heridas y la humillación del rey los ofenderá. Su segundo punto es éste: una persona[257] piadosa debe saber que Dios Padre ha ordenado y querido que todo esto ocurriera, pues el pastor fue azotado y afligido. Así, pues, dice el mismo Cristo en Juan (14:31): "Hago todo tal y como el Padre me lo ordenó." Por lo tanto, es agradable a Dios que este Rey primero sufra y sea humillado para entonces ser coronado con gloria y honor.

Pero no deber ser un obstáculo para nosotros que el evangelista Mateo haya citado este texto en otra persona. No importa, pues, sobre qué persona se habla ya que el significado es el mismo. Sobre esto anteriormente ya he comentado en detalle. Estamos convencidos que en Mateo esto se dice en la persona de Dios Padre, pero aquí el significado es absolutamente el mismo, aunque es Dios el que manda a la espada que ataque. Éstas son cosas muy insignificantes para demorarnos más en ellas aunque Jerónimo haga de esto algo mayor de lo que es.

¡Ataca a mi amigo de confianza! [258] Esto es, al hombre que se encuentra junto a mí, así como Juan (1:18) dice: "Quien lo ha dado conocer es el Hijo unigénito, que está en el seno del Padre." El significado, entonces es: mi Hijo amado, quien se encuentra en si seno, a quien yo he constituido como Rey, mi unigénito; a él azotaré de tal manera que el mundo se escandalizará por causa de él. Pues es por medio de la cruz y muerte que él preparará para sí ese reino eterno y glorioso. Y esto es lo que leemos en el Salmo 8:5-6: "Le has hecho poco menor que los ángeles y lo coronaste de gloria y de honra. Le hiciste señorear sobre las obras de tus manos."[259] La espada, pues, significa persecución y crucifixión.

¡[Ataca al pastor,] y se dispersarán las ovejas! Esto es, muchos se ofenderán. Hasta los mismos apóstoles fueron dispersados. Así y todo, generalmente, me parece a mí que se dijo esto no solamente sobre ese momento cuando los apóstoles fueron perseguidos, sino que se aplica también universalmente durante todo el tiempo del reino de Cristo. Pues Cristo fue afligido (perseguido) en ese tiempo y será así hasta el fin del mundo. Esto ocurre todas las veces que los malvados persiguen y oprimen a los cristianos y también cuando resurgen herejías. Esto es lo que Cristo entiende cuando dice: "¿Saulo, Saulo, por qué me persigues?"

257 En latín lee: "hombre piadoso."
258 En latín lee: "Ataca al hombre que se encuentra próximo a mí."
259 RV1960

(Hechos 9:4). Por lo tanto, esto es lo que significa: Cristo se encuentra aquí para la ruina de muchos. Siempre se encuentra oprimido, siempre se encuentra perseguido (azotado), y por eso siempre hay muchos ofendidos y consternados. Es así como durante el tiempo de la controversia del arrianismo[260] Cristo fue azotado y afligido por casi todo el mundo. Con gran consenso los más distinguidos e ilustres doctores, negaban la divinidad de Cristo. Por lo tanto, hoy debemos también entender muy bien que hasta hoy una espada se levanta contra Cristo. Esto es lo que los malvados maestros y perseguidores de la iglesia hasta el día de Dios escupen contra él, lo coronan con espinas, lo crucifican y blasfeman, así como los judíos le escupieron. Si no estuviéramos bien seguros sobre la palabra de Dios, todo esto ofrecería la oportunidad para que nos desesperemos, y abandonemos la Palabra en cuanto veamos tanta amargura, y tanto furor exhibidos por los numerosos y poderosos enemigos de la Palabra, los cuales, todos ellos, quieren destruir y oprimir la Palabra de Dios cómo y cuánto sea necesario. Por lo tanto, la dispersión del rebaño sigue necesariamente después del golpe de la espada. Esto lo hemos experimentando más que suficiente hoy cuando muchos de los que se refugiaban en el evangelio ante de esa persecución ahora corren apartándose del evangelio. Al principio, toda una gran multitud aplaudía al recibir el evangelio. Pero ahora se apartan y se ofenden del mismo, y solamente unos pocos se mantienen firmes. Por causa de nosotros Cristo es el reproche de los humanos y el oprobio del pueblo. Aunque nosotros seamos destruidos, él será declarado el Rey de nosotros, el Rey de gloria.

Dice todo esto para nuestra propia consolación, no sea que vayamos a ser ofendidos por la apariencia del Cristo azotado (afligido). Pues, esa apariencia es tal que nos convertiríamos como Sodoma y Gomorra si no fuera que nos dejó su semilla (remanente).[261] Es por motivo de la virtud divina que no abandonamos a nuestro Rey afligido. Pues ésta (virtud) es algo más grande que lo que el mundo o la razón humana puedan mostrar (exhibir). El poder aquí del libre albedrío es nulo.

---

260 Arrio (c 250-c 336) dio lugar a esta controversia del arrianismo que quería salvaguardar la inmutabilidad y transcendencia del Padre, y por lo tanto argumentaba que Cristo era similar (*homoiousios*) pero no igual (*homoousios*) al Padre, y por lo tanto rechaza que Cristo es Dios, o tan divino como Dios. Esta herejía fue condenada por el primer concilio ecuménico, el de Nicea en el 325. Nicea afirma que el Hijo, es consubstancial (*homoousios*) al Padre, y que no fue hecho (creado) sino engendrado por el Padre.

261 Isaías 1:9

Entonces yo descargaré mi mano sobre los corderos más pequeños. Esto es: "En ese escándalo y ruina de mucha gente, yo todavía salvaré a mi remanente, a mis pequeños, para mí." De otra manera, todo lo más grande y mejor del mundo atacará (golpeará) a Cristo, así como dice Pablo en 1 Corintios 1[:26-27]: "No muchos de ustedes son sabios... ni son muchos los poderosos, ni muchos los nobles; sino que Dios eligió lo necio del mundo, etc." Cristo parece recordar frecuentemente este texto, ya que él menciona frecuentemente sus "más pequeños" en los escritos del evangelio.

8. Sucederá entonces. Esto es, ocurrirá de esta manera en toda la tierra, y no solo en Judea.

Que en toda la tierra las dos terceras partes serán destruidas. Él mismo explica el escándalo y lo que quería decir sobre la dispersión del rebaño, el afligido pastor, y el maravilloso preparador de ese reinado glorioso. Es como si dijera: "El evangelio será algo para maravillarse, ya que no será creído tan fácilmente." Esto es lo que Cristo expresa cuando cita del Salmo [118:22:23]: "La piedra que los constructores rechazaron, ha llegado a ser la piedra angular. Esto viene de parte del Señor, y al verlo nuestros ojos quedan maravillados." Esto es, nos ha ofendido enormemente. A menos que seamos guardados divinamente, no podremos perseverar. Entonces, nos propone lo mismo aquí, cuando las dos partes se dispersen y fallen, solamente una será salvada. Por lo tanto, siempre la parte mayor perece y la menor es salvada. Al principio cuando el evangelio es divulgado en el mundo, el mundo escucha con grandes aplausos (elogios). Ni siquiera un puñado de ellos deja de admirar al evangelio. Pero cuando se ha levantado la espada y le da al Pastor, entonces, no cabe duda que las dos partes se retiran en retaguardia. Es así, pues su propia razón y la sabiduría de la carne los han dirigido, y no son capaces de cargar con ese escándalo de la cruz. ¿Y quién puede hacer esto, a menos que uno haya sido divinamente animado por el Espíritu Santo? Pues eso de creer en la vida en el medio de la muerte, de creer en la gloria en el medio de la ignominia, de la justicia en medio del pecado, y de la paz y favor de Dios en medio de una gran persecución: esto es verdaderamente algo maravilloso y más allá de lo que nuestros ojos pueden captar.

9. Entones echaré al fuego esa tercera parte.[262] Somos obligados a escuchar sobre el oprobio de la cruz de Cristo, dice el apóstol. La debilidad de nuestro Rey nos es presentada. Mientras tanto, él cierra sus ojos a las blasfemias de los malvados y calla. Además de esto, estamos obligados también a cargar nuestros sufrimientos personales y privados. Cada uno de nosotros tiene su propia divina impuesta cruz que cargar para que así completemos lo que falta de los sufrimientos de Cristo, así como se encuentra en Colosenses 1:24. Le llama a esto aquí "ser guiados por el medio del fuego".[263] Pero éstos, dice él, toman el lugar de una prueba para ustedes, para que así sean probados bajo la cruz, de la misma manera que el oro es probado por el fuego. Hoy día, muchos son los que tratan con el evangelio para nuestra gran desgracia (ignominia). Son personas neófitas a quienes la cruz nunca los ha entrenado. Ellos toman el rol de la espada contra nosotros. Durante esos momentos se sientan confiados bajo nuestra paz, y bajo nuestra higuera y se enloquecen contra nosotros. Si algún inminente peligro los amenazara o si males o la cruz los oprimiera, entonces aprenderían a afincarse solamente en la bondad de Dios, y se desesperarían de sus propios planes e inventos, los que de otra forma son la fuente de muchas herejías. Pues, mientras no se ocupan de asuntos bien serios, sus pensamientos se enfocan mientras tanto en ocios inútiles, y no pueden evitar, entonces, pensar y soñar nuevas dogmas.

Ellos invocarán mi nombre. Explicamos anteriormente un texto similar en Oseas.[264] En resumen, esto que el texto dice: el reino de Cristo, el cual es hostigado en Cristo, el mismísimo rey del mismo, como también es maltratado en nuestros propios cuerpos, es regido solamente por la fe y al invocar el nombre del Señor. El apóstol Pablo también enseña esto en Romanos [10:13-14]: "Porque todo el que invoque el nombre del Señor será salvo. Ahora bien, ¿cómo invocarán en aquel que no han creído?" Por lo tanto no es con ejércitos ni con espadas o nuestros propios esfuerzos que salva (preserva, mantiene en pie) a este reino, sino solamente por invocar a nuestro vindicador y protector, quien no nos abandona cuando le suplicamos. Por lo tanto, los cristianos no pueden hacer otra cosa que sentirse confiados ante todos los poderíos y las tiranías de los enemigos y príncipes, los cuales conviven en unión

262 Lee en latín: "Yo guiaré la tercera parte por medio del fuego."

263 Cf nota 262.

264 Tal texto no se encuentra en Oseas. Es muy probable, dado lo citado, que Lutero está pensando en Joel 2:32.

contra el Señor. Ellos saben que Dios se preocupa por ellos, siempre y cuando lo invoquen (clamen). Esto es lo mismo que Pablo nos dice: "No se preocupen por nada. Que sus peticiones sean conocidas delante de Dios" (Filipenses 4:6). Tenemos sin falta que clamar en el nombre de Cristo, esto es, en nuestra fe única en Cristo, la que no depende de nuestra propia justicia o santidad.

"Ustedes son mi pueblo", y ellos me dirán: "El Señor es nuestro Dios." Ésta es la predicación del evangelio para los que creen que son las ovejas –el rebaño– de Cristo. En breve, ellos son los hijos de Dios, los coherederos con Cristo. Éste es el mensaje que los fieles escuchan ante los ángeles y ante el Padre. Entonces, los cristianos confiesan esto tanto ante Dios como también con sus labios ante el mundo. En estas dos declaraciones resta (descansa, se basa) completamente nuestra justificación. Muy cierto es que bajo esta confesión sea inevitable que la cruz nos acompañe. Pues inmediatamente el mundo y las puertas del infierno se oponen a esa confesión ya que el mundo no puede tolerar eso que sus poderes, justificación propia, y su sabiduría sean condenados. Por lo tanto se enfrentan a esos que condenan todo esto, los persiguen sin tregua, y finalmente los eliminan.[265]

Capítulo Catorce[266]

1–2. Jerusalén, ya viene el día del Señor, y en tus calles serán repartidos tus despojos. Jerusalén, el Señor reunirá a todas las naciones para que te ataquen, y serás conquistada; tus casas serán saqueadas y tus mujeres serán violadas. Aquí no puedo comprender lo que este capítulo ahora expresa. Pues no estoy muy seguro de lo que el profeta dice. Algunos han entendido que se trata del Anticristo y del juicio final. Pero, mientras que tal interpretación se encuentra por todas partes y muchos también presentan esta misma idea, no me la apropio, pues no me convence lo suficiente en todos sus puntos. Quien quiera aceptarla, encontrará lo mismo también en Lira. Quiero añadir

265 El manuscrito en latín termina abruptamente aquí sin ninguna explicación.

266 Para completar el comentario de Lutero sobre Zacarías hemos decidido hacerlo con el comentario de Lutero en alemán sobre el capítulo catorce que se encuentra en la WA, XXIII, 654-664. Se ha usado principalmente la versión en inglés de *Luther's Works*, Volume 20, 337-347, consultando al texto original en alemán. Se sigue aquí el formato de la edición en latín para conformar la edición en alemán al estilo editorial usado en latín.

lo que pienso sobre esto, aunque todo esto no es lo suficientemente claro tampoco en muchos lugares. Finalmente, pues, pongo todo esto bajo el magisterio del Espíritu Santo.

Primero, mientras hablaba sobre Cristo y su reino y decía cómo este reino iba a ser refinado y fortalecido por las ofensas, ahora pasa a profetizar cómo los infieles judíos van a pasarla, ésos que se ofendieron con él y lo crucificaron. Y él dice que la ciudad de Jerusalén será destruida por medio de los romanos, quienes tenían toda clase de gentiles bajo ellos, y con ellos fueron contra Jerusalén, así como Cristo nos anuncia en Lucas 19:44,[267] donde llora sobre la ciudad. Esta interpretación aclara (ofrece luz) el texto. Porque "el día del Señor" significa, pues, el día cuando la muerte y el martirio del Señor serán corregidos (vengados) sobre los judíos por los romanos, los cuales eran enemigos de (hostiles hacia) los judíos.

La mitad de tus habitantes será llevada en cautiverio, pero el resto del pueblo permanecerá en la ciudad. Así ocurrió, pues, con toda Jerusalén. Una parte, la cual no pudo escapar, pereció en la ciudad por causa del hambre, la pestilencia, y la espada; la otra fue conducida (llevada a estar) entre todas las naciones, (y está) cautiva hasta el día de hoy.

3. Después de eso, el Señor saldrá y peleará contra aquellas naciones, como se pelea en el día de la batalla. Esto comienza a sonar aquí como si fuera sobre el día de juicio. Pero como ya he dicho, voy a poner a un lado esta interpretación. (Hago esto) para mantener, pues, lo que él quería decir, que después de la destrucción de Jerusalén, Cristo definitivamente buscaría enfrentarse a todas las naciones por medio del evangelio, pues en el día de juicio no habrá mucha oposición ya que no podrán contra él. Es así, como es su costumbre, él batalla por medio del evangelio, esto es, por medio de su Espíritu y no con armas. También en esta batalla tuvo sus adversarios y ellos lo resistieron formidablemente.

4. Cuando llegue ese día, el Señor plantará sus pies sobre el monte de los Olivos, que está al oriente, frente a Jerusalén. El día de juicio Cristo no plantará su pies sobre el monte de los Olivos, sino que se encontrará entre las nubes, así como cita Pablo (1 Tesalonicenses 4:17). Por lo tanto, afirmo yo, que ya que Cristo ascendió a los cielos desde el monte de los Olivos en las afueras de Jerusalén, el profeta nos

267 WA XXIII, 655, 20, cita a Lucas 21 en vez de 19.

quiere decir que la lucha por el evangelio ha de comenzar en el monte de los Olivos, donde les dio a sus discípulos su último mandato (la gran comisión): que fueran a todo el mundo y predicaran, Mateo 28:19; Marcos 16:15.

Esto demuestra, pues, que Cristo ya no quiere reinar en la Jerusalén corporal (física) sino fuera de la ciudad corporal, en todo el mundo, comenzando desde el monte de los Olivos.

Y el monte de los Olivos se partirá en dos, hacia el oriente y hacia el occidente, con lo que se formará un valle muy grande, y una mitad del monte caerá hacia el norte, y la otra hacia el sur. Si esto va ocurrir el día de juicio, ¿dónde se pararán los pies del Señor sobre el monte? Pero al igual que el nombre de Jerusalén es dado al pueblo y a las personas que viven en ella –la Jerusalén mencionada arriba como extendiéndose por todo el mundo, esto es: Cristo, los apóstoles, y los discípulos que se encontraban en Jerusalén, debían ir hasta el fin del mundo– también afirmo que también aquí el nombre del monte de los Olivos es dado al pueblo. Los discípulos, por lo tanto, que estaban con Cristo en el monte de los Olivos al final, deberían también repartirse (dispersarse) por todo el mundo, lejos unos de los otros: hacia al oriente, el occidente, el sur, y el norte; para que así, pues, de la misma manera que existe una segunda Jerusalén, una esparcida por todo el mundo, también existirá otro monte de los Olivos, repartido por todo el mundo.

5. Entonces ustedes huirán a los montes por el valle, porque el valle se extenderá por los montes hasta Azal. ¿Cómo se fugarán y quién se fugará? ¿No nos dijo él que Jerusalén sería entonces destruida y también desolada? Digo yo, pues, ya que el monte de los Olivos será dividido (esparcido) por todo el mundo, el desolado, valle vacío no es nada más ni nada menos que la abandonada y desierta sinagoga, o el judaísmo; por lo tanto, todos los piadosos judíos que se vuelven cristianos, huirán, y se aferrarán [*halten*] a los discípulos. "Pues hay un valle entre mis montes" (dice él), esto es: entre el dividido monte de los Olivos, el cual le llama ahora sus montes, esos que él creó al separarlo (dividirlo). ¿Pero qué es ese Azal? No lo sé. En alemán significa "bien cerca" o el "más cerca" (*nähe besser*), aunque en otros lugares es el nombre de una ciudad. Pienso que lo que quiere decir es que el valle desierto, donde vivían los judíos entre los montes, y que ahora no son ni cristianos ni judíos, se extenderá lejos y cerca, para que contenga a casi todos los judíos. Es así, ya que solo unos cuántos han sido convertidos a Cristo.

Huirán como lo hicieron en los días de Uzías, el rey de Judá, por causa del terremoto. Durante un terremoto el pueblo huye de las ciudades y de las casas. Aun muchas más personas huirán durante este terremoto, cuando el monte de los Olivos será dividido y los judíos abandonados de tal forma que las personas se mantendrán (quedarán) en Cristo y con Cristo. El profeta Amós cuenta sobre el terremoto durante el reinado de Uzías (Amós 1:1).

Entonces vendrá el Señor mi Dios, con todos los santos. Estas palabras son[268] acerca del día del juicio. Pero ya que otros textos no lo aplican[269] de la misma manera, mantengo por ahora la interpretación de que Cristo, que marchó adelante para batallar por medio del evangelio, vendrá, también, junto con sus apóstoles y predicadores, y junto con todos los cristianos, para batallar por medio de su Espíritu, y será de una manera muy diferente de cuando él (Cristo) salió del desierto con sus santos (discípulos). Y Moisés canta sobre esto en Deuteronomio 32:10.

6. Cuando llegue ese día, no habrá luz clara ni oscura. ¿Qué puede ser esto, de que Cristo vendrá durante el frío y la escarcha, sin luz? Es esto: la palabra de Cristo y el Espíritu hará que los cristianos sean insignificantes para todo el mundo: sin luz ni calor, sino estando bajo la oscuridad y la frialdad de las persecuciones. En otras lugares se menciona definitivamente a Cristo viniendo con fuego en el día del juicio (2 Tesalonicenses 1:7-8).

7. Será un día que sólo el Señor conoce, en el que no habrá día ni noche. Aquí se está presentando (revelando) a sí mismo. Dice él, no habrá luz, pero, todavía será día, esto es, un día espiritual, uno que nadie puede ver excepto solamente el Señor. Pues él es el mismo sol que crea este día en los corazones de los creyentes. Pero ellos tienen que creer esto; y por lo tanto no hay ni día ni luz, para explicar esto en forma natural; sino pues, no hay ninguna luz, etc.

Aunque al caer la tarde habrá luz. Aquí se ve que ocurre lo inverso. Todos los días del mundo se vuelven oscuros al anochecer, cuando cae la noche. Pero en este día habrá más luz que nunca cuando caiga el anochecer, y la noche se acerca; como resultado de esto este día será

268 En alemán: "llevan el tono, ritmo."
269 En alemán: "ofrecen el mismo tono, ritmo."

oscuro durante el día pero habrá luz por la noche. Por lo tanto, se le llama debidamente día aunque no es día ni noche como son los otros días. La noche, pues, es el fin del mundo, cuando la fe cesará y será revelada la luz eterna.

8. Cuando llegue ese día, de Jerusalén brotarán aguas vivas, y la mitad de ellas se irá hacia al mar oriental, y la otra mitad se irá hacia el mar occidental. ¿Qué? ¿No fue Jerusalén destruida? ¿Cómo pueden brotar aguas vivas de allí? Pero ésta es la Jerusalén espiritual, de donde fluye el Espíritu Santo por medio del evangelio, así como Juan 4:14 señala al Espíritu por medio del agua. Ahora, Jerusalén se encuentra entre dos mares, el mar Muerto al oriente y el mar Grande hacia el occidente; y el agua tenía que ser conducida (guiada) adentro[270] de Jerusalén. ¿Cómo, entonces, puede ser que aguas vivas puedan brotar de Jerusalén a través de tantas montañas (tantos montes) a sus dos lados, y llegar hasta los dos mares? Es tan correcto (*Richt*) como se ha dicho. El Espíritu fluye del oriente hacia al occidente, esto es, más allá de sí mismo, hacia Dios para aplacar su ira, la cual demostró en el mar Muerto sobre Sodoma; y por debajo de sí mismo hacia el mundo, para así consolar y fortalecer a éste (mundo) en el medio de sus persecuciones y sufrimientos.

Lo mismo en verano que en el invierno. Otras aguas se secan en el verano. Pero estas aguas continúan fluyendo, esto es, el Espíritu continúa brotando eternamente y no cesa de aplacar la ira de Dios, y a la vez consolar a los sufrientes cristianos.

9. El Señor reinará sobre toda la tierra. No solamente sobre Judá y Jerusalén se convertirá él en Rey, así como fue hasta ahora, sino también sobre todo el mundo, Salmo 2:8. Y eso ocurrirá por medio de las aguas vivas, etc.

Cuando llegue ese día... él será el único Señor, y su nombre será el único nombre. Hasta ahora la humanidad ha dividido a Dios en muchos dioses y lo ha llamado por muchos nombres. Así, pues, en tiempos pasados a Dios los judíos lo llamaban Baal y Aserá; los gentiles lo llamaban Júpiter, Saturno, los babilonios por los nombres de Bel y

270 Usa aquí la preposición *inne* que denota en alemán "adentro" o "en el medio de".

Nebo; y otros tantos nombres.[271] Pero ya que el mundo conoce algo sobre Dios, todos adoraban de acuerdo a sus propios razonamientos y necedad.[272] Y también eso supone agradar a Dios, y debe también recibir de nosotros su figura[273] y nombre. Igualmente, nosotros hemos dividido a Cristo también en nuestros días, y así pues algunos le sirven bajo la regla de San Francisco y otros bajo la de San Dominico, y también otras más. Cada uno ha escogido su camino y su obra, y todo esto bajo el uno (y único) Cristo. En resumen: crear sectas o bandos en la fe y seguirlos a ellos, significa dividir a Dios para que sea muchos dioses y llamarlo también por muchos nombres, aunque en sí mismo no existen esas divisiones. Si, entonces, pues, esas sectas o bandos son terminados, si uno sirve debidamente a Dios en Espíritu, fe, palabra, y esencia, entonces, así es que Dios es llamado el único (Dios) y su nombre es solamente uno, y eso se logra por medio del evangelio.

10. Desde Geba y hasta Rimón, al sur de Jerusalén, toda la tierra se volverá una llanura. Geba se encuentra al norte de Jerusalén dentro de la tribu de Benjamín; Rimón yace (se encuentra) hacia el sur dentro de la tribu de Simeón. ¿Quiere decir él, pues, con todo esto que: "En esos días todo se volverá una llanura, como si hubiera entonces una carretera directa y tierra llana para transitar de Geba hasta Rimón por el medio de las montañas? Quiere decir con todo esto que: todo será por igual y llano, unido y allanado, y no habrá más facciones, sectas, y diferencias, así como Isaías 40:4 también dice: "Que todo valle será enaltecido; que se hunda todo monte y collado; que se enderece lo torcido y que lo áspero se allane, etc." Esto es, todo bajo Cristo será considerado por igual. ¡Que Dios lo conceda! Que una persona vaya de Geba hasta Rimón y la otra de Rimón hasta Geba, así y todo, llegará a Jerusalén sobre tierra llana. Será así, ya que no habrá más esas diferencias de sectas. Y aunque debe haber un gran número de oficios y dones, y algunos deban de ir a Geba, y otros a Rimón, algunos a un lugar y otros a otro; así y todo, entrarán con armonía a Jerusalén, caminando sobre una excelente, nivelada, tierra llana, sin ninguna ofensa ni provocación, para que así cada uno sirva a un (solo) Señor con sus dones.

Y Jerusalén será exaltada y habitada en su territorio. Esto significa: ser situada sobre lo alto en una montaña (un monte) que se llama

271 Cf Hechos 17:22-23.

272 Cf Romanos 1:19-23.

273 Lee en alemán: *"Form und Name." Form* en alemán denota forma o modo de ser, patrón, escultura.

Cristo, para que uno pueda fácilmente verla y llegar a ella transitando sobre tierra llana. Será también bien construida, pero esta vez no en el medio de la tribu de Benjamín, donde anteriormente fue situada, y ahora fue destruida, así como dijimos anteriormente. Será situada en su propio sitio, hasta allá donde se extiende el mundo.

Desde la puerta de Benjamín hasta la primera puerta, es decir, hasta la puerta del Ángulo, y desde la torre de Jananel hasta los lagares del rey. Ustedes pueden leer sobre estas puertas y torres en Esdras y en Nehemías. Pero aquí no las menciona a todas sino solamente a las más importantes, ésas que están en los cuatro ángulos y que se presentan ante los cuatro ángulos (puntos cardinales) del mundo: norte, oriente, sur, y occidente; porque quiere indicar que Jerusalén estará presente en todo el mundo. Pues hasta Lira cita a un antiguo rabí judío que escribe que en los días del Mesías Jerusalén será tan enorme que sus muros serán los confines del mundo. El texto de Zacarías definitivamente lo llevó (a Lira) a decir esto.

11. Sí, Jerusalén volverá a ser habitada, y sus habitantes vivirán tranquilos, y nunca más sufrirá de ninguna maldición. La santa nueva Jerusalén estará llena de personas. Pero, así y todo, será santa y pura, para que no haya ninguna censura y nadie sea exiliado, esto es, por causa de sus transgresiones. Porque todos son en Cristo santos y justos, y no solamente justos y santos sino que estarán también seguros. Pues ellos tienen una conciencia tranquila[274] en Cristo, y se encuentran felices y en una paz perfecta.

12. A todos los pueblos que pelearon contra Jerusalén, el Señor los castigará con esta plaga: estando ellos aún con vida, y viendo y hablando, se les pudrirá el cuerpo, los ojos y la lengua. Ésos que persiguen a los cristianos no quedarán sin ser castigados. Y el castigo será así: ellos perecerán de una manera extraordinaria, es decir, así: se pudrirán interiormente, perderán su fuerza y energía, aunque ellos crean que todavía se encuentran de pie.[275] Así, pues, los romanos perecieron sin que ninguno de ellos se enterara[276] de esto. Ellos tenían suficiente carne, esto es, suficiente territorios y pueblo, y también se encontraban de pie. Ni carecían de vista, esto es, de

274 En alemán "una buena" (*ein gut*) conciencia.

275 Es así como lee también en alemán, pero en el texto citado de la RVC se refiere aquí a esta cita: aunque "estando ellos aún con vida, y viendo y hablando".

276 En alemán "saber" de esto.

inteligencia, y de gobernadores prudentes. Ni carecían de lenguas, esto es de maestros, y sabios consejeros. Así y todo, nada de eso les ayudó, así como también se relata sobre Troya, que fue destruida en esa misma época que tenía el mejor y más distinguido pueblo. Jerusalén también pereció cuando era la más poderosa; así mismo le ocurrió a Babilonia. ¿Por qué? Porque Dios cesó de caminar (estar) con ellos y porque la hora había llegado cuando ellos iban a ser castigados y destruidos. Es como si dijera aquí: la lengua se pudrirá en su boca, y los ojos en sus cavidades, y el cuerpo en sus piernas. Esto es, el poder y la fuerza, la buena fortuna, la victoria serían arrebatados de ellos. Cuando esto tome lugar, entonces, esto sucederá:

13. Cuando llegue ese día, cundirá entre ellos un gran pánico, que el Señor les enviará, y se atacarán los unos a los otros. Esto significa: cuando ellos lleguen a ser tan impotentes, se atacarán los unos a los otros, y por lo tanto, sin duda, muy pronto perecerán, así como le ocurrió al Imperio Romano. El Señor hará que descienda sobre ellos este gran pánico, cuando él retire su mano de ellos, y ya no suministre más la paz. Y no solamente los gentiles se destruirán unos a otros así, sino también:

14. También Judá peleará en[277] Jerusalén. Esto significa: también habrá en el cristianismo sectas y facciones (bandos) que se destruirán mutualmente, así como también los herejes solían casi siempre luchar unos con otros, aunque se encontraban unidos al luchar contra los verdaderos cristianos. Me temo que esto ocurrirá también algún día en la tierra alemana, ya que los tiranos están persiguiendo al evangelio de manera tan horripilante. Pues las facciones se encuentran tan en contra unas de otras y se están destruyendo muy rápidamente unos a otros, aunque en su oposición al evangelio se encuentran muy unidos.

Y se reunirán las riquezas de todas las naciones vecinas: oro y plata, y vestimentas, en gran abundancia. Esto significa: sus riquezas, las cuales han estado acaparando hasta este momento, y por causa de ellas han estado luchando contra el evangelio, será arrebatada de ellos, así como los judíos han perdido sus tierras y su gente, pues ellos lucharon contra Cristo. Por lo tanto, eso también sucederá a todos esos barrigones (panzones) siervos y clérigos que ahora están persiguiendo

277 La versión alemana lee: "*wider*" (de nuevo), las versiones más modernas de la Biblia de Lutero usan "gegen" (contra) Jerusalén.

al evangelio ya que temen enormemente por causa de sus posesiones y tesoros. Ellos deben perecer y perder vergonzosamente todas esas cosas.

15. Y la misma plaga caerá sobre los caballos, los mulos, los camellos y los asnos, y sobre todas las bestias que se encuentren en esos campamentos. Esto significa: éstos también perecerán y serán menos numerosos, y serán también atracados (robados); para que así toda la fuerza y el poder de los gentiles, de los cuales ellos se han vanagloriado y bajo los cuales han amenazado a los pobres y miserables cristianos, perecerán.

16. Todos los sobrevivientes de las naciones que atacaron a Jerusalén vendrán todos los años para adorar al Rey, al Señor de los ejércitos, y para celebrar la fiesta de los tabernáculos. Los gentiles que no se aferran a su incredulidad con los demás llegarán a ser cristianos y servirán a Cristo. Y ellos, más que otros, dice él, guardarán todos los años la fiesta de las cabañas.[278] ¿Y por qué no (menciona) la fiesta de Pascua o Pentecostés? Arriba ha mencionado suficientemente que Jerusalén será destruida. Por lo tanto, ésta debe ser una nueva fiesta de las cabañas en la nueva Jerusalén. Bien, entonces, la nueva fiesta de las cabañas será ésta: todos los cristianos sobre la tierra vivirán como huéspedes y peregrinos, y llevarán la esperanza de entrar en la ciudad que está por venir, así como ésos que vivieron en los tabernáculos (cabañas) pensaban habitar éstos por un breve tiempo, algo como ocho días, y entonces regresar a casa de nuevo. Y esto solamente significa que los cristianos viven alegres aquí en la tierra por la fe y en esperanza, esperando por ese futuro porvenir. Año tras año, esto es, todos los días, irán a esa fiesta y se ejercitarán en esa fe y esperanza.

17. Y sucederá que a las familias de la tierra que no hayan acudido a Jerusalén para adorar al Rey, el Señor de los ejércitos, no les caerá nada de lluvia. Aquellos que rehúsan guardar esta fiesta spiritual, son los que se encuentran más fascinados con sus propias barrigas y de sí mismo que de Cristo, y en esos casos la Palabra cae entre los

278 El festival de la fiesta de los tabernáculos se llama Sucot en hebreo. Se le llama también "Fiesta de las cabañas" o "de las enramadas". Este festival conmemora la peregrinación de los judíos como nómadas en el desierto (Cf Levítico 23:34-45; Deuteronomio 16:13-15). En esa existencia vivían en enramadas, cabañas o tiendas de campaña.

espinos y se seca, y por lo tanto no producen ningún fruto (Lucas 8:7). Sobre ellos caerá esa plaga donde no les caerá nada de lluvia; esto es, por causa de su ingratitud sobre la palabra de Dios, la Palabra será por fin arrebatada de entre ellos.

18. Y si los egipcios no acuden a Jerusalén, tampoco sobre ellos caerá lluvia. ¿Qué significa esto para los egipcios? Ellos no necesitan ninguna lluvia, ni tampoco llueve entre ellos, así como Moisés narra (Deuteronomio 11:10). Pero incluye especialmente a los judíos para que la humanidad entienda esto como una lluvia spiritual, y esta [lluvia] la necesitan tanto los egipcios como todos los otros gentiles.

18–19. Les vendrá la plaga con que el Señor castigará a las naciones que no acudan a celebrar la fiesta de los tabernáculos. Éste será el castigo por el pecado de Egipto, y por el pecado de todas las naciones que no acudan a celebrar la fiesta de los tabernáculos.[279] Emplea aquí muchas palabras sobre la plaga y la fiesta de los tabernáculos para decir que tal maldad será contada de una manera justa ya que no quedará sin ser castigada.[280] Éstas no son palabras dichas en vano. Pues verdaderamente, no existe mayor misericordia sobre la tierra que cuando la palabra de Dios es predicada, y de nuevo, no existe mayor miseria que cuando la palabra de Dios no es predicada. En Isaías 5:6 la misma plaga también es pronunciada sobre la viña. Pues donde no gobierna[281] la palabra de Dios no cae lluvia, no existe nada bueno –ni en pensamiento, ni en palabras, ni en hechos– y todas las obras y esfuerzos son (hechos) en vano,[282] así como también las obras de los judíos, gentiles, los monjes, y los sacerdotes son siempre hechas en vano.

20. Cuando llegue ese día, las campanillas de los caballos llevarán grabada esta leyenda: "Consagrado al Señor." Es una burla, dice San Jerónimo,[283] lo que algunos dicen de que el profeta aquí está hablando sobre el clavo de Cristo, del cual la Reina Helena hizo un freno (brida) para el caballo del Emperador Constantino, pues en latín se lee en ése: *Quod est super frenum equi sanctum erit domino*. Pero el profeta quiere

279 Cf cita 278 arriba.

280 Esto fue traducido del alemán. La versión de LW 20, 345 lo traduce al inglés así: "esto será simplemente contado como un pecado que no quedará sin ser castigado.

281 En la versión en inglés lee "Donde no se encuentra... Pero en alemán lee "Allí donde no gobierna (rige o dirige) la palabra de Dios" (Denn wo Gotts nicht regent)

282 Literal en alemán "se pierden".

283 Jerónimo, *Commentaria in Zachariam prophetam, Series Latina*, XXV, 1540

decir tanto como esto: en la cristiandad también los laicos, como por ejemplo, los gobernantes seculares en la función de su oficios, son tan santos (consagrados) y agradables a Dios como los sacerdotes, y no solamente, los sacerdotes, así como fue la norma en tiempos pasados, sino también los gobernantes seculares deben ser personas consagradas. Pues ellos también son siervos de Dios, Romanos 13:4. Es más, ellos pueden llegar a creer y ser cristianos así como lo pueden hacer también otros, así como leemos sobre el centurión Cornelio, Hechos 10:30-35 y del procónsul Sergio, Hechos 13:7, y luego sobre los reyes y príncipes. En resumen: todos, grandes y pequeños, en puestos importantes como no tan importantes están sujetos a Cristo.

Las ollas de la casa del Señor serán semejantes a los tazones del altar. En el Antiguo Testamento solamente eran sagrados los tazones (vasos) que eran consagrados y dedicados para el altar y la adoración a Dios. Pero en el Nuevo Testamento todas las ollas o cazuelas presentes en la casa del Señor han de ser sagradas así como fueron anteriormente los tazones del altar. Esto es, en el Nuevo Testamento todos los cristianos que adoran a Dios serán santos, consagrados, y dignos para el oficio sacerdotal, para que aquí en adelante no existan diferencias entre los consagrados y no consagrados,[284] ya que todos ellos han sido consagrados por el Espíritu de Cristo. Sí, es así, y es aún mucho más:

21. Y toda olla en Jerusalén y Judá estará consagrada al Señor de los ejércitos. Quiere decir: ellos serán sacerdotes y santos de punto a punta;[285] serán iguales aunque no carguen con el oficio y servicio (de esta vocación), ellos, así y todo son consagrados al mismo. Pues bajo la ley no todas las ollas son sagradas.

Y todos los que se presenten a ofrecer sacrificios las tomarán para cocer en ellas la carne. Esto significa, pues: el antiguo sacerdo[286]cio con su santidad no existirá ya más (no estará presente)[287] y llegará a su fin. Es así, pues el nuevo sacerdocio hace de todos los que creen santos y consagrados. Por lo tanto, quien quiera hacer sacrificios, esto es, predicar y servir a Dios, toma, pues, a cualquier cristiano que quiera; y ese cristiano puede enseñarle a él y también cocerlo (hervirlo) a él, para

284 Los separados, dedicados, diriamos hoy "los ordenados"al oficio sacerdotal.
285 En alemán *"durch und durch"*, en inglés tenemos la misma frase "through and through".
286
287 En alemán: "no será más."

que así esté preparado y sacrificado a Dios de acuerdo al viejo hombre, Romanos 12:1. Pues todos ellos son sacerdotes quienes son "enseñados por el Señor" Isaías 54:13). Y aquí el profeta por sí mismo anticipa estas cosas e interpreta al antiguo sacerdocio con este oficio público,[288] para que así los espíritus frívolos no vayan a aparecerse con sus alegorías y grandes conocimientos, así como ahora nuestros espíritus divisivos (sectarios)[289] se vanaglorian sobre que sería algo admirable si uno supiera los significados de *imago* y *veritas*, pues sería entonces claro lo que era el antiguo sacerdocio.[290] Ellos se comportan como si estas cosas fueran las más importantes, pues de otra manera ellas nunca hubieran sido descubiertas. Pero, después de todo, el profeta por sí mismo ha interpretado muchos de los símbolos del Antiguo Testamento, así como hace aquí referente al sacerdocio, como hizo arriba referente al arca de Moisés, y cosas como esas.

Cuando llegue ese día no habrá más mercaderes [cananeos][291] en la casa del Señor de los ejércitos. En tiempos pasados algunos cananeos permanecieron entre el pueblo, así como leemos en Josué [16:10] y en Jueces [1:28], para que no hubiera solamente verdaderas personas de Israel en el país. Pero en los tiempos de Cristo no habrá gentes sin consagración[292] en la cristiandad. Todos serán de un mismo espíritu y una misma fe, para que ni herejes ni falsos cristianos permanezcan entre ellos. Así será, pues tales falsos cristianos son como el tamo que se lleva el viento (Salmo 1:4).

Estas partes finales de nuestro texto me hacen entender que este capítulo no se refiere al día del juicio, sino a la cristiandad. Pues esas palabras de que "toda olla será consagrada" y de que "las campanillas de los caballos serán consagradas" esto es, no será un pecado (eso de no guardar la fiesta de los tabernáculos), y en realidad casi todas estas partes aquí, con la excepción de eso de dividir al Monte de los Olivos, no cuadran bien aquí con el día del juicio, pero sí encajan (cuadran) muy bien con la cristiandad, la cual vive en fe y en la Palabra. Quien quiere presentar una mejor interpretación, tienen la suficiente oportunidad y ya lo dejo así. Cristo, sin embargo, nos guarda y protege en la singularidad de su mente. Amén.

288 La palabra usada en alemán es *Amt*, que significa un cargo oficial o público.

289 En alemán "Rotte", significa los que son "hordas, bandas, gangas" que se congregan, unen para luchar contra alguien o algo.

290 Los entusiastas durante la época de la Reforma frecuentemente hacían referencia a los escritos místicos de la Edad Media. Esos entusiastas citaban a su favor a Jan van Ruusbroeck, especialmente su obra *Dat boec van den gheesteleken Tabernacule*. Cf *Werken von Jan van Ruusbroec, I, deel* (Gent: Maetschappy der Vlaemsche Bibliophilen).

291 En la Biblia alemana se cita a "Cananiter" (cananeos) en vez de mercaderes.

292 En alemán "*unheiliger*", sin santidad.

COMENTARIO SOBRE MALAQUÍAS

Clases impartidas en latín por el Dr. Martín Lutero en La Universidad de Wittenberg en 1526[1]

Capítulo Uno

1. Profecía de la palabra del Señor (YHWH) contra Israel, por medio de Malaquías.[2] Un resumen de este profeta es que hace de la sinagoga algo anticuado (*antiquare*)[3] y la describe como algo despreciable, como una mujer que casi será ahora abandonada. Por lo tanto, todas las palabras que se dicen aquí en el nombre del Señor son casi fastidiosas. El Señor ya se había empachado,[4] y casi se encuentra, por así decirlo, con nauseas por sus ceremonias, las cuales él quería preservar hasta el día de Elías.[5] Pero ellos las preservaron para sí mismos y para su propio lucro y comodidad, no con un corazón sincero sino con uno avaro, y dando ninguna gloria a Dios. Esto, entonces, es su caso completo, que tanto el pueblo como los sacerdotes habían hecho impuras las ceremonias de Dios. El estómago es el ídolo más poderoso en toda religión. La incredulidad es la causa de la avaricia. Esto es lo que el profeta trata muy especialmente aquí. En ese tiempo Israel en cierta manera llega a ser reunido (restablecido) del remanente que fue

1 Todo indica que Lutero comenzó este comentario a principios de 1526 al concluir sus clases sobre Zacarías (1525-1526). Sus comentarios en Malaquías concuerdan muy bien con su pensamiento y circunstancias durante 1526. Este comentario fue traducido del texto de Wittenberg.

2 RV1960. En latín comienza: "La carga de la palabra del Señor" (*"Onus verbi domini"*). Al usar "contra Israel" en la RV1960 y la RVC, se señala el sentido de esa carga.

3 Esto es, "fuera de moda".

4 En latín *"satur"*, saturado, lleno hasta el tope.

5 Esta referencia es sobre la presencia futura escatológica de Elías y no es referencia a su vida terrenal pasada esa que vemos en 1 Reyes 18. Jesús menciona a Elías como ya manifestado y presente durante su ministerio en Mateo 17:9-13 y lo hace en referencia a Juan el Bautista quien anuncia su ministerio. Lutero se refiere aquí al ministerio de Jesús. El reino de Dios se manifiesta completamente presente en Jesús.

regresado a Jerusalén, aunque el reino de Israel no fue restablecido y todas las tribus fueron mezcladas (unas con las otras).

2. Yo los amo. Comienza con un reproche como para despedirse del pueblo que murmura y no reconoce la gracia de Dios. Tales eran los oyentes del profeta. Dios, pues, aparenta ser débil entre su pueblo, y que no se preocupa por ellos. Por lo tanto Dios quiere esconder nuestra virtud en sí mismo. Cuanto más débiles seamos, más poderoso quiere ser él en nosotros. Así Pablo dice en 2 Corintios 12:10: "Porque mi debilidad es mi fuerza." Es como si dijera: "Pongo toda mi virtud sobre Dios, pues, para sucumbir en debilidad y triunfar en debilidad." Esto es algo que el espíritu entiende (siente) pero no la carne, pues la carne cree que el mundo es superior (más victorioso). Así es, pues, cómo Dios le dice al pueblo que ellos tenían un Dios propicio. Pero, cuando el pueblo vio sus adversidades y qué tan indeseables esas adversidades los hacían sentir, pensaban que Dios se encontraba muy lejos de ellos. La carne, por lo tanto, juzga qué tan lejos se encuentra Dios cuando las bendiciones se ven ausentes. Así pues, no reconoce la voluntad de Dios sobre todo esto, ni puede resistir las tentaciones, sino que se desespera. Pero Dios, así y todo, permite que su pueblo se hunda, pero que no se ahogue. Él dice (Salmo 55:22): "El Señor no deja a sus fieles caídos para siempre." Leemos también en Proverbios 11[:8]: "El justo se libra de la tribulación, y su lugar lo ocupa el impío." Éstas son, entonces, palabras de fe y del Espíritu cuando Dios dice: "Yo los amo, yo los favorezco, soy para ustedes un Padre propicio." Éstas son las cosas que debemos esperar, no las cosas frente de nuestros ojos (nuestra vista). Pero tanto los infieles como los santos dicen durante sus largas tentaciones: "¿Dónde se encuentra tu misericordia presente desde antaño, etc.?" Y consideran a los profetas mentirosos.

¿Acaso no es Esaú el hermano de Jacob? Por medio de un ejemplo prueba el amor de Dios hacia su pueblo. Dice: "Recordarán en qué modo los preservé a ustedes en medio de la tribulación, las cuales los asirios, babilonios, y otros infligieron sobre ustedes. Pero yo no amé ni preservé a Esaú, que tenía motivos para ser amado, ya que era hermano de Jacob. Pero yo amé a Jacob desde el principio y lo sigo amando hoy. Por medio de este argumento ustedes ciertamente debieran reconocer que yo los amo a ustedes, aunque ese amor está presente e involucrado con el amor de la cruz." Si solamente miraran a las cosas externas, ustedes creerán, pues, que Dios amó más a Esaú, pues Esaú ocupó el trono y fue más poderoso que Jacob. No obstante, todas las obras de Dios comienzan en debilidad y son perfeccionadas en poder. Si han sido débiles, ¡esperen! Esa debilidad es prueba de Dios, sea que quieras confiar en Dios o en tu propio poder. Esaú cayó y no fue restablecido. Y aunque Jacob también cayó, no obstante, fue levantado de nuevo, y ésa es la señal de mi amor por él. Y fueron sus propios adversarios quienes lo levantaron, los reyes de los gentiles, Ciro, Dario, etc. Esto no le sucedió a Esaú. Su final ahora está cerca. Jerusalén no fue construida como habitación de los dragones como Edom.[6] Después de todo, el remanente de este pueblo empobrecido se quedó en la tierra de Judá para cultivarlo, no fuera que se volviera en un desierto; sus reyes y sacerdotes fueron preservados.

4. Pero volveremos a levantar lo derruido. "Ellos no deben esperar en reedificar como ustedes reedificaron, aunque ustedes fueron destruidos antes. Es así como pueden ver que es a ustedes que los amo y no a los hijos de Esaú. Los reyes persas los reprimirán, pero ellos (los reyes) te favorecen a ti, así como te favorecieron al reconstruir los vasos sagrados, y al mandarte hacia afuera, y al edificar contigo de acuerdo a mi voluntad. Pero, por tal pequeña persecución, dices que yo no te amo."

[Edom] será conocido como un territorio de impiedad. No habrá fin a la devastación de Edom. Es ciertamente una infeliz estructura que el Señor destruye, sea físicamente o espiritualmente. Cristo dice (Mateo 15:13): "Toda planta, etc. [que mi Padre celestial no ha plantado, será arrancada de raíz."] Es más, es llamado una destrucción del reino, cuando todo es confuso y no existe orden, y solo quedan los inútiles del pueblo, y todo se encuentra en un estado miserable. Así que, aunque viviera gente en Edom, no obstante, Dios no estará con ellos. Pero en vez del culto a Dios el pecado estará con ellos. La impiedad y la ira reposarán sobre ellos. El Salmo 137:7 dice: "Señor, recuerda lo que decían los edomitas el día que", esto es, "Jerusalén fue destruida, etc." Pero, en contra de esto, el Señor fue magnificado (alabado) en las fronteras de Israel, etc. Él habitaba allí, y su culto radicaba allí. Éstas fueron las fronteras piadosas en las cuales el Señor se deleitaba. Es allí, por lo tanto, donde estaban el templo, los sacerdotes, y los profetas. Está diciendo aquí: "Pueden ver que el Señor es todavía glorioso entre

6 La edomitas son considerados descendientes de Esaú, y Edom era la tierra que Esaú habitaba (cf Génesis 36:1-9).

ustedes." El signo de la presencia de Dios es la sincera (pura) Palabra y el sincero (correcto) uso de los sacramentos de Dios.

6. El hijo honra al padre. Ahora comienza a censurar la ingratitud de ellos, sus reproches, y sus negligencias ante Dios que los ama. Censura especialmente la avaricia de los sacerdotes, por medio de la cual hicieron daño a la gloria de Dios, cuando ellos no le prestaron atención ni obedecieron su Palabra. Ahora argumenta basándose en una comparación: "Es natural, pues, que un hijo honre a su padre y que un siervo respete a su patrón (señor). Pero si la naturaleza hace esto y ocurre entre los seres humanos, ¿cuánto más necesario es que esto sea hecho hacia mí, el Señor Dios, y Padre de ustedes, el Todopoderoso y más misericordioso entre todos?" Éste también es un argumento de menor a mayor: "El hijo honra", esto es, "acostumbra a honrar y debe honrar". Entonces, "si soy אֲדוֹנִים" (*adonim*), esto es, "si soy Señores" (plural). Así es como aparece en el hebreo para indicar el misterio de los tres en un ser divino (la Santa Trinidad), y es usado así para demostrar reverencia, porque Dios es Señor de todos los señores.

Les hablo a ustedes, los sacerdotes, que menosprecian mi nombre. Pablo dice (Romanos 2:24): "Por causa de ustedes el nombre de Dios es blasfemado, etc." Esto ocurre de dos maneras: en la doctrina y en la vida. Pero la mayor blasfemia radica en la doctrina impía, donde el nombre de Dios se añade a una mentira. Aquí habla tenuemente el profeta y dice "ustedes desprecian" refiriéndose a la doctrina. La otra blasfemia ocurre en la vida y las obras cuando nos atacamos[7] unos a otros, cuando somos soberbios, cuando somos avaros, etc. No cabe duda de que el mundo tiene el nombre de Dios en su boca, esto es, esa babosa blasfemia. Es cuando esta oración: "Santificado sea tu nombre", debería hacer de nuestra vida una amargura y molestia. Está diciendo: "Sus sacerdotes, entonces, aunque sobre todas las cosas deberían estar glorificándome a mí, desprecian mi nombre más que otros. Ustedes con sus falsas doctrinas hacen que mi nombre sea blasfemado. Así y todo, quieren defenderse y nos ser considerados injustos. Ustedes, pues, dicen:

[Incluso dicen:] '¿Y cómo puedes decir que menospreciamos tu nombre?'" Es una situación horrenda y peligrosa cuando alguien mantiene una opinión perversa, no solamente blasfema contra el nombre

7 Lutero usa *mordemus* en latín, esto es, nos mordemos, devoramos, unos a los otros como hacen los animales.

de Dios, sino que no quiere desistir en su blasfemar y hasta defiende su secta. El fundador (autor) de una secta es convertido a la verdad bajo extrema dificultad o no es realmente convertido. Es así como ellos quieren evitar ser acusados por su menosprecio de Dios, como si fueran personas que enseñan sobre la gloria de Dios y también muy diligentemente lo adoran, claro pues, su propio dios, que es su propia panza. Pero él les responde: "Es así como menosprecian mi nombre":

7. ¡Pues porque ofrecen pan impuro sobre mi altar! Sobre el pan de la proposición ellos tenían un precepto en Levítico 24:8 y en Éxodo 25:30,[8] era el de cambiarlo todos los sábados. Ellos también tenían un precepto sobre la ofrenda de comidas. Éstas algunas veces se contaminan a causa de los ingredientes usados y otras veces por motivo de fraude o robo. Los sacerdotes también enseñaban que cualquiera que fuera la ofrenda era pura sin importar de qué calidad fuera ésta. Él dice: "Ustedes dicen que la mesa del Señor es despreciada." Ahora, pues, esto no es lo que los sacerdotes decían pero parecía que daban esta impresión. Pues enseñar y creer que cualquier sacrificio es puro de por sí, es como si dijeran: "La mesa del Señor no tiene valor y es despreciable." Pues ellos decían por cuestión de su propia ganancia: "No importa cuál es tu ofrenda. Después de todo el Señor nos ha dado este precepto: "Nadie debe presentarse con las manos vacías", etc., en Éxodo 23:15." El pueblo se presentaba, entonces, con el pretexto de ser pobres, usando así las palabras en Hageo [1:6]: "Hemos sembrado mucho y recogido poco", etc. La manera cierta de hacernos ricos es buscando primeramente el reino de Dios y su justicia. "Y", dice él (Mateo 6:33), "todas estas cosas les serán añadidas". Nosotros, no obstante, invertimos (le damos la vuelta a) la respuesta y buscamos primeramente el dinero y las cosas materiales. Entonces, pues, añadimos el reino de Dios. Pero Cristo primero debe ser un mendigo. Primero debe ir la Palabra por delante, y todas esas cosas que son de Dios. Por cierto, lo que Cristo no toma, la tesorería (el gobierno) se lo lleva. Y si Dios no tolera el fraude en las ceremonias, mucho menos lo tolerará en el amor. Él dice: "Dicen también, pues, al pueblo:

8 ¿Acaso no está mal que me ofrezcan en sacrificio animales ciegos?" Esto es lo que significa blasfemar a Dios y a la ley.

8 En el texto de la Weimar lee: "Levítico 24 y 26, pero el capítulo 26 no hace mención del pan de la proposición.

¡Presenten esos animales a sus gobernantes! Éste es un argumento de menor a mayor: Así que un mercader no quiere aceptar una moneda que ha sido muy dañada (usada), pero, ¿Dios va a aceptar algo que no le complace? ¿Es así, pues, como tememos y honramos a Dios, como si fuera un ídolo ignorante? Presenten tal cosa al gobernador y vean si se calma o si lo complacen. Y ahora ustedes oran a Dios para recibir la misericordia usando tales abominables sacrificios. Así, pues, ustedes defienden sus iniquidades ¡Es así como quieren aplacar a Dios! Así también vemos ciertamente ahora en todo el mundo el fraude y la avaricia.

10. ¿Quién de ustedes cierra las puertas [o alumbra mi altar sin cobrar nada]? Esto es, "¿Hay entre ustedes algunos quienes cerrarían las puertas del templo y lo harían para que ustedes no ofrecieran tales vanos sacrificios? Leemos entonces en Isaías 1:12: "Cuando ustedes vienen a presentarse ante mí, ¿quién les pide que traigan esto?", etc. Sería preferible abstenerse de orar que orar malamente. Es malo también aparentar estar adorando. En la presencia de la divina majestad todo debe ser tomando muy seriamente.

11. Desde la salida del sol hasta su ocaso, [grande es mi nombre entre las naciones]. Está diciendo: "Comenzaré otra cosa que me complazca a mí." El nombre del Señor es grande, no en términos de letras mayúsculas sino en términos de celebración y confesión, porque el Señor es misericordioso, etc. Esto es, cuando es apreciado enormemente y predicado magníficamente. Está diciendo esto sobre el desprecio del nombre del Señor, sobre el cual había dicho anteriormente: "Ustedes los judíos desprecian mi nombre, pero los gentiles lo magnifican." Lo que ciertamente glorifica el nombre del Señor no son nuestras obras sino la predicación de la gracia, bondad, y misericordia de Dios.

En todo lugar se ofrece a mi nombre incienso y ofrenda limpia. Pablo explica este sacrificio en Romanos 15:16, donde dice: "Para ser ministro de Jesucristo a los no judíos (gentiles) y ministrarles el evangelio de Dios, para que ellos sean una ofrenda agradable a Dios" (santificada por el Espíritu Santo). Por lo tanto, entonces, por medio del evangelio, como si fuera por medio de un instrumento sacerdotal, ofrece (ofrenda) a los gentiles. Esto es, los ofrece y exhibe a Dios, como un pueblo que es completamente impuro y pecador, mortificados ellos, pues, en cuerpo y sangre. También sus viejos errores son borrados. El evangelio suscita en sus corazones la verdad, la que confiesa a Dios, la que cree en Dios, la que alaba a Dios, y la que finalmente mortifica a la carne. La misa, entonces, no es este sacrificio que él menciona aquí, aunque sea que se imaginen ustedes que es *ex opere operantis* o *ex opere operato.*[9] Pues, si así fuera, hasta la fornicación *ex opere operato* no sería pecado, porque la mujer es una buena creación de Dios, así como dicen que también lo es un sacramento. Así y todo, todos los preceptos (mandamientos) estiman la obra del hacedor. Uno no se pregunta qué buena es ésta sino qué bien o mal uno la emplea. También, pues, un sacrificio puro requiere un sacrificador puro. Esto es lo que Dios deseaba cuando prohibió al ciego, al paralítico, y a cualquiera que tuviera un defecto, ministrar en el altar.[10] Éste es un nuevo reino que Dios promete establecer aquí. El pueblo del reino no es de la carne sino del espíritu. "Y si alguno no tiene el Espíritu de Cristo, no es de él" (Romanos 8:9). Por lo tanto, los débiles son tolerados en este reino, pero solamente aquellos que no abandonan completamente al Espíritu. Aquellos, pues, quienes tienen el Espíritu de Cristo, aunque sean pocos, son dispersados por toda la tierra, y en todo lugar por cuenta del evangelio, brillan como la luz en el mundo, mientras que se aferren a la Palabra de vida.[11] El incienso y el sacrificio de comida eran muy popular entre los judíos. Ellos hacían éstos como su mejor obra para su culto de ídolos en todo el valle bajo todo árbol frondoso. El incienso lo reconocemos como la oración. Palabra y oración son, entonces, dos sacrificios de los cristianos. La oración se hace con acción de gracia y alabanza. La oblación de los cristianos es pura, pues ellos están sin culpa, pues han sido lavados por la sangre de Cristo, etc. Los incrédulos no ofrecen sacrificios. Los cristianos no ofrendan un sacrificio débil, o ciego, o invalido sino que ofrecen uno fiel y grato. Si sus corazones son fieles, entonces su pecado no les es contado (imputado) en contra. Tampoco, pues, debemos entender este sacrificio como que se refiere al sacrificio legal, al mosaico. Y ellos no tenían permitido hacer este sacrificio en cualquier otro lugar.

9 *"Ex opere operato"* es la fórmula empleada por la Iglesia Católica sobre la eficacia del sacramento "por cuenta de la obra (acto) completado", esto es, sin referencia al agente o autor de la obra. *Ex opere operantis* señala la "eficacia de la obra" por cuenta "del que actúa o hace la obra". La "Apología de la Confesión de Augsburgo", Artículo XXIV La Misa, párrafos 16-65 explica por qué los evangélicos católicos no están de acuerdo con la fórmula de la Iglesia Católica Romana sobre la eficacia del *ex opere operato.* Cf Libro de Concordia (Saint Louis, Missouri: Editorial Concordia, 1989), 252-263. La Iglesia Católica durante el Concilio de Trento (1545-1563) establece el *"ex opere operato"* como doctrina de la iglesia y refuta a todos aquellos que niegan "que la gracia no es conferida *'ex opere operato'* por medio de los sacramento de la Nueva Ley" (Denzinger 1608).

10 Cf Levítico 21:16-23.

11 Filipenses 2:15-16.

Pero él dice aquí "en todo lugar" y "entre las naciones". Todo esto, estamos convencidos, no pudo venir de Jerusalén, ni hubieran podido tener suficientes sacerdotes levíticos para esto.

12. Pero ustedes profanan mi nombre [cuando dicen que mi mesa está impura]. Cuando menciona la "mesa", está hablando específicamente del pan.

[Y cuando desprecian los alimentos] que allí se ofrecen. Mejor es traducir "y su brote (o fruto) brinda su comida". La mesa es como un árbol, una comida como si fuera un fruto. Bajo la ley la mesa germina pan fresco todos los sábados. Los primeros panes eran la comida para los sacerdotes. Es como si él dijera: "Los sacerdotes de ustedes dicen que el pan fresco, como el pan viejo, es despreciable. Porque ustedes hablan –esto es, enseñan– así pues, ustedes contaminan el sacrificio. De que no había fuego en la mesa, ni la frase "con fuego" se encuentra en el hebreo.[12] La mesa fue contaminada por una falta en el pan o por una falta en los que comían, pero más que todo por la falta que ellos imponían en la doctrina de ésos que no discernían entre lo que era profano o lo que no era profano.

13. "¡Cuán fastidioso es todo esto!" "Hasta con el mayor esfuerzo fue casi insuficiente el pan. Si tuviéramos mejores (panes) lo ofrendaríamos." Dios es, no cabe duda, paciente y misericordioso, pero no puede soportar tal atentado, o de hecho, tal desprecio contra él. La avaricia siempre ofrece su pequeño esfuerzo y pretexto. Así mismo Dios tiene paciencia en la vida y en la conversación pero no tiene ninguna en el caso de la corrupción de la doctrina.

Y me desprecian.[13] "Ustedes han estado trabajando para su propia comodidad. Han estado sacrificando para ustedes mismos y no para mí. Pretenden que laboran bajo la pobreza. Es la culpa de ustedes y no la mía, pues ustedes buscan su propia gloria y no la mía.

Y me traen como ofrenda animales robados, cojos o enfermos. El profeta habla aquí sobre otros sacrificios con los cuales han pecado de manera similar. En ningún lugar guardaron la doctrina de Dios,

12 El texto de la Vulgata lee: *"et quod superponitur contemptibile est cum igne qui illud devorat."*
13 En latín *"Et sufflastis illud sacrificium"* (Ustedes huelen mi sacrificio).

ni reconocieron su propio pecado. Cuando una idea falsa se infiltra, le siguen obras falsas en ese mismo lugar. Ellos pretendían que eran pobres, pero eran ladrones. Esto pues, quizás no fuera algo público (evidente) pero ellos eran fraudes (mentirosos). Vean pues, esto es un doble pecado: ofrendar un sacrificio reprobado (falso sacrificio) y decir que no es reprobado (falso).

14. ¡Malditos sean los que engañan [y los que, teniendo machos en su rebaño, prometen ofrecérmelos]! Esto es un resumen exclamatorio.

Machos. Esto es, algo bueno, integro, fuerte, etc.

Y luego me presentan animales dañados. Ente los judíos el nombre del Señor había reinado exclusivamente, pero los gentiles lo reverenciaban más que los judíos. Por lo tanto, el repudio a los judíos no estaba muy lejos.

Capítulo Dos

1. Para ustedes, sacerdotes, es este mandamiento. Más allá de su avaricia, ellos pretendían también que eran pobres. Por lo tanto, Dios aquí los amenaza con que sin duda les va a enviar pobreza. Pues, lo que teme el impío, le sobrevendrá. También, pues, todo el poder radica en la administración de la Palabra. Por lo tanto, dirige este discurso especialmente a los sacerdotes. Pues, si los líderes erran, ¿cuánto más erraran ésos que son dirigidos? Los sacerdotes son llamados pastores y vigilantes, porque Satanás siempre se encuentra en el medio de los hijos de Dios. Él se encuentra siempre revolviendo la avaricia y también los depravadores de la Palabra. Por lo tanto, nosotros también debemos ser vigilantes bajo la Palabra.

2. Dar gloria a mi nombre. Enseñar falsa doctrina en el nombre de Dios es blasfemar a Dios. Pablo dice en 1 Corintios 15:15: "Entonces resultaríamos testigos falsos de Dios, etc." Toda enseñanza de conciencia viene en el nombre del Señor. Por lo tanto, glorificar el nombre del Señor es enseñar lo que es verdadero, lo que complace a Dios, y lo que es la verdadera voluntad de Dios.

Convertiré en maldición sus bendiciones.[14] En la Escritura, los regalos que tenemos (obtenemos) por la bendición de Dios se llaman bendiciones. Por lo tanto, esos sacerdotes le llaman bendiciones cuando rellenan sus casas al robar. "Pero", dice él, esto es una maldición, y lo convertiré en maldición. Te reduciré a la pobreza."

No se han propuesto de corazón. No has reconocido tu pecado. Lo has ignorado, y lo has defendido como si fuera la justicia.

3. Voy a reprender a sus descendientes. Es más preciso decir: "Voy a reprender tu brazo"; Esto es: "Tu poder, tu administración, tu honra por hacer sacrificios y enseñar, te los arrebataré." El profeta se estaba refiriendo al reglamento de ofrecer al sacerdote el lomo (brazo) derecho de las ofrendas de paz.[15] Pero el abono (inmundicia) se sacaba fuera del campamento. "Esto", dice él, "lo invertiré. Sacaré tu lomo fuera del campamento y tiraré el abono sobre tu rostro. Aparentan ser puros entre ustedes, como si no estuvieran pecando contra mí. Limpian la parte exterior de sus vasos, pero en el interior son pura suciedad, impostores, y avaros. Solo se preocupan por sus panzas, etc. Por lo tanto, no solamente les arrebataré el sacerdocio a ustedes, sino que causaré consternación entre ustedes, una suciedad que no podrán limpiarse." Durante los festivales los sacerdotes se veían absolutamente limpios en su exterior. Pero en su interior eran pura inmundicia, inflados por la avaricia. "El estiércol te llevará con él. Esto es, te arrojaré afuera así como hago con el estiércol."

4. Así sabrán [que yo les envié este mandamiento]. Esto es: "Sabrán por experiencia propia (experimentarán) que era mi mandamiento que ustedes no hicieran nada de eso."

Con Leví. Esto es, el pacto hecho con toda la tribu de Leví, el mandato transmitido por Moisés, que enseñen correctamente y no defrauden a nadie.

5. Mi pacto. Éste es para reconocimiento de los buenos sacerdotes y la vergüenza de los malos. Aarón fue el primer sacerdote justo.

14 Lee en latín: *"Mittam in vos maledictionem aut corrosionem"* (Te enviaré la maldición, o corrosión).
15 Cf Eclesiástico 7:31-34.

De vida y paz. De felicidad y de seguridad. Dios da esto a quienes le temen. Personas así como Aarón y los otros santos que no profesaron ni una sílaba fuera de la palabra de Dios. Los herejes no temen a Dios. El temor a Dios no es una propiedad del poder humano, pero él dice: "Y lo hice para que me honrara."[16]

6. [En sus labios estuvo] la ley verdadera. Si el maestro (doctor) no es corrompido, la palabra de Dios se mantiene pura. Y ocurre lo contrario cuando los hipócritas enseñan lo que es corrupto y depravado. Por lo tanto, ese sacerdote piadoso enseñó la ley bajo su pureza y verdad. Él no creó a los hipócritas. Eliminó las vanidosas apariencias de exhibidas santificaciones y de vana fe porque la ley le enseña a uno a reconocer los pecados. Tú, ahora, sacerdote, tienes la ley de falsedad en tus propios labios."

Y nunca pronunció nada inicuo. Esto es, no hizo falsedad de la Palabra. No la torció. No le añadió algo a la misma, ni se apartó de ella.

En paz y justicia. Aquí está refiriéndose a la forma de vida y el buen ejemplo. A la buena enseñanza le sigue la buena obra. Ellas son el fruto de un buen árbol.

Anduvo conmigo. Esto es: "En mi presencia. No ofendió a nadie. Fue una bendición para todos. Pagó todo lo que debía. No buscó su propia ganancia. Compartió de todo lo que tenía." Aquí pues, el profeta incluye todo lo que es la cristiandad: fe, paz, igualdad. **He hizo que muchos se apartaran de la maldad.** El fruto y la eficacia de la Palabra predicada le siguen al sacerdote que conduce su vida así. Pues es allí donde se encuentra el Espíritu Santo. De la iniquidad él retira (saca) a muchos, si no a todos.

7. Y es que los labios del sacerdote son depositarios de la sabiduría.[17] No cabe duda que Dios puede por medio de su Espíritu instruir y justificar a aquellos que él quiera, pero se complace más en su sabiduría para instruir y salvar a aquellos que creen por medio de la locura (*sultitiam*) de la predicación.[18] La Palabra es el canal por medio del cual el Espíritu Santo es otorgado. Este texto se ofrece contra aquellos que

16 Lee en latín algo así como: "Le di a él el poder de temerme."

17 En latín: "custodian o guardan la sabiduría."

18 1 Corintios 1:18-21.

desprecian la Palabra proclamada. Los labios son el repositorio público de la iglesia. Solamente en ellos se mantiene depositada (guardada) la palabra de Dios. Pues si la Palabra no se predica públicamente, ella se desvanece. Mientras más sea predicada, más firme es ella retenida. Leerla no es tan ventajosa como escucharlas, pues la voz viviente la enseña, la exhorta, la defiende, y resiste el espíritu del error. Satanás no se preocupa por la palabra de Dios escrita, pero de hecho se fuga cuando la Palabra es proclamada. Es que ella (la Palabra) penetra los corazones y guía a ésos que se han desviado. Pablo dice así en Gálatas 4:20: "Quisiera estar con ustedes hora mismo y cambiar de tono, etc." La viva voz es el guardia de la ley y la sabiduría. Enseña al ignorante, corrige al errante, condena a los que la depravan. Las palabras escritas son más propicias de caer en la calumnia.

De la sabiduría. Esto es, la descripción correcta y el reconocimiento de las cosas, la prudencia. Por lo tanto, los labios de un sacerdote son el instrumento para la salvación de otros. Ellos resguardan la sabiduría, no en su propio corazón, sino en el corazón de aquellos que enseñan y quienes son perfeccionados. Esas personas buscarán y pedirán por la ley y por la voluntad de Dios de los sacerdotes. Pues, Dios no ha mandado a tales sacerdotes como su escriba sino como un ángel y apóstol para explicar en palabras los asuntos del Señor. Una boca y labios de este tipo, entonces, son instrumentos de Dios. Los libros guardan la ley privadamente. Los labios la preservan públicamente. También los labios abiertos, no labios cerrados, la preservan, esto es, cuando la predican.

8. Pero ustedes se han apartado del camino. Es como si dijera: "Ustedes, hijos degenerados de tan importantes padres, deberían estar avergonzados. Hacen todo lo contrario a ellos."

Del camino. Esto es, el de sus padres.

Han hecho tropezar a muchos [en la ley]. "Ustedes ponen obstáculos a sus oyentes para que caigan fueran del camino (la vía). Ustedes también erran y hacen que otros erren también. No presentan el genuino (verdadero) sentido, sino que presentan sus criterios propios, cosas ajenas, aunque ustedes presentan claramente sus palabras (argumentos). Así que, bajo el pretexto de hacerlo bajo la palabra de Dios, envenenan al pueblo, y eso es un pecado muy serio. Rompen y corrompen el pacto de Leví a quien Dios prometió, antes que a otras tribus, el sacerdocio para siempre. De sacerdotes se han convertido en lobos, ladrones, y piratas. Ustedes son indignos, por lo tanto, de continuar ejerciendo este oficio." Dice, pues: "Porque me han repudiado, yo los he repudiado también a ustedes. Así como han despreciado mi nombre, haré que sus nombres sean despreciados entre todas las naciones. No levantaré (honraré) sus caras así como ustedes no han levantado (honrado) el rostro de mi ley. No hay estimación de una persona ante mí, así como hay ante ustedes y todos los que no enseñan sinceramente."

10. ¿Acaso no tenemos todos un mismo padre? Este texto trata algunos asuntos sobre el divorcio. También trata a la vez el ejemplo de casarse con una mujer extranjera. Esto lo censura como un pecado pero lo hace sobre todo por haberse aprobado mediante sus enseñanzas como algo justo. Ellos dijeron así: "¿No se casó, Abrahán, el padre de todos, con una mujer extranjera? ¿Por qué no tenemos permitido hacer esto? Y, ¿no es nuestro Dios también el Dios de los gentiles? ¿Por qué, entonces, nos despreciamos unos a los otros? ¿Por qué no hacemos como hizo Abrahán, Judá, y otros?" Los judíos buscaron tener afinidades con los gentiles para tener la paz; pues de otra manera los gentiles los hubieran despreciado. Los gentiles, además, acostumbraban a dar valiosos (ricos) dotes a sus hijas. Por motivo de esto, esas hijas tenían dominio sobre sus esposos, contrario al mandado de Dios, pero eso es lo que suele ocurrir al ellas tener tan valioso dote. Pero es mejor entender esto como las palabras de un profeta que está exhortándoles a que no se casen con mujeres extranjeras y así pues despreciar su propia sangre y a las mujeres judías; son las palabras de un profeta conmoviendo la compasión de ellos por medio de la unidad de la sangre: "No tenemos todos un mismo padre, etc." Éstas son también dos importantes declaraciones para corregir la crueldad de los maridos, es decir, si ven a sus esposas que tienen un Dios en común con ellos. Esto es lo que Pedro dice en 1 Pedro 3:7: "De la misma manera, ustedes, los esposos, sean comprensivos con ellas en su vida matrimonial." Aquí también él levanta sus ojos a Dios e indica que ellos honran a Dios cuando honran a sus esposas como la creación de Dios.

¿Por qué somos desleales el uno contra el otro? Desleales en que uno no desea casarse con las hijas o hermanas de cada uno, etc. La palabra בָּגַד (*bagad*) significa dos cosas: vernos con desprecio o negligencia, o ignorar como si fuéramos nada. Cuando a la convicción se le añade algo incorrecto que alguien piensa que es verdad, entonces uno no solamente lo ve con desprecio sino que también lo ignora. Por lo tanto, los judíos despreciaban a sus hermanos, y así pues, violaban el pacto de sus padres. Éste no fue un pacto establecido por sus padres, sino uno que recibieron sus padres de sus antepasados. Ese pacto es la ley de Dios. Esto es, por lo tanto, una notoria negligencia de la ley divina (se llama también una abominación), no solamente entre el pueblo común y en las zonas rurales sino también en Jerusalén, donde los líderes y los sacerdotes viven, esos que desprecian el precepto de Dios de no casarse con mujeres extranjeras.

11. [Judá... ha profanado] el santuario que el Señor ama. Esto es, la ley. Con ojo atento, el profeta se fija en los depravadores de la ley. Pues, siempre y cuando la enseñanza (doctrina) se mantenga pura, hay la esperanza para fácilmente corregir nuestras vidas. Los rayos del sol se mantienen puros, hasta cuando caen y brillan sobre el estiércol. Y Dios mantiene algo santo entre nosotros por medio de lo cual podemos ser santificados cuando caemos. Esto es su Palabra, por medio de la cual rápidamente condenamos un pecado que ha sido cometido. El Señor magnifica (alaba) esto.

Ama. "Obviamente es el Señor quien ama esto. Pero ustedes no tienen cargo de conciencia sobre esto pues también la han depravado a ella (la conciencia)."

[Judá ha pecado] al casarse con la hija de un Dios extraño. Esto es, se ha casado con la hija de un Dios extraño y se comporta como marido con ella. Ha conocido[19] a esta mujer, una extranjera, una mujer impía.

12. ¡Pues que el Señor extirpe! O, "el Señor cortará fuera a ese hombre", tan enorme es, pues, el pecado (culpa) de corromper la Palabra. Contra tal cosa no podemos demostrar moderación. Pero ante una obra malvada debemos tener paciencia e instruir gentilmente. עֵר (*er*) indica un maestro o "alguien que levanta los ánimos". Algunos explican estos dos (עֵר וְעֹנֶה) como oponentes y respondedores; otros como instigadores o verdugos. El Señor extirpará a todos aquellos que rechazan su ley, sean quienes sean, príncipes, el pueblo, o los sacerdotes.

19 En Génesis 4:1 leemos que "Adán conoció a Eva, su mujer y ella concibió y dio a luz". La palabra usada en hebreo es יָדַע (*yada'*) que significa conocer bien o íntimamente y es la palabra usada también para el acto sexual. Es esta la palabra que emplea Lutero aquí.

13. Una y otra vez cubren de lágrimas el altar del Señor. El Señor quería que el pueblo lo sirviera y lo adorara no con tristeza sino con gozo. "Harán fiesta por todo el bien que el Señor tu Dios te haya dado" (Deuteronomio 26:11). El luto estaba enmudeciendo a los sacerdotes. Pero aquí toda está cubierto en lágrimas, obviamente por las mujeres judías, porque los (hombres) judíos las despreciaban y se casaban con extranjeras. De las mujeres judías los sacerdotes estaban recibiendo ofrendas de luto contrario a la ley. Así que una cosa impropia da lugar a otra. Está diciendo: "Todos los sacrificios de ustedes son corruptos. No tengo manera de honrarlos a ustedes ni a sus ofrendas, las cuales piensan que me complacen y son aceptables." Quien ofende a su prójimo adora a Dios en vano, pues él dice: "Misericordia quiero y no sacrificio" (Mateo 9:13).

14. ¿Y se preguntan por qué? Vean pues cómo lo desprecian e ignoran. No reconocen su pecado. Es más, lo defienden.

Pues porque el Señor ha visto. Está diciendo: "El Señor ha santificado tu matrimonio y dice: 'Por eso el hombre dejará a su padre y a su madre y se unirá a su mujer.' Dios llama a la mujer 'ayuda idónea'. Vean pues el testimonio y decreto de Dios. La esposa es un regalo de Dios. Por lo tanto, ella es el apoyo (compañera) de su esposo. Un hombre debe unirse con su esposa de todo corazón." Esto no es una mera pequeña consolación para las esposas, el tener un testimonio divino. Ellos debe prestar debida atención a esto, que el profeta dice esto para repudiar el divorcio.

Con tu compañera. Explica aquí qué clase de ayuda idónea es una esposa: una compañera para toda una vida, una esposa por medio del convenio y pacto que Dios ha hecho entre cónyuges y que ellos han hecho el uno con el otro.

15. ¿Acaso Dios no los hizo un solo ser? Esto es una confutación en contra de citar el ejemplo de Abrahán. Es como si dijera: "Lo que dicen es en vano: Uno, lo hizo, Abrahán; se casó con una extranjera. Por lo tanto también nosotros podemos hacer esto. Luego la repudió (divorció), por lo tanto podemos también hacer esto." Imitar algo hecho por los padres que es contrario a Dios es muy injurioso. La enseñanza de este acto es muy nociva. En vez, pues, debemos imitar su fe y su obediencia a la palabra de Dios. Dios quiere que una persona haga una cosa y que otra haga otra cosa. Éste debe ser un ojo, el otro un pie. Que cada uno vea cual es el mandato que Dios le ha dado, y no lo que otro ha hecho. Pero ellos querían imitar a Abrahán. Ellos dicen: "Ese hombre santo, nuestro padre, hizo esto. Su espíritu no ha dejado de existir. Nosotros que somos (llevamos) su semilla tenemos su espíritu." Lo negativo aquí debe ser aplicado a las dos proposiciones, así como es común en hebreo. El profeta responde: "No hay una buena razón para que ustedes se me opongan. Investiguen la historia y verán, pues, que no es lo que ustedes piensan. Pues Abrahán no siguió el deseo de carne y de las riquezas, así como ustedes quieren hacer, sino que fue forzado a actuar así para buscar la semilla que Dios le había prometido. Había visto, después de todo, que Sara[20] era estéril. Por la insistencia de Sara tomó a otra mujer, no porque era adinerada, no por su afinidad a ella, no por lujuria, no por ser extranjera, sino porque era una sirvienta en su propio hogar. Pensó que quizás por medio de ella se cumpliría la promesa de Dios. Esto ocurrió antes de que Dios se expresara sobre Sara como esa futura madre. Por lo tanto, él no hizo lo que le había sido prohibido, así como hacen ustedes, sino que estaba cumpliendo un mandato bajo la autoridad de Dios. Además, Abrahán no ha dejado su espíritu con ustedes, porque ustedes siguen su carne, y siguen en busca de riquezas. Por lo tanto, cuiden (custodien) sus espíritus; manténganse firmes en lo que se les ha dicho: 'Por eso el hombre dejará a su padre y a su madre, y se unirá a su mujer' (Génesis 2:24). Ustedes han sido mandados a que se casen con las hijas de Judá. Manténganse firmes en la Palabra de la promesa, por medio de la cual el Espíritu llega. Dios busca tu semilla no la semilla de uno de los gentiles."

[No seas desleal] con la mujer de tu juventud. Esto es: "La mujer con quien te casaste cuando eras un hombre joven." Algunos explican esto de acuerdo al texto en latín de esta manera: "¿No creó Dios a todos? Hasta las mujeres extranjeras son residuo de su Espíritu. Dios quería que fuéramos su residuo (remanente) y puñado después del cautiverio. ¿Qué pide este solo Dios, sino la semilla de Dios? Esto es, todos nosotros deberíamos ser multiplicados por cualquier mujer como sea."

16. El que por aversión repudia.[21] Ésta es otra objeción, es decir, el permitir divorciar a las esposas bajo la autoridad de la ley. El profeta responde como lo hace Cristo (Mateo 19:3-10) en que uno no debe

20 Su nombre fue cambiado por Dios de Saraí a Sara al darle la promesa a Abrán que ella tendría un hijo y sería madre de las naciones (Génesis 17:15-16).

21 Nácar – Colunga, 1971. Esta traducción se asemeja mejor al texto citado en latín que lee: *"Cum odio habueris eam"* (Porque tú la odias [repudias]).

separarse de su esposa, de que la carne no debe separarse sino mantenerse unida. El texto de Moisés no dice "porque le tienes odio". Lo que dice es, pues: "Si después no le agrada por haber hallado en ella cosa indecente" (Deuteronomio 24:1). Pero si alguien quiere divorciar a su esposa, el Señor dice: "La iniquidad lo cubrirá." Es como si dijera: "Si deseas hacer esto de acuerdo a la ley, que es dada y aplicada a los impíos, a los duros de corazón, a los inhumanos, bueno, hazlo. Pero entonces debes tomar (asumir) el nombre de malvado y pillo. Pues quien repudia a su esposa por odiarla se divulga (descubre) como un violador e injuriador, un quebrantador y rompe promesas, que carece de honestidad y honor, uno que no hace lo que debió haber hecho sino que hace lo que no debió hacer. Esa mancha de iniquidad la llevará sobre su ropa. Será marcado para que se reconozca por su (verdadero) nombre. Esto es: 'No pudo cargar con la forma de ser de su mujer.' Esta mancha lo cubre como un abrigo. Es tan notable y evidente como si fuera su propia ropa. Por lo tanto, Cristo dice: 'Ustedes tienen muy duro el corazón, etc.' (Mateo 19:8). Por lo tanto, ustedes son testarudos, de cuello alto, y negligentes. Nadie puede con ustedes". También, "la ropa" (vestimenta) significa "modo de comportarse". Su sentido es éste: "Por afuera quieres aparentar ser santo y bueno. Quieres mostrar una ropa inmaculada. Pero la voy a marcar (manchar) y enseñar que eres impío, inhumano, ἄστοργον (sin sentimiento) etc. Ninguno de los santos repudió a sus esposas ni leemos cosa similar sobre otros del pueblo de Dios. Así también la historia de Dios declara que la ley de Dios fue dada para los inhumanos homicidas y los que odian a la humanidad (μισανθρώποις). Pero el profeta señala especialmente eso que hicieron muy mal y que también defendieron por el ejemplo y por la ley. Pero la ley sobre todo debe defender el conocimiento del pecado. Pero ellos, no obstante, querían excusar sus pecados por medio de la ley, y eso es doctrina del diablo. Abrahán se llenó de tristeza al tener que divorciarse de su concubina.

17. Ustedes han cansado al Señor con sus acciones. Esto es, has hecho que el Señor se enoje contigo y te abochornes. Cuando los impíos se ven así florecer y crecer pero a los que adoran a Dios los ven sufrir y con muchas adversidades, ellos dicen que Dios no existe o que él es injusto o mentiroso. También lo repudian a él en relación a sus promesas. Pues, hasta los santos en situaciones similares han murmurado contra Dios. Pues se ve como correcto que los justos deben reinar y los injustos deben servir, pero lo contrario está ocurriendo. Pero el reino de Dios radica en la fe y demanda fe. También en el medio de sus tribulaciones,

Dios los consuela. En el medio de la muerte, él les da vida. Entonces, pues, éstas son las palabras de los impíos: "¿Dónde se encuentra ahora el juicio de Dios, etc.? Está diciendo: "Con esas palabras insultan[22] a Dios." La razón juzga falsamente a Dios. Esto es lo que dice Cristo en Juan 16:8: "El Espíritu convencerá al mundo concerniente al juicio."[23]

Capítulo Tres

1. He aquí, yo envío a mi mensajero. El pueblo se encuentra fatigado. El predicador, el profeta, está fatigado. Dice: "Esperen, esperen de nuevo, etc. No importa cuánto sirvan al Señor, así y todo, los gentiles se ven mucho mejor que nosotros." Pero él dice: "Confíen. Vean que su salvación se encuentra en la puerta y ese reino será cambiado. Sus murmuraciones y las querellas de los profetas cesarán, pues ahora piensan que predican en vano. Los justos serán separados de los impíos, y los impíos no serán ya más poderosos ni más afortunados (que ellos)." Pero está diciendo todo esto en un sentido espiritual y especialmente sobre su enseñanza y sus logros. Donde se encuentra el verdadero evangelio, allí reina Cristo. Allí están excluidos los herejes, los anticristos, los malvados, los hipócritas, aquellos que permanecen en el pecado y la muerte. En la antigua sinagoga se encontraban más maestros impíos que piadosos. Dos maestros (doctores) que enseñan cosas contrarias no pueden quedarse en el mismo lugar. El pueblo desea un maestro sincero y firme en quien puedan confiar. Aquí el Señor promete uno que les brindará a sus oyentes una sana y confiable manera de pensar bajo todas las tribulaciones. Él dice: "Les enviaré al genuino Malaquías,[24] esto es, un mensajero, quien es Juan el Bautista.

El cual me preparará el camino. Éstas son las palabras de Cristo, aunque aquí las cita diferente.[25] Un príncipe que está por entrar a una ciudad, primero manda a sus mensajeros delante para preparar lo que sea necesario para él, a la vez que manda a otros para que preparen

22 En latín: "molestan (*molestiam*) a Dios."

23 Lutero aquí no cita verbalmente el texto sino que lo interpreta (parafrasea) de acuerdo a los versículos 7 al 11 en Juan 16.

24 Le da énfasis aquí al significado del nombre hebreo Malaquías (מַלְאָכִי) "Mi ángel" que procede de מַלְאָךְ.

25 Cf Mateo 11:10; Marcos 1:2; Lucas 7:27.

su camino[26] para que no sea impedido por el pueblo que concurre (a verlo). פָּנָה (*panah*) significa evacuar, hacer espacio, y hasta significa establecer una expectativa. Juan, por lo tanto, hará que el camino se encuentre limpio y sin estorbos. Pues hay muchas cosas que impiden "el camino", esto es, la obra del Señor. Esas cosas deben ser puestas a un lado, especialmente la razón humana, el amor propio, nuestra propia sabiduría, nuestro propio sentido de justicia. Esa preparación, por lo tanto requiere el presentarse humildes y disponibles para dejar que Dios obre en cada uno. Pues el camino del Señor es donde Dios mismo camina. El profeta no menciona nada sobre nuestro caminar, excepto que debemos abstenernos de ese caminar. Pues nuestras obras se interponen en su camino, y entonces Cristo no puede obrar o entrar. Juan le dijo a los judíos y a ésos haciendo buenas obras: "Arrepiéntanse" así como si hablara a pecadores. Está diciendo: "Dejen que el Señor entre. Él mismo los justificará a ustedes y hará la voluntad del Señor. Ni ustedes ni sus obras pueden hacer esto." Esto es lo que significa "el convencer al mundo de pecado, y de justicia, etc."[27] Esos que creen, por lo tanto, son aquellos que están preparados para dar la bienvenida al Señor y recibirlo a él. En ellos él podrá obrar, esto es, en aquellos que han sido llevados al reconocimiento de sus pecados.

El Señor, [a quienes ustedes buscan,] vendrá de manera repentina. Vendrá de forma inesperada, repentinamente después que su mensajero. Dice en Juan 1:26, 30: "Pero en medio de ustedes está uno, a quienes ustedes no conocen... Después de mí viene un varón, el cual es antes de mí." Esto es, él fue ordenado a predicar y salvar.

A su templo. Éste es ese templo corporal o espiritual, quiere decir, la iglesia.

El Señor, a quienes ustedes buscan. "Ustedes lo quieren a él para que los libere de los malvados, y sea así a la vez el sacerdote y rey protector de ustedes, el mensajero (ángel) del testamento, esto es, el mensajero (nuncio) del pacto y del rey glorioso. No reinará corporalmente así como David, sino en la predicación de la Palabra. Él es el mensajero de

26 En latín: "abran una brecha."

27 Juan 16:8.

la viva voz de la Palabra."[28] El testamento[29] son las promesas de Dios, las cuales todas apuntan hacia Cristo, hasta las mismas promesas temporales. El testamento requiere la muerte. Por lo tanto, no solamente es identificado él como Dios sino también como hombre que sufrió, murió, y ahora también reina. La distribución del testamento (la herencia) es la vida eterna.

Sí, ya viene. La repetición de esto indica la certeza (del acontecimiento).

2. ¿Pero quién podrá resistir cuando él se presente? En hebreo esto se expresa así: "¿Quién va a gobernar o dispensar ese día, etc.?" O "¿Quién proveerá?" Es como si dijera: "Por lo tanto, manténganse temerosos y humildes. Dejen que el mensajero (*angelus*) los prepare a ustedes. Pues no vendrá vistiendo vestuarios reales, así como los reyes de este mundo. Llegará antes que nadie pueda predecir cuándo y en qué modo llegará. Él cumplirá todo, y nadie sabrá que él es el Cristo." Con esto el profeta indica la inmensa humillación de la Palabra y del Hijo de Dios. Todavía hoy él viene de esa manera, de forma inesperada.

¿Pero quién podrá mantenerse de pie cuando él se manifieste? Con esto el profeta habla sobre la ofensa (obstáculo) que es Cristo. "Él se presentará con tal apariencia humilde, que a menos que ustedes hayan escuchado la voz de su previo mensajero y hayan seguido la señal de su dedo, ninguno de ustedes lo va a recibir. Ninguno de ustedes va a creer en él. Por el contrario, van a decir: "Mira, aquí tenemos a un rey que no tiene lugar para reposar su cabeza, quien es crucificado, y muere." A causa de esto, el mismo Cristo dice: "Bienaventurado el que no tropieza por causa de mí" (Mateo 11:6). Es decir: "Bendita es la persona que no me mide (ve) de acuerdo a su raciocinio." Por lo tanto, su mensajero es enviado delante para que la luz de la razón sea apagada y que el Hijo del carpintero sea reconocido como el Mesías. Muchos que miraban no veían, ¿y cómo pues se pueden mantener firmes en la fe?

Él es como un fuego purificador. Esto es: "Él condenará todas tus obras y comportamientos. Todas tus preocupaciones deben ser

28 Lutero usa la frase *"viva vox evangelii"*, aquí *"vivae vocis"*, para describir cómo se encuentra el evangelio entre nosotros. Es el evangelio proclamado, activo, en la persona de Jesucristo.

29 En las traducciones vertidas de Lutero al inglés usualmente traducen *"testamentum"* como pacto o convenio. Pero las traduzco testamento cuanto lee así textualmente en latín. Testamento significa la herencia legal establecida por Dios hacia nosotros. No existe ningún acuerdo entre el dador y el recibidor sino solo el regalo que hace Dios por su puro amor y gracia.

mortificadas, así como el fuego liquidifica y purifica la plata y la separa de toda impureza. בֹּרִית (*borit*)[30] significa un fuerte agente de limpieza o jabón que lava grandes manchas de ropa. Es así como Cristo condena todas las cosas y exige solamente cualidades espirituales. A pesar de sus escamas, Satanás tiene grandes dificultades para soportar esto. Los judíos se enorgullecían por su propia justicia. Por esto, fue muy difícil sacarlos de eso para que siguieran a Cristo. El reino de Cristo es como una fogosa caldera mística que purga la escoria del viejo Adán. Parece que aquí el profeta está hablando sobre las blancas vestiduras de lino, las cuales solían vestir los pueblos orientales. Éstas son lavadas con jabón. Cristo no solamente es el purificador sino también es el agente que purifica. No es solamente el herrero sino también el fuego. Él no se sienta indolentemente a la diestra de su Padre sino, pues, también obra siempre entre nosotros con vitalidad, efectividad y continuamente mientras se extiende sobre su cuerpo místico, así como el fuego es aplicado al metal. Así que también en todo lugar él es llamado salvación, y no solamente Salvador. Esto es, él mismo es la salvación y el laboratorio de la salvación. Esto es lo que los cristianos sienten. Ellos tienen menos afección por las riquezas; tienen menor temor a la muerte; desprecian todo lo secular. El poder para hacer todo esto es el "fuego" y el "jabón".

3. Se sentará para refinar. El "sentará" lleva la fuerza del magisterio y del juicio. Éste es, pues, un reino diferente que se establece no por el poder de armamentos externos sino por la purgación [limpieza] de las personas, por la renovación de las almas las cuales son conducidas de nuevo a la salvación y a la vida eterna. Esto es, pues, una magnifica ocurrencia. Es, no obstante, un reino espiritual. En su apariencia exterior ofende toda cosa carnal.

Y limpiar la plata. Tenemos eso en el Salmo 12:6: "Las palabras del Señor son puras, como la plata refinada en el crisol. La palabra de Dios es completamente pura en sí misma, pero es purificada en nosotros diariamente porque nos purifica a nosotros. La Escritura es una luz brillante pero para el impío es mera tinieblas. Dios es bien conocido, pero si tú no lo conoces ésa es tu culpa. Estas palabras son luz. Cristo es el purificador;[31] él es justicia, la redención, la vida. Digo que estas palabras son luz, las cuales no las consideramos lo suficiente, y es algo

30 Así como la "lejía".

31 Por la palabra *"emendator"* se sustituye *"emundator"* para concordar con el texto de la Vulgata que lee *"emundans argentum"*.

que vemos más claro cada día. El asunto no radica en el sonido las palabras sino en los más íntimos rincones del corazón. El sol es tinieblas al ciego. Eso no es culpa del sol sino del ciego o del que cierra sus ojos.

Y refinará a los hijos de Leví. Ahora explica lo que es el refinamiento de la plata, esto es, la purificación de la Santa Escritura a causa de nosotros. Pues es aquí donde todas las personas sabias del mundo batallan y quieren oscurecer a la misma (la Escritura). Pero, mientras su propio estiércol apesta, la palabra de Dios se hace más clara. Finalmente, "su tontería será muy clara a todos". También el profeta indica que el reino de Cristo será completamente sacerdotal, y que no existirá discriminación con respecto a personas. Todo el mundo en este reino es hermano de Cristo. Por medio de Cristo pueden acceder a Dios y orar y enseñar. Habrá otro, los verdaderos levitas, es decir los purificados, y los viejos serán rechazados pues ellos solamente fueron purificados en su exterior pero eran impíos e inmundos.

Y refinará [a ellos]. Purificará, separará la escoria de la falsa doctrina para revelar la luz de la verdad divina por medio de la Palabra por la cual ellos serán conducidos. El reino de Cristo es el ejercicio de la Palabra y de la fe a causa de las eternas injurias de los impíos. Quien quiera, por lo tanto, hacerse cristiano debe ser purificado.

Las ofrendas justas. Un sacrificio en justicia es un sacrificio del nuevo pacto. Pues, ¿qué necesidad hay para prometer sacrificios que ellos ya estaban haciendo? Pero, las cosas que ellos estaban haciendo eran todas impuras porque sacerdotes impuros hacían esos sacrificios. Además, los sacrificios de los cristianos eran puros y justos porque ellos eran puros y justos, así como vemos en el Salmo 132:9: ¡Que tus sacerdotes se revistan de justicia! etc." De esta manera, el profeta describe primero la justificación de la persona, y luego su obra justa. Nuestro sacrificio es la mortificación de la carne, señalada por la mutilación y la destrucción de la vieja carne. Pero por el fuego del Espíritu y la dulcísima fragancia del amor del Señor se revive (renueva) (la carne).

4. Entonces las ofrendas [de Judá y de Jerusalén] volverán a ser gratas al Señor. Cuando las personas son gratas y placenteras sus ofrendas también son gratas y placenteras.

Como lo fueron en el pasado, en los años antiguos. Esto es, en los días antes que la ley fuera dada. Todo eso es dicho, pues, en reproche de la ley. Después de todo, los hipócritas comenzaron cuando fue dada la ley. Antes de la ley, los sacrificios fueron encomendados por medio de la fe. Pero la misma fe, el mismo Espíritu que existía antes de la ley, estará en el reino de Cristo. La fe ofrenda sacrificios por la voluntad. La ley los exige contra la propia voluntad.

5. Yo vendré a ustedes para someterlos a juicio. Después que el profeta describe de qué modo vivirán los santos en el reino de Cristo, revela cómo será para los impíos que serán separados de los piadosos. La pureza de la doctrina permanecerá con los justos (piadosos). Esos que manifiestan esa asquerosa impureza no serán tolerados en el nuevo reino. Dice: "Llegaré por medio de la Palabra para juzgar. Les comunicaré, condenaré, los extirparé (del reino).

Y me dispondré a actuar como testigo. "Seré uno que reprocha y censura. No dejaré nada oculto. Envenenadores y maleantes que abusan de la palabra de Dios. Por lo tanto serán excluidos".

Contra los que defraudan [en su salario al jornalero], a la viuda. Esto es, los que les roban a ellas.

6. Yo soy el Señor, y no cambio. "Yo no miento. No revoco las promesas que he hecho por medio de tantos profetas. ¡Así que no vayan a dudar! La indignidad de ustedes no impedirá mi verdad. He prometido gratuitamente y, por lo tanto, implementaré mi promesa gratuitamente. Es por eso que te saqué del cautiverio, para así cumplir mis promesas. Todo esto debe ser acreditado a la divina bondad y no a algún mérito de alguna persona pues tú has pecado siempre contra mí." Esto, dice él: "Desde los días de sus antepasados" (v 7) corresponde a lo dicho anteriormente (Malaquías 2:17): "Todo el que actúa mal, agrada al Señor, etc." Él les devuelve la culpa. Es, por lo tanto, la misericordia lo que ellos no han destruido.

7. Pero si se vuelven a mí, yo volveré a ustedes. Estas palabras parecen patrocinar (aprobar) el libre albedrío de las personas. Pero éstas son, no obstante, palabras sobre la ley, donde la habilidad de obedecer no sigue (a la ley) inmediatamente. Pues él ya había dicho que ellos nunca habían obedecido la ley, aunque estuvieran deseosos de obedecerla.

No cabe duda que Dios es un buen legislador, pero nosotros somos perezosos cumplidores de la ley. La ley indica lo que debemos hacer. Él dice: "Si se vuelven a mí, yo volveré a ustedes y los bendeciré. Yo seré el benigno Padre de misericordias."[32]

¿Cómo está eso de que debemos volvernos a ti? El profeta tiene que negociar con santos hipócritas, que no están dispuestos a aceptar reproche y que no están conscientes de ningún pecado ni de sus aversiones contra Dios.

8. ¿Habrá quien pueda robarle a Dios? "¿Podrá alguien atacar o robar a Dios? Porque ustedes me han robado." Esto es un hebraísmo. Vemos un texto parecido en Jeremías 2:10: "Pasen ahora a las costas de Quitín y fíjense, etc." Aquí Dios contesta (rechaza) el modo de ser de todo el género humano. En todo lugar ellos adoran diligentemente a sus dioses y nunca roban de sus ídolos, excepto que entre los judíos se roban cosas del verdadero Dios. Tampoco reprocha sus acciones menos que sus doctrinas, porque ellos han estado defiendo sus pecados, y esto es el pecado irremisible (imperdonable) contra el Espíritu Santo. Esto es cuando uno defiende una mentira a favor de su piedad (santidad). La razón, la cual controla a los gentiles, enseña que el sacrilegio es impío, pero los judíos hasta defienden esto como algo justo. Los papistas también adoran con más diligencia a sus ídolos que al verdadero Dios. Y aunque debemos ofrendar a los ministros de la Palabra y a los pobres, nos urge más quitar y arrebatar (cosas de ellos). Antes estábamos siempre dispuestos para ofrendar. Pero entonces dimos no pocas cosas a los seductores y a los desvergonzados.

¡En sus diezmos y ofrendas! Éstos eran dos rituales relacionados con las ofrendas. Uno consistía en una simple elevación. Se le llamaban תְּרוּמָה (*teruma*). El otro era hecho haciendo una moción hacia los cuatro puntos de la brújula. A ése se le llamaba תְּנוּפָה (*tenufa*) Dice: "En relación a estas cosas que debemos dar para alimentar a los sacerdotes, ustedes infligen violencia y robo sobre mí." Dios no dice esto, pues, como si se preocupara por sus diezmos, etc. Lo dice para conservar el ministerio de la Palabra.

32 Vemos aquí cómo Lutero se expresa ofreciendo una paráfrasis del texto.

9. Malditos sean todos ustedes, [porque como nación] me han robado. "Han sido maldecidos ustedes con una maldición, con una corrosión. Porque han cometido sacrilegios contra mí, haré que todas las posesiones de ustedes se echen a perder. No se regocijarán en sus posesiones,[33] porque no se encuentra una bendición en ellas, o mejor, porque ustedes sufren por sus penurias (pobrezas), y descargan toda la culpa sobre mí, ustedes me están robando eso que me pertenece."

10. Entreguen completos [los diezmos]. Al reproche le sigue una exhortación. Está diciendo: "Que primero haya comida en mi casa. Deben encargarse de que los sacerdotes permanezcan en ella. 'Busquen primero el reino de Dios, etc.' Primero complázcanme, y vean pues si no voy yo a satisfacerlos a ustedes también." Dios es tal clase de médico, que desgarra para enmendar, que se enoja para entonces mostrar su misericordia. Contra Satanás solamente hiere pero no sana de nuevo. Aquí tenemos también la frase hebrea "abro los cielos". Esto significa llover. Pues al estar el cielo cerrado significa que no llueve.

11. Además, reprenderé a esos [insectos] que todo lo devoran. Este "insectos" es un uso singular en lugar del plural: "los grillos, los apestosos gusanos, los devoradores de grano y fruta, etc. Pues, ¿cuál sería la situación si existiera una abundancia en los campos y los gusanos se lo comieran todo? Ah, ¿dónde se encuentra aquí la fe? Dios es el que da y conserva todas las cosas, y es él el que las echa a perder, cuando es su voluntad.

12. Porque serán una nación envidiable. "Todas las naciones desearán tener tales tierra, las que ustedes poseen, fértiles y protegidas de gusanos." Esto es, pues, un reproche y exhortación hacia todos los que no se ocupan de los ministros de Dios. Además, nadie presta la suficiente atención a la gran pérdida que le sigue, si los predicadores de la palabra de Dios fueran tratados con negligencia.

13. "Las palabras de ustedes contra mí han sido violentas." Aquí tenemos otro discurso y otra condena (sobre los cuales el capítulo 2:17 también hace arriba) del pecado de murmuración de los judíos sobre la buena fortuna de los gentiles y sobre su propio infortunio, pues ellos eran el pueblo de Dios y guardianes de la ley, siempre y cuando

33 Leemos aquí *"possessione"* en vez de lo citado *"professsione"*.

los gentiles no hicieran ninguna de estas cosas. Pero, así y todo, estas quejas eran dirigidas más bien contra los murmuraciones de esos que habitaban entre los judíos, de hecho contra sus propios hermanos. Pues el Espíritu Santo no había sido todavía dado y el misterio de Cristo no había sido revelado. Por lo tanto, cuando los profetas predicaban sobre las promesas de Dios, esos que siempre veían que ocurría lo contrario se indignaban. La murmuración de la carne contra Dios es una falta muy difícil de conquistar. Dice, entonces: "Las palabras de ustedes han sido duras, ásperas, y muy fuertes contra mí, no puedo ya tolerar sus murmuraciones y blasfemias." Ellos fueron sacrílegos en sus obras, blasfemos en sus palabras. Y por sobre todo esto, defendieron sus pecados. Ellos dicen: "¿Qué es lo que hemos hablado contra ti? Hemos caminado en lo oscuro y en las tinieblas; hemos sido corrompidos; nuestras almas, cuerpos y vidas han sido afligidos y él no nos respondió. Dios no nos bendice abundantemente, pero sí vemos como los soberbios, los testarudos, los presuntuosos, los libertinos, los insolentes, los inconsiderados, y los agresores viven una vida tranquila por sus buenas fortunas (v 15) y nosotros estamos forzados a llamarlos a ellos bienaventurados."

15. ¡Los malvados no sólo prosperan! "Ellos han prosperado con sus familias, ganado, y propiedades."

¡Y salen bien librados! "No son penalizados, no son castigados como nosotros que adoramos al verdadero Dios."

16. Entonces [los que temen al Señor], hablaron el uno con el otro. Dice que ellos no han sido olvidados ante (en la presencia de) Dios. Él mismo está escribiendo pues, en un libro de memorias[34] sobre lo que ellos están diciéndose unos a otros, esos que se consuelan uno al otro, quienes temen a Dios, quienes no murmuran, los que no se enojan por la buena fortuna de los malvados.

Y piensan en su nombre. Esto es, perseveran en sus cultos y en lo piadoso, aunque ellos, pues, estaban sufriendo la persecución.

17. Cuando llegue el día en que yo actúe. Esto es: "Cuando yo ponga fin a sus murmuraciones y blasfemias, ellos serán mi posesión o propiedad. Quiere decir, serán manifestados como un pueblo que

34 La RVC lo llama "libro de actas" pero en la RV1960 aparece "libro de memoria".

me pertenece ya que son míos." Esto parece que se refiere al reino del Nuevo Testamento. Pues, el pueblo que vivía bajo la ley siempre murmuraba y blasfemaba.

Los perdonaré, como perdona un padre al hijo que le sirve. Aquí él promete que va a ser un Padre propenso hacia aquellos que le temen y le sirven, esto es, hacia los creyentes. Cuando él dice: "los perdonaré", indica que ese reino no vendrá sin pecado. Por lo tanto será un reino de gracia, de perdón de los pecados, un reino de rescate. Él dice: "[Entonces ustedes se volverán a mí,] y sabrán distinguir entre los justos y los malvados", etc.

Capítulo Cuatro

1. ¡Ya viene el día! Todo eso se dice referente a Cristo. Esos que temen a Dios se consuelan unos a los otros, y se dicen estas cosas unos a los otros. En ese día confían en su Palabra, los justos, pues tienen todo en contra de ellos, mientras que a los impíos todo le va muy bien. Esto no será así siempre para los dos grupos, sino solamente hasta que venga la hora, etc. "¡Ya viene el día!", es decir, el día del reino de Cristo.

Serán como estopa. Esto es, como una rama. Pues la luz del evangelio ha consumido y devorado toda la sinagoga. Ahora ni tienen una rama ni un reino ni un sacerdocio. El día de la revelación del evangelio ha consumido todo esto y así pues nada queda de ellos.

2. Pero para ustedes, los que temen mi nombre, brillará un sol de justicia. En el reino mosaico se encuentra mera (pura) tiniebla. Todas las cosas son escondidas en misterio[35] y son confusas. Pero los impíos serán separados de los piadosos por algo brillante, evidentemente por la traslúcida verdad de Dios por medio del evangelio de Cristo. Aquí ven de nuevo el reino de Dios descrito de tal manera que es, pues, el ministerio de la Palabra. Dice aquí: "Por seguro, un nuevo sol brillará, y no es el sol que también los animales ven. Es el sol de justicia, el que justifica, el cual emite tales rayos que justifica a los seres humanos y los libera de sus pecados, el cual elimina toda escoria nociva de la carne tan llena de lujurias. Esos rayos son la Palabra del evangelio, la cual penetra

35 Por *"in ministerio"* leemos *"in misterio"*.

los corazones, y es vista como ese sol solamente por los ojos del corazón, esto es, por la fe. Se encuentra más presente entre los justos que ese visible sol estrella.[36] Pues éste brilla por el Espíritu Santo. Brilla día y noche. Las nubes no lo ocultan. Siempre está levantándose (brillando). 'Siempre se levantará (brillará) para ustedes que temen', los que temen a Dios, obviamente; esto es, los que no son presuntuosos, que no confían en sus propias obras y que reconocen, pues, que son pecadores."

Y en sus alas traerá salvación.[37] Aquí se ve claramente que no podemos explicar esto como el día final, cuando el juicio vendrá. Pues ahora habrá salvación y la protección bajo la sombra de Cristo. Tal es, entonces, el reino de Cristo donde él mismo es el mediador y protector, así como la gallina protege a sus polluelos del halcón. Por lo tanto, todo aquel que quiera estar protegido, busque refugio bajo las alas de Cristo, bajo el evangelio, allí encontrará poder y salud (salvación). El sol sale cuando el evangelio es predicado. Uno se refugia bajo las alas cuando cree. Por lo tanto, aunque seas pecador, así y todo, serás salvo cuando buscas refugio bajo sus alas. No temerás a la muerte. La concupiscencia de la carne no te superará.

Entonces ustedes saltarán de alegría, como los becerros cuando se apartan de la manada. Aquí encontramos el fruto de la fe y del reino de Cristo. Esto es, una conciencia feliz, una confesión pública de fe, una gratitud viviente, la felicidad en la aflicción, la proclamación y la conversión de otros para la salvación.

Saltarán. Es mejor decir: "Se difundirán, aumentarán (los creyentes)." Esto es el fruto de la alegría. La tristeza, al contrario, hace que uno se cierre (esconda). El cristiano cree que el mundo es suyo. Por eso va por todo lugar abiertamente y no se esconde en una esquina.

Como los becerros cuando se apartan de la manada. "Así es como serán reunidos en un corral bajo la justicia de la fe. Ustedes estarán activos. La pascua (el alimento) de ustedes será Cristo."

3. Ustedes aplastarán a los malvados. Siempre hay enemigos de la iglesia, tiranos o herejes, o falsos hermanos. Los herejes mantienen a

36 Lutero usa "corporal" en vez de "estrella".

37 RV1960; la RVC traduce: "que les traerá salvación."

los justos ocupados, pero los herejes finalmente son reducidos a la nada, a cenizas, a polvo, etc. "¡La fidelidad del Señor permanece para siempre!"[38] El fuego de Cristo los reducirá a cenizas. Por lo tanto, trátenlos a ellos gentilmente. Pero, mientras tanto, ellos nos afligen. Finalmente, pues, la rueda comienza a rodar y nada brota de las cenizas.

4. Acuérdense de la ley de mi siervo Moisés. Malaquías ahora ha profetizado sobre el reino de Cristo, pero no ha venido todavía. "Mientras tanto", dice, "sean contenidos[39] bajo la ley hasta que el sol reluzca. La ley durará hasta la hora de él, que no vendrá sin primero mandar su mensajero, quién anunciará que él está aquí. Por lo tanto no sean negligentes ni pongan a un lado a Moisés. Él les ofrece testimonio de Cristo; los contiene para que ustedes no hagan el mal. Cuando llegue la hora para que yo venga a liberarlos a ustedes, les mandaré un mensajero con el espíritu y la valentía de Elías, etc." Este texto, por lo tanto, es la clausura de la Santa Escritura, el final del Antiguo Testamento. Aquí el profeta cesa (se detiene) y espera por el mensajero Elías, quien es Juan el Bautista, quien va a ejercer el oficio de Elías, para "hacer que el corazón de los padres se vuelvan hacia los hijos, etc." (v 6). Por lo tanto, ellos reconocerán la sabiduría y la fe de sus padres, estarán unánimes en armonía con Cristo. Ya habían sido separados en sectas, así como Juan descubrió cuando predicó el bautismo del arrepentimiento y vio los muchos fariseos y saduceos, etc., en breve, que este pueblo (un pueblo) tenía un solo corazón, una sola fe, etc. El tiempo del evangelio es el día. Todo lo demás es noche y tinieblas. Pues Cristo es el sol.

5. Terrible. Cegará a los soberbios, iluminará a los humildes.

Grande. Será grandioso, vivificará, justificará, salvará, etc.

6. Para que yo no venga a destruir la tierra por completo. Esto es: "No sea que reduzca todo a la nada." Así es como la Escritura usa la palabra חֵרֶם (*jerem*), anatema, eso que no puede ser redimido sino que tiene que ser destruido. "Para que esto no ocurra entre mi pueblo, y que por lo menos un remanente sea salvo, enviaré a mi mensajero Juan, etc."

Fin de Malaquías

38 *"Veritas domini manet in aeternum"* (Salmo 117:2).

39 La palabra usada es *"concludamini"* que puede significar "contenidos, definidos, deducidos".